云南统计年鉴

YUNNAN STATISTICAL YEARBOOK

2009

（总第25期 No.25）

云 南 省 统 计 局
国家统计局云南调查总队 编

Compiled by Statistical Bureau of Yunnan Province
Survey Office of the National Bureau of Statistics in Yunnan

（京）新登字 041 号

图书在版编目（CIP）数据

云南统计年鉴 . 2009/云南省统计局,国家统计局云南调查总队编.—北京: 中国统计出版社，2009.7

ISBN 978-7-5037-5677-1

Ⅰ.云 …

Ⅱ.云 …

Ⅲ.统计资料-云南省-2009-年鉴

Ⅳ.C832.74-54

中国版本图书馆 CIP 数据核字(2009) 第 049433 号

云南统计年鉴-2009

作　　者 / 云南省统计局 国家统计局云南调查总队
责任编辑 / 郑淼淼
E-mail / yearbook@state.gov.cn
封面设计 / 艺编广告 · 杨超
出版发行 / 中国统计出版社
通信地址 / 北京市西城区三里河月坛南街 57 号　中国统计出版社
邮　　编 / 100826
电　　话 / (010)63376907
印　　刷 / 河北天普润印刷厂
经　　销 / 新华书店
开　　本 / 890 毫米 × 1240 毫米 1/16
字　　数 / 1000 千字
印　　张 / 33.25
印　　数 / 1000 册
版　　别 / 2009 年 7 月第 1 版
版　　次 / 2009 年 7 月第 1 次印刷
书　　号 / ISBN 978-7-5037-5677-1/C · 2204
定　　价 / 350.00 元　　Price:350.00 yuan(RMB)

《云南统计年鉴—2009》

编委会和编辑部人员

Yunnan Statistical Yearbook-2009

EDITORIAL BOARD AND STAFF

Editorial Board

Editorial Staff

编 者 说 明

一、《云南统计年鉴—2009》是一部全面反映云南省国民经济和社会发展情况的统计资料汇编集，汇集了全省及各州（市）、县（市、区）2008 年经济和社会发展各方面的统计数据，以及全省历年主要统计数据。

二、为方便读者使用，《云南统计年鉴——2009》从原来的25个部分调整为20个部分，新增了资源环境、社会保障、金融、保险、证券、民政、司法活动等社会发展指标；新增了云南省80个扶贫开发重点县、25个边境县的主要经济指标，突出了省情和特点。

三、本年鉴共 20 章，即：1.综合；2.国民经济核算；3.人口；4.就业人员、职工工资和社会保障；5.固定资产投资；6.能源；7.财政、金融和保险；8.价格指数；9.人民生活；10.自然资源和环境；11、农业；12、工业；13.建筑业；14.运输邮电；15.国内贸易；16.对外经济和旅游；17.教育、科技、文化和体育；18.卫生和其他社会活动；19.民族自治地方概况；20.各县市主要经济指标。

四、本年鉴每个章节后附有主要统计指标解释，对主要统计指标的含义、统计范围和统计方法作了简要说明。

五、本年鉴的资料来源，大部分来自年度统计报表，少部分来自抽样调查。由于条块统计分工关系，部分指标各州（市）、县（市、区）数字相加不等于全省总计，在使用中请注意。由于统计制度仍处于改革过程中，因此，一些统计指标的统计口径范围有所变化，本年鉴对有关数据作了相应的调整，并在有关统计表中作了解释。本年鉴按照国家 2005 年颁布的行政区划进行编辑，原丽江地区撤地改市后相关个别县（区）的统计数据有所变动。

六、度量衡单位均采用国家颁布的国际统一标准计量单位。

七、本年鉴中的符号使用说明：

"…"表示数据不足本表最小单位数；

"空格"表示无该项统计指标数据；

" # "表示其中的主要项。

八、本年鉴在编辑过程中，由于时间和水平关系，如有差错之处，热忱希望读者批评指正。为使本年鉴不断改进和完善，更好地满足社会各界的需要，希望广大读者提出宝贵的意见。

PREFACE

I. *Yunnan Statistical Yearbook 2009* is an annual statistics publication fully reflects the national economy and social development in Yunnan province. The present yearbook covers comprehensive data in each city, county and prefecture in 2008 as well as some key data series in significant years of the whole province.

II. In order to use more conveniently for the reader, *Yunnan Statistical Yearbook 2009* has been adjusted into 20 parts from the former 25 parts, adding the resources and environment, social security, financial intermediation, insurance, civil administration, administration of justice and such social development indicators. It also adds the content of 80 key counties of the development-oriented poverty reduction program in Yunnan Province and the principle indicators of the 25 border counties, which highlights the distinguishing features and conditions of Yunnan Province.

III. The book contains the following twenty parts: 1.General Survey; 2. National Accounts; 3. Population; 4. Employment, wages and Social Security; 5. Investment in Fixed Assets; 6.Energy; 7. Finance, Banking and Insurance; 8. Price Indices; 9.People's Livelihood; 10.Natural Resources and environment; 11.Agriculture; 12.Industry; 13.Construction; 14.Transport, Post and Telecommunication Services; 15.Domestic Trade; 16.Foreign Economy and Trade and Tourism; 17.Education, Science and technology, Culture and Sports; 18.Public Health and Other Social Activities; 19.General Survey of Ethnic Minority Autonomous Areas; 20.General Survey of Counties and Cities.

IV. Explanatory Notes on Principal Statistical Indicators are provided at the end of each part to describe the content, scope and method of provincial statistical indicators briefly.

V. The major data in this publication are obtained from annual statistical reports and a small part from sample surveys. It is advisable to note in the reference that the sum of data of each city, county and prefecture may not correspondingly equal the total of the whole province in some statistical indicators due to vertical and horizontal statistical division. Since the statistical system is still under reform and the statistical requirements and scope are somewhat changed, the relevant data are adjusted and explained accordingly in the present yearbook. The present yearbook is edited following the divisions of administrative areas issued by the state in 2005. Relevant statistical data of few counties (regions) have been changed moderately since the former Lijiang region is replaced by the present Lijiang city.

VI. The units of measurement used in this book are international standard measurement units issued by the state.

VII. Notations used in this yearbook:

"…" indicates that the figure is not large enough to be measured with the smallest unit in the table;

"(Blank)" indicates that the data are not available;

"#" indicates that the major items of the total.

VIII. Readers are welcome to correct our mistakes made during the compiling due to our limited time and level. In order to perfect the yearbook and meet the requirements of all social circles better, comments from various readers are highly appreciated.

目 录

CONTENTS

一、综合
Chapter 1 General Survey

二、国民经济核算
Chapter 2 National Accounts

三、人口
Chapter 3 Population

四、就业人员、职工工资和社会保障
Chapter 4 Employment,Wages and Social Security

五、固定资产投资
Chapter 5 Investment in Fixed Assets

六、能源
Chapter 6 Energy

七、财政、金融和保险
Chapter 7　Finance, Banking and Insurance

八、价格指数
Chapter 8　Price Indices

九、人民生活
Chapter 9 People's Livelihood

十、自然资源和环境
Chapter 10 Natural Resources and Environment

十一、农业
Chapter 11 Agriculture

十二、工业
Chapter 12 Industry

十三、建筑业
Chapter 13 Construction

十四、运输邮电
Chapter 14 Transport, Post and Telecommunication Services

十五、国内贸易
Chapter 15 Domestic Trade

十六、对外经济和旅游
Chapter 16 Foreign Economy and Trade and Tourism

十七、教育、科技、文化和体育
Chapter 17 Education, Science and Technology, Culture and Sports

十八、卫生和其他社会活动
Chapter 18 Public Health and Other Social Activities

十九、民族自治地方概况
Chapter 19 General Survey of Ethnic Minority Autonomous Areas

二十、各县市主要经济指标
Chapter 20 General Survey of Counties and Cities

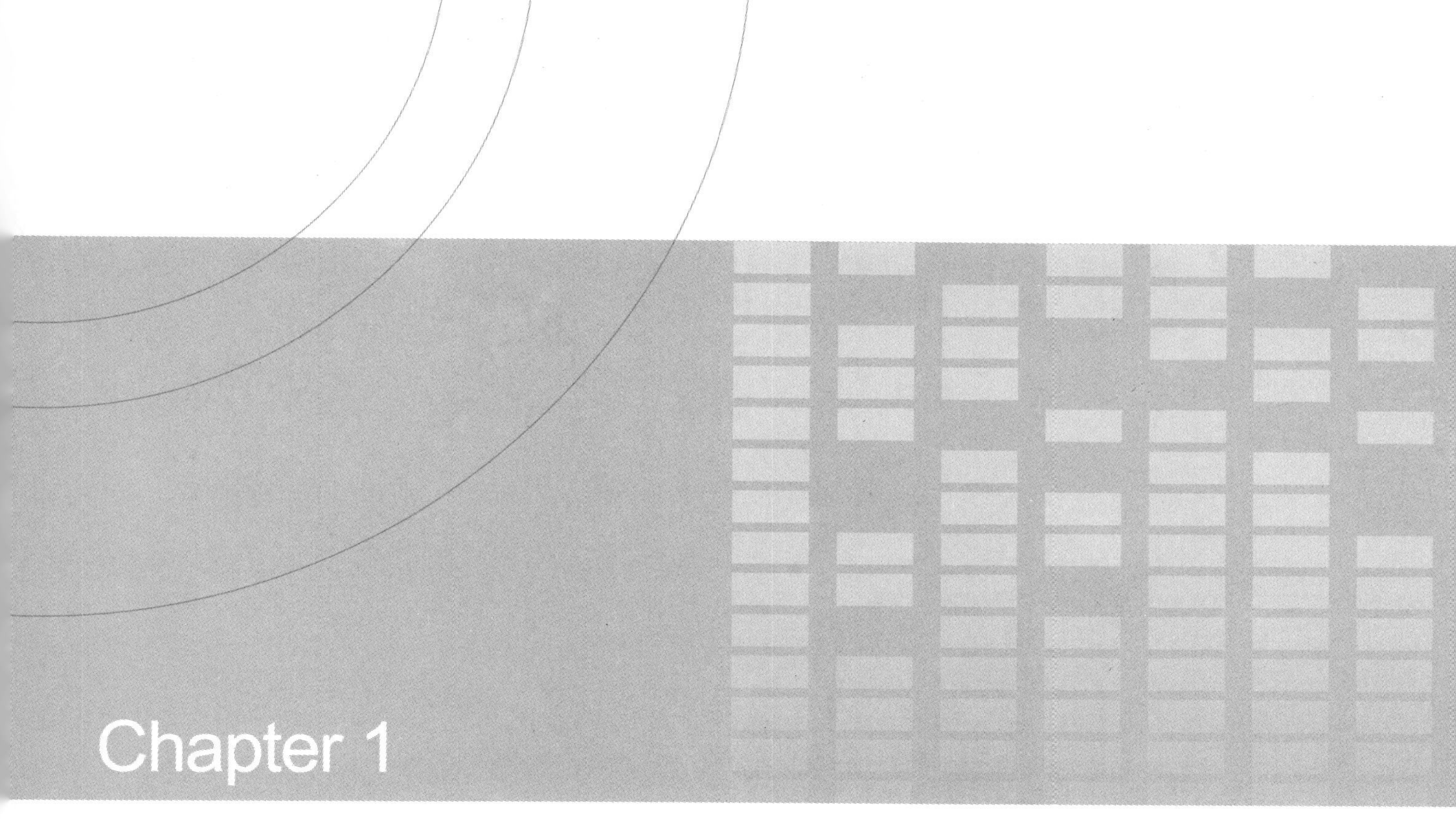

一、综合
General Survey

1-1 全省行政区划（2008年）
Divisions of Administrative Areas in Yunnan (2008)

州、市 Autonomous Prefectures and Municipalities	市、县、区 Cities at County Level, Counties and Districts under the Jurisdiction of Cities	县级市、县、区数 Number of Cities at County Level, Counties and Districts under the Jurisdiction of Cities
昆 明 市 Kunming	盘龙区 五华区 官渡区 西山区 东川区 呈贡县 晋宁县 富民县 宜良县 石林县 嵩明县 禄劝县 寻甸县 安宁市 Panlong District, Wuhua District, Guandu District, Xishan District, Dongchuan District, Chenggong, Jinning, Fumin, YiLiang, Shilin, Songming, Luquan, Xundian, Anning City	5个市辖区、1个市、8个县 5 districts under municipal jurisdiction , 1 city and 8 counties
曲 靖 市 Qujing	麒麟区 马龙县 陆良县 师宗县 罗平县 富源县 会泽县 沾益县 宣威市 Qilin District, Malong, Luliang, Shizong, Luoping, Fuyuan, Huize, Zhanyi, Xuanwei City	1个市辖区、1个市、7个县 1 district under municipal jurisdiction, 1 city and 7 counties
玉 溪 市 Yuxi	红塔区 江川县 澄江县 通海县 华宁县 易门县 峨山县 新平县 元江县 Hongta District, Jiangchuan, Chengjiang, Tonghai, Huaning, Yimen, Eshan, Xinping,Yuanjiang	1个市辖区、8个县 1 district under municipal jurisdiction and 8 counties
保 山 市 Baoshan	隆阳区 施甸县 腾冲县 龙陵县 昌宁县 Longyang District, Shidian, Tengchong, Longling, Changning	1个市辖区、4个县 1 district under municipal jurisdiction and 4 counties
昭 通 市 Zhaotong	昭阳区 鲁甸县 巧家县 盐津县 大关县 永善县 绥江县 镇雄县 彝良县 威信县 水富县 Zhaoyang District, Ludian, Qiaojia, Yanjin, Daguan, Yongshan, Suijiang, Zhenxiong, Yiliang, Weixin, Shuifu	1个市辖区、10个县 1 district under municipal jurisdiction and 10 counties
丽 江 市 Lijiang	古城区 玉龙县 永胜县 华坪县 宁蒗县 Gucheng District,Yulong, Yongsheng, Huaping, Ninglang	1个市辖区、4个县 1 district under municipal jurisdiction and 4 counties
普 洱 市 Pu'er	思茅区 宁洱县 墨江县 景东县 景谷县 镇沅县 江城县 孟连县 澜沧县 西盟县 Simao District, N ing'er, Mojiang, Jingdong, Jinggu, Zhenyuan, Jiangcheng, Menglian, Lancang, Ximeng	1个市辖区、9个县 1 distract under municipal jurisdiction and 9 counties
临 沧 市 Lincang	临翔区 凤庆县 云 县 永德县 镇康县 双江县 耿马县 沧源县 Linxiang District, Fengqing, Yunxian, Yongde, Zhenkang, Shuangjiang, Gengma, Cangyuan	1个市辖区、7个县 1 distract under municipal and 7 counties
楚 雄 州 Chuxiong	楚雄市 双柏县 牟定县 南华县 姚安县 大姚县 永仁县 元谋县 武定县 禄丰县 Chuxiong City, Shuangbo, Mouding, Nanhua, Yao'an, Dayao, Yongren, Yuanmou, Wuding, Lufeng	1个市、9个县 1 city and 9 counties
红 河 州 Honghe	个旧市 开远市 蒙自县 屏边县 建水县 石屏县 弥勒县 泸西县 元阳县 红河县 金平县 绿春县 河口县 Gejiu City, Kaiyuan City, Mengzi, Pingbian, Jianshui, Shiping, Mile, Luxi, Yuanyang,Honghe, Jinping, Luchun, Hekou	2个市、11个县 2 cities and 11 counties
文 山 州 Wenshan	文山县 砚山县 西畴县 麻栗坡县 马关县 丘北县 广南县 富宁县 Wenshan, Yanshan, Xichou, Malipo, Maguan, Qiubei, Guangnan, Funing	8个县 8 counties
西双版纳州 Xishuangbanna	景洪市 勐海县 勐腊县 Jinghong City, Menghai, Mengla	1个市、2个县 1 city and 2 counties
大 理 州 Dali	大理市 漾濞县 祥云县 宾川县 弥渡县 南涧县 巍山县 永平县 云龙县 洱源县 剑川县 鹤庆县 Dali City, Yangbi, Xiangyun, Binchuan, Midu, Nanjian, Weishan, Yongping, Yunlong,Eryuan, Jianchuan, Heqing	1个市、11个县 1 city and 11 counties
德 宏 州 Dehong	瑞丽市 潞西市 梁河县 盈江县 陇川县 Ruili City, Luxi City, Lianghe, Yingjiang, Longchuan	2个市、3个县 2 cities and 3 counties
怒 江 州 Nujiang	泸水县 福贡县 贡山县 兰坪县 Lushui,Fugong,Gongshan,Lanping	4个县 4 counties
迪 庆 州 Diqing	香格里拉县 德钦县 维西县 Shangri-La, Deqin, Weixi	3个县 3 counties

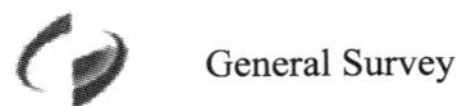

1-1　续表1　continued

地区	Regions	县 Counties	民族自治县 Ethnic Minority Autonomous Counties	边境县 Counties of Border	街道办事处 Community Offices	镇 Towns	乡 Townships	民族乡 Townships of Ethinic Minority	合　计 Total
全省合计	**Total**	**129**	**29**	**25**	**69**	**580**	**727**	**196**	**1 376**
昆　明	**Kunming**	**14**	**3**		**38**	**49**	**50**	**10**	**137**
曲　靖	Qujing	9			9	59	47	8	115
玉　溪	Yuxi	9	3		3	45	27	13	75
保　山	Baoshan	5		2	2	24	46	15	72
昭　通	Zhaotong	11	2		3	54	86	19	143
丽　江	Lijiang	5			4	12	47	22	63
普　洱	Pu'er	10	9	4		30	73	14	103
临　沧	Lincang	8	3		2	32	43	22	77
楚　雄	Chuxiong	10				53	50	6	103
红　河	Honghe	13	3	3	4	54	54	9	133
文　山	Wenshan	8		3		43	43	16	102
西双版纳	Xishuangbanna	3		3	1	18	18	14	32
大　理	Dali	12	3		2	66	66	17	112
德　宏	Dehong	5		4	1	23	23	5	51
怒　江	Nujiang	4	2	3		9	9	3	29
迪　庆	**Diqing**	**3**	**1**			**9**	**9**	**3**	**29**

合　计　**8个省辖市、8个民族自治州、9个州市辖市、79个县、29个民族自治县、12个市辖区**

Total　**8 provincial jurisdiction cities,8 ethinic minority autonomous prefectures, 9 prefecture jurisdiction cities, 79 counties, 29 ethinic minority autonomous counties and 12municipal jurisdiction districts**

1-2 按经济成份划分的主要社会经济指标(2008年)

Principal Socio-economic Indicators by Sectors of Economy (2008)

指 标	Item	绝对数 Absolute Figure	比重 (%) As Percentage to Total (%) (total=100)
生产总值(亿元)	**GDP (100 million yuan)**	**5 700.10**	**100.0**
国有经济	State-owned Economy		
集体经济	Collective-owned Economy		
非公有制经济	Non-publice-owned Economy	2 194.54	38.5
就业人员总数(万人)	**Total Number of Employed Persons (10 000 persons)**	**2 638.40**	**100.0**
城镇国有单位就业人员	Employed Persons in State-owned Entities	185.80	7.0
城镇集体单位就业人员	Employed Persons in Urban Collective-owned Entities	11.20	0.4
城镇其他经济类型单位就业人员	Employed Persons in Entitiws of Other Types of Ownership	98.51	3.7
城镇个体私营就业人员	Self-employed Individuals and Others	222.13	8.4
其他就业人员	Other Employed Persons	16.78	0.6
乡村就业人员	Rural Employed Persons	2 112.80	80.1
农业总产值(亿元)	**Gross Output Value of Agriculture (100 million yuan)**	**1 641.46**	
规模以上工业增加值(亿元)	**Added Value of Industry (100 million yuan)**	**1 803.62**	**100.0**
国有企业	State-owned Enterprises	566.78	31.4
集体企业	Collective-owned Enterprises	19.10	1.1
股份合作制企业	Joint Stock Cooperative Enterprises	5.57	0.3
股份制企业	Joint Stock Enterprises	1 061.00	58.8
外商及港澳台资企业	Foreign-funded and Enterprises funded by Hong Kong,Macao and Taiwan	92.18	5.1
其他工业	Other Enterprises	58.97	3.3
固定资产投资总额(亿元)	**Total Investment in Fixed Assets (100 million yuan)**	**3 526.60**	**100.0**
国有经济	State-owned Enterprises	1 426.95	40.5
集体经济	Collective-owned Enterprises	228.97	6.5
个体私营经济	Individual and Private Enterprises	752.58	21.3
其它各种经济	Other Types of Ownership	1 118.10	31.7
社会消费品零售总额(亿元)	**Total Retail Sales of Consumer Goods (100 million yuan)**	**1 718.54**	**100.0**
公有经济	State-owned and State-Owned holding Enterprises	**297.92**	17.3
其中:国有经济	Collective-owned and Joint Stock Cooperative Enterprises	193.18	
非公有经济	Individual and Private Enterprises	1 420.62	82.7
其中:私有经济	Individual Enterprises	1 175.63	
普通中学和小学教师总人数(万人)	**Total Teachers of Primary and Middle Shools (10 000 persons)**	**40.89**	**100.0**
教育部门和集体办	Shools Run by Educational Departments and Collective Entities	39.69	97.1
社会力量办	Shools Run by Non-government Entities	1.12	2.7
其他部门办	Shools Run by Other Departments	0.08	0.2

注:农业总产值、工业增加值按当年价格计算。
Note: The gross output value of agriculture and industry are calculated at the current prices.

1-3　主要年份国民经济主要指标

指标	Item	1952年
人口	**Population**	
年末总人口数（万 人）	Total Population at the Year-end (10 000 persons)	1 695.00
#女 性	Female	
男 性	Male	
年末就业人员数 （万 人）	**Total Number of Employed Persons at the Year-end (10 000 persons)**	**761.00**
#职工人数 （万 人）	Staff and Workers (10 000 persons)	26.00
工农业总产值 （亿 元）	**Gross Output Value of Industry and Agriculture (100 million yuan)**	**13.41**
生产总值(当年价)(亿 元)	**Gross Domestic Product (at Current prices) (100 Million yuan)**	**11.78**
#非公经济增加值(亿元)	#Added Value of Individual and Private Economy (10 000 yuan)	
万元生产总值能耗(吨标准煤/万元	**Total Energy Consumption per 10 000 yuan of GDP (tons of SEC/10 000 yuan)**	**1.61**
农业生产	**Agriculture Production**	
农林牧渔业总产值(当年价)(亿元)	Gross Output Value of Farming, Forestry, Animal Husbandry and Fishery (at current prices) (100 million yuan)	9.60
主要农产品产量	Output of Major Agricultural Products	
粮 食（万 吨）	Grain (10 000 tons)	451.00
油 料（万 吨）	Oil-bearing Crops(10 000 tons)	3.37
甘 蔗（万 吨）	Sugarcane(10 000 tons)	30.13
烤 烟（万 吨）	Flue-cured Tobacco (10 000 tons)	0.57
水 果（万 吨）	Fruits (10 000 tons)	
茶 叶（万 吨）	Tea (10 000 tons)	0.36
猪、牛、羊肉（万 吨）	Pork,Beef and Mutton (10 000 tons)	8.36
水产品（万 吨）	Aquatic Product (10 000 tons)	0.14
工业生产	**Industrial Production**	
工业总产值(当年价)(亿 元)	Gross Output Value of Industry (at current prices)(100 million yuan)	3.81
轻工业产值（亿 元）	Total Output Value of Light Industry (100 million yuan)	2.30
重工业产值（亿 元）	Total Output Value of Heavy Industry (100 million yuan)	1.51
能源生产与消费	**Production and Consumption of Energy**	
能源生产总量(万吨标准煤)	Total Energy Production (10 000 tons of SCE)	17.50
能源消耗总量(万吨标准煤)	Total Energy Consumption (10 000 tons of SCE)	19.00
主要工业产品产量	**Output of Majar Industrial Products**	
布（万 米）	Cloth (10 000 m)	3 641
机制纸及纸板（万 吨）	Machine-made Paper and Paperboards (10 000 tons)	0.08
糖（万 吨）	Sugar (10 000 tons)	2.00
卷 烟（万 箱）	Cigarettes (10 000 cases)	2.00
粗 钢（万 吨）	Steel (10 000 tons)	0.25
成品钢材（万 吨）	Steel Products (10 000 tons)	0.13
原 煤（万 吨）	Raw Coal (10 000 tons)	28
发电量（亿千瓦小时）	Electricity (100 million kwh)	0.52
水 泥（万 吨）	Cement (10 000 tons)	1

注：工业总产值及轻重工业产值从1995年开始按新规定的计算方法统计。

Principal Indicators on National Economy in Significant Years

1978年	1990年	1995年	2000年	2005年	2007年	2008年
3 091.50	3 730.60	3 989.60	4 240.80	4 450.40	4 514.00	4 543.00
1 542.80	1 819.80	1 934.40	2 048.80	2 148.20	2 178.90	2 192.90
1 548.70	1 910.80	2 055.20	2 192.00	2 302.20	2 335.10	2 350.00
1 313.39	**1 922.65**	**2 149.00**	**2 295.40**	**2 461.32**	**2 573.80**	**2 638.40**
216.04	291.87	311.50	273.40	235.71	280.72	286.73
95.45	**556.98**	**1 704.47**	**2 270.22**	**4 318.42**	**6 552.09**	**7 380.46**
69.05	**451.67**	**1 222.15**	**2 011.19**	**3 472.89**	**4 741.31**	**5 700.10**
	46.97	188.24	411.00	1 215.00	1 773.25	2 194.54
15.44	**4.33**	**2.16**	**1.72**	**1.73**	**1.51**	**1.33**
40.02	211.72	474.46	680.86	1 068.58	1 414.79	1 641.46
864.05	1 061.21	1 188.91	1 467.80	1 514.90	1 460.70	1 518.59
5.51	13.31	19.58	26.98	36.22	36.65	40.38
160.01	661.88	1 055.92	1 420.29	1 415.50	1 938.67	1 898.75
12.26	43.60	76.07	64.61	77.22	76.68	83.97
11.62	31.97	55.71	76.95	136.63	202.37	266.18
1.78	4.48	6.40	7.94	11.59	16.99	17.15
29.23	74.74	120.45	191.51	277.32	238.60	257.18
1.12	4.60	8.44	16.62	23.85	33.39	39.37
55.43	345.26	1 079.46	1 589.36	3 249.84	5 137.30	5 738.81
23.84	181.14	584.60	802.70	1 120.47	1 830.16	1 447.80
31.60	164.12	494.86	786.66	2 129.37	3 307.14	4 291.01
1 002.60	1 594.50	2 313.65	2 471.77	5 353.36	6 587.28	7 662.18
1 065.90	1 954.18	2 640.55	3 468.33	6 023.97	7 173.26	7 577.69
10 507	17 974	13 964	5 855	1 385	616	375
5.12	15.43	30.41	22.32	28.88	37.72	42.79
14.00	51.00	94.00	152.25	153.57	188.04	211.02
63.00	448.00	680.00	612.77	631.47	670.26	679.55
35.12	80.15	140.50	189.41	531.41	883.85	901.31
25.59	68.97	144.34	183.71	486.93	789.99	836.62
1483	2227	2803	2216	6 462.14	7 755.19	8 657.43
52.51	125.78	228.42	317.46	624.2	904.51	1 039.56
131	471	997	1 642.80	2 832.62	3 568.53	4 011.98

Note:The gross output value of light and heavy industries have been calculated by a new approach since 1995.

1-3 续表

指标	Item	1952年
运输邮电	**Transport, Posts and Telecommunication Services**	
货运周转量（亿吨公里）	Freight Traffic(100 million ton-km)	1.54
铁路	Railways	
公路	Highways	
水路	Waterways	
民用航空	Civil Aviation	
旅客周转量（亿人公里）	Passenger Traffic(100 million passenger-km)	1.32
铁路	Railways	
公路	Highways	
水路	Waterways	
民用航空	Civil Aviation	
邮电业务总量（亿 元）	Total Posts and Telecommunication Services(10 000 yuan)	0.03
固定资产投资（亿 元）	**Investment in Fixed Assets(100 million yuan)**	
全社会固定资产投资	Total Investment in Fixed Assets	0.59
城镇	Investment in Fixed Assets of State-owned Entities	0.59
乡村	Investment in Fixed Assets of Collective-owned Entities	
国内贸易	**Domestic Trade**	
社会消费品零售总额（亿 元）	Total Retail Sales of Consumer Goods (100 million yuan)	4.87
对外贸易（万美元）	**Foreign Trade (USD 10 000)**	
进出口总额	Total Value of Exports and Imports	32
出口额	Exports Value	
进口额	Imports Value	
旅游总收入(万元)	**Total Tourism Revenue**	
#旅游外汇总收入(万美元)	Foreign Exchange Earning from International Tourism	
实际利用外商投资总额	**Actually Utilized Foreigh Investment Value**	
财　政（亿 元）	**Government Finance (100 million yuan)**	
财政总收入	Government Revenue	1.87
财政支出	Government Expenditure	0.99
物价指数(以1952年价格为100)	**Price Indices (%) (prices in 1952 = 100)**	
生产价格总指数（%）	Production Price Indice(%)	
居民消费价格总指数（%）	Consumer Price Indice (%)	100
职工工资	**Wages of Staff and Workers**	
职工工资总额（亿 元）	Total Wages of Staff and Wokers (100 million yuan)	
#国有单位职工工资总额（亿 元）	Total Wages of Staff and Wokers of State-owned Entities (100 million yuan)	0.73
职工年平均工资（元）	Annual Average Wages of Staff and Workers (yuan)	371
#国有单位职工年平均工资（元）	Annual Average Wages of Staff and Workers of State-owned Units (yuan)	371
教育文化	**Education and Culture**	
高等学校数（所）	Number of Regular Institutions of Higher Education (unit)	2
高等学校在校学生数（万人）	Student Enrollment of Regular Institutions of Higher Education (10 000 person)	0.33
中等专业学校在校学生数（万人）	Student Enrollment of Specialized Secondary Schools (10 000 person)	0.66
普通中学在校学生数（万 人）	Student Enrollment of Regular Secondary Schools (10 000 persons)	4.73
小学在校学生数（万 人）	Student Enrollment of Primary Schools (10 000 persons)	114.85
艺术表演团体（个）	Number of Art Performance Groups (unit)	
报纸出版数量（亿 份）	Number of Newspapers Issued (100 million pieces)	
各类杂志出版数量（万 册）	Number of Magazines Issued (10 000 copies)	
图书出版数量（亿 册）	Number of Books Published (100 million copies)	
卫　生	**Health Care**	
卫生机构数（个）	Number of Health Institutions (unit)	350
床位数（万 张）	Number of Sickbeds of Health Institutions (10 000)	0.43
#医院病床数（万 张）	Number of Sickbeds of Hospital (10 000)	0.36
专业卫生技术人员（万 人）	Number of Medical Technical Personnel (10 000 persons)	0.38
#医　生（万 人）	Doctors (10 000 persons)	0.07

注：1.进出口总额包括边境贸易,1998年以前为外贸业务数,1999年以后为海关进出口统计数。
2.财政收入为总收入，包括上划中央的“两税”收入。
3.从1996年开始卫生机构数包括主要卫生机构、诊所、卫生保健所、医务室等。

continued

1978年	1990年	1995年	2000年	2005年	2007年	2008年
62.34	260.67	307.71	479.52	656.49	770.96	811.15
24.25	87.67	137.93	237.94	331.60	393.40	411.89
0.3	1.27	13.97	99.07	272.23	469.35	594.28
15.04	75.74	380.57	697.94	1 755.30	2 798.89	3 526.60
13.44	51.22	262.84	466.20	815.27	1 211.78	2 548.64
1.15	12.57	38.55	47.44	79.47	193.99	158.57
28.38	145.59	369.55	583.17	1 034.40	1 394.54	1 718.54
10420	54 842	189 609	181 283	473 822	877 976	96
			2 114 340	**4301 365**	**5 592 081**	
			33 901	52 801	85 958	
11.76	77.43	285.26	432.95	766.40	1 111.30	1 360.00
18.28	90.76	235.10	414.11	766.31	1 135.22	1 470.24
100	101.6	120.3	97.6	101.9	105.9	105.7
12.68	60.66	158.96	254.46	377.15	566.49	683.69
11.42	53.56	137.81	209.5	283.30	398.49	473.30
608	2 130	5 149	9 231	16 140	20 481	24 030
629	2 200	5 286	9 422	16 900	22 884	26 765
15	26	26	24	44	51	59
1.59	4.35	5.14	9.04	23.21	30.21	34.35
2.66	7.38	10.26	11.92	15.56	18.63	20.53
128.54	123.95	127.25	185.97	238.88	251.77	259.48
436.03	446.86	462.41	472.06	441.23	453.31	451.04
149	137	134	129	135	131	127
	2.23	2.59	3.60	4.97	5.59	5.89
75	954	1 604	2 877	2308	2793	3265.26
0.45	1.23	1.19	1.34	1.29	1.60	1.75
5 529	6 671	6 400	13 356	10 110	9 693	9 249
5.97	8.45	9.56	9.75	10.70	11.90	12.78
5.41	7.61	8.39	6.61	7.47	8.32	9.04
6.55	10.16	11.25	12.41	11.84	12.37	12.62
3.11	5.39	5.95	6.26	5.58	5.66	5.73

Note: a.The total value of imports and exports includes frontier trade value. The data before 1998 refer to those of foreign trade, and those after 1999 refer to the statistical data of imports and exports of the customs.

b.The government revenue is the total government revenue,including the two taxes turned over to the central government.

c.The number of health institutions has included main health institutions, clinics, care centers and so forth since 1996.

1-4 主要年份国民经济指标指数及增速

指标	Item	1952年	1978年
人口	**Population**	**268.0**	**147.0**
工农业总产值	**Gross Output Value of Industry and Agriculture**	**9 235.7**	**1 603.0**
生产总值	**Gross Domestic Product**	**7 538.2**	**1 639.5**
农业生产	**Agricultural Production**		
农林牧渔业总产值	Gross Output Value of Agriculture	1 329.7	533.6
主要农产品产量	Output of Major Agriculture Products		
粮食	Grain	336.7	175.8
油料	Oil-bearing Crops	1 198.2	732.8
甘蔗	Sugarcane	6 301.9	1 186.6
烤烟	Flue-cured Tobacco	14 731.6	684.9
水果	Fruits		2 290.7
茶叶	Tea	4 763.9	963.5
猪、牛、羊肉	Pork,Beef and Mutton	3 076.3	879.8
水产品	Aquatic Products	28 121.4	3 515.2
主要工业产品产量	Output of Major Industrial Products		
布	Cloth	10.3	3.6
机制纸及纸板	Machine-made Paper and Paperboards	53 487.5	835.7
糖	Sugar	10 551.0	1 507.3
卷烟	Cigarettes	33 977.5	1 078.7
粗钢	Steel	360 524.0	2 566.4
成品钢材	Steel Products	643 553.8	3 269.3

Index and Growth Rate of Principal Indicators on National Economy in Significant Years

指数(2008年为以下各年) Index(2007 as percentage of the folling years)						年平均增长速度(%) Average Annual Growth Rate(%)	
1990年	1995年	2000年	2005年	2006年	2007年	1953–2008年	1979–2008年
121.8	**113.9**	**107.1**	**102.1**	**101.3**	**100.6**	**1.8**	**1.3**
577.5	**327.9**	**220.9**	**137.3**	**115.7**			
537.1	**326.3**	**214.7**	**139.7**	**124.9**	**111**	**8.0**	**9.8**
280.2	224.9	165.7	125.5	115.8	107.9	4.7	5.7
143.1	127.7	103.5	100.2	104.2	104.0	2.2	1.9
303.4	206.2	149.7	111.5	103.5	110.2	4.5	6.9
286.9	179.8	133.7	134.1	113.1	97.9	7.7	8.6
192.6	110.4	130.0	108.7	110.8	109.5	9.3	6.6
832.6	477.8	345.9	194.8	163.7	131.5		11.0
382.8	268.0	216.0	148.0	124.1	100.9	7.1	7.8
344.1	213.5	134.3	92.7	86.8	107.8	6.3	7.5
855.9	466.5	236.9	165.1	134.6	117.9	10.6	12.6
2.1	2.7	6.4	27.1	37.4	60.8	- 4.0	- 10.5
277.3	140.7	191.7	148.2	128.7	113.4	11.9	7.3
413.8	224.5	138.6	137.4	150.4	112.2	8.7	9.5
151.7	99.9	110.9	107.6	104.9	101.4	11.0	8.3
1 124.5	641.5	475.9	169.6	141.9	102.0	15.7	11.4
1 213.0	579.6	455.4	171.8	142.3	105.9	17.0	12.3

1-4 续表

指 标	Item	1952年	1978年
原 煤	Coal	30 919.4	583.8
发电量	Electricity	199 915.4	1 979.7
水 泥	Cement	401 198.0	3 062.6
运输邮电	**Transportation**		
货运周转量	Freigh Traffic	52 672.1	1 301.2
旅客周转量	Passenger Traffic	31 203.8	1 698.5
邮电业务总量	Total Posts and Telecommunication Services(10 000 yuan)		
全社会固定资产投资总额	**Total Investment in Fixed Assets**	**597 728.8**	**23 448.1**
社会消费品零售总额	**Total Retail Sales of Consumer Goods**	**35 288.3**	**6 055.5**
进出口总额	**Total Value of Exports and Imports**	**2 999 800.0**	**9 212.4**
出口额	Export Value	9 973 920.0	7 177.5
进口额	Import Value	1 708 296.3	13 284.6
财 政	**Government Finance**		
财政总收入	Government Revenue	72 727.3	11 564.6
财政支出	Government Expenditure	148 509.1	8 042.9
物价指数	**Price Indices**		
生产价格总指数(%)	Production Price Indice(%)		
居民消费价格总指数(%)	Consumer Price Indice(%)	429.2	401.9
国有单位职工平均工资	**Average Wages of Staff and Workers of State-owned Entities**	**6 477.1**	**3 820.3**
教育文化	**Education and Culture**		
高等学校在校学生数	Student Enrollment of Regular Institutions of Higher Education	10 409.1	2 160.4
中等专业学校在校学生数	Student Enrollment of Specialized Secondary Schools	3 110.6	771.8
普通中学在校学生数	Student Enrollment of Regular Secondary Schools	5 485.8	201.9
小学在校学生数	Student Enrollment of Primary Schools	392.7	103.4
卫 生	**Health Care**		
医院病床数	Number of Hospital Sickbeds	2 511.1	167.1
专业卫生技术人员	Number of Medical Technical Personnel	3 323.7	192.8
#医 生	Number of Doctors	8 185.7	184.2

注：2002年进出口总额因口径与1995年以前不一致，故不可比。

指数(2008年为以下各年) Index(2008 as percentage)						年平均增长速度(%) Average Annual Growth Rate (%)	
1990年	1995年	2000年	2005年	2006年	2007年	1953–2008年	1979–2008年
388.75	308.9	390.7	134.0	118.0	111.6	10.8	6.1
826.49	455.1	327.5	166.5	137.9	114.9	14.5	10.5
851.80	402.4	244.2	141.6	121.4	112.4	16.0	12.1
311.18	263.6	169.2	123.6	117.2	105.2	11.8	8.9
469.82	298.6	173.1	124.2	113.7	104.7	10.8	9.9
4 656.19	**926.7**	**505.3**	**200.9**	**158.8**	**126.0**	**16.2**	**19.4**
1 180.40	**465.0**	**294.7**	**166.1**	**144.6**	**123.2**	**11.0**	**14.7**
1 750.37	**506.3**	**529.5**	**202.6**	**154.0**	**109.3**	**20.2**	**16.3**
1 147.77	410.3	424.4	188.8	147.0	105.3	22.8	15.3
4 048.45	677.7	723.3	220.0	162.4	114.1	19.0	17.7
1 756.43	476.8	314.1	177.5	153.5	122.4	12.5	17.2
1 619.92	625.4	355.0	191.9	164.5	129.5	13.9	15.7
200.57	110.4	106.3	105.2	104.4	**105.7**		
1 092.27	**454.6**	**255.0**	**142.2**	**120.0**	**105.0**	**7.7**	**12.9**
789.66	668.3	380.0	148.0	128.1	**113.7**	**8.6**	**10.8**
278.18	200.1	172.2	131.9	118.3	**110.2**	**6.3**	**7.0**
209.34	203.9	139.5	108.6	106.0	**103.1**	**7.4**	**2.4**
100.94	97.5	95.5	102.2	99.7	**99.5**	**2.5**	**0.1**
118.79	107.7	136.8	121.0	116.8	**108.7**	**5.9**	**1.7**
124.31	112.3	101.8	106.7	104.0	**102.1**	**6.5**	**2.2**
106.31	96.3	91.5	102.7	101.5	101.2	8.2	2.1

Note: The total Value of import and export in 2000 can not be compared with those before 1995 because of the different accounting approaches.

1-5　80个扶贫开发重点扶持县主要经济指标(2008年)

县、区	Region	年末总人口(万人) Population (year-end) (10 000 persons)	生产总值(亿元) Gross Domestic Products (100 million yuan)
全省扶贫开发重点扶持县总计	**Key Counties Given Priority in Aid of the Development-oriented Poverty Relief Work in Yunnan Province**	**2 686.54**	**1 824.89**
国家级扶贫开发重点扶持县合计	**Key Counties on the State Priority List of the Development-oriented Poverty Relief Work**	**2 336.94**	**1 527.36**
东川区	Dongchuan District	29.33	30.37
禄劝县	Luquan County	44.52	24.57
寻甸县	Xundian County	50.89	29.97
昭阳区	Zhaoyang District	80.10	88.47
鲁甸县	Ludian County	38.00	16.91
巧家县	Qiaojia County	53.40	20.16
盐津县	Yanjin County	37.50	16.60
大关县	Daguan County	25.90	9.62
永善县	Yongshan County	39.80	21.41
绥江县	Suijiang County	15.80	8.45
镇雄县	Zhenxiong County	137.00	31.98
彝良县	Yiliang County	54.60	20.98
威信县	Weixin County	38.00	15.10
富源县	Fuyuan County	70.40	83.94
会泽县	Huize County	90.90	76.94
双柏县	Shuanbai County	15.90	9.64
南华县	Nanhua County	24.00	15.87
姚安县	Yao'an C ounty	20.80	15.93
永仁县	Yonren County	10.90	9.03
武定县	Wuding County	27.80	17.89
大姚县	Dayao County	29.00	23.49
墨江县	Moujiang County	38.00	18.29
景东县	Jingdong County	37.90	22.32
镇源县	Zhenyuan County	21.50	11.69
江城县	Jiangcheng County	12.00	9.70
孟连县	Menglian County	13.40	8.03
西盟县	Ximeng County	9.30	3.41
澜沧县	Lancang County	49.90	20.61
宁洱县	Ning'er County	19.50	16.57
漾濞县	Yangbi County	10.30	7.68
鹤庆县	Heqing County	26.70	17.61
弥渡县	Midu County	31.80	17.62
南涧县	Nanjian County	22.30	13.33
巍山县	Weishan County	31.10	17.83
永平县	Yongping County	18.20	13.29
云龙县	Yunlong County	20.80	14.42
洱源县	Eryuan County	27.70	19.59
剑川县	Jianchuan County	17.60	11.37
施甸县	Shidian County	32.50	17.17
昌宁县	Changning County	34.40	25.24

Principle Economic Indicators of 80 Key Counties on the State Priority List of the Development-oriented Poverty Relief Work(2008)

人均生产总值 (元) Per Capita GDP (yuan)	财政一般预算收入 (万元) Financial Revenue (10 000 yuan)	人均财政一般预算收入 (元) Per Capita Financial Revenue (yuan)	人均居民储蓄 (元) Per Capita Savings Deposit of Residents(yuan)	农民人均纯收入(元) Per Capita Net Income of Rural Residents (yuan)
6 780	**1 033 728**	**384**		**1 966**
6 518	**849 952**	**363**	**3 795**	**2 145**
10 392	40 128	1 373	9 585	2 341
5 541	16 075	362	3 303	2 346
5 913	21 177	418	3 485	2 795
11 103	30 096	378	5 785	2 495
4 477	9 418	249	1 595	1 190
3 741	6 917	128	1 633	2 143
4 449	6 998	188	2 623	2 060
3 744	4 024	157	2 621	2 060
5 440	8 528	217	3 360	1 962
5 359	4 748	301	5 175	2 016
2 348	15 188	111	1 370	1 852
3 860	10 028	185	2 079	2 001
3 995	7 589	201	2 732	2 123
11 925	64 164	911	5 339	3 287
8 613	50 037	560	3 197	2 113
6 052	6 485	407	3 820	2 479
6 628	8 448	353	3 609	2 956
7 644	5 583	268	4 175	2 959
8 315	5 201	478	4 148	2 575
6 461	12 008	434	4 176	2 356
8 118	11 156	385	3 981	2 908
4 822	10 008	264	2 801	1 888
5 886	15 800	417	2 737	2 556
5 448	5 530	258	4 095	2 262
8 120	4 216	352	3 747	1 818
6 004	3 598	269	7 235	1 980
3 694	1 629	176	2 062	1 326
4 132	3 598	212	1 995	1 421
8 508	10 828	555	6 149	2 539
7 328	5 722	545	3 998	2 383
6 616	13 875	521	5 637	2 350
5 552	8 796	277	4 060	2 398
5 987	11 129	500	2 896	2 046
5 734	7 680	247	3 405	1 960
7 254	8 002	437	3 322	2 065
6 948	8 247	398	2 970	1 767
7 081	10 408	376	3 459	2 684
6 464	7 611	432	4 257	1 795
5 307	7 482	231	3 118	2 389
7 347	10 496	306	3 150	2 714

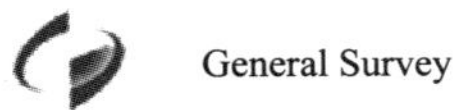

1-5　续表

县　区	Region	年末总人口(万人) Population (year-end) (10 000 persons)	生产总值(亿元) Cross Domestic Products (100 million yuan)	人均生产总值(元) Per Capita GDP(yuan)
龙陵县	Longling County	27.50	20.61	7 522
屏边县	Pingbian County	14.90	9.17	6 162
泸西县	Luxi County	39.20	25.29	6 473
元阳县	Yuanyang County	39.10	15.10	3 901
红河县	Honghe County	28.80	10.57	3 679
金平县	JinPing County	34.60	15.51	4 529
绿春县	Lvchun County	22.10	7.82	3 598
文山县	Wenshan County	45.10	74.32	16 574
砚山县	Yanshan County	45.60	37.82	8 317
西畴县	Xichou County	25.20	10.88	4 317
麻栗坡县	Malipo County	27.60	19.07	6 918
马关县	Maguan County	36.40	28.48	7 868
丘北县	Qiubei County	46.20	19.32	4 184
广南县	Guangnan County	77.10	31.94	4 157
富宁县	Funing County	39.80	27.04	6 816
永胜县	Yongsheng County	39.90	20.98	5 271
宁蒗县	Ninglang County	25.60	11.15	4 370
梁河县	Lianghe County	16.10	7.39	4 604
勐腊县	Mengla County	25.80	30.98	12
泸水县	Lushui County	18.70	13.50	7 251
福贡县	Fugong County	9.50	4.35	4 581
贡山县	Gongshan County	3.70	2.70	7 271
兰坪县	Lanping County	21.40	21.64	10 168
香格里拉县	Shangri-la County	16.00	36.24	22 775
德钦县	Deqin County	6.30	7.88	12 481
维西县	Weixi County	15.40	13.04	8 493
临翔区	Linxiang District	30.50	23.58	7 745
凤庆县	Fengqing County	15.50	22.31	4 921
云　县	Yun County	44.60	37.88	8 517
永德县	Yongde County	36.70	15.97	4 366
镇康县	Zhenkang County	17.20	11.81	6 901
双江县	Shuangjiang County	18.00	9.92	5 534
沧源县	Cangyuang County	17.40	10.01	5 769
省级扶贫开发重点扶持县合计	**Key Counties on the Provincial Priority List of the Development-oriented Poverty Relief Work**	**349.60**	**297.53**	**8 542**
牟定县	Mouding County	20.50	15.50	6 479
石屏县	Shiping County	29.60	21.51	14 373
祥云县	Xiangyun County	45.60	45.00	24 693
宾川县	Bingchuan County	34.20	35.66	14 594
腾冲县	Tengchong County	63.30	50.35	39 372
宣威市	Xuanwei County	133.30	114.52	72 716
玉龙县	Yulong County	23.10	14.99	11 549

continued

财政一般预算收入(万元) Financial Revenue (10 000 yuan)	人均财政一般预算收入(元) Per Capita Financial Revenue(yuan)	人均居民储蓄(元) Per Capita Savings Deposit of Residents (yuan)	农民人均纯收入(元) Per Capita Net Income of Rural Residents (yuan)
12 111	442	4 540	2 504
4 188	281	3 259	1 667
20 138	515	5 583	2 621
6 166	159	2 076	1 925
2 808	98	1 856	1 748
11 366	332	2 119	1 502
6 060	279	1 575	1 608
44 008	981	10 371	2 476
20 593	453	3 702	2 149
3 508	139	2 872	1 750
12 190	443	4 958	1 879
17 966	496	4 677	2 102
9 816	213	2 171	1 896
12 000	156	1 966	1 921
13 386	337	2 878	2 023
10 222	257	4 467	2 315
5 271	206	2 386	1 614
4 985	311	3 810	1 586
12 798	497	8 687	2 915
8 927	479	5 191	1 745
2 023	213	1 939	1 075
1 582	425	3 523	1 037
29 002	1 363	5 079	1 877
13 248	833	10 305	2 696
2 788	442	4 072	2 616
3 612	236	3 078	2 468
11 983	393	6 442	2 402
10 845	239	2 357	2 501
18 158	408	2 544	2 758
5 900	161	1 873	2 282
5 626	328	3 470	1 993
3 347	187	2 414	2 009
4 680	270	2 633	1 998
183 776	**528**		**2 872**
6 479	316	4 094	2 674
14 373	487	7 202	3 009
24 693	547	4 910	2 909
14 594	427	3 810	3 038
39 372	623	6 610	3 002
72 716	548	4 574	3 118
11 549	501		2 507

1-6 25个边境县主要经济指标(2008年)

县、区	Region	年末总人口(万人) Population (year-end) (10 000 persons)	生产总值(亿元) Gross Domestic Products (100 million yuan)	人均生产总值(元) Per Capita GDP (yuan)
25个边境县合计	**25 Border Counties**	**650.6**	**506.78**	**7 818**
腾冲县	Tengchong	63.3	50.35	7 979
龙陵县	Longling	27.5	20.61	7 522
江城县	Jiangcheng	12.0	9.70	8 120
孟连县	Menglian	13.4	8.03	6 004
澜沧县	Lancang	49.9	20.61	4 132
西盟县	Ximeng	9.3	3.42	3 694
镇康县	Zhenkang	17.2	11.81	6 901
耿马县	Gengma	28.4	23.01	8 135
沧源县	Cangyuan	17.4	10.01	5 769
金平县	Jinping	34.6	15.51	4 529
绿春县	Luchun	22.1	7.82	3 598
河口县	Hekou	10.4	13.77	13 326
麻栗坡县	Malipo	27.6	19.06	6 918
马关县	Maguan	36.4	28.48	7 868
富宁县	Funing	39.8	27.04	6 816
景洪市	Jinghong	47.9	62.80	13 136
勐海县	Menghai	33.3	31.01	9 348
勐腊县	Mengla	25.8	30.98	12 031
瑞丽市	Ruili	16.8	22.48	13 410
潞西市	Luxi	37.8	32.00	8 502
盈江县	Yingjiang	29.8	24.72	8 318
陇川县	Longchuan	18.0	13.01	7 262
泸水县	Lushui	18.7	13.50	7 251
福贡县	Fugong	9.5	4.35	4 581
贡山县	Gongshan	3.7	2.70	7 271

Principle Economic Indicators of 25 Border County

财政一般预算收入(万元) Financial Revenue (10 000 yuan)	人均财政一般预算收入(元) Per Capita Financial Revenue(yuan)	人均居民储蓄(元) Per Capita Savings Deposit of Residents (yuan)	农民人均纯收入(元) Per Capita Net Income of Rural Residents (yuan)
292 787	**452**	**5 776**	**2 344**
39 327	623	6 610	3 002
12 111	442	4 540	2 504
4 216	352	3 747	1 818
3 598	269	7 235	1 980
10 556	212	1 995	1 421
1 629	176	2 062	1 326
5 626	328	3 470	1 993
7 309	258	3 901	2 586
4 680	270	2 633	1 998
11 366	332	2 119	1 502
6 060	279	1 575	1 618
7 736	749	11 240	2 698
12 190	443	4 958	1 879
17 966	496	4 677	2 102
13 386	337	2 878	2 023
32 243	674	12 445	3 611
8 776	264	4 100	2 977
12 798	497	8 687	2 915
22 103	1 318	28 022	3 372
21 704	576	7 951	2 734
18 739	630	4 842	2 669
6 136	342	4 886	1 853
8 927	479	5 191	1 745
2 023	213	1 939	1 075
1 582	425	3 523	1 037

1-7 全省企业景气指数(2008年)

Boom Indices of Enterprises (2008)

指标	Item	一季度 1st Quarter	二季度 2nd Quarter	三季度 3rd Quarter	四季度 4th Quarter
总体指数	**General Index**	**129.1**	**127.2**	**123.9**	**102.2**
按行业分类	**Grouped by Industrial Sector**				
工业	Industry	127.3	129.4	125.7	91.0
采矿业	Mining	145.7	150.0	162.9	116.3
制造业	Manufacturing	127.6	130.6	126.2	84.7
电力、燃气及水的生产和供应业	Production and Supply of Electric Power, Gas and Water	125.3	123.6	119.5	113.5
建筑业	Construction	111.5	116.6	100.1	98.5
房屋和土木工程建筑业	Building and Civil Enjineering	111.6	118.2	101.2	98.6
建筑安装业	Construction and Installation	111.8	92.3	80.5	92.3
交通运输、仓储及邮政业	Transportation,Storage and Post	140.2	116.5	135.6	117.2
铁路运输业	Railway Transport	150.0	150.0	200.0	100.0
道路运输业	Highway Transport	133.0	113.8	126.4	114.8
仓储业	Storage	145.8	166.7	150.0	137.6
邮政业	Post	141.2	122.6	127.2	135.5
批发和零售业	Wholesale and Retaile Trade	148.5	140.6	146.6	135.8
批发业	Wholesale Trade	154.8	151.8	154.7	140.1
零售业	Retail Trade	140.8	122.0	134.0	121.0
房地产业	Real Estate	127.5	126.1	110.3	107.2
社会服务业	Social Services	120.8	110.4	97.8	96.6
租赁业	Leasehold Serviers	100.0	66.7	66.7	66.7
商务服务业	Business Serivers	112.1	111.2	97.2	99.3
居民服务业	Resident Serivers	125.0	150.0	125.0	100.0
信息传输、计算机服务和软件业	Information Transmission,Computer Services and Software Services	150.2	147.1	144.9	145.4
信息传输业	Information Transmission	154.0	149.7	145.3	145.9
计算机服务业	Computer Services		50.0	100.0	100.0
软件业	Software Services	166.7	133.3	166.7	166.7
住宿和餐饮业	Hotel and Food Service	118.2	97.7	100.9	106.1
住宿业	Hotel	113.9	96.7	97.9	104.3
餐饮业	Food Service	137.5	100.0	112.5	112.5
按企业登记注册类型分	**Grouped by Status of Registration**				
国有企业	State-owned Enterprises	137.3	134.0	131.5	124.0
集体企业	Collective-owned Enterprises	87.7	88.4	89.3	96.0
股份合作企业	Cooperative Enterprises	97.3	91.9	91.7	80.9
联营企业	Joint Ownership Enterprise	66.7	133.3	133.3	133.3
有限责任公司	Limited Liability Corporations	130.9	122.0	117.8	101.5
股份有限公司	Share-holding Corporations Ltd.	135.2	148.5	146.4	66.3
私营企业	Private Enterprises	130.1	120.1	118.2	102.7
其它内资企业	Other Enterprises	87.5	150.0	137.5	128.6
外商及港澳台企业	Enterprises with Fund From Foreigners, Hong Kong, Macao and Taiwan	134.1	137.2	132.8	123.5
按企业规模分	**Grouped by Size of Enterprises**				
大型企业	Large Enterprises	152.7	160.4	154.7	109.1
中型企业	Medium-sized Enterprises	115.6	107.2	104.5	100.9
小型企业	Small Enterprises	123.6	114.6	112.5	96.6
特殊分组	**Grouped by Special**				
国家重点企业	State Key Enterprises	194.4	194.7	169.3	107.7
乡镇企业	Enterprises of Township and Village	120.4	103.6	112.8	94.8
上市公司	Listed Companies	115.4	159.9	167.2	49.3
国有控股企业	State Holding Enterprises	139.5	139.9	138.3	108.6

1-8 全省企业家信心指数(2008年)
Indices of Entrepreneurial Confidence (2008)

指 标	Item	一季度 1st Quarter	二季度 2nd Quarter	三季度 3rd Quarter	四季度 4th Quarter
总体指数	**General Index**	**136.1**	**125.1**	**122.2**	**99.4**
按行业分类	**Grouped by Industrial Sector**				
工业	Industry	139.4	127.5	124.5	89.3
采矿业	Mining	151.9	154.9	160.7	100.9
制造业	Manufacturing	135.6	125.9	116.4	87.5
电力、燃气及水的生产和供应业	Production and Supply of Electric Power, Gas and W	150.5	129.6	146.3	100.0
建筑业	Construction	113.1	119.3	104.9	93.0
房屋和土木工程建筑业	Building and Civil Enjineering	113.3	120.7	105.2	92.4
建筑安装业	Construction and Installation	111.8	100.0	100.0	100.0
交通运输、仓储及邮政业	Transportation,Storage and Post	149.2	133.8	136.3	137.4
铁路运输业	Railway Transport	200.0	200.0	200.0	150.0
道路运输业	Highway Transport	126.0	110.7	118.2	104.8
仓储业	Storage	166.7	166.7	166.7	120.9
邮政业	Post	155.4	139.2	127.0	163.1
批发和零售业	Wholesale and Retaile Trade	148.6	139.6	138.7	128.0
批发业	Wholesale trade	155.1	150.6	149.3	135.2
零售业	Retail Trade	139.4	121.7	124.0	114.5
房地产业	Real Estate	121.5	93.2	83.8	82.2
社会服务业	Social Services	126.6	111.0	98.9	102.5
租赁业	Leasehold Serviers	166.7	166.7	133.3	133.3
商务服务业	Business Servirers	117.0	101.7	91.7	99.3
居民服务业	Resident Servirers	100.0	150.0	125.0	125.0
信息传输、计算机服务和软件业	Information Transmission,Computer Services and Software Services	140.5	129.3	159.3	133.2
信息传输业	Information Transmission	141.1	132.1	162.3	137.8
计算机服务业	Computer Services	100.0		50.0	
软件业	Software Services	166.7	166.7	166.7	133.3
住宿和餐饮业	Hotel and Food Service	120.2	106.1	113.4	109.1
住宿业	Hotel	113.9	103.0	110.4	108.5
餐饮业	Food Service	150.0	118.8	125.0	106.3
按企业登记注册类型分	**Grouped by Status of Registration**				
国有企业	State-owned Enterprises	147.5	133.0	136.6	119.9
集体企业	Collective-owned Enterprises	104.1	100.1	99.7	89.1
股份合作企业	Cooperative Enterprises	108.5	94.8	100.4	89.6
联营企业	Joint Ownership Enterprise	133.3	133.3	133.3	66.7
有限责任公司	Limited Liability Corporations	135.3	125.7	121.8	106.0
股份有限公司	Share-holding Corporations Ltd.	145.2	128.8	120.0	75.3
私营企业	Private Enterprises	135.9	124.6	107.1	86.3
其它内资企业	Other Enterprises	112.5	112.5	112.5	142.9
外商及港澳台企业	Enterprises with Fund From Foreigners, Hong Kong, Macao and Taiwan	129.8	125.4	139.7	101.7
按企业规模分	**Grouped by Size of Enterprises**				
大型企业	Large Enterprises	159.9	147.5	144.4	108.1
中型企业	Medium-sized Enterprises	123.1	112.9	110.6	101.0
小型企业	Small Enterprises	127.0	116.9	118.8	84.3
特殊分组	**Grouped by Special**				
国家重点企业	State Key Enterprises	132.2	132.2	131.9	136.9
乡镇企业	Enterprises of Township and Village	128.3	122.4	121.4	77.5
上市公司	Listed Companies	171.7	151.1	119.8	65.8
国有控股企业	State-holding Enterprises	147.7	134.5	134.9	110.0

1-9 全省按行业分组的法人单位数（2005-2008年）
Number of Corporate Units by Sector (2005-2008)

单位：个 (unit)

行　　业	Sector	2005	2006	2007	2008
总　计	**Total**	**99 132**	**102 372**	**110 196**	**126 405**
农、林、牧、渔业	Agriculture, Forestry, Animal Husbandry and Fishery	3 253	3 360	3 716	3 869
采矿业	Mining	3 304	3 533	3 861	4 680
制造业	Manufacturing	11 774	12 138	12 998	13 918
电力、燃气及水的生产和供应业	Production and Supply of Electricity, Gas and Water	1 148	1 238	1 347	1 670
建筑业	Construction	2 819	3 079	3 503	3 728
交通运输、仓储和邮政业	Transport, Storage and Post	1 394	1 507	1 657	2 202
信息传输、计算机服务和软件业	Information Transmission, Computer Services and Software	1 358	1 488	1 778	2 523
批发和零售业	Wholesale and Retail Trades	13 871	14 882	17 220	20 301
住宿和餐饮业	Hotels and Catering Services	2 354	2 385	2 480	2 530
金融业	Financial Intermediation	547	564	630	770
房地产业	Real Estate	2 597	2 913	3 457	4 298
租赁和商务服务业	Leasing and Business Services	4 106	4 450	5 196	6 395
科学研究、技术服务和地质勘查业	Scientific Research, Technical Services and Geologic Prospecting	3 560	3 673	3 881	4 909
水利、环境和公共设施管理业	Management of Water Conservancy, Environment and Public Facilities	1 576	1 580	1 640	1 764
居民服务和其他服务业	Services to Households and Other Services	1 008	1 090	1 261	1 566
教　育	Education	6 275	6 230	6 433	7 270
卫生、社会保障和社会福利业	Health, Social Security and Social Welfare	3 758	3 757	3 807	4 226
文化、体育和娱乐业	Culture, Sports and Entertainment	1 944	1 988	2 047	2 138
公共管理和社会组织	Public Management and Social Organizations	32 486	32 517	33 284	37 648
国际组织	International Organization				

1-10 各地区法人单位数(2000-2008年)

Number of Legal Entities by Region(2000-2008)

单位：个 (unit)

地 区	Region	2000年	2005年	2006年	2007年	2008年
全省合计	**Total**	**80 243**	**99 132**	**1 023 720**	**110 196**	**126 405**
昆 明	Kunming	22 281	27 967	29 430	33 341	39 353
曲 靖	Qujing	6 431	8 961	8 487	9 590	11 951
玉 溪	Yuxi	6 554	7 627	7 807	8 033	9 317
保 山	Baoshan	3 062	3 876	4 191	4 421	4 741
昭 通	Zhaotong	4 547	5 360	5 404	5 538	7 128
丽 江	Lijiang	2 080	2 598	2 697	2 931	3 453
普 洱	Pu'er	4 140	5 301	5 377	5 590	6 591
临 沧	Lincang	3 291	4 121	4 365	4 436	4 199
楚 雄	Chuxiong	4 673	6 150	6 348	6 792	6 471
红 河	Honghe	6 983	7 908	8 262	8 611	10 128
文 山	Wenshan	3 710	4 339	4 531	4 933	5 240
西双版纳	Xishuangbanna	2 141	2 160	2 394	2 597	3 034
大 理	Dali	5 562	7 250	7 318	7 343	7 901
德 宏	Dehong	2 734	3 430	3 652	3 893	3 962
怒 江	Nujiang	1 110	1 125	1 156	1 177	1 670
迪 庆	Diqing	944	959	953	970	1 266

1-11 各地区基本单位数(2008年)

Number of Basic Entities by Region (2008)

单位：个 (unit)

地 区	Region	法人单位数 Number of Impersonal Entities			产业活动单位数 Number of Industrial Activity Entities	
		合 计 Total	单产业法人 Single-industry Corporation	多产业法人 Multi-industry Corporation	合 计 Total	#多产业法人单位所属产业活动 Activity of Multi-industry Corporation
全省合计	**Total**	**126 405**	**113 723**	**12 682**	**193 930**	**80 207**
昆 明	Kunming	39 353	37 556	1 797	50 087	12 531
曲 靖	Qujing	11 951	10 764	1 187	18 749	7 985
玉 溪	Yuxi	9 317	8 609	708	12 763	4 154
保 山	Baoshan	4 741	4 017	724	8 716	4 699
昭 通	Zhaotong	7 128	6 279	849	13 844	7 565
丽 江	Lijiang	3 453	3 142	311	5 333	2 191
普 洱	Pu'er	6 591	5 739	852	10 284	4 545
临 沧	Lincang	4 199	3 539	660	7 493	3 954
楚 雄	Chuxiong	6 471	5 221	1 250	11 768	6 547
红 河	Honghe	10 128	8 958	1 170	16 339	7 381
文 山	Wenshan	5 240	4 580	660	9 767	5 187
西双版纳	Xishuangbanna	3 034	2 714	320	4 467	1 753
大 理	Dali	7 901	6 730	1 171	13 005	6 275
德 宏	Dehong	3 962	3 326	636	6 831	3 505
怒 江	Nujiang	1 670	1 505	165	2 478	973
迪 庆	Diqing	1 266	1 044	222	2 006	962

注：本表产业活动单位的汇总范围，包括外省(地、州)法人单位在本地的产业活动单位，但不包括本省(地、州)法人单位在外地的产业活动单位。

Note: The number of industrial activity entities by region does not include the number outside the province.

1-12 云南省国民经济占全国的比重(2008年)

Proportion of National Economy in Yunnan Province to the Whole Country(2008)

单位:% Unit:%

指标	Item	全国 National Total	云南 Yunnan Total	云南占全国的比重(%) Proportion of Yunnan to National Total(%)
年末总人口(万人)	**Total Population at the Year-end (10 000 persons)**	**132 802.00**	**4 543.00**	**3.4**
#城 镇	**Urban Areas**	**60 667.00**	**1 499.20**	**2.5**
生产总值(亿元)	**Gross Domestic Product (100 million yuan)**	**300 670.00**	**5 700.10**	**1.9**
第一产业	Primary Industry	34 000.00	1 020.94	3.0
第二产业	Secondary Industry	146 183.00	2 451.09	1.7
第三产业	Tertiary Industry	120 487.00	2 056.95	1.8
人均GDP(元)	Per Capita Gross Domestic Product			
全社会固定资产投资(亿元)	**Total Investment in Fixed Assets (100 million yuan)**	**172 291.00**	**3 526.60**	**2.0**
社会消费品零售总额(亿元)	**Total Retail Sales of Consumer Goods (100 million yuan)**	**108 488.00**	**1 718.54**	**1.6**
对外贸易进出口总额	**Total Value of Export and Import in Foreign Trade (USD 100 million)**	**25 616.00**	**95.99**	**0.4**
#出口总额	Total Export Value	14 285.00	49.87	0.3
外商直接投资(亿美元)	**Direct Foreign Investment (USD 100 million)**	**924.00**	**7.77**	**0.8**
普通高等学校在校学生数(万人)	**Student Enrollment of Regular Institutions of Higher Education(10 000 persons)**	**2 021.00**	**34.35**	**1.7**
卫生机构病床数(万张)	**Number of Hospital Sickbeds (10 000)**	**369.00**	**12.78**	**3.5**
卫生技术人员(万人)	**Medical Technical Personnel (10 000 persons)**	**492.00**	**12.62**	**2.6**
#医生	Doctors	205.00	5.73	2.8
全部职工平均工资(元)	**Average Wages of All Staff and Workers (yuan)**	**29 229**	**24 030**	**8.2**
农民人均纯收入(元)	**Per Capita Net Income of Farmers (yuan)**	**4 761**	**3 103**	**6.5**
城镇居民年平均可支配收入(元)	**Annual Average Disposable Income of Urban Households (yuan)**	**1 578**	**13 250**	**8.4**
城乡居民储蓄存款余额(亿元)	**Outstanding Balance of Savings Urban and Rural Residents Deposits of (100 million yuan)**	**221 503**	**1 138**	**0.5**
工农业主要产品产量	**Output of Major Industrial and Farm Products**			
粮 食(万吨)	Grain (10 000 tons)	52 850.00	1 518.59	2.9
烤 烟(万吨)	Flue-cured Tobacco (10 000 tons)	260.00	32.84	12.6
油 料(万吨)	Oil-bearing Crops (10 000 tons)	2 950.00	40.38	1.4
猪、牛、羊肉(万吨)	Pork , Beef and Mutton (10 000 tons)	5 601.00	257.18	4.6
粗 钢(万吨)	Steel (10 000 tons)	50 091.50	901.31	1.8
成品钢材(万吨)	Steel Products (10 000 tons)	58 488.00	836.62	1.4
原 煤(亿吨)	Coal (100 million tons)	27.93	0.87	3.1
发电量(亿千瓦小时)	Electricity (100 million kwh)	34 668.80	1 039.56	3.0
水 泥(万吨)	Cement (10 000 tons)	140 000.00	4 011.98	2.9
农用化肥(折100%)(万吨)	Chemical Fertilizer (10 000 tons)	6 012.70	338.27	5.6
布(亿米)	Cloth (100 million m)	710.00	0.04	
糖(万吨)	Sugar (10 000 tons)	1 449.50	211.02	14.6
卷 烟(万箱)	Cigarettes (10 000 cases)	22 198.80	3 397.77	15.3

Chapter 2

二、国民经济核算

National Accounts

2-1 1957-2008年历年地区生产总值
Historic Gross Domestic Product (1957-2008)

年份 Year	地区生产总值(亿元) Gross Domestic Product of Yunnan Province (100 million yuan)	第一产业 Primary Industry	第二产业 Secondary Industry	工业 Industry	建筑业 Construction	第三产业 Tertiary Industry	人均生产总值(元) Per Capita Gross Domestic Product (yuan)
1957	22.53	12.47	5.43	4.32	1.11	4.63	121
1962	24.50	13.64	6.55	5.81	.74	4.31	127
1965	33.62	17.31	11.01	7.28	3.73	5.30	158
1966	36.39	18.37	12.18	7.86	4.32	5.84	166
1967	34.18	18.49	10.17	6.93	3.24	5.52	151
1968	26.51	17.36	4.74	2.55	2.19	4.41	114
1969	34.34	18.63	10.01	7.15	2.86	5.70	144
1970	38.52	18.87	13.38	9.65	3.73	6.27	156
1971	43.47	21.99	14.57	10.71	3.86	6.91	171
1972	49.50	24.84	16.89	12.73	4.16	7.77	188
1973	54.57	27.23	18.85	14.43	4.42	8.49	202
1974	51.78	24.29	18.98	14.58	4.40	8.51	186
1975	54.29	26.34	19.12	14.47	4.65	8.83	190
1976	49.27	25.70	14.96	10.79	4.17	8.61	169
1977	55.84	24.36	21.45	16.82	4.63	10.03	187
1978	69.05	29.46	27.58	20.91	6.67	12.01	226
1979	76.83	32.38	30.50	23.56	6.94	13.95	247
1980	84.27	35.89	33.98	25.86	8.12	14.40	267
1981	94.13	41.23	35.80	28.62	7.18	17.10	294
1982	110.12	47.04	42.39	34.21	8.18	20.69	339
1983	120.07	49.33	47.28	39.08	8.20	23.46	363
1984	139.58	57.33	54.38	44.14	10.24	27.87	416
1985	164.96	66.07	65.41	52.51	12.90	33.48	486
1986	182.28	71.32	70.83	61.09	9.74	40.13	528
1987	229.03	84.06	84.30	73.30	11.00	60.67	653
1988	301.09	103.47	112.40	99.19	13.21	85.22	845
1989	363.05	119.01	138.06	124.73	13.33	105.98	1 003
1990	451.67	168.13	157.80	142.77	15.03	125.74	1 224
1991	517.41	169.48	179.56	162.32	17.24	168.37	1 377
1992	618.69	186.80	219.03	193.90	25.13	212.86	1 625
1993	783.27	191.45	325.57	284.65	40.92	266.25	2 030
1994	983.78	236.25	428.68	383.91	44.77	318.85	2 515
1995	1 222.15	302.69	534.78	480.95	53.83	384.68	3 083
1996	1 517.69	360.48	669.06	599.82	69.24	488.15	3 779
1997	1 676.17	387.02	743.82	657.05	86.77	545.33	4 121
1998	1 831.33	403.43	818.26	705.55	112.71	609.64	4 446
1999	1 899.82	406.87	811.90	686.09	125.81	681.05	4 558
2000	2 011.19	431.80	833.25	704.00	129.25	746.14	4 770
2001	2 138.31	444.42	868.06	730.81	137.25	825.83	5 015
2002	2 312.82	463.44	934.88	788.44	146.44	914.50	5 366
2003	2 556.02	494.60	1 047.66	882.08	165.58	1 013.76	5 870
2004	3 081.91	593.59	1 281.63	1 066.41	215.22	1 206.69	7 012
2005	3 472.89	669.81	1 432.76	1 180.83	251.93	1 370.32	7 835
2006	4 006.72	749.81	1 712.60	1 408.76	303.84	1 544.31	8 970
2007	4 741.31	837.35	2 051.08	1 711.78	339.30	1 852.88	10 540
2008	5 700.10	1 020.94	2 451.09	2 056.95	394.14	2 228.07	12 587

注：1.地区生产总值按当年价格计算。
2.地区生产总值(GDP)即原国内生产总值(GDP)。
3.2008年数据为快报数。

Note: a. Gross Domestic Product is calculated at current prices.
b. Gross Domestic Product of Yunnan Province in this table refers to the Original indicator of Gross Domestic Product.
c. Data of 2008 are preliminary data from national account.

2-2 1957-2008年历年地区生产总值指数

Historic Indices of Gross Domestic Product (1957-2008)

本表按不变价计算　　　Data in this table are calculated at current price

(1952年=100)　　　(year of 1952=100)

年 份 Year	地区生产总值指数 (%) Indices of Gross Domestic Product of Yunnan Province (%)	第一产业 Primary Industry	第二产业 Secondary Industry	工 业 Industry	建筑业 Construction	第三产业 Tertiary Industry	人均生产总值指数 (%) Indices of Per Capita GDP (%)
1957	177.1	150.8	307.1	314.1	256.2	159.9	159.1
1962	167.4	138.0	344.5	361.4	225.8	127.6	145.7
1965	233.1	174.0	577.5	540.1	833.7	159.9	184.8
1966	255.7	184.6	656.0	593.0	1089.6	177.3	196.1
1967	235.5	185.7	538.6	492.8	855.3	165.4	175.5
1968	178.7	174.4	267.1	212.4	646.6	130.8	129.5
1969	236.2	187.0	528.6	492.1	785.6	171.3	166.4
1970	270.7	186.4	726.3	668.3	1137.5	189.8	185.2
1971	291.8	197.0	789.5	735.8	1172.8	211.1	193.2
1972	328.9	217.9	910.3	863.1	1251.4	235.2	211.2
1973	362.4	238.2	1 003.2	959.8	1321.5	264.6	226.2
1974	349.0	218.4	1 005.2	962.7	1317.5	258.0	211.7
1975	367.1	238.7	1 025.3	961.7	1478.2	269.1	217.2
1976	332.6	233.0	829.5	768.4	1265.3	266.1	192.4
1977	377.8	220.0	1 117.3	1077.3	1413.3	304.4	213.4
1978	459.8	250.1	1 441.3	1382.2	1874.0	362.8	253.9
1979	474.1	232.6	1 524.9	1469.3	1934.0	416.5	257.2
1980	514.4	255.4	1 678.9	1607.4	2202.8	426.9	275.5
1981	554.5	279.2	1 734.3	1699.0	2015.6	500.3	292.9
1982	640.4	314.9	1 996.2	1965.7	2249.4	602.4	332.7
1983	694.2	328.1	2 173.9	2168.2	2253.9	682.5	354.7
1984	794.9	373.0	2 454.3	2424.0	2704.7	811.5	400.8
1985	898.2	398.4	2 788.1	2729.4	3226.7	970.6	446.9
1986	936.8	389.2	2 972.1	2909.5	3442.9	1 039.5	459.0
1987	1 052.0	419.2	3 281.2	3209.2	3821.6	1 254.7	506.7
1988	1 220.3	451.9	3 888.2	3790.1	4616.5	1 493.1	578.7
1989	1 291.1	466.4	4 039.8	3960.7	4635.0	1 661.8	602.4
1990	1 403.4	506.0	4 435.7	4360.7	5001.2	1 779.8	642.8
1991	1 496.0	511.6	4 830.5	4766.2	5276.3	1 975.6	673.0
1992	1 659.1	526.9	5 642.0	5490.7	7043.9	2 240.3	736.9
1993	1 843.3	540.1	6 415.0	6215.5	8297.7	2 621.2	807.6
1994	2 068.2	556.3	7 524.8	7315.6	9459.4	3 006.5	894.0
1995	2 310.2	584.1	8 540.6	8354.4	10313.0	3 463.5	986.1
1996	2 566.6	614.5	9 522.8	9356.9	10799.6	3 986.5	1 081.8
1997	2 815.6	642.8	10 532.2	10255.2	13002.7	4 476.8	1 171.6
1998	3 043.7	662.1	11 501.2	10993.6	16461.4	4 937.9	1 250.1
1999	3 265.9	691.9	12 306.3	11708.2	18255.7	5 397.1	1 325.1
2000	3 510.8	730.6	13 020.1	12527.8	17744.5	5 958.4	1 407.3
2001	3 749.5	759.1	13 527.9	13016.4	18489.8	6 655.5	1 486.1
2002	4 087.0	787.9	14 786.0	14318.0	19562.2	7 414.2	1 602.0
2003	4 446.7	831.2	16 279.4	15778.4	21459.7	8 088.9	1 725.4
2004	4 949.2	875.3	18 346.9	17640.3	25279.5	9 124.3	1 903.1
2005	5 394.6	928.7	19 833.0	18963.3	28085.5	10 164.5	2 055.3
2006	6 036.6	991.9	23 204.6	22092.2	33477.9	11 099.6	2 281.4
2007	6 791.2	1 046.5	26 731.7	25847.9	35787.9	12 498.1	2 548.3
2008	7 538.2	1126.0	29 779.1	29078.9	37756.2	14 010.4	2 808.2

注：2008年数据为快报数。

Note: Data of 2008 are preliminary data from national account.

2-3 各地区生产总值 （2008年）

Gross Domestic Product by Region (2008)

地 区	Region	生产总值（万元） Gross Domestic Product(10 000 yuan)	第一产业 Primary Industry	第二产业 Secondary Industry	工 业 Industry	建筑业 Construction	第三产业 Tertiary Industry
全 省	**Total**	**57 001 000**	**10 209 400**	**24 510 900**	**20 569 500**	**3 941 400**	**22 280 700**
昆 明	Kunming	16 053 993	1 049 020	7 402 640	5 952 640	1 450 000	7 602 333
曲 靖	Qujing	7 875 678	1 514 995	4 237 221	3 845 512	391 709	2 123 462
玉 溪	Yuxi	5 960 973	645 481	3 702 932	3 524 118	178 814	1 612 560
保 山	Baoshan	1 940 496	617 229	553 736	410 936	142 800	769 531
昭 通	Zhaotong	2 722 801	667 755	1 168 207	879 722	288 485	886 839
丽 江	Lijiang	1 011 490	208 702	352 157	201 902	150 255	450 631
普 洱	Pu'er	1 798 569	573 526	575 236	379 515	195 721	649 807
临 沧	Lincang	1 568 740	569 738	514 037	368 910	145 127	484 965
楚 雄	Chuxiong	3 060 166	742 841	1 277 775	1 078 193	199 582	1 039 550
红 河	Honghe	5 146 961	963 611	2 739 881	2 391 231	348 650	1 443 469
文 山	Wenshan	2 445 148	641 993	864 737	643 955	220 782	938 418
西双版纳	Xishuangbanna	1 227 785	368 183	364 002	253 489	110 513	495 600
大 理	Dali	3 716 977	970 033	1 365 367	1 122 568	242 799	1 381 577
德 宏	Dehong	996 655	295 234	280 602	213 160	67 442	420 819
怒 江	Nujiang	436 661	57 882	204 236	167 946	36 290	174 543
迪 庆	Diqing	556 760	65 068	228 233	150 670	77 563	263 459

注：全省数据为快报数。
Note:Date of the whole province are date from national account.

2-3 续表 continued

地 区	Region	交通运输、仓储及邮政业 Transport,Storage, Post and Telecommunication Services	批发和零售业 Wholesale and Retail Trade and food Service	三次产业构成 Composition (%) 第一产业 Primary Industry	第二产业 Secondary Industry	第三产业 Tertiary Industry	人均生产总值（元） Per Capita Gross Domestic Product (yuan)
全 省	**Total**	**2 220 600**	**4 380 600**	**17.9**	**43.0**	**39.1**	**12 587**
昆 明	Kunming	1 029 581	1 814 380	6.5	46.1	47.4	25 826
曲 靖	Qujing	353 587	503 110	19.2	53.8	27.0	13 684
玉 溪	Yuxi	176 172	514 801	10.8	62.1	27.1	26 260
保 山	Baoshan	77 456	147 026	31.8	28.5	39.7	7 898
昭 通	Zhaotong	94 241	138 650	24.5	42.9	32.6	5 163
丽 江	Lijiang	58 245	69 235	20.6	34.8	44.6	8 301
普 洱	Pu'er	62 394	90 011	31.9	32.0	36.1	6 975
临 沧	Lincang	39 908	56 078	36.3	32.8	30.9	6 605
楚 雄	Chuxiong	129 958	222 226	24.3	41.7	34.0	11 389
红 河	Honghe	115 921	372 103	18.7	53.2	28.1	11 718
文 山	Wenshan	117 048	221 139	26.2	35.4	38.4	7 151
西双版纳	Xishuangbanna	66 894	43 644	30.0	29.6	40.4	11 504
大 理	Dali	186 519	214 182	26.1	36.7	37.2	10 661
德 宏	Dehong	32 859	76 043	29.6	28.2	42.2	8 439
怒 江	Nujiang	12 026	28 465	13.2	46.8	40.0	8 221
迪 庆	Diqing	23 737	51 771	11.7	41.0	47.3	14 817

注：由于各州、市分别计算，各州、市数相加不等于全省数。
Note:The sum of the data of all prefectures and cities is not necessary equal to the provincial total because the regional tata are calculated respectively.

2-4 各地区非公有制经济增加值（2008年）
Added Value of Non-Public Ownership Economy by Region (2008)

单位：万元 (10 000 yuan)

地 区	Region	非公有制经济增加值 Added Value of Non-Public ownership Economy	第一产业 Primary Industry	第二产业 Secondary Industry	第三产业 Tertiary Industry
全省合计	**Total**	**21 945 400**	**2 397 100**	**10 153 600**	**9 394 700**
昆　明	Kunming	7 063 506	262 255	3 160 164	3 641 087
曲　靖	Qujing	3 038 126	568 125	1 554 465	915 536
玉　溪	Yuxi	1 609 040	153 069	795 453	660 518
保　山	Baoshan	704 396	68 421	313 893	322 082
昭　通	Zhaotong	986 350	124 202	548 614	313 534
丽　江	Lijiang	482 480	43 201	239 914	199 365
普　洱	Pu'er	680 623	129 616	291 175	259 832
临　沧	Lincang	536 509	120 776	241 454	174 279
楚　雄	Chuxiong	1 357 372	190 046	701 698	465 628
红　河	Honghe	1 626 440	166 089	891 928	568 423
文　山	Wenshan	1 158 969	145 592	507 752	505 625
西双版纳	Xishuangbanna	421 046	37 481	215 406	168 159
大　理	Dali	1 665 354	273 549	823 097	568 708
德　宏	Dehong	416 120	44 753	225 086	146 281
怒　江	Nujiang	171 744	11 008	106 402	54 334
迪　庆	Diqing	271 211	14 038	159 132	98 041

注：全省数据为快报数。
Note: Data of whole province are preliminary data from national account.

主要统计指标解释

地区生产总值（GDP） 即原国内生产总值（GDP，国家仍称国内生产总值），指按市场价格计算的一个国家（或地区）所有常住单位在一定时期内生产活动的最终成果。地区生产总值有三种表现形态，即价值形态、收入形态和产品形态。从价值形态看，它是所有常住单位在一定时期内生产的全部货物和服务价值超过同期投入的全部非固定资产货物和服务价值的差额，即所有常住单位的增加值之和；从收入形态看，它是所有常住单位在一定时期内创造并分配给常住单位和非常住单位的初次收入之和；从产品形态看，它是所有常住单位在一定时期内最终使用的货物和服务价值减去货物和服务进口价值。在实际核算中，地区生产总值有三种计算方法，即生产法、收入法和支出法。

生产法 是从生产的角度衡量常住单位在核算期内新创造价值的一种计算方法。即从生产的全部货物和服务总产品的价值中，扣除生产过程中投入的中间产品的价值，得到增加值。全社会所有常住单位增加值的总和就是地区生产总值。计算公式为：增加值=总产出-中间投入。

国（地区）外净要素收入 是指本国（或本地区）居民对国（或本地区）外从事投资和提供劳务所得的要素收入，与外国（或本地区）居民对本国（或本地区）从事投资和提供劳务所得的要素收入的差额。

三次产业 三次产业的划分是世界上较为常用的产业结构分类，但各国的划分不尽一致。中国的三次产业划分是：

第一产业：是指农（种植）、林、牧、渔业，农林牧渔服务业。

第二产业：是指采掘业，制造业，电力、煤气及水的生产和供应业，建筑业。

第三产业：是指除第一、二产业以外的其他行业。包括：交通运输、仓储和邮政业，信息传输、计算机服务和软件业，批发和零售业，住宿和餐饮业，金融业，房地产业，租赁和商务服务业，科学研究、技术服务和地质勘查业，水利、环境和公共设施管理业，居民服务和其他服务业，教育，卫生、社会保障和社会福利业，文化、体育和娱乐业，公共管理和社会组织。

总产出 指常住单位在核算期内生产的货物和服务的价值总和，总产出中既包括核算期内新增加的价值，也包括中间投入的转移价值，它反映了国民经济各个部门生产活动的总规模。

中间投入 指常住单位在生产货物或提供服务的过程中，消耗和使用的所有原材料、燃料动力等货物和各种服务的价值。中间投入也称中间消耗，货物投入是生产过程中消耗或转换的有形的物质产品，不包括固定资产。服务投入是在生产过程中消耗的各种服务，包括金融保险、运输邮电、文化教育等等。

Explanatory Notes on Principal Statistical Indicators

Regional Gross Domestic Product (GDP) refers to the final products at market prices produced by all resident entities in a country (or territory) during a certain period of time. Gross domestic product is expressed in three different forms, i.e. value, income, and product respectively. GDP in its value form refers to the difference between the total value of all goods and services produced by all resident entities during a certain period of time and that of goods and services of the nature of non-fixed assets input in the same period, i.e. it is the sum of added value of all resident entities. GDP in the form of income refers to the total initial income created by all resident entities and distributed to resident and non-resident entities in a certain period of time. GDP in the form of product refers to the balance of the value of all goods and services for final consumption by all resident units minus the net export value of goods and services during a given period of time. In the practice of national accounting, gross domestic product is calculated by three approaches, i.e. production approach, income approach and expenditure approach.

Production Approach refers to the calculation method for measuring the newly increased value of resident entities in the accounting period from the perspective of production, i.e. the value of total goods and services produced minus that of intermediate products input in the process of production is added value. The sum of added value created by all resident entities makes GDP. The formula is as follows: Added Value = Total Output – Intermediate Input

Net Factor Income from Abroad refers to the difference between factor income earned by residents of a country (or territory) from their investment and labor services in foreign countries (or territories) and that earned by residents of foreign countries (or territories) from their investment and labor services in that country (or territory).

Three Industries Classification of economic activities into three industries is a common practice in the world, although the grouping varies to some extent form country to country. In China, economic activities are categorized as follows: Primary industry refers to farming, forestry, animal husbandry and fishery.

Secondary industry refers to mining and quarrying, manufacturing, production and supply of electricity, water, gas and construction.

Tertiary industry refers to all other economic activities not included in primary or secondary industry, including services of farming, forestry, animal husbandry and fishery, communications and transportation, storage and postal services, information transmission, computer and software services wholesale and retail trade, hotel and food services, banking, real estate, lease and commercial services, scientific research and technical service, geological prospecting, management services of water conservancy, environment and public facilities, resident and other services, education, health care, social security and welfare, culture, sports and entertainment, public management and social organizations.

Total Output refers to the total value of goods and services produced by resident entities in the accounting period, including newly increased value and transfer value in intermediate input, which reflects the general scale of productive activities of each sector of the national economy.

Intermediate Input also known as intermediate consumption refers to the value of goods such as raw materials, fuels, power, etc. and various services consumed and used in the process of production or provision of services. Goods input refers to tangible material products consumed or transferred in production; and services input are those consumed in production, including banking, insurance, communications and transportation, culture, education, etc.

Chapter 3

三、人口

Population

3-1 1949-2008年历年全省年末人口数
Historic Population at Year-end （1949-2008）

单位:万人 (10 000 persons)

年 份 Year	总人口 Total Population	按性别分 By Sex		按城乡分 By Residence		按农业、非农业分 Agricultural and Non-Agricultural	
		男 Male	女 Female	城镇人口 Urban	乡村人口 Rural	农业人口 Agricultural Population	非农业人口 Non-Agricultural Population
1949	1 595.0						
1952	1 695.1			82.3	1 612.8		
1957	1 896.8	941.9	954.8	237.1	1 659.7	1 717.0	179.8
1958	1 914.5	959.9	954.6	349.7	1 564.8	1 647.4	267.1
1960	1 894.6	937.8	956.7	305.2	1 589.4	1 615.9	278.7
1962	1 963.7	966.2	997.5	275.0	1 688.7	1 776.5	187.2
1965	2 160.4	1 075.3	1 085.1	261.4	1 899.0	1 925.5	234.9
1970	2 503.3	1 246.4	1 256.9	271.2	2 232.1	2 256.0	247.3
1973	2 746.9	1 369.7	1 377.2	323.9	2 423.0	2 461.7	285.2
1974	2 819.0	1 408.0	1 411.0	326.1	2 492.9	2 524.7	294.3
1975	2 884.3	1 441.8	1 442.5	335.9	2 548.4	2 585.9	298.4
1976	2 951.7	1 477.1	1 474.6	343.3	2 608.4	2 646.7	305.0
1977	3 024.6	1 515.0	1 509.6	351.7	2 672.9	2 712.4	312.2
1978	3 091.5	1 548.7	1 542.8	375.7	2 715.8	2 767.5	324.0
1979	3 134.8	1 569.1	1 565.6	388.3	2 746.5	2 798.2	336.6
1980	3 173.4	1 590.0	1 583.4	395.4	2 778.0	2 828.8	344.6
1981	3 222.8	1 622.2	1 600.6	416.5	2 806.3	2 873.0	349.8
1982	3 283.1	1 657.5	1 625.6	433.0	2 850.1	2 924.8	358.3
1983	3 330.8	1 683.1	1 647.7	472.0	2 858.8	2 963.1	367.7
1984	3 372.1	1 707.3	1 664.8	698.7	2 673.4	2 994.8	377.3
1985	3 418.1	1 733.7	1 684.4	904.6	2 513.5	3 021.9	396.2
1986	3 480.0	1 766.8	1 713.2	1 007.5	2 472.5	3 071.8	408.2
1987	3 534.0	1 797.7	1 736.3	996.2	2 537.8	3 112.0	422.0
1988	3 594.0	1 829.0	1 765.0	1 426.1	2 167.9	3 159.5	434.5
1989	3 648.0	1 861.2	1 786.8	1 524.5	2 123.5	3 204.8	443.2
1990	3 730.6	1 910.8	1 819.8	1 510.1	2 220.5	3 271.7	458.9
1991	3 782.1	1 939.1	1 843.0	1 555.2	2 226.9	3 312.0	470.1
1992	3 831.6	1 967.1	1 864.5	1 608.1	2 223.5	3 346.9	484.7
1993	3 885.2	1 997.0	1 888.2	1 664.0	2 221.2	3 380.5	504.7
1994	3 939.2	2 027.1	1 912.1	1 782.1	2 157.1	3 414.5	524.7
1995	3 989.6	2 055.2	1 934.4	1 821.3	2 168.3	3 445.5	544.1
1996	4 041.5	2 084.8	1 956.7	1 857.4	2 184.1	3 477.2	564.3
1997	4 094.0	2 112.9	1 981.1	1 937.3	2 156.7	3 506.1	587.9
1998	4 143.8	2 139.0	2 004.8	1 951.7	2 192.1	3 538.0	605.8
1999	4 192.4	2 165.8	2 026.6	1 991.3	2 201.1	3 554.8	637.6
2000	4 240.8	2 192.0	2 048.8	990.6	3 250.2	3 584.3	656.5
2001	4 287.4	2 217.4	2 070.0	1 066.0	3 221.4	3 609.9	677.5
2002	4 333.1	2 240.6	2 092.5	1 127.0	3 206.1	3 636.3	696.8
2003	4 375.6	2 263.6	2 112.0	1 163.9	3 211.7	3 662.4	713.2
2004	4 415.2	2 284.1	2 131.1	1 240.7	3 174.5	3 691.1	724.1
2005	4 450.4	2 302.2	2 148.2	1 312.9	3 137.5	3 720.5	729.9
2006	4 483.0	2 319.1	2 163.9	1 367.3	3 115.7	3 740.2	742.8
2007	4 514.0	2 335.1	2 178.9	1 426.4	3 087.6	3 764.3	749.7
2008	4 543.0	2 350.1	2 192.9	1 499.2	3 043.8	3 789.4	753.6

3-2 各地区户数、人口数及构成（2008年）

Number of Households, Population and Its Composition by Region （2008）

地　区	Region	总户数（万户）Family Households (10 000 households)	总人口（万人）Total Population (10 000 persons)	按性别分（万人）By Sex (10 000 Persons)		按城乡分（万人）By Residence (10 000 Persons)		按农业、非农业分（万人）By Agricultural and Non-Agricultural (10 000 Persons)		人口密度（人/平方公里）Population Density (person/sq.km)
				男 Male	女 Female	城镇人口 Urban	乡村人口 Rural	农业人口 Agricultural Population	非农业人口 Non-Agricultural Population	
全省合计	**Total**	**1 252.9**	**4 543.0**	**2 350.1**	**2 192.9**	**1 499.2**	**3 043.8**	**3 789.4**	**753.6**	**115.3**
昆　明	Kunming	174.8	623.9	321.7	302.2	377.0	246.9	368.1	255.8	289.1
曲　靖	Qujing	175.1	578.2	304.2	274.0	189.5	388.7	510.4	67.8	193.7
玉　溪	Yuxi	68.4	227.6	117.1	110.5	81.2	146.4	188.9	38.7	148.9
保　山	Baoshan	64.2	246.4	126.7	119.7	59.4	187.0	221.9	24.5	125.5
昭　通	Zhaotong	150.6	529.5	272.0	257.5	99.5	430.0	490.6	38.9	230.0
丽　江	Lijiang	34.8	122.1	62.8	59.3	32.8	89.3	105.1	17.0	57.5
普　洱	Pu'er	68.7	258.1	135.6	122.5	75.2	182.9	224.3	33.8	56.9
临　沧	Lincang	57.1	238.2	125.0	113.2	67.1	171.2	214.6	23.7	97.4
楚　雄	Chuxiong	75.1	269.0	138.2	130.8	80.0	189.0	230.0	39.0	91.9
红　河	Honghe	118.3	441.2	228.2	213.0	150.8	290.4	365.1	76.1	134.0
文　山	Wenshan	89.8	343.0	179.1	163.9	88.6	254.4	313.7	29.3	106.4
西双版纳	Xishuangbanna	25.5	107.0	54.0	53.0	38.7	68.3	74.9	32.1	54.3
大　理	Dali	98.2	349.3	178.4	170.9	101.8	247.5	307.0	42.3	118.6
德　宏	Dehong	28.5	118.5	60.2	58.3	38.1	80.4	96.0	22.5	102.8
怒　江	Nujiang	14.7	53.3	27.6	25.7	10.7	42.6	45.8	7.5	36.2
迪　庆	Diqing	9.1	37.7	19.3	18.3	8.7	29.0	33.0	4.7	15.8

3-3 全省分民族人口数（2008年）

Provincial Population by Nationality （2008）

单位：万人 、 %　　　　(10 000 persons ,%)

民　族	Nationality	人口数 Population	比重 Proportion	民　族	Nationality	人口数 Population	比重 Proportion
总　计	**Total**	**4 543.0**	**100.00**	藏　族	Tibetan	14.5	0.32
汉　族	Han Nationality	2 999.1	66.02	景颇族	Jingpo Nationality	15.0	0.33
彝　族	Yi Nationality	507.0	11.16	布朗族	Bulang Nationality	11.3	0.25
白　族	Bai Nationality	166.3	3.66	普米族	Pumi Nationality	3.8	0.08
哈尼族	Hani Nationality	155.8	3.43	怒　族	Nu Nationality	3.1	0.07
壮　族	Zhuang Nationality	122.2	2.69	阿昌族	Achang Nationality	3.6	0.08
傣　族	Dai Nationality	134.0	2.95	基诺族	Jinuo Nationality	2.6	0.06
苗　族	Miao Nationality	107.2	2.36	德昂族	De'ang Nationality	1.9	0.04
傈僳族	Lisu Nationality	68.0	1.50	蒙古族	Mongolian	2.0	0.04
回　族	Hui Nationality	70.3	1.55	独龙族	Dulong Nationality	0.6	0.01
拉祜族	Lahu Nationality	47.7	1.05	满　族	Manchu Nationality	1.3	0.03
佤　族	Wa Nationality	42.0	0.92	水　族	Shui Nationality	1.1	0.02
纳西族	Naxi Nationality	32.2	0.71	布依族	Buyi Nationality	4.9	0.11
瑶　族	Yao Nationality	21.1	0.46	其他族	Other Nationalities	4.6	0.10

3-4 主要年份全省人口出生率、死亡率、自然增长率

Birth Rate, Death Rate and Natural Growth Rate of Provincial Population in Significant Years

单位：万人、‰ (10 000 persons, ‰)

年份 Year	年平均人口 Annual Average Population	出生 Birth		死亡 Death		自然增长 Natural Growth	
		人数 Population	出生率 Birth Rate	人数 Population	死亡率 Death Rate	人数 Population	自然增长率 Natural Growth Rate
1952	1 677.70	56.5	33.69	27.1	16.16	29.4	17.50
1957	1 869.20	67.8	36.27	30.5	16.29	37.3	19.90
1962	1 931.80	76.7	39.71	21.0	10.85	55.7	28.90
1965	2 124.40	93.5	44.01	27.6	12.99	65.9	31.00
1970	2 548.00	97.1		20.4	8.02	76.7	30.10
1975	2 851.60	90.5	31.72	24.7	8.68	65.7	23.00
1976	2 918.00	92.9	31.83	22.9	7.84	70.0	24.00
1977	2 988.20	92.6	31.01	22.8	7.65	69.8	23.36
1978	3 058.00	86.8	28.37	21.2	6.93	65.6	21.44
1979	3 113.10	75.0	24.08	25.3	8.13	49.7	15.95
1980	3 154.10	65.9	20.91	23.2	7.36	42.7	13.54
1981	3 198.10	81.1	25.36	27.5	8.60	53.6	16.76
1982	3 252.90	77.4	23.80	32.1	9.88	45.3	13.92
1983	3 307.00	77.8	23.57	30.3	9.19	47.5	14.38
1984	3 351.50	67.8	20.29	26.5	7.92	41.3	12.37
1985	3 395.10	72.9	21.55	27.2	8.03	45.8	13.52
1986	3 449.50	89.1	26.03	27.0	7.87	62.1	18.16
1987	3 507.00	83.5	23.97	29.3	8.40	54.2	15.57
1988	3 564.00	84.9	24.00	25.2	7.13	59.7	16.87
1989	3 621.00	83.0	23.07	29.0	8.05	54.0	15.02
1990	3 689.30	87.0	23.60	29.0	7.92	58.0	15.68
1991	3 756.40	81.9	21.80	30.4	8.10	51.5	13.70
1992	3 806.90	79.9	21.00	30.5	8.00	49.5	13.00
1993	3 858.40	84.9	22.00	31.3	8.10	53.6	13.90
1994	3 912.20	85.3	21.80	31.3	8.00	54.0	13.80
1995	3 964.40	82.3	20.75	31.8	8.03	50.5	12.73
1996	4 015.60	83.8	20.87	31.9	7.94	51.9	12.93
1997	4 067.80	84.7	20.82	32.2	7.91	52.5	12.91
1998	4 118.90	82.4	20.01	32.6	7.91	49.8	12.10
1999	4 168.10	81.2	19.48	32.6	7.82	48.6	11.66
2000	4 216.60	80.3	19.05	31.9	7.57	48.4	11.48
2001	4 264.10	78.9	18.51	32.3	7.57	46.6	10.94
2002	4 310.25	77.3	17.90	31.5	7.30	45.7	10.60
2003	4 354.35	74.0	17.00	31.4	7.20	42.6	9.80
2004	4 395.40	68.6	15.60	29.0	6.60	39.6	9.00
2005	4 432.80	65.3	14.72	29.9	6.75	35.4	7.97
2006	4 466.70	59.0	13.20	28.1	6.30	30.9	6.90
2007	4 498.50	58.6	13.08	27.9	6.22	30.8	6.86
2008	4 528.50	57.2	12.63	28.6	6.31	28.6	6.32

注：本表从1983年起的数字系抽样调查推断数。其余年份数字均为人口年报数。

Note:Data in this table from 1983 are estimated on the basis of population sample serveys,and the others are obtained from annual population reports.

3-5 各地区人口出生率、死亡率、自然增长率 （2008年）

Birth Rate, Death Rate and Natural Growth Rate of Population by Region （2008）

单位：万人、‰ (10 000 persons, ‰)

地区	Region	出生 Birth		死亡 Death		自然增长 Natural Growth	
		人数 Population	出生率 Birth Rate	人数 Population	死亡率 Death Rate	人数 Population	自然增长率 Natural Growth Rate
全省合计	**Total**	**57.20**	**12.63**	**28.57**	**6.31**	**28.62**	**6.32**
昆明	Kunming	6.60	11.23	3.30	5.64	3.30	5.59
曲靖	Qujing	7.57	13.16	3.50	6.30	4.07	6.86
玉溪	Yuxi	2.73	12.20	1.61	7.10	1.12	5.10
保山	Baoshan	2.80	11.74	1.49	6.05	1.31	5.69
昭通	Zhaotong	8.10	15.36	3.08	6.33	5.02	9.03
丽江	Lijiang	1.33	10.88	0.79	6.48	0.54	4.40
普洱	Pu'er	3.21	12.43	1.69	6.57	1.51	5.86
临沧	Lincang	3.06	12.90	1.61	6.78	1.45	6.12
楚雄	Chuxiong	2.89	10.75	1.73	6.43	1.16	4.32
红河	Honghe	5.60	13.20	2.60	6.41	3.00	6.79
文山	Wenshan	5.00	14.89	2.70	7.90	2.30	6.99
西双版纳	Xishuangbanna	1.32	13.06	0.68	6.36	0.64	6.00
大理	Dali	4.26	12.36	2.50	7.68	1.76	4.68
德宏	Dehong	1.59	13.50	0.70	5.90	0.90	7.60
怒江	Nujiang	0.68	12.90	0.35	6.60	0.33	6.30
迪庆	Diqing	0.45	11.93	0.24	6.50	0.20	5.43

3-6 主要年份全省户数、平均人口及人口密度

Number of Households, Average Population and Population Density in Significant Years

年份 Year	户数 (万户) Number of Households (10 000 households)	平均每户人数 (人/户) Average Households Size (person/household)	年平均人口 (万人) Annual Average Population (10 000 persons)	农业人口 (万人) Agricultural Population (10 000 person)	非农业人口 (万人) NonAgricultural Population (10 000 person)	人口密度 (人/平方公里) Population Density (person/sq.km)
1965	446.3	4.8	2 124.40	1 903.9	220.6	54.8
1970	481.4	5.2	2 548.00	2 217.3	245.8	63.5
1975	538.3	5.4	2 851.60	2 555.3	296.4	73.2
1978	571.8	5.4	3 058.00	2 740.0	318.1	78.5
1980	590.9	5.4	3 154.10	2 813.5	340.6	80.5
1985	667.4	5.1	3 395.10	3 008.4	386.8	86.8
1990	812	4.5	3 689.30	3 238.3	451.1	94.7
1995	925.9	4.3	3 964.40	3 430.0	534.4	101.3
1997	965.4	4.2	4 067.80	3 491.7	576.1	103.9
1998	991.3	4.2	4 118.90	3 522.1	596.9	105.2
1999	1 012.0	4.2	4 168.10	3 554.8	637.6	106.4
2000	1 030.6	4.1	4 216.60	3 584.3	656.5	107.6
2001	1 046.7	4.1	4 264.10	3 609.9	677.5	108.8
2002	1 063.3	4.1	4 310.25	3 636.3	696.8	109.8
2003	1 083.1	4.0	4 354.34	3 662.4	713.2	111.0
2004	1 117.1	4.0	4 395.40	3 691.1	724.1	112.0
2005	1 216.2	3.7	4 432.80	3 720.5	729.9	112.9
2006	1 183.9	3.8	4 466.70	3 740.2	742.8	113.8
2007	1 222.3	3.7	4 498.50	3 764.3	749.7	114.5
2008	1 252.9	3.6	4 528.50	3 789.4	753.6	115.3

3-7 五次全国人口普查人口基本情况

Basic Statistics on National Population Census in 1953, 1964, 1982, 1990 and 2000

指 标	Item	1953年	1964年	1982年	1990年	2000年
总人口 （万人）	**Total Population (10 000 persons)**	**1 713.3**	**2 051.0**	**3 255.4**	**3 697.3**	**4 235.9**
男	Male	846.0	1 024.7	1 650.0	1 899.6	2 219.9
女	Female	867.3	1 026.3	1 605.4	1 797.7	2 016.0
性别比（以女性为100）	Sex Ratio (female=100)	97.6	99.8	102.8	105.7	110.1
家庭户规模 （人/户）	**Average Family Household Size (person/household)**		**4.7**	**5.2**	**4.5**	**3.7**
各年龄组人口 (%)	**Population by Age Group (%)**					
0-14岁	0-14	34.5	39.2	39.2	31.7	26.0
15-64岁	15-64	58.1	58.2	56.4	61.2	68.0
65岁及以上	65 and Over	7.4	2.6	4.5	7.1	6.0
民族人口	**Population by Ethnicity**					
汉族 （万人）	Han (10 000 persons)	1 178.8	1 410.7	2 223.4	2 462.8	2 820.7
占总人口比重 (%)	Percentage to Total Population (%)	68.8	68.8	68.3	66.6	66.6
少数民族 （万人）	Ethnic Minorities (10 000 persons)	534.5	640.3	1 032.0	1 234.5	1 415.2
占总人口比重 (%)	Percentage to Total Population (%)	31.2	31.2	31.7	33.4	33.4
每十万人拥有的各种受教育程度人口 （人）	**Population with Various Education Attainments Per 100 000 Persons (person)**					
大专及以上	Junior College and Above		280	331	807	2 013
高中和中专	Senior Secondary School and Technical Secondary School		1 033	2 792	4 095	6 563
初中	Junior Secondary School		3 115	10 224	13 795	21 233
小学	Primary School		23 076	29 305	37 905	44 768
平均受教育年限(年)	Average Education Yea r(year)		2.2	3.6	4.8	6.3
文盲人口及文盲率	**Illiterate Population and Illiterate Rate**					
文盲人口 （万人）	Illiterate Population (10 000 persons)		969.9	1 025.1	940.6	484.2
文盲率 (%)	Illiterate Rate (%)		47.3	31.5	25.4	11.4
平均预期寿命 （岁）	**Life Expectancy (year old)**			**60.8**	**63.5**	**65.5**
男	Male			59.9	62.1	64.2
女	Female			61.6	64.9	66.9

注：1.1953年总人口数据中包括了间接调查人口，而民族人口、城乡人口中未包括。
2.1964年文盲人口为12岁及12岁以上不识字人口，1982、1990、2000年文盲人口为15岁及15岁以上不识字或识字很少人口。

Note:a.Total population of 1953 National Population Census includes the population from indirect survey,but it didn't includ the ethnic minority population, urban and rural population.
b.Illiterate population of 1964 National Population Census referred to the population aged 12 and over who are unable to read. Illiterate population of 1982, 1990 and 2000 National Population Censuses referred to the population aged 15 and over who are unable or have difficulty to read.

主要统计指标解释

人口数 指一定时点、一定地区范围内有生命的个人总和。

年度统计的年末人口数指每年 12 月 31 日 24 时的人口数。年度统计的全国人口总数内未包括香港、澳门特别行政区和台湾省以及海外华侨人数。

城镇人口和乡村人口 城镇人口是指居住在城镇范围内的全部常住人口；乡村人口是除上述人口以外的全部人口。

人口密度 指一定时点一定地区的人口数与该地区的面积数之比,即一定时点的单位土地面积上的人口数通常以每平方公里的居民人数来表示。计算公式:

人口密度（人/平方公里）=该地区的人口数/该地区的土地面积

出生率 出生率（又称粗出生率）指一定时期内（通常为一年内）平均每千人所出生的人数的比例，一般用千分率表示。计算公式：出生率（‰）=年出生人数/年平均人数 × 1000‰

出生人数是指活产婴儿,即胎儿脱离母体时(不管怀孕月数)有过呼吸或其他生命现象。

年平均人数是年初、年末人口数的平均数,也可用年中人口数代替。

死亡率 指在一定时期内(通常为一年内)一定地区的死亡人数与同期平均人数(或期中人数)之比,一般用千分率表示。计算公式:

死亡率（‰）=年死亡人数/年平均人数 × 1000‰

人口自然增长率 在一定时期内(通常为一年内)人口自然增加数(出生人数减死亡人数)与平均人数(或期中人数)之比,一般用千分率表示。计算公式:

人口自然增长率=（本年出生人口数-本年死亡人口数）/年平均人口数 × 1000%

人口自然增长率（‰）=人口出生率-人口死亡率

性别比 反映两性人口比例的指标,指在总人口中或各年龄组人口中,男性人数与女性人数之比。通常以每 100 个女性人口相对应的男性人口数。计算公式:

性别比=男性人口/女性人口 × 100

农业、非农业人口 根据公安部门下发的“户口簿”的户口性质统计。

Explanatory Notes on Principal Statistical Indicators

Total Population refers to the total number of people alive at a certain point of time within a given area. The annual statistics on total population is taken at midnight, the 31st of December, not including residents in Taiwan province, Hong Kong SAR and Macao SAR and Chinese national residing abroad

Urban Population and Rural Population Urban population refers to all people residing in cities and towns, while rural population refers to population other than urban population.

Population Density refers to the ratio of population to the area at a certain point of time within a given area, i.e., the population of unit land area at a certain point of time, which is often expressed as number of inhabitants per square kilometer:

Population density = number of population in the region/land area in the region

Birth Rate or (crude Birth Rate) refers to the ratio of the number of births to the average population during a certain period of time (usually a year) which is often expressed in ‰. The formula is as follows:

Birth Rate = Number of Births/Annual Average Number of Population × 1000‰.

Number of births refers to live births, i.e., the births when babies had showed any vital phenomena regardless of the length of pregnancy.

Annual Average Number of Population is the average of the number of population at the beginning of the year and that at the end of the year. Sometimes it is substituted for with the mid year population.

Death Rate (or Crude Death Rate) refers to the ratio of the number of deaths to the average population (or mid-period population) during a certain period of time (usually a year) which is often expressed in ‰. The formula is as follows:

Death Rate = Number of Deaths/Annual Average Number of Population × 1000‰.

Natural Growth Rate of Population refers to the ratio of natural increase in population (number of births minus number of deaths) in a certain period of time (usually a year) to the average population (or mid-period population)of the same period which is often expressed in ‰. The formulas are as follows:

Natural Growth of Population = (Number of Birth—Number of Deaths)/Average Number of Population × 1000‰.

Natural Growth Rate of Population = Birth Rate—Death Rate

Sex Ratio reflects the indicator of male population and female population, which refers to the ratio of male population to female population in total population or population by age group. It usually means relevant male population per 100 female populations. The formula is as follows:

Sex ratio = male population/female population ×100%.

Agricultural and Non-agricultural Population is classified according to people's residence registration nature recorded on their permanent residence booklets issued by public security organs.

四、就业人员、职工工资和社会保障

Employment, Wages and Social Security

4-1 就业基本情况（2007-2008年）
Employment（2007-2008）

项　　目	Item	2007年	2008年
就业人员(万人)	**Total Number of Employed Persons (10 000 persons)**	**2 573.8**	**2 638.4**
第一产业	Primary Industry	1 684.7	1 678.4
第二产业	Secondary Industry	279.8	298.6
第三产业	Tertiary Industry	609.3	661.4
就业人员构成(合计=100)	**Composition of Employed Persons(total=100)**		
第一产业	Primary Industry	65.4	63.6
第二产业	Secondary Industry	10.9	11.3
第三产业	Tertiary Industry	23.7	25.1
按城乡分就业人员(万人)	**Number of Employed Persons by Urban and Rural Areas (10 000 persons)**		
城镇就业人员(万人)	Urban Employed Persons (10 000 persons)	477.3	525.6
#国有单位	State-owned Units	182.1	185.8
城镇集体单位	Urban Collective-owned Units	12.8	11.2
股份合作单位	Cooperative Units	2.6	2.3
联营单位	Joint Ownership Units	0.3	0.3
有限责任公司	Limited Liability Corporations	37.5	41.9
股份有限公司	Share-holding Corporations Ltd.	55.5	56.8
私营企业	Private Enterprises	75.3	101.5
港澳台商投资单位	Units with Funds from Hong Kong, Macao & Taiwan	2.4	2.4
外商投资单位	Foreign Funded Units	2.9	2.8
个体	Self-employed Individuals	105.7	120.6
乡村就业人员(万人)	Rural Employed Persons (10 000 persons)	2 096.5	2 112.8
#乡镇企业	Township and Village Enterprises	400.6	410.6
乡镇私营企业	Private Enterprisess	81.9	91.6
乡镇个体企业	Self-employed Individuals	253.0	253.7
城镇单位在岗职工人数(万人)	**Number of Staff and Workers in Urban Units (10 000 persons)**	**280.7**	**286.7**
#国有单位	State-owned Units	175.2	177.8
#企业	Enterprises	54.4	54.1
#地方企业	Local Enterprises	35.3	39.6
事　业	Institutions	83.7	85.3
机　关	Agencies & Organizations	38.1	39.3
城镇集体单位	Urban Collective-owned Units	11.9	10.4
其他单位	Units of Other Types of Ownership	93.6	98.5
城镇单位女性就业人员(万人)	Number of Female Employment in Urban Units (10 000 persons)	102.4	105.7
城镇登记失业人数(万人)	Number of Registered Unemployed Persons in Urban Areas (10 000 persons)	14.0	14.8
城镇登记失业率(%)	Registered Unemployment Rate in Urban Areas (%)	4.2	4.2

注：1.乡镇企业及乡镇私营、个体企业就业人员人数由于规范统计口径，2000年及以后的数据与1999年及以前的数据不可比。
2.2000年及以后就业人员人数，按一、二、三产业划分的就业人员人数，计算方法详见本篇末指标解释。

Note: a.The figures of township enterprises, township private units and individual enterprises recorded after 2000 can not be compared with those of 1999 due to the standardized statistical coverage.
b.Since 2000, the statistical method for employed persons in primary, secondary and tertiary industries has been adjusted. The detail is explained in the explanatory notes at the end of this part.

4-2 主要年份按三次产业分的年末就业人员数

Number of Employed Persons at Year-end by Type of Industry in Significant Years

单位：万人 (10 000 persons)

年份 Year	合计 Total	第一产业 Primary Industry	第二产业 Secondary Industry	第三产业 Tertiary Industry	构成 Percentage (%) (total=100) 第一产业 Primary Industry	第二产业 Secondary Industry	第三产业 Tertiary Industry
1980	1 404.0	1 194.0	113.1	96.9	85.0	8.1	6.9
1985	1 672.3	1 329.2	172.0	171.1	79.5	10.3	10.2
1987	1 777.5	1 411.1	182.9	183.5	79.4	10.3	10.3
1988	1 826.9	1 454.4	183.3	189.2	79.6	10.0	10.4
1989	1 880.7	1 503.2	183.9	193.6	79.9	9.8	10.3
1990	1 922.7	1 537.8	184.8	200.1	80.0	9.6	10.4
1992	2 032.6	1 612.9	198.0	221.7	79.4	9.9	10.7
1993	2 071.5	1 630.9	203.6	237.0	78.7	9.9	11.4
1994	2 108.7	1 642.1	215.8	250.8	77.9	10.2	11.9
1995	2 149.0	1 656.1	216.6	276.3	77.1	10.1	12.9
1996	2 186.2	1 596.9	242.7	346.6	73.0	11.1	15.9
1997	2 223.5	1 653.2	236.0	334.3	74.4	10.6	15.0
1998	2 240.5	1 687.5	232.0	321.0	75.3	10.4	14.3
1999	2 244.0	1 720.4	197.5	326.1	76.7	8.8	14.5
2000	2 295.4	1 695.9	210.4	389.2	73.9	9.2	17.0
2001	2 322.5	1 710.4	207.9	404.2	73.7	9.0	17.4
2002	2 341.3	1 715.8	206.5	419.0	73.3	8.8	17.9
2003	2 353.3	1 709.3	209.9	434.1	72.6	8.9	18.5
2004	2 401.4	1 711.9	218.4	471.1	71.3	9.1	19.6
2005	2 461.3	1 709.2	245.1	507.0	69.4	10.0	20.6
2006	2 517.6	1 697.0	262.5	558.2	67.4	10.4	22.2
2007	2 573.8	1 684.7	279.8	609.3	65.4	10.9	23.7
2008	2 638.4	1 678.4	298.6	661.4	63.6	11.3	25.1

注：2000年及以后就业人员人数，按一、二、三产业划分的就业人员人数计算方法有调整，详见本篇末指标解释。

Note: Starting from 2000, the statistical method for employed persons in primary, secondary and tertiary industries is adjusted. The detail is explained in the explanatory notes at the end of this part.

4-3 主要年份按城乡分的年末就业人员数

Number of Employed Persons at Year-end by Residence in Urban and Rural Areas in Significant Years

单位：万人 (10 000 persons)

年份 Year	就业人员 Total	城镇单位就业人员 Number of Employed Persons in Urban Entities					城镇个体和私营就业人员 Engaged Persons in Urban Private Enterprises and Self-employed Individuals	乡村就业人员 Rural Employed Persons
		职工人数 Number of Staff and Workers	国有单位 State-owned Economic Entities	集体单位 Collective-owned Economic Entities	其他单位 Other Types of Ownership	其他就业人员 Others		
1978	1 313.39	216.04	190.66	25.38			0.24	1 097.11
1980	1 404.03	229.82	200.67	29.15			0.83	1 173.38
1985	1 672.34	263.00	222.41	40.16	0.43		11.66	1 397.68
1990	1 922.65	291.87	249.26	41.94	0.67		13.75	1 617.03
1995	2 149.00	311.50	262.86	43.28	5.36	7.23	32.30	1 797.97
1998	2 240.50	295.10	245.20	30.50	19.40	9.10	57.50	1 878.80
1999	2 244.00	284.50	231.30	26.70	26.50	7.80	69.90	1 881.80
2000	2 295.40	273.40	220.60	23.70	29.10	6.80	66.40	1 948.80
2001	2 322.53	261.61	207.31	20.03	34.27	8.07	81.83	1 971.02
2002	2 341.25	249.26	195.78	16.62	36.86	8.77	92.54	1 990.68
2003	2 353.33	244.01	181.78	14.61	47.62	9.24	97.38	2 002.70
2004	2 401.39	235.43	171.15	12.24	51.74	10.52	125.45	2 029.99
2005	2 461.32	235.71	168.39	10.65	56.67	11.32	163.35	2 050.93
2006	2 517.60	247.98	170.98	12.63	64.37	11.24	159.28	2 099.10
2007	2 573.82	280.72	175.17	11.93	93.62	15.56	181.03	2 096.51
2008	2 638.37	286.73	177.78	10.44	98.51	16.77	222.13	2 112.74

4-4 各地区按城乡分的年末就业人员数（2008年）

Number of Employed Persons at Year-end by Residence in Urban and Rural Areas and by Region（2008）

单位：万人 (10 000 persons)

地区	Region	就业人员 Total	城镇单位就业人员 Urban Employed Persons					城镇个体和私营 Urban and Rural Self-employed Individuals and Private Enterprises	乡村就业人员 Rural Employed Persons
			职工人数 Number of Staff and Workers	国有单位 State-owned Economic Entities	集体单位 Collective-owned Economic Entities	其他单位 Other Types of Ownership	其他就业人员 Others		
全省合计	**Total**	**2 638.37**	**286.73**	**177.78**	**10.44**	**98.51**	**16.78**	**222.13**	**2 112.74**
昆明	Kunming	379.38	87.67	45.20	4.32	38.16	5.08	104.39	182.23
曲靖	Qujing	345.58	29.13	18.30	1.14	9.69	1.18	15.17	300.09
玉溪	Yuxi	141.22	16.97	9.06	0.51	7.40	0.77	11.33	112.16
保山	Baoshan	145.91	12.30	6.81	0.37	5.13	0.04	4.46	129.11
昭通	Zhaotong	281.19	16.52	12.99	0.57	2.96	0.22	8.18	256.28
丽江	Lijiang	69.36	7.02	4.44	0.21	2.37	0.52	3.13	58.69
思茅	Simao	144.28	10.99	8.08	0.26	2.65	2.63	8.80	121.86
临沧	Lincang	129.00	9.03	7.09	0.15	1.80	0.71	5.86	113.39
楚雄	Chuxiong	159.08	14.21	9.96	0.39	3.86	0.95	6.54	137.38
红河	Honghe	251.61	25.42	17.00	0.92	7.51	1.20	16.12	208.86
文山	Wenshan	203.96	13.05	9.63	0.30	3.11	0.66	7.19	183.05
西双版纳	Xishuangbanna	52.24	9.82	8.06	0.38	1.38	0.03	4.14	38.24
大理	Dali	206.56	20.20	10.47	0.55	9.18	1.88	8.35	176.13
德宏	Dehong	66.62	8.61	6.03	0.27	2.32	0.27	4.95	52.79
怒江	Nujiang	29.71	3.03	2.37	0.06	0.60	0.33	1.32	25.04
迪庆	Diqing	21.53	2.37	1.92	0.05	0.40	0.30	1.42	17.44

4-5 分行业年末职工人数（2007-2008年）

Number of Staff and Workers by Sector at Year-end（2007-2008）

单位：万人 (10000 persons)

行 业	Sector	2007年	2008年
合 计	**Total**	**280.72**	**286.73**
农、林、牧、渔业	Farming,Forestry,Animal Husbandry and Fishery	15.09	13.19
采矿业	Mining	11.93	10.85
制造业	Manufacturing	53.04	52.92
电力、燃气及水的生产和供应业	Production and Supply of Electricity, Gas and Water	7.45	7.74
建筑业	Construction	29.89	33.13
交通运输、仓储及邮政业	Transportation,Storage and Post	12.00	12.64
信息传输、计算机服务和软件业	Information Transmission, Computers Service and Software Service	2.94	3.03
批发和零售业	Wholesale and Retaile Trade	13.34	13.28
住宿和餐饮业	Hotel and Food Service	5.57	5.58
金融业	Banking	6.95	7.68
房地产业	Real Estate	2.91	3.14
租赁和商务服务业	Leasing Treade and Business Service	4.65	4.75
科学研究、技术服务和地质勘查业	Scientific Research, Technology Service and Geological Prospecting	5.44	5.80
水利、环境和公共设施管理业	Water Conservancy, Admistration of Environment and Public Facilities	4.22	4.22
居民服务和其他服务业	Services to Households and Other Services	0.55	0.56
教育	Education	47.89	49.47
卫生、社会保障和社会福利业	Health Care, Social Security and Social Welfare	13.08	13.60
文化、体育和娱乐业	Culture, Sports and Entertainment	3.35	3.04
公共管理和社会组织	Common Administration and Social Organization	40.43	42.12

4-6 各地区分行业年末城镇单位就业人员数（2008年）

Number of Employed Persons in Urban Entities at Year-end by Sector and Region（2008）

单位：人 (person)

地 区	Region	合 计 Total	农、林、牧、渔业 Farming, Forestry, Animal Husbandry and Fishery	采矿业 Mining	制造业 Manufacturing	电力、燃气及水的生产和供应业 Production and Supply of Electricity,Gas and Water
全省合计	**Total**	**3 035 037**	**142 975**	**115 233**	**565 778**	**79 597**
昆 明	Kunming	927 562	8 134	12 431	193 223	15 551
曲 靖	Qujing	303 129	5 523	31 502	72 155	10 974
玉 溪	Yuxi	177 396	3 820	9 440	49 810	4 707
保 山	Baoshan	123 446	5 599	1 366	19 923	2 886
昭 通	Zhaotong	167 371	3 548	11 972	13 984	4 898
丽 江	Lijiang	75 393	4 268	4 584	7 466	2 258
普 洱	Pu'er	136 213	14 785	1 823	28 583	4 067
临 沧	Lincang	97 480	4 923	3 278	15 902	3 968
楚 雄	Chuxiong	151 531	3 280	10 564	19 399	3 526
红 河	Honghe	266 249	11 776	11 712	73 658	9 902
文 山	Wenshan	137 112	7 598	6 827	12 447	5 225
西双版纳	Xishuangbanna	98 574	45 551	1 318	6 378	1 443
大 理	Dali	220 773	6 632	5 778	35 494	5 420
德 宏	Dehong	88 843	15 007	1 221	10 751	2 935
怒 江	Nujiang	33 585	1 475	20	5 362	1 062
迪 庆	Diqing	26 661	1 056	1 397	1 243	775

注：不含城镇规模以下私营个体就业人员。

Note: Employed persons in urban private enterprises under designated size are excluded.

4-6 续表1 continued

单位：人 (person)

地 区	Region	建筑业 Construction	交通运输、仓储和邮政业 Transportation, Storage and Post	信息传输、计算机服务和软件业 Information Transmission, Computer Service and Software Service	批发和零售业 Wholesale and Retail Trade	住宿和餐饮业 Hotel and Food Service
全省合计	**Total**	**360 089**	**136 562**	**38 072**	**139 040**	**58 051**
昆 明	Kunming	166 619	79 590	18 131	56 241	27 269
曲 靖	Qujing	34 141	5 119	1 641	8 940	2 099
玉 溪	Yuxi	11 324	3 543	643	15 650	2 843
保 山	Baoshan	21 958	3 083	1 251	6 162	1 036
昭 通	Zhaotong	9 671	5 827	1 686	4 460	561
丽 江	Lijiang	5 253	2 398	925	2 603	4 633
普 洱	Pu'er	9 261	4 144	1 586	3 372	820
临 沧	Lincang	2 375	4 141	949	2 607	812
楚 雄	Chuxiong	20 277	4 284	2 240	5 594	1 911
红 河	Honghe	24 035	6 651	2 759	9 187	3 897
文 山	Wenshan	8 352	4 884	1 455	4 966	1 086
西双版纳	Xishuangbanna	3 246	1 967	999	3 034	2 679
大 理	Dali	36 212	7 538	1 995	10 830	5 605
德 宏	Dehong	5 754	1 901	893	2 235	2 050
怒 江	Nujiang	1 076	1 107	423	737	301
迪 庆	Diqing	535	385	496	2 422	449

4-6 续表2 continued

单位：人 (person)

地 区	Region	金融业 Banking	房地产业 Real Estate	租赁和商务服务业 Leasing Treade and Business Service	科学研究、技术服务和地质勘查业 Scientific Research, Technology Service and Geological Prospecting	水利、环境和公共设施管理业 Water Conservancy, A dmistration of Environment and Public Facilities
全省合计	**Total**	**84 059**	**33 063**	**49 976**	**60 920**	**46 815**
昆 明	Kunming	26 351	18 903	31 958	35 038	10 182
曲 靖	Qujing	6 383	660	1 274	2 722	4 208
玉 溪	Yuxi	7 911	510	1 778	1 539	1 963
保 山	Baoshan	2 877	1 441	1 201	1 302	2 409
昭 通	Zhaotong	3 896	441	219	2 065	2 420
丽 江	Lijiang	2 188	328	1 089	980	2 512
普 洱	Pu'er	3 230	722	590	2 102	2 608
临 沧	Lincang	2 351	424	143	707	1 157
楚 雄	Chuxiong	5 250	246	631	1 782	3 001
红 河	Honghe	5 705	1 184	592	3 279	5 578
文 山	Wenshan	3 259	1 973	392	1 511	2 640
西双版纳	Xishuangbanna	2 269	461	715	1 737	1 915
大 理	Dali	8 137	5 347	6 883	3 170	2 930
德 宏	Dehong	2 443	264	2 061	1 861	1 032
怒 江	Nujiang	804	159	10	351	481
迪 庆	Diqing	1 005		440	774	1 779

4-6 续表3 continued

单位：人 (person)

地 区	Region	居民服务和其他服务业 Services to Households and Other Services	教育 Education	卫生、社会保障和社会福利业 Health Care, Social Security and Social Welfare	文化、体育和娱乐业 Culture, Sports and Entertainment	公共管理和社会组织 Common Administration and Social Organization
全省合计	**Total**	**6 065**	**506 440**	**142 027**	**31 517**	**438 758**
昆 明	Kunming	3 889	86 808	36 927	12 941	87 376
曲 靖	Qujing	460	66 530	11 312	2 030	35 456
玉 溪	Yuxi	141	26 581	9 089	1 463	24 641
保 山	Baoshan	112	25 759	6 229	713	18 139
昭 通	Zhaotong	115	51 672	8 324	940	40 672
丽 江	Lijiang	113	14 420	3 881	825	14 669
普 洱	Pu'er	37	25 485	7 929	1 269	23 800
临 沧	Lincang	36	24 588	5 415	1 417	22 287
楚 雄	Chuxiong	55	28 290	8 586	1 746	30 869
红 河	Honghe	188	44 980	12 809	2 336	36 021
文 山	Wenshan	95	39 508	8 168	1 758	24 968
西双版纳	Xishuangbanna	545	10 368	3 775	720	9 454
大 理	Dali	176	35 695	11 302	1 435	30 194
德 宏	Dehong	92	13 331	4 645	849	19 518
怒 江	Nujiang		7 332	2 166	632	10 087
迪 庆	Diqing	11	5 093	1 470	443	6 888

4-7 各地区城镇单位分行业年末职工人数（2008年）

Number of Staff and Workers in Urban Entities at Year-end by Sector and Region（2008）

单位：人 (person)

地 区	Region	合 计 Total	农、林、牧、渔业 Farming,Forestry, Animal Husbandry and Fishery	采矿业 Mining	制造业 Manufacturing	电力、燃气及水的生产和供应业 Production and Supply of Electricity,Gas and Water
全省合计	**Total**	**2 867 256**	**131 889**	**108 536**	**529 231**	**77 353**
昆 明	Kunming	876 746	7 975	12 281	186 346	15 449
曲 靖	Qujing	291 342	5 126	31 087	68 541	10 931
玉 溪	Yuxi	169 705	3 650	9 005	48 362	4 405
保 山	Baoshan	123 031	5 589	1 366	19 902	2 884
昭 通	Zhaotong	165 202	3 538	11 618	13 947	4 863
丽 江	Lijiang	70 221	3 707	4 580	7 301	2 228
普 洱	Puer	109 911	7 961	1 770	15 599	3 710
临 沧	Lincang	90 333	4 469	3 278	14 041	3 694
楚 雄	Chuxiong	142 068	3 023	9 018	18 679	3 415
红 河	Honghe	254 233	10 855	11 650	69 615	9 401
文 山	Wenshan	130 464	7 312	6 752	12 046	5 111
西双版纳	Xishuangbanna	98 245	45 512	1 314	6 349	1 443
大 理	Dali	201 993	5 730	2 579	33 416	5 139
德 宏	Dehong	86 112	14 914	1 221	10 721	2 906
怒 江	Nujiang	30 255	1 475	20	3 600	1 016
迪 庆	Diqing	23 676	1 053	997	766	758

4-7 续表1 continued

单位：人 (person)

地 区	Region	建筑业 Construction	交通运输、仓储和邮政业 Transportation, Storage and Post	信息传输、计算机服务和软件业 Information Transmission, Computers Service and Software Service	批发和零售业 Wholesale and Retail Trade	住宿和餐饮业 Hotel and Food Service
全省合计	**Total**	**331 262**	**126 433**	**30 332**	**132 786**	**55 778**
昆 明	Kunming	155 180	72 815	12 553	53 530	26 143
曲 靖	Qujing	30 046	4 959	1 437	8 351	1 968
玉 溪	Yuxi	10 412	3 284	616	15 378	2 673
保 山	Baoshan	21 946	3 059	1 248	6 143	1 035
昭 通	Zhaotong	9 668	5 750	1 686	4 366	561
丽 江	Lijiang	3 840	1 746	663	2 528	4 437
普 洱	Puer	7 074	3 870	963	3 181	760
临 沧	Lincang	2 228	3 823	931	2 340	812
楚 雄	Chuxiong	17 625	4 051	2 222	4 984	1 819
红 河	Honghe	22 874	6 483	2 642	8 990	3 751
文 山	Wenshan	6 490	4 746	947	4 628	1 079
西双版纳	Xishuangbanna	3 243	1 882	992	3 020	2 678
大 理	Dali	33 289	6 649	1 682	10 067	5 313
德 宏	Dehong	5 740	1 900	892	2 207	2 029
怒 江	Nujiang	1 076	1 047	423	679	301
迪 庆	Diqing	531	369	435	2 394	419

4-7 续表2 continued

单位：人 (person)

地 区	Region	金融业 Banking	房地产业 Real Estate	租赁和商务服务业 Leasing Treade and Business Service	科学研究、技术服务和地质勘查业 Scientific Research,Technology Service and Geological Prospecting	水利、环境和公共设施管理业 Water Conservancy, Administration of Environment and Public Facilities
全省合计	**Total**	**76 787**	**31 379**	**47 475**	**57 967**	**42 222**
昆 明	Kunming	25 598	17 845	29 934	32 338	9 344
曲 靖	Qujing	5 941	633	1 248	2 679	4 190
玉 溪	Yuxi	6 734	509	1 737	1 512	1 644
保 山	Baoshan	2 718	1 440	1 198	1 288	2 409
昭 通	Zhaotong	3 862	441	219	2 061	2 420
丽 江	Lijiang	2 101	328	1 047	958	1 685
普 洱	Puer	2 999	683	481	1 963	2 357
临 沧	Lincang	2 252	381	135	599	1 057
楚 雄	Chuxiong	4 743	237	620	1 746	2 676
红 河	Honghe	5 103	1 127	568	3 220	5 178
文 山	Wenshan	2 976	1 837	386	1 472	1 980
西双版纳	Xishuangbann	2 267	456	714	1 727	1 907
大 理	Dali	5 943	5 098	6 825	3 006	2 617
德 宏	Dehong	1 954	253	2 036	1 357	986
怒 江	Nujiang	757	111	10	351	386
迪 庆	Diqing	839		317	590	1 386

4-7 续表3 continued

单位：人 (person)

地 区 Region	居民服务和其他服务业 Services to Households and Other Services	教育 Education	卫生、社会保障和社会福利业 Health Care, Social Security and Social Welfare	文化、体育和娱乐业 Culture, Sports and Entertainment	公共管理和社会组织 Common Administration and Social Organization
全省合计 Total	**5 555**	**494 698**	**135 964**	**30 443**	**421 166**
昆 明 Kunming	3 432	84 746	36 079	12 647	82 011
曲 靖 Qujing	460	65 945	11 275	1 998	34 527
玉 溪 Yuxi	139	25 909	8 464	1 368	23 904
保 山 Baoshan	107	25 758	6 197	708	18 036
昭 通 Zhaotong	114	50 664	8 104	937	40 383
丽 江 Lijiang	112	13 923	3 854	824	14 359
普 洱 Puer	35	25 150	7 215	1 242	22 898
临 沧 Lincang	36	23 569	5 007	1 081	20 500
楚 雄 Chuxiong	55	27 810	8 246	1 737	29 362
红 河 Honghe	185	43 302	11 852	2 307	35 130
文 山 Wenshan	89	38 825	7 868	1 611	24 309
西双版纳 Xishuangbanna	541	10 364	3 740	720	9 376
大 理 Dali	168	33 959	10 199	1 395	28 919
德 宏 Dehong	71	13 324	4 537	829	17 735
怒 江 Nujiang		6 863	1 991	610	9 539
迪 庆 Diqing	11	4 587	1 336	429	6 459

4-8 各地区国有单位分行业年末职工人数（2008年）
Number of Staff and Workers in State-owned Entities at Year-end by Sector and Region（2008）

单位：人 (person)

地 区 Region	合 计 Total	农、林、牧、渔业 Farming,Forestry,Animal Husbandryand Fishery	采矿业 Mining	制造业 Manufacturing	电力、燃气及水的生产和供应业 Production and Supply of Electricity, Gas and Water
全省合计 Total	**1 777 753**	**126 323**	**38 825**	**135 093**	**42 468**
昆 明 Kunming	451 958	5 676	5 754	48 150	9 638
曲 靖 Qujing	183 005	5 113	10 173	22 583	7 491
玉 溪 Yuxi	90 620	3 351	3 592	4 773	3 169
保 山 Baoshan	68 082	5 570		271	308
昭 通 Zhaotong	129 915	3 538	781	5 631	3 031
丽 江 Lijiang	44 365	3 296	6	527	335
普 洱 Pu'er	80 773	6 891	808	3 227	2 137
临 沧 Lincang	70 921	4 442	2 869	2 470	2 376
楚 雄 Chuxiong	99 561	3 023	6 757	4 795	2 170
红 河 Honghe	169 974	10 467	5 547	35 148	5 434
文 山 Wenshan	96 331	7 261	1 669	2 129	934
西双版纳 Xishuangbanna	80 614	44 986		1 684	1 370
大 理 Dali	104 748	5 510		2 853	3 150
德 宏 Dehong	60 277	14 703	101	636	362
怒 江 Nujiang	23 669	1 475		99	150
迪 庆 Diqing	19 221	1 021	768	117	413

4-8 续表1 continued

单位：人 (person)

地 区	Region	建 筑 业 Construction	交通运输、仓储和邮政业 Transportation, Storage and Post	信息传输、计算机服务和软件业 Information Transmission, Computers Service and Software Service	批发和零售业 Wholesale and Retail Trade	住宿和餐饮业 Hotel and Food Service
全省合计	**Total**	**66 284**	**87 300**	**17 450**	**37 628**	**14 069**
昆 明	Kunming	54 896	49 073	5 186	7 764	8 318
曲 靖	Qujing	2 321	4 754	1 182	4 288	585
玉 溪	Yuxi	1 083	3 053	324	3 265	825
保 山	Baoshan	31	1 614	901	3 454	16
昭 通	Zhaotong	245	5 303	1 669	2 815	343
丽 江	Lijiang	266	1 642	547	979	464
普 洱	Pu'er	1 403	2 444	356	650	249
临 沧	Lincang	99	2 678	893	1 734	93
楚 雄	Chuxiong	2 035	3 074	1 623	1 964	479
红 河	Honghe	996	3 570	859	4 167	671
文 山	Wenshan	148	3 047	889	2 071	267
西双版纳	Xishuangbanna	286	1 337	925	321	520
大 理	Dali	1 889	3 345	598	2 922	1 063
德 宏	Dehong	140	1 040	661	601	120
怒 江	Nujiang		957	423	253	
迪 庆	Lincang	446	369	414	380	56

4-8 续表2 continued

单位：人 (person)

地 区	Region	金融业 Banking	房地产业 Real Estate	租赁和商务服务业 Leasing Treade and Business Service	科学研究、技术服务和地质勘查业 Scientific Research, Technology Service and Geological Prospecting	水利、环境和公共设施管理业 Water Conservancy, Admistration of Environment and Public Facilities
全省合计	**Total**	**35 999**	**4 220**	**15 776**	**52 117**	**36 362**
昆 明	Kunming	6 144	1 864	9 800	27 797	7 816
曲 靖	Qujing	3 185	432	1 145	2 593	3 072
玉 溪	Yuxi	4 143	154	257	1 485	1 640
保 山	Baoshan	1 566	160	706	1 153	1 716
昭 通	Zhaotong	2 146	39	26	2 061	2 159
丽 江	Lijiang	1 241	34	59	912	1 216
普 洱	Pu'er	1 488	218	173	1 951	2 273
临 沧	Lincang	1 473	63	100	657	1 019
楚 雄	Chuxiong	2 961	69	417	1 677	2 006
红 河	Honghe	3 165	514	238	3 188	5 161
文 山	Wenshan	1 597	292	110	1 462	1 790
西双版纳	Xishuangbanna	1 255	171	199	1 727	1 563
大 理	Dali	3 255	168	817	2 696	2 528
德 宏	Dehong	1 267	42	1 454	1 827	960
怒 江	Nujiang	568		4	351	386
迪 庆	Diqing	545		271	580	1 057

4-8 续表3 continued

单位：人 (person)

地 区	Region	居民服务和其他服务业 Services to Households and Other Services	教育 Education	卫生、社会保障和社会福利业 Health Care, Social Security and Social Welfare	文化、体育和娱乐业 Culture, Sports and Entertainment	公共管理和社会组织 Common Administration and Social Organization
全省合计	**Total**	**2 282**	**488 843**	**131 782**	**25 412**	**419 520**
昆 明	Kunming	981	79 379	33 989	9 317	80 416
曲 靖	Qujing	446	65 934	11 209	1 972	34 527
玉 溪	Yuxi	136	25 676	8 464	1 326	23 904
保 山	Baoshan	55	25 758	6 089	678	18 036
昭 通	Zhaotong	40	50 664	8 104	937	40 383
丽 江	Lijiang	60	13 899	3 752	773	14 357
普 洱	Pu'er	25	25 142	7 215	1 225	22 898
临 沧	Lincang	12	23 565	4 995	883	20 500
楚 雄	Chuxiong	49	27 783	8 178	1 139	29 362
红 河	Honghe	145	43 302	10 294	1 988	35 120
文 山	Wenshan	89	38 809	7 851	1 611	24 305
西双版纳	Xishuangbanna	134	10 340	3 740	680	9 376
大 理	Dali	52	33 858	10 085	1 040	28 919
德 宏	Dehong	47	13 284	4 490	823	17 719
怒 江	Nujiang		6 863	1 991	610	9 539
迪 庆	Diqing	11	4 587	1 336	410	6 440

4-9 各地区城镇集体单位分行业年末职工人数（2008年）

Number of Staff and Workers in Urban Collective-owned Entities at Year-end by Sector and Region（2008）

单位：人 (person)

地 区	Region	合 计 Total	农、林、牧、渔业 Farming,Forestry,Animal Husbandry and Fishery	采矿业 Mining	制造业 Manufacturing	电力、燃气及水的生产和供应业 Production and Supply of Electricity, Gas and Water
全省合计	**Total**	**104 430**	**506**	**2 793**	**21 081**	**896**
昆 明	Kunming	43 229	45	350	11 834	170
曲 靖	Qujing	11 406		202	1 424	332
玉 溪	Yuxi	5 056		24	612	60
保 山	Baoshan	3 672		16	1 038	
昭 通	Zhaotong	5 731			1 377	79
丽 江	Lijiang	2 139			530	
普 洱	Pu'er	2 623	17	5	305	
临 沧	Lincang	1 450			175	88
楚 雄	Chuxiong	3 886		496	58	50
红 河	Honghe	9 190	64	1 260	2 091	
文 山	Wenshan	3 005		128	178	66
西双版纳	Xishuangbanna	3 807	205	159	179	2
大 理	Dali	5 485	175		598	42
德 宏	Dehong	2 675		83	682	7
怒 江	Nujiang	615		20		
迪 庆	Diqing	461		50		

4-9 续表1 continued

单位：人 (person)

地　区 Region		建筑业 Construction	交通运输、仓储和邮政业 Transportation, Storage and Post	信息传输、计算机服务和软件业 Information Transmission, Computers Service and Software Service	批发和零售业 Wholesale and Retail Trade	住宿和餐饮业 Hotel and Food Service
全省合计	**Total**	**30 775**	**1 502**	**90**	**11 776**	**3 973**
昆　明	Kunming	15 362	752	42	3 754	2 431
曲　靖	Qujing	4 588	86		1 280	177
玉　溪	Yuxi	286			1 043	153
保　山	Baoshan	300		48	848	
昭　通	Zhaotong	2 125	310		217	
丽　江	Lijiang	569	34		248	59
普　洱	Pu'er	258			561	77
临　沧	Lincang	136			198	21
楚　雄	Chuxiong	831	93		210	
红　河	Honghe	2 760	161		796	72
文　山	Wenshan	624			800	16
西双版纳	Xishuangbanna	193	15		981	743
大　理	Dali	1 623	46		484	176
德　宏	Dehong	728	5		108	48
怒　江	Nujiang	392			89	
迪　庆	Diqing				159	

4-9 续表2 continued

单位：人 (person)

地　区 Region		金融业 Banking	房地产业 Real Estate	租赁和商务服务业 Leasing Treade and Business Service	科学研究、技术服务和地质勘查业 Scientific Research, Technology Service and Geological Prospecting	水利、环境和公共设施管理业 Water Conservancy, Admistration of Environment and Public Facilities
全省合计	**Total**	**17 675**	**941**	**5 797**	**948**	**1 963**
昆　明	Kunming	2 246	548	2 264	834	136
曲　靖	Qujing	2 224		68		944
玉　溪	Yuxi	1 225		1 477		4
保　山	Baoshan	921	30	311		2
昭　通	Zhaotong	1 620				
丽　江	Lijiang	563		10		
普　洱	Pu'er	1 111	31	164		84
临　沧	Lincang	757	2	9	42	
楚　雄	Chuxiong	1 587		10	33	439
红　河	Honghe	1 614	27	243		10
文　山	Wenshan	1 089		67		
西双版纳	Xishuangbanna	421	35	204		344
大　理	Dali	1 385	250	577	29	
德　宏	Dehong	580	18	369		
怒　江	Nujiang	114				
迪　庆	Diqing	218		24	10	

4-9 续表3 continued

单位：人 (person)

地 区	Region	居民服务和其他服务业 Services to Households and Other Services	教育 Education	卫生、社会保障和社会福利业 Health Care, Social Security and Social Welfare	文化、体育和娱乐业 Culture, Sports and Entertainment	公共管理和社会组织 Common Administration and Social Organization
全省合计	**Total**	**877**	**1191**	**840**	**129**	**677**
昆 明	Kunming	431	924	325	127	654
曲 靖	Qujing	4	11	66		
玉 溪	Yuxi	3	169			
保 山	Baoshan	50		108		
昭 通	Zhaotong	3				
丽 江	Lijiang		24	102		
普 洱	Pu'er		8		2	
临 沧	Lincang	6	4	12		
楚 雄	Chuxiong		11	68		
红 河	Honghe	11		71		10
文 山	Wenshan		16	17		4
西双版纳	Xishuangbanna	302	24			
大 理	Dali	67		33		
德 宏	Dehong			38		9
怒 江	Nujiang					
迪 庆	Diqing					

4-10 各地区其他单位分行业年末职工人数（2008年）

Number of Staff and Workers in Entities of Other Types of Ownership at Year-end by Sector and Region（2008）

单位：人 (person)

地 区	Region	合 计 Total	农、林、牧渔业 Farming,Forestry, Animal Husbandry and Fishery	采矿业 Mining	制造业 Manufacturing	电力、燃气及水的生产和供应业 Production and Supply of Electricity,Gas and Water
全省合计	**Total**	**985 073**	**5 060**	**66 918**	**373 057**	**33 989**
昆 明	Kunming	381 559	2 254	6 177	126 362	5 641
曲 靖	Qujing	96 931	13	20 712	44 534	3 108
玉 溪	Yuxi	74 029	299	5 389	42 977	1 176
保 山	Baoshan	51 277	19	1 350	18 593	2 576
昭 通	Zhaotong	29 556		10 837	6 939	1 753
丽 江	Lijiang	23 717	411	4 574	6 244	1 893
普 洱	Pu'er	26 515	1 053	957	12 067	1 573
临 沧	Lincang	17 962	27	409	11 396	1 230
楚 雄	Chuxiong	38 621		1 765	13 826	1 195
红 河	Honghe	75 069	324	4 843	32 376	3 967
文 山	Wenshan	31 128	51	4 955	9 739	4 111
西双版纳	Xishuangbanna	13 824	321	1 155	4 486	71
大 理	Dali	91 760	45	2 579	29 965	1 947
德 宏	Dehong	23 160	211	1 037	9 403	2 537
怒 江	Nujiang	5 971			3 501	866
迪 庆	Diqing	3 994	32	179	649	345

4-10 续表1 continued

单位：人 (person)

地区	Region	建筑业 Construction	交通运输、仓储和邮政业 Transportation, Storage and Post	信息传输、计算机服务和软件业 Information Transmission, Computers Service and Software Service	批发和零售业 Wholesale and Retail Trade	住宿和餐饮业 Hotel and Food Service
全省合计	**Total**	**234 203**	**37 631**	**12 792**	**83 382**	**37 736**
昆　明	Kunming	84 922	22 990	7 325	42 012	15 394
曲　靖	Qujing	23 137	119	255	2 783	1 206
玉　溪	Yuxi	9 043	231	292	11 070	1 695
保　山	Baoshan	21 615	1 445	299	1 841	1 019
昭　通	Zhaotong	7 298	137	17	1 334	218
丽　江	Lijiang	3 005	70	116	1 301	3 914
普　洱	Pu'er	5 413	1 426	607	1 970	434
临　沧	Lincang	1 993	1 145	38	408	698
楚　雄	Chuxiong	14 759	884	599	2 810	1 340
红　河	Honghe	19 118	2 752	1 783	4 027	3 008
文　山	Wenshan	5 718	1 699	58	1 757	796
西双版纳	Xishuangbanna	2 764	530	67	1 718	1 415
大　理	Dali	29 777	3 258	1 084	6 661	4 074
德　宏	Dehong	4 872	855	231	1 498	1 861
怒　江	Nujiang	684	90		337	301
迪　庆	Diqing	85		21	1 855	363

4-10 续表2 continued

单位：人 (person)

地区	Region	金融业 Banking	房地产业 Real Estate	租赁和商务服务业 Leasing Treade and Business Service	科学研究、技术服务和地质勘查业 Scientific Research, Technology Service and Geological Prospecting	水利、环境和公共设施管理业 Water Conservancy, Admistration of Environment and Public Facilities
全省合计	**Total**	**23 113**	**26 218**	**25 902**	**4 902**	**3 897**
昆　明	Kunming	17 208	15 433	17 870	4 207	1 392
曲　靖	Qujing	532	201	35	86	174
玉　溪	Yuxi	1 366	355	3	27	
保　山	Baoshan	231	1 250	181	135	691
昭　通	Zhaotong	96	402	193		261
丽　江	Lijiang	297	294	978	46	469
普　洱	Pu'er	400	434	144	12	
临　沧	Lincang	22	316	26		38
楚　雄	Chuxiong	195	168	193	36	231
红　河	Honghe	324	586	87	32	7
文　山	Wenshan	290	1 545	209	10	190
西双版纳	Xishuangbanna	591	250	311		
大　理	Dali	1 303	4 680	5 431	281	89
德　宏	Dehong	107	193	213	30	26
怒　江	Nujiang	75	111	6		
迪　庆	Diqing	76		22		329

4-10 续表3 continued

单位：人 (person)

地 区	Region	居民服务和其他服务业 Services to Households and Other Services	教育 Education	卫生、社会保障和社会福利业 Health Care, Social and Security Social Welfare	文化、体育和娱乐业 Culture, Sports and Entertainment	公共管理和社会组织 Common Administration and Social Organization
全省合计	**Total**	**2 396**	**4 664**	**3 342**	**4 902**	**969**
昆 明	Kunming	2 020	4 443	1 765	3 203	941
曲 靖	Qujing	10			26	
玉 溪	Yuxi		64		42	
保 山	Baoshan	2			30	
昭 通	Zhaotong	71				
丽 江	Lijiang	52			51	2
普 洱	Pu'er	10			15	
临 沧	Lincang	18			198	
楚 雄	Chuxiong	6	16		598	
红 河	Honghe	29		1 487	319	
文 山	Wenshan					
西双版纳	Xishuangbanna	105			40	
大 理	Dali	49	101	81	355	
德 宏	Dehong	24	40	9	6	7
怒 江	Nujiang					
迪 庆	Diqing				19	19

4-11 各地区城镇单位分登记注册类型年末就业人员数（2008年）

Number of Employed Persons in Urban Entities at Year-end by Status of Registration and Region（2008）

单位：人 (person)

地 区	Region	就业人员合计 Number of Employed Persons in Urban Entities	国有单位 State-owned Entities	城镇集体单位 Urban Collective-owned Entities	其他单位 Others
全省合计	**Total**	**3 035 037**	**1 777 753**	**112 044**	**1 065 023**
昆 明	Kunming	927 562	451 958	46 766	409 447
曲 靖	Qujing	303 129	183 005	12 687	104 122
玉 溪	Yuxi	177 396	90 620	5 504	77 103
保 山	Baoshan	123 446	68 082	3 677	51 340
昭 通	Zhaotong	167 371	129 915	5 751	29 951
丽 江	Lijiang	75 393	44 365	2 543	25 826
普 洱	Pu'er	136 213	80 773	2 761	42 104
临 沧	Lincang	97 480	70 921	1 521	20 464
楚 雄	Chuxiong	151 531	99 561	4 168	42 425
红 河	Honghe	266 249	169 974	9 869	76 848
文 山	Wenshan	137 112	96 331	3 039	34 039
西双版纳	Xishuangbanna	98 574	80 614	3 816	13 904
大 理	Dali	220 773	104 748	5 677	101 357
德 宏	Dehong	88 843	60 277	2 715	23 638
怒 江	Nujiang	33 585	23 669	618	7 884
迪 庆	Diqing	26 661	19 221	932	4 571

4-12 各地区城镇单位分企事业机关年末就业人员数(2008年)
Number of Employed Persons in Urban Entities at Year-end by Enterprise, Public Institution and, Government Agency and by Region(2008)

单位：人 (person)

地 区	Region	就业人员合计 Number of Employed Persons in Urban Entities	企业 Enterprises	事业 Public Institutions	机关 Government Agencies and Organizations
全省合计	**Total**	**3 035 037**	**1 745 233**	**831 857**	**407 947**
昆 明	Kunming	927 562	665 681	130 755	81 126
曲 靖	Qujing	303 129	172 822	95 234	35 073
玉 溪	Yuxi	177 396	106 447	49 324	21 625
保 山	Baoshan	123 446	64 575	41 984	16 887
昭 通	Zhaotong	167 371	55 918	71 871	39 582
丽 江	Lijiang	75 393	35 775	26 355	13 263
普 洱	Pu'er	136 213	65 846	48 363	22 004
临 沧	Lincang	97 480	38 584	37 401	21 495
楚 雄	Chuxiong	151 531	72 569	50 149	28 813
红 河	Honghe	266 249	149 777	81 665	34 807
文 山	Wenshan	137 112	52 575	60 884	23 653
西双版纳	Xishuangbanna	98 574	68 211	22 063	8 300
大 理	Dali	220 773	129 050	63 493	28 230
德 宏	Dehong	88 843	46 985	24 911	16 947
怒 江	Nujiang	33 585	10 529	13 219	9 837
迪 庆	Diqing	26 661	9 889	10 467	6 305

注：不含城镇规模以下私营及个体就业人员。
Note:Employed persons in urban private enterprises under designated size are excluded.

4-13 城镇单位分登记注册类型和细行业全部就业人员人数（2008年）
Number of Employed in Urban Entities by Status of Registration and Sector in Detail（2008）

单位：人 (person)

行 业	Sector	就业人员合计 Number of Employed Persons in Urban Entities	国有单位 State-owned Economy	城镇集体单位 Urban Collective-owned Entities	其他单位 Entities of Other Types of Ownership
全省合计	**Total**	**3 035 037**	**1 857 970**	**112 044**	**1 065 023**
按企业、事业、机关分组	**Grouped by Enterprises Institutions and Agencies and Organization**				
企业	Enterprises	1 745 233	577 829	107 149	1 060 255
事业	Institutions	881 857	872 725	4 364	4 768
机关	Agencies & Organizations	407 947	407 416	531	
按国民经济行业分组	**Grouped by Industry Sector**				
农、林、牧、渔业	**Farming,Forestry,Animal Husbandry and Fishery**	**142 975**	**136 729**	**516**	**5 730**
农业	Farming	34 759	32 016	98	2 645
林业	Forestry	62 389	60 015	226	2 148
畜牧业	Animal Husbandry	1 256	575	98	583
渔业	Fishery	77	63		14
农、林、牧、渔服务业	Farming,Forestry,Animal Husbandry and Fishery Services	44 494	44 060	94	340
采矿业	**Mining**	**115 233**	**40 691**	**3 233**	**71 309**
煤炭开采和洗选业	Coal Mining and Dressing	60 252	20 056	576	39 620
石油和天然气开采业	Petroleum and Natural Gas Extraction	232	57		175
黑色金属矿采选业	Ferrous Metals Mining and Dressing	8 820	2 342	130	6 348
有色金属矿采选业	Nonferrous Metals Mining and Dressing	34 632	10 737	2 107	21 788
非金属矿采选业	Nonmetal Minerals Mining and Dressing	8 301	4 564	420	3 317
其他采矿业	Other Minerals Mining	2 996	2 935		61
制造业	**Manufacturing**	**565 778**	**142 961**	**21 972**	**400 845**
农副食品加工业	Agricultural Non-staple Food Processing	45 281	8 725	436	36 120
食品制造业	Food Manufacturing	12 330	1 238	1 000	10 092
饮料制造业	Beverage Manufacturing	31 139	1 049	586	29 504
烟草制品业	Tobacco Production	30 876	26 578		4 298
纺织业	Textile Industry	11 973	20	1 258	10 695
纺织服装、鞋、帽制造业	Textile,Clothing, Footwear Production	2 717	665	931	1 121
皮革、毛皮、羽毛(绒)及其制品业	Leather, Furs, Down and Related Products	813	10	127	676
木材加工及木、竹、藤、棕、草制品业	Timber Processing, Bamboo, Cane, Palm Fiber and Straw Products	13 132	3 146	597	9 389

注：不含城镇规模以下私营及个体就业人员。
Note: Employed persons in urban private enterprises under designated size are excluded.

4-13 续表1 continued

单位：人 (person)

行业	Sector	就业人员合计 Number of Employed Persons in Urban Entities	国有单位 State-owned Economy	城镇集体单位 Urban Collective-owned Entities	其他单位 Entities of Other Types of Ownership
家具制造业	Furniture Manufacturing	1 983	1 051	231	701
造纸及纸制品业	Papermaking and Paper Products	13 752	1 559	2 363	9 830
印刷业和记录媒介的复制	Printing and Record Medium Reproduction	13 325	2 121	1 292	9 912
文教体育用品制造业	Cultural, Educational and Sports Goods	243	54	76	113
石油加工、炼焦及核燃料加工业	Petroleum Processing,Coking and Nuclear Fuel Processing	8 421	371		8 050
化学原料及化学制品制造业	Raw Chemical Materials and Chemical Products	71 731	21 161	1 082	49 488
医药制造业	Medical and Pharmaceutical Products	14 167	1 185	405	12 577
化学纤维制造业	Chemical Fiber Manufacturing	335		2	333
橡胶制品业	Rubber Products	2 361	1 037	145	1 179
塑料制品业	Plastic Products	6 646	219	1 210	5 217
非金属矿物制品业	Nonmetal Mineral Products	48 837	3 008	3 537	42 292
黑色金属冶炼及压延加工业	Smelting and Pressing of Ferrous Metals	57 367	20 169	1 292	35 906
有色金属冶炼及压延加工业	Smelting and Pressing of Nonferrous Metals	98 584	30 182	583	67 819
金属制品业	Metal Products	6 775	821	1 206	4 748
通用设备制造业	General-purpose Machinery Manufacturing	18 914	4 047	1 602	13 265
专用设备制造业	Special Purposes Equipment	21 065	7 053	284	13 728
交通运输设备制造业	Transport Equipment	16 279	5 841	538	9 900
电气机械及器材制造业	Electric Equipment and Machinery	7 970	1 023	588	6 359
通信设备、计算机及其他电子设备制造业	Communication Equipment, Computers and Other Electronic Equipment Production	2 075	501	10	1 564
仪器仪表及文化、办公用机械制造业	Instruments, Meters, Cultural and Clerical Machinery	4 631	95	74	4 462
工艺品及其他制造业	Handicraft Articles and Other Goods Production	1 934	32	468	1 434
废弃资源和废旧材料回收加工业	Discarded Resources and Waste Materials Recovery and Processing	122		49	73
电力、燃气及水的生产和供应业	**Production and Supply of Electric Power,Gas and Water**	**79 597**	**43 788**	**957**	**34 852**
电力、热力的生产和供应业	Production and Supply of Electric Power and Heat	67 708	35 865	665	31 178
燃气生产和供应业	Gas Production and Supply	3 737	3 184		553
水的生产和供应业	Water Production and Supply	8 152	4 739	292	3 121
建筑业	**Construction**	**360 089**	**67 600**	**33 003**	**259 486**
房屋和土木工程建筑业	House Building and civil Engineering	327 662	63 572	29 327	234 763
建筑安装业	Construction Installation	15 722	3 087	2 919	9 716
建筑装饰业	Building Fiting up and Decoration	12 149	140	682	11 327
其他建筑业	Other Construction	4 556	801	75	3 680
交通运输、仓储和邮政业	**Transport, Storage and Post**	**136 562**	**96 369**	**1 912**	**38 281**
铁路运输业	Railway transport	44 360	44 245		115
道路运输业	Highway Transport	44 886	29 460	635	14 791
城市公共交通业	Urban Public Transit	13 379	1 965	483	10 931

4-13 续表2 continued

单位：人 (person)

行业	Sector	就业人员合计 Number of Employed Persons in Urban Entities	国有单位 State- owned Economy	城镇集体单位 Urban Collective-owned Entities	其他单位 Entities of Other Types of Ownership
水上运输业	Water Way Transport	506	334		172
航空运输业	Air Transport	10 303	4 360	15	5 928
管道运输业	Pipeline Transport	3	3		
装卸搬运和其他运输服务业	Lording, Unlording, Carrying and Other Transport Services	6 528	1 001	623	4 904
仓储业	Storage	2 670	1 360	134	1 176
邮政业	Postal	13 927	13 641	22	264
信息传输、计算机服务和软件业	**Information Transmission Computer Service and Software Service**	**38 072**	**20 160**	**105**	**17 807**
电信和其他信息传输服务业	Telecommunication and Other Information Transmission Service	34 809	19 747	47	15 015
计算机服务业	Computer Service	1 705	170	7	1 528
软件业	Software Service	1 558	243	51	1 264
批发和零售业	**Wholesale and Retail Trade**	**139 040**	**39 343**	**12 742**	**86 955**
批发业	Wholesale	72 301	31 776	4 499	36 026
零售业	Retail Trade	66 739	7 567	8 243	50 929
住宿和餐饮业	**Hotel and Food Service**	**58 051**	**14 787**	**4 229**	**39 035**
住宿业	Hotel	50 290	13 841	3 722	32 727
餐饮业	Food Service	7 761	946	507	6 308
金融业	**Finance and Insurance**	**84 059**	**38 544**	**17 975**	**27 540**
银行业	Banking	65 071	31 349	17 751	15 971
证券业	Securities Industry	883	115		768
保险业	Insurance	17 121	6 626		10 495
其他金融活动	Other Financial Trade	984	454	224	306
房地产业	**Real Estate Trade**	**33 063**	**4 334**	**991**	**27 738**
房地产开发经营	Development and Operation of Real Estate Trade	17 397	1 984	155	15 258
物业管理	Substance Management	10 852	773	365	9 714
房地产中介服务	Real Estate Agency Service	2 671	572	179	1 920
租赁和商务服务业	**Leasing Treade and Business Service**	**49 976**	**16 237**	**6 596**	**27 143**
租赁业	Leasing Treade	836	54	38	744
商务服务业	Commercial Serive	49 140	16 183	6 558	26 399
科学研究、技术服务和地质勘查业	**Scientific Research,Technology Service and Geological Prospecting**	**60 920**	**53 625**	**1 404**	**5 891**
研究与试验发展	R & D	16 444	15 566	30	848
自然科学研究与试验发展	R & D of Science Technology	2 588	2 417		171
工程和技术研究与试验发展	R & D of Engineering Technology	6 207	5 635	2	570
农业科学研究与试验发展	R & D of Agriculture Science	5 720	5 639	8	73
医学研究与试验发展	R & D of Medicine	747	693	20	34
社会人文科学研究与试验发展	R & D of Social Literate Humaniores	1 182	1 182		
专业技术服务业	Professional Technology Service	25 178	20 378	783	4 017

4-13 续表3 continued

单位：人 (person)

行业	Sector	就业人员合计 Number of Employed Persons in Urban Entities	国有单位 State-owned Economy	城镇集体单位 Urban Collective-owned Entities	其他单位 Entities of Other Types of Ownership
#气象服务	Werther Service	2 108	2 101		7
地震服务	Earthquake Service	1 635	1 635		
海洋服务	Ocean Service				
测绘服务	Mapping Service	1 073	883		190
技术检测	Technology Service	3 381	3 079	40	262
环境监测	Environment	1 120	1 120		
工程技术与规划管理	Engineering Technology and Programming Administration	14 540	10 644	604	3 292
科技交流和推广服务业	Communion and Popularizing of Science Technology	11 478	10 177	539	762
地质勘查业	Geological Prospecting	7 820	7 504	52	264
水利、环境和公共设施管理业	**Water Conservancy, Admistration of Environment and Public facilities**	**46 815**	**40 390**	**1 969**	**4 456**
水利管理业	Water Conservancy Admistrition	11 330	11 299	11	20
环境管理业	Admistration of Environment	21 037	18 012	1 699	1 326
公共设施管理业	Admistration of Public facilities	14 448	11 079	259	3 110
居民服务和其他服务业	**Services to Households and Other Services**	**6 065**	**2 356**	**901**	**2 808**
居民服务业	Services to Households	3 270	1 252	511	1 507
其他服务业	Other Services	2 795	1 104	390	1 301
教育	**Education**	**506 440**	**499 517**	**1 560**	**5 363**
#初等教育	Primary Education	256 098	255 219	27	852
中等教育	Secondary Education	180 367	179 164	64	1 139
高等教育	Higher Education	33 591	32 069	549	973
卫生、社会保障和社会福利业	**Health Care, Social Security and Social Welfare**	**142 027**	**137 503**	**959**	**3 565**
卫生	Health Care	136 128	131 813	936	3 379
社会保障业	Social Security	3 568	3 518		50
社会福利业	Social Welfare	2 331	2 172	23	136
文化、体育和娱乐业	**Culture, Sports and Entertainment**	**31 517**	**26 137**	**141**	**5 239**
新闻出版社	News and Publishing	3 209	3 195		14
广播、电视、电影和音像业	Broadcast, Television,Filmdom and Audio & Video Production	8 030	7 146	39	845
文化艺术业	Culture and Arts	12 624	12 441		183
体育	Sports	2 320	1 268	22	1 030
娱乐业	Entertainment	5 334	2 087	80	3 167
公共管理和社会组织	**Common Administration and Social Organization**	**438 758**	**436 899**	**879**	**980**
#中国共产党机关	Organs of Communist Party of China	22 698	22 666		32
国家机构	Government Agencies of Country	400 909	400 528	381	
人民政协和民主党派	Chinese People's Political Consultative Conferences and Democracy Parties	5 453	5 449	4	
群众社团、社会团体和宗教组织	Mass Groups, Social Groups and Religion Organization	8 221	7 093	180	948

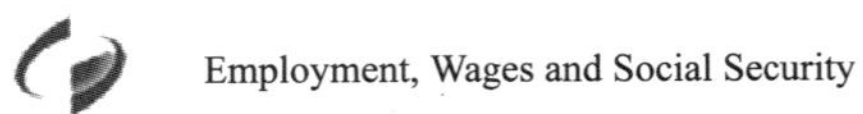

4-14 城镇单位分登记注册类型和细行业女性就业人员人数（2008年）
Number of Female Employed in Urban Entities by Status of Registration and Sector in Detail（2008）

单位：人 (person)

行业	Sector	女性就业人员合计 Number of Female Employed Persons in Urban Entities	国有单位 State-owned Economy	城镇集体单位 Urban Collective-owned Entities	其他单位 Entities of Other Types of Ownership
全省合计	**Total**	**1 057 067**	**705 426**	**35 001**	**316 640**
按企业、事业、机关分组	**Grouped by Enterprises Institutions and Agencies**				
企业	Enterprises	540 597	193 950	32 670	313 977
事业	Institutions	405 247	400 455	2 129	2 663
机关	Agencies & Organizations	111 223	111 021	202	
按国民经济行业分组	**Grouped by Sector**				
农、林、牧、渔业	**Farming,Forestry,Animal Husbandry and Fishery**	**53 593**	**51 473**	**229**	**1 891**
农业	Farming	14 504	13 438	37	1 029
林业	Forestry	25 686	24 991	123	572
畜牧业	Animal Husbandry	460	219	38	203
渔业	Fishery	18	12		6
农、林、牧、渔服务业	Farming,Forestry,Animal Husbandry and Fishery Services	12 925	12 813	31	81
采矿业	**Mining**	**19 027**	**10 222**	**888**	**7 917**
煤炭开采和洗选业	Coal Mining and Dressing	8 637	5 693	128	2 816
石油和天然气开采业	Petroleum and Natural Gas Extraction	74	19		55
黑色金属矿采选业	Ferrous Metals Mining and Dressing	1 640	574	10	1 056
有色金属矿采选业	Nonferrous Metals Mining and Dressing	5 824	1 779	656	3 389
非金属矿采选业	Nonmetal Minerals Mining and Dressing	2 182	1 498	94	590
其他采矿业	Other Minerals Mining	670	659		11
制造业	**Manufacturing**	**189 326**	**52 320**	**9 030**	**127 976**
农副食品加工业	Agricultural Non-staple Food Processing	16 833	3 717	196	12 920
食品制造业	Food Manufacturing	5 385	486	615	4 284
饮料制造业	Beverage Manufacturing	14 134	422	201	13 511
烟草制品业	Tobacco Production	13 330	11 040		2 290
纺织业	Textile Industry	8 832	12	970	7 850
纺织服装、鞋、帽制造业	Textile,Clothing, Footwear Production	1 819	503	659	657
皮革、毛皮、羽毛(绒)及其制品业	Leather, Furs, Down and Related Products	596	5	86	505
木材加工及木、竹、藤、棕、草制品业	Timber Processing, Bamboo, Cane, Palm Fiber and Straw Products	4 842	1 224	183	3 435
家具制造业	Furniture Manufacturing	692	377	67	248
造纸及纸制品业	Papermaking and Paper Products	4 783	472	930	3 381
印刷业和记录媒介的复制	Printing and Record Medium Reproduction	6 190	897	653	4 640
文教体育用品制造业	Cultural, Educational and Sports Goods	98	21	27	50
石油加工、炼焦及核燃料加工业	Petroleum Processing,Coking and Nuclear Fuel Processing	1 535	101		1 434

4-14 续表1 continued

单位：人 (person)

行 业	Sector	女性就业人员合计 Number of Female Employed Persons in Urban Entities	国有单位 State-owned Economy	城镇集体单位 Urban Collective-owned Entities	其他单位 Entities of Other Types of Ownership
化学原料及化学制品制造业	Raw Chemical Materials and Chemical Products	22 073	8 606	409	13 058
医药制造业	Medical and Pharmaceutical Products	6 959	564	220	6 175
化学纤维制造业	Chemical Fiber Manufacturing	61		1	60
橡胶制品业	Rubber Products	968	448	35	485
塑料制品业	Plastic Products	3 222	93	521	2 608
非金属矿物制品业	Nonmetal Mineral Products	12 927	955	953	11 019
黑色金属冶炼及压延加工业	Smelting and Pressing of Ferrous Metals	14 449	5 953	516	7 980
有色金属冶炼及压延加工业	Smelting and Pressing of Nonferrous Metals	25 862	10 518	156	15 188
金属制品业	Metal Products	1 858	205	457	1 196
通用设备制造业	General-purpose Machinery Manufacturing	4 804	1 082	520	3 202
专用设备制造业	Special Purposes Equipment	6 293	2 398	96	3 799
交通运输设备制造业	Transport Equipment	4 353	1 597	150	2 606
电气机械及器材制造业	Electric Equipment and Machinery	2 591	358	174	2 059
通信设备、计算机及其他电子设备制造业	Communication Equipment, Computers and Other Electronic Equipment Production	712	215	4	493
仪器仪表及文化、办公用机械制造业	Instruments, Meters, Cultural and Clerical Machinery	2 124	34	32	2 058
工艺品及其他制造业	Handicraft Articles and Other Goods Production	958	17	188	753
废弃资源和废旧材料回收加工业	Discarded Resources and Waste Materials Recovery and Processing	43		11	32
电力、燃气及水的生产和供应业	**Production and Supply of Electric Power,Gas and Water**	**25 690**	**14 146**	**380**	**11 164**
电力、热力的生产和供应业	Production and Supply of Electric Power and Heat	21 205	11 119	269	9 817
燃气生产和供应业	Gas Production and Supply	1 104	930		174
水的生产和供应业	Water Production and Supply	3 381	2 097	111	1 173
建筑业	**Construction**	**49 599**	**9 667**	**4 851**	**35 081**
房屋和土木工程建筑业	House Building and Civil Engineering	42 875	8 808	3 761	30 306
建筑安装业	Construction Installation	3 303	719	888	1 696
建筑装饰业	Building Fiting up and Decoration	2 542	17	168	2 357
其他建筑业	Other Construction	879	123	34	722
交通运输、仓储和邮政业	**Transport, Storage and Post**	**40 187**	**27 605**	**477**	**12 105**
铁路运输业	Railway Transport	9 703	9 666		37
道路运输业	Highway Transport	15 556	10 055	244	5 257
城市公共交通业	Urban Public Transit	3 888	643	89	3 156
水上运输业	Water Way Transport	139	103		36
航空运输业	Air Transport	3 540	1 243	8	2 289
管道运输业	Pipeline Transport	2	2		
装卸搬运和其他运输服务业	Lording, Unlording, Carrying and Other Transport Services	1 288	357	100	831

4-14 续表2 continued

单位：人 (person)

行 业	Sector	女性就业人员合计 Number of Female Employed Persons in Urban Entities	国有单位 State-owned Economy	城镇集体单位 Urban Collective-owned Entities	其他单位 Entities of Other Types of Ownership
仓储业	Storage	925	483	31	411
邮政业	Postal	5 146	5 053	5	88
信息传输、计算机服务和软件业	**Information Transmission Computer Service and Software Service**	**15 800**	**8 360**	**28**	**7 412**
电信和其他信息传输服务业	Telecommunication And Other Information Transmission Service	14 886	8 206	8	6 672
计算机服务业	Computer Service	467	69	1	397
软件业	Software Service	447	85	19	343
批发和零售业	**Wholesale and Retail Trade**	**63 004**	**14 362**	**5 251**	**43 391**
批发业	Wholesale	27 146	10 920	1 693	14 533
零售业	Retail Trade	35 858	3 442	3 558	28 858
住宿和餐饮业	**Hotel and Food Service**	**33 204**	**8 462**	**2 451**	**22 291**
住宿业	Hotel and Food Service	28 908	7 934	2 175	18 799
餐饮业	Food Service	4 296	528	276	3 492
金融业	**Finance and Insurance**	**37 726**	**17 469**	**6 269**	**13 988**
银行业	Banking	28 549	13 482	6 224	8 843
证券业	Securities Industry	389	40		349
保险业	Insurance	8 371	3 708		4 663
其他金融活动	Other Financial Trade	417	239	45	133
房地产业	**Real Estate Trade**	**11 452**	**1 683**	**454**	**9 315**
房地产开发经营	Development and Operation of Real Estate Trade	6 165	766	58	5 341
物业管理	Substance Management	3 456	276	182	2 998
房地产中介服务	Real Estate Agency Service	910	232	92	586
租赁和商务服务业	**Leasing Treade and Business Service**	**16 658**	**4 979**	**1 128**	**10 551**
租赁业	Leasing Treade	366	31	11	324
商务服务业	Commercial Serive	16 292	4 948	1 117	10 227
科学研究、技术服务和地质勘查业	**Scientific Research, Technology Service and Geological Prospecting**	**19 114**	**17 042**	**448**	**1 624**
研究与试验发展	R & D	5 201	5 020	10	171
自然科学研究与试验发展	R & D of Science Technology	874	846		28
工程和技术研究与试验发展	R & D of Engineering Technology	1 898	1 792	1	105
农业科学研究与试验发展	R & D of Agriculture Science	1 562	1 533	4	25
医学研究与试验发展	R & D of Medicine	382	364	5	13
社会人文科学研究与试验发展	R & D of Social Literate Humanriores	485	485		
专业技术服务业	**Professional Technology Service**	**8 136**	**6 750**	**244**	**1 142**
#气象服务	Werther Service	768	765		3
地震服务	Earthquake Service	591	591		
海洋服务	Ocean Service				
测绘服务	Mapping Service	371	297		74

4-14　续表3　continued

单位：人　(person)

行　业	Sector	女性就业人员合计 Number of Employed Persons in Urban Entities	国有单位 State-owned Economy	城镇集体单位 Urban Collective-owned Entities	其他单位 Entities of Other Types of Ownership
技术检测	Technology Service	1 250	1 171	3	76
环境监测	Environment	430	430		
工程技术与规划管理	Engineering Technology and Programming Administration	4 291	3 195	195	901
科技交流和推广服务业	Communion and Popularizing of Science Technology	3 732	3 296	179	257
地质勘查业	Geological Prospecting	2 045	1 976	15	54
水利、环境和公共设施管理业	**Water Conservancy, Admistration of Environment and Public facilities**	**20 426**	**17 038**	**1 199**	**2 189**
水利管理业	Water Conservancy Admistrition	2 867	2 857	4	6
环境管理业	Admistration of Environment	11 370	9 522	1 089	759
公共设施管理业	Admistration of Public facilities	6 189	4 659	106	1 424
居民服务和其他服务业	**Services to Households and Other Services**	**2 200**	**646**	**276**	**1 278**
居民服务业	Services to Households	1 421	436	119	866
其他服务业	Other Services	779	210	157	412
教育	**Education**	**232 918**	**229 050**	**719**	**3 149**
#初等教育	Primary Education	115 342	114 786	15	541
中等教育	Secondary Education	81 329	80 707	37	585
高等教育	Higher Education	15 193	14 458	242	493
卫生、社会保障和社会福利业	**Health Care, Social Security and Social Welfare**	**90 913**	**87 768**	**610**	**2 535**
卫生	Health Care	87 968	84 977	592	2 399
社会保障业	Social Security	1 814	1 774		40
社会福利业	Social Welfare	1 131	1 017	18	96
文化、体育和娱乐业	**Culture, Sports and Entertainment**	**13 844**	**11 560**	**38**	**2 246**
新闻出版社	News and Publishing	1 210	1 204		6
广播、电视、电影和音像业	Broadcast, Television,Filmdom and Audio & Video Production	3 128	2 785	9	334
文化艺术业	Culture and Arts	6 211	6 124		87
体育	Sports	743	467	5	271
娱乐业	Entertainment	2 552	980	24	1 548
公共管理和社会组织	**Common Administration and Social Organization**	**122 386**	**121 574**	**275**	**537**
#中国共产党机关	Organs of Communist Party of China	5 934	5 924		10
国家机构	Government Agencies of Country	110 952	110 856	96	
人民政协和民主党派	Chinese People's Political Consultative Conferences and Democracy Parties	1 400	1 400		
群众社团、社会团体和宗教组织	Mass Groups, Social Groups and Religion Organization	3 465	2 876	62	527

4-15 各地区私营企业年末就业人员人数（2008年）

Number of Employed Persons in Private Enterprises at Year-end by Region（2008）

单位：户、人 (enterprises, persons)

地区	Region	合计 Total 户数 Number of Enterprises	合计 Total 就业人数 Number of Employed Persons	城镇 Urban Areas 户数 Number of Enterprises	城镇 Urban Areas 就业人数 Number of Employed Persons	乡村 Rural Areas 户数 Number of Enterprises	乡村 Rural Areas 就业人数 Number of Employed Persons
全省合计	**Total**	**116 425**	**1 788 336**	**99 012**	**1 426 401**	**17 413**	**361 935**
昆明	Kunming	56 297	654 000	54 054	615 292	2 243	38 708
曲靖	Qujing	8 378	163 037	5 602	87 077	2 776	75 960
玉溪	Yuxi	6 217	116 351	4 620	69 918	1 597	46 433
保山	Baoshan	2 728	53 299	1 972	43 644	756	9 655
昭通	Zhaotong	3 563	71 849	2 264	48 626	1 299	23 223
丽江	Lijiang	2 435	39 126	1 706	20 605	729	18 521
普洱	Pu'er	2 908	73 791	2 360	52 711	548	21 080
临沧	Lincang	1 870	42 840	1 258	30 261	612	12 579
楚雄	Chuxiong	4 552	89 573	2 373	54 265	2 179	35 309
红河	Honghe	6 069	142 059	5 211	123 111	858	18 948
文山	Wenshan	3 033	51 182	2 442	40 007	591	11 175
西双版纳	Xishuangbanna	2 801	29 187	2 111	24 445	690	4 742
大理	Dali	4 574	82 437	3 285	62 320	1 289	20 117
德宏	Dehong	2 789	31 012	2 165	19 923	624	11 089
怒江	Nujiang	778	12 768	482	7 870	296	4 898
迪庆	Diqing	713	21 472	398	8 252	315	13 220

4-16 各地区年末个体就业人员人数（2008年）

Number of Self-employed Individuals at Year-end by Region（2008）

单位：户、人 (enterprises, persons)

地区	Region	合计 Total 户数 Number of Enterprises	合计 Total 就业人数 Number of Employed Persons	城镇 Urban Areas 户数 Number of Enterprises	城镇 Urban Areas 就业人数 Number of Employed Persons	乡村 Rural Areas 户数 Number of Enterprises	乡村 Rural Areas 就业人数 Number of Employed Persons
全省合计	**Total**	**858 310**	**1 777 389**	**530 573**	**1 206 145**	**327 737**	**571 244**
昆明	Kunming	211 627	617 251	145 763	499 561	65 864	117 690
曲靖	Qujing	90 112	165 198	59 255	116 634	30 857	48 564
玉溪	Yuxi	62 202	146 132	39 804	91 092	22 398	55 040
保山	Baoshan	40 322	54 673	18 766	26 529	21 556	28 144
昭通	Zhaotong	57 798	107 578	30 091	53 717	27 707	53 861
丽江	Lijiang	21 391	36 899	15 121	25 079	6 270	11 820
普洱	Pu'er	41 662	105 127	27 446	64 858	14 216	40 269
临沧	Lincang	31 414	54 116	19 140	37 704	12 274	16 412
楚雄	Chuxiong	49 209	86 246	26 334	45 364	22 875	40 882
红河	Honghe	75 436	125 208	46 780	74 522	28 656	50 686
文山	Wenshan	49 376	71 843	28 956	46 759	20 420	25 084
西双版纳	Xishuangbanna	24 044	47 463	11 586	22 547	12 458	24 916
大理	Dali	63 407	90 584	36 012	53 978	27 395	36 606
德宏	Dehong	26 059	52 376	18 529	40 679	7 530	11 697
怒江	Nujiang	6 296	11 086	2 561	5 301	3 735	5 785
迪庆	Diqing	7 435	11 811	4 070	5 968	3 365	5 843

4-17 城镇私营企业年末分行业就业人数（2007-2008年）

Number of Employed Persons in Urban Private Enterprises at Year-end by Sector（2007-2008）

单位：万人

行业	Sector	2007年	2008年
合计	**Total**	**102.34**	**142.64**
农、林、牧、渔业	Farming,Forestry,Animal Husbandry and Fishery	3.54	4.73
采矿业	Mining	3.01	6.05
制造业	Manufacturing	19.26	28.54
电力、煤气及水的生产和供应业	Production and Supply of Electricity,Gas and Water	1.38	2.05
建筑业	Construction	14.50	17.71
交通运输、仓储及邮电通讯业	Transport,Storage,Post and Telecommunication Services	2.32	3.85
信息传输、计算机服务和软件业	Information Transmission, Computers Service and Software Service	3.52	4.22
批发和零售业	Wholesale and Retail Trade & Food Services	32.32	44.32
住宿和餐饮业	Hotel and Food Service	2.93	3.94
房地产业	Real Estate Trade	4.54	6.57
租赁和商务服务业	Leasing Treade and Business Service	6.78	9.46
居民服务和其他服务业	Services to Households and Other Services	3.04	4.17
卫生、社会保障和社会福利业	Health Care, Social Security and Social Welfare	0.65	0.87
文化、体育和娱乐业	Culture, Sports and Entertainment	1.03	1.34
其他合计	Others	3.52	4.81

4-18 城镇个体就业人员年末分行业就业人数(2007-2008年)

Number of Self-employed Individuals in Urban Areas at Year-end by Sector(2007-2008)

单位：万人 (10 000 persons)

行业	Sector	2007年	2008年
合计	**Total**	**105.69**	**120.61**
农、林、牧、渔业	Farming,Forestry,Animal Husbandry and Fishery	0.44	0.46
采矿业	Mining	0.35	0.38
制造业	Manufacturing	7.91	7.72
电力、煤气及水的生产和供应业	Production and Supply of Electricity,Gas and Water	0.02	0.02
建筑业	Construction	0.28	0.27
交通运输、仓储及邮电通讯业	Transport,Storage,Post and Telecommunication Services	2.57	1.77
信息传输、计算机服务和软件业	Information Transmission,Computers Service and Software Service	0.52	0.56
批发和零售业	Wholesale and Retail Trade & Food Services	62.44	76.61
住宿和餐饮业	Hotel and Food Service	16.82	18.11
房地产业	Real Estate Trade	0.01	0.02
租赁和商务服务业	Leasing Treade and Business Service	0.86	0.89
居民服务和其他服务业	Services to Households and Other Services	10.59	11.09
卫生、社会保障和社会福利业	Health Care, Social Security and Social Welfare	0.86	0.87
文化、体育和娱乐业	Culture, Sports and Entertainment	1.49	1.45
其他合计	Others	0.54	0.41

4-19 主要年份全部职工工资总额和指数

Total Wages of Staff and Workers and Related Indices in Significant Years

单位：万元，%　　(10 000 yuan, %)

年 份 Year	职工工资总额 Total Wages				工资总额指数 Indices of Total Wages			
	合 计 Total	国有单位 State-owned Entities	城镇集体单位 Urban Collective-owned Entities	其他单位 Other Ownership	合计 Total	国有单位 State-owned Entities	城镇集体单位 Urban Collective-owned Entities	其他单位 Other Ownership
1978	126 803	114 225	12 578		115.3	117.4	99.6	
1980	171 550	154 601	16 949		120.3	120.4	119.6	
1985	301 329	262 970	37 902	457	118.5	118.3	119.4	
1990	606 598	535 607	69 695	1 296	115.3	116.3	108.6	
1995	1 589 569	1 378 077	182 208	29 284	114.4	113.6	116.7	144.5
1996	1 940 655	1 690 621	202 732	47 303	122.1	122.7	111.3	161.5
1997	2 190 837	1 907 523	210 466	72 849	112.9	112.8	103.8	154.0
1998	2 260 931	1 931 463	187 028	142 440	103.2	101.3	88.9	195.5
1999	2 359 332	1 959 697	175 717	223 918	104.4	101.5	94.0	157.2
2000	2 544 580	2 095 029	167 795	281 756	107.9	106.9	95.5	125.8
2001	2 759 817	2 253 345	143 717	362 755	108.5	107.6	85.7	128.7
2002	3 008 517	2 452 154	132 134	424 229	109.0	108.8	91.9	116.9
2003	3 149 842	2 462 394	123 447	564 001	104.7	100.4	93.4	132.9
2004	3 445 228	2 640 176	115 346	689 706	109.4	107.2	93.4	122.3
2005	3 771 553	2 832 996	108 039	830 518	109.5	107.3	93.7	120.4
2006	4 586 169	3 398 771	146 975	1 040 423	121.6	120.0	136.0	125.3
2007	5 664 925	3 984 942	163 189	1 516 794	123.5	117.2	111.0	145.8
2008	6 836 901	4 733 017	188 891	1 914 994	120.7	118.8	115.7	126.3

4-20 主要年份全部职工平均工资及指数

Average Wages of Staff and Workers and Related Indices in Significant Years

单位：元/人，%　　(yuan/person,%)

年 份 Year	职工平均工资 Average Wages				平均工资指数(上年=100，%) Indices of Average Wages (preceding year = 100 ,%)							
					货币工资 Money Wages				实际工资 Real Wages			
	合 计 Total	国有单位 State-owned Entities	集体单位 Urban Collective-owned Entities	其他单位 Other Ownership	合计 Total	国有单位 State-owned Entities	集体单位 Urban Collective-owned Entities	其他单位 Other Ownership	合计 Total	国有单位 State-owned Entities	城镇集体单位 Urban Collective-owned Entities	其他单位 Other Owner-ship
1978	608	629	496		112.0	108.5	128.8					
1980	760	782	604		115.2	115.2	114.2					
1985	1 171	1 207	970	1 100	115.5	115.1	117.9					
1990	2 130	2 200	1 713	2 037	113.3	113.6	109.9		111.5	111.8	108.2	
1995	5 149	5 286	4 237	5 802	114.1	113.1	120.4	111.6	94.8	94.0	100.1	92.7
1996	6 231	6 419	4 926	6 863	121.0	121.4	116.3	118.3	111.3	111.7	107.0	108.8
1997	7 037	7 237	5 473	7 852	112.9	112.7	111.1	114.4	107.9	107.7	106.2	109.4
1998	7 667	7 882	6 029	7 564	109.0	108.9	110.2	96.3	106.4	106.4	107.6	94.1
1999	8 276	8 449	6 505	8 566	107.9	107.2	107.9	113.2	109.2	108.5	109.2	96.5
2000	9 231	9 422	7 033	9 566	111.5	111.5	108.1	111.7	114.3	114.3	110.8	95.2
2001	10 537	10 880	7 203	10 407	114.1	115.5	102.4	108.8	116.4	117.7	104.4	92.7
2002	11 987	12 429	7 947	11 443	113.8	114.2	110.3	110.0	114.7	115.2	111.2	93.7
2003	12 870	13 471	8 519	11 886	107.4	108.4	107.2	103.9	106.0	107.0	105.8	88.5
2004	14 581	15 320	9 519	13 307	113.3	113.7	111.7	112.0	106.8	107.2	105.3	95.4
2005	16 140	16 900	10 516	14 894	110.69	110.3	110.5	111.9	108.8	108.5	108.6	110.1
2006	18 711	20 017	12 193	16 447	115.9	118.4	115.9	110.4	113.8	116.2	113.8	108.4
2007	20 481	22 884	14 054	16 697	109.46	114.3	115.3	101.5	103.36	108.0	108.8	95.9
2008	24 030	26 765	18 194	19 683	117.33	117.0	129.5	117.9	111.32	111.0	122.8	111.8

4-21 各地区全部职工工资总额和平均工资（2008年）

Total Wages and Annual Average Wages of Staff and Workers by Region（2008）

单位：千元，元/人　　　　(1 000 yuan, yuan/person)

地 区	Region	职工工资总额 Total Wages 合 计 Total	国有单位 State-owned Entities	城镇集体单位 Urban Collective-owned Entities	其他单位 Other Ownership	职工平均工资 Average Wages 合计 Total	国有单位 State-owned Entities	城镇集体单位 Urban Collective-owned Entities	其他单位 Other Ownership
全省合计	**Total**	**68 369 011**	**47 330 167**	**1 888 908**	**19 149 936**	**24 030**	**26 765**	**18 194**	**19 683**
昆 明	Kunming	22 569 872	13 191 555	614 518	8 763 799	26 169	29 508	14 628	23 470
曲 靖	Qujing	7 508 317	5 431 849	265 820	1 810 648	25 982	29 922	22 807	18 901
玉 溪	Yuxi	4 261 929	2 914 703	78 906	1 268 320	25 286	31 503	15 405	17 888
保 山	Baoshan	2 409 010	1 550 741	66 399	791 870	19 372	23 142	17 678	14 777
昭 通	Zhaotong	3 843 810	3 206 403	129 222	508 185	23 592	25 040	21 999	17 522
丽 江	Lijiang	1 683 907	1 202 344	41 395	440 168	24 296	27 455	19 111	18 852
普 洱	Pu'er	2 526 883	2 009 983	70 043	446 857	23 056	25 008	26 898	16 787
临 沧	Lincang	1 953 326	1 628 938	35 496	288 892	21 726	23 202	23 430	15 885
楚 雄	Chuxiong	3 290 789	2 583 528	98 246	609 015	23 268	25 931	26 012	16 017
红 河	Honghe	5 666 594	4 299 121	168 008	1 199 465	22 023	25 121	18 081	15 602
文 山	Wenshan	2 920 891	2 278 844	65 456	576 591	22 617	23 839	21 646	18 885
西双版纳	Xishuangbanna	1 821 313	1 528 868	66 900	225 545	18 751	19 100	17 926	16 887
大 理	Dali	4 598 333	3 051 919	117 817	1 428 597	22 973	29 074	21 228	15 937
德 宏	Dehong	1 736 323	1 201 626	55 352	479 345	19 956	20 014	18 879	19 942
怒 江	Nujiang	786 728	573 597	5 391	207 740	26 342	24 421	14 300	34 618
迪 庆	Diqing	734 562	619 724	9 939	104 899	31 639	32 324	22 901	29 050

4-22 各地区城镇单位分企事业机关职工工资总额（2008年）

Total Wages of Employed Persons in Urban Entities at Year-end by Enterprise, Public Institution and, Government Agency and by Region（2008）

单位：千元　　　　(1 000 yuan)

地 区	Region	职工工资总额 Total Wages of Employed Persons 合 计 Total	企业 Enterprises	事业 Public Institutions	机关 Government Agencies and Organizations
全省合计	**Total**	**68 369 011**	**37 726 143**	**19 324 789**	**11 318 079**
昆 明	Kunming	22 569 872	16 656 227	3 828 412	2 085 233
曲 靖	Qujing	7 508 317	3 979 455	2 342 687	1 186 175
玉 溪	Yuxi	4 261 929	2 322 034	1 192 225	747 670
保 山	Baoshan	2 409 010	1 085 887	828 302	494 821
昭 通	Zhaotong	3 843 810	1 475 946	1 471 425	896 439
丽 江	Lijiang	1 683 907	631 267	629 714	422 926
普 洱	Pu'er	2 526 883	824 584	1 064 355	637 944
临 沧	Lincang	1 953 326	638 769	766 888	547 669
楚 雄	Chuxiong	3 290 789	1 519 136	1 028 116	743 537
红 河	Honghe	5 666 594	3 024 588	1 725 528	916 478
文 山	Wenshan	2 920 891	962 110	1 317 563	641 218
西双版纳	Xishuangbanna	1 821 313	1 011 167	549 463	260 683
大 理	Dali	4 598 333	2 362 337	1 401 513	834 483
德 宏	Dehong	1 736 323	738 479	558 113	439 731
怒 江	Nujiang	786 728	271 143	274 787	240 798
迪 庆	Diqing	734 562	223 014	289 274	222 274

4-23 各地区城镇单位分企事业机关年末职工平均工资（2008年）

Average Wages of Staff and Workers in Urban Entities at Year-end by Enterprise,Public Institution and Government Agency and by Region（2008）

单位：元/人 (yuan/person)

地 区	Region	全部职工平均工资 Average Wage of Staff and Workers	企业单位职工平均工资 Staff and Workers of Enterprises	事业单位职工平均工资 Staff and Workers of Institution	机关单位职工平均工资 Staff and Workers of Agencies and Organization
全省合计	**Total**	**24 030**	**23 433**	**22 870**	**29 004**
昆 明	Kunming	26 169	27 221	21 937	27 426
曲 靖	Qujing	25 982	24 479	25 368	34 815
玉 溪	Yuxi	25 286	23 091	25 492	35 234
保 山	Baoshan	19 372	16 425	19 907	29 746
昭 通	Zhaotong	23 592	26 883	21 250	23 113
丽 江	Lijiang	24 296	19 862	25 519	32 913
普 洱	Pu'er	23 056	19 138	23 432	30 252
临 沧	Lincang	21 726	18 064	22 068	27 668
楚 雄	Chuxiong	23 268	23 191	21 302	26 880
红 河	Honghe	22 023	20 670	22 343	27 156
文 山	Wenshan	22 617	20 324	22 412	27 855
西双版纳	Xishuangbanna	18 751	15 078	25 101	31 857
大 理	Dali	22 973	20 761	23 539	31 098
德 宏	Dehong	19 956	15 595	22 814	28 949
怒 江	Nujiang	26 342	32 461	22 406	26 035
迪 庆	Diqing	31 639	28 123	30 686	37 931

4-24 各地区城镇单位分行业职工平均工资（2008年）

Average Wages of Staff and Workers in Urban Entities by Sector and Region（2008）

单位：元/人 (yuan/person)

地 区	Region	合 计 Total	农、林、牧、渔业 Farming,Forestry,Animal Husbandry and Fishery	采矿业 Mining	制造业 Manufacturing	电力、燃气及水的生产和供应业 Production and Supply of Electric Power,Gas and Water
全省合计	**Total**	**24 030**	**14 346**	**23 776**	**23 613**	**38 297**
昆 明	Kunming	26 169	18 122	29 264	26 134	48 109
曲 靖	Qujing	25 982	21 152	18 987	26 937	44 943
玉 溪	Yuxi	25 286	22 697	25 973	24 747	37 022
保 山	Baoshan	19 372	15 453	17 892	15 181	34 745
昭 通	Zhaotong	23 592	18 643	21 487	34 185	35 224
丽 江	Lijiang	24 296	16 964	27 784	15 312	26 506
普 洱	Pu'er	23 056	17 362	22 535	16 349	29 846
临 沧	Lincang	21 726	10 573	10 634	14 516	28 292
楚 雄	Chuxiong	23 268	20 261	27 977	22 692	34 865
红 河	Honghe	22 023	15 915	33 380	21 241	33 097
文 山	Wenshan	22 617	15 847	20 675	15 505	34 408
西双版纳	Xishuangbanna	18 751	12 382	25 448	16 067	37 484
大 理	Dali	22 973	19 407	20 648	20 402	39 023
德 宏	Dehong	19 956	4 443	19 127	19 759	34 157
怒 江	Nujiang	26 342	20 425	9 926	43 147	34 910
迪 庆	Diqing	31 639	30 793	43 928	15 057	34 886

4-24 续表1 continued

单位：元/人 (yuan/person)

地 区	Region	建筑业 Construction	交通运输、仓储和邮政业 Transportation, Storage and Post	信息传输、计算机服务和软件业 Information Transmission, Computers Service and Software Service	批发和零售业 Wholesale and Retail Trade	住宿和餐饮业 Hotel and Food Service
全省合计	**Total**	**16 404**	**31 280**	**35 104**	**22 888**	**13 427**
昆 明	Kunming	19 639	40 327	46 583	20 774	14 240
曲 靖	Qujing	14 070	17 668	24 989	27 161	10 648
玉 溪	Yuxi	12 735	19 100	30 047	15 387	12 583
保 山	Baoshan	11 053	16 438	23 265	20 298	12 750
昭 通	Zhaotong	14 097	17 340	34 282	37 528	12 734
丽 江	Lijiang	14 092	27 233	29 532	22 776	15 712
普 洱	Pu'er	13 478	18 708	33 081	18 183	12 480
临 沧	Lincang	10 998	20 304	27 834	34 695	10 995
楚 雄	Chuxiong	14 926	18 606	24 957	31 891	12 051
红 河	Honghe	14 634	17 554	21 184	20 461	11 193
文 山	Wenshan	14 558	19 461	34 596	21 353	11 162
西双版纳	Xishuangbanna	13 744	20 394	24 663	19 052	14 918
大 理	Dali	13 827	20 596	22 908	31 784	11 123
德 宏	Dehong	15 572	17 880	32 892	19 607	13 896
怒 江	Nujiang	9 258	20 218	32 822	19 369	9 584
迪 庆	Diqing	12 588	39 597	27 225	36 298	18 198

4-24 续表2 continued

单位：元/人 (yuan/person)

地 区	Region	金融业 Banking	房地产业 Real Estate	租赁和商务服务业 Leasing Treade and Business Service	科学研究、技术服务和地质勘查业 Scientific Research, Technology Service and Geological Prospecting	水利、环境和公共设施管理业 Water Conservancy, Admistration of Environment and Public Facilities
全省合计	**Total**	**45 295**	**17 985**	**21 727**	**26 743**	**16 257**
昆 明	Kunming	53 953	18 433	25 241	28 731	16 885
曲 靖	Qujing	45 393	24 404	25 794	23 759	18 242
玉 溪	Yuxi	39 751	26 295	10 573	26 478	20 354
保 山	Baoshan	43 235	14 837	13 783	29 842	11 810
昭 通	Zhaotong	38 584	17 990	14 116	22 406	15 585
丽 江	Lijiang	31 391	22 382	14 576	24 596	18 568
普 洱	Pu'er	42 716	14 358	23 434	24 444	17 428
临 沧	Lincang	40 294	12 265	17 478	19 684	16 276
楚 雄	Chuxiong	35 146	19 513	11 952	21 067	16 323
红 河	Honghe	37 255	15 422	18 950	22 622	13 325
文 山	Wenshan	39 470	19 572	24 351	24 540	16 569
西双版纳	Xishuangbanna	42 618	21 715	19 014	24 773	15 857
大 理	Dali	42 854	16 592	16 358	25 131	17 301
德 宏	Dehong	43 922	14 565	10 316	23 988	15 840
怒 江	Nujiang	41 799	21 065	18 600	23 931	19 795
迪 庆	Diqing	32 432		11 669	28 629	13 327

4-24 续表3 continued

单位：元/人 (yuan/person)

地 区	Region	居民服务和其他服务业 Services to Households and Other Services	教育 Education	卫生、社会保障和社会福利业 Health Care, Social Security and Social Welfare	文化、体育和娱乐业 Culture, Sports and Entertainment	公共管理和社会组织 Common Administration and Social Organization
全省合计	**Total**	**17 194**	**22 854**	**23 848**	**20 410**	**28 330**
昆 明	Kunming	14 980	19 869	25 606	18 276	25 813
曲 靖	Qujing	33 507	26 250	25 509	24 131	34 515
玉 溪	Yuxi	27 360	26 313	23 962	25 696	34 436
保 山	Baoshan	15 991	20 446	20 049	20 312	29 340
昭 通	Zhaotong	18 956	21 625	20 299	21 198	23 256
丽 江	Lijiang	16 100	27 074	24 594	21 671	32 091
普 洱	Pu'er	19 971	24 266	22 541	22 172	29 887
临 沧	Lincang	14 722	22 179	22 347	20 598	27 778
楚 雄	Chuxiong	20 526	21 275	23 531	18 119	26 592
红 河	Honghe	17 238	21 152	20 132	21 664	27 014
文 山	Wenshan	19 545	22 899	22 007	21 283	27 373
西双版纳	Xishuangbanna	16 994	26 030	28 343	24 922	30 796
大 理	Dali	13 283	23 850	24 995	19 658	30 924
德 宏	Dehong	11 085	22 373	25 488	21 030	27 993
怒 江	Nujiang		22 972	22 577	19 445	25 855
迪 庆	Diqing	37 091	32 271	31 993	29 102	37 004

4-25 主要年份城镇登记失业人数和登记失业率

Registered Urban Unemployment and Unemployment Rate in Significant Years

单位:万人、% (10 000 persons,%)

年 份 Year	城镇登记失业人数 (万人) Urban Unemployed Persons(10 000 persons)	#女性 Female	#长期失业者人数 Permanent Unemployed Persons	城镇登记失业率 (%) Urban Unemployment Rate (%)
1978	6.40			2.70
1980	6.00			2.30
1985	4.21			2.50
1990	7.76			2.50
1992	7.53			2.30
1993	7.34			2.30
1994	7.14			2.23
1995	8.10			2.26
1996	8.01			2.80
1997	7.84			2.70
1998	6.01	3.02		2.20
1999	6.20	3.10	3.10	2.50
2000	6.77	3.28	3.42	2.60
2001	8.00	3.89	3.64	3.30
2002	9.80	4.04	4.79	4.00
2003	12.12	5.94	5.64	4.10
2004	11.95	6.28	4.85	4.30
2005	12.97	6.12	5.17	4.30
2006	13.79	6.35	5.01	4.28
2007	14.02	6.37	4.2	4.18
2008	14.77	6.5	3.79	4.21

4-26 各地区城镇单位分行业年末就业人员劳动报酬（2008年）

Earnings of Employed Persons in Urban Units by Sector and Region at Year-end（2008）

单位：千元 (1 000 yuan)

地 区	Region	合 计 Total	农、林、牧渔业 Farming,Forestry,Animal Husbandry and Fishery	采矿业 Mining	制造业 Manufacturing	电力、燃气及水的生产和供应业 Production and Supply of Electricity,Gas and Water
全省合计	**Total**	**23 305**	**13 537**	**23 629**	**22 681**	**37 459**
昆　明	Kunming	25 604	18 042	29 302	25 862	47 866
曲　靖	Qujing	25 240	19 764	18 990	25 971	44 859
玉　溪	Yuxi	24 791	21 775	27 383	24 490	35 248
保　山	Baoshan	19 346	15 556	17 892	15 181	34 724
昭　通	Zhaotong	23 352	18 597	21 097	34 147	35 091
丽　江	Lijiang	23 569	15 368	27 772	15 264	26 409
普　洱	Pu'er	19 663	11 173	22 550	10 772	27 764
临　沧	Lincang	20 562	9 759	10 634	13 553	27 304
楚　雄	Chuxiong	22 434	19 107	26 020	22 323	33 292
红　河	Honghe	21 297	15 023	33 433	20 384	31 819
文　山	Wenshan	22 253	15 396	21 167	15 349	33 907
西双版纳	Xishuangbanna	18 724	12 388	25 479	16 073	37 484
大　理	Dali	21 959	17 244	19 460	20 017	37 558
德　宏	Dehong	19 587	4 438	19 127	19 743	33 992
怒　江	Nujiang	24 788	20 425	9 926	33 208	33 868
迪　庆	Diqing	29 445	30 782	41 551	13 590	34 253

4-26 续表1 continued

单位：千元 (1 000 yuan)

地 区	Region	建筑业 Construction	交通运输、仓储和邮政业 Transportation, Storage and Post	信息传输、计算机服务和软件业 Information Transmission, Computers Service and Software Service	批发和零售业 Wholesale and Retail Trade	住宿和餐饮业 Hotel and Food Service
全省合计	**Total**	**16 081**	**30 067**	**32 603**	**22 185**	**13 380**
昆　明	Kunming	19 100	38 593	39 630	20 484	14 273
曲　靖	Qujing	13 780	17 406	23 080	23 033	10 725
玉　溪	Yuxi	12 447	18 271	29 290	15 377	12 288
保　山	Baoshan	11 055	16 386	23 216	20 271	12 742
昭　通	Zhaotong	14 099	17 238	34 261	36 847	12 734
丽　江	Lijiang	14 484	23 117	29 850	22 489	15 529
普　洱	Pu'er	13 543	18 110	27 759	17 845	12 196
临　沧	Lincang	10 952	19 088	27 452	32 031	10 995
楚　雄	Chuxiong	14 614	18 043	24 850	27 575	11 915
红　河	Honghe	14 230	17 198	20 655	20 276	11 080
文　山	Wenshan	15 459	19 144	30 974	21 566	11 160
西双版纳	Xishuangbanna	13 734	19 707	24 546	19 024	14 921
大　理	Dali	13 626	19 056	21 140	30 195	10 953
德　宏	Dehong	15 572	17 873	32 870	19 466	13 936
怒　江	Nujiang	9 258	19 447	32 822	18 955	9 584
迪　庆	Diqing	12 615	38 295	25 438	35 922	18 051

4-26 续表2 continued

单位：千元 (1000 yuan)

地 区 Region		金融业 Banking	房地产业 Real Estate	租赁和商务服务业 Leasing Treade and Business Service	科学研究、技术服务和地质勘查业 Scientific Research, Technology Service and Geological Prospecting	水利、环境和公共设施管理业 Water Conservancy, Admistration of Environment and Public facilities
全省合计	**Total**	**42 672**	**17 896**	**21 306**	**26 264**	**15 375**
昆 明	Kunming	53 344	18 411	24 473	28 189	16 194
曲 靖	Qujing	43 101	24 082	25 447	23 598	18 192
玉 溪	Yuxi	35 865	26 262	10 517	26 223	18 356
保 山	Baoshan	41 523	14 834	13 769	29 591	11 810
昭 通	Zhaotong	38 297	17 990	14 116	22 390	15 585
丽 江	Lijiang	30 883	22 157	14 405	24 192	15 093
普 洱	Pu'er	40 393	14 545	23 002	23 258	16 186
临 沧	Lincang	39 025	11 879	16 931	19 612	15 416
楚 雄	Chuxiong	33 080	19 134	11 864	20 891	15 027
红 河	Honghe	34 427	15 202	19 207	22 310	12 745
文 山	Wenshan	37 238	19 021	24 146	24 133	14 521
西双版纳	Xishuangbanna	42 590	21 868	19 007	24 698	15 980
大 理	Dali	33 731	16 243	16 308	24 471	15 973
德 宏	Dehong	37 450	14 273	10 333	23 957	15 440
怒 江	Nujiang	40 638	27 367	18 600	23 931	17 209
迪 庆	Diqing	30 094		11 777	22 368	11 929

4-26 续表3 continued

单位：千元 (1000 yuan)

地 区 Region		居民服务和其他服务业 Services to Households and Other Services	教 育 Education	卫生、社会保障和社会福利业 Health Care, Social Security and Social Welfare	文化、体育和娱乐业 Culture, Sports and Entertainment	公共管理和社会组织 Common Administration and Social Organization
全省合计	**Total**	**16 459**	**22 484**	**23 236**	**20 164**	**27 478**
昆 明	Kunming	14 202	19 793	25 374	18 188	24 651
曲 靖	Qujing	33 507	26 045	25 485	23 616	33 865
玉 溪	Yuxi	27 085	25 849	22 996	25 453	33 675
保 山	Baoshan	15 813	20 446	19 994	20 194	29 228
昭 通	Zhaotong	19 000	21 256	19 967	21 150	23 113
丽 江	Lijiang	16 011	26 623	24 601	21 674	31 690
普 洱	Pu'er	19 270	23 760	21 056	21 834	29 093
临 沧	Lincang	14 722	21 428	21 084	18 620	26 046
楚 雄	Chuxiong	20 526	21 009	22 998	18 058	25 627
红 河	Honghe	17 052	20 494	19 115	21 553	26 448
文 山	Wenshan	18 670	22 560	21 641	20 791	26 906
西双版纳	Xishuangbanna	16 975	26 028	28 182	24 922	30 570
大 理	Dali	13 816	22 995	23 691	19 398	29 926
德 宏	Dehong	10 163	22 369	25 001	20 869	25 946
怒 江	Nujiang		22 017	21 062	19 098	24 668
迪 庆	Diqing	37 091	30 072	29 520	28 483	35 338

4-27 各地区国有单位分行业职工平均工资（2008年）
Average Wages of Staff and Workers of State-owned Units by Sector and Region（2008）

单位：元／人 (yuan/person)

地区	Region	合计 Total	农、林、牧、渔业 Farming,Forestry, Animal-Husbandry and Fishery	采矿业 Mining	制造业 Manufacturing	电力、燃气及水的生产和供应业 Production and Supply of Electricity,Gas and Water
全省合计	**Total**	**26 765**	**14 325**	**28 623**	**38 176**	**41 619**
昆明	Kunming	29 508	18 338	35 289	41 118	48 923
曲靖	Qujing	29 922	21 176	21 061	39 150	44 624
玉溪	Yuxi	31 503	23 530	19 554	92 139	41 848
保山	Baoshan	23 142	15 454		14 568	29 000
昭通	Zhaotong	25 040	18 643	32 629	59 344	43 781
丽江	Lijiang	27 455	16 855	12 714	18 409	25 000
普洱	Pu'er	25 008	18 212	18 389	16 470	33 699
临沧	Lincang	23 202	10 523	9 788	6 975	29 729
楚雄	Chuxiong	25 931	20 261	30 162	44 166	40 212
红河	Honghe	25 121	15 994	48 926	27 922	36 907
文山	Wenshan	23 839	15 890	24 968	16 230	35 870
西双版纳	Xishuangbanna	19 100	12 393		12 696	38 629
大理	Dali	29 074	19 668		57 518	43 897
德宏	Dehong	20 014	4 409	19 162	15 905	22 413
怒江	Nujiang	24 421	20 425		14 496	27 099
迪庆	Diqing	32 324	31 117	50 578	19 008	24 903

4-27 续表1 continued

单位：元／人 (yuan/person)

地区	Region	建筑业 Construction	交通运输、仓储和邮政业 Transportation, Storage and Post	信息传输、计算机服务和软件业 Information Transmission, Computers Service and Software Service	批发和零售业 Wholesale and Retail Trade	住宿和餐饮业 Hotel and Food Service
全省合计	**Total**	**21 655**	**34 954**	**35 028**	**36 863**	**14 066**
昆明	Kunming	22 547	46 326	47 186	36 833	14 909
曲靖	Qujing	26 620	17 880	25 253	36 715	13 850
玉溪	Yuxi	12 451	18 383	40 313	20 342	11 948
保山	Baoshan	16 613	18 906	23 608	26 922	35 111
昭通	Zhaotong	11 229	17 014	34 533	52 204	12 617
丽江	Lijiang	15 812	27 833	33 043	31 130	17 103
普洱	Pu'er	10 307	22 119	45 933	30 719	14 180
临沧	Lincang	11 869	22 563	28 435	41 940	14 065
楚雄	Chuxiong	17 924	18 204	27 684	53 054	11 920
红河	Honghe	32 520	21 046	22 467	27 818	10 038
文山	Wenshan	16 643	19 712	35 812	32 429	14 511
西双版纳	Xishuangbanna	11 183	22 242	24 887	51 575	13 241
大理	Dali	10 829	25 059	25 326	67 885	12 343
德宏	Dehong	16 579	19 533	37 742	30 610	11 177
怒江	Nujiang		20 784	32 822	22 000	
迪庆	Diqing	12 543	39 597	28 307	32 177	10 839

4-27 续表2 continued

单位：元/人 (yuan/person)

地 区	Region	金融业 Banking	房地产业 Real Estate	租赁和商务服务业 Leasing Treade and Business Service	科学研究、技术服务和地质勘查业 Scientific Research, Technology Service and Geological Prospecting	水利、环境和公共设施管理业 Water Conservancy, Admistration of Environment and Public Facilities
全省合计	**Total**	**40 303**	**19 928**	**30 535**	**27 292**	**16 452**
昆 明	Kunming	32 015	19 612	37 209	30 092	16 382
曲 靖	Qujing	43 806	24 530	26 727	23 937	20 851
玉 溪	Yuxi	41 348	28 134	28 762	26 572	20 379
保 山	Baoshan	49 121	19 788	14 230	25 154	11 567
昭 通	Zhaotong	40 456	18 487	24 038	22 406	15 039
丽 江	Lijiang	32 501	20 412	28 817	25 045	20 228
普 洱	Pu'er	43 377	17 152	30 245	24 453	17 767
临 沧	Lincang	43 336	15 862	18 660	20 226	16 470
楚 雄	Chuxiong	33 404	20 275	11 438	21 066	17 376
红 河	Honghe	39 034	17 418	20 586	22 734	13 322
文 山	Wenshan	41 942	15 767	20 064	24 571	16 931
西双版纳	Xishuangbanna	52 385	19 827	28 687	24 773	15 377
大 理	Dali	47 917	24 494	25 702	26 140	17 370
德 宏	Dehong	43 387	21 333	10 428	24 009	15 990
怒 江	Nujiang	45 912		19 500	23 931	19 795
迪 庆	Diqing	33 998		11 258	28 797	12 653

4-27 续表3 continued

单位：元/人 (yuan/person)

地 区	Region	居民服务和其他服务业 Services to Households and Other Services	教育 Education	卫生、社会保障和社会福利业 Health Care, Social Security and Social Welfare	文化、体育和娱乐业 Culture, Sports and Entertainment	公共管理和社会组织 Common Administration and Social Organization
全省合计	**Total**	**21 357**	**22 958**	**24 107**	**21 505**	**28 390**
昆 明	Kunming	15 395	20 245	26 344	19 856	26 076
曲 靖	Qujing	34 186	26 252	25 576	24 087	34 515
玉 溪	Yuxi	27 785	26 431	23 962	25 606	34 436
保 山	Baoshan	21 036	20 446	20 011	20 626	29 340
昭 通	Zhaotong	25 175	21 625	20 299	21 198	23 256
丽 江	Lijiang	14 000	27 101	24 546	22 346	32 093
普 洱	Pu'er	23 880	24 269	22 541	22 072	29 887
临 沧	Lincang	20 083	22 180	22 386	21 761	27 778
楚 雄	Chuxiong	20 706	21 284	23 580	21 239	26 592
红 河	Honghe	19 766	21 152	20 539	20 241	27 015
文 山	Wenshan	19 545	22 904	22 029	21 283	27 375
西双版纳	Xishuangbanna	27 015	26 038	28 343	25 320	30 796
大 理	Dali	25 346	23 889	25 096	22 576	30 924
德 宏	Dehong	12 213	22 410	25 572	21 122	27 999
怒 江	Nujiang		22 972	22 577	19 445	25 855
迪 庆	Diqing	37 091	32 271	31 993	30 112	37 053

4-28 各地区城镇集体单位分行业职工平均工资（2008年）
Average Wages of Staff and Workers in Urban Collective-owned Entities by Sector and Region（2008）

单位：元/人　　(yuan/person)

地　区	Region	合　计 Total	农、林、牧、渔业 Farming,Forestry,Animal Husbandry and Fishery	采矿业 Mining	制造业 Manufacturing	电力、燃气及水的生产和供应业 Production and Supply of Electricity,Gas and Water
全省合计	**Total**	**18 194**	**12 775**	**18 666**	**13 436**	**25 212**
昆　明	Kunming	14 628	11 133	9 801	14 270	14 144
曲　靖	Qujing	22 807		12 213	16 091	38 988
玉　溪	Yuxi	15 405		23 125	13 888	26 950
保　山	Baoshan	17 678		12 891	8 040	
昭　通	Zhaotong	21 999			19 841	21 506
丽　江	Lijiang	19 111			11 502	
普　洱	Pu'er	26 898	13 941	24 000	12 546	
临　沧	Lincang	23 430			9 377	15 161
楚　雄	Chuxiong	26 012		16 928	7 150	18 400
红　河	Honghe	18 081	16 578	21 161	9 256	
文　山	Wenshan	21 646		7 813	8 725	14 667
西双版纳	Xishuangbanna	17 926	10 654	44 634	12 448	9 000
大　理	Dali	21 228	14 205		8 384	14 429
德　宏	Dehong	18 879		25 704	11 148	10 286
怒　江	Nujiang	14 300		9 926		
迪　庆	Diqing	22 901		40 000		

4-28　续表1　continued

单位：元/人　　(yuan/person)

地　区	Region	建筑业 Construction	交通运输、仓储和邮政业 Transportation, Storage and Post	信息传输、计算机服务和软件业 Information Transmission, Computers Service and Software Service	批发和零售业 Wholesale and Retail Trade	住宿和餐饮业 Hotel and Food Service
全省合计	**Total**	**14 436**	**14 272**	**16 640**	**11 889**	**12 220**
昆　明	Kunming	13 548	16 073	14 738	12 370	12 590
曲　靖	Qujing	17 263	14 477		14 588	15 723
玉　溪	Yuxi	15 360			10 321	14 026
保　山	Baoshan	13 030		18 017	10 575	
昭　通	Zhaotong	15 322	9 429		12 953	
丽　江	Lijiang	10 208	27 618		13 135	13 305
普　洱	Pu'er	12 739			10 703	11 390
临　沧	Lincang	12 402			11 030	9 211
楚　雄	Chuxiong	20 065	12 000		11 262	
红　河	Honghe	15 418	12 161		10 009	8 315
文　山	Wenshan	11 989			10 993	9 500
西双版纳	Xishuangbanna	8 637	25 667		11 839	11 633
大　理	Dali	14 005	15 841		13 215	7 820
德　宏	Dehong	12 699	7 000		9 915	9 152
怒　江	Nujiang	3 053			13 779	
迪　庆	Diqing				9 560	

4-28 续表2 continued

单位：元/人 (yuan/person)

地 区	Region	金融业 Banking	房地产业 Real Estate	租赁和商务服务业 Leasing Treade and Business Service	科学研究、技术服务和地质勘查业 Scientific Research, Technology Service and Geological Prospecting	水利、环境和公共设施管理业 Water Conservancy, Admistration of Environment and Public Facilities
全省合计	**Total**	**39 656**	**14 273**	**11 806**	**16 838**	**13 265**
昆 明	Kunming	34 246	12 099	12 195	16 520	10 621
曲 靖	Qujing	49 290		14 941		11 971
玉 溪	Yuxi	30 070		7 395		7 333
保 山	Baoshan	37 736	17 167	12 801		9 000
昭 通	Zhaotong	36 557				
丽 江	Lijiang	36 758		32 200		
普 洱	Pu'er	45 103	6 032	21 175		8 798
临 沧	Lincang	35 117	26 500	12 222	11 119	
楚 雄	Chuxiong	38 897		21 333	21 727	13 902
红 河	Honghe	37 169	12 741	20 585		20 000
文 山	Wenshan	39 674		24 691		
西双版纳	Xishuangbanna	46 116	31 765	17 621		18 125
大 理	Dali	46 118	18 027	13 140	27 552	
德 宏	Dehong	47 162	10 444	7 373		
怒 江	Nujiang	31 018				
迪 庆	Diqing	33 009		4 375	19 727	

4-28 续表3 continued

单位：元/人 (yuan/person)

地 区	Region	居民服务和其他服务业 Services to Households and Other Services	教育 Education	卫生、社会保障和社会福利业 Health Care, Social Security and Social Welfare	文化、体育和娱乐业 Culture, Sports and Entertainment	公共管理和社会组织 Common Administration and Social Organization
全省合计	**Total**	**12 068**	**11 929**	**16 413**	**18 442**	**14 993**
昆 明	Kunming	12 813	11 706	12 964	18 299	14 757
曲 靖	Qujing	9 500	15 273	13 200		
玉 溪	Yuxi	13 000	10 841			
保 山	Baoshan	10 200		22 185		
昭 通	Zhaotong	10 667				
丽 江	Lijiang		11 833	26 304		
普 洱	Pu'er		15 125		27 500	
临 沧	Lincang	8 333	18 000	7 000		
楚 雄	Chuxiong		21 182	17 632		
红 河	Honghe	11 545		13 096		21 900
文 山	Wenshan		10 500	12 000		11 250
西双版纳	Xishuangbanna	13 338	22 227			
大 理	Dali	4 075		17 067		
德 宏	Dehong			14 737		26 222
怒 江	Nujiang					
迪 庆	Diqing					

4-29 各地区其他单位分行业职工平均工资（2008年）

Average Wages of Staff and Workers in Entities of Other Types of Ownership by Sector and Region（2008）

单位：元／人 (yuan/person)

地 区	Region	合 计 Total	农、林、牧、渔业 Farming, Forestry, Animal Husbandry and Fishery	采矿业 Mining	制 造 业 Manufacturing	电力、燃气及水的生产和供应业 Production and Supply of Electricity,Gas and Water
全省合计	**Total**	**19 683**	**14 995**	**21 350**	**18 943**	**34 480**
昆　明	Kunming	23 470	17 703	24 973	21 499	47 734
曲　靖	Qujing	18 901	12 000	18 168	21 027	46 351
玉　溪	Yuxi	17 888	12 061	30 315	17 520	24 756
保　山	Baoshan	14 777	15 211	17 996	15 574	35 420
昭　通	Zhaotong	17 522		20 783	16 112	21 334
丽　江	Lijiang	18 852	17 841	27 807	15 388	26 764
普　洱	Pu'er	16 787	13 066	25 784	16 391	24 705
临　沧	Lincang	15 885	18 481	17 265	16 201	26 480
楚　雄	Chuxiong	16 017		22 759	15 302	25 954
红　河	Honghe	15 602	13 153	19 749	15 146	27 960
文　山	Wenshan	18 885	9 865	19 670	15 493	34 395
西双版纳	Xishuangbanna	16 887	12 098	23 004	17 306	16 310
大　理	Dali	15 937	7 800	20 648	16 969	31 679
德　宏	Dehong	19 942	6 745	18 583	20 587	35 874
怒　江	Nujiang	34 618			44 079	36 174
迪　庆	Diqing	29 050	20 469	15 944	14 282	47 267

4-29 续表1 continued

单位：元／人 (yuan/person)

地 区	Region	建 筑 业 Construction	交通运输、仓储和邮政业 Transportation, Storage and Post	信息传输、计算机服务和软件业 Information Transmission, Computers Service and Software Service	批发和零售业 Wholesale and Retail Trade	住宿和餐饮业 Hotel and Food Service
全省合计	**Total**	**15 183**	**23 225**	**35 353**	**16 780**	**13 316**
昆　明	Kunming	18 854	27 963	46 331	18 147	14 132
曲　靖	Qujing	11 990	11 458	23 769	14 891	8 440
玉　溪	Yuxi	12 668	28 712	18 692	12 713	12 747
保　山	Baoshan	11 018	13 661	23 332	14 391	12 350
昭　通	Zhaotong	13 804	48 430	9 706	10 909	12 914
丽　江	Lijiang	14 684	12 292	13 250	18 024	15 593
普　洱	Pu'er	14 393	12 393	25 442	16 043	11 789
临　沧	Lincang	10 819	15 037	14 211	14 340	10 638
楚　雄	Chuxiong	14 137	20 683	17 765	19 235	12 101
红　河	Honghe	13 517	13 216	20 541	12 149	11 521
文　山	Wenshan	14 838	18 966	19 614	12 165	10 083
西双版纳	Xishuangbanna	14 421	15 272	21 197	17 003	17 317
大　理	Dali	14 016	16 136	21 526	13 917	10 955
德　宏	Dehong	16 026	15 992	20 484	16 087	14 194
怒　江	Nujiang	10 541	14 432		18 819	9 584
迪　庆	Diqing	12 824		5 905	40 093	19 333

4-29 续表2 continued

单位：千元 (1000 yuan)

地　区 Region	金融业 Banking	房地产业 Real Estate	租赁和商务服务业 Leasing Treade and Business Service	科学研究、技术服务和地质勘查业 Scientific Research, Technology Service and Geological Prospecting	水利、环境和公共设施管理业 Water Conservancy, Admistration of Environment and Public Facilities
全省合计 Total	**55 563**	**17 798**	**18 363**	**22 677**	**15 971**
昆　明 Kunming	62 231	18 509	19 851	21 944	20 266
曲　靖 Qujing	37 770	24 137	16 771	18 488	5 919
玉　溪 Yuxi	43 974	25 511	23 000	21 296	
保　山 Baoshan	25 812	14 449	13 822	69 215	12 456
昭　通 Zhaotong	30 420	17 937	12 758		19 330
丽　江 Lijiang	16 428	22 621	13 552	15 093	12 566
普　洱 Pu'er	33 149	13 574	17 379	22 917	
临　沧 Lincang	16 909	11 430	14 852		11 105
楚　雄 Chuxiong	31 454	19 201	12 612	20 514	13 169
红　河 Honghe	21 896	13 767	10 057	11 625	5 714
文　山 Wenshan	23 288	20 363	26 517	20 100	12 920
西双版纳 Xishuangbanna	15 582	21 656	13 280		
大　理 Dali	26 646	16 218	15 236	14 778	15 183
德　宏 Dehong	31 660	13 477	14 873	22 533	10 538
怒　江 Nujiang	28 624	21 065	18 000		
迪　庆 Diqing	19 324		24 682		15 432

4-29 续表3 continued

单位：千元 (1000 yuan)

地　区 Region	居民服务和其他服务业 Services to Households and Other Services	教育 Education	卫生、社会保障和社会福利业 Health Care, Social Security and Social Welfare	文化、体育和娱乐业 Culture, Sports and Entertainment	公共管理和社会组织 Common Administration and Social Organization
全省合计 Total	**15 036**	**14 795**	**15 377**	**14 732**	**10 134**
昆　明 Kunming	15 255	14 870	13 310	13 658	9 829
曲　靖 Qujing	16 800			27 423	
玉　溪 Yuxi		20 594		29 512	
保　山 Baoshan	22 000			13 200	
昭　通 Zhaotong	15 803				
丽　江 Lijiang	20 300			12 078	15 000
普　洱 Pu'er	10 200			29 467	
临　沧 Lincang	13 278			15 409	
楚　雄 Chuxiong	19 000	5 500		12 285	
红　河 Honghe	8 030		17 674	30 445	
文　山 Wenshan					
西双版纳 Xishuangbanna	13 709			18 150	
大　理 Dali	13 064	10 960	15 407	11 399	
德　宏 Dehong	8 875	10 953	29 000	8 333	16 750
怒　江 Nujiang					
迪　庆 Diqing				7 211	20 632

4-30 社会保险参保人数(1988-2008年)

Number of Persons Participating in Social Insurance(1988-2008)

单位:万人 (10 000 persons)

年 份 Year	城镇企业职工基本养老保险 Number of Persons Participating in Basic Pension Insurance System for Urban Enterprises' Employees	城镇职工基本医疗保险 Number of Persons Participating in Basic Medical Insurance System for Urban Employees	城镇居民基本医疗保险 Number of Persons Participating in Basic Medical Insurance System for Urban Residents	城镇失业保险 Number of Persons Participating in Unemployment Insurance System	工伤保险 Number of Persons Participating in Employment Injury Insurance System	城镇职工生育保险 Number of Persons Participating in Child-bearing Insurance System for Urban Employees
1988	69.38					
1989	87.76					
1990	146.15					
1991	133.67					
1992	177.20					
1993	176.71				1.64	7.26
1994	171.31				1.61	7.26
1995	176.36				1.88	14.71
1996	179.48			135.53	24.94	29.67
1997	168.44			129.00	47.65	57.40
1998	208.92			129.00	101.75	97.43
1999	223.47			181.00	99.64	96.67
2000	252.28	69.48		196.03	99.14	95.47
2001	243.12	185.72		190.73	97.26	96.11
2002	252.13	238.40		183.23	88.96	86.87
2003	257.34	281.52		183.01	84.11	82.79
2004	255.26	302.34		173.20	150.93	142.33
2005	258.69	320.70		189.20	166.95	156.14
2006	267.42	331.54		189.36	173.85	159.51
2007	279.36	345.81	73.00	190.00	188.47	165.14
2008	293.72	356.82	261.38	195.60	202.47	168.38

4-31 各地区社会保险参保人数（2008年）

Number of Persons Participating in Social Insurance by Region（2008）

单位:万人 (10 000 persons)

地 区	Region	城镇企业职工基本养老保险 Number of Persons Participating in Basic Pension Insurance System for Urban Employees	城镇职工基本医疗保险 Number of Persons Participating in Basic Medical Insurance System for Urban Employees	城镇居民基本医疗保险 Number of Persons Participating in Basic Medical Insurance System for Urban Residents	城镇失业保险 Number of Persons Participating in Unemployment Insurance System	工伤保险 Number of Persons Participating in Employment Injury Insurance System	城镇职工生育保险 Number of Persons Participating in Child-bearing Insurance System for Urban Employees
全省合计	**Total**	**293.7**	**356.8**	**261.4**	**195.6**	**202.5**	**168.4**
昆 明	Kunming	86.3	92.3	95.7	69.9	55.2	47.4
曲 靖	Qujing	19.3	35.3	32.9	21.7	26.3	20.0
玉 溪	Yuxi	20.4	20.9	12.5	11.4	15.2	12.2
保 山	Baoshan	7.2	11.0	—	6.5	6.5	3.9
昭 通	Zhaotong	7.5	14.8	—	10.2	7.9	6.2
丽 江	Lijiang	5.5	8.7	2.2	2.8	5.3	3.5
普 洱	Pu'er	9.5	16.0	10.5	8.2	8.6	7.0
临 沧	Lincang	5.5	12.2	—	6.1	3.8	2.6
楚 雄	Chuxiong	10.8	20.6	17.5	12.4	13.3	10.6
红 河	Honghe	19.6	34.9	45.9	18.4	13.7	11.2
文 山	Wenshan	7.1	15.6	—	7.0	9.0	7.4
西双版纳	Xishuangbanna	4.2	14.9	—	3.4	3.3	2.6
大 理	Dali	12.6	21.3	15.4	9.5	12.7	11.6
德 宏	Dehong	4.1	10.0	—	4.7	3.2	2.9
怒 江	Nujiang	1.4	3.8	2.2	1.8	2.8	2.5
迪 庆	Diqing	1.3	3.0	1.9	1.6	2.4	2.2

4-32 城镇职工基本养老保险情况（2007-2008年）

Statistics on Basic Pension Insurance for Urban Employees（2007-2008）

类 别	Item	2007年	2008年
一、年末参保人数（万人）	**Number of People Insured(10 000 persons)**	**279.35**	**293.72**
职 工	Employed People	191.75	204.37
# 企 业	Enterprises	183.28	195.93
离休、退休、退职人数	Retired and Resigned Persons	87.61	89.35
二、基金收支情况	**Fund Revenue and Expenses**		
基金收入(万元)	Fund Revenue (10 000 yuan)	81.40	98.08
基金支出(万元)	Fund Expenses(10 000 yuan)	95.00	111.42
三、企业退休人员社会化管理服务情况	**Socialized Management of Enterprise Retirees**		
企业养老金实发人数(万人)	People Receiving Pension Insurance (person)	84.84	86.57
企业退休人员社会化管理服务人数(万人)	People Receiving Socialized Pension Insurance(person)	80.48	86.57

主要统计指标解释

就业人员 指从事一定社会劳动并取得报酬或经营收入的人员，这一指标反映了一定时期内全部劳动力资源的实际利用情况，是研究全省基本省情省力的重要指标。它包括全部职工、城镇私营企业就业人员、城镇个体就业人员、农村就业人员、其他就业人员(包括再就业的离、退休人员；民办教师；以及在各单位中工作的外方人员和港澳台方人员、兼职人员、借用的外单位人员和第二职业者等)。2000 年及以后的就业人员人数按此口径直接相加计算得到。

职工 指在国有经济、城镇集体经济、联营经济、股份制经济、外商和港、澳、台经济、其他经济单位及其附属机构中工作,并由其支付工资的各类人员。不包括返聘的离、退休人员；民办教师、在国有经济单位工作的外方人员和港、澳、台人员（1998 年以后的数据均为在岗职工数据，其他相关指标如职工工资总额、职工平均工资等指标也从 1998 年按此口径进行了相应调整）。

在岗职工 指在本单位工作并由其支付工资的人员，以及有工作岗位，但由于学习、病伤产假等原因暂未工作，仍由单位支付工资的人员。

国有单位职工 指在各级国有经济单位工作,并由其支付工资的各类人员。

城镇集体单位职工 指在城镇集体经济企业、事业及其管理部门中工作,并由其支付工资的各种人员。

其他单位职工 指在联营经济(国有与集体联营企业,国有与私人联营企业,集体与私人联营企业,国有、集体与私人联营企业),股份制经济(股份有限公司、有限责任公司),外商投资经济(中外合资经营企业,中外合作经营企业,外资企业),港、澳、台投资经济(与大陆合资经营企业,与大陆合作经营企业,港、澳、台独资企业),其他经济等单位中工作,并由其支付工资的人员。

城镇登记失业人员 指有非农业户口，在一定的劳动年龄内(16 周岁至退休年龄)，有劳动能力，无业而要求就业，并在当地就业服务机构进行求职登记的人员。

城镇登记失业率 城镇登记失业人员与城镇单位就业人员(扣除使用的农村劳动力、聘用的离退休人员、港澳台及外方人员)、城镇单位中的不在岗职工、城镇私营业主、个体户主、城镇私营企业和个体就业人员、城镇登记失业人员之和的比。计算公式为:

$$\text{城镇登记失业率}=\frac{\text{城镇登记失业人数}}{\begin{array}{l}\text{（城镇单位就业人员－使用的农村劳动力－聘用的离退}\\\text{休人员－聘用的港澳台及外方人员）＋不在岗职工＋城}\\\text{镇私营企业及个体就业人员＋城镇登记失业人数}\end{array}}\times 100\%$$

职工工资总额 指各单位在一定时期内直接支付给单位全部职工的劳动报酬总额。工资总额的计算原则上应以直接支付给职工的全部劳动报酬为根据。各单位支付给职工的劳动报酬以及其他根据有关规定支付的工资，不论是计入成本的还是不计入成本的，不论是按国家规定列入计征奖金税项目的，还是未列入计征奖金税项目的，不论是以货币形式支付的还是以实物形式支付的，均包括在工资总额内。

奖金 指支付给职工的超额劳动报酬和增收节支的劳动报酬。

津贴和补贴 指为了补偿职工特殊或额外的劳动消耗和因其他特殊原因支付给职工的津贴，以及为了保证职工工资水平不受物价影响支付给职工的物价补贴。

职工平均工资 指企业、事业、机关单位的职工在一定时期内平均每人所得的货币工资额。它表明一定时期职工工资收入的高低程度，是反映职工工资水平的主要指标。计算公式为:

职工平均工资=报告期实际支付的全部职工工资总额 ÷ 报告期全部职工平均人数

职工平均工资指数 指报告期职工平均工资与基期职工平均的比率，是反映不同时期职工货币工资水平变动情况的相对数。计算公式为:

职工平均工资指数=报告期职工平均工资 ÷ 基期职工平均工资

职工平均实际工资指数 职工平均实际工资指扣除物价变动因素后的职工平均工资。职工平均实际工资指数是反映实际工资变动情况的相对数。计算公式为:

职工平均实际工资指数=报告期职工平均工资指数 ÷ 报告期城镇居民消费价格指数 x100%。

Explanatory Notes on Principal Statistical Indicators

Employed Persons refer to the persons who are engaged in social working and receive remuneration payment or earn business income. This indicator, which reflects the actual utilization of the total labor force resources in a certain period of time, is an important one for the research on the provincial basic situation and power. It includes total staff and workers, employees in urban private enterprises, self-employed persons in cities and towns, rural employed persons, other employed persons (including re-employed retirees, teachers in non-government funded schools, personnel from foreign countries, Hong Kong, Macao and Taiwan, part-time employees, employees temporarily transferring to current positions from other entities, second job-holders, etc.). Data of this indicator have been calculated according to this standard since 2000.

Staff and Workers refer to the persons who work in (and receive payment there from) enterprises and institutions of state ownership, collective ownership, joint ownership, joint stock ownership, foreign ownership, ownership by entrepreneurs from Hong Kong, Macao, and Taiwan, and other types of ownership and their affiliated entities. They do not include re-employed retirees, teachers in non-government funded schools; personnel from foreign countries, Hong Kong, Macao and Taiwan who work in state-owned economic entities (the data after 1998 all refer to fully employed staff and workers and the other relevant indicators such as total wages and average wage of staff and workers have also been adjusted accordingly in this way since 1998).

Staff and Workers at Post refer to persons who work in and receive wages from their working entities, as well as persons who have their work posts, but are temporarily absent from work for reasons of study or on sick, injury or maternity leave and still receive wages from their entities.

Staff and Workers in State-owned Economic Entities refer to the persons who work in the state-owned economic entities or their attached entities and are listed on their payrolls.

Staff and Workers in Urban Collective-owned Entities refer to the persons who work in collective-owned enterprises, institutions and their administration departments in urban areas and receive payment there from.

Staff and Workers in Entities of Other types of Ownership refer to those who work in and receive payment there from enterprises and institutions of joint ownership (state and collective jointly-run enterprises, state and private jointly-run enterprises, collective and private jointly-run enterprises, state and collective and private jointly-run enterprises), joint stock ownership (incorporated corporations, limited liability corporations), foreign ownership (Sino-foreign joint ventures, Sino-foreign cooperative enterprises, foreign-funded enterprises), ownership by entrepreneurs from Hong Kong, Macao, and Taiwan (including enterprises jointly funded or jointly run with the mainland) and other ownership.

Registered Unemployed Persons in Urban Areas refer to the persons with non-agricultural household registration at certain working ages (16 years old to retirement age), who are capable of working, unemployed and willing to work, and have been registered at the local employment service agencies to apply for a job.

Registered Unemployment Rate in Urban Areas refers to the ratio of the number of the registered unemployed persons to the sum of the number of persons employed in various units (minus the employed rural labor force, re-employed retirees, and Hong Kong, Macao, Taiwan or foreign employees), laid-off staff and workers in urban units, owners of private enterprises in urban areas, owners of self-employed individuals in urban areas, employees of private enterprises in urban areas, employee of self-employed individuals in urban areas, and the registered unemployed persons in urban areas. The formula is as follows:

Registered unemployment rate in urban areas=number of registered urban unemployed persons/ (number of persons employed in urban units – employed rural labor force – re-employed retirees – Hong Kong, Macao, Taiwan or foreign employees + laid-off staff and workers + owners of urban private enterprises + owners of urban self –employed individuals + employees of urban private enterprises + employees of urban self – employed individuals

+ registered unemployed persons in urban areas) * 100%

Total Wages of Staff and Workers refer to the total direct remuneration payments to all staff and workers in an entity in a certain period of time. The calculation of total wages is based on the total direct remuneration payments to staff and workers. Therefore, all the wages and salaries and other payments to staff and workers are included in the total wages irrespective of their sources, category, and forms (in kind or cash).

Bonuses refer to the rewards to staff and workers for their above-norm work and contributions to production or cost saving.

Allowances and Subsidies refer to the payments to staff and workers to compensate their extra or special labor and other special reasons in form of allowances and to keep their wage level from unfavorable effects of price rises in form of subsidies.

Average Wage of Staff and Workers refers to the average per capita wage in monetary terms during a certain period of time in enterprises, institutions, and government departments, which reflects the general level of wage income during a certain period of time and is calculated as follows:

Average Wage of Staff and Workers = Total Wages of Staff and Workers in the Report Period/Average Number of Staff and Workers in the Base Period.

Index of Average Wage of Staff and Workers refers to the ratio of the average wage of staff and workers in the report period and that in the base period, which is a relative figure reflecting the variation level of the wages of staff and workers in monetary terms. It is calculated as follows:

Average Wage of Staff and Workers = Average Wage of Staff and Workers in the Report Period/Average Wage of Staff and Workers in the Base Period.

Index of Average Real Wage of Staff and Workers Average real wage of staff and workers refers to the average wage of staff and workers after removing the effects of price changes and the related index, which is a relative figure reflecting the variation level of the real wages of staff and workers. It is calculated as follows:

Index of Average Real Wage of Staff and Workers = Index of Average Wage of Staff and Workers in the Report Period/ Urban Consumer Price Index in the Report Period ×100%.

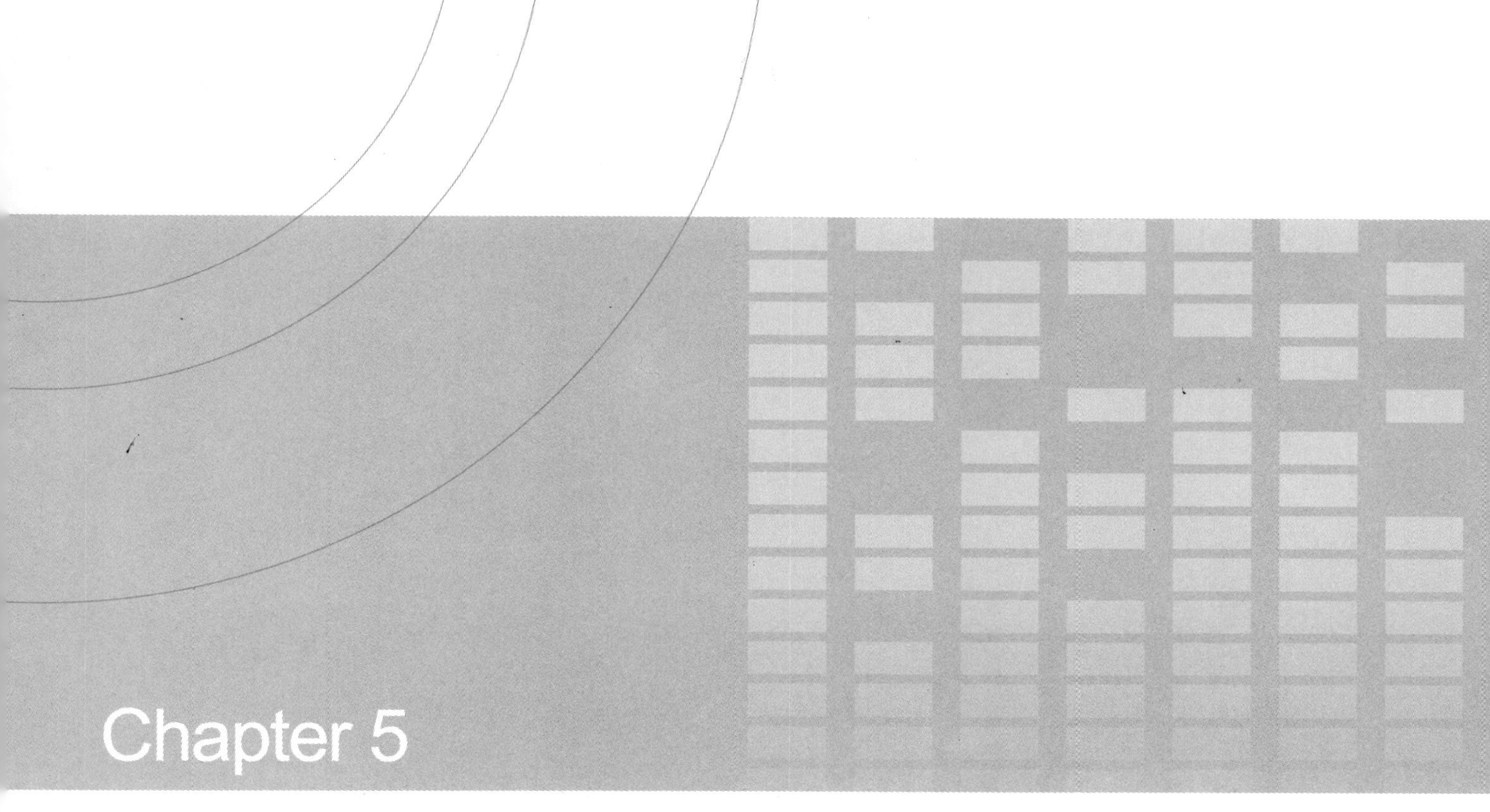

五、固定资产投资

Investment in Fixed Assets

5-1 1978-2008年历年全社会固定资产投资总额

Historic Total Investments in Fixed Assets in The Whole Province (1978-2008)

单位:亿元 (100 million yuan)

年份 Year	全社会投资 Investment in Fixed Assets	国有经济 State-owned Entities	集体经济 Collective-owned Entities	城镇 Urban	其他经济 Others	个体经济 Self-employed Entities	农村 Rural
1978	15.04	13.43	1.15	0.20		0.46	0.46
1979	16.77	14.45	1.26	0.26		1.07	1.07
1980	20.90	15.95	1.45	0.40		3.50	3.50
1981	18.68	13.99	1.47	0.41		3.22	3.20
1982	24.55	20.25	1.75	0.58		2.55	2.50
1983	24.50	20.23	1.11	0.48		3.15	3.11
1984	32.99	24.13	3.92	1.78		4.94	4.83
1985	46.28	31.99	7.43	3.85		6.85	6.58
1986	49.92	33.91	8.48	4.73		7.53	7.15
1987	54.38	36.09	10.02	5.68		8.27	7.72
1988	67.77	45.61	10.80	5.23		11.35	10.17
1989	67.80	41.72	14.00	6.18		12.08	10.40
1990	75.74	51.22	12.57	5.28		11.96	11.05
1991	98.32	71.19	14.21	5.41		12.92	12.10
1992	140.69	103.93	20.32	7.67		16.44	14.87
1993	251.40	181.38	37.26	10.26	9.81	22.96	19.82
1994	321.73	221.11	38.69	10.58	26.76	35.17	31.56
1995	380.57	262.84	38.55	9.92	39.66	39.52	35.95
1996	448.02	298.67	47.56	13.04	55.34	46.45	41.98
1997	540.50	367.04	51.30	9.54	68.92	53.24	47.40
1998	672.54	483.90	51.21	10.92	77.87	59.56	51.50
1999	717.28	498.35	52.43	11.63	66.13	100.37	45.65
2000	697.94	466.20	47.44	10.39	74.28	110.03	49.75
2001	734.81	490.41	42.44	8.00	73.81	128.16	55.86
2002	828.65	522.34	53.36	9.41	117.10	135.85	56.09
2003	1021.18	544.48	54.89	11.95	223.89	197.93	65.68
2004	1330.60	617.34	58.04	14.46	376.44	278.78	72.50
2005	1755.30	815.27	79.47	16.18	619.98	240.58	63.28
2006	2220.45	1067.50	136.81	61.11	639.11	377.03	142.90
2007	2798.89	1211.78	193.99	73.01	806.76	586.36	234.12
2008	3526.60	1426.95	228.97	70.41	1118.10	752.58	261.70

注：2006年国家对全社会固定资产投资口径和计算方法作了调整。

Note:In 2006,the National Bureau of Statistics adjusted the coverage and calculation method for total investment in fixed assets.

5-2 1978-2008年历年全社会固定资产投资构成

Historic Composition of Total Investments in Fixed Assets in The Whole Province (1978-2008)

单位:% (%)

年 份 Year	全社会投资 Investment in Fixed Assets	国有经济 State-owned Entities	集体经济 Collective-owned Entities	城 镇 Urban	其他经济 Others	个体经济 Self-employed Entities	农 村 Rural
1978	100.0	89.3	7.6	1.3		3.1	3.1
1979	100.0	86.2	7.5	1.6		6.3	6.4
1980	100.0	76.3	6.9	1.9		16.8	16.7
1981	100.0	74.9	7.9	2.2		17.2	17.1
1982	100.0	82.5	7.1	2.4		10.4	10.2
1983	100.0	82.6	4.5	2.0		12.9	12.7
1984	100.0	73.1	11.9	5.4		15.0	14.6
1985	100.0	69.1	16.1	8.3		14.8	14.2
1986	100.0	67.9	17.0	9.5		15.1	14.3
1987	100.0	66.4	18.4	10.4		15.2	14.2
1988	100.0	67.3	15.9	7.7		16.8	15.0
1989	100.0	61.5	20.6	9.1		17.9	15.3
1990	100.0	67.6	16.6	7.0		15.8	14.6
1991	100.0	72.4	14.5	5.5		13.1	12.3
1992	100.0	73.9	14.4	5.5		11.7	10.6
1993	100.0	72.1	14.8	4.1	3.9	9.2	7.9
1994	100.0	68.7	12.1	3.3	8.3	10.9	9.8
1995	100.0	69.1	10.1	2.6	10.4	10.4	9.4
1996	100.0	66.7	10.5	2.9	12.4	10.4	9.4
1997	100.0	67.9	9.5	1.8	12.7	9.9	8.8
1998	100.0	72.0	7.5	1.6	11.6	8.9	7.7
1999	100.0	69.5	7.3	1.6	9.2	14.0	6.4
2000	100.0	66.8	6.8	1.5	10.6	15.8	7.1
2001	100.0	66.7	5.8	1.1	10.0	17.5	7.6
2002	100.0	63.0	6.4	1.1	14.1	16.5	6.8
2003	100.0	53.3	5.4	1.2	21.9	19.4	6.4
2004	100.0	46.4	4.4	1.1	28.3	20.9	5.4
2005	100.0	46.4	4.5	0.9	35.3	13.8	3.6
2006	100.0	48.1	6.2	2.8	28.8	16.9	6.4
2007	100.0	43.3	6.9	2.6	28.8	21.0	8.4
2008	100.0	40.5	6.5	2.0	31.7	21.3	7.4

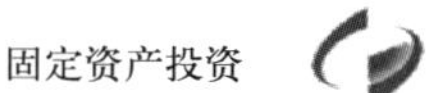

5-3 按城乡分的规模以上固定资产投资（2008年）

Investment in Fixed Assets above Designated Size by Rural and Urban Areas (2008)

单位:万元 (10 000 yuan)

类　别	Category	总　计 Total	城镇投资 Urban Invest-ment	农村投资 Rural Invest-ment	房地产开发 Investment in Real Estate Development
总　　计	**Total**	**32 648 978**	**25 486 422**	**1 585 650**	**5 576 906**
按登记注册类型分	**Registration Status**				
内　资	Domestic Fund	31 916 714	25 006 141	1 585 650	5 324 923
国　有	State-owned and State-owned	14 269 485	13 811 579		457 806
集　体	Collective-owned	2 289 726	682 801	1 585 650	21 275
联　营	Joint Ownership Units	7 486	5 502		1 884
股份制	Share Holding Units	2 746 691	2 349 256		397 435
其　他	Others	12 603 326	8 156 803		4 446 523
港澳台商投资	Fund from Hong Kong,Macao and Taiwan	478 132	307 241		170 891
# 合资经营	Joint Venture	405 636	238 609		167 027
合作经营	Collaborative Operation	13 623	10 564		3 059
独　资	Solely Foreign-owned	22 659	21 854		805
外商投资	Fund from Overseas	254 132	173 040		81 092
# 合资经营	Joint Venture	93 897	91 858		2 039
合作经营	Collaborative Operation	3 285	3 285		
独　资	Solely Foreign-owned	133 871	54 818		79 053
按隶属关系分	**Investment by Jurisdiction of Management**				
中　央	Central Investment	4 082 475	3 974 482	15 898	92 095
地　方	Local Investment	28 566 503	21 511 940	1 569 752	5 484 811
省(自治区、直辖市)	Provincial	4 354 621	3 873 879	50 884	429 858
地区(州、盟、省辖市)	Prefecture	3 851 371	3 291 873	20 707	538 791
县(旗、县级市)	County	7 925 699	6 517 484	751 844	656 371
其　他	Others	12 434 812	7 828 704	746 317	3 859 791
按建设性质分	**Investment by Type of Construction**				
# 新　建	New Construction	17 005 434	16 118 575	886 859	
扩　建	Expansion	4 644 162	4 347 944	296 218	
改建和技术改造	Reconstruction and Technical Transformation	4 043 453	3 681 903	361 550	
单纯建造生活设施	Housing	211 431	196 406	15 025	
迁　建	Removal and Reconstruction	180 512	169 996	10 516	
恢　复	Resumption	62 982	61 412	1 570	
单纯购置	Purchase only	924 098	910 186	13 912	

注：规模以上固定资产投资为50万元以上的项目投资和房地产开发投资。
Note:Investment in real estate above designated scale refers to investment in projects and real estate development over 500 thousand yuan .

5-4 按城乡分的固定资产投资情况（2008年）

单位:万元

类　别	Category	总　计 Total
计划总投资	**Total Planned Investment**	**95 424 878**
自开始建设累计完成投资	Completed Investment from Beginning	55 622 193
本年完成投资	Investment Completed This Year	27 072 072
#住宅投资	Residential Buildings	1 123 595
#经济适用房	Economically Affordable Houses	16 558
按构成分	**Investment by Structure**	
建筑工程	Construction	16 371 551
安装工程	Installation	1 074 484
设备工器具购置	Purchase of Equipment and Instruments	4 834 804
#购置旧设备	Purchase of Second-hand Equipments	391
#用于更新的设备	Purchase of Equipment to Renew Old Ones	359 614
其他费用	Others	4 791 233
#旧建筑物购置费	Purchase of Used Buildings	
#土地购置费	Purchase of Field	88 522
本年新增固定资产	**Newly Increased Real Estate**	**14 543 783**
本年施工房屋面积(平方米)	Project under Construction (sq.m)	56 805 664
#住　宅	Residential Building	23 432 304
#经济适用房	Economically Affordable Houses	1 033 338
本年竣工房屋面积(平方米)	Project Completed and Put into Use (sq.m)	24 891 178
#住　宅	Residential Building	15 063 009
#经济适用房	Economically Affordable Houses	188 142
本年竣工房屋价值	Project Completed and Put into Use	1 856 349
#住　宅	Residential Building	725 613
施工项目个数（个）	Number of Projects Under Construction (unit)	16 219
#本年新开工	Started This Year	11 657
本年投产项目个数(个)	Number of Projects Put into Use (unit)	9 940
规划用地面积(平方米)	Land Space Planned (sq.m)	1 387 029 298
本年实际征用和购置土地面积(平方米)	Land Space Purchased and Used This Year (sq.m)	110 684 932
本年实际征用和购置土地成交价款	Value of Land Purchased and Used This Year	1 267 326
本年资金来源合计	**Total Fund of Different Sources**	**28 459 899**
上年末结余资金	Fund Left Last Year	1 276 719
本年资金来源小计	Total Fund of This Year	27 183 180
国家预算内资金	State Budgetary Appropriations	3 281 596
国内贷款	Domestic Loans	6 309 955
债　券	Stock	94 299
利用外资	Overseas Funds	186 993
#外商直接投资	Direct Foreign Investment	65 917
自筹资金	Self-raising Fund	15 259 075
#企事业单位自有资金	Fund of Enterprises	5 561 994
其他资金来源	Other Sources of Funds	2 051 262
本年各项应付款合计	Total of Account Payable	2 297 522
#工程款	for Projects	1 027 107

注：本表不含房地产开发投资和农村私人投资。

Investments in Fixed Assets by Rural and Urban Areas (2008)

(10 000 yuan)

	城 镇		农 村	
地 方 Local	Urban	地 方 Local	Rural	地 方 Local
73 898 972	**92 623 948**	**71 130 650**	**2 800 930**	**2 768 322**
44 735 023	53 539 070	42 675 198	2 083 123	2 059 825
23 081 692	25 486 422	21 511 940	1 585 650	1 569 752
1 114 057	969 230	959 692	154 365	154 365
16 558	16 558	16 558		
14 593 418	15 115 524	13 353 189	1 256 027	1 240 229
933 611	1 039 397	898 574	35 087	35 037
3 640 155	4 693 499	3 498 850	141 305	141 305
391	279	279	112	112
264 299	337 405	242 090	22 209	22 209
3 914 508	4 638 002	3 761 327	153 231	153 181
66 722	88 154	66 354	368	368
13 948 851	**13 453 594**	**12 865 362**	**1 090 189**	**1 083 489**
55 288 904	50 399 267	48 883 857	6 406 397	6 405 047
23 299 831	19 377 697	19 245 224	4 054 607	4 054 607
1 033 338	1 033 338	1 033 338		
24 555 436	20 930 919	20 595 657	3 960 259	3 959 779
14 935 839	12 723 909	12 596 739	2 339 100	2 339 100
188 142	188 142	188 142		
1 799 686	1 643 647	1 587 124	212 702	212 562
706 274	622 704	603 365	102 909	102 909
16 007	13 109	12 903	3 110	3 104
11 532	9 126	9 006	2 531	2 526
9 841	7 667	7 572	2 273	2 269
1 179 097 584	1 250 230 980	1 042 315 616	136 798 318	136 781 968
108 885 861	90 713 945	88 914 874	19 970 987	19 970 987
1 206 101	1 244 999	1 183 774	22 327	22 327
24 470 696	**26 831 556**	**22 858 251**	**1 628 343**	**1 612 445**
1 198 512	1 225 486	1 147 279	51 233	51 233
23 272 184	25 606 070	21 710 972	1 577 110	1 561 212
2 823 079	2 913 036	2 465 618	368 560	357 461
4 853 759	6 212 237	4 756 041	97 718	97 718
94 179	92 663	92 543	1 636	1 636
136 322	179 332	128 661	7 661	7 661
60 246	59 192	53 521	6 725	6 725
13 326 121	14 406 888	12 474 084	852 187	852 037
4 372 197	5 281 500	4 091 703	280 494	280 494
2 038 724	1 801 914	1 794 025	249 348	244 699
2 092 027	2 198 718	1 993 223	98 804	98 804
1 013 278	983 899	970 070	43 208	43 208

Note: Data in this table don't inculde the investment in real eastate development and raral private investment.

5-5 按行业分的固定资产投资（2008年）
Investment in Fixed Assets by Sector (2008)

单位:万元 (10 000 yuan)

类别	Category	总计 Total Invest-ment	城镇投资 Urban Invest-ment	农村投资 Rural Invest-ment
总计	**Provincial Total**	**27 072 072**	**25 486 422**	**1 585 650**
(一)农、林、牧、渔业	**Farming, Forestry, Animal Husbandry and Fishery**	**1 740 194**	**975 619**	**764 575**
农业	Farming	326 169	265 703	60 466
林业	Forestry	224 033	201 610	22 423
畜牧业	Animal Husbandry	147 538	114 376	33 162
渔业	Fishery	9 757	890	8 867
农、林、牧、渔服务业	Services for Farming, Forestry, Animal Husbandry and Fishery	1 032 697	393 040	639 657
(二)采矿业	**Mining**	**1 702 662**	**1 702 662**	
煤炭开采和洗选业	Mining and Washing of Coal	511 219	511 219	
石油和天然气开采业	Extraction of Petroleum and Natural Gas	3 090	3 090	
黑色金属矿采选业	Mining and Dressing of Ferrous Metal Ores	193 147	193 147	
有色金属矿采选业	Mining and Dressing of Nonferrous Metals Ores	910 267	910 267	
非金属矿采选业	Mining and Dressing of Nonmetal Ores	79 763	79 763	
其他采矿业	Mining and Dressing of Other Ores	5 176	5 176	
(三)制造业	**Manufacture**	**4 349 491**	**4 349 491**	
农副食品加工业	Processing of Farm and Sideline Food	217 914	217 914	
食品制造业	Manufacture of Food	80 831	80 831	
饮料制造业	Manufacture of Beverage	112 246	112 246	
烟草制品业	Tobacco Products	195 863	195 863	
纺织业	Textile Industry	34 180	34 180	
纺织服装、鞋、帽制造业	Manufacture of Textile Garments, Footwear and Headgear	8 765	8 765	
皮革、毛皮、羽毛(绒)及其制品业	Feather, Furs, Down and Related Products	142	142	
木材加工及木、竹、藤、棕、草制品业	Timber Processing, Bamboo, Cane, Palm Fiber & Straw Products	46 504	46 504	
家具制造业	Manufacture of Furniture	18 140	18 140	
造纸及纸制品业	Papermaking and Paper Products	88 186	88 186	
印刷业和记录媒介的复制	Printing and Record Medium Reproduction	56 870	56 870	
文教体育用品制造业	Manufacture of Cultural, Educational and Sports Goods			
石油加工、炼焦及核燃料加工业	Petroleum Refining, Coking and Nuclear Fuel Processing	219 904	219 904	
化学原料及化学制品制造业	Manufacture of Raw Chemical Materials and Chemica Products	867 460	867 460	
医药制造业	Manufacture of Medicines	113 624	113 624	
化学纤维制造业	Manufacture of Chemical Fibers	3 900	3 900	
橡胶制品业	Rubber Products	5 700	5 700	
塑料制品业	Plastic Products	23 746	23 746	
非金属矿物制品业	Nonmetal Mineral Products	692 971	692 971	
黑色金属冶炼及压延加工业	Smelting and Pressing of Ferrous Metals	348 998	348 998	
有色金属冶炼及压延加工业	Smelting and Pressing of Nonferrous Metals	531 670	531 670	
金属制品业	Metal Products	53 519	53 519	
通用设备制造业	Manufacture of General Purpose Equipment	171 436	171 436	
专用设备制造业	Manufacture of Special Purpose Equipment	65 594	65 594	
交通运输设备制造业	Manufacture of Transport Equipment	146 498	146 498	
电气机械及器材制造业	Manufacture of Electrical Machinery and Equipment	64 313	64 313	
通信设备、计算机电子设备制造业及其他	Manufacture of Communication Equipment, Computers and Other Electronic Equipment	4 051	4 051	
仪器仪表及文化、办公用机械制造业	Manufacture of Instruments, Meters and Machinery for Cultural and Office Use	11 338	11 338	
工艺品及其他制造业	Handicraft and Other Manufactures	156 320	156 320	
废弃资源和废旧材料回收加工业	Recycling and Disposal of Waste	8 808	8 808	
(四)电力、燃气及水的生产和供应业	**Production and Supply of Electric,Gas and Water**	**6 264 635**	**6 152 710**	**111 925**
电力、热力的生产和供应业	Production and Supply of Electric Power and Heat Power	6 070 295	5 961 463	108 832
燃气生产和供应业	Production and Supply of Gas	48 100	45 007	3 093
水的生产和供应业	Production and Supply of Tap Water	146 240	146 240	
(五)建筑业	**Construction**	**273 645**	**267 062**	**6 583**
房屋和土木工程建筑业	Building and Civil Engineering Construction	113 579	111 164	2 415
建筑安装业	Construction Installment	6 837	5 837	1 000
建筑装饰业	Construction Decoration	7 512	7 512	
其他建筑业	Other Construction	145 717	142 549	3 168

注：本表不含房地产开发投资和农村私人投资。
Note: Data in this table don't inculde the investment in real eastate development and raral private investment.

5-5 续表1 continued

单位:万元 (10 000 yuan)

类别	Category	总计 Total Investment	城镇投资 Urban Investment	农村投资 Rural Investment
(六)交通运输、仓储和邮政业	**Transport, Storage and Postal Services**	**3 694 323**	**3 468 626**	**225 697**
铁路运输业	Railway Transport	401 074	398 928	2 146
道路运输业	Road Transport	2 913 015	2 693 456	219 559
城市公共交通业	Urban Public Traffic	75 158	75 158	
水上运输业	Waterway Transport	8 941	5 631	3 310
航空运输业	Air Transport	241 586	241 586	
管道运输业	Pipeline Transport			
装卸搬运和其他运输服务业	Loading and Unloading and Other Transport Services	6 000	6 000	
仓储业	Storage	47 274	46 592	682
邮政业	Postal Services	1 275	1 275	
(七)信息传输、计算机服务和软件业	**Information Transmission, Computer Services and Software**	**614 014**	**613 646**	**368**
电信和其他信息传输服务业	Telecommunications and Other Information Transmission Services	613 605	613 237	368
计算机服务业	Computer Services	313	313	
软件业	Software	96	96	
(八)批发和零售业	**Wholesale and Retail Trade**	**740 683**	**724 410**	**16 273**
批发业	Wholesale	502 473	491 211	11 262
零售业	Retail Trade	238 210	233 199	5 011
(九)住宿和餐饮业	**Accommodations and Catering Services**	**322 554**	**300 294**	**22 260**
住宿业	Accommodations	262 185	242 446	19 739
餐饮业	Catering Services	60 369	57 848	2 521
(十)金融业	**Finance**	**56 491**	**56 051**	**440**
银行业	Banking	56 409	55 969	440
证券业	Securities			
保险业	Insurance	82	82	
其他金融活动	Other Financial Activities			
(十一)房地产业	**Real Estate**	**1 039 030**	**943 822**	**95 208**
(十二)租赁和商务服务业	**Leasing and Business Services**			
租赁业	Leasing Services	911	760	151
商务服务业	Business Services	93 256	92 605	651
(十三)科学研究、技术服务和地质勘查业	**Scientific Research, Technical Services and Geological Prospecting**	**94 155**	**89 249**	**4 906**
研究与试验发展	Research and Experimental Development	58 721	58 721	
专业技术服务业	Special Technical Services	15 080	14 070	1 010
科技交流和推广服务业	Scientific & Technological Exchange and Promotion Services	6 665	2 769	3 896
地质勘查业	Geological Prospecting	13 689	13 689	
(十四)水利、环境和公共设施管理业	**Management of Water Conservancy,Environment and Public Facilities**	**3 247 367**	**3 158 497**	**88 870**
水利管理业	Management of Water Conservancy	736 995	686 747	50 248
环境管理业	Management of Environment	400 855	390 232	10 623
公共设施管理业	Management of Public Facilities	2 109 517	2 081 518	27 999
(十五)居民服务和其他服务业	**Services to Households and Other Services**	**45 595**	**42 978**	**2 617**
居民服务业	Services to Households	31 387	29 000	2 387
其他服务业	Other Services	14 208	13 978	230
(十六)教　育	**Education**	**714 422**	**690 655**	**23 767**
(十七)卫生、社会保障和社会福利业	**Health Care, Social Security and Social Welfare**	**269 854**	**262 203**	**7 651**
卫　生	Health Care	229 858	223 996	5 862
社会保障业	Social Security	11 463	10 472	991
社会福利业	Social Welfare	28 533	27 735	798
(十八)文化、体育和娱乐业	**Culture, Sports and Recreation**	**349 052**	**342 940**	**6 012**
新闻出版业	Publication	767	767	
广播、电视、电影和音像业	Radio, Television, Film and Video	30 259	30 029	130
文化艺术业	Culture and Arts	99 136	95 323	3 813
体　育	Sports	62 695	61 457	1 238
娱乐业	Recreation	156 195	155 364	831
(十九)公共管理和社会组织	**Public Administration and Social Organizations**	**1 459 838**	**1 252 142**	**207 696**
中国共产党机关	CPC Agencies	4 931	4 931	
国家机构	Government Agencies	1 103 491	1 076 719	26 772
人民政协和民主党派	CPPCC and Democratic Parties	925	925	
群众团体、社会团体和宗教组织	Mass Organizations, Social Organizations and Religious Organizations	18 010	16 906	1 104
基层群众自治组织	Self-governing Mass Organizations at the Grass-roots Level	332 481	152 661	179 820
(二十)国际组织	**International Organizations**			

5-6 按经济类型分的房地产开发投资情况（2008年）

单位:万元

类 别	Category	总 计 Total	国 有 State-owned
计划总投资	**Intended Investment**	**23 347 360**	**1 624 202**
自开始建设累计完成投资	**Cumulative Investment**	**11 828 761**	**827 862**
本年完成投资	**Investment Completed in Current Year**	**5 576 906**	**457 806**
#土地开发投资额	in Land Development	623 022	29 548
配套工程投资	in Related Projects	369 809	89 918
按构成分	**Grouped by Use of Funds**		
建筑工程	Construction	3 923 583	329 683
安装工程	Installation	147 651	3 759
设备工器具购置	Purchase of Equipment and Instruments	56 101	1 631
其他费用	Others	1 449 571	122 733
#旧建筑物购置费	Purchase of Used Building	87 392	19 760
土地购置费	Purchase of Land	1 020 608	84 440
按工程用途分	**Grouped by Use of Buildings**		
住 宅	Residential Buildings	4 240 234	384 088
#90平方米以下住房	Residential Buildings below 90 sq.m	718 788	14 985
经济适用房	Economically Affordable Housing	210 471	57 630
别墅、高档公寓	Villas and Upper-scale Apartments	607 554	70 820
办公楼	Office Buildings	121 372	3 485
商业营业用房	Buildings for Business	574 245	24 797
其 他	Others	641 055	45 436
本年新增固定资产	**Newly Increased Fixed Assets**	**2 056 600**	**109 523**
本年资金来源合计	**Total Funds of All Sources**	**8 556 137**	**666 776**
上年末结余资金	Fund Left from Last Year	1 490 099	76 390
本年资金来源小计	Fund of All Sources in Currrent Year	7 066 038	590 386
国内贷款	Domestic Loans	960 171	128 393
#银行贷款	from Banks	888 883	116 338
非银行金融机构贷款	from Other Financial Deparments	71 288	12 055
利用外资	Foreign Investment	42 993	
#外商直接投资	Foreign Direct Investment	42 978	
自筹资金	Self-Raising Funds	2 619 221	295 790
#自有资金	Self-owned Funds	1 409 921	125 638
其他资金来源	Others	3 443 653	166 203
#定金及预付款	Earnest Money and Advance Charge	2 185 268	150 059
个人按揭贷款	Mortgage Loans	1 024 274	4 404
本年各项应付款合计	Account Payable	1 257 440	16 306
#工程款	Payment for Construction	346 128	13 333
本年完成开发土地面积（平方米）	**Space of Land Developed in Current Year (sq.m)**	**8 924 262**	**1 270 030**
待开发土地面积(平方米)	Space of Land to be Developed (sq.m)	11 122 426	75 267
本年购置土地面积(平方米)	Space of Land Purchased in Current Year (sq.m)	14 442 193	2 081 324
本年土地成交价款	Value of Commercial Land	790 789	86 895

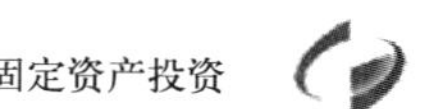

Investment in Real Estate Development by Registration Status (2008)

(10 000 yuan)

集 体 Collective-owned	私营个体 Private and Individuals	联 营 Joint Ownership Economy	股份制 Share Holding Economy	外 商 Foreign Funded Economy	港澳台 Economy with Funds from Hong Kong,Macao and Taiwan	其 他 Others
56 832	**8 661 718**	**6 440**	**1 359 424**	**581 875**	**582 150**	**10 474 719**
53 892	**5 435 146**	**7 279**	**715 565**	**432 877**	**215 727**	**4 140 413**
21 275	**2 485 689**	**1 884**	**397 435**	**170 891**	**81 092**	**1 960 834**
3 992	278 291	10	48 093	3 098	19 998	239 992
2 111	158 602	431	10 906	2 199		105 642
14 092	1 775 288	1 208	230 028	151 610	50 746	1 370 928
1 289	77 383	357	5 064	12 736		47 063
450	15 965	273	26 708	200		10 874
5 444	617 053	46	135 635	6 345	30 346	531 969
355	39 189		20 332			7 756
4 079	445 799	25	98 382	2 612	17 991	367 280
17 434	1 794 847	1 221	348 491	134 615	71 168	1 488 370
5 225	334 639		64 886	38 105	15 515	245 433
1 950	86 902		8 475			55 514
550	222 463		23 278	15 711	27 873	246 859
31	60 525		8 914	1 633		46 784
1 012	328 040	316	10 736	19 336	7 960	182 048
2 798	302 277	347	29 294	15 307	1 964	243 632
2 460	**1 020 082**	**168**	**106 042**	**87 892**	**300**	**730 133**
30 124	**3 675 729**	**3 640**	**487 028**	**348 524**	**178 837**	**3 165 479**
2 174	695 868		110 612	51 388	17 071	536 596
27 950	2 979 861	3 640	376 416	297 136	161 766	2 628 883
4 477	409 706		42 638		79 000	295 957
4 477	383 517		30 908		79 000	274 643
	26 189		11 730			21 314
	15			500	42 478	
				500	42 478	
9 353	1 092 619	250	134 593	61 110	2 700	1 022 806
5 337	653 300		84 913	53 113	2 700	484 920
14 120	1 477 521	3 390	199 185	235 526	37 588	1 310 120
4 623	887 007	1 180	171 124	140 175	22 580	808 520
8 991	498 946	2 210	24 206	94 090	14 708	376 719
3 919	314 228		33 585	12 994	2 331	874 077
3 527	160 849		24 923	1 764	1 204	140 528
14 842	**3 389 331**	**350**	**398 921**	**10 136**	**313 845**	**3 526 807**
13 000	5 286 015		894 980	392 122	10 010	4 451 032
7 942	6 790 095	350	518 533		323 855	4 720 094
589	396 143	25	30 080		17 991	259 066

5-7 按经济类型分的房地产开发财务情况（2008年）

单位:万元

类别	Category	总计 Total	国有 State-owned
一、年初存货	**Inventory at Beginning of Current Year**	**59 104 863**	**3 757 197**
二、年末资产负债	**Property debt at Year End**		
流动资产合计	Total Liquid Liabilities	174 512 978	15 420 211
# 存　货	Inventory	85 426 218	7 781 273
固定资产原价	Fixed Asset Value	8 332 342	600 728
累计折旧	Accumulated Depreciation	1 791 401	103 834
# 本年折旧	in Current Year	442 522	3 199
资产总计	Assets	217 513 460	17 706 839
负债总计	Liabilities	172 890 128	15 427 944
所有者权益合计	Owners' Equity	44 623 332	2 278 895
#实收资本	Paid-up Capital	32 493 459	2 567 655
#国家资本	State-owned Capital	3 121 122	2 008 379
集体资本	Collective-owned Capital	858 888	50
法人资本	Corporate Capital	13 846 982	487 726
个人资本	Private Capital	12 361 863	71 500
港澳台资本	Capital from Hong Kong,Macao &Taiwan	1 729 918	
外商资本	Foreign Capital	574 686	
三、损益及分配	**Net Income or Loss and Distribution**		
主营业务收入	Operating Income	37 686 301	1 103 924
#土地转让收入	Revenues from Land Transfer	1 195 283	38 942
商品房屋销售收入	Revenues from Commercial Housing Sales	33 293 479	925 500
房屋出租收入	Housing Rental Income	1 541 222	7 226
其他收入	Others	1 656 317	132 256
主营业务成本	Main Business Cost	28 202 343	853 307
主营业务税金及附加	Main Business Tax & Additional	2 743 497	60 437
主营业务利润	Main Business Profit	5 561 236	153 436
其他业务收入	Other Operating Revenue	455 579	48 960
其他业务利润	Other Operating Profits	260 024	19 642
销售费用	Sales Expenses	1 181 542	36 744
管理费用	Management Expenses	3 360 221	186 000
#税　金	Taxes	299 898	18 492
差旅费	Travelling Expenses Fees	112 320	3 906
工会经费	Labour union expenditure	13 053	975
财务费用	Financial Expenses	1 391 739	107 410
#利息支出	Interests	1 218 035	102 881
营业利润	Business Profits	1 067 042	- 120 332
投资收益	Investment Profits	317 718	13 933
营业外收入	Non-operating Income	261 165	15 607
营业外支出	Non-operating Expenses	296 536	6 452
利润总额	Total Profits	1 056 302	- 94 683
应缴所得税	Income Tax Payable	737 842	40 180
劳动失业、保险费	labor and Insurance	56 557	5 505
住房公积金及住房补贴	Housing Provident Funds	19 892	9 177
四、工资、福利费	**Wages and Welfare**		
本年应付工资总额	Wages Payable in Current Year	1 412 046	66 651
本年应付福利费总额	Welfare Payable in Current Year	89 092	4 885
五、全部从业人员年平均人数(人)	**Average Number of Employees Engaged (person)**	**47 258**	**2 406**

Financial Indicators of Real Estate Development by Registration Status (2008)

(10 000 yuan)

集 体 Collective-owned	私营个体 Private and Individuals	联 营 Joint Ownership Economy	股份制 Share Holding Economy	外 商 Foreign Funded Economy	港澳台 Economy with Funds from Hong Kong,Macao and Taiwan	其 他 Others
1 307 680	**23 069 389**	**49 637**	**6 385 802**	**2 842 679**	**1 128 794**	**20 563 685**
2 089 913	63 073 213	87 454	18 663 689	7 810 878	3 105 816	64 261 804
1 412 741	31 310 019	66 720	10 115 580	2 977 790	1 743 172	30 018 923
82 192	3 772 964	269	377 170	833 462	141 227	2 524 330
18 059	687 597	146	72 731	260 041	33 325	615 668
2 899	201 165	88	15 781	70 526	6 043	142 821
2 280 265	88 009 490	87 629	20 870 571	9 236 647	3 523 147	75 798 872
1 038 234	73 087 676	86 497	14 198 178	7 039 652	2 448 548	59 563 399
1 242 031	14 921 814	1 132	6 672 393	2 196 995	1 074 599	16 235 473
918 581	13 390 644	1 048	3 011 648	1 252 790	998 171	10 352 922
349 476	-24 078	48	27 888		41 160	718 249
36 435	53 210		92 459	44 715		632 019
102 270	6 212 661	1 000	879 924	360 516	176 626	5 626 259
430 400	6 884 851		1 576 317	22 400		3 376 395
	264 000		435 060	820 434	210 424	
				4 725	569 961	
358 269	15 697 463	48 785	3 095 666	2 095 260	83 532	15 203 402
500	71 950		6 308			1 077 583
276 124	14 828 913	48 706	1 348 541	1 931 841	50 542	13 883 312
606	536 920		765 897	133 018	32 984	64 571
81 039	259 680	79	974 920	30 401	6	177 936
300 032	11 809 367	44 555	1 907 738	1 377 008	65 351	11 844 985
24 035	1 149 617	1 033	326 444	140 972	3 157	1 037 802
30 242	2 243 231	2 763	790 427	490 520	-3 602	1 854 219
1 923	209 136		26 292	7 893	240	161 135
1 048	109 540		26 252	5 185	228	98 129
4 019	497 506	434	71 057	86 760	18 626	466 396
26 346	1 746 349	689	246 695	124 571	47 307	982 264
1 221	136 850		13 004	11 802	2 967	115 562
759	50 414		6 373	7 315	2 724	40 829
96	4 127		688	1 224	53	5 890
1 693	771 700	-54	93 795	122 608	16 229	278 358
-167	726 618	-54	26 248	92 542	17 911	252 056
3 251	-167 536	2 128	476 189	248 526	-66 910	691 726
127	14 985		201 901	2 340	-11 125	95 557
143	106 306	18	13 266	14 080	702	111 043
900	131 477		10 660	8 134	3 780	135 133
2 494	-186 168	2 146	380 532	256 812	-81 113	776 282
2 556	311 622	470	45 689	53 406		283 919
660	16 739		4 027	1 604	546	27 476
221	1 699		1 238	229	176	7 152
11 680	804 590	358	85 244	52 170	8 102	383 251
801	30 304	49	10 107	5 013	917	37 016
667	**21 325**	**25**	**2 902**	**1 221**	**267**	**18 445**

5-8 房地产开发企业(单位)施工、销售和空置情况（2008年）

类　别	Category	合　计 Total	住　宅 Residential Buildings
房屋施工面积(平方米)	**Floor Space Under Construction (sq.m)**	**53 676 381**	**44 699 058**
#新开工面积	Newly-started Projects	21 671 097	17 989 036
房屋竣工面积(平方米)	**Floor Space Completed (sq.m)**	**10 516 544**	**8 836 056**
#不可销售面积	Space of Floor not Ready for Sale	193 450	72 051
商品住宅竣工套数(套)	**Number of Commercial Buildings Completed (unit)**		**67 952**
竣工房屋价值（万元）	**Value of Buildings Completed (10 000 yuan)**	**1 695 532**	**1 378 622**
出租房屋面积(平方米)	**Floor Space of Buildings to Lease (sq.m)**	**152 531**	**3 940**
商品房销售面积(平方米)	**Floor Space of Commercial Buildings Sold (sq.m)**	**16 430 769**	**14 782 537**
#现房销售面积	Floor Space of Complete Dapartments	3 250 193	2 737 438
期房销售面积	Floor Space of Forward Delivery Housing	13 180 576	12 045 099
商品房销售额(万元)	**Total Sale of Commercial Buildin (10 000 yuan)**	**4 403 093**	**3 607 721**
#现房销售额	Sale of Complete Dapartments	844 980	626 198
期房销售额	Sale of Forward Delivery Housing	3 558 113	2 981 523
商品住宅销售套数(套)	**Number of Commercial Buildings Sold (unit)**		**117 341**
# 现房销售套数	Complete Dapartments		19 953
期房销售套数	Forward Delivery Housing		97 388
空置面积(平方米)	**Floor Space of Commercial Buildings Unoccupied (sq.m)**	**1 391 613**	**763 965**
#空置1-3年(含1年)	Unoccupied from 1 to 3 Years	738 859	496 835
空置3年及以上	Unoccupied for more than 3 Years	355 320	121 110

Construction,Sale and Occupation of Buildings Made by Real Estate Enterprises (2008)

#90平方米以下住房 below 90 sq.m	#经济适用房 Economically Affordable Housing	#别墅高档公寓 Villas and Upper-scale Apartments	办公楼 Office Buildings	商业营业用房 Buildings for Business	其他 Others
6 919 676	**2 316 882**	**6 211 611**	**854 766**	**5 636 609**	**2 485 948**
2 957 176	1 216 358	2 252 130	388 893	2 285 237	1 007 931
1 496 148	**438 039**	**769 909**	**169 809**	**964 849**	**545 830**
18 802	5 874	20 978	4 545	34 033	82 821
21 047	**4 169**	**2 882**			
260 342	**53 113**	**148 618**	**36 646**	**216 152**	**64 112**
2 040			**9 859**	**126 669**	**12 063**
2 225 746	**1 048 138**	**1 862 921**	**220 717**	**1 169 705**	**257 810**
242 687	328 768	253 953	73 787	378 100	60 868
1 983 059	719 370	1 608 968	146 930	791 605	196 942
653 124	**151 040**	**601 798**	**107 275**	**608 548**	**79 549**
65 390	39 729	92 375	22 624	175 544	20 614
587 734	111 311	509 423	84 651	433 004	58 935
31 821	**9 277**	**8 834**			
3 808	2 374	**969**			
28 013	6 903	7 865			
361 113	**7 699**	**65 449**	**56 123**	**397 478**	**174 047**
329 488	5 366	26 707	23 186	170 015	48 823
19 920	73	28 040	25 115	123 361	85 734

5-9 新增生产能力（2008年）

Newly Increased Production Capacity (2008)

生产能力(或)效益名称	Item	建设规模 Total Construction Size	本年施工规模 Under Construction This Year	本年新开工 Started This Year	累计新增 Production Newly Increased	本年新增 Newly Increased This Year
原煤开采(万吨/年)	Coal Mining(10 000 tons/year)	1 735	1 717	1 295	1 253	1 201
洗煤(万吨/年)	Coal Washing(10 000 tons/year)	162	162	162	162	162
焦炭(万吨/年)	Coke (10 000 tons/year)	969	556	196	91	91
铁矿开采(原矿)(万吨/年)	Iron Ore Mining (10 000 tons/year)	94	79	73	40	40
铁矿选矿处理量(万吨/年)	Iron Ore Processing capacity (10 000 tons/year)	102	102	102	97	97
铁矿石成品矿(万吨/年)	Refined Iron Ore Mine (10 000 tons/year)	316	96	96	96	96
生铁(万吨/年)	Pig Iron(10 000 tons/year)	120	120	80	100	80
粗钢(万吨/年)	Crude Steel(10 000 tons/year)	10	10	10		
钢材(万吨/年)	Rolled Steel (10 000 tons/year)	50	50		50	50
铜冶炼（吨/年）	Copper Smelting(ton/year)	36 154	36 074	21 320	8 720	7 980
氧化铝（吨/年）	Aluminum Oxide(ton/year)	800 000				
铝加工（吨/年）	Aluminum Machining (ton/year)	230 012	230 002	2	2	2
发电机组容量(万千瓦)	Installation Capacity of Power Generation (10 000 kw)	9 151	2 211	291	407	183
水力发电	Hydro Power Generation	8 307	2 039	240	345	181
火力发电	Thermal Power Generation	821	150	30	60	
其他发电	Others	23	22	21	2	2
输电线路长度(11万伏及以上)(公里)	Length of Transmission Line (over 110kv) (km)	556	497	489	77	77
水泥(万吨/年)	Cement(10 000 tons/year)	2 258	1 936	1 306	551	471
木材(万立方米/年)	Wood (10 000 cu.m/year)	1	1	1	1	1
氮肥（吨/年）	Nitrogen Fertilizers (ton/year)	310 010	210 010	190 004	180 010	160 004
磷肥（吨/年）	Phosphate Fertilizers(ton/year)	2 901 052	2 001 052	1 501 052	2 131 052	731 052
钾肥（吨/年）	Potassium Fertilizer(ton/year)	22 920	22 920	15 000	15 000	15 000
塑料树脂及共聚物（吨/年）	Plastics,Colophony and Copolymer(ton/year)	30 200	30 200	30 200	30 200	30 200
合成橡胶(吨/年)	Synthetic Rubber(ton/year)	50 000	50 000	50 000	50 000	50 000
载货汽车制造(辆/年)	Trucks (unit/year)	20 000	20 000	20 000	20 000	20 000
酒（万吨/年）	Liquor (10 000 tons/year)	58	58	27	26	16
啤酒	Beer(10 000 tons/year)	55	55	25	25	15
白酒	Wine(10 000 tons/year)	3	3	2	1	1
机制纸浆 （万吨/年）	Machine-made Pulp (10 000 tons/year)	1	1	1	1	1
新建公路(公里)	Length of Newly-built Highway (km)	2 121	1 648	1 054	1 220	930
# 高速公路	Expressway					
一级公路	Class-A Highway	21	21	18		
二级公路	Class-B Highway	364	273	130	163	80
改建公路(公里)	Length of Reconstructed Highway(km)	9 720	8 077	5 077	5 766	4 583
# 高速公路	Expressway	65	65			
一级公路	Class-A Highway	84	84			
二级公路	Class-B Highway	1 278	1 278	646	681	104
新建独立公路桥梁（延长米）	Length of Newly-built Bridges (m)	2 977	2 787	911	1 651	1 651
新建独立公路桥梁(座)	Number(unit)	17	14	8	8	8
新(扩)建客、货运站(个)	Cargo or Passenger Terminals (unit)	44	43	18	31	30
新(扩)建客、货运站（平方米）	(sq.m)	77 558	77 258	31 672	60 459	58 391
候机楼（座）	Terminals (unit)	1	1			
候机楼（平方米）	(sq.m)	10 000	10 000			
城市自来水供水能力(万吨/日)	Urban Volume of Water Supply (10 000 tons/day)	20	19	18	16	16
城市公共交通车辆购置（辆）	Urban Purchase of Public Transportation Vehicles (unit)	394	394	394	394	394
城市污水处理能力(万吨/日)	Urban Capacity of Sewage Treatment (10 000 tons/day)	13	10	10	10	8

主要统计指标解释

全社会固定资产投资 是以货币形式表现的在一定时期内全社会建造和购置固定资产的工作量以及与此有关的费用的总称。该指标是反映固定资产投资规模、结构和发展速度的综合性指标,又是观察工程进度和考核投资效果的重要依据。全社会固定资产投资按登记注册类型可分为国有、集体、个体、联营、股份制、外商、港澳台商、其他等。

城镇固定资产投资 指城镇各种登记注册类型的企业、事业、行政单位及个体户进行的计划总投资(或实际需要总投资)50 万元及 50 万元以上的建设项目投资和房地产开发投资。县城及以上区域内发生的投资,县及县以上各级政府及主管部门直接领导、管理的建设项目和企业事业单位的投资均为城镇固定资产投资。

房地产开发投资 指各种登记注册类型的房地产开发公司、商品房建设公司及其他房地产开发法人单位和附属于其他法人单位实际从事房地产开发或经营活动的单位统一开发的包括统代建、拆迁还建的住宅、厂房、仓库、饭店、宾馆、度假村、写字楼、办公楼等房屋建筑物和配套的服务设施,土地开发工程（如道路、给水、排水、供电、供热、通讯、平整场地等基础设施工程）的投资;不包括单纯的土地交易活动。

农村投资 包括在农村区域范围内进行固定资产投资活动的企业、事业、行政单位及农户投资。

固定资产投资按国民经济行业分 根据建设项目建成投产后的主要产品或主要用途及社会经济活动性质来确定国民经济行业。一般情况下,一个建设项目或一个企业、事业单位只能属于一种国民经济行业。

固定资产投资按隶属关系分 是按建设单位或企业、事业、行政单位的主管上级机关确定的。

（1）中央 是指中共中央、人大常委会和国务院各部、委、局、总公司以及直属机构直接领导的建设项目和企业、事业、行政单位。这些单位的固定资产投资计划由国务院各部门直接编制和下达,建设中所需物资、主要设备以及建设中的问题都由中央有关部门安排和解决。

（2）地方 是由省（自治区、直辖市）、地区（州、盟、省辖市）、县（旗、县级市）三级政府及业务主管部门直接领导和管理的建设项目、企业、事业、行政单位。地方项目还包括不隶属以上各级政府及主管部门的建设项目和企业、事业单位,如外商投资企业和无主管部门的企业等。

固定资产投资按建设性质分 根据整个建设项目情况来确定。建设项目的性质一般分为新建、扩建、改建和技术改造、迁建、恢复。房地产开发单位、农村投资、城镇工矿区私人建房投资不划分建设性质。

(1)新建 一般指从无到有开始建设的企业、事业和行政单位或建设项目。现有企业、事业、行政单位一般不属于新建。但如有的单位原有基础很小,经过建设后新增的固定资产价值超过该企、事业、行政单位原有固定资产价值(原值)三倍以上的也应作为新建。

(2)扩建 指在厂内或其他地点,为扩大原有产品的生产能力(或效益)或增加新的产品生产能力,而增建主要的生产车间(或主要工程)、分厂、独立的生产线。行政、事业单位在原单位增建业务用房(如学校增建教学用房、医院增建门诊部、病房等)也作为扩建。

现有企、事业单位为扩大原有主要产品生产能力或增加新的产品生产能力,增建一个或几个主要生产车间(或主要工程)、分厂,同时进行一些更新改造工程的,也应作为扩建。

(3)改建和技术改造 指现有企业、事业单位,对原有设施进行技术改造或更新(包括相应配套的辅助性生产、生活福利设施) 的建设项目。现有企业、事业单位为适应市场变化的需要,而改变企业的主要产品种类(如军工企业转产民用品等) 的建设项目,应作为改建。原有产品生产作业线由于各工序(车间)之间能力不平衡,为填平补齐充分发挥原有生产能力而增建不增加本企业主要产品设计能力的车间,也应作为改建。技术改造是指企业、事业单位在现有基础上,用先进的技术代替落后的技术,用先进的工艺和装备代替落后的工艺和装备,以改变企业落后的技术经济面貌,实现以内涵为主的扩大再生产,达到提高产品质量、促进产品更新换代、节约能源、降低消耗、扩大生产规模、全面提高社会经济效益的目的。技术改造具体包括以下内容:机器设备和工具的更新改造;生产工艺改革、节约能源和原材料的改造;厂房建筑和公共设施的改造;劳动条件和生产环境的改造等。

固定资产投资按构成分 固定资产投资活动按其工作内容和实现方式分为建筑工程、安装工程,设备、工具、器具购置,其他费用四个部分。

(1)建筑工程　指各种房屋、建筑物的建造工程，又称建筑工作量。包括各种房屋建造工程；各种用途设备基础和各种工业窑炉的砌筑工程及金属结构工程；为施工而进行的各种准备工作和临时工程以及完工后的清理工作等；铁路、道路的铺设，矿井的开凿及石油管道的架设等；水利工程；防空地下建筑等特殊工程；列入房屋工程预算内的暖气、卫生、通风、照明、煤气等设备的价值及装设油饰工程；列入建筑工程预算内的各种管道(蒸汽、压缩空气、石油、给排水等管道)、电力、电讯电缆导线等的敷设工程；房地产开发单位进行的商品房屋开发建设工程、土地开发工程。

(2)安装工程　指各种设备、装置的安装工程，又称安装工作量。包括各种需要安装设备的装配和安装，与设备相连的装设工程及附属于被安装设备的其他工程；为测定安装工程质量，对设备进行的试运工作。但不包括被安装设备本身的价值。

(3)设备、工具、器具购置　指建设单位或企、事业单位购置或自制的，达到固定资产标准的设备、工具、器具的价值。新建单位及扩建单位的新建车间，按照设计或计划要求购置或自制的全部设备、工具、器具，不论是否达到固定资产标准均计入“设备、工具、器具购置”中。

(4)其他费用　指在固定资产建造和购置过程中发生的，除上述几项内容以外的各种应分摊计入固定资产的费用。

新增固定资产　指报告期内交付使用的固定资产价值。包括报告期内建成投入生产或交付使用的工程投资和达到固定资产标准的设备、工具、器具的投资及有关应摊入的费用。属于增加固定资产价值的其他建设费用，应随同交付使用的工程一并计入新增固定资产。

施工房屋面积　指报告期内施工的全部房屋建筑面积。包括本期新开工的面积和上期开工跨入本期继续施工的房屋面积，以及上期已停建在本期复工的房屋面积。本期竣工和本期施工后又停缓建的房屋，其建筑面积仍计入本期施工房屋面积中。

房屋新开工面积　指报告期内新开工的全部房屋建筑面积，以单位工程为核算对象。房屋新开工面积指整栋房屋的全部建筑面积，不能分割计算。

竣工房屋面积　指在报告期内房屋建筑按照设计要求已全部完工，达到住人和使用条件，经验收鉴定合格(或达到竣工验收标准)，可正式移交使用的各栋房屋建筑面积的总和。

竣工房屋价值　指在报告期内竣工房屋本身的建造价值。竣工房屋价值按房屋设计和预算规定的内容计算。

施工项目　指报告期内进行过建筑或安装施工活动的项目，包括本期新开工的项目和上期开工在本期继续施工的建设项目。凡是报告期内施过工的建设项目，不论施工时间长短，均作为施工项目统计。施工项目个数可以反映一定时期固定资产投资的实际规模，与同期全部建成投产项目个数相比，可以从建设速度的角度反映固定资产投资的效果。

全部建成投产项目　按设计文件规定的全部生产能力(或效益)在报告期内全部建成投产，经验收合格交付使用的建设项目。

新增生产能力　指通过固定资产投资活动而增加的设计能力或工程效益,它是用实物形态表示的固定资产投资的成果。新增生产能力的计算,是以能独立发挥生产能力或效益的单项工程(或项目)为对象。当单项工程(或项目)建成,经有关部门鉴定合格,正式移交投入生产,即可计算新增生产能力。

规划用地面积　指根据经有关部门批准的项目规划，建设项目需要使用的土地面积。

实际征用和购置土地面积　指报告期内通过征用等各种方式获得使用权的土地面积。

实际征用和购置土地成交价款　指报告期内征用和购置土地进行土地使用权交易活动的最终金额。征用和购置的土地成交价款与征用和购置土地面积同口径，目的是正确计算平均土地征用和购置价格。

固定资产投资的资金来源　根据固定资产投资的资金来源不同,分为上年末结余资金和本年资金来源。其中本年资金来源又分为六种:

(1) 国家预算内资金　分为财政拨款和财政安排的贷款两部分。包括中央财政的基本建设基金(分经营性基金和非经营性基金两部分)、专项支出(如煤代油专项等)、收回再贷、贴息资金，财政安排的挖潜改造和新产品试制支出、城建支出、商业部门简易建筑支出、不发达地区发展基金等资金中用于固定资产投资的资金；地方财政中由国家统筹安排的资金等。

(2) 国内贷款　指报告期企、事业单位向银行及非银行金融机构借入的用于固定资产投资的各种国内借

款。包括银行利用自有资金及吸收的存款发放的贷款、上级主管部门拨入的国内贷款、国家专项贷款(包括煤代油贷款、劳改煤矿专项贷款等)，地方财政专项资金安排的贷款、国内储备贷款、周转贷款等。

(3) 债券　是企业(公司)或金融机构通过发行各种债券筹集到的用于固定资产投资的资金。包括由银行代理国家专业投资公司发行的重点企业债券和基本建设债券。

(4) 利用外资　指报告期收到的用于固定资产建造和购置投资的境外资金(包括设备、材料、技术在内)。计算利用外资时，需要折算成人民币，折算中所使用的外汇汇率按现汇计算，即按使用外汇时的汇率计算。

(5) 自筹资金　指固定资产投资单位报告期收到的，由各地区、各部门及企业、事业单位筹集用于固定资产投资的预算外资金，包括中央各部门、各级地方和企业、事业单位的自有资金。

(6) 其他资金来源　指在报告期收到的除以上各种资金之外其他用于固定资产投资的资金。包括社会集资、个人资金、无偿捐赠的资金及其他单位拨入的资金等。

商品房销售面积　指报告期内出售商品房屋的合同总面积(即双方签署的正式买卖合同中所确定的建筑面积)。由现房销售建筑面积和期房销售建筑面积两部分组成。

商品房销售额　指报告期内出售商品房屋的合同总价款(即双方签署的正式买卖合同中所确定的合同总价)。该指标与商品房销售面积同口径，由现房销售额和期房销售额两部分组成。

经济适用房　指根据经济适用房计划安排建设的政策性住宅。经济是指房屋建筑造价和销售价格低于一般商品住宅；适用是指适合中低收入家庭购买使用。经济适用房主要是由国家统一下达投资计划，房地产公司开发，对外销售；用地一般采用行政划拨或招标投标方式，免收土地出让金；对各种经批准的收费减半征收，开发利润不超过3%；销售价格实行政府指导价。该指标可以分析房地产投资结构，反映中低收入家庭商品住宅的供求平衡情况。

不可销售面积　指报告期房地产公司竣工的用于拆迁还建的房屋面积；接受委托、定向开发建设，并收取一定的管理费所建设的统建代建房屋竣工面积；竣工的学校、幼儿园、派出所、居委会、商店等公益设施建筑面积。

空置面积 指报告期末已竣工的可供销售或出租的商品房屋建筑面积中，尚未销售或出租的商品房屋建筑面积，包括以前年度竣工和本期竣工的房屋面积，但不包括报告期已竣工的拆迁还建、统建代建、公共配套建筑、房地产公司自用及周转房等不可销售或出租的房屋面积。按照商品房空置时间的长短可以划分为空置一年以下、空置一至三年（含一年）和空置三年以上（含三年）。空置时间在一年以内的为待销商品房；空置时间在一年至三年（含一年）的为滞销商品房；空置时间在三年以上（含三年）的为积压商品房。按照商品房空置时间的长短可以划分为空置一年以下、空置一至三年（含一年）和空置三年以上（含三年）。空置时间在一年以内的为待销商品房；空置时间在一年至三年（含一年）的为滞销商品房；空置时间在三年以上（含三年）的为积压商品房。

Explanatory Notes on Principle Statistical Indicators

Total Investment in Fixed Assets in the Whole Country refers to the volume of activities in construction and purchases of fixed assets of the whole country and related fees, expressed in monetary terms during the reference period. It is a comprehensive indicator which shows the size, structure and growth of the investment in fixed assets, providing a basis for observing the progress of construction projects and evaluating results of investment. Total investment in fixed assets in the whole country includes, by type of ownership, the investment by State-owned units, collective-owned units, individuals, joint ownership units, share-holding units, as well as investments by entrepreneurs from foreign countries and from Hong Kong, Macao and Taiwan, and by other units.

Urban Investment in Fixed Assets refers to construction projects involving a total planned (or required) investment of 500,000 yuan and over by enterprises of various types of ownership, institutions, administrative units and individuals in urban areas, investment in real estate development. In other words, all investments that take place in county towns and urban areas, investment in construction projects under the direct leadership and management of government agencies at and above county levels and investments by enterprises and institutions at and above county levels are covered in urban investment in fixed assets.

Investment in Real Estate Development refers to investment by real estate development companies, commercialized buildings construction companies and other real estate development units of various types of ownership in the construction of buildings, such as residential buildings, factory buildings, warehouses, hotels, guesthouses, holiday villages, office buildings, and the complementary service facilities and land development projects, such as roads, water supply, water drainage, power supply, heating supply, telecommunications, land leveling and other infrastructural projects. It does not include activities in pure land transactions.

Investment in Rural Areas refers to investment in fixed assets by enterprises, institutions, administrative units and households in rural areas.

Investment in Fixed Assets by Sector The classification of construction projects by sector is determined by the major products or the purpose of the projects when they are put into production or use, and by the nature of their social economic activities. In general, one project or one enterprise or institution can only be classified into one sector.

Investment in Fixed Assets by Jurisdiction of Management refers to the classification of investment by the competent authorities under which investment is made by construction units, enterprises, institutions or administrative units.

(1) Central investment refers to the investment in projects or by enterprises, institutions or administrative units which are under the direct leadership and management of the State Council and of the national commissions, ministries, agencies and State-owned large corporations. Various ministries and departments of the State Council prepare and implement plans for investment in fixed assets by those departments, and arrange and ensure the supply of materials and key equipment required for the projects.

(2) Local investment refers to the investment in projects or by enterprises, institutions or administrative units which are under the direct leadership and management of departments under the provincial, prefecture and county governments. Also included are projects by foreign-invested enterprises and enterprises without competent managing authorities.

Investment in Fixed Assets by Type of Construction Construction projects in general can be classified, by the type of construction, into new construction, expansion, reconstruction and technical transformation, moving and restoration. However, investment by type of construction is not applied to investment by real-estate development units, investment in rural areas and private investment in housing construction in urban areas and in industrial and mining areas.

(1) New construction in general refers to construction projects, which start from scratch, of enterprises, institutions, administrative agencies. Construction in existing enterprises, institutions or agencies is generally not

considered as new construction. In case the size of the existing unit is quite small, and the value of newly added fixed assets is more than three times of the original value, the expansion will be considered as new construction.

(2) Expansion refers to construction of new major production workshop, branch factory or independent production line within a factory or in other locations, for the purpose of increasing the production capacity (or improving efficiency) or adding new production capacity. Newly constructed accommodation for the operation of institutions and administrative organizations (such as newly constructed buildings for teaching in schools, buildings for clinics or wards in hospitals, etc.) are also classified as expansion.

Also included in expansion are investments by existing enterprises or institutions in building major production line(s) or branch factory (ies) along with some work on innovation, for the purpose of expanding the production capacity of original products or producing new products.

(3) Reconstruction and technical transformation refers to construction projects by existing enterprises or institutions in innovation or technical transformation of the old facilities (including auxiliary production equipment and welfare facilities). Also considered as reconstruction is the construction of new workshops by the existing enterprises or institutions to change the variety of products to meet the market demand (such as the production of civil products by defense industries), or to bring the designed production capacity into full play through a more balanced production process on production lines. Technical transformation refers to replacement of old technology or equipment by new technology or equipment, in order to expand the reproduction through improvement of technology contents in production, to improve product quality, to promote new products, to save energy, to reduce consumption, to expand the production scale and to improve overall social-economic efficiency. Contents of technical transformation include: updating of machinery, equipment and tools; reforming production process by using energy or materials saving technology; construction of factory workshops and transformation of public facilities; improvement of working conditions and environment, etc.

Investment in Fixed Assets by Structure By their contents and the mode of implementation, investment activities are classified into 3 categories, i.e. construction and installation, purchase of equipment and instrument, and other expenses.

(1) Construction (work volume of construction) refers to the construction of houses and buildings, They include construction of houses; equipment foundations, industrial kilns and stoves, and metal structure work; preparation works and temporary works for project construction, and clearing up works post project construction; pavement of railways and roads, drilling of mines and putting up of oil pipes; construction of water conservancy; construction of underground air-raid shelters and construction of other special projects; value of equipment for heating, sanitation, ventilation, lighting, gas, painting, etc. that are covered by the budget of housing projects; laying out of various pipelines (for steam, compressed air, petroleum, tap water and sewage) and wiring and cabling for electric power and for communications; installation of various machinery and equipment; testing operation for pre-testing the quality of installation projects, and land and other development work conducted by real estate developers for commercialized housing.

(2)Installation (work volume of installation) refers to the installation of various kinds of equipment and instruments, the installation projects connected with the equipment and other projects attach to the installation equipment; preparing work of the equipment to test the quality of the installation projects. The value of equipment installed is itself not included in the value of installation projects.

(3) Purchase of equipment and instruments refers to the total value of equipment, tools, and instruments purchased or self-produced which come up to the cut-off point for fixed assets by the construction units or investing enterprises or institutions. Equipment, tools and instruments purchased or self-produced for new workshops by newly established or expanded units are categorized as "purchase of equipment and instruments" no matter whether they come up to the cut-off point for fixed assets.

(4) Other expenses refer to expenses arising during the construction or purchase of fixed assets other than those mentioned above.

Newly Increased Fixed Assets refer to the newly increased value of fixed assets, constructed or purchased, that have been transferred to the investors. This is an indicator that demonstrates the results of investment in fixed assets in monetary terms, and an important indicator to reflect the speed of construction and to calculate the efficiency of investment.

Floor Space under Construction refers to total floor space of all buildings under construction during the reference period, including floor space of newly started buildings during the reference period, floor space of construction extended from the previous period to the current period, and floor space of construction suspended during the previous period and resumed in the current period. Floor space of construction completed in the current period, and floor space of construction started and then suspended in the current period are also included in the floor space under construction of the current year.

Floor Space of Newly Started refers to the total floor space of buildings of newly started in the reference period and its accounting coverage is the unit construction. It is the total floor space of the whole building and it should be calculated as a whole.

Floor Space Completed refers to the floor space of all buildings completed in the reference period, which has been appraised and accepted (or come up to the designed standards) and has been transferred to owner units.

Value of Floor Space Completed refers to the value of floor space of all buildings completed in the reference period, it is calculated according to the building design and the content of the budget regulation.

Projects under Construction refer to projects with construction and installation activities undertaken in the reference period. All projects that have construction activities undertaken during the reference period are reported as projects under construction irrespective of the length of construction work. The number of projects under construction can reflect the actual size of investment in fixed assets during a given period, and when compared with the number of projects completed and put into use during the same period, it demonstrates the results of investment in fixed assets from the angle of the speed of the construction. Depending on the nature of construction activities, projects under construction can also be classified into projects beginning construction in current year, winding-up projects in current year and stopped or suspended projects in previous years (with resumption of work in current year).

Projects Completed and Put into Use refers to the construction projects which have been completed in accordance with the design documents, have been checked and accepted after relevant examination; and have been formally delivered for use in the reference period.

Newly Increased Production Capacity (or Project Efficiency) refers to the increase in design capacity (or project efficiency) through investment in fixed assets, which reflects the accomplishment of investment in fixed assets in physical form, and its calculating coverage is the single construction(project) which can produce the production capacity and project efficiency independently and has been appraised and accepted (or come up to the designed standards) and has been transferred to use formally when it is completed.

Plan land area for use refers to the land area of the construction projects and the project planning which have been approved by relevant department.

Actual Requisitioning and Purchased Land Area refers to the area of the land obtained by requisition and other ways in the reference period.

Actual Sales Amount of Requisitioning and Purchasing Land refers to the final amount of money spent on requisitioning and purchasing land in the reference period. In order to calculating the average requisitioning land and purchasing price correctly, the coverage of requisitioning and purchasing land area is same as that of actual price of requisitioning and purchasing land,

Sources of Funds for Investment in Fixed Assets are categorized as surplus fund from the year-end of preceding year and source of funds this year ,depending on the sources of investment. Source of funds this year are categorized as follows:

(1) Fund from the State budget consists of budgetary appropriation and loans from the state budget. More specifically, it includes, from the budget of the central government, capital construction fund (operation fund and non-operational fund), special expenses (e.g. expenses on substituting petroleum with coal), loans from repayment, discount fund, expenses on innovation and trial production of new products, expenses on urban construction,

expenses on temporary construction from business departments, development fund for less developed areas, as well as local budgetary fund transferred from the central budget.

(2) Domestic loans refer to loans of various forms borrowed by investing units from banks and non-bank financial institutions during the reference period for the purpose of investment in fixed assets, including loans issued by banks from their self-owned funds and deposit, loans appropriated by higher authorities, special loans by government, loans arranged by local government from special funds, domestic reserve loan, and working loan.

(3)Bond refers to the funds raised by enterprises (corporations) or financial institutions through bonds issue and used for the investment in fixed assets, including the key enterprises bond and fundamental construction bond issued by banks deputized for national professional investment corporations.

(4) Foreign investment refers to foreign funds received during the reference period for the construction and purchase of investment in fixed assets (covering equipment, materials and technology). In calculating the utilization of foreign capital, foreign currencies are converted into Chinese Renminbi applying the current exchange rate when the foreign capitals are actually used.

(5) Self-raised funds refer to extra-budgetary funds for investment in fixed assets received during the reference period by investing units from central government ministries, local governments, enterprises and institutions, including their self-raised funds.

(6) Others refer to funds for investment in fixed assets received from sources other than those listed above, including capital raised through issuing bonds by enterprises or financial institutions, funds raised from individuals and through donations, and funds transferred from other units.

Area of Commercialized Housing Sold refers to total contracted area of commercialized housing (i.e. area of floor space as designated in the formal contracts signed by both sides) during the reference time. It constitutes floor space of completed housing and floor space of future housing.

Value of Commercialized Housing Sold refers to the total contracted value (i.e. value of sales/purchase for selling/purchase of commercialized housing as designated in the contract signed by both sides) during the reference time. This indicator has the same coverage as the area of commercialized housing sold, which constitutes floor space of completed housing and floor space of housing yet to be completed.

Economically Affordable Housing refers to housing constructed according to the State Plan for economically affordable housing. The features of houses of this category are low cost of construction and low prices, and therefore are affordable to mid-income and low income households. Economically affordable housing projects are developed by real estate companies under the State Investment Plan, with the land provided through government allocation or tendering procedures. Developers are exempted from land utilization fees and enjoy another 50% exemption of all other legitimate fees, while their profits are limited to less than 3%, and the completed houses are sold under government-guided prices. This indicator helps to analyze the investment structure of the real estate industry and the demand and supply of housing for mid-income and low income households.

Non-Marketable Area refers to the building area used for removal and rebuilding which completed by real estate companies in reference period; completed building area of unified construction and acting construction which constructed by accepting commission, orientating development construction and charging certain management overhead; building area of completed schools, kindergartens, police stations, neighborhood committees, stores and such public utility constructions.

Floor Space of Vacant Building refers to the area of commercialized buildings haven't been sold or rent in the area of completed marketable and rentable commercialized buildings in the reference period, including the completed building area in the former years and in the current period, while excluding the completed removal and rebuilding buildings, unified and deputized construction buildings, public matched installations buildings and area of the buildings for self-use and revolving buildings of the real estate companies which are unmarketable or can't be rented. According to the vacant time, the buildings can be categorized as follows: buildings vacant less than one year, vacant for one to three years (including one year), vacant more than three years (including three years). Buildings vacant less than one year are commercialized buildings ready to sell; buildings vacant for one to three years (including one year) are poor-selling commercialized buildings; buildings vacant more than three years (including three years) are the overstock commercialized buildings .

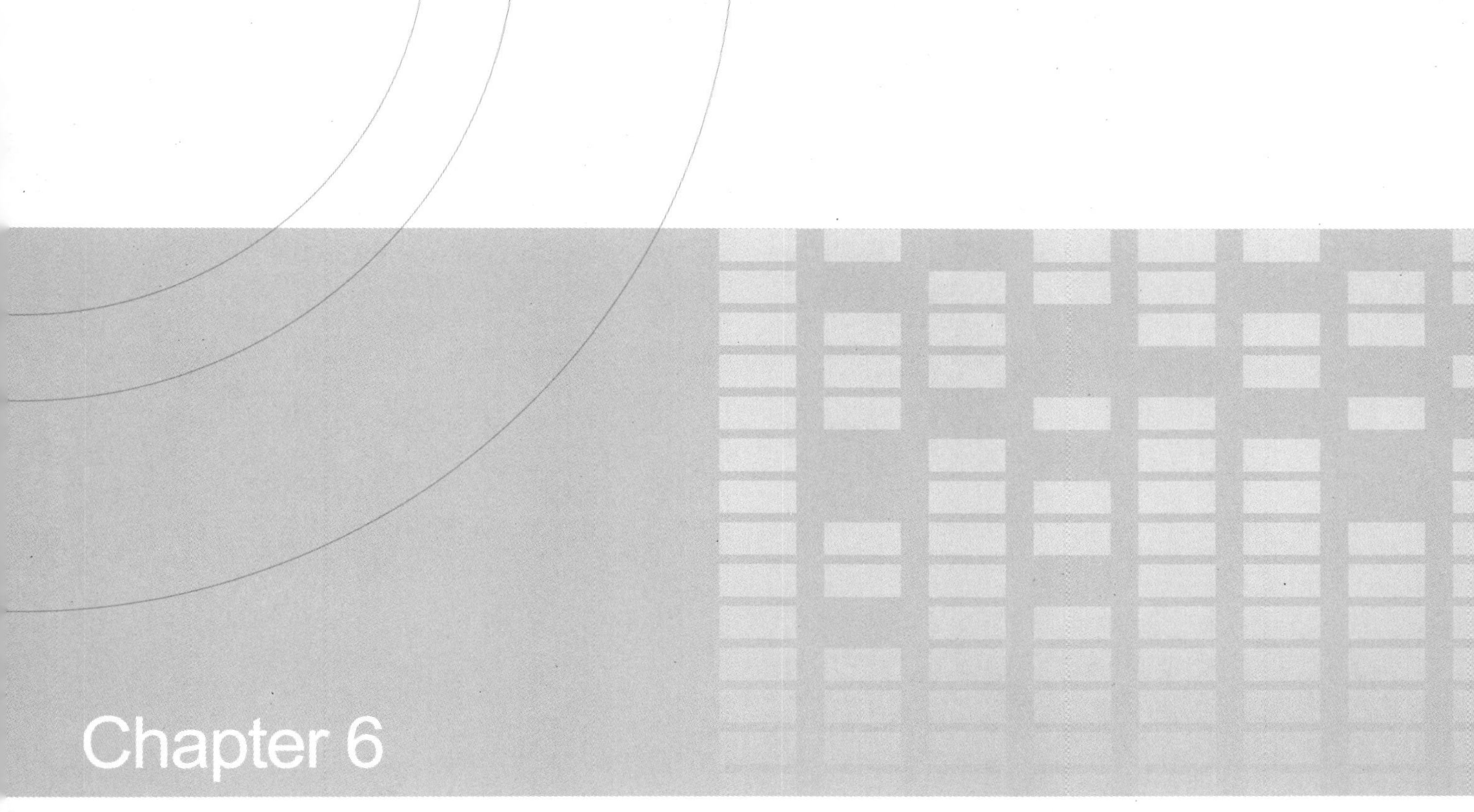

六、能源

Energy

6-1 主要年份能源生产和消费总量及其构成
Total Production and Consumption of Energy and Their Composition in Significant Years

年 份 Year	能源生产总量(万吨标准煤) Total Production of Energy (10 000 tons of SCE)	占能源生产总量的比重(%) Percentage to Total Production(%)		能源消费总量(万吨标准煤) Total Consumption of Energy (10 000 tons of SCE)	占能源消费总量的比重(%) Percentage to Total Consumption (%)			
		原 煤 Coal	水 电 Hydro Power		煤 炭 Coal	石 油 Petroleum	天然气 Natural Gas	水 电 Hydro Power
1952	17.5	90.30	9.70	19.00	83.20	7.90		8.90
1957	114.3	96.00	4.00	119.20	92.00	4.10		3.90
1962	224.7	93.50	6.50	256.30	89.30	4.50		6.20
1965	326.1	93.90	6.10	348.70	87.80	6.50		5.70
1970	555.6	91.80	8.20	591.50	86.20	6.10		7.70
1975	861.1	85.60	14.40	920.30	80.10	6.40		13.50
1976	751.2	85.40	14.60	797.00	79.40	6.80		13.80
1977	893.2	86.30	13.70	931.10	79.60	7.30		13.10
1978	1 002.60	84.50	15.50	1 065.90	78.20	7.20		14.60
1979	933.90	82.70	17.30	1 072.20	72.00	7.50	5.40	15.10
1980	841.90	79.60	20.40	946.10	67.00	9.00	5.70	18.30
1981	872.50	77.90	22.10	948.40	65.90	8.60	5.90	19.60
1982	930.20	81.90	18.10	1 020.60	69.70	8.30	4.90	17.10
1983	966.30	83.30	16.70	1 094.70	72.20	8.50	4.60	14.70
1984	1 076.30	81.50	18.50	1 226.30	71.20	8.30	4.20	16.30
1985	1 162.80	80.40	19.60	1 298.33	69.60	8.50	4.40	17.50
1986	1 220.30	79.50	20.50	1 399.07	69.70	8.40	4.10	17.80
1987	1 355.30	91.10	8.90	1 533.22	72.20	8.40	3.50	15.90
1988	1 404.50	83.50	16.50	1 622.52	75.70	6.90	3.10	14.30
1989	1 522.79	81.80	18.20	1 706.87	72.30	8.10	3.20	16.40
1990	1 594.50	79.80	20.20	1 954.18	71.70	7.20	2.80	18.30
1991		75.30	24.70	1 961.92	67.00	8.50	2.80	21.70
1992	1 763.66	77.10	22.90	2 016.61	69.40	8.00	2.70	19.90
1993	1 811.57	76.70	24.30	2 089.80	70.00	8.00	2.70	19.30
1994	2 073.79	71.50	28.50	2 282.80	66.00	7.70	2.50	23.80
1995	2 313.65	69.20	30.80	2 640.55	66.10	6.90	2.20	24.80
1996	2 556.85	68.60	31.40	2 819.43	64.50	6.90	2.50	26.10
1997	2 619.97	71.85	28.15	3 428.98	71.38	6.01	2.01	20.60
1998	2 451.49	71.99	28.01	3 364.49	71.31	6.52	1.76	20.41
1999	2 267.97	67.06	32.94	3 287.97	68.22	7.18	1.88	22.72
2000	2 471.77	64.03	32.11	3 468.33	62.61	7.46	1.81	25.39
2001	2 611.54	65.48	30.53	3 741.03	62.33	10.62	1.72	22.57
2002	3 259.95	67.19	29.41	4 131.31	61.04	11.12	1.51	23.70
2003	3 608.45	64.24	30.78	4 449.97	60.85	11.64	1.53	22.01
2004	4 455.68	68.13	27.04	5 209.81	63.30	11.13	1.34	20.16
2005	5 353.36	68.92	26.61	6 023.97	62.58	11.14	1.35	21.01
2006	6 095.10	75.03	22.34	6 640.58	67.82	11.48	1.09	17.57
2007	6 587.28	73.37	23.55	7 173.26	66.09	12.30	1.02	17.83
2008	7 662.18	68.27	29.22	7 577.69	64.30	12.69	0.93	19.57

注：采用数据为等价热值,2000至2004年数据根据全国第一次经济普查数据调整。

Note:The selected data are equivalent caloricity.The data from the year 2000 to 2004 are regulated according to the data of the First National Economic Census.

6-2 综合能源平衡表（2008年）

Balance Sheet of Overall Energy（2008）

行　　业	Sector	能源总量(万吨标煤) Total Energy (10 000 tons of SCE)	原　煤(万吨) Coal (10 000 tons)	焦　炭(万吨) Coke (10 000 tons)	石油及石油制品(万吨) Petroleum and Related Products (10 000 tons)	天然气(亿立方米) Natural Gas (100 million cu.m)	电力(亿千瓦时) Electricity (100 million kwh)
可供消费的能源量	**Total Energy Available for Consumption**	**7 576.72**	**7 852.96**	**- 60.19**	**656.64**	**5.27**	**411.84**
一次能源生产量	Primary Energy output	7 662.18	8 657.43	_	0.07	0.12	621.96
回收能	Recovery of Engery	135.27					
调入量(含进口)	Imports	1 602.53	83.68	25.45	672.17	5.15	2.44
调出量(含出口)(-)	Exports (-)	-1 564.24	- 590.50	- 65.90	- 14.82		- 212.56
年初年末库存差额	Stock Changes in the Year	- 259.02	- 297.65	- 19.74	- 0.78		_
加工转换投入量(-)	Input in Processing and Transformation (-)	-3 623.82	-5 292.65	- 3.95	- 2.41		
加工转换产出量(+)	Output in Processing and Transformation (+)	3 214.26	_	1 391.61	_	_	417.60
加工转换损失量(-)	**Losses in Processing and Transformation**	**- 409.56**	_	_	_	_	_
终端能源消费量	**Final Energy Consumpltion**	**6 928.05**	**2 560.00**	**1 327.48**	**654.16**	**5.28**	**762.75**
第一产业	Primary Indusrty	215.26	205.28	0.38	23.01		13.16
农、林、牧、渔业	Farming,Forestry,Animal Husbandry,fishery	215.26	205.28	0.38	23.01		13.16
第二产业	Secondary Industry	5 121.48	2 009.12	1 325.66	93.59	5.08	596.75
工业	Industry	5 005.19	1 980.64	1 324.04	58.39	5.08	583.83
建筑业	Construction	116.29	28.47	1.62	35.20		12.92
第三产业	Tertiary Iindustry	910.28	93.16	1.01	471.56	0.02	46.25
交通运输、仓储及邮电通讯业	Transport、Storage、Post and Telecommunication Services	690.45	18.75	0.45	430.42		14.24
批发和零售、住宿餐饮业	Wholesale and Relail Trade、hotel and Food Service	94.41	43.89	0.13	17.15	0.01	11.99
其它	Others	125.41	30.52	0.43	23.99	0.01	20.02
生活消费	Residential Consumption	681.03	252.45	0.43	66.0[illegible]	0.18	106.59
城镇	Urban	359.77	32.78	0.21	32.09	0.18	71.09
乡村	Rural	321.26	219.67	0.22	33.91		35.51
损失量(-)	**Other Losses (-)**	**- 240.08**					**- 66.69**
平衡差额	**Balance**	**-0.972**	**0.301**	**-0.004**	**0.069**	**-0.003**	**0.002**

注:本表为等价热值

Note:The selected data are Equivalent Caloricity.

6-3 当年能源生产弹性系数（1980-2008年）

Elasticity Ratio of Energy Production at Current Year (1980-2008)

年 份 Year	当年能源生产增长(%) Growth Rate of Energy Production at Current Year (%)	当年电力生产增长(%) Growth Rate of Electricity Production at Current Year (%)	当年生产总值增长(%) Growth Rate of Gross Domestic Product at Current Year (%)	当年能源生产弹性系数 Elasticity Ratio of Energy Production at Current Year	当年电力生产弹性系数 Elasticity Ratio of Electricity Production at Current Year
1980	-9.85	1.63	8.50	-1.16	0.19
1981	3.63	6.17	7.80	0.47	0.79
1982	6.61	3.96	15.49	0.43	0.26
1983	3.88	-0.63	8.40	0.46	-0.07
1984	11.38	14.00	14.51	0.78	0.97
1985	8.04	7.37	13.00	0.62	0.57
1986	4.94	12.02	4.30	1.15	2.80
1987	11.06	11.61	12.30	0.90	0.94
1988	3.63	8.41	16.00	0.23	0.53
1989	8.42	11.60	5.80	1.45	2.00
1990	4.71	10.22	8.70	0.54	1.17
1991	3.42	11.98	6.60	0.52	1.82
1992	6.95	10.58	10.90	0.64	0.97
1993	2.72	10.48	11.10	0.24	0.94
1994	14.47	18.22	12.20	1.19	1.49
1995	11.57	12.29	11.70	0.99	1.05
1996	10.51	11.05	11.10	0.95	1.00
1997	2.47	-0.20	9.70	0.25	-0.02
1998	-6.43	4.54	8.10	-0.79	0.56
1999	-7.49	12.69	7.30	-1.03	1.74
2000	8.99	6.46	7.50	1.20	0.86
2001	5.65	13.25	6.80	0.83	1.95
2002	24.83	18.76	9.00	2.76	2.08
2003	10.69	11.20	8.80	1.21	1.27
2004	23.48	15.43	11.30	2.08	1.37
2005	20.15	13.89	9.00	2.24	1.54
2006	13.86	20.74	11.90	1.16	1.74
2007	8.08	20.02	12.50	0.65	1.60
2008	16.32	14.93	11.00	1.48	1.36

6-4 主要年份年平均能源生产弹性系数

Annual Average Elasticity Ratio of Energy Production in Significant Years

年 份 Year	能源生产平均增长(%) Annual Average GrowthRate of Energy Production (%)	电力生产平均增长(%) Annual Average Growth Rate of Electricity Production (%)	生产总值年平均增长(%) Annual Average Growth Rate of Gross Domestic Product (%)	年平均能源生产弹性系数 Annual Average Elasticity Ratio of Energy Production	年平均电力生产弹性系数 Annual Average Elasticity Ratio of Electricity Production
1980	-9.86	1.63	8.50	-1.16	0.19
1985	3.72	5.31	11.24	0.33	0.47
1987	4.76	6.90	10.48	0.45	0.66
1988	4.63	7.07	11.08	0.42	0.64
1989	5.01	7.51	10.54	0.48	0.71
1990	4.98	7.76	10.37	0.48	0.75
1991	4.85	8.10	10.05	0.48	0.81
1993	4.84	8.45	10.19	0.48	0.83
1994	5.46	9.07	10.32	0.53	0.88
1995	5.83	9.27	10.40	0.56	0.89
1996	6.10	9.37	10.45	0.58	0.90
1997	5.89	8.82	10.40	0.57	0.85
1998	5.21	8.59	10.28	0.51	0.84
1999	4.53	8.79	10.13	0.45	0.87
2000	4.74	8.68	10.00	0.47	0.87
2001	4.78	8.88	9.86	0.49	0.90
2002	5.58	9.29	9.82	0.57	0.95
2003	5.79	9.37	9.78	0.59	0.96
2004	6.44	9.61	9.84	0.66	0.98
2005	6.94	9.77	9.80	0.71	1.00
2006	7.19	10.16	9.88	0.73	1.03
2007	7.22	10.50	9.97	0.72	1.05
2008	7.52	10.65	10.01	0.75	1.06

注:以1979年为基期计算.
Note:The calculation is based on the year 1979.

6-5 当年能源消费弹性系数（1980-2008年）
Elasticity Ratio of Energy Production at Current Year (1980-2008)

年 份 Year	当年能源消费增长(%) Growth Rate of Energy Consumption at Current Year (%)	当年电力消费增长(%) Growth Rate of Electricity Consumption at Current Year (%)	当年生产总值增长(%) Growth Rate of Gross Domestic Product at Current Year (%)	当年能源消费弹性系数 Elasticity Ratio of Energy Consumption at Current Year	当年电力消费弹性系数 Elasticity Ratio of Electricity Consumption at Current Year
1980	-11.76	5.07	8.50	-1.38	0.60
1981	0.24	3.42	7.80	0.03	0.44
1982	7.61	4.47	15.49	0.49	0.29
1983	7.26	-0.21	8.40	0.86	-0.02
1984	12.02	13.15	14.51	0.83	0.91
1985	5.87	9.05	13.00	0.45	0.70
1986	7.76	17.69	4.30	1.81	4.12
1987	9.59	4.44	12.30	0.78	0.36
1988	5.82	20.80	16.00	0.36	1.30
1989	5.20	4.74	5.80	0.90	0.82
1990	14.49	12.60	8.70	1.67	1.45
1991	0.40	13.26	6.60	0.06	2.01
1992	2.79	9.79	10.90	0.26	0.90
1993	3.63	26.98	11.10	0.33	2.43
1994	9.24	-0.58	12.20	0.76	-0.05
1995	15.67	14.41	11.70	1.34	1.23
1996	6.77	12.82	11.10	0.61	1.16
1997	21.62	4.56	9.70	2.23	0.47
1998	-1.88	2.44	8.10	-0.23	0.30
1999	-2.27	9.75	7.30	-0.31	1.34
2000	5.49	6.93	7.50	0.73	0.92
2001	7.86	9.40	6.80	1.16	1.38
2002	10.43	13.37	9.00	1.16	1.48
2003	7.71	4.15	8.80	0.88	0.47
2004	17.08	15.96	11.30	1.51	1.41
2005	15.63	17.27	9.00	1.74	1.92
2006	10.24	15.86	11.90	0.86	1.33
2007	8.02	15.47	12.50	0.64	1.24
2008	5.64	11.26	11.00	0.51	1.02

6-6 主要年份年平均能源消费弹性系数

Annual Average Elasticity Ratio of Energy Consumption in Significant Years

(1979年=100) (1979=100)

年 份 Year	能源消费年平均增长(%) Annual Average Growth Rate of Energy Consumption (%)	电力消费平均增长(%) Annual Average Growth Rate of Electricity Consumption (%)	生产总值年平均增长(%) Annual Average Growth Rate of Gross Domestic Product (%)	年平均能源消费弹性系数 Annual Average Elasticity Ratio of Energy Concsumption	年平均电力消费弹性系数 Annual Average Elasticity Ratio of Electricity Consumption
1980	-11.76	5.07	8.50	-1.38	0.60
1985	3.24	5.74	11.24	0.29	0.51
1987	4.57	7.00	10.48	0.44	0.67
1988	4.71	8.45	11.08	0.43	0.76
1989	4.76	8.07	10.54	0.45	0.77
1990	5.61	8.48	10.37	0.54	0.82
1991	5.16	8.87	10.05	0.51	0.88
1993	4.88	10.14	10.19	0.48	1.00
1994	5.17	9.39	10.32	0.50	0.91
1995	5.79	9.70	10.40	0.56	0.93
1996	5.85	9.88	10.45	0.56	0.95
1997	6.67	9.58	10.40	0.64	0.92
1998	6.20	9.19	10.28	0.60	0.89
1999	5.76	9.22	10.13	0.57	0.91
2000	5.75	9.11	10.00	0.57	0.91
2001	5.84	9.12	9.86	0.59	0.93
2002	6.04	9.30	9.82	0.62	0.95
2003	6.11	9.08	9.78	0.62	0.93
2004	6.53	9.35	9.84	0.66	0.95
2005	6.86	9.64	9.80	0.70	0.98
2006	6.99	9.87	9.88	0.71	1.00
2007	7.02	10.06	9.97	0.70	1.01
2008	6.98	10.10	10.01	0.70	1.01

6-7 主要年份能源利用经济效益指标（一）
Indicators on Economic Benefits from Energy Utilization in Significant Years (Ⅰ)

(按当年价格计算)

(Data below are calculated at current prices)

年 份 Year	能源消费量(万吨标煤) Total Consumption of Energy (10 000 tons of SCE)	#工业部门消费 Industrial Consumption	万元工业产值耗能(吨标准煤/万元) Energy Consumption of Industrial Output Value per 10 000 yuan (ton of SCE/10 000 yuan)	万元生产总值耗能(吨标准煤/万元) Energy Consumption of Gross Domestic Product per 10 000 yuan (ton of SCE/10 001 yuan)	吨能创造工业产值(元) Industrial Output Value Created by Energy of One Ton (yuan)	吨能创造生产总值(元) Gross Domestic Product Created by Energy of One Ton (yuan)
1949	16.80	9.20				
1952	19.00	11.40	4.99	1.61	2 005.00	6 200.00
1957	119.20	72.70	10.65	5.29	939.00	1 890.00
1962	256.30	166.60	17.72	10.46	564.00	956.00
1965	348.70	226.70	17.17	10.37	582.00	964.00
1970	591.50	390.40	19.19	15.36	521.00	651.00
1975	920.30	607.40	21.74	16.95	460.00	590.00
1976	797.00	494.10	24.45	16.18	409.00	618.00
1977	931.10	605.20	20.14	16.67	496.00	600.00
1978	1 065.90	692.80	19.23	15.44	520.00	648.00
1979	1 072.20	696.90	17.19	13.96	582.00	717.00
1980	946.10	615.50	14.48	11.23	691.00	891.00
1981	948.40	612.60	13.07	10.08	765.00	993.00
1982	1 020.60	668.20	12.21	9.27	819.00	1 079.00
1983	1 094.70	651.30	11.51	9.12	869.00	1 097.00
1984	1 226.30	709.70	10.92	8.79	916.00	1 138.00
1985	1 298.30	761.10	9.53	7.87	1 050.00	1 271.00
1986	1 399.10	875.00	9.52	7.68	1 051.00	1 303.00
1987	1 533.20	937.80	8.43	6.69	1 186.00	1 494.00
1988	1 622.50	991.50	6.63	5.39	1 508.00	1 856.00
1989	1 706.90	1 037.10	5.60	4.70	1 786.00	2 127.00
1990	1 954.80	1 143.60	5.66	4.33	1 766.00	2 311.00
1991	1 961.90	1 143.40	4.98	3.79	2 006.00	2 637.00
1992	2 016.60	1 189.10	4.23	3.26	2 366.00	3 068.00
1993	2 089.80	1 282.00	3.03	2.68	3 302.00	3 729.00
1994	2 282.80	1 402.70	2.41	2.34	4 156.00	4 267.00
1995	2 640.60	1 948.65	2.48	2.19	4 036.38	4 570.00
1996	2 819.40	2 036.82	2.55	1.89	3 926.06	5 291.00
1997	3 429.00	2 429.07	2.77	2.09	3 615.11	4 795.00
1998	3 364.50	2 383.39	2.40	1.88	4 167.15	5 332.00
1999	3 288.00	2 224.42	2.20	1.77	4 536.21	5 644.00
2000	3 468.33	2 346.44	1.48	1.72	6 773.50	5 798.73
2001	3 741.03	2 481.69	1.48	1.75	6 749.88	5 715.83
2002	4 131.31	2 796.86	1.51	1.79	6 616.21	5 598.27
2003	4 449.97	3 132.01	1.44	1.74	6 948.89	5 743.90
2004	5 209.81	3 802.21	1.53	1.69	6 520.08	5 915.57
2005	6 023.97	4 390.68	1.35	1.73	7 401.68	5 765.12
2006	6 640.58	4 883.00	1.19	1.66	8 417.97	6 034.00
2007	7 173.26	5 300.98	1.03	1.52	9 691.24	6 596.36
2008	7 577.69	5 654.83	0.99	1.33	10 148.51	7 522.21

注：1.能源综合数据按等价热值计算；
2.生产总值、工业总产值按当年价计算；
3.2000至2004能源消费量根据第一次全国经济普查资料进行了调整。

Note: a.Comprehensive data of Energy were caculated according to equivalent caloricity
b.Total output value and gross value of industrial output were calculated according to the prices of their respective years.
c.The energy consumption volume of the year 2000to 2004 were regulated according to the materials of the First National Economic Census.

6-8 能源利用经济效益指标（二）（2000-2008年）
Indicators on Economic Benefits from Energy Utilization (Ⅱ) (2000-2008)

年 份 Year	能源消费总量（万吨标准煤）Total Consumption of Energy (10 000 tons of SCE)		规模以上工业综合能耗（万吨标准煤）Comprehensive Energy Consumption of the Industrial Enterprisers Above Designated Size (10 000 tons of SCE)	万元生产总值(GDP)耗能（吨标准煤/万元）Energy Consumption of Gross Domestic Product per 10 000 yuan (tons of SCE/10 000 yuan)		规模以上万元工业增加值能耗（吨标准煤/万元）Energy Consumption per 10 000 yuan of Industrial Added Value Above Designated Size (ton of SCE/10 000 yuan)
	等价热值 Equivalent Caloricity	当量热值 Equivalent Heat Value	当量热值 Equivalent Heat Value	按等价热值 by Equivalent Caloricity	按当量热值 by Equivalent Heat Value	按当量热值 by Equivalent Heat Value
			按2000年可比价计算			
2000	3 468.33	2 940.74		1.72	1.46	
2001	3 741.03	3 240.39		1.74	1.51	
2002	4 131.31	3 576.86		1.76	1.53	
2003	4 449.97	3 861.70		1.75	1.52	
2004	5 209.81	4 576.79	3 338.83	1.83	1.61	4.35
2005	6 023.97	5 219.55	3 546.35	1.95	1.69	4.26
			按2005年可比价计算			
2005	6 023.97	5 219.55	3 546.35	1.73	1.50	3.55
2006	6 640.58	5 996.54	3 961.67	1.71	1.54	3.40
2007	7 173.26	6 528.42	4 285.05	1.64	1.49	3.16
2008	7 577.69	6 601.21	4 122.50	1.56	1.36	2.85

6-9 按部门分能源消费量（1995-2008年）
Total Consumption of Energy by Sector（1995-2008）

单位:万吨标准煤 （10 000 tons of SCE)

年 份 Year	能源消费总量 Total Consumption of Energy	第一产业 Primary Industry	第二产业 Secondary Industry	工 业 Industry	第三产业 Tertiary Industry	生活消费 Household Consumption
1995	2640.55	133.38	1971.39	1948.65	190.02	345.76
1996	2819.43	150.90	2069.64	2036.82	208.20	390.69
1997	3428.98	182.86	2466.80	2429.07	240.75	538.57
1998	3364.49	179.42	2420.41	2383.39	236.22	528.44
1999	3287.97	282.40	2261.68	2224.42	275.50	468.40
2000	3 468.33	297.89	2 385.74	2 346.44	290.61	494.09
2001	3 741.03	271.83	2 518.84	2 481.69	404.99	545.37
2002	4 131.31	264.90	2 840.50	2 796.86	473.48	552.43
2003	4 449.97	239.17	3 180.70	3 132.01	525.53	504.57
2004	5 209.81	216.33	3 859.73	3 802.21	616.96	516.79
2005	6 023.97	228.12	4 468.59	4 390.68	734.12	593.14
2006	6640.58	245.15	4975.84	4883.00	791.77	627.81
2007	7173.26	247.90	5395.98	5300.98	848.27	681.10
2008	7577.69	215.26	5771.12	5654.83	910.28	681.03

6-10 全省规模以上工业企业能源消费与库存（2008年）

Total Consumption and Inventory of Energy of Industrial Enterprises with Total Annual Sales Above 5 Million Yuan (2008)

(1979=100)

名 称	Item	年初库存 Stock in Early Year	消费量 Consumption 合计 Total	工业生产 Industrial Production	非工业生产 Non-industrial Production	年末库存 Stock at Year-end
原煤（万吨）	Raw Coal (10 000 tons)	373.33	6 130.34	6 108.80	21.54	659.83
洗精煤(万吨)	Well Washed Coal (10 000 tons)	61.98	1 205.91	1 205.91		78.31
其他洗煤(万吨)	Other Washed Coal (10 000 tons)	3.24	73.23	73.02	0.21	14.10
煤制品(万吨)	Manufacture of Coal (10 000 tons)	1.40	12.97	12.95	0.02	0.96
#型煤(万吨)	Coal (10 000 tons)	0.17	6.02	6.01	0.01	0.45
水煤浆(万吨)	Slurry of Coal (10 000 tons)		0.58	0.58		0.01
煤粉(万吨)	Powder of Coal (10 000 tons)	1.22	6.36	6.35	0.01	0.50
焦炭(万吨)	Coke (10 000 tons)	95.03	1 250.22	1 245.54	4.68	91.61
其他焦化产品(万吨)	Other Coked Products (10 000ton)	1.28	23.87	23.75	0.12	0.95
焦炉煤气（亿立方米）	Coal Gas of Coking Furnace (10 000 cu.m)		12.71	12.71		
高炉煤气（亿立方米）	Coal Gas of Furnace (10 000 cu.m)		101.27	101.27		
其他煤气（亿立方米）	Other Coal Gas (10 000 cu.m)		3.33	3.33		
天然气(亿立方米)	Natural Gas (10 000 cu.m)		4.98	4.99		
液化天然气(万吨)	Liquefied Natural Gas (10 000 cu.m)					
原油(万吨)	Raw Oil (10 000ton)		0.05	0.05		0.01
汽油（万吨）	Gasoline (10 000ton)	0.19	3.81	1.78	2.03	0.26
煤油(万吨)	Kerosene (10 000ton)	0.01	0.18	0.18		0.01
柴油(万吨)	Diesel Oil (10 000ton)	1.36	27.73	23.40	4.33	2.03
燃料油(万吨)	Fuel Oil (10 000ton)	0.38	5.20	5.20		0.52
液化石油气（万吨）	Liquefied Petroleum Gas (10 000ton)		0.38	0.38		
炼厂干气(万吨)	Gas of Metallurgical Plant					
其他石油制品(万吨)	Other Petroleum Products (10 000ton)	0.36	4.62	4.62		0.40
热力（万百万千焦）	Heat (10 000million kilo-joule)		416.62	416.62		
电力（亿千瓦时）	Electricity (100 million kwh)		551.40	540.25	11.15	
其他燃料(万吨标煤)	Other Fuel (10000ton of SCE)	0.03	114.29	114.29		

6-11 主要行业能源消费总量和构成（2004-2008年）

行　　业	Sector	2004年 消费量（万吨标煤） Total Consumption of Energy (10 000 tons of SCE)	2004年 构成（%） Percentage (%)
工业	**Industry**	**3 610.05**	**100.00**
轻工业	Light Industry	211.86	5.87
重工业	Heavy Industry	3 400.50	94.20
采矿业	Mining	322.18	8.92
煤炭开采和洗选业	Coal Mining and Dressing	210.50	5.83
石油和天然气开采业	Petroleum and Natural Gas Extraction	0.04	0.00
黑色金属矿采选业	Ferrous Metals Mining and Dressing	48.16	1.33
有色金属矿采选业	Nonferrous Metals Mining and Dressing	40.78	1.13
非金属矿采选业	Nonmetal Minerals Mining and Dressing	22.64	0.63
其他采矿业	Other Mining		
制造业	Manufacturing	2 958.68	81.96
农副食品加工业	AgricuLtural Non-staple Food Processing	84.02	2.33
食品制造业	Food Manufacturing	7.99	0.22
饮料制造业	Beverage Manufacturing	12.78	0.35
烟草制品业	Tobacco Production	31.55	0.87
纺织业	Textile Industry	9.8	0.27
纺织服装、鞋、帽制造业	Textile,Clothing, Footwear Production	0.42	0.01
皮革、毛皮、羽绒及其制品业	Leather, Furs, Down and Related Products	0.48	0.01
木材加工及竹、藤、棕、草制品业	Timber Processing, Bamboo, Cane, Palm Fiber and Straw Products	15.11	0.42
家具制造业	Furniture Manufacturing	0.45	0.01
造纸及纸制品业	Papermaking and Paper Products	34.68	0.96
印刷业	Printing	4.59	0.13
文教体育用品制造业	Cultural, Educational and Sports Goods	0.03	0.00

注：能源综合消费量按等价热值计算。

Total Consumption of Energy Main Sectors and Its Composition（2004-2008）

2005年		2006年		2007年		2008年	
消费量 (万吨标煤) Total Consumption of Energy (10 000 tons of SCE)	构成 (%) Percentage (%)	消费量 (万吨标煤) Total Consumption of Energy 10 000 tons (of SCE)	构成 (%) Percentage (%)	消费量 (万吨标煤) Total Consumption of Energy (10 000 tons of SCE)	构成 (%) Percentage (%)	消费量 (万吨标煤) Total Consumption of Energy (10 000 tons of SCE)	构成 (%) Percentage (%)
4 390.71	**100.00**	**4 882.98**	**100.00**	**5 300.95**	**100.00**	**5 654.83**	**100.00**
261.57	5.96	290.32	5.95	316.22	5.97	363.35	6.43
4 129.13	94.04	4 592.67	94.05	4 984.73	94.03	5 291.48	93.57
357.79	8.15	378.87	7.76	436.80	8.24	530.14	9.37
204.51	4.66	184.41	3.78	198.59	3.75	285.27	5.04
0.06	0.00	0.05	0.00	0.03	0.00		
55.09	1.25	57.84	1.18	70.63	1.33	95.07	1.68
69.52	1.58	97.46	2.00	120.54	2.27	100.63	1.78
28.61	0.65	39.11	0.80	47.01	0.89	49.17	0.87
		0.00	0.00	0.00	0.00	0.00	0.00
3 734.80	85.06	4 113.89	84.25	4 432.17	83.61	4 668.45	82.56
101.79	2.32	100.81	2.06	138.88	2.62	156.99	2.78
13.58	0.31	21.05	0.43	18.61	0.35	11.31	0.20
27.43	0.62	28.94	0.59	26.48	0.50	26.75	0.47
32.62	0.74	35.66	0.73	35.05	0.66	33.58	0.59
16.15	0.37	17.34	0.36	11.49	0.22	17.00	0.30
0.37	0.01	0.65	0.01	0.64	0.01	0.93	0.02
0.25	0.01	0.12	0.00	0.02	0.00	0.25	0.00
18.20	0.41	19.52	0.40	15.45	0.29	33.37	0.59
0.52	0.01	0.51	0.01	0.13	0.00	3.75	0.07
40.98	0.93	53.73	1.10	61.36	1.16	61.54	1.09
5.94	0.14	7.03	0.14	3.26	0.06	4.11	0.07
0.07	0.00	0.05	0.00	0.01	0.00	0.17	0.00

Note:The energy consumption volume was calculated according to the equivalent caloricity

6-11 续表

行　　业	Sector	2004年 消费量（万吨标煤） Total Consumption of Energy (10 000 tons of SCE)	2004年 构成（%） Percentage (%)
石油加工、炼焦及核燃料加工业	Petroleum Processing,Coking and Nuclear fuel Processing	54.93	1.52
化学原料及化学品制造业	Raw Chemical Materials and Chemical Products	856.79	23.73
医药制造业	Medical and Pharmaceutical Products	19.38	0.54
化学纤维制造业	Chemical Fiber	1.55	0.04
橡胶制品业	Rubber Products	1.9	0.05
塑料制品业	Plastic Products	9.13	0.25
非金属矿物制品业	Nonmetal Mineral Products	443.26	12.28
黑色金属冶炼及压延加工业	Smelting and Pressing of Ferrous Metals	901.82	24.98
有色金属冶炼及压延加工业	Smelting and Pressing of Nonferrous Metals	423.19	11.72
金属制品业	Metal Products	8.04	0.22
通用设备制造业	General-purpose Machinery Manufacturing	13.72	0.38
专用设备制造业	Special Purposes Equipment	4.79	0.13
交通运输设备制造业	Transport Equipment	8.67	0.24
电气机械及器材制造业	Electric Equipment and Machinery	4.84	0.13
通信设备、计算机及其他电子设备制造	Communication Equipment, Computers and other Electronic Equipment Production	0.3	0.01
仪器仪表、文化办公用机械制造业	Instruments, Meters, Cultural and Clerical Machinery	1.55	0.04
工艺品及其他制造业	Handicraft Articles and Other Goods Production	2.55	0.07
废弃资源和废旧材料回收加工业	Recycling and Disposal of Waste	0.33	0.01
电力、燃气及水生产和供应业	Production and Supply of Electric Power, Gas and Water	329.19	9.12
电力、热力的生产和供应业	Production and Supply of Electric Power and Heat	293.18	8.12
燃气生产和供应业	Gas Production and Supply	30.59	0.85
水的生产和供应业	Water Production and Supply	5.4	0.15
建筑业	**Construction**	**56.78**	
交通运输、仓储及邮电通信业	**Transport, Storage and Post Services**	**477.29**	

注：能源综合消费量按等价热值计算。

continued

2005年		2006年		2007年		2008年	
消费量 (万吨标煤) Total Consumption of Energy (10 000 tons of SCE)	构成 (%) Percentage (%)	消费量 (万吨标煤) Total Consumption of Energy 10 000 tons (of SCE)	构成 (%) Percentage (%)	消费量 (万吨标煤) Total Consumption of Energy (10 000 tons of SCE)	构成 (%) Percentage (%)	消费量 (万吨标煤) Total Consumption of Energy (10 000 tons of SCE)	构成 (%) Percentage (%)
145.41	3.31	170.61	3.49	147.02	2.77	239.05	4.23
996.86	22.70	1 102.28	22.57	1 143.41	21.57	1 199.93	21.22
11.66	0.27	15.00	0.31	11.42	0.22	12.15	0.21
5.33	0.12	6.65	0.14	7.13	0.13	5.63	0.10
2.24	0.05	1.80	0.04	2.00	0.04	2.20	0.04
10.91	0.25	7.54	0.15	6.97	0.13	10.76	0.19
591.27	13.47	709.97	14.54	658.21	12.42	654.47	11.57
1 104.86	25.16	1 142.28	23.39	1 403.78	26.48	1 433.82	25.36
560.59	12.77	636.30	13.03	707.62	13.35	663.17	11.73
6.14	0.14	5.34	0.11	3.09	0.06	20.59	0.36
13.63	0.31	10.20	0.21	9.87	0.19	20.93	0.37
6.98	0.16	5.04	0.10	4.04	0.08	5.17	0.09
10.09	0.23	6.73	0.14	7.44	0.14	8.72	0.15
3.84	0.09	4.12	0.08	3.43	0.06	4.55	0.08
0.30	0.01	0.38	0.01	0.53	0.01	0.63	0.01
1.40	0.03	1.12	0.02	1.36	0.03	1.36	0.02
4.89	0.11	2.77	0.06	1.73	0.03	29.20	0.52
0.51	0.01	0.34	0.01	1.74	0.03	6.38	0.11
298.12	6.79	390.22	7.99	431.98	8.15	456.25	8.07
280.90	6.40	377.88	7.74	397.49	7.50	433.92	7.67
12.09	0.28	7.08	0.14	26.92	0.51	16.60	0.29
5.13	0.12	5.26	0.11	7.57	0.14	5.73	0.10
77.91		**92.84**		**95.01**		**116.29**	
570.30		**627.20**		**671.23**		**690.45**	

Note:The energy consumption volume was calculated according to the equivalent caloricity

6-12 主要行业原煤消费量和构成（2004-2008年）

行业	Sector	2004年 消费量 (万吨) Total Consumption of Coal (10 000 tons)	2004年 构成 (%) Percentage (%)
工业	**Industry**	**4 734.48**	**100.00**
轻工业	Light Industry	163.29	3.45
重工业	Heavy Industry	4 571.19	96.55
采矿业	Mining	1 002.29	21.17
煤炭开采和洗选业	Coal Mining and Dressing	966.10	20.41
石油和天然气开采业	Petroleum and Natural Gas Extraction		
黑色金属矿采选业	Ferrous Metals Mining and Dressing	7.85	0.17
有色金属矿采选业	Nonferrous Metals Mining and Dressing	4.62	0.10
非金属矿采选业	Nonmetal Minerals Mining and Dressing	23.72	0.50
其他采矿业	Other Mining		
制造业	Manufacturing	2 002.20	42.29
农副食品加工业	AgricuLtural Non-staple Food Processing	52.82	1.12
食品制造业	Food Manufacturing	8.06	0.17
饮料制造业	Beverage Manufacturing	15.19	0.32
烟草制品业	Tobacco Production	22.13	0.47
纺织业	Textile Industry	5.51	0.12
纺织服装、鞋、帽制造业	Textile,Clothing, Footwear Production	0.35	0.01
皮革、毛皮、羽绒及其制品业	Leather, Furs, Down and Related Products	0.33	0.01
木材加工及竹、藤、棕、草制品业	Timber Processing, Bamboo, Cane, Palm Fiber and Straw Products	12.85	0.27
家具制造业	Furniture Manufacturing	0.02	0.00
造纸及纸制品业	Papermaking and Paper Products	44.18	0.93
印刷业	Printing	1.61	0.03
文教体育用品制造业	Cultural, Educational and Sports Goods		

Total Consumption Coal of Main Sectors and Its Composition（2004-2008）

2005年		2006年		2007年		2008年	
消费量 (万吨) Total Consumption of Coal (10 000 tons)	构成 (%) Percentage (%)	消费量 (万吨) Total Consumption of Coal (10 000 tons)	构成 (%) Percentage (%)	消费量 (万吨) Total Consumption of Coal (10 000 tons)	构成 (%) Percentage (%)	消费量 (万吨) Total Consumption of Coal (10 000 tons)	构成 (%) Percentage (%)
5 919.34	**87.56**	**6 760.15**	**98.07**	**6 893.22**	**100.00**	**7 273.29**	**100.00**
216.51	3.20	232.97	3.38	223.01	3.24	240.62	3.31
5 702.83	84.36	6 527.17	94.69	6 670.21	96.76	7 032.68	96.69
1 105.98	16.36	1 257.60	18.24	1 397.03	20.27	1 569.77	21.58
1 062.54	15.72	1 210.33	17.56	1 305.56	18.94	1 508.80	20.74
8.80	0.13	11.19	0.16	46.51	0.67	12.20	0.17
10.03	0.15	13.00	0.19	12.88	0.19	12.48	0.17
24.61	0.36	23.08	0.33	32.08	0.47	36.29	0.50
		0.00	0.00	0.00	0.00	0.00	0.00
2 950.42	43.64	2 862.59	41.53	2 476.05	35.92	3 065.01	42.14
51.04	0.76	40.16	0.58	56.43	0.82	64.58	0.89
15.70	0.23	19.00	0.28	19.57	0.28	9.61	0.13
21.10	0.31	22.99	0.33	18.74	0.27	26.66	0.37
25.74	0.38	33.65	0.49	23.89	0.35	26.63	0.37
12.53	0.19	13.71	0.20	11.79	0.17	20.18	0.28
0.33	0.00	0.65	0.01	0.65	0.01	0.55	0.01
0.28	0.00	0.07	0.00	0.02	0.00	0.45	0.01
11.47	0.17	12.33	0.18	8.67	0.13	30.76	0.42
0.02	0.00	0.09	0.00	0.07	0.00	0.45	0.01
52.07	0.77	55.97	0.81	63.49	0.92	61.95	0.85
4.10	0.06	4.69	0.07	0.33	0.00	0.51	0.01
0.00	0.00	0.00	0.00				

6-12 续表

行 业	Sector	2004年 消费量(万吨) Total Consumption of Coal (10 000 tons)	2004年 构成(%) Percentage (%)
石油加工、炼焦及核燃料加工业	Petroleum Processing,Coking and Nuclear fuel Processing	583.12	12.32
化学原料及化学品制造业	Raw Chemical Materials and Chemical Products	406.68	8.59
医药制造业	Medical and Pharmaceutical Products	8.18	0.17
化学纤维制造业	Chemical Fiber	4.83	0.10
橡胶制品业	Rubber Products	1.47	0.03
塑料制品业	Plastic Products	1.95	0.04
非金属矿物制品业	Nonmetal Mineral Products	584.00	12.34
黑色金属冶炼及压延加工业	Smelting and Pressing of Ferrous Metals	159.12	3.36
有色金属冶炼及压延加工业	Smelting and Pressing of Nonferrous Metals	77.10	1.63
金属制品业	Metal Products	1.60	0.03
通用设备制造业	General-purpose Machinery Manufacturing	2.32	0.05
专用设备制造业	Special Purposes Equipment	1.19	0.03
交通运输设备制造业	Transport Equipment	1.52	0.03
电气机械及器材制造业	Electric Equipment and Machinery	1.06	0.02
通信设备、计算机及其他电子设备制造	Communication Equipment, Computers and other Electronic Equipment Production		
仪器仪表、文化办公用机械制造业	Instruments, Meters, Cultural and Clerical Machinery	0.24	0.01
工艺品及其他制造业	Handicraft Articles and Other Goods Production	4.69	0.10
废弃资源和废旧材料回收加工业	Recycling and Disposal of Waste	0.08	
电力、燃气及水生产和供应业	Production and Supply of Electric Power, Gas and Water	1 729.99	36.54
电力、热力的生产和供应业	Production and Supply of Electric Power and Heat	1 674.79	35.37
燃气生产和供应业	Gas Production and Supply	55.20	1.17
水的生产和供应业	Water Production and Supply		
建筑业	**Construction**	**22.98**	
交通运输、仓储及邮电通信业	**Transport, Storage and Post Services**	**14.21**	

continued

2005年		2006年		2007年		2008年	
消费量 (万吨) Total Consumption of Coal (10 000 tons)	构成 (%) Percentage (%)	消费量 (万吨) Total Consumption of Coal (10 000 tons)	构成 (%) Percentage (%)	消费量 (万吨) Total Consumption of Coal (10 000 tons)	构成 (%) Percentage (%)	消费量 (万吨) Total Consumption of Coal (10 000 tons)	构成 (%) Percentage (%)
1 066.20	18.01	1 052.38	15.57	609.77	8.85	974.18	13.39
550.34	9.30	526.59	7.79	639.41	9.28	738.65	10.16
12.09	0.20	13.54	0.20	10.25	0.15	12.15	0.17
9.47	0.16	11.39	0.17	10.91	0.16	9.21	0.13
1.63	0.03	1.25	0.02	1.66	0.02	1.90	0.03
2.19	0.04	1.97	0.03	1.04	0.02	1.76	0.02
736.67	12.45	749.72	11.09	695.85	10.09	751.68	10.33
232.14	3.92	126.97	1.88	183.46	2.66	193.32	2.66
124.74	2.11	151.63	2.24	107.22	1.56	116.88	1.61
1.36	0.02	1.35	0.02	1.34	0.02	5.70	0.08
1.40	0.02	1.00	0.01	1.64	0.02	3.56	0.05
2.90	0.05	2.61	0.04	0.86	0.01	0.94	0.01
1.82	0.03	1.04	0.02	1.54	0.02	1.55	0.02
0.65	0.01	0.60	0.01	0.43	0.01	0.56	0.01
0.30	0.01	0.17		0.15		0.16	
12.04	0.20	17.06	0.25	6.87	0.10	7.69	0.11
0.10		0.01		0.01		2.81	0.04
1 862.94	31.47	2 639.95	39.05	3 020.14	43.81	2 638.50	36.28
1 858.26	31.39	2 637.44	39.01	3 015.14	43.74	2 632.39	36.19
4.67	0.08	2.41	0.04	5.00	0.07	5.80	0.08
0.01		0.10				0.31	
25.28		**25.79**		**25.68**		**28.48**	
27.73		**24.96**		**24.96**		**18.75**	

6-13 主要行业焦炭消费量和构成（2004-2008年）

行业	Sector	2004年 消费量（万吨） Total Consumption of Coke (10 000 tons)	2004年 构成（%） Percentage (%)
工业	**Industry**	**1 042.82**	**100.00**
轻工业	Light Industry	0.34	0.03
重工业	Heavy Industry	1 042.48	99.97
采矿业	Mining	10.95	1.05
煤炭开采和洗选业	Coal Mining and Dressing	1.35	0.13
石油和天然气开采业	Petroleum and Natural Gas Extraction		
黑色金属矿采选业	Ferrous Metals Mining and Dressing	6.98	0.67
有色金属矿采选业	Nonferrous Metals Mining and Dressing	1.61	0.15
非金属矿采选业	Nonmetal Minerals Mining and Dressing	1.01	0.10
其他采矿业	Other Mining		
制造业	Manufacturing	1 030.23	98.79
农副食品加工业	AgricuLtural Non-staple Food Processing	0.22	0.02
食品制造业	Food Manufacturing	0.02	0.00
饮料制造业	Beverage Manufacturing	0.06	0.01
烟草制品业	Tobacco Production		
纺织业	Textile Industry		
纺织服装、鞋、帽制造业	Textile,Clothing, Footwear Production		
皮革、毛皮、羽绒及其制品业	Leather, Furs, Down and Related Products		
木材加工及竹、藤、棕、草制品业	Timber Processing, Bamboo, Cane, Palm Fiber and Straw F		
家具制造业	Furniture Manufacturing		
造纸及纸制品业	Papermaking and Paper Products	0.01	0.00
印刷业	Printing		

Total Consumption of Coke of Main Sectors and Its Composition (2004-2008)

2005年		2006年		2007年		2008年	
消费量 (万吨) Total Consumption of Coke (10 000 tons)	构成 (%) Percentage (%)	消费量 (万吨) Total Consumption of Coke (10 000 tons)	构成 (%) Percentage (%)	消费量 (万吨) Total Consumption of Coke (10 000 tons)	构成 (%) Percentage (%)	消费量 (万吨) Total Consumption of Coke (10 000 tons)	构成 (%) Percentage (%)
1 218.26	**97.71**	**1 246.77**	**90.77**	**1 373.49**	**100.00**	**1 327.99**	**100.00**
1.47	0.12	0.11	0.01	0.15	0.01	0.38	0.03
1 216.79	97.60	1 246.66	90.77	1 373.34	99.99	1 327.61	99.97
24.98	2.00	21.34	1.55	17.26	1.26	26.36	1.99
10.87	0.87	9.28	0.68	5.97	0.43	4.89	0.37
9.52	0.76	7.93	0.58	9.70	0.71	19.63	1.48
2.58	0.21	2.32	0.17	1.54	0.11	1.77	0.13
2.01	0.16	1.81	0.13	0.05	0.00	0.07	0.01
1 192.21	95.62	1 224.07	89.12	1 354.59	98.62	1 300.27	97.91
0.26	0.02	0.08	0.01	0.13	0.01	0.22	0.02
		0.00	0.00	0.00	0.00	0.04	0.00
0.61	0.05			0.00	0.00	0.07	0.01
0.01	0.00						
0.01	0.00						
0.01	0.00						

6-13 续表

行业	Sector	2004年 消费量(万吨) Total Consumption of Coke (10 000 tons)	构成(%) Percentage (%)
石油加工、炼焦及核燃料加工业	Petroleum Processing,Coking and Nuclear fuel Processing	5.59	0.54
化学原料及化学品制造业	Raw Chemical Materials and Chemical Products	257.43	24.69
医药制造业	Medical and Pharmaceutical Products		
化学纤维制造业	Chemical Fiber		
橡胶制品业	Rubber Products		
塑料制品业	Plastic Products	0.01	0.00
非金属矿物制品业	Nonmetal Mineral Products	3.84	0.37
黑色金属冶炼及压延加工业	Smelting and Pressing of Ferrous Metals	695.81	66.72
有色金属冶炼及压延加工业	Smelting and Pressing of Nonferrous Metals	59.06	5.66
金属制品业	Metal Products	0.95	0.09
通用设备制造业	General-purpose Machinery Manufacturing	4.12	0.40
专用设备制造业	Special Purposes Equipment	0.62	0.06
交通运输设备制造业	Transport Equipment	1.76	0.17
电气机械及器材制造业	Electric Equipment and Machinery	0.32	0.03
通信设备、计算机及其他电子设备制造	Communication Equipment, Computers and other Electronic Equipment Production		
仪器仪表、文化办公用机械制造业	Instruments, Meters, Cultural and Clerical Machinery	0.02	0.00
工艺品及其他制造业	Handicraft Articles and Other Goods Production	0.36	0.03
废弃资源和废旧材料回收加工业	Rocycling and Disposal of Waste	0.03	0.00
电力、燃气及水生产和供应业	Production and Supply of Electric Power, Gas and Water	1.64	0.16
电力、热力的生产和供应业	Production and Supply of Electric Power and Heat		
燃气生产和供应业	Gas Production and Supply	1.64	0.16
水的生产和供应业	Water Production and Supply		
建筑业	**Construction**	**1.12**	
交通运输、仓储及邮电通信业	**Transport, Storage and Post Services**	**0.31**	

continued

2005年		2006年		2007年		2008年	
消费量(万吨) Total Consumption of Coke (10 000 tons)	构成(%) Percentage (%)	消费量(万吨) Total Consumption of Coke (10 000 tons)	构成(%) Percentage (%)	消费量(万吨) Total Consumption of Coke (10 000 tons)	构成(%) Percentage (%)	消费量(万吨) Total Consumption of Coke (10 000 tons)	构成(%) Percentage (%)
18.99	1.56	4.92	0.39	5.38	0.39	5.75	0.43
273.54	22.45	292.74	23.48	291.47	21.22	274.35	20.66
0.01	0.00	0.01	0.00				
0.01	0.00	0.01	0.00				
0.01	0.00	0.01	0.00	0.00	0.00	0.02	0.00
8.64	0.71	7.78	0.62	6.95	0.51	3.46	0.26
800.39	65.70	836.57	67.10	980.18	71.36	923.40	69.53
80.43	6.60	75.16	6.03	64.67	4.71	84.10	6.33
0.64	0.05	0.34	0.03	0.38	0.03	0.67	0.05
5.07	0.42	4.57	0.37	3.31	0.24	5.34	0.40
0.56	0.05	0.40	0.03	0.39	0.03	0.38	0.03
1.87	0.15	0.87	0.07	1.24	0.09	2.01	0.15
0.53	0.04	0.57	0.05	0.20	0.01	0.02	0.00
0.02	0.00	0.02	0.00	0.02	0.00		
0.56	0.05	0.02	0.00	0.01	0.00	0.05	0.00
0.03	0.00			0.26	0.02	0.40	0.03
1.07	0.09	1.36	0.11	1.64	0.12	1.36	0.10
		0.21	0.02	0.21	0.02	0.05	0.00
1.07	0.09	1.15	0.09	1.43	0.10	1.31	0.10
1.57		**1.54**		**1.54**		**1.62**	
0.61		**0.64**		**0.64**		**0.45**	

6-14 主要行业石油消费量和构成（2004-2008年）

行 业	Sector	2004年 消费量 (万吨) Total Consumption of Petroleum (10 000 tons)	2004年 构成 (%) Percentage (%)
工业	**Industry**	**35.56**	**100.00**
轻工业	Light Industry	3.92	11.02
重工业	Heavy Industry	31.64	88.98
采矿业	Mining	8.37	23.54
煤炭开采和洗选业	Coal Mining and Dressing	2.13	5.99
石油和天然气开采业	Petroleum and Natural Gas Extraction	0.01	0.03
黑色金属矿采选业	Ferrous Metals Mining and Dressing	2.69	7.56
有色金属矿采选业	Nonferrous Metals Mining and Dressing	1.48	4.16
非金属矿采选业	Nonmetal Minerals Mining and Dressing	2.06	5.79
其他采矿业	Other Mining		
制造业	Manufacturing	23.89	67.18
农副食品加工业	AgricuLtural Non-staple Food Processing	1.47	4.13
食品制造业	Food Manufacturing	0.48	1.35
饮料制造业	Beverage Manufacturing	0.23	0.65
烟草制品业	Tobacco Production	0.35	0.98
纺织业	Textile Industry	0.2	0.56
纺织服装、鞋、帽制造业	Textile,Clothing, Footwear Production	0.04	0.11
皮革、毛皮、羽绒及其制品业	Leather, Furs, Down and Related Products		
木材加工及竹、藤、棕、草制品业	Timber Processing, Bamboo, Cane, Palm Fiber and Straw Products	0.16	0.45
家具制造业	Furniture Manufacturing	0.04	0.11
造纸及纸制品业	Papermaking and Paper Products	0.43	1.21
印刷业	Printing	0.22	0.62
文教体育用品制造业	Cultural, Educational and Sports Goods		

Total Consumption of Petroleum of Main Sectors and Its Composition（2004-2008）

2005年		2006年		2007年		2008年	
消费量 (万吨) Total Consumption of Petroleum (10 000 tons)	构成 (%) Percentage (%)	消费量 (万吨) Total Consumption of Petroleum (10 000 tons)	构成 (%) Percentage (%)	消费量 (万吨) Total Consumption of Petroleum (10 000 tons)	构成 (%) Percentage (%)	消费量 (万吨) Total Consumption of Petroleum (10 000 tons)	构成 (%) Percentage
36.22	**88.89**	**40.75**	**99.80**	**40.83**	**100.00**	**60.80**	**100.00**
3.99	9.79	4.03	9.86	4.02	9.84	4.82	**7.92**
32.23	79.10	36.72	89.93	36.81	90.16	55.98	92.08
10.33	25.35	10.49	25.68	10.86	26.60	23.88	39.28
2.06	5.07	2.25	5.51	2.26	5.54	5.32	8.75
0.01	0.03	0.01	0.02				
3.50	8.60	3.49	8.55	2.99	7.32	7.59	12.49
2.52	6.17	2.50	6.13	2.61	6.40	4.62	7.59
2.24	5.49	2.23	5.47	3.00	7.35	6.35	10.45
22.50	55.22	25.50	62.44	25.22	61.76	32.64	53.69
1.21	2.97	1.22	2.98	1.66	4.06	1.55	2.56
0.91	2.24	0.80	1.97	0.81	1.98	0.87	1.43
0.35	0.86	0.47	1.14	0.33	0.81	0.56	0.92
0.44	1.08	0.43	1.04	0.31	0.76	0.31	0.51
0.11	0.26	0.10	0.24	0.04	0.10	0.10	0.17
0.04	0.09	0.03	0.08	0.04	0.09	0.12	0.20
0.00	0.01	0.00	0.01	0.00	0.00		
0.19	0.47	0.24	0.60	0.14	0.35	0.35	0.58
0.05	0.12	0.04	0.10	0.02	0.06	0.09	0.16
0.28	0.69	0.29	0.71	0.34	0.82	0.42	0.69
0.21	0.51	0.20	0.48	0.13	0.33	0.37	0.61
0.01	0.02	0.01	0.02	0.00	0.00	0.02	0.03

6-14　续表

行　　业	Sector	2004年 消费量（万吨） Total Consumption of Petroleum (10 000 tons)	2004年 构成（%） Percentage (%)
石油加工、炼焦及核燃料加工业	Petroleum Processing,Coking and Nuclear fuel Processing	4.17	11.73
化学原料及化学品制造业	Raw Chemical Materials and Chemical Products	2.21	6.21
医药制造业	Medical and Pharmaceutical Products	0.41	1.15
化学纤维制造业	Chemical Fiber		
橡胶制品业	Rubber Products	0.05	0.14
塑料制品业	Plastic Products	0.35	0.98
非金属矿物制品业	Nonmetal Mineral Products	5.28	14.85
黑色金属冶炼及压延加工业	Smelting and Pressing of Ferrous Metals	0.92	2.59
有色金属冶炼及压延加工业	Smelting and Pressing of Nonferrous Metals	4.1	11.53
金属制品业	Metal Products	0.42	1.18
通用设备制造业	General-purpose Machinery Manufacturing	0.48	1.35
专用设备制造业	Special Purposes Equipment	0.34	0.96
交通运输设备制造业	Transport Equipment	0.76	2.14
电气机械及器材制造业	Electric Equipment and Machinery	0.65	1.83
通信设备、计算机及其他电子设备制造	Communication Equipment, Computers and other Electronic Equipment Production	0.01	0.03
仪器仪表、文化办公用机械制造业	Instruments, Meters, Cultural and Clerical Machinery	0.05	0.14
工艺品及其他制造业	Handicraft Articles and Other Goods Production	0.03	0.08
废弃资源和废旧材料回收加工业	Rocycling and Disposal of Waste	0.04	0.11
电力、燃气及水生产和供应业	Production and Supply of Electric Power, Gas and Water	3.3	9.28
电力、热力的生产和供应业	Production and Supply of Electric Power and Heat	3.16	8.89
燃气生产和供应业	Gas Production and Supply	0.06	0.17
水的生产和供应业	Water Production and Supply	0.08	0.22
建筑业	**Construction**	**15.5**	
交通运输、仓储及邮电通信业	**Transport, Storage and Post Services**	**291.52**	

continued

2005年		2006年		2007年		2008年	
消费量(万吨) Total Consumption of Petroleum (10 000 tons)	构成(%) Percentage (%)	消费量(万吨) Total Consumption of Petroleum (10 000 tons)	构成(%) Percentage (%)	消费量(万吨) Total Consumption of Petroleum (10 000 tons)	构成(%) Percentage (%)	消费量(万吨) Total Consumption of Petroleum (10 000 tons)	构成(%) Percentage (%)
0.65	1.80	0.80	1.96	0.55	1.34	0.71	1.16
2.47	6.83	2.59	6.35	2.23	5.46	2.78	4.57
0.30	0.84	0.36	0.88	0.31	0.76	0.29	0.49
0.01	0.03	0.02	0.05	0.00	0.01		
0.10	0.29	0.11	0.27	0.03	0.06	0.04	0.07
0.39	1.07	0.38	0.94	0.26	0.65	0.45	0.75
5.74	15.84	6.52	16.00	6.44	15.78	9.31	15.32
1.87	5.17	3.19	7.82	2.25	5.50	2.62	4.30
4.82	13.31	5.18	12.72	7.71	18.87	9.11	14.99
0.21	0.57	0.21	0.52	0.16	0.38	0.44	0.73
0.23	0.64	0.23	0.56	0.21	0.51	0.40	0.65
0.33	0.91	0.53	1.29	0.42	1.03	0.47	0.78
1.14	3.14	1.05	2.57	0.57	1.39	0.70	1.16
0.25	0.69	0.30	0.73	0.19	0.45	0.24	0.39
0.01	0.02	0.01	0.03	0.01	0.02	0.02	0.04
0.05	0.14	0.06	0.14	0.02	0.06	0.07	0.11
0.06	0.17	0.06	0.16	0.02	0.06	0.09	0.16
0.06	0.17	0.07	0.17	0.02	0.06	0.11	0.18
3.39	9.35	4.77	11.70	4.75	11.64	4.27	7.03
3.24	8.93	4.60	11.28	4.55	11.13	3.96	6.52
0.07	0.19	0.09	0.21	0.15	0.37	0.21	0.35
0.08	0.23	0.08	0.20	0.06	0.14	0.10	0.16
17.86		**21.23**		**20.94**		**35.20**	
337.99		**384.96**		**415.5**		**430.42**	

6-15 主要行业电力消费量和构成（2004-2008年）

行　　业	Sector	2004年	
		消费量（亿千瓦小时）Total Consumption of Electricity (100 million kwh)	构成(%) Percentage (%)
工业	**Industry**	**331.31**	**100.00**
轻工业	Light Industry	21.78	6.57
重工业	Heavy Industry	309.53	93.43
采矿业	Mining	27.49	8.30
煤炭开采和洗选业	Coal Mining and Dressing	9.48	2.86
石油和天然气开采业	Petroleum and Natural Gas Extraction	0.01	0.00
黑色金属矿采选业	Ferrous Metals Mining and Dressing	6.66	2.01
有色金属矿采选业	Nonferrous Metals Mining and Dressing	8.62	2.60
非金属矿采选业	Nonmetal Minerals Mining and Dressing	2.72	0.82
其他采矿业	Other Mining		
制造业	Manufacturing	279.89	84.48
农副食品加工业	AgricuLtural Non-staple Food Processing	7.03	2.12
食品制造业	Food Manufacturing	0.67	0.20
饮料制造业	Beverage Manufacturing	0.88	0.27
烟草制品业	Tobacco Production	4.03	1.22
纺织业	Textile Industry	1.2	0.36
纺织服装、鞋、帽制造业	Textile,Clothing, Footwear Production	0.05	0.02
皮革、毛皮、羽绒及其制品业	Leather, Furs, Down and Related Products	0.03	0.01
木材加工及竹、藤、棕、草制品业	Timber Processing, Bamboo, Cane, Palm Fiber and Straw Products	1.97	0.59
家具制造业	Furniture Manufacturing	0.09	0.03
造纸及纸制品业	Papermaking and Paper Products	4.45	1.34
印刷业	Printing	0.86	0.26
文教体育用品制造业	Cultural, Educational and Sports Goods	0.01	0.00

Total Consumption of Electricity of Main Sectors and Its Composition（2004-2008）

2005年		2006年		2007年		2008年	
消费量 (亿千瓦小时) Total Consumption of Electricity (100 million kwh)	构成 (%) Percentage (%)	消费量 (亿千瓦小时) Total Consumption of Electricity (100 million kwh)	构成 (%) Percentage (%)	消费量 (亿千瓦小时) Total Consumption of Electricity (100 million kwh)	构成 (%) Percentage (%)	消费量 (亿千瓦小时) Total Consumption of Electricity (100 million kwh)	构成 (%) Percentage (%)
425.94	**84.03**	**506.91**	**86.01**	**589.35**	**100.00**	**650.52**	**100.00**
22.25	4.39	23.63	4.01	22.85	3.88	35.00	5.38
403.69	79.64	483.27	82.00	566.50	96.12	615.52	94.62
31.68	6.25	41.50	7.04	57.49	9.75	54.48	8.37
7.51	1.48	6.80	1.15	11.52	1.95	12.47	1.92
0.01	0.00	0.01	0.00	0.01	0.00		
6.61	1.30	9.28	1.57	11.75	1.99	13.29	2.04
14.01	2.76	19.63	3.33	27.62	4.69	22.84	3.51
3.54	0.70	5.79	0.98	6.59	1.12	5.88	0.90
329.15	64.93	368.42	62.51	423.66	71.89	484.38	74.46
5.53	1.09	6.51	1.10	7.33	1.24	9.01	1.39
0.77	0.15	1.65	0.28	1.04	0.18	1.06	0.16
1.76	0.35	1.30	0.22	1.46	0.25	1.75	0.27
4.45	0.88	4.38	0.74	4.67	0.79	4.60	0.71
2.13	0.42	2.04	0.35	0.99	0.17	1.58	0.24
0.04	0.01	0.05	0.01	0.04	0.01	0.13	0.02
0.02	0.00	0.02	0.00	0.00	0.00		
2.30	0.45	2.52	0.43	2.46	0.42	4.25	0.65
0.10	0.02	0.10	0.02	0.01	0.00	0.90	0.14
4.70	0.93	4.72	0.80	4.64	0.79	5.32	0.82
0.88	0.17	0.96	0.16	0.79	0.13	0.91	0.14
0.01	0.00	0.01	0.00	0.00	0.00	0.04	0.01

6-15 续表

行业	Sector	2004年 消费量 (亿千瓦小时) Total Consumption of Electricity (100 million kwh)	构成 (%) Percentage (%)
石油加工、炼焦及核燃料加工业	Petroleum Processing,Coking and Nuclear fuel Processing	0.93	0.28
化学原料及化学品制造业	Raw Chemical Materials and Chemical Products	92.73	27.99
医药制造业	Medical and Pharmaceutical Products	0.84	0.25
化学纤维制造业	Chemical Fiber	0.27	0.08
橡胶制品业	Rubber Products	0.26	0.08
塑料制品业	Plastic Products	1.87	0.56
非金属矿物制品业	Nonmetal Mineral Products	30.22	9.12
黑色金属冶炼及压延加工业	Smelting and Pressing of Ferrous Metals	47.08	14.21
有色金属冶炼及压延加工业	Smelting and Pressing of Nonferrous Metals	78.05	23.56
金属制品业	Metal Products	0.81	0.24
通用设备制造业	General-purpose Machinery Manufacturing	1.94	0.59
专用设备制造业	Special Purposes Equipment	0.76	0.23
交通运输设备制造业	Transport Equipment	1.28	0.39
电气机械及器材制造业	Electric Equipment and Machinery	0.78	0.24
通信设备、计算机及其他电子设备制造	Communication Equipment, Computers and other Electronic Equipment Production	0.07	0.02
仪器仪表、文化办公用机械制造业	Instruments, Meters, Cultural and Clerical Machinery	0.33	0.10
工艺品及其他制造业	Handicraft Articles and Other Goods Production	0.35	0.11
废弃资源和废旧材料回收加工业	Rocycling and Disposal of Waste	0.05	0.02
电力、燃气及水生产和供应业	Production and Supply of Electric Power, Gas and Water	23.93	7.22
电力、热力的生产和供应业	Production and Supply of Electric Power and Heat	22.17	6.69
燃气生产和供应业	Gas Production and Supply	0.44	0.13
水的生产和供应业	Water Production and Supply	1.32	0.40
建筑业	**Construction**	**5.09**	
交通运输、仓储及邮电通信业	**Transport, Storage and Post Services**	**10.96**	

continued

2005年		2006年		2007年		2008年	
消费量 (亿千瓦小时) Total Consumption of Electricity (100 million kwh)	构成 (%) Percentage (%)	消费量 (亿千瓦小时) Total Consumption of Electricity (100 million kwh)	构成 (%) Percentage (%)	消费量 (亿千瓦小时) Total Consumption of Electricity (100 million kwh)	构成 (%) Percentage (%)	消费量 (亿千瓦小时) Total Consumption of Electricity (100 million kwh)	构成 (%) Percentage (%)
2.78	0.65	3.14	0.62	4.54	0.77	7.70	1.18
92.06	21.61	109.57	21.62	111.28	18.88	136.83	21.03
1.02	0.24	1.14	0.23	1.10	0.19	1.31	0.20
0.56	0.13	0.58	0.11	0.59	0.10	0.55	0.08
0.30	0.07	0.19	0.04	0.24	0.04	0.30	0.05
2.07	0.49	1.47	0.29	1.64	0.28	2.54	0.39
44.64	10.48	45.53	8.98	45.37	7.70	59.16	9.09
57.99	13.61	62.00	12.23	76.82	13.04	88.69	13.63
98.75	23.18	116.01	22.89	153.18	25.99	136.91	21.05
0.64	0.15	0.52	0.10	0.44	0.08	4.49	0.69
1.84	0.43	1.24	0.25	1.45	0.25	3.65	0.56
1.07	0.25	0.56	0.11	0.67	0.11	0.98	0.15
1.40	0.33	0.94	0.18	1.14	0.19	1.24	0.19
0.65	0.15	0.71	0.14	0.71	0.12	0.96	0.15
0.06	0.01	0.09	0.02	0.13	0.02	0.15	0.02
0.28	0.07	0.24	0.05	0.33	0.06	0.33	0.05
0.28	0.07	0.17	0.03	0.18	0.03	7.85	1.21
0.07	0.02	0.06	0.01	0.40	0.07	1.20	0.18
65.11	15.29	96.98	19.13	108.20	18.36	111.67	17.17
63.40	14.88	95.18	18.78	105.61	17.92	109.42	16.82
0.48	0.11	0.48	0.09	0.51	0.09	0.74	0.11
1.23	0.29	1.33	0.26	2.08	0.35	1.50	0.23
8.99		**11.10**		**12.43**		**12.92**	
15.20		**12.57**		**13.1**		**14.24**	

主要统计指标解释

能源生产总量　指一定时期内全国(地区)一次能源生产量的总和。一次能源生产量包括原煤、原油、天然气、水电及其他动力能发电量(如风能、地热能等),不包括生物质能、太阳能等的利用和由一次能源加工转换而成的二次能源产量。能源生产总量是观察全国(地区)能源生产水平、规模、构成和发展速度的总量指标。

能源消费总量　指一定时期内全国(地区)用于生产和生活的各种能源消费量的总和。能源消费总量包括原煤和原油及其制品、天然气、电力的消费量,不包括生物质能和太阳能等的利用。能源消费总量分为三部分,即终端能源消费量、能源加工转换损失量和损失量。它是观察能源消费水平、构成和增长速度的总量指标。

1.终端能源消费量 指一定时期内全国(地区)物质生产部门、非物质生产部门和生活消费的各种能源数量,不包括用于加工转换的中间能源消费量、加工转换损失量和损失量。

2.能源加工转换损失量 指一定时期内全国(地区)投入加工转换的各种能源数量之和与产出各种能源产品及其他石油制品和其它焦化产品之和的差额。他是观察能源在加工转换过程中损失量变化的指标。

3.能源损失量 指一定时期内能源在生产、输送、储存过程中发生的经营管理损失和由于客观原因造成的各种损失量,不包括各种气体能源放空、放散量。

能源生产弹性系数　是研究能源生产量的增长与国民经济增长之间关系的指标。其计算公式为:

能源生产弹性系数=能源生产总量年平均增长速度/国民经济年均增长速度

国民经济年平均增长速度,可根据不同的目的或需要,用工农业总产值、生产总值等指标来计算,本资料是采用生产总值指标计算的。

电力生产弹性系数　是研究电力生产量的增长与国民经济增长之间关系的指标。一般来说,电力的发展应当快于国民经济的发展,也就是说电力应超前发展。其计算公式为:

电力生产弹性系统=电力生产量年平均增长速度/国民经济年平均增长速度

能源消费弹性系数　是反映能源消费增长速度与国民经济增长之间比例关系的指标。其计算公式为:

能源消费弹性系数=能源消费年平均增长速度/国民经济年均增长速度

能源节约量　指一定时期内节约和少用的能源数量。它是评价和考核节约能源工作好坏的重要指标。包括由于提高管理水平和技术水平,使单位产品能耗降低而节约能源的数量,以及由于调整产业结构、产品结构等使产值能耗降低而少用的能源数量。

能源节约率　是反映能源节约程度的综合性指标。能源节约率一般按年计算,如果要研究一个时期内能源节约程度的一般水平,可计算平均能源节约率指标。计算公式为:

能源节约率= (报告期单位能源消费量/基期单位能源消费量－1) × 100/%

年平均节能率= $\left(\sqrt[n]{\text{报告期单位能源消费量/基期单位能源消费源}}-1\right)\times 100/\%$

式中: 单位能源消费量可以按生产总值、国民收入或工业总产值等计算。

n 为基期与报告期间隔的年份数。

能源加工转换效率　指一定时期内能源经过加工转换后,产出的各种能源产品及其它石油制品和其他焦化产品的数量与同期内投入加工转换的各种能源数量的比率。它是观察能源加工转换装置和生产工艺先进与落后、管理水平高低等的重要指标。

能源折算标准　各种能源由于原始计算单位不同,热值也不一样。因此,必须折算成同一标准计算单位,才能进行汇总、对比和分析。国际上习惯采用两种标准计算单位: 一种为标准煤,另一种为标准油。目前我国采用标准煤为能源的计算单位。标准煤亦称煤当量, 就是将不同品种、不同含热量的能源按各自不同的含热量折合成为一种标准含量的统一计量单位的能源。各类能源折算标准煤是按1公斤标准煤的热值为7000千卡进行折算的。

当量热值 当量热值又称理论热值（或实际发热值）是指某种能源一个度量单位本身所含热量。其热值的计算可根据试样在充氧的弹筒中（放有浸没氧弹的水的容器）完全燃烧所放出的热量（用燃烧后水温升高计算出来的）进行实测。

等价热值 是指加工转换产出的某种二次能源与相应投入的一次能源的当量，即获得一个度量单位的某种二次能源所消耗的，以热值表示的一次能源量。也就是消耗一个度量单位的某种二次能源，就等价于消耗了以热值表示的一次能源量。等价热值是个变动值，随着能源加工转换工艺的提高和能源管理工作的加强，转换损失逐渐减少，等价热值会不断降低。等价热值是对二次能源及消耗工质而言，因此一次能源不存在折算问题，因此也无所谓等价热值。

等价热值=二次能源具有的能量÷转换效率

转换效率=二次能源产出标准量÷加工转换投入能源标准量

原材料、能源消费量 指在报告期内实际使用的原材料、能源的数量,包括企业主营活动和附营活动实际使用的数量。消费的核算原则为:“谁消费谁统计”,即按使用权来统计,核算方法为当进入第一道生产工序,改变原来的形态或性能、或已实际投入使用,即作消费统计。

原材料、能源库存量 指在报告期期初、期末实际结存的原材料、能源数量。库存的核算原则为“谁支配，谁统计”，即按所有权来统计。核算方法是指企业有权支配动用的某一时点实际结存的原材料、能源的数量。

Explanatory Notes on Principal Statistical Indicators

Total Energy Production Volume refers to the total production volume of primary energy by all energy production enterprises in the country in a given period of time. It is a comprehensive indicator to show the capacity, scale, composition and development of energy production of the country. The production volume of primary energy includes that of coal, crude oil, natural gas, hydro-power and electricity generated by nuclear energy and other means such as wind power and geothermal power, but excludes that of fuels of low calorific value, bio-energy, solar energy and the secondary energy converted from the primary energy.

Total Domestic Energy Consumption refers to the total consumption of energy of various kinds by material production sectors, non-material production sectors and households in the country in a given period of time. It is a comprehensive indicator to show the scale, composition and development of energy consumption. The total energy consumption includes that of coal, crude oil and their products, natural gas and electricity, but excludes that of fuels of low calorific value, bio-energy and solar energy. It can be divided into three parts:

(1) *Final energy consumption* refers to the total energy consumption by material production sectors, non-material production sectors and households in the country (region) in a given period of time, but excludes the consumption in conversion of the primary energy into the secondary energy and the loss in the process of energy conversion.

(2) *Loss in the process of energy conversion* refers to the total input of various kinds of energy for conversion, minus the total output of various kinds of energy in the country in a given period of time. It is an indicator to show the loss that occurs in the process of energy conversion.

(3) *Loss of energy* refers to the total loss of energy during the course of energy transport, distribution and storage and the loss caused by any objective reason in a given period of time. The loss of various kinds of gas due to gas discharges and stocktaking is excluded.

Elasticity Ratio of Energy Production is an indicator to show the relationship between the growth rate of energy production and that of the national economy. The formula is as follows:

Elasticity Ratio of Energy Production = Average Annual Growth Rate of Energy Production/Average Annual Growth Rate of National Economy.

The average annual growth rate of the national economy can be calculated by gross output value of industry and agriculture, gross output value or other indicators, depending upon the purposes or needs. Gross output value is used in calculation of the ratio in this chapter.

Elasticity Ratio of Electricity Production is an indicator to show the relationship between the growth rate of electricity production that of the national economy. The formula is as follows:

Elasticity Ratio of Electricity Production = Average Annual Growth Rate of Electricity Production/Average Annual Growth Rate of National Economy.

Elasticity Ratio of Energy Consumption is an indicator to show the relationship between the growth rate of energy consumption and that of the national economy. The formula is as follows:

Elasticity Ratio of Energy Consumption = Average Annual Growth Rate of Energy Consumption/Average Annual Growth Rate of National Economy.

Quantity of Energy Conservation refers to the quantity of energy saved and less used in a certain period. It is an important indicator to appraise and examine the work of energy conservation. It includes the quantity of energy saved in unit product by improving management level and technology level and the quantity of energy less used due to the adjustment of industrial structure and product structure.

Ratio of Energy Conservation is a comprehensive indicator reflecting the degree of energy conservation. Ratio of energy conservation is usually calculated annually. The indicator of average ratio of energy conservation can be calculated for the study of the energy conservation in a certain period. The formula is as follows:

Ratio of Energy Conservation = [(Unit Energy Consumption in the Report Period/Unit Energy Consumption in the Base Period) – 1] ×100%

Annual Average Ratio of Energy Conservation = the N-the Root of [(Unit Energy Consumption in the Report Period/Unit Energy Consumption in the Base Period) – 1] ×100%

In which: The unit energy consumption can be calculated according to gross output value, national product or gross industrial output value, etc. The n represents the number of years between base period and report period.

Efficiency of Energy Processing and Conversion refers to the ratio of the total output of energy products of various kinds after processing and conversion to the total input of energy of various kinds for processing and conversion in the same report period. It is an important indicator to show the current conditions of energy processing and conversion equipment, production technique and management.

Energy Conversion Standard Different units are often used to compute different caloric value of various energy sources, so a uniform standard computing unit has to be conversed to summarize, compare and analyze energy. There are two standard computing units practiced internationally: one is standard coal and the other is standard oil. Currently, standard coal is adopted as the computing unit in China for energy calculation, Standard coal also call calorie value equivalent, it refers a uniform standard energy of communistically unit is converted into by differed kinds, different caloric value of various energy .Every kind of energy is converted into standard coal according to one kilogram standard coal quail caloric of 7,000 kilocalories.

Equivalent Caloricity also called theoretic caloricity (or actual calorific value) refers to the heat value contained in one measurement unit of certain energy. The calculation of the heat value is according to the actual measurement of the heat released by complete burning of the test specimen in the cylinder filled with oxygen (container with the oxygen bomb immersed by water).

Equivalent Heat Value refers to certain secondary energy produced by conversion and its equivalent value of corresponding input of the primary energy, which means the quantity of the primary energy expressed by heat value and consumed to obtain one measurement unit of certain secondary energy. It is variation value. With the advancement of the energy conversion technology and the improvement of the energy management, the conversion loss becomes less and less, and the equivalent heat value will reduce gradually. Equivalent heat value is specific to secondary energy and consumed actuating medium, so when it comes into primary energy, there is no equivalent heat value.

Equivalent Heat Value = Energy Content of Secondary Energy ÷ Conversion Efficiency

Conversion Efficiency = Output Standardized Quantity of Secondary Energy ÷ Energy Standardized Quantity Input by Conversion

Consumption of Raw Materials and Energy refers to the quantity of raw materials and energy actually used in the report period. It includes the volume actually used in the main business line and sideline activities of an enterprise. The calculation principle of consumption is: “The one who consumes energy is responsible for conducting statistics on its consumption”, i.e., statistics is made according to the use right. The calculation method is that when raw materials or energy enter the first production sequence and the original form or property is changed or they are put into actual use, they are treated as consumption statistics.

Inventory of Raw Materials and Energy refers to the quantity of raw materials and energy actually stored in the beginning and end of the report period. The calculation principle of inventory is: “The one who disposes energy is responsible for conducting statistics on its inventory”, i.e., statistics is made according to the ownership. The calculation method refers to the quantity of raw materials and energy actually stored at a certain time that can be disposed by an enterprise.

Chapter 7

七、财政、金融和保险

Finance, Banking and Insurance

7-1 1978-2008年历年地方财政一般预算收支额

Local Government General Budgetary Revenue and Expenditure (1978-2008)

单位:亿元 (100 million yuan)

年 份 Year	地方财政一般预算收 入 The Local Government Budgetary Revenue	#增值税 Value Added Tax	#营业税 Business Tax	#企 业所得税 Enterprise Income Tax	地方财政一般预算支 出 The Local Government Budgetary Expenditure	#农业支出 Expenditure for Agriculture	#文教科卫事业费 Expenditure for Culture, Education, Science and Health	#行政管理费 Expenditure for Government Administration	#社会保障补助支出 Expenditure for Social Security
1978	11.76				18.28	2.26	2.73	1.61	
1979	11.41				21.35	2.91	3.17	1.82	
1980	11.64				17.32	2.65	3.79	2.05	
1981	12.69				15.73	2.46	4.30	2.21	
1982	15.66				18.80	3.15	5.14	2.47	
1983	17.17				24.23	3.68	6.55	2.98	
1984	19.73				30.77	4.41	8.15	4.54	
1985	27.41			5.98	36.70	4.18	9.38	4.92	
1986	30.01			4.50	47.31	5.71	11.29	5.75	
1987	37.49			4.78	53.86	6.66	12.59	6.29	
1988	50.53			7.59	64.84	8.39	15.56	6.45	
1989	63.27			9.19	81.89	11.62	18.15	7.50	
1990	77.43			7.21	90.76	13.20	21.32	8.88	
1991	99.78			8.09	110.82	15.91	24.08	10.56	
1992	109.32			5.17	121.59	18.53	28.76	13.86	
1993	204.94			4.99	200.62	23.82	37.36	16.73	
1994	76.70	22.52	11.75	6.72	203.73	25.06	48.91	21.40	
1995	98.35	23.28	15.40	7.87	235.10	28.28	54.06	24.47	
1996	130.01	26.54	21.21	9.42	270.39	32.51	69.04	30.22	
1997	150.42	27.84	25.36	9.70	313.20	33.82	75.01	30.58	
1998	168.23	30.57	29.76	14.47	328.00	34.66	80.50	32.07	2.71
1999	172.67	31.06	33.94	14.95	378.05	36.59	89.86	33.47	7.33
2000	180.75	31.37	36.00	20.17	414.11	39.20	98.70	37.24	15.89
2001	191.28	33.62	36.68	26.29	496.43	45.26	116.70	44.76	26.21
2002	206.76	34.42	41.41	25.78	526.89	46.35	132.37	49.36	25.67
2003	229.00	39.11	45.17	21.50	587.35	48.99	143.99	55.43	42.30
2004	263.36	45.56	56.57	27.78	663.64	71.90	170.60	67.76	33.31
2005	321.65	56.02	67.64	33.35	766.31	73.50	192.06	78.12	29.03
2006	379.97	67.50	89.49	41.30	893.58	83.86	236.16	95.21	34.15
2007	486.71	85.72	112.47	55.71	1135.22	127.60	300.55	187.01	170.48
2008	614.05	99.41	136.63	66.03	1470.24	177.77	392.19	217.12	224.72

注：1.本表中1994年以来的财政收支及分组口径调整，与历史资料不可比。
2.2006年以前农业支出包括农业支出、林业支出、水利气象支出和农林水利气象部门事业费。
3.2007年以后财政支出科目调整，对应关系为：农业支出对应农林水事务、文教科卫事业费对应文教科卫支出、行政管理费对应一般公共服务、社会保障补助支出对应社会保障和就业。

Note: a.Since 1994,the local government revenue and expenditure and the group standard in this table are not comparable with the previous years.
b.Before 2006,the expenditure for agriculture included the spending on agriculture,forestry,water conservancy and meteorology and operating expenses for agriculture,forestry,water conservancy and meteorology.
c.After2007, the local government expenditure category changed,the corresponding relationship are as follows. Expenditure for agriculture refers to the expenditure for forestry and water conservancy, culture,education,science and technology and health care;expenditure for government administration refers to the expenditure for public service;expenditure for social security refers to the expenditure for social security and employment.

7-2 地方财政一般预算收入（2007-2008年）

Local Government General Budgetary Revenue (2007-2008)

单位:万元 (10 000 yuan)

类　　别	Category	2007年	2008年	2008年比2007年增长(%) Increase rate in 2008 over 2007 (%)
地方一般预算收入	**Local Government Budgetary Revenue**	**4 867 146**	**6 140 518**	**26.2**
税收收入	**Tax Revenue**	**3 786 361**	**4 823 882**	**27.4**
增值税	Value-added Tax	857 223	994 086	16.0
营业税	Business Tax	1 124 655	1 366 251	21.5
企业所得税	Enterprise Income Tax	557 110	660 305	18.5
个人所得税	Personal Income Tax	191 915	232 132	21.0
资源税	Resource Tax	63 030	83 064	31.8
固定资产投资方向调节税	Tax Raised from Adjustment of Real-estate Investment	446		
城市维护建设税	Tax on City Maintenance and Construction	416 000	507 010	21.9
房产税	Tax on Real Estates	96 449	113 707	17.9
印花税	Stamp Tax	41 630	58 294	40.0
城镇土地使用税	Holding tax on urban and county land	39 302	135 931	245.9
土地增值税	Land Value Added Tax	37 275	56 689	52.1
车船税	Tax on vehicles and Their Registration	21 561	34 690	60.9
耕地占用税	Farmland Occupation Tax	31 693	72 705	129.4
契　税	Contract tax	106 035	252 455	138.1
烟叶税	Tobacco Leaf Tax	201 804	256 541	27.1
其他税收收入	Others	239	29	-87.9
非税收入	**Non-tax Revenue**	**1 080 785**	**1 316 636**	**21.8**
专项收入	Specific Revenue	360 549	503 778	39.7
行政性收费收入	Income from Administrative Fees	279 138	273 649	-2.0
罚没收入	Penalty and Confiscatory Income	251 475	250 605	-0.3
国有资本经营收入	Profits of State-owned Enterprises	101 937	122 343	20.0
国有资源(资产)有偿使用收入	Revenue of Compensable Use of State-owned Resources (Assets)	50 679	67 053	32.3
其他收入	Others	37 007	99 208	168.1

7-3 地方财政一般预算支出（2007-2008年）

Local Government General Budgetary Expenditure (2007-2008)

单位:万元 (10 000 yuan)

类 别	Item	2007年	2008年	2008年比2007年增长 (%) Increase rate in 2008 over 2007 (%)
地方一般预算支出	**Local Government Budgetary Expenditure**	**11 352 175**	**14 702 388**	**29.5**
一般公共服务	General Public Service	1 870 110	2 171 232	16.1
公共安全	Public Security	846 056	1 065 126	25.9
教 育	Education	1 905 371	2 419 508	27.0
科学技术	Science and Technology	130 596	176 695	35.3
文化体育与传媒	Culture、Sports and Media	198 391	279 819	41.0
社会保障和就业	Social Security and Employment	1 704 801	2 247 201	31.8
医疗卫生	Health	771 123	1 045 872	35.6
环境保护	Environment Protection	310 661	584 582	88.2
城乡社区事务	Urban and Rural Community Affairs	455 513	675 136	48.2
农林水事务	Farming、Forestry and Irrigation Affairs	1 275 982	1 777 748	39.3
交通运输	Transport	616 402	608 413	-1.3
工业商业金融等事务	Industrial、Commercial and Financial Affairs	633 187	911 948	44.0
其他各项支出	Others	598 638	701 934	17.3

7-4 各地区财政一般预算收入（2007-2008年）

Local Government General Budgetary Revenue by Region (2007-2008)

单位:万元 (10 000 yuan)

地 区	Region	2007年	2008年	2008年比2007年增长 (%) Increase rate in 2008 over 2007 (%)
全省合计	**Total**	**4 867 146**	**6 140 518**	**26.2**
昆 明	Kunming	1 330 993	1 749 894	31.5
曲 靖	Qujing	464 868	560 137	20.5
玉 溪	Yuxi	388 965	501 621	29.0
保 山	Baoshan	105 761	124 566	17.8
昭 通	Zhaotong	128 874	171 286	32.9
丽 江	Lijiang	72 831	95 235	30.8
普 洱	Pu'er	110 983	136 974	23.4
临 沧	Lincang	69 554	84 865	22.0
楚 雄	Chuxiong	179 503	227 012	26.5
红 河	Honghe	377 116	451 396	19.7
文 山	Wenshan	126 000	154 388	22.5
西双版纳	Xishuangbanna	60 687	72 011	18.7
大 理	Dali	227 817	275 715	21.0
德 宏	Dehong	78 953	88 679	12.3
怒 江	Nujiang	47 789	51 178	7.1
迪 庆	Diqing	23 566	32 026	35.9

7-5 各地区地方财政支出（2007-2008年）

Local Government General Budgetary Expenditure by Region (2007-2008)

单位:万元 (10 000 yuan)

地　区	Region	2007年	2008年	2008年比2007年增长（%） Increase rate in 2008 over 2007 （%）
全省合计	**Total**	**11 352 175**	**14 702 388**	**29.5**
昆　明	Kunming	1 646 540	2 334 865	41.8
曲　靖	Qujing	901 592	1 169 321	29.7
玉　溪	Yuxi	604 191	725 275	20.0
保　山	Baoshan	364 118	468 808	28.8
昭　通	Zhaotong	630 555	882 950	40.0
丽　江	Lijiang	287 181	367 047	27.8
普　洱	Pu'er	558 022	593 010	6.3
临　沧	Lincang	385 995	491 610	27.4
楚　雄	Chuxiong	570 960	700 427	22.7
红　河	Honghe	819 795	1 073 458	30.9
文　山	Wenshan	525 324	667 080	27.0
西双版纳	Xishuangbanna	207 656	256 780	23.7
大　理	Dali	607 140	750 219	23.6
德　宏	Dehong	280 082	365 934	30.7
怒　江	Nujiang	174 157	210 626	20.9
迪　庆	Diqing	186 863	235 493	26.0

7-6 1952-2008年历年金融机构存款年末余额

Historic Deposits of Financial Institutions at Year-end (1952-2008)

单位:万元 (10 000 yuan)

年 份 year	存款合计 Total Deposits	# 企业存款 Deposits of Enterprises	# 储蓄存款 Savings Deposits
1952	16 423	3 593	2 045
1953	15 433	4 877	2 697
1954	20 252	5 906	3 197
1955	23 338	5 709	3 497
1956	23 700	7 785	4 338
1957	27 848	6 733	5 883
1958	76 785	23 295	10 046
1959	90 163	14 767	10 393
1960	105 577	18 183	11 344
1961	106 863	22 000	9 904
1962	104 741	22 282	8 612
1963	100 622	26 115	9 238
1964	93 541	23 679	11 807
1965	106 406	31 154	14 065
1966	125 356	29 936	16 691
1967	141 816	40 001	17 150
1968	152 788	47 014	19 450
1969	147 098	50 899	18 955
1970	177 442	53 090	18 469
1971	184 128	46 889	19 720
1972	173 588	46 993	21 677
1973	191 708	54 366	23 012
1974	205 317	59 169	25 490
1975	209 447	54 538	26 821
1976	227 145	63 839	27 601
1977	270 381	78 572	29 515
1978	285 145	83 561	32 353
1979	344 785	95 950	39 070
1980	399 489	111 370	54 305
1981	482 462	129 192	72 166
1982	596 111	178 804	123 642
1983	688 135	202 773	161 704
1984	814 491	254 253	222 396
1985	996 681	409 284	298 259
1986	1 285 812	538 007	397 645
1987	1 566 352	549 829	554 604
1988	1 904 060	705 083	638 442
1989	2 182 576	798 854	864 530
1990	2 921 911	1 058 128	1 178 897
1991	3 658 114	1 368 169	1 522 838
1992	4 667 218	1 727 901	1 958 154
1993	5 935 646	2 034 117	2 512 327
1994	8 411 522	3 191 881	3 514 008
1995	11 872 364	4 788 949	5 001 334
1996	15 395 876	6 507 994	6 712 022
1997	18 293 989	8 252 438	8 059 887
1998	20 760 568	9 106 445	9 128 919
1999	22 543 844	9 407 893	10 289 259
2000	24 656 844	10 384 035	11 382 215
2001	27 797 088	10 825 159	12 985 261
2002	31 212 784	11 061 237	15 002 399
2003	37 474 641	13 447 043	17 665 071
2004	44 043 607	16 888 145	20 521 210
2005	51 405 021	17 736 285	24 302 841
2006	61 312 508	20 665 007	28 548 640
2007	71 708 676	25 788 416	30 464 040
2008	84 189 434	28 826 903	37 837 849

注：本表资料1981年及以前为国有商业银行数据,1982年后为全部金融机构数据.

Note:The data in this table are from National Commercial Bank before 1981,while after 1982,all data are from financial institutions.

7-7 1952-2008年历年金融机构贷款年末余额

Historical Loans of Financial Institutions at Year-end (1952-2008)

单位:万元 (10 000 yuan)

年份 year	贷款合计 Total Loans	# 工业贷款 Industrial Loans	# 商业贷款 Commercial Loans	# 农业贷款 Agricultural Loans
1952	1 606	287	771	548
1953	9 175	726	6 814	1 635
1954	31 966	1 882	27 877	2 207
1955	44 539	1 880	39 957	2 702
1956	62 244	2 968	52 725	6 551
1957	72 988	3 338	64 165	5 485
1958	128 738	16 243	104 015	8 480
1959	168 101	35 988	126 716	5 397
1960	208 711	54 790	144 419	9 502
1961	165 140	28 463	128 802	7 875
1962	131 616	14 620	109 808	7 088
1963	112 594	8 495	96 194	7 905
1964	108 656	13 167	87 408	8 081
1965	126 666	20 900	95 950	9 816
1966	164 537	31 000	122 616	10 921
1967	155 107	34 385	109 558	11 164
1968	170 801	41 886	117 322	11 593
1969	181 875	44 863	127 523	9 489
1970	211 932	39 600	159 540	12 792
1971	228 952	46 865	173 272	8 815
1972	243 056	50 815	182 378	9 863
1973	248 412	59 768	178 285	10 359
1974	251 365	67 901	170 558	12 906
1975	267 084	76 290	175 782	15 012
1976	265 393	72 152	175 841	17 400
1977	284 711	72 618	191 847	20 246
1978	308 717	72 234	211 563	24 920
1979	314 051	79 207	201 937	32 907
1980	339 246	82 772	210 430	38 325
1981	389 548	80 228	247 671	40 162
1982	441 050	78 614	288 557	44 668
1983	497 416	96 565	305 366	60 219
1984	643 594	144 602	335 145	100 885
1985	968 798	194 937	449 578	116 058
1986	1 288 335	317 923	526 909	160 018
1987	1 579 625	395 083	635 955	196 277
1988	2 017 363	468 760	786 841	245 522
1989	2 337 107	623 772	898 052	260 252
1990	2 753 240	813 119	1 008 009	296 428
1991	3 273 560	954 519	1 160 378	334 206
1992	4 142 107	1 140 174	1 410 687	420 945
1993	5 259 676	1 427 452	1 806 842	499 614
1994	6 846 840	1 797 478	2 359 671	360 850
1995	9 246 652	2 315 234	3 236 407	459 441
1996	11 945 086	3 201 792	4 124 038	606 985
1997	14 969 543	3 690 813	5 030 155	763 298
1998	17 139 721	3 756 140	5 216 936	1 008 528
1999	18 240 410	3 777 645	5 124 717	1 112 435
2000	19 878 301	3 399 585	4 336 597	1 185 182
2001	21 734 512	3 958 147	3 707 721	1 408 783
2002	24 184 769	3 689 183	3 285 317	1 710 208
2003	29 555 721	3 980 706	3 023 246	2 026 232
2004	33 982 873	4 263 667	2 719 592	2 392 710
2005	39 875 767	4 476 856	2 461 884	2 792 151
2006	48 035 098	6 010 140	2 177 200	3 135 967
2007	56 716 646	6 071 439	2 202 354	4 445 567
2008	65 943 329	7 117 655	2 497 334	7 471 836

注：本表资料1981年及以前为国有商业银行数据,1982年后为全部金融机构数据.

Note:The data in this table are from National Commercial Bank before 1981,while after 1982,all data are from financial institutions.

7-8 各地区金融机构存贷款余额（2008年）

Loans and Deposits of Financial Institutions by Region (2008)

单位:万元 (10 000 yuan)

地区	Region	各项存款 Total Deposits		#居民储蓄存款 Savings Deposits of Residents		各项贷款 Total Loans	
		余额 Balance at Year-end	比年初增减(±) Increase Rate over Year Beginning(±)	余额 Balance at Year-end	比年初增减(±) Increase Rate over Year Beginning(±)	余额 Balance at Year-end	比年初增减(±) Increase Rate over Year Beginning(±)
全省合计	**Total**	**84 189 434**	**12 484 044**	**37 837 849**	**7 373 811**	**65 943 329**	**10 938 315**
昆明	Kunming	42 674 658	6 332 756	15 253 598	3 131 926	40 124 061	7 017 610
曲靖	Qujing	6 862 636	1 181 521	3 524 510	780 736	4 247 907	593 685
玉溪	Yuxi	5 644 867	671 593	2 661 610	547 598	2 811 003	288 731
保山	Baoshan	2 045 913	284 021	1 270 847	227 495	1 411 387	222 647
昭通	Zhaotong	2 985 923	602 432	1 500 095	315 172	1 633 696	358 141
丽江	Lijiang	1 705 211	324 730	940 513	201 494	1 166 882	108 180
普洱	Pu'er	2 136 136	151 927	1 192 381	181 484	1 552 290	247 123
临沧	Lincang	1 348 499	199 615	743 313	115 566	1 119 476	135 914
楚雄	Chuxiong	2 967 505	543 764	1 574 931	337 268	1 576 165	307 526
红河	Honghe	5 320 845	778 972	3 170 064	540 515	3 199 935	389 383
文山	Wenshan	2 391 489	313 288	1 377 083	226 005	1 867 917	281 949
西双版纳	Xishuangbanna	1 576 767	204 486	954 616	169 146	976 675	232 552
大理	Dali	3 803 376	561 793	2 161 635	384 555	2 486 886	396 014
德宏	Dehong	1 618 297	204 304	1 061 721	166 116	1 022 193	142 153
怒江	Nujiang	530 782	24 807	236 261	22 851	365 887	78 733
迪庆	Diqing	598 030	120 956	236 914	48 151	524 329	97 413

7-9 金融机构(不含外资)人民币信贷运行情况（2008年）
Credit Funds of RMB Operation Condition of Financial Institution (Excluding Foreign Institutions) (2008)

单位:万元 (10 000 yuan)

项目名称	Item	2008年余额 Balance of 2007 at Year-end	比年初增长（%） Increase Rate over Year Beginning（%）
一、各项存款	**Deposits in Various Forms**	**84 189 434**	**17.4**
1.企业存款	Deposits of Enterprises	28 826 903	11.8
(1)活期存款	Current Deposits	20 988 075	3.4
(2)定期存款	Time Deposits	7 838 828	42.8
2.财政存款	Fincial Deposits	2 401 735	-3.2
3.机关团体存款	Deposits of Organs and Organizations	5 930 475	21.3
4.储蓄存款	Savings Deposits	37 837 849	24.2
(1)活期储蓄	Demand Deposits	17 373 272	17.2
(2)定期储蓄	Time Deposits	20 464 578	30.9
5.农业存款	Agricultural Deposits	4 020 381	15.3
6.信托存款	Trust Deposits		
7.委托存款	Entrust Deposits	302 796	56.6
8.其他存款	Other Deposits	4 869 296	8.4
二、各项贷款	**Loans in Various Forms**	**65 943 329**	**19.3**
1.短期贷款	Short-term Loans	25 054 491	21.5
(1)工业贷款	Industrial Loans	7 117 655	21.5
(2)商业贷款	Commercial Loans	2 497 334	26.2
(3)建筑业贷款	Loans to Construction Sector	534 538	5.5
(4)农业贷款	Loans to Agricultural Sector	7 471 836	68.5
(5)乡镇企业贷款	Loans to Township Enterprises	6 245	-99.6
(6)三资企业贷款	Loans to Enterprises with Foreign Funds	90 552	13.0
(7)私营企业及个体贷款	Loans to Private Enterprises and Individuals	584 181	40.7
(8)其他短期贷款	Other Short-term Loans	6 752 150	17.4
#个人短期消费贷款	Personal Short-term Consumer Loans	551 333	36.4
2.中长期贷款	Medium & Long-term Loans	38 170 309	16.2
(1)基本建设贷款	Capital Loans	17 581 038	24.7
(2)技术改造贷款	Technical Innovation	231 389	17.3
(3)其他中长期贷款	Other Medium-term and Long-term Loans	20 357 882	9.8
#个人中长期消费贷款	Personal Medium-term and Long-term Consumer Loans	6 345 172	11.3

7-10 金融机构现金收支情况（2008年）

Cash Income and Expenditure Statistics of Financial Institutions (2008)

单位:万元 （10 000 yuan）

项目名称	Item	2008年累计 Accumulative Total of 2008	比2007年同期增长 同期增长（%） Increase Rate over the Same period in 2007 （%）
收入合计	**Cash Income**	**152 088 652**	**2.1**
一、商品销售收入	Income from Commodity Sales	**12 127 415**	
二、服务业收入	Income from Service Trade	6 415 064	-3.3
三、行政税费收入	Income from Taxes	1 065 444	17.6
四、城乡个体经营收入	Income from Urban and Rural Individual Business	2 762 231	1.7
五、储蓄存款收入	Income from Savings Deposits	110 563 636	1.1
六、其他金融性公司收入	Income from Other Financial Institutions	524 547	17.1
七、居民归还贷款收入	Income from Repayment of Loans by Residents	3 526 232	7.6
八、汇兑收入	Income from Remittances	728 183	2.3
九、有价证券及其他投资性收入	Income from Securities and Other Investment	212 713	-42.4
十、其他收入	Other Income	14 163 186	14.6
# 兑换外币收入	Income from Exchange of Foreign Currencies	73 812	51.0
支出合计	**Cash Expenditures**	**152 620 074**	**2.0**
一、工资性及个人其他支出	Wages	8 357 016	1.0
二、农副产品采购支出	Purchases of Agricultural and Sideline Products	4 371 233	2.1
三、工矿及其他产品采购支出	Expenditure for Purchases of Industrial , Mineral and Other Products	2 961 613	-3.2
四、行政企业管理与经营费支出	Government and Enterprise Overhead	4 582 690	3.0
五、城乡个体经营支出	Expenditure for Individual Business	3 653 434	-0.3
六、储蓄存款支出	Expenditure for Savings Deposits	108 742 319	0.7
七、其他金融性公司支出	Expenditure for Other Financial Institutions	317 665	-4.7
八、居民提取贷款支出	Expenditure for Loans from Residents	2 138 750	0.6
九、汇兑支出	Expenditure for Remittances	411 059	14.5
十、有价证券支出	Expenditure for Securities	282 848	-28.7
十一、其他支出	Other Expenditure Exchange	16 801 447	13.8
# 兑换外币支出	Exchange of Foreign Currencies	96 207	-32.0
投放(+)、回笼(-)	**Currency Issues (+) and Cash Withdrawn (—)**	**531 422**	**-30.8**

7-11 保险费收入和赔款给付（1997-2008年）

Premium Income and Expenditure for Claim and Payment (1997-2008)

单位：万元 (10 000 yuan)

年份 Year	保险费收入 Premium Income (10 000 yuan)	赔款及给付支出 Expenditure for Claim and Payment	简单赔付率 (%) Rate of Simple Claim and Payment (%)
1997	315 922	100 653	31.9
1998	345 750	135 959	39.3
1999	374 632	140 335	37.5
2000	397 206	167 096	42.1
2001	426 989	189 657	44.4
2002	554 371	191 772	34.6
2003	737 497	203 526	27.6
2004	742 225	259 132	34.9
2005	810 272	240 123	29.6
2006	952 880	288 950	30.3
2007	1 118 573	477 547	42.7
2008	1 653 916	634 019	38.3

7-12 保险业务经济技术指标（2008年）

Economic and Technical Indicators of Insurance Companies (2008)

单位:万元 (10 000 yuan)

项目	Item	保险金额 Premium	原保险保费收入 Original Insurance Premium Income	各项赔款和给付 Claim and Payment
合计	**Total**	**1073 166 321**	**1 653 916**	**634 019**
财产保险公司	**Property Insurance Companies**	**408 097 834**	**596 832**	**343 625**
企业财产保险	Enterprise Property Insurance	39 349 454	51 619	33 237
家庭财产保险	Family Property Insurance	2 695 986	3 355	1 855
机动车辆保险	Motor Vehicle Insurance	54 256 618	422 845	246 151
工程保险	Engineering Insurance	3 692 419	10 271	5 239
责任保险	Liability Insurance	97 275 583	15 174	4 743
信用保险	Export Credit Insurance	648 679	5 339	837
保证保险	Guarantee Insurance	408 921	2 793	588
船舶保险	Ship Insurance	11 047	186	138
货物运输保险	Freight Transport	16 030 319	16 097	3 375
特殊风险保险	Special Risk Insurance	8 596 203	4 406	2 321
农业保险	Agricultural Insurance	376 273	19 939	18 913
健康险	Health Insurance	107 506 071	20 480	16 644
意外伤害保险	Accident Injury Insurance	77 248 024	24 309	9 562
其他险	Other Insurance	2 238	18	20
人寿保险公司	**Life Insurance Companies**	**665 068 487**	**1 057 084**	**290 394**
人寿保险	Life Insurance	3 579 414	916 928	237 073
健康保险	Health Insurance	401 240 300	102 592	43 977
意外伤害保险	Personal Accident Injury Insurance	260 248 773	37 564	9 344

7-13 云南省辖区证券市场基本情况（2005-2008年）
Basic Situation of Securities Markets Under Yunnan Province (2005-2008)

项 目	Item	2005年	2006年	2007年	2008年
上市公司数（家）	Number of Listed Companies (unit)	22	24	26	27
# 发行A股公司数	A Shares	22	24	26	27
发行B股公司数	B Shares				
A、B股均发行公司数	A Shares and B Shares				
境外发行公司数	Overseas-listed companies	1	1	1	1
境内、外均发行公司数	Companies of Overseas-listed and Domestic	1	1	1	1
ST公司数	ST Listed Companies	2	2	2	2
证券公司数（家）	Number of Securities Companies (unit)	2	2	2	2
证券营业部数（家）	No. of Securities Business Department (unit)	34	34	35	32
证券服务部数（家）	No. of Department for Securities Trading Service (unit)	24	24	24	25
证券投资咨询机构数（家）	No. of Securities Investment Consultative Institutions (unit)	1	1	1	1
证券投资者资金开户数(累计数)（万户）	No.of Opening Account of Securities Investors (10 000 households)	35.6	37.7	57.2	63.6
上市公司当年境内募集资金总额(扣除发行费)（亿元）	Total Volume of Domestic Raise Capital by Listed Companies in current year (100 million yuan)		18.47	90.12	60.00
首次公开发行	IPO		6.76	5.87	1.90
配股	Share Right Issued				
增发	Adding the Share Issue		11.71	67.95	58.10
可转债	Transferable Loans			16.30	
市价总值（亿元）	Total Market Value (100 million yuan)	317.15	720.58	3 509.13	1 123.40
证券经营机构证券累计成交量(总成交)（亿元）	Trading Volume of Securities Managerial (100 million yuan)	630.88	1 457.86	7 418.91	5 187.28

主要统计指标解释

财政收入 指国家财政参与社会产品分配所取得的收入，是实现国家职能的财力保证。

地方财政一般预算收入 是指按照一定的形式和程序，由地方各级财政部门组织并纳入地方财政一般预算管理的各项收入。主要包括:

（1）税收收入：包括国内增值税、营业税、企业所得税、个人所得税、资源税、城市维护建设税、各银行总行、各保险公司总公司集中交纳的部分）、房产税、印花税、城镇土地使用税、土地增值税、车船税、耕地占用税、契税、烟叶税等。

（2）非税收入：包括专项收入、行政事业性收费、罚没收入、国有资本经营收入、国有资源（资产）有偿使用收入和其他收入。

财政支出 指国家财政将筹集起来的资金进行分配使用，以满足经济建设和各项事业的需要。

地方财政一般预算支出 是指地方各级财政部门对所集中的预算收入有计划地分配和使用而安排的支出。主要包括:

（1）一般公共服务：指政府提供基本公共管理与服务的支出，包括人大事务、政协事务、政府办公厅（室）及相关机构事务、发展与改革事务、统计信息事务、财政事务、税收事务、审计事务、海关事务、人力资源事务、纪检监察事务、人口与计划生育事务、商贸事务、知识产权事务、工商行政管理事务、国土资源事务、海洋管理事务、测绘事务、地震事务、气象事务、民族事务、宗教事务、港澳台侨事务、档案事务、共产党事务、民主党派事务及工商联事务、群众团体事务、彩票事务等。

（2）公共安全：指政府维护社会公共安全方面的支出，包括武装警察、公安、国家安全、检察、法院、司法行政、监狱、劳教、国家保密、缉私警察等。

（3）教育：指政府教育事务支出，包括教育行政管理、学前教育、小学教育、初中教育、普通高中教育、普通高等教育、初等职业教育、中专教育、技校教育、职业高中教育、高等职业教育、广播电视教育、留学生教育、特殊教育、干部继续教育、教育机关服务等。

（4）科学技术：指用于科学技术方面的支出，包括科学技术管理事务、基础研究、应用研究、技术研究与开发、科技条件与服务、社会科学、科学技术普及、科技交流与合作等。

（5）文化教育与传媒：指政府在文化、文物、体育、广播影视、新闻出版等方面的支出。

（6）社会保障和就业：指政府在社会保障与就业方面的支出，包括社会保障和就业管理事务、民政管理事务、财政对社会保险基金的补助、补充全国社会保障基金、行政事业单位离退休、企业改革补助、就业补助、抚恤、退役安置、社会福利、残疾人事业、城市居民最低生活保障、其他城镇社会救济、农村社会救济、自然灾害生活救助、红十字事务等。

（7）医疗卫生：指政府医疗卫生方面的支出，包括医疗卫生管理事务支出、医疗服务支出、医疗保障支出、疾病预防控制支出、卫生监督支出、妇幼保健支出、农村卫生支出等。

（8）环境保护：指政府环境保护支出，包括环境保护管理事务支出、环境监测与监察支出、污染治理支出、自然生态保护支出、天然林保护工程支出、退耕还林支出、风沙荒漠治理支出、退牧还草支出、已垦草原退耕还草、能源节约利用、污染减排、可再生能源和资源综合利用等支出。

（9）城乡社区事务：指政府城乡社区事务支出，包括城乡社区管理事务支出、城乡社区规划与管理支出、城乡社区公共设施支出、城乡社区住宅支出、城乡社区环境卫生支出、建设市场管理与监督支出等。

（10）农林水事务：指政府农林水事务支出，包括农业支出、林业支出、水利支出、扶贫支出、农业综合开发支出等。

（11）交通运输：指政府交通运输和邮政业方面的支出，包括公路运输支出、水路运输支出、铁路运输支出、民用航空运输支出、邮政业支出等。

（12）工业商业金融等事务：指政府对工业、商业及金融等方面的支出，包括采掘业支出、制造业支出、建筑业支出、工业和信息产业监管支出、国有资产监管支出、商业流通事务支出、金融业监管支出、旅游业管理与服务支出等。

存款 指企业、机关、团体或居民根据资金必须收回的原则,把货币资金存入银行或其他信贷机构保管并取得一定利息的一种信贷活动形式。根据存款对象的不同可划分为企业存款、财政存款、机关团体存款、城乡储蓄存款、农业存款、委托及信托存款、其他类等。

贷款 指银行或其他信贷机构根据资金必须归还的原则,按一定利率,为企业、个人等提供资金的一种信用活动形式。我国银行贷款分为短期贷款、委托及信托类贷款、其他类贷款等。

保险金额 指保险人承担赔偿或者给付保险金责任的最高限额。

保费 指投保人为取得保险人在约定范围内所承担赔偿责任而支付给保险人的费用。

赔款 指保险人根据保险公司合同的规定，向被保险人支付的赔偿保险责任损失的金额。

Explanatory Notes on Principal Statistical Indicators

Government Revenue refers to income for the government finance through participating in the distribution of social products. It is the financial guarantee to ensure government functioning.

Local Government Budgetary Revenue refers to incomes which were organized and managed by the financial departments of local governments at all levels according to certain forms and procedures.

The contents of the local government budgetary revenue include the following main items:

(1)Tax revenues, including domestic value added tax (VAT), domestic consumption tax, VAT and consumption tax from imports, VAT and consumption tax rebate for exports, business tax, corporate income tax, individual income tax, resource tax, city maintenance and construct tax, house property tax, stamp tax, urban land use tax, land appreciation tax, tax on vehicles and boat operation, ship tonnage tax, vehicle purchase tax, tariffs, farm land occupation tax, deed tax, and tobacco leaf tax, etc.

(2) Non-tax revenue, including special program receipts, charge of administrative and institutional units, penalty receipts and others non-tax receipts.

Government Expenditure refers to the distribution and use of the funds which the government finance has raised, so as to meet the needs of economic construction and various causes.

Local Government Budgetary Expenditure refers to the planned distribution and use of the raised budgetary revenue by the financial departments of local government at all levels.

It includes the following main items

(1) Expenditure for general public services: It refers to the spending on the basic public management and services which provided by governments, including the expense on affairs of People's Congress, affairs of People's Political Consultative Conference, affairs of government general office and relative institutions, affairs of development and reform, affairs of statistics, affairs of finance, affairs of taxation, affairs of audit, affairs of customs, affairs of human resources and social security, affairs of discipline inspection and supervision, affairs of population and family planning, affairs of commerce and trade, affairs of intellectual property, affairs of administration for industry and commerce, affairs of land and resources, affairs of oceanic administration, affairs of surveying and mapping, affairs of earthquake, ethnic affairs, religious affairs, affairs of Hong Kong, Macao, Taiwan, and Overseas Chinese, affairs of archives administration, affairs of Chinese Communist Party, affairs of democratic parties and federation of industry and commerce, affairs of mass organization, and affairs of lottery, etc.

(2) Expenditure for public security: It refers to the spending of government on maintaining social and public security, including the expense on armed police force, public security, state security, prosecution, courts, justice, prison, labour education and rehabilitation, protection of state secrecy, anti-smuggling police, etc.

(3) Expenditure for education: It refers to the spending of government on education, including the expense on the administration of education, pre-primary education, primary education, secondary education, high school education, regular higher education, primary vocational education, secondary vocational education, technical school education, vocational high school education and higher vocational education, radio and television education, student abroad education, special education, on the job training of cadres, education authorities services, etc.

(4) Expenditure for science and technology: It refers to the spending of government on science and technology (S&T), including the expense on the administration of S&T, basic research, applied research, research and development, conditions and services of S&T, popularization of social science, science and technology, exchanges and cooperation of S&T, etc.

(5) Expenditure for culture, sport and media: It refers to the spending of government on culture, cultural heritage, sports, radio, film, television, press and publication, etc.

(6) Expenditure for social safety net and employment effort: It refers to the spending of government on social safety net and employment, including the expense on administration of social safety net and employment, civil

affairs, budgetary subsidy on the social insurance funds, subsidy on National Social Security Fund, retirees of administrative units and institutions, subsidy on enterprise reform, subsidy on employment effort, pension, placement of ex-serviceman, social welfare, the handicapped undertakings, the system of cost of living allowances for urban residents, other urban social relief, rural social relief, living relief of natural disasters, affairs of Red Cross Society, etc.

(7) Expenditure for medical and health care: It refers to the spending of government on medical and health care, including the expense on administration of medical and health care, medical services, health care, disease prevention and control, health inspection and supervision, women and children's health, rural health care, etc.

(8) Expenditure for environment protection: It refers to the spending of government on environment protection, including the expense on administration of environment protection, environment monitoring and supervision, pollution control, natural ecology protection, project of virgin forests protection, reforesting farmland, controlling the sources of dust storms, returning pastureland to grassland, returning pastureland to grassland, returning cultivated land to grassland, energy conservation, emissions reduction, comprehensive utilization of renewable energy and resources, etc.

(9) Expenditure for urban and rural community affairs: It refers to the spending of government on urban and rural community affairs, including the expense on administration of urban and rural community, planning and management of urban and rural community, public facilities of urban and rural community, housing of urban and rural community, sanitation of urban and rural community, management and supervision on the construction market, etc.

(10) Expenditure for agriculture, forestry and water conservancy: It refers to the spending of government on agriculture, forestry and water conservancy, including the expense on agriculture, forestry, water conservancy, poverty alleviation, comprehensive agricultural development, etc.

(11) Expenditure for transportation: It refers to the spending of government on transportation and postal services, including the expense on road transportation, waterway transportation, railway transportation, civil aviation transportation, and postal services.

(12) Expenditure for industry, commerce and banking: It refers to the spending of government on industry, commerce and banking, including the expense on mining, manufacturing, construction, industry and information technology supervision and administration, State-owned assets supervision and administration, commerce and circulation affairs, financial intermediation supervision and administration, tourism administration and service, etc.

Deposit is a form of credit by which enterprises, institutions, organizations or households can put money into banks and other credit institutions for safekeeping and interest earning under the principle of free withdrawal. According to different depositors, deposits are divided into enterprise deposits, treasury deposits, deposits of government agencies and organizations, capital construction deposits, savings deposits, rural saving deposits, entrusted deposits and other deposits.

Loan is a form of credit by which banks and other credit institutions provide funds at certain interest rate to enterprises and individuals in the light of the principle of unconditional repayment. Loans from Chinese banks include short-term loans, trust and entrust loans and other kinds of loans.

Amount Insured refers to the maximum amount that the insurant will get for the claim of the case insured.

Premium is the fee paid by the insurant to the insurer to obtain the obligation of compensation from the insurance within the agreed terms.

Settled Claim is the compensation paid by the insurer to the insurant in accordance with the insurance contract.

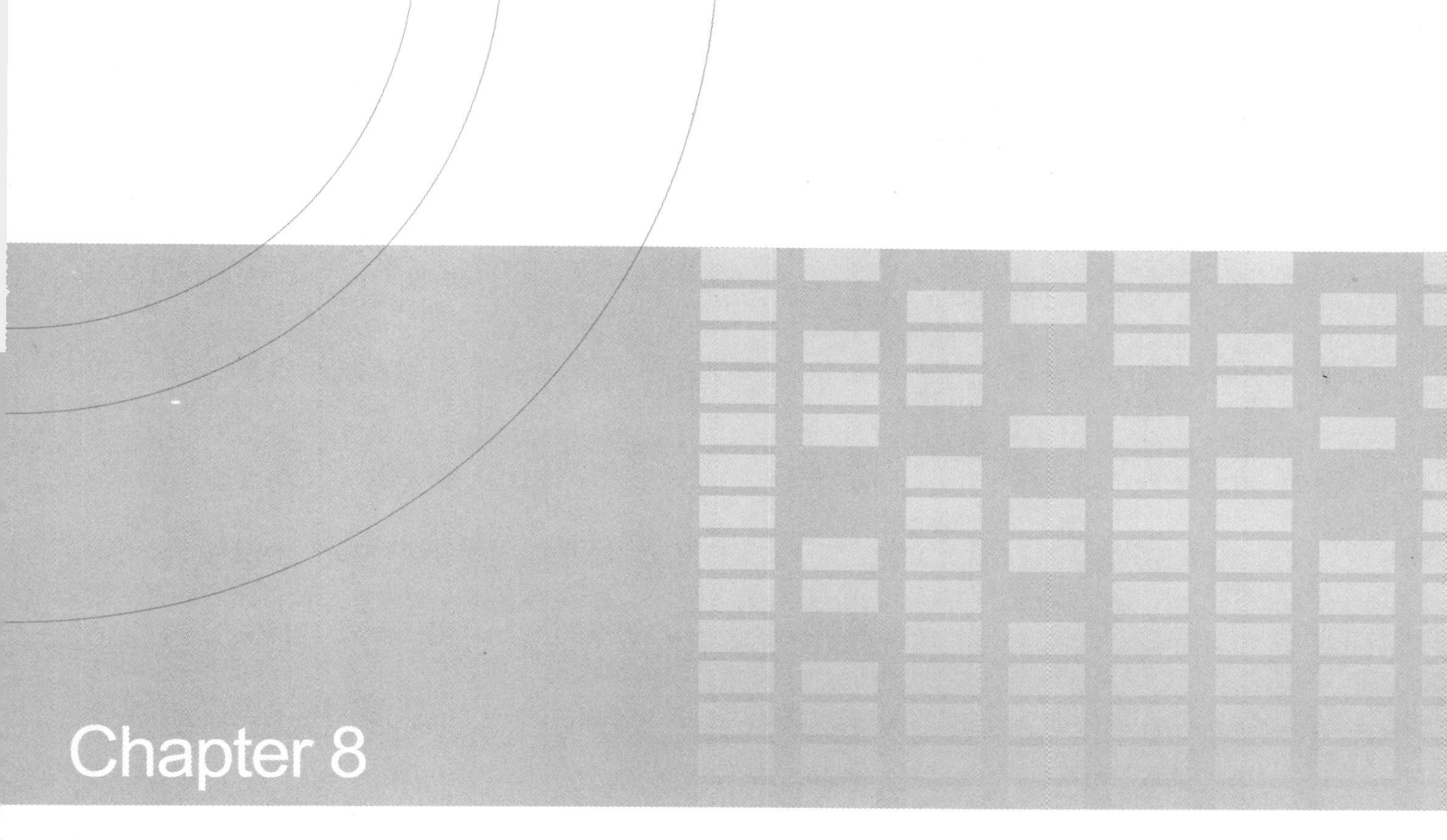

八、价格指数

Price Indices

8-1 居民消费价格指数（2005-2008年）

Consumer Price Indices in Significant Years（2005-2008）

(上年=100) (preceding year=100)

类 别	Category	2005年	2006年	2007年	2008年
居民消费价格指数	**Consumer Price Index**	**101.4**	**101.9**	**105.9**	**105.7**
城 市	Urban Areas	101.7	101.9	105.9	105.4
农 村	Rural Areas	101.0	101.8	105.9	106.0
服务项目价格指数	**Services Price Index**	**106.3**	**104.9**	**103.8**	**101.7**
消费品价格指数	**Consumer Goods Price Index**		**101.1**	**106.4**	**106.7**
食 品	Food	100.8	102.4	114.1	115.4
粮 食	Grain	103.6	101.5	105.7	109.8
油 脂	Oil or Fat	97.9	97.3	131.2	126.7
肉禽及其制品	Meal, Poultry and Their Products	98.6	98.5	132.0	127.1
水产品	Aquatic Products	113.7	96.3	103.7	114.6
蛋	Eggs	104.2	96.8	113.2	101.7
鲜 菜	Fresh Vegetables	92.4	103.3	116.5	103.0
烟酒及用品	Tobacco, Liquor and Articles	103.7	101.6	102.9	102.4
衣 着	Clothing	98.0	97.0	97.8	92.5
家庭设备用品及维修服务	Household Facilities, Articles and Services	100.4	100.2	101.7	100.3
医疗保健和个人用品	Health Care and Personal Articles	102.2	105.3	105.9	104.9
交通和通讯	Transportation and Communication	98.3	100.2	98.6	99.2
娱乐教育文化用品及服务	Recreation, Education and Culture Articles	102.3	99.2	100.0	98.5
居 住	Residence	105.9	107.1	104.2	104.8
商品零售价格指数	**Retail Price Index**	**100.1**	**100.8**	**104.4**	**106.1**
城 市	Urban Areas	100.4	100.0	103.8	105.3
农 村	Rural Areas	99.8	101.7	105.1	107.0
农业生产资料价格指数	**Price Indices of Means of Agricultural production**	**105.9**	**102.8**	**107.0**	**116.6**

8-2 居民消费和商品零售价格总指数（2008年）

General Consumer and Retail Price Indices (2008)

类 别	Categoty	居民消费价格总指数 Consumer Price Index			商品零售价格总指数 Retail Price Index			农业生产资料价格总指数 General Price Indices of Means of Agricultural Production
		全 省 Provincial	城 市 Urban	农 村 Rural	全 省 Provincial	城 市 Urban	农 村 Rural	
以1952年价格为100	1952=100		617.3		455.5			
以1957年价格为100	1957=100		606.0		459.9			
以1965年价格为100	1965=100		558.4		431.6			
以1970年价格为100	1970=100		559.0		429.9			
以1978年价格为100	1978=100	550.4	547.7	552.9	426.7	403.8	457.1	552.9
以1980年价格为100	1980=100	517.3	502.6	526.9	400.8	368.8	440.0	567.8
以1985年价格为100	1985=100	450.9	424.0	471.5	346.9	309.7	388.1	480.6
以1990年价格为100	1990=100	271.9	260.0	284.4	212.7	189.7	239.2	313.4
以1995年价格为100	1995=100	138.1	135.3	141.3	117.1	109.7	126.5	155.9
以2000年价格为100	2000=100	122.7	121.1	124.8	112.8	110.1	116.2	142.7
以上年价格为100	Preceding Year=100	105.7	105.4	106.0	106.1	105.3	107.0	116.6

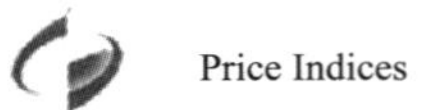

8-3 1978-2008年历年居民消费价格总指数
Indices of Purchasing Prices of Raw Materials, Fuels, Power and Agricultural Products (1978-2008)

年 份 Year	以1978年为100 1978=100	以1980年为100 1980=100	以1985年为100 1985=100	以1990年为100 1990=100	以1995年为100 1995=100	以上年为100 Preceding Year=100
1978	100.0					100.2
1979	101.1					101.1
1980	105.9	100.0				104.7
1981	107.1	101.2				101.2
1982	109.1	103.0				101.8
1983	110.1	104.1				101.0
1984	112.2	105.8				101.9
1985	121.4	114.4	100.0			108.2
1986	128.8	121.4	106.1			106.1
1987	137.9	129.9	113.0			107.0
1988	165.2	155.6	135.4			119.8
1989	195.9	184.6	160.6			118.6
1990	201.4	189.7	165.1	100.0		102.8
1991	207.6	195.6	170.2	103.1		103.1
1992	226.1	213.0	185.4	112.3		108.9
1993	274.2	258.4	224.8	136.2		121.3
1994	326.9	308.0	268.0	162.3		119.2
1995	396.5	372.1	325.1	196.9	100.0	121.3
1996	431.0	404.5	353.4	214.0	108.7	108.7
1997	449.6	420.9	368.6	223.3	113.1	104.3
1998	457.2	428.0	374.8	227.0	115.3	101.7
1999	455.8	426.8	373.7	226.4	115.0	99.7
2000	446.3	417.8	365.9	221.6	112.5	97.9
2001	444.5	414.0	362.6	219.6	111.5	99.1
2002	443.6	413.2	361.9	219.2	111.3	99.8
2003	448.9	418.2	366.2	221.8	112.6	101.2
2004	475.9	443.3	388.2	235.1	119.4	106.0
2005	482.5	449.5	393.6	238.4	121.1	101.4
2006	491.7	458.0	401.1	242.9	123.4	101.9
2007	520.7	485.0	424.7	257.3	130.7	105.9
2008	550.4	512.7	449.0	271.9	138.1	105.7

8-4 1978-2008年历年城市居民消费价格总指数

General Consumer Price Indices over the Years （1978-2008）

年份 Year	以1952年为100 1952=100	以1978年为100 1978=100	以1980年为100 1980=100	以1990年为100 1990=100	以1995年为100 1995=100	以上年为100 Preceding Year=100
1978	112.7	100.0				100.0
1979	113.6	100.8				100.8
1980	122.8	109.0				108.1
1981	123.8	109.8	100.8			100.8
1982	125.9	111.7	102.5			101.7
1983	126.6	112.4	103.1			100.6
1984	129.9	115.3	105.8			102.6
1985	145.4	129.0	118.4			111.9
1986	152.4	135.2	124.1			104.8
1987	163.7	145.2	133.3			107.4
1988	198.2	175.9	161.4			121.1
1989	233.7	207.3	190.3			117.9
1990	237.4	210.6	193.3	100.0		101.6
1991	246.4	218.7	200.7	103.8		103.8
1992	272.1	241.4	221.5	114.6		110.4
1993	323.2	286.8	263.2	136.1		118.8
1994	379.1	336.4	308.7	159.7		117.3
1995	456.1	404.7	371.4	192.1	100.0	120.3
1996	493.5	438.3	401.8	207.9	108.2	108.2
1997	516.2	458.0	420.3	217.4	113.2	104.6
1998	528.6	469.0	430.4	222.6	115.9	102.4
1999	522.2	463.4	425.2	220.0	114.5	98.8
2000	509.7	452.2	415.0	214.7	111.8	97.6
2001	500.0	443.7	407.2	210.6	109.6	98.1
2002	496.5	440.5	404.3	209.1	108.9	99.3
2003	502.9	446.3	409.6	211.9	110.3	101.3
2004	533.6	473.5	434.5	224.8	117.0	106.1
2005	542.7	481.5	441.9	228.6	119.0	101.7
2006	553.0	490.7	450.3	232.9	121.3	101.9
2007	585.6	519.6	476.9	246.7	128.4	105.9
2008	617.3	547.7	502.6	260.0	135.3	105.4

8-5 1978-2008年历年农村居民消费价格总指数

General Rural Consumer Price Indices over the Years （1978-2008）

年 份 Year	以1978年为100 1978=100	以1980年为100 1980=100	以1985年为100 1985=100	以1990年为100 1990=100	以1995年为100 1995=100	以上年为100 Preceding Year=100
1978	100.0					100.3
1979	101.2					101.2
1980	104.9	100.0				103.7
1981	106.3	101.3				101.3
1982	108.2	103.1				101.8
1983	109.4	104.3				101.1
1984	110.9	105.7				101.4
1985	117.3	111.7	100.0			105.7
1986	124.8	118.9	106.4			106.4
1987	133.0	126.7	113.4			106.6
1988	158.0	150.6	134.7			118.8
1989	188.0	179.2	160.3			119.0
1990	194.4	185.3	165.8	100.0		103.4
1991	199.7	190.3	170.3	102.7		102.7
1992	217.3	207.0	185.3	111.7		108.8
1993	267.9	255.3	228.4	137.8		123.3
1994	321.2	306.0	273.9	165.2		119.9
1995	391.2	372.8	333.6	201.2	100.0	121.8
1996	425.6	405.6	362.9	218.9	108.8	108.8
1997	442.2	421.4	377.1	227.4	113.0	103.9
1998	447.1	426.0	381.2	229.9	114.3	101.1
1999	450.2	429.0	383.9	231.6	115.1	100.7
2000	443.0	422.1	377.8	227.9	113.2	98.4
2001	445.7	424.7	380.0	229.2	113.9	100.6
2002	447.9	426.8	381.9	230.4	114.5	100.5
2003	452.4	431.1	385.8	232.7	115.6	101.0
2004	479.1	456.5	408.5	246.4	122.5	105.9
2005	483.9	461.1	412.6	248.9	123.7	101.0
2006	492.6	469.4	420.0	253.3	125.9	101.8
2007	521.6	497.0	444.8	268.3	133.3	105.9
2008	552.9	526.9	471.5	284.4	141.3	106.0

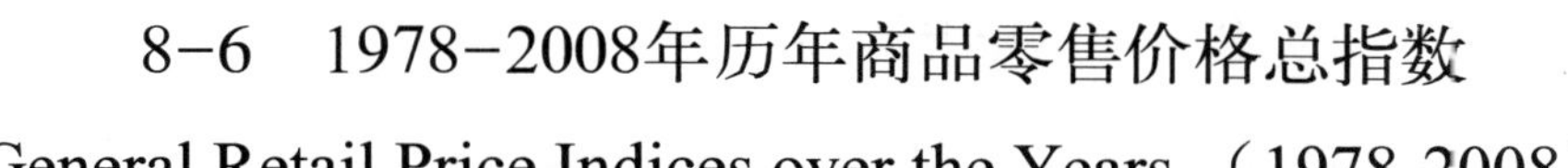

8-6 1978-2008年历年商品零售价格总指数
General Retail Price Indices over the Years (1978-2008)

年 份 Year	以1952年为100 1952=100	以1978年为100 1978=100	以1980年为100 1980=100	以1990年为100 1990=100	以1995年为100 1995=100	以上年为100 Preceding Year=100
1978	106.8	100.0				100.1
1979	107.5	100.7				100.7
1980	113.6	106.4	100.0			105.7
1981	115.0	107.7	101.2			101.2
1982	117.2	109.8	103.1			101.9
1983	118.4	110.9	104.2			101.0
1984	121.6	113.9	107.0			102.7
1985	131.3	123.0	115.5			108.0
1986	137.9	129.2	121.4			105.0
1987	147.0	137.7	129.4			106.6
1988	175.8	164.7	154.7			119.6
1989	209.7	196.5	184.6			119.3
1990	214.2	200.6	188.5	100.0		102.1
1991	222.1	208.0	195.4	103.7		103.7
1992	239.2	224.1	210.5	111.7		107.7
1993	284.4	266.4	250.3	132.8		118.9
1994	329.3	308.5	289.8	153.8		115.8
1995	388.9	364.3	342.2	181.6	100.0	118.1
1996	414.6	388.2	364.8	193.6	106.6	106.6
1997	424.1	397.3	373.2	198.0	109.1	102.3
1998	420.7	394.1	370.2	196.5	108.2	99.2
1999	413.6	387.4	363.9	193.1	106.3	98.3
2000	403.6	378.1	355.2	188.5	103.8	97.6
2001	397.2	372.1	349.5	185.5	102.1	98.4
2002	389.6	365.0	342.9	181.9	100.2	98.1
2003	389.3	364.6	342.5	181.8	100.1	99.9
2004	407.5	381.8	358.6	190.3	104.8	104.7
2005	408.0	382.2	359.0	190.5	104.9	100.1
2006	411.2	385.2	361.9	192.0	105.7	100.8
2007	429.3	402.2	377.8	200.5	110.4	104.4
2008	455.5	426.7	400.8	212.7	117.1	106.1

注:本表已根据现行价格调查统计制度予以调整,均不包括农业生产资料部分。

Note:a.The data in this form have been adjusted according to current statistical system of price survey.Means of agricultural production are excluded.

8-7 1978-2008年历年农业生产资料价格总指数

General Price Indices of Means of Agricultural Production over the Years (1978-2008)

年 份 Year	以1978年为100 1978=100	以1980年为100 1980=100	以1985年为100 1985=100	以1990年为100 1990=100	以1995年为100 1995=100	以上年为100 Preceding Year=100
1978	100.0					100.0
1979	98.3					98.3
1980	97.5	100.0				99.0
1981	99.4	102.0				102.0
1982	101.7	104.4				102.4
1983	104.6	107.4				102.8
1984	110.7	113.8				106.0
1985	115.1	118.1	100.0			103.8
1986	117.8	121.0	102.4			102.4
1987	124.3	127.7	108.1			105.5
1988	141.6	145.4	123.1			113.9
1989	170.5	175.1	148.2			120.4
1990	176.5	181.2	153.4	100.0		103.5
1991	193.0	198.2	167.8	109.4		109.4
1992	203.1	208.6	176.5	115.1		105.2
1993	246.5	253.2	214.3	139.7		121.4
1994	282.5	290.1	245.6	160.1		114.6
1995	354.6	364.1	308.2	200.9	100.0	125.5
1996	401.7	412.6	349.2	227.7	113.3	113.3
1997	411.4	422.5	357.6	233.1	116.0	102.4
1998	397.0	407.7	345.1	225.0	112.0	96.5
1999	391.8	402.4	340.6	222.1	110.5	98.7
2000	387.5	398.0	336.8	219.6	109.3	98.9
2001	374.3	384.4	325.4	212.1	105.6	96.6
2002	375.8	386.0	326.7	213.0	106.0	100.4
2003	383.0	393.3	332.9	217.0	108.0	101.9
2004	407.1	418.1	353.9	230.7	114.8	106.3
2005	431.1	442.7	374.8	244.3	121.6	105.9
2006	443.2	455.1	385.3	251.2	125.0	102.8
2007	474.2	487.0	412.2	268.7	133.7	107.0
2008	552.9	567.8	480.6	313.4	155.9	116.6

8-8 居民消费价格分类指数（2008年）
Consumer Price Indices by Category (2008)

(上年=100) (preceding year=100)

商品类别	Category	全省 Provincial	城市 Urban	农村 Rural
居民消费价格指数	**Consumer Price Index**	**105.7**	**105.4**	**106.0**
非食品价格指数	Non-food Price Index	100.4	99.8	101.3
服务项目价格指数	Services Price Index	101.7	101.3	102.6
扣除鲜菜鲜果总指数	General Index Discounting Fresh Vegetables and Fresh Fruit	105.7	105.5	106.1
消费品价格指数	Consumer Goods Price Index	105.7	106.6	106.8
一、食　品	**Food**	**115.4**	**115.6**	**114.8**
1.粮　食	Grain	109.8	110.6	109.1
2.淀　粉	Starches	104.3	99.2	108.3
3.干豆类及豆制品	Dried Beans and Bean Products	132.1	136.7	127.1
4.油　脂	Oil or Fat	126.7	124.7	128.1
5.肉禽及其制品	Meal, Poultry and Their Products	127.1	129.0	124.2
(1)食用畜肉及副产品	Animal Meat and Products	134.3	137.0	130.5
(2)禽	Poultry	104.7	104.6	104.9
(3)肉禽加工制品	Processing Products of Meal and Poultry	124.9	128.3	120.5
6.蛋	Eggs	102.3	100.3	105.0
7.水产品	Aquatic Products	114.6	115.2	112.4
(1)鱼	Fishes	113.3	113.6	112.1
(2)其它水产品	Other Aquatic Products	118.9	120.4	114.2
8.菜	Vegetables	103.6	102.7	104.7
9.调味品	Flavoring	110.8	108.2	112.4
10.糖	Carbohydrate	105.1	106.1	104.3
11.茶及饮料	Tea and Beverages	104.2	105.9	102.0
(1)茶　叶	Tea	102.8	104.0	101.2
(2)饮　料	Beverages	105.0	107.0	102.6
12.干鲜瓜果	Dried and Fresh Melons and Fruits	110.1	112.4	106.9
13.糕点饼干	Cake and Biscuit	113.4	114.9	110.7
14.液体乳及乳制品	Milk and Its Products	110.9	110.6	111.8
15.在外用膳食品	Outward Dinner	115.3	113.7	119.3
16.其它食品	Other Foods	113.1	114.7	111.6

8-8 续表1 continued

(上年=100) (preceding year=100)

商品类别	Category	全省 Provincial	城市 Urban	农村 Rural
二、烟酒及用品	**Tobacco, Liquor and Articles**	**102.4**	**102.9**	**102.0**
1.烟　草	Tobacco	102.0	102.5	101.4
2.酒	Liquor	105.0	105.3	104.9
3.吸烟饮酒用品	Articles for Smoking and Drinking	97.3	100.8	94.6
三、衣　着	**Clothing**	**92.5**	**89.1**	**97.0**
1.服　装	Garments	91.0	88.6	95.3
(1)男式服装	Men's Clothing	90.0	87.5	94.3
(2)女式服装	Women's Clothing	88.9	86.1	94.7
(3)儿童服装	Children's Clothing	99.7	101.2	97.9
2.衣着材料	Clothing Material	101.2	99.6	101.7
3.鞋袜帽	Footwear and Hats	94.5	89.7	99.5
(1)鞋	Shoes	92.8	88.3	98.2
(2)袜子	Socks	102.8	99.1	105.3
(3)帽子	Hats	98.5	95.5	100.1
4.衣着加工服务费	Clothing Proceeding Services	97.0	100.4	95.2
四、家庭设备用品及维修服务	**Household Facilities, Articles and Services**	**100.3**	**100.4**	**100.3**
1.耐用消费品	Durable Consumer Goods	99.5	100.0	98.8
(1)家　具	Furniture	99.9	99.2	100.6
(2)家庭设备	Household Facilities	99.1	100.7	96.8
2.室内装饰品	Interior Decorations	97.1	94.5	98.3
3.床上用品	Bed Articles	96.4	93.7	99.9
4.家庭日用杂品	Grocery for Daily Use	100.9	101.4	100.5
5.家庭服务及加工维修服务	Household Service and Proceeding Upkeep	110.6	111.7	109.3
五、医疗保健和个人用品	**Health Care and Personal Articles**	**104.9**	**105.9**	**103.3**
1.医疗保健	Health Care	105.2	106.2	103.4
(1)医疗器具及用品	Medical Instrument and Articles	100.9	102.5	99.4
(2)中药材及中成药	Traditional Chinese Medicinal Materials and Medicines	110.9	112.0	108.3
(3)西　药	Western Medicine	104.4	105.3	102.6
(4)保健器具及用品	Health Care Appliances and Articles	102.5	103.2	101.6
(5)医疗保健服务	Health Care Services	98.9	98.1	100.3

8-8 续表2 continued

(上年=100) (preceding year=100)

商品类别	Category	全省 Provincial	城市 Urban	农村 Rural
2.个人用品及服务	Personal Articles and Services	104.1	104.9	102.8
(1)化妆美容用品	Makeup Beauty Products	101.5	101.9	100.5
(2)清洁化妆用品	Sanitation Articles	99.4	99.0	99.8
(3)个人饰品	Personal Decorations	106.8	108.4	104.2
(4)个人服务	Personal Services	108.1	109.0	107.1
六、交通和通信	**Transportation and Communication**	**99.2**	**98.7**	**99.9**
1.交通	Transportation	102.0	101.1	103.4
(1)交通工具	Transportation Facility	96.1	95.2	97.4
(2)车用燃料及零配件	Fuels and Parts	112.2	112.0	112.5
(3)车辆使用及维修	Using and Upkeep	101.1	102.4	99.7
(4)市区公共交通	Incity Public Traffic	103.3	101.7	105.8
(5)城市间交通	Intercity Traffic	103.6	101.7	106.1
2.通信	Communication	96.3	96.6	95.8
(1)通信工具	Communication Facility	83.3	81.2	85.4
(2)通信服务	Communication Service	99.8	99.7	100.0
七、娱乐教育文化用品及服务	**Recreation, Education and Culture Articles and Services**	**98.5**	**97.8**	**99.7**
1.文娱用耐用消费品及服务	Durable Consumer Goods for Cultural and Recreational Use and Services	90.2	87.4	94.2
2.教育	Education	100.3	99.6	101.7
(1)教材及参考书	Teaching Materials and Reference Books	99.5	99.3	99.7
(2)学杂托幼费	Tuition and Child Care	100.6	99.7	102.3
3.文化娱乐类	Cultural and Recreational Articles	103.5	105.4	100.6
(1)文化娱乐用品	Culture and Recreation	100.0	100.1	100.0
(2)书报杂志	Books, Newspapers and Magazines	102.8	105.6	100.5
(3)文娱费	Expenditure of Culture and Recreation	107.7	110.4	101.4
4.旅游	Touring and Outgoing	98.0	97.8	101.3
八、居　住	**Residence**	**104.8**	**103.9**	**105.9**
1.建房及装修材料	Building and Building Decoration Materials	106.7	108.6	105.3
2.租　房	Renting	105.6	107.9	103.8
3.自有住房	Private Housing	103.0	101.8	104.4
4.水、电、燃料	Water, Electricity and Fuels	104.0	102.2	107.8

8-9 商品零售价格分类指数（2008年）
Retail Indices by Category (2008)

（上年=100） (preceding year=100)

商品类别	Category	全省 Provincial	城市 Urban	农村 Rural
商品零售价格总指数	**Retail Index**	**106.1**	**105.3**	**107.0**
一、食　品	**Food**	**116.0**	**116.2**	**115.7**
1.粮　食	Grain	109.3	109.9	109.0
2.淀　粉	Starches	106.4	106.6	106.2
3.干豆类及豆制品	Beans and Bean Products	132.5	135.8	129.8
4.油　脂	Oil or Fat	125.9	122.1	128.0
5.肉禽及其制品	Meal, Poultry and Their Products	127.5	130.4	124.1
(1)食用畜肉及副产品	Animal Meat and Products	135.1	138.4	131.1
(2)禽	Poultry	105.7	104.9	106.8
(3)肉禽加工制品	Processing Products of Meal and Poultry	124.3	131.4	118.0
6.蛋	Eggs	101.0	99.0	103.9
7.水产品	Aquatic Products	115.2	117.4	112.1
(1)鱼	Fishes	113.8	116.1	110.9
(2)其它水产品	Other Aquatic Products	119.5	119.8	117.3
8.菜	Vegetables	105.5	103.4	108.0
9.调味品	Flavoring	110.9	107.3	113.2
10.糖	Carbohydrate	105.5	106.0	105.1
11.干鲜瓜果	Dried and Fresh Melons and Fruits	111.4	112.8	110.1
12.糕点饼干面包	Cake and Biscuit	113.1	115.0	110.9
13.液体乳及乳制品	Milk and Its Products	110.0	109.7	110.9
14.在外用膳食品	Outward Dinner	115.4	113.5	118.8
15.其它食品	Other Foods	110.8	112.1	110.0
二、饮料、烟酒	**Beverages,Tobacco and Liquor**	**103.7**	**104.4**	**103.1**
1.茶及饮料	Tea and Beverages	104.4	105.8	103.1
(1)茶　叶	Tea	104.3	106.0	103.0
(2)饮　料	Beverages	104.4	105.5	103.1
2.烟　草	Tobacco	102.0	102.8	101.2
3.酒	Liquor	106.1	106.4	106.0
三、服装、鞋帽类	**Garments,Footwear and Hats**	**92.3**	**87.5**	**97.5**
1.服装	Garments	91.2	86.9	96.5
(1)男式服装	Men's Clothing	90.1	86.1	95.2
(2)女式服装	Women's Clothing	89.1	84.4	95.9
(3)儿童服装	Children's Clothing	98.2	96.8	99.2
2.鞋袜帽	Footwear and Hats	94.4	88.4	99.5
(1)鞋	Shoes	92.4	86.5	98.2
(2)袜　子	Socks	102.9	99.4	104.8
(3)帽　子	Hats	98.8	95.6	99.9
3.其　它	Others	95.0	93.3	96.5
四、纺织品	**Textiles**	**98.6**	**95.3**	**100.6**
1.衣着材料	Clothing Material	100.8	100.3	101.1
2.床上用品	Bed Articles	97.4	93.1	100.2

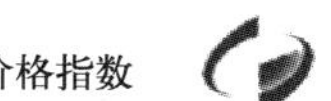

8-9 续表 continued

(上年=100) (preceding year=100)

商品类别	Category	全 省 Provincial	城 市 Urban	农 村 Rural
五、家用电器及音像器材	**Household Appliances, Music and Video Equipment**	**94.8**	**94.0**	**96.2**
1.家庭设备	Household Facilities	99.3	100.4	97.7
2.文娱用耐用消费品	Durable Consumer Goods for Cultural and Recreational Use	89.4	87.3	93.7
3.音像器材	Music and Video Equipment	100.6	101.0	99.7
六、文化办公用品	**Cultural and Office Appliances**	**95.2**	**93.0**	**98.5**
七、日用品	**Articles for Daily Use**	**102.5**	**102.7**	**102.4**
1.日用百货	General Merchandise for Daily Use	103.1	103.5	102.5
2.日用杂品	Grocery for Daily Use	99.2	96.8	101.2
3.洗涤用品	Washing Products	104.6	104.6	104.5
4.其它日用品	Other Articles for Daily Use	100.2	100.9	99.5
八、体育娱乐用品	**Sports and Recreation Articles**	**98.3**	**96.7**	**99.9**
1.体育用品	Sports Articles	101.6	100.8	101.9
2.娱乐用品	Recreation Articles	96.0	95.1	97.5
九、交通、通信用品	**Transportation and Communication Articles**	**92.8**	**93.2**	**92.0**
1.交通运输机械	Transport machinery	95.9	95.4	96.8
2.通信器材	Communication Equipment	88.4	89.5	86.9
十、家 具	**Furniture**	**99.5**	**99.3**	**99.7**
十一、化妆品	**Cosmetics**	**102.1**	**102.5**	**101.1**
十二、金银珠宝	**Gold, Silver and Jewelry**	**124.5**	**123.5**	**125.4**
十三、中西药品及医疗保健用品	**Traditional Chinese and Western Medicines and Health Care Articles**	**105.7**	**106.4**	**104.5**
1.医疗器具及用品	Medical Apparatus and Articles	101.5	101.5	101.5
2.中药材及中成药	Traditional Chinese Medicinal Materials and Medicines	109.2	109.3	109.0
3.西 药	Western Medicines	104.0	105.2	102.3
4.保健品及器具	Health Care Appliances and Articles	103.9	104.6	102.3
十四、书报杂志及电子出版物	**Books, Newspapers, Magazines and Electronic Publications**	**100.0**	**100.7**	**99.1**
1.教材及参考书	Teaching Materials and Reference Books	98.9	99.2	98.6
2.书报杂志	Books, Newspapers and Magazines	103.6	106.4	100.5
3.电子音像制品	Electronic Audio-visual Products	95.3	94.4	96.7
十五、燃 料	**Fuels**	**113.0**	**110.0**	**117.2**
1.煤炭及制品	Coal and Products	119.7	111.8	120.4
2.石油及制品	Petroleum and Products	111.5	109.9	114.9
十六、建筑材料及五金电料	**Building Materials and Hardware**	**107.6**	**108.9**	**106.5**
1.建筑装潢材料	Building Decoration Materials	108.3	109.1	107.6
2.五金电料	Hardware	104.6	107.9	102.8

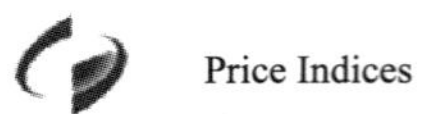

8-10 工业品出厂价格指数（2000-2008年）
Ex-factory Price Indices of Industrial Products (2000-2008)

（上年=100 ） (pre ceding year=100)

类 别	Category	2000年	2001年	2002年	2003年	2004年	2005年	2006年	2007年	2008年
全部工业品	**Total Industrial Productds**	**101.2**	**99.9**	**98.2**	**101.4**	**108.8**	**104.5**	**104.6**	**105.7**	**105.8**
轻工业	Light Industry	100.5	101.3	98.2	98.6	101.5	101.2	102.5	100.1	101.9
以农产品为原料	Agricultural Products as Raw Materials	100.9	101.6	98.1	98.5	101.3	100.9	102.0	100.3	101.5
以非农产品为原料	Non-agricultural Products as Raw Materials	97.5	97.9	99.0	98.7	102.0	102.3	104.7	99.4	103.7
重工业	Heavy Industry	101.8	98.6	98.2	105.5	117.4	107.4	106.1	109.9	108.1
采 掘	Mining	107.6	98.6	98.4	104.4	126.2	120.9	112.3	113.0	106.1
原 料	Raw Materials	102.4	99.3	97.3	106.7	119.2	106.6	109.3	112.3	104.3
加 工	Processing	98.7	97.5	99.9	103.3	111.9	105.6	97.8	104.2	117.8
生产资料	Means of Production	101.5	98.5	98.3	104.1	115.2	106.8	105.9	108.6	107.8
采 掘	Mining	107.5	98.8	98.6	104.8	127.4	120.9	111.6	112.9	108.3
原 料	Raw Materials	102.2	99.3	97.4	106.4	118.5	106.6	109.4	112.1	103.5
加 工	Processing	98.7	97.5	99.5	101.4	109.4	104.8	99.9	102.8	114.3
生活资料	Consumer Goods	100.8	101.9	98.0	98.6	100.7	100.6	102.0	100.1	101.0
食 品	Food	101.4	102.4	98.1	98.6	101.0	100.8	102.2	100.3	101.0
衣 着	Clothing	97.6	97.3	101.1	100.2	100.7	101.3	103.7	99.6	103.6
一般日用品	Articles for Daily Use	98.6	98.8	95.7	98.4	96.9	98.5	99.9	98.2	101.0
耐用消费品	Durable Consumer Goods	96.2	97.8	96.2	102.2	102.9	102.8	99.9	104.0	102.8

主要统计指标解释

物价指数 物价指数是反映两个时期商品或服务项目价格变化和平均升降程度的相对数,通常用百分比表示。例如 1988 年全省商品零售价格总指数为 119.6%,它说明零售物价总水平 1988 年比 1987 年平均上升 19.6%。其中既包括了涨价的商品,也包括降价和价格不变的商品,是 1988 年的商品价格和 1987 年的商品零售价格综合比较的结果。

居民消费价格指数 是反映一定时期内城乡居民所购买的生活消费品价格和服务项目价格变动趋势和程度的相对数,是进行宏观经济分析和决策、价格总水平监测和调控以及国民经济核算的重要指标。目前世界各国都把居民消费价格指数作为反映通货膨胀或紧缩的主要指标。

商品零售价格指数 是反映一定时期内城乡商品零售价格变动趋和程度旳相对数。编制目的在于掌握商品价格的变动趋势,为国家宏观调控和国民经济核算提供参考依据。

农业生产资料价格指数 反映一定时期内农业生产资料价格变动趋势和程度的相对数。编制目的在于掌握农业生产资料的价格水平,为国家制定经济政策提供依据;同时,为研究城乡市场流通和国民经济核算提供参考依据。

居民消费价格指数、商品零售价格指数和农业生产资料价格指数的计算方法 根据现行流通和消费价格统计调查方案,居民消费价格指数、商品零售价格指数和农业生产资料价格指数的编制方法,均采用新的计算公式—链式拉氏公式计算。居民消费价格指数首轮基期以 2000 年的价格编制计算;商品零售价格指数和农业生产资料价格指数以 2002 年的价格为基期编制计算。

链式拉氏公式:

$$L_t = \left(\sum w_{t-1} \frac{P_t}{P_{t-1}} \right) \times L_{t-1}$$

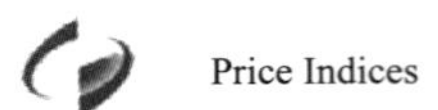

Explanatory Notes on Principal Statistical Indicators

Price Indices are the relative figure that reflects the trend and degree of changes in commodity or service price between two different periods, which is usually expressed by percentage. For instance, the general retail price index in 1988 in Yunnan province was 119.6%, which showed that the retail price in 1988 was increased by 19.6% than that in 1987 on average; it covered the commodities with prices going up and those with prices going down or unchanging and was the result of comprehensive comparison of the commodity prices in 1988 and 1987.

Consumer Price Indices are the relative figure that reflects the degree of changes in prices of consumer goods and services purchased by urban and rural residents. It is an important indicator for macroeconomic analysis and decision-making, monitoring and regulation of general price level, and national economic accounting. It is taken as a principal indicator to measure inflation and deflation in all countries.

Retail Price Indices reflect the trend and degree of changes in retail price of commodities. It provides a reference basis for macroeconomic regulation and control and national economic accounting.

Price Indices of Agricultural Production Means reflect the trend and degree of changes in price of agricultural production means. It aims to measure the average price level of agricultural production means, which serves as a basis for making national economic policies, and to provide a reference basis for analysis of urban and rural market circulation and rational economic accounting.

Calculation Method for Consumer Price Indices, Retail Price Indices and Price Indices of Agricultural Production Means According to the current statistical survey programs, consumer price index, retail price index and price index of means of agricultural production are calculated by the new formula – Chained Lapsers Formula. Consumer price index is calculated on the basis of year 2000's prices; retail price index and price index of means of agricultural production are calculated on the basis of year 2002's prices. The Chained Lapsers Formula is as follows:

$$L_t = \Sigma[W_{t-1}(Pt \div P_{t-1})] \times L_{t-1}$$

Chapter 9

九、人民生活

People's Livelihood

9-1 1960-2008年历年城镇居民家庭基本情况
Historic Statistics on Livelihood of Urban Households （1960-2008）

年份 Year	平均每户家庭人口(人) Average Household Size (person)	平均每户就业人口(人) Average Number of Employed Persons per Household (person)	平均每户就业面(%) Percentage of Employment per Household (%)	负担人数(人) Number of Persons Supported by Each Employee(person)	人均年可支配收入(元) Per Capita Annual Disposable Income (yuan)	人均年消费性支出(元) Per Capita Annual Living Expenditures (yuan)	#食品 On Food
1960	4.32	1.62	37.60	2.67	252.82	238.33	143.00
1965	4.19	1.62	38.60	2.59	261.95	240.69	143.32
1966	4.66	1.78	38.20	2.62	259.39	234.43	140.43
1967	4.69	1.79	38.10	2.62	260.55	228.33	136.62
1968	4.68	1.78	38.00	2.63	277.69	260.98	161.33
1969	4.66	1.77	38.00	2.63	281.47	263.12	167.04
1970	4.65	1.79	38.40	2.60	298.93	266.46	165.76
1971	4.63	1.78	38.50	2.60	291.02	268.77	167.02
1972	4.60	1.77	38.50	2.60	294.77	272.25	169.01
1973	4.58	1.77	38.60	2.59	297.08	275.98	171.14
1974	4.55	1.76	38.60	2.59	297.81	277.68	172.01
1975	4.53	1.75	38.70	2.59	300.29	282.53	174.62
1976	4.50	1.76	39.10	2.56	298.01	284.39	175.59
1977	4.48	1.80	40.10	2.49	296.28	283.89	175.10
1978	4.45	2.15	48.30	2.07	327.70	303.12	190.94
1979	4.39	2.16	49.30	2.03	362.40	342.60	214.56
1980	4.34	2.14	49.40	2.03	420.45	380.64	236.66
1981	4.28	2.20	51.40	1.95	446.41	411.57	247.19
1982	4.24	2.27	53.50	1.87	492.51	455.92	273.26
1983	4.21	2.29	54.40	1.83	532.54	480.13	285.94
1984	4.13	2.27	55.00	1.82	608.23	527.27	311.02
1985	3.85	2.03	52.70	1.89	752.29	703.56	360.39
1986	3.80	2.03	53.40	1.88	871.75	813.92	423.93
1987	3.77	2.01	53.30	1.88	989.37	883.52	481.85
1988	3.69	1.92	52.00	1.93	1 156.49	1 143.29	553.70
1989	3.67	1.92	52.30	1.91	1 305.15	1 140.71	621.33
1990	3.57	1.93	54.10	1.85	1 514.81	1 272.09	679.18
1991	3.48	1.91	54.90	1.82	1 703.16	1 428.28	763.42
1992	3.37	1.91	56.70	1.76	2 061.74	1 704.15	861.60
1993	3.30	1.87	56.70	1.76	2 639.07	2 186.29	1 066.99
1994	3.20	1.83	57.10	1.75	3 433.97	2 843.69	1 441.93
1995	3.17	1.84	57.80	1.73	4 064.93	3 448.27	1 808.71
1996	3.13	1.86	59.40	1.68	4 977.95	4 007.48	1 971.54
1997	3.12	1.88	60.30	1.66	5 558.29	4 537.08	2 109.53
1998	3.05	1.83	60.00	1.67	6 042.78	5 032.67	2 222.58
1999	3.05	1.80	59.00	1.69	6 178.68	4 941.26	2 194.25
2000	3.12	1.77	56.70	1.76	6 324.64	5 185.31	2 091.70
2001	3.04	1.60	52.60	1.90	6 797.71	5 252.60	2 105.66
2002	3.00	1.56	52.00	1.92	7 240.62	5 828.06	2 423.43
2003	2.99	1.55	51.84	1.93	7 643.57	6 023.56	2 506.62
2004	2.96	1.41	47.64	2.10	8 870.88	6 837.01	2 895.60
2005	2.96	1.33	44.93	2.23	9 265.90	6 996.90	2 997.06
2006	2.95	1.37	46.44	2.16	10 069.89	7 379.81	3 102.46
2007	2.88	1.39	48.26	2.07	11 496.11	7 921.83	3 562.33
2008	2.87	1.40	48.78	2.05	13 250.22	9 076.61	4 272.29

注：2002年以后可支配收入按新口径计算。
Note:The data of disposable income after 2002 are calculated according to new standards.

9-2 城镇居民家庭平均每人全年现金收支（2008年）

单位:元

类　别	Category	总 计 Total	最低收入户 Lowest Income Household
家庭总收入	**Total Income**	**14 118.03**	**4 315.42**
# 可支配收入	Disposable Income	13 250.22	3 927.81
家庭总支出	**Total Expenditure**	**11 681.21**	**4 412.07**
消费性支出	Consumption Expenditure	9 076.61	3 776.76
食　品	Food	4 272.29	2 274.26
衣　着	Clothing	1 026.50	308.73
居　住	Residence	739.20	431.62
家庭设备用品及服务	Household Appliances and Services	331.94	105.62
医疗保健	Health care and Medical Services	606.86	164.92
交通和通信	Transport and Communications	1 216.46	323.38
教育文化娱乐服务	Recreation,Education and Cultural Services	732.95	150.00
其他商品和服务	Miscellaneous Goods and Services	150.42	18.22

9-3 城镇居民家庭平均每人全年消费性支出（2008年）

单位:元

类　别	Category	总 计 Total	最低收入户 Lowest Income Household
消费性支出	**Consumption Expenditure**	**9 076.61**	**3 776.76**
食　品	**Food**	**4 272.29**	**2 274.26**
# 粮　食	Grain	296.74	279.94
油脂类	Oil or Fat	84.34	76.40
肉　类	Meat	695.09	458.34
禽　类	Poultries	197.59	113.21
水产品类	Aquatic Products	114.89	70.66
蔬菜类	Vegetables	471.39	366.45
# 鲜　菜	Fresh Vegetables	449.62	354.67
糖烟酒饮料类	Carbohydrate,Tobacco,Liquor and Beverages	564.86	242.19
干鲜瓜果类	Dried and Fresh Melons and Fruits	258.05	110.27
糕点、奶及奶制品	Cake,Milk and Its Products	134.41	45.90
饮食服务	Catering Services	1 212.73	350.63
衣　着	**Clothing**	**1 026.50**	**308.73**
# 服　装	Garments	728.64	211.41
衣着材料	Clothing Material	10.72	3.69
居　住	**Residence**	**739.20**	**431.62**

Per Capita Cash Income and Expenditure of Urban Households (2008)

(yuan)

低收入户 Low Income Household	中等偏下收入户 Lower Middle Income Household	中等收入户 Middle Income Household	中等偏上收入户 Upper Middle Income Household	高收入户 High Income Household	最高收入户 Highest Income Household
6 372.87	**8 961.02**	**12 836.85**	**17 541.76**	**23 333.09**	**35 305.16**
6 042.42	8 422.58	12 012.45	16 464.80	21 826.50	33 346.58
6 267.09	**8 405.99**	**11 014.82**	**13 825.95**	**18 718.93**	**25 419.98**
5 470.93	6 938.85	8 894.28	10 863.49	13 219.13	17 823.58
3 051.74	3 661.82	4 403.34	4 960.07	5 722.72	6 434.61
488.13	727.32	1 018.98	1 278.67	1 612.24	2 209.68
923.46	512.09	723.80	747.45	651.48	1 611.10
99.67	255.16	250.57	422.38	506.50	934.51
226.40	543.48	617.20	667.18	1 011.15	1 217.24
433.74	678.95	1 031.74	1 635.96	2 114.96	3 279.81
221.16	469.56	717.99	972.68	1 247.62	1 745.39
26.64	90.46	130.66	179.11	352.46	391.24

Per Capita Consumption Expenditure in Urban Areas (2008)

(yuan)

低收入户 Low Income Household	中等偏下收入户 Lower Middle Income Household	中等收入户 Middle Income Household	中等偏上收入户 Upper Middle Income Household	高收入户 High Income Household	最高收入户 Highest Income Household
5 470.93	**6 938.85**	**8 894.28**	**10 863.49**	**13 219.13**	**17 823.58**
3 051.74	**3 661.82**	**4 403.34**	**4 960.07**	**5 722.72**	**6 434.61**
317.58	286.32	283.79	310.07	297.53	316.44
77.26	77.46	93.70	86.37	92.72	84.08
548.75	653.79	703.18	836.51	808.85	814.45
142.76	187.98	203.21	228.89	243.54	262.85
91.59	113.22	117.71	124.62	121.99	169.64
457.05	429.18	470.04	508.42	514.57	600.79
438.35	413.89	447.61	485.91	487.75	553.89
357.72	474.43	574.57	658.06	870.38	891.63
161.39	229.79	264.14	303.06	371.63	397.06
54.04	129.42	139.68	150.25	209.33	231.90
653.93	855.57	1 310.99	1 489.98	1 872.25	2 344.70
488.13	**727.32**	**1 018.98**	**1 278.67**	**1 612.24**	**2 209.68**
331.39	502.30	707.15	902.28	1 169.09	1 661.84
3.43	8.04	10.61	16.13	20.50	12.48
923.46	**512.09**	**723.80**	**747.45**	**651.48**	**1 611.10**

9-3　续表

单位:元

类　别	Category	总 计 Total	最低收入户 Lowest Income Household
家庭设备用品及服务	**Household Facilities,Articles and Services**	**331.94**	**105.62**
# 耐用消费品	Durable Consumer Goods	158.97	45.21
医疗保健	**Health Care and Personal Articles**	**606.86**	**164.92**
# 药品费	Drugs Charges	316.11	104.67
医疗费	Medical Charges	205.76	55.98
交通和通讯	**Transportation and Communication**	**1 216.46**	**323.38**
交　通	Transportation	685.69	124.67
通　信	Communication	530.77	198.71
教育文化娱乐服务	**Education, Culture and Recreation Articles**	**732.95**	**150.00**
文化娱乐用品	Culture and Recreation Articles	183.89	23.05
文化娱乐服务	Culture and Recreation Services	254.77	25.37
教　育	Education	294.29	101.58
# 教育费用	Education Costs	277.52	92.14
其他商品和服务	**Miscellanecus Commodities and Services**	**150.42**	**18.22**
其他商品	Miscellanecus Commodities	103.12	14.80
服　务	Services	47.30	3.42

9-4　城镇居民家庭年末耐用消费品百户拥有量（2008年）

类　别	Category	总 计 Total	最低收入户 Lowest Income Household
摩托车（辆）	Motorcycles (unit)	29.42	18.67
助力车（辆）	Motorbikes (unit)	13.16	7.21
家用汽车（辆）	Automobiles(unit)	11.11	1.86
洗衣机（台）	Washing Machines (unit)	90.19	71.49
电冰箱（台）	Refrigerators (unit)	78.77	56.67
彩色电视机（台）	Color TV Sets (unit)	119.38	105.07
家用电脑（台）	Computers (unit)	40.19	8.55
组合音响（套）	Hi-Fi Stereo Component System (set)	37.41	13.74
摄像机（架）	Pickup Cameras (unit)	4.42	1.07
照相机（架）	Cameras (unit)	33.05	6.82
钢　琴（架）	Pianos (unit)	1.91	——
微波炉（台）	Microwave Ovens (unit)	45.99	16.09
空调器（台）	Air Conditioner (unit)	1.26	——
淋浴热水器(台)	Water Heaters (unit)	84.95	54.64
消毒碗柜（台）	Sterilized Cabinet (unit)	13.43	3.31
洗碗机（台）	Dishwasher (unit)	0.43	0.33
健身器材（套）	Body Building Equipment (set)	3.13	0.95
固定电话(部)	Fixed-line Phones (unit)	60.13	50.99
移动电话(部)	Mobile Phones (unit)	177.16	116.34

continued

(yuan)

低收入户 Low Income Household	中等偏下收入户 Lower Middle Income Household	中等收入户 Middle Income Household	中等偏上收入户 Upper Middle Income Household	高收入户 High Income Household	最高收入户 Highest Income Household
99.67	**255.16**	**250.57**	**422.38**	**506.50**	**934.51**
35.87	129.60	101.29	231.77	203.87	474.85
226.40	**543.48**	**617.20**	**667.18**	**1 011.15**	**1 217.24**
122.11	291.47	365.02	368.61	456.80	504.67
79.93	209.56	181.68	194.76	396.30	421.07
433.74	**678.95**	**1 031.74**	**1 635.96**	**2 114.96**	**3 279.81**
100.57	267.12	488.27	984.83	1 351.77	2 330.77
333.18	411.83	543.46	651.13	763.19	949.04
221.16	**469.56**	**717.99**	**972.68**	**1 247.62**	**1 745.39**
24.02	120.73	154.77	239.19	296.54	590.32
76.66	145.80	203.06	360.39	591.39	559.64
120.48	203.02	360.16	373.10	359.69	595.42
104.53	192.51	339.69	353.69	341.58	568.71
26.64	**90.46**	**130.66**	**179.11**	**352.46**	**391.24**
20.12	60.51	82.98	133.03	207.84	300.05
6.51	29.95	47.68	46.07	144.63	91.19

Number of Durable Consumer Goods Owned by Per 100 Urban Households at Year-end (2008)

低收入户 Low Income Household	中等偏下收入户 Lower Middle Income Household	中等收入户 Middle Income Household	中等偏上收入户 Upper Middle Income Household	高收入户 High Income Household	最高收入户 Highest Income Household
23.64	26.56	25.41	36.55	39.37	34.96
10.34	13.49	16.33	15.42	12.43	11.81
5.63	6.41	9.89	11.87	22.31	24.38
85.57	88.01	93.48	91.83	99.62	99.17
65.67	76.31	81.88	87.63	84.05	90.64
110.95	112.30	116.95	125.17	133.11	135.31
20.03	30.18	39.74	51.14	62.14	69.02
23.35	38.15	41.66	42.18	42.45	51.57
——	3.17	1.86	6.76	8.51	10.64
14.87	28.94	30.01	38.05	50.83	63.36
——	0.69	1.87	3.70	2.29	4.36
32.30	38.01	49.10	55.24	64.18	63.26
0.58	1.82	1.13	2.81	0.52	0.12
69.69	82.54	88.30	94.87	96.00	98.78
7.45	9.84	12.98	18.40	17.26	24.11
——	0.32	0.21	0.18	——	2.51
——	4.89	2.43	2.99	5.01	4.48
57.76	60.39	56.72	64.10	63.94	66.07
141.92	167.27	180.98	206.82	203.42	201.61

9-5 主要年份农民家庭生活基本情况

Basic Statistics on Rural Household Livelihood in Significant Years

年 份 Year	平均每户常住人口(人) Number of Permanent Residents per Household (person)	平均每户整半劳动力(人) Number of Able-bodied and Semi-able-bodied Laborers per Household (person)	平均每个劳动力负担人口(人) Average Number of Dependents of Each Laborer (person)	平均每人全年纯收入(元) Per Capita Annual Net Income (yuan)	平均每人全年生活消费支出(元) Per Capita Annual Living Expenditures (yuan)	#食 品 For Food	平均每人年末居住面积(平方米) Per Capita Living Space at Year-end (sq.m)
1962	4.76	2.36	2.01	92.12	84.20	55.30	8.50
1965	4.88	2.51	2.00	101.00	90.70	64.40	7.71
1975	6.15	2.83	2.18	110.14	105.00	71.60	8.35
1978	6.28	3.03	2.10	130.60	113.40	84.00	7.69
1980	5.98	2.90	2.06	147.70	122.63	86.21	8.96
1985	5.83	3.31	1.76	325.74	267.01	177.91	14.92
1986	5.76	3.22	1.79	338.14	304.99	205.19	15.45
1987	5.68	3.20	1.77	364.57	325.65	217.26	15.86
1988	5.58	3.19	1.75	427.72	389.20	240.49	16.31
1989	5.50	3.20	1.72	477.89	436.18	269.18	16.56
1990	5.42	3.16	1.72	489.75	453.03	274.73	16.96
1991	5.20	3.02	1.72	572.58	501.36	315.10	18.02
1992	5.18	3.05	1.70	617.98	536.06	324.96	18.07
1993	5.10	3.11	1.64	674.79	625.19	382.60	20.12
1994	5.01	3.07	1.62	802.95	764.91	458.43	18.68
1995	4.94	3.12	1.59	1 010.97	981.10	602.92	19.78
1996	4.90	3.15	1.56	1 229.28	1 209.16	743.33	19.80
1997	4.82	3.10	1.55	1 375.50	1 318.07	818.51	20.42
1998	4.68	3.05	1.53	1 387.25	1 312.31	801.99	20.64
1999	4.59	2.96	1.55	1 437.63	1 269.33	815.67	21.37
2000	4.56	2.85	1.60	1 478.60	1 270.83	749.22	22.18
2001	4.49	2.83	1.59	1 533.76	1 422.85	811.71	22.42
2002	4.48	2.87	1.57	1 608.77	1 381.54	772.61	23.72
2003	4.45	2.85	1.56	1 697.12	1 405.70	744.58	23.45
2004	4.41	2.88	1.53	1 864.19	1 569.98	847.24	23.53
2005	4.33	2.79	1.56	2 041.79	1 789.00	975.72	25.24
2006	4.35	2.85	1.53	2 250.46	2 195.64	1 071.13	25.79
2007	4.32	2.85	1.52	2 634.09	2 637.18	1 226.69	26.73
2008	4.32	2.86	1.51	3 102.60	2 990.61	1 483.16	27.44

9-6 农村住户家庭基本情况（2005-2008年）

Basic Condition of Rural Households (2005-2008)

单位:户/百户 (household/100 households)

类　别	Category	2005年	2006年	2007年	2008年
调查户数（户）	**Number of Households Surveyed (household)**	**2 400**	**2 400**	**2 400**	**2 400**
一、调查户从业类型	Business Types of Households Serveyed				
(按总收入比重计算)	(calculated according to the proportion of total income)				
1.农业户	.Households Engaged in Agriculture	35.33	33.63	35.54	35.00
2.农业兼业户	Households Engeged in Agricuture and Other Sectors	56.13	53.00	51.63	53.17
3.非农业兼业户	Households Engaged in Non-agriculture	7.88	12.00	11.38	10.42
4.非农业户	Households Engeged in Non-agricutureand Other Sectors	0.67	1.38	1.46	1.42
二、调查户从业类型	Business Types of Households Serveyed				
(按从业劳动力比重计算)	(calculated according to the proportion of business labour force)				
1.农业户	Households Engaged in Agriculture	78.63	76.33	75.04	72.29
2.农业兼业户	Households Engeged in Agricuture and Other Sectors	9.46	10.00	9.42	10.92
3.非农业兼业户	Households Engaged in Non-agriculture	10.08	11.54	12.83	13.54
4.非农业户	Households Engeged in Non-agricuture and Other Sectors	1.83	2.13	2.71	3.25
三、家庭结构	Household Structure				
1.单身或夫妇	Single and Couples	3.79	4.42	4.50	4.88
2.夫妇与一个孩子	Couples with One Child	14.67	14.00	14.79	14.08
3.夫妇与两个孩子	Couples with Two Children	35.67	34.88	34.00	34.00
4.夫妇与三个以上孩子	Couples with Three Children and More	9.88	9.29	8.54	7.71
5.单亲与孩子	Single-parent with Children	1.96	1.96	2.67	3.25
6.三代同堂	Three Generations Living under One Roof	30.50	31.83	31.75	32.83
7.其　他	Others	3.54	3.63	3.75	3.25
四、参加专业性合作经济组织的户数	Number of Participating in Professional Cooperative Economic Organizations	1.08	1.79	0.83	
五、参加新型农村合作医疗的户数	Number of Households Participating in the New Type of Rural Cooperative Medical Care	39.50	56.79	94.54	97.46
六、领取最低生活保障的户数	Number of Households Receiving the Minimum Livelihood Guarantee	0.67	0.67	8.75	12.88

9-7 农村住户居住情况（2005-2008年）
Living Condition of Rural Households (2005-2008)

类别	Category	2005年	2006年	2007年	2008年
一、期末住房情况	**Housing Condition at Term-end**				
(一)住房面积（平米/人）	Housing Area (sq.m/person)	25.24	25.79	26.73	27.44
(二)住房价值（元/平米）	Housing Value (yuan/sq.m)	4 530.59	4 882.67	5 742.04	6 419.01
(三)住房类型（平米/人）	Houging Type (sq.m/person)				
1.楼房面积	Apartment Area	10.97	12.01	13.21	13.00
2.砖瓦平房面积	Brick Bungalow Area	2.90	3.50	4.16	4.14
3.其他	Other Types	11.38	10.28	9.35	10.29
(四)住房结构（平米/人）	Housing Structure (sq.m/person)				
1.钢筋混泥土结构面积	Reinforced Concrete Structure	3.99	4.58	5.62	6.37
2.砖木结构面积	Brick and Wood Structure	4.73	4.90	5.28	5.70
3.其他	Other Structures	16.52	16.30	15.82	15.36
二、期内新建(购)住房情况	**Condition of Newly Building (Buying) Housing in the Term**				
(一)新建(购)住房面积（平米/人）	Area of Newly Building(Buying) Housing (sq.m/person)	0.26	0.69	1.19	0.90
(二)新建(购)住房价值（元/平米）	Value of Newly Building(Buying) Housing (yuan/sq.m)	77.23	281.28	590.61	536.22
(三)新建(购)住房类型（平米/人）	Type of Newly Building(Buying) Housing (sq.m/person)				
1.楼房面积	Apartment Area	0.12	0.53	0.91	0.70
2.砖瓦平房面积	Brick Bungalow Area	0.08	0.12	0.21	0.15
3.其他	Other Types	0.06	0.05	0.08	0.06
(四)新建(购)住房结构（平米/人）	Structure of Newly Building Housing (sq.m/person)				
1.钢筋混泥土结构面积	Reinforced Concrete Structure	0.10	0.51	0.91	0.80
2.砖木结构面积	Brick and Wood Structure	0.08	0.14	0.19	0.07
3.其他	Other Structures	0.08	0.04	0.09	0.03
三、居住条件（户/百户）	**Living Condition (household/100 households)**				
(一)住房卫生设备使用情况	Condition of Health Equipment				
1.使用水冲式厕所的户数	Having Flushing Toilet	2.33	2.42	2.21	4.13
2.使用旱厕的户数	Having Old Toilet	70.08	71.17	71.46	72.21
3.无厕所的户数	No Toilet	27.58	26.42	26.33	23.67
(二)取暖设备使用情况	Condition of Heating Equipment				
#1.使用空调的户数	Having Air Conditioner	0.04			0.04
2.使用暖气的户数	Having Heater	1.00	0.04	0.42	0.04
3.使用火炕的户数	Having Kang	49.71	46.50	33.63	30.08
4.无取暖设备的户数	No Heating Equipment	49.25	53.46	49.29	47.83
(三)炊事使用的主要能源	Major Source of Cooking				
1.使用液化气的户数	Liquid Natural Gas	2.33	1.54	7.63	4.67
2.使用煤炭的户数	Coal	28.75	28.54	24.29	21.63
3.使用柴草的户数	Fuelwood	56.92	57.25	51.75	50.67
4.使用电的户数	Electricity	3.08	2.71	5.00	10.29
5.使用其他燃料的户数	Other Fuels	8.92	9.96	11.33	12.75
(四)饮用水来源情况	Source of Drinking Water				
#1.饮用自来水的户数	Tap Water	54.88	55.88	54.92	56.58
2.饮用深井水的户数	Deep Well Water	4.38	6.50	7.04	8.04
3.饮用浅井水的户数	Shallow Well Water	14.63	10.83	13.33	11.58
(五)住宅外道路路面状况	Condition of Road Near Residential				
1.水泥或柏油路面的户数	Cement or Asphalt	16.54	21.13	27.00	30.58
2.沙石或石板等硬质路面的户数	Stone, Sand and Gravel or Other Hard Materials	16.71	16.08	12.38	13.21
3.其他路面的户数	Other Materials	66.75	62.79	60.63	56.21

9-8 农村住户人均总收入与总支出（2005-2008年）
Per Capita Total Income and Expenditure of Rural Households (2005-2008)

单位:元 (yuan)

类 别	Category	2005年	2006年	2007年	2008年
一、总收入	**Total Income**	**3 179**	**3 594**	**4 215**	**4 889**
(一)工资性收入	Income from Wages and Salaries	348	442	522	617
1.在非企业组织中劳动得到收入	Incomes from Working in the Non-business Organizations	62	75	77	88
2.在本乡地域内劳动得到收入	Incomes from Working inside the Village	236	287	356	409
#在企业中劳动得到收入	Incomes from Working in Enterprises	40	52	55	48
3.外出从业得到收入	Income from Working Somewhere away from Home	50	80	88	121
(二)家庭经营收入	Income from Household Operations	2 653	2 952	3 459	3 908
1.第一产业收入	Income from Primary Industry	2 427	2 656	3 157	3 567
(1)农业收入	Income from Farming	1 490	1 635	1 920	2 070
农产品收入	Farming Products	1 473	1 617	1 899	2 050
农业服务性收入	Income from Agricultural Services	17	18	20	20
(2)林业收入	Income from Forestry	146	251	265	246
林业产品收入	Forestry Products	145	248	264	244
林业服务性收入	Income from Forestry Services	1	3	2	2
(3)牧业收入	Income from Animal Husbandry	784	765	966	1 239
牧业产品收入	Animal Husbandry Products	778	760	962	1 232
牧业服务性收入	Animal Husbandry Services	5	5	4	6
(4)渔业收入	Income from Fishery	7	5	6	12
渔业产品收入	Fishery Products	7	5	6	12
渔业服务性收入	Fishery Services				
2.第二产业收入	Income from Secondary Industry	28	51	51	58
(1)工业收入	Industry	16	33	28	28
工业产品收入	Industrial Products	10	31	24	24
工业服务性收入	Industrial Services	6	3	4	4
(2)建筑业收入	Construction	12	18	23	31
建筑业产品收入	Construction Products	4	3	3	3
建筑业服务性收入	Construction Services	8	14	20	28
3.第三产业收入	Income from Tertiary Industry	198	246	251	283
(1)其他产品收入	Other Products	3	3	3	2
(2)第三产业服务性收入	Tertiary Industry Services	194	243	249	281
交通、运输、邮电业收入	Transport,Storage and Post	78	87	97	131
批零贸易业、饮食业收入	Wholesale,Retail and Catering Trades	78	100	111	106
社会服务业收入	Social Services	9	9	10	10
文教卫生业收入	Culture,Education and Health	5	4	4	8
其他行业收入	Other Sectors	24	42	26	26
(三)财产性收入	Income from Properties	76	82	86	110
#1.利 息	Interest		1	2	2
2.集体分配股息和红利	Divident and Bonus Distributed by Mass	15	14	22	26
3.其他股息和红利	Other Divident and Bonus		1		1
4.租金(包括农业机械)	Rent(including Agricultural Machinery)	6	8	20	25
5.土地征用补偿收入	Compensation for Land Acquisition	22	21	22	31
6.转让承包土地经营权收入	Land Management Rights Transfer	16	17	9	13
(四)转移性收入	Income from Transfers	103	117	148	254
#1.家庭非常住人口寄回和带回收入	Sent back by Non-permanent Resident	11	16	16	18
2.城市亲友赠送收入	Presentation from Relatives and Friends in Rural Area	5	3	3	3
3.农村亲友赠送收入	Presentation from Relatives and Friends in Urban Area	22	26	34	37

9-8 续表1 continuted

单位:元 (yuan)

类 别	Category	2005年	2006年	2007年	2008年
二、总支出	**Total Expenditure**	**3 017**	**3 687**	**4 400**	**4 923**
(一)家庭经营费用支出	Expenditure for Household Operations	1 015	1 208	1 424	1 612
1.第一产业生产费用支出	Primary Industry	950	1 085	1 301	1 476
(1)农业生产费用支出	Expenditure for Farming Production	459	545	633	641
(2)林业生产费用支出	Expenditure for Forestry Production	11	64	58	22
(3)牧业生产费用支出	Expenditure for Animal Husbandry Production	477	473	607	805
(4)渔业生产费用支出	Expenditure for Fishery Production	3	3	3	8
2.第二产业生产费用支出	Secondary Industry	9	24	19	21
(1)工业生产费用支出	Expenditure for Industry Production	7	23	17	14
(2)建筑业生产费用支出	Expenditure for Construction Production	2	1	1	7
3.第三产业生产费用支出	Tertiary Industry	57	98	104	114
(1)交通运输邮电业生产费用支出	Production of Transport,Storage and Post	30	42	49	72
(2)批零贸易餐饮业生产费用支出	Production of Wholesale,Retail and Catering Trade	15	37	46	34
(3)社会服务业生产费用支出	Production of Social Services	2	2	2	1
(4)文教卫生业生产费用支出	Production of Culture,Education and Health	2	2	1	3
(5)其他行业生产费用支出	Production of Other Secotrs	7	15	7	4
(二)购置生产性固定资产支出	Expenditure for Purchase of Productive Fixed Assets	102	153	172	158
(三)建、造生产性固定资产雇工支出	Expenditure for Building of Productive Fixed Assets		2	2	3
(四)税费支出	Expenditure for Taxes and Fees	5	4	3	3
(五)生活消费支出	Expense on Household Consumption	1 789	2 196	2 637	2 991
#服务性支出	Expenditure for Services	459	538	661	636
1.食品消费支出	Food	976	1 071	1 227	1 483
2.衣着消费支出	Clothing	80	94	113	120
3.居住消费支出	Residence	226	436	586	626
4.家庭设备、用品消费支出	Household Appliances and Goods	67	84	107	119
5.交通和通讯消费支出	Transport and Communications	100	157	217	248
6.文化教育、娱乐消费支出	Recreation,Education and Culture	183	178	182	169
7.医疗保健消费支出	Health care	122	138	168	182
8.其他商品和服务消费支出	Other Goods and Services	35	38	38	44
(六)财产性支出	Expenditure for Properties	22	15	19	9
#1.宅基地有偿使用费	Paid Use of Land	13	6	2	1
2.承包其他农户转让费	Contract on Other Farmers Transfer	8	9	11	6
(七)转移性支出	Expenditure for Transfers	83	109	142	148
#1.寄给带给家庭非常人口	Sent to Non-permanent Resident	15	23	34	30
2.赠送农村亲友	Presentation to Relatives and Friends in Rural Area	54	62	72	74
3.赠送城市亲友	Presentation to Relatives and Friends in Urban Area	2	2	2	1

9-9 农村住户人均纯收入（2005-2008年）

Per Capita Net Income of Rural Households (2005-2008)

单位:元 (yuan)

类 别	Category	2005年	2006年	2007年	2008年
全年纯收入	**Net Income**	**2 042**	**2 250**	**2 634**	**3 103**
一、工资性收入	**Income from Wages and Salaries**	**348**	**442**	**522**	**617**
1.在非企业组织中劳动得到收入	Incomes from Working in the Non-business Organizations	62	75	77	88
2.在本乡地域内劳动得到收入	Incomes from Working inside the Village	236	287	356	409
#在企业中劳动得到收入	Incomes from Working in Enterprises	40	52	55	48
3.外出从业得到收入	Income from Working Somewhere away from Home	50	80	88	121
二、家庭经营纯收入	**Net Income from Household Operations**	**1 530**	**1 632**	**1 910**	**2 157**
1.第一产业纯收入	Net Income from Primary Industry	1 384	1 476	1 753	1 975
(1)农业收入	Net Income from Farming	972	1 028	1 222	1 355
(2)林业收入	Net Income from Forestry	135	187	207	223
(3)牧业收入	Net Income from Animal Husbandry	273	260	322	394
(4)渔业收入	Net Income from Fishery	3	1	3	4
2.非农产业纯收入	Net Income from Non-agricultural Industries	147	155	157	181
(1)第二产业纯收入	Net Income from Secondary Industry	19	26	31	36
工业收入	Industry	9	9	9	13
建筑业收入	Construction	10	17	22	24
(2)第三产业纯收入	Net Income from Tertiary Industry	128	130	126	145
交通、运输、邮电业收入	Transport,Storage and Post	36	29	30	37
批零贸易业、饮食业收入	Wholesale , Retail and Catering Trades	62	63	64	70
社会服务业收入	Social Services	7	7	8	8
文教卫生业收入	Culture , Education and Health	3	2	3	5
其他行业收入	Other Sectors	20	29	22	24
三、财产性纯收入	**Net Income from Properties**	**76**	**82**	**86**	**110**
#1.利 息	Interest		1	2	2
2.集体分配股息和红利	Divident and Bonus Distributed by Mass	15	14	22	26
3.其他股息和红利	Other Divident and Bonus		1		1
4.租金(包括农业机械)	Rent(including Agricultural Machinery)	6	8	20	25
5.土地征用补偿收入	Compensation for Land Acquisition	22	21	22	31
6.转让承包土地经营权收入	Land Management Rights Transfer	16	17	9	13
四、转移性纯收入	**Net Income from Transfers**	**88**	**95**	**116**	**219**
#1.家庭非常住人口寄回和带回	Sent back by Non-permanent Resident	11	16	16	18
2.城市亲友赠送	Presentation from Relatives and Friends in Rural Area	5	3	3	3
3.离退休金、养老金	Old-age Pensions	14	9	10	21
4.城市亲友支付赡养费	Alimony Relatives and Friends in Urban Area	2		2	
5.农村亲友支付赡养费	Alimony Relatives and Friends in Rural Area	2	1	2	2
6.救济金	Relief	1	1	2	2
7.抚恤金	Pensions	1	1		4
8.报销医疗费	Reimbursement for Medical Expenses	1	2	6	11
9.无偿扶贫或扶持款	Free of Help Sustain	3	7	7	10

9-10 农村住户人均现金收支情况（2005-2008年）
Per Capita Cash Income and Expenditure of Rural Households (2005-2008)

单位:元 (yuan)

类 别	Category	2005年	2006年	2007年	2008年
一、期内现金收入	**Cash Income in the Term**	**2 175**	**2 665**	**3 191**	**3 692**
(一)工资性收入	Income from Wages and Salaries	348	442	522	614
1.在非企业组织中劳动得到收入	Incomes from Working in the Non-business Organizations	62	75	77	87
2.在本乡地域内劳动得到收入	Incomes from Working inside the Village	236	287	356	407
#在企业中劳动得到收入	Incomes from Working in Enterprises	40	52	55	47
3.外出从业得到收入	Income from Working Somewhere away from Home	50	80	88	120
(二)家庭经营现金收入	Cash Income from Household Operations	1 660	2 039	2 446	2 722
1.第一产业现金收入	Cash Income from Primary Industry	1 434	1 743	2 145	2 381
(1)农业现金收入	Cash Income from Farming	789	967	1 194	1 250
(2)林业现金收入	Cash Income from Forestry	138	241	241	236
(3)牧业现金收入	Cash Income from Animal Husbandry	500	530	706	890
(4)渔业现金收入	Cash Income from Fishery	7	5	4	5
2.第二产业现金收入	Cash Income from Secondary Industry	28	51	51	58
(1)工业收入	Industry	16	33	28	28
(2)建筑业收入	Construction	12	18	23	31
3.第三产业现金收入	Cash Income from Tertiary Industry	198	245	250	282
(1)出售其他产品收入	Other Products	3	3	3	2
(2)第三产业服务性现金收入	Tertiary Industry Services	194	242	247	280
交通、运输、邮电业收入	Transport,Storage and Post	78	87	97	131
批零贸易业、饮食业收入	Wholesale , Retail and Catering Trades	78	100	111	106
社会服务业收入	Social Services	9	9	10	10
文教卫生业收入	Culture , Education and Health	5	4	4	8
其他行业收入	Other Sectors	24	41	25	25
(三)财产性收入	Income from Properties	70	68	80	107
#1.利 息	Interest		1	2	2
2.集体分配股息和红利	Divident and Bonus Distributed by Mass	15	14	22	26
3.其他股息和红利	Other Divident and Bonus		1		1
4.租金(包括农业机械)	Rent(including Agricultural Machinery)	6	8	20	25
5.土地征用补偿收入	Compensation for Land Acquisition	22	21	22	31
6.转让承包土地经营权收入	Land Management Rights Transfer	16	17	9	13
(四)转移性收入	Income from Transfers	97	116	142	249
#1.家庭非常住人口寄回和带回	Sent back by Non-permanent Resident	11	16	16	18
2.城市亲友赠送	Presentation from Relatives and Friends in Rural Area	4	3	3	3
3.离退休金、养老金	Old-age Pensions	14	9	10	21
4.城市亲友支付赡养费	Alimony Relatives and Friends in Urban Area	2		2	
5.农村亲友支付赡养费	Alimony Relatives and Friends in Rural Area	2	1	2	2
6.救济金	Relief	1	1	2	2
7.抚恤金	Pensions	1	1		4
8.报销医疗费	Reimbursement for Medical Expenses	1	2	6	11
9.无偿扶贫或扶持款	Free of Help Sustain	3	7	7	10

9-10 续表1 continued

单位:元 (yuan)

类 别	Category	2005年	2006年	2007年	2008年
二、借贷性现金收入	**Lending Cash Proceeds**	**452**	**555**	**587**	**689**
1.银行、信用社贷款	Loans from Banks and Credit Union	92	138	117	148
2.借入款	Borrowing	189	227	192	242
3.收回借出款	Repayment	65	46	80	66
4.取回存款	Recovered Deposits	104	141	195	230
5.兑换债券(本金)	Converted bonds				
6.出售股票	Shares Sales				
7.兑换其他有价证券(本金)	Converted Other securities				
8.收回其他投资款	Recovered Other Investments		1		
9.其 他	Others	2	3	3	2
三、期内现金支出	**Cash Expenditure in the Term**	**2 147**	**2 764**	**3 338**	**3 737**
(一)生产费用支出	Expenditure of Production Costs	783	1 038	1 193	1 370
1.家庭经营费用支出	Expenditure for Household Operations	681	884	1 018	1 209
(1)第一产业生产费用支出	Primary Industry	617	765	897	1 074
农业生产费用支出	Expenditure for Farming Production	350	463	508	546
林业生产费用支出	Expenditure for Forestry Production	8	55	55	16
牧业生产费用支出	Expenditure for Animal Husbandry Production	256	243	331	503
渔业生产费用支出	Expenditure for Fishery Production	3	3	3	8
(2)第二产业生产费用支出	Secondary Industry	8	24	19	21
工业生产费用支出	Expenditure for Industry Production	7	23	17	14
建筑业生产费用支出	Expenditure for Construction Production	1	1	1	7
(3)第三产业生产费用支出	Tertiary Industry	56	95	103	114
交通运输邮电业生产费用支出	Production of Transport,Storage and Post	30	42	49	72
批零贸易餐饮业生产费用支出	Production of Wholesale, Retail and Catering Trades	15	37	45	34
社会服务业生产费用支出	Production of Social Services	2	2	2	1
文教卫生业生产费用支出	Production of Culture, Education and Health	2	2	1	3
其他行业生产费用支出	Production of Other Secotrs	7	12	6	4
2.购置生产性固定资产支出	Expenditure for Purchase of Productive Fixed Assets	102	153	172	158
3.建、造生产性固定资产雇工支出	Expenditure for Building of Productive Fixed Assets		2	2	3
(二)税费支出	Expenditure for Taxes and Fees	4	4	2	3
(三)生活消费支出	Expense on Household Consumption	1 257	1 597	1 982	2 209
#服务性支出	Expenditure for Services	459	538	661	636
1.食品消费支出	Food	486	531	619	735
2.衣 着	Clothing	80	94	113	120
3.居 住	Residence	184	378	539	593
4.家庭设备、用品及服务	Household Appliances and Goods	67	84	107	119
5.交通和通讯	Transport and Communications	100	157	217	248
6.文化教育、娱乐用品及服务	Recreation,Education,Culture and Services	183	178	182	169
7.医疗保健	Health care	122	138	168	182
8.其他商品和服务	Other Goods and Services	35	38	38	44

9-10 续表2 continued

单位:元 (yuan)

类 别		2005年	2006年	2007年	2008年
(四)财产性支出	Expenditure for Properties	22	15	19	9
1.宅基地有偿使用费	Paid Use of Land	13	6	2	1
2.承包其他农户转让	Contract on Other Farmers Transfer	8	9	11	6
3.其 他	Others	1	1	6	1
(五)转移性支出	Expenditure for Transfers	81	109	141	146
#1.寄给带给家庭非常人口现金	Sent to Non-permanent Resident	15	23	34	30
2.赠送农村亲友	Presentation to Relatives and Friends in Rural Area	53	62	72	73
3.赠送城市亲友	Presentation to Relatives and Friends in Urban Area	1	1	2	1
4.交纳医疗保险	Medical Insurance	3	4	5	14
5.赡养费	Alimony	1	2	3	2
6.捐 赠	Donation		1		3
7.罚款、赔款	Fine and Compensation	1	3	1	7
四、储蓄、借贷性支出	**Savings and Loan Expenditure**	**327**	**409**	**500**	**530**
归还银行、信用社	Repayment to Bank and Credit Union	72	69	82	96
借出款	Lending Money	22	32	24	35
归还借款	Repayment	109	131	127	138
存 款	Deposits	118	164	261	258
购债券	Purchase of Notes				
购买储蓄性保险	Purchase of Savings Insurance	3	2	2	1
购买股票	Purchase of Stock		5		
其 他	Others	4	7	4	2
五、期末金融资产余额	**Balance of Financial Assets at Term-end**	**859**	**1 041**	**1 578**	**1 862**
手存现金	Cash in Hand	394	424	586	703
存款余额	Deposits	392	617	983	1 154
债券价值款	Bonds	72		7	2
股票价值金	Stock				
其他金融资产价值	Other Financial Assets			2	3
六、期末债务余额	**Debt at Term-end**	**262**	**345**	**390**	**448**
银行、信用社贷款	Bank and Credit Union Loan	126	172	192	225
个人借(欠)款	Individual Borrowing	118	168	188	206
其 他	Others	17	5	9	17

9-11 农村住户人均消费支出（2005-2008年）

Per Capita Consumption Expenditure of Rural Households (2005-2008)

单位:元 (yuan)

类 别	Category	2005年	2006年	2007年	2008年
生活消费支出	**Expense on Household Consumption**	**1 789**	**2 196**	**2 637**	**2 991**
#服务性支出	Expenditure for Services	459	538	661	636
一、食品消费支出	**Food**	**976**	**1 071**	**1 227**	**1 483**
(一)食品消费品支出	Consumer Foods	885	969	1 110	1 350
谷 物	Cereal	259	272	266	305
薯 类	Tubers	6	6	8	8
豆 类	Beans	8	10	10	15
食用油	Eatable Oil	29	25	36	54
蔬菜及制品	Vegetable and Products	84	85	95	134
肉、禽、蛋、奶及制品	Meat,Poultry,Egg,Milk and Their Products	302	352	438	551
水产品及制品	Aquatic Products	10	12	16	19
烟、酒	Tobacco and Liquor	100	110	127	139
茶叶、饮料	Tea and Beverages	8	12	15	15
其它类食品	Other Foods	79	83	99	111
(二)食品消费服务性支出	Services for Foods Consumption	91	103	117	133
在外饮食	Outward Dinner	85	96	112	128
食品加工费	Foods Processing	5	5	5	5
其他服务性支出	Other Services	1	1	1	
二、衣着消费支出	**Clothing**	**80**	**94**	**113**	**120**
(一)衣着消费品支出	Consumer Clothing	80	93	112	119
服 装	Garments	54	64	76	80
服装材料	Clothing Material	1	1	1	1
鞋 类	Footwear	21	26	31	35
其 他	Others	3	3	3	3
(二)衣着消费服务性支出	Services for Clothing Consumption	1		1	
衣着加工费	Clothing Proceeding Services	1			
其他服务性支出	Other Services				
三、居住消费支出	**Residence**	**226**	**436**	**586**	**626**
(一)居住消费品支出	Consumer Residence	166	327	412	501
建筑生活用房材料	Construction Materials	64	192	253	211
维修生活用房材料	Repair Materials	19	18	29	30
装修生活用房材料	Decoration Materials	11	10	24	40
生活用房	Household Housing		13	31	152
生活用燃料	Household Fuels	72	95	75	70
(二)居住消费服务性支出	Services for Residence	59	109	174	125
建筑、维修生活用房雇工工资	Wages for Housing Construction and Repair	25	68	79	69
房租	Rent	1	1	1	1
生活用水	Household Water	2	2	2	2
生活用电	Household Electricity	21	26	72	37
清洁费、卫生费	Cleaning and Sanitation Costs				
其他服务性支出	Other Services	11	12	21	15

9-11 续表1 continued

单位: 元 (yuan)

类 别	Category	2005年	2006年	2007年	2008年
四、家庭设备、用品消费支出	**Household Appliances and Goods**	**67**	**84**	**107**	**119**
(一)家庭设备用品消费品支出	Consumer Household Appliances	65	81	104	116
日用品	Goods for Daily Use	31	34	40	45
床上用品	Bed Articles	7	8	8	10
室内装饰品	Interior Decorations	1	2	3	2
家俱类	Furniture	13	19	28	33
机电设备	Electrical Equipment	12	19	26	25
(二)家庭设备用品服务性消费支出	Services for Household Appliances	2	3	3	3
家庭设备修理费	Charges for Household Appliances Repair	1	1	1	1
日杂用品加工修理费	Charges for Grocery Processing and Repair	1	1	1	1
家政服务费	Charges for Household Services				
其他服务性支出	Other Services	1	1	1	1
五、交通和通讯消费支出	**Transport and Communications**	**100**	**157**	**217**	**248**
(一)交通和通讯用品支出	Transport and Communications Goods	38	81	125	149
交通工具	Transportation Facility	6	38	73	90
交通工具用燃料	Fuels for Transportation Facility	10	15	18	26
交通工具用零配件	Parts of Transportation Facility	3	3	3	2
通讯工具	Communication Facility	19	24	31	30
通讯工具用零配件	Parts of Communication Facility				
(二)交通和通讯服务消费支出	Transport and Communications Services	62	76	92	99
1.交通消费服务支出	Services for Transport	34	38	46	45
交通客运费	Passenger Traffic Charges	25	26	31	29
生活物品货运费	Freight Charges for Living Goods	2	3	3	2
交通工具修理费	Charges for Transportation Facility Repair	5	7	8	9
其他服务性支出	Other Services	2	3	4	5
2.通讯消费服务支出	Services for Communications	28	38	46	54
邮寄费	Mailing Costs				
通讯费	Communication Charges	27	36	45	53
通讯工具修理费	Charges for Communication Facility Repair		1		
其他	Others	1	1	1	
六、文化教育、娱乐消费支出	**Recreation,Education and Cultural**	**183**	**178**	**182**	**169**
(一)文化教育、娱乐用品消费支出	Culture,Education and Recreation Appliances	40	39	43	40
文教、娱乐用机电消费品	Electrical Consumer Goods for Culture, Education and Recreation	27	25	26	23
书、报、杂志	Books,Newspapers and Magazines	6	6	7	5
纸张、文具	Paper and Stationery	3	3	3	4
音像制品	Audio-visual Products	1	1	1	1
电脑软件	Software				
体育用品	Sport Goods				
计算机零配件及耗材	Computer Parts and Materials				
鲜 花	Flower				
娱乐用品	Recreation Goods	1	2	3	3
其他用品	Other Goods	3	3	3	4

9-11 续表2 continued

单位：元 (yuan)

类别		2005年	2006年	2007年	2008年
(二)教育服务消费支出	Education Services	134	128	128	117
托儿费	Child-care Fee	0	1	1	1
幼儿园赞助费	Sponsor Fee for Kindergarten	0	0	0	1
学杂费	Tuition Fee	115	97	97	79
入学赞助费	Sponsor Fee for School Entrance	1	1	0	0
私立学校就读费	Student Fee for Private Schools Entrance	0	1	1	0
成人培训费	Adult Training Expenses	5	6	7	6
教育设备修理费	Repair Charges for Education Equipment		0		0
其他服务性支出	Other Services	13	21	22	30
(三)文化、体育、娱乐服务消费支出	Services for Culture,Sports and Recreation	9	11	11	12
旅　游	Tourism	4	5	5	6
休闲娱乐费	Recreation Costs	1	2	3	2
文化、体育、娱乐用品修理费	Repair Charges for Culture,Sports and Recreation Goods	0	0	0	0
其他服务性支出	Other Services	3	4	3	4
七、医疗保健消费支出	**Health care**	**122**	**138**	**168**	**182**
(一)医疗保健用品	Health Care Appliances	41	50	52	57
1.医疗卫生用品	Medical Appliances	41	49	52	57
药　品	Medicine	41	49	52	56
医疗卫生器械	Medical Equipment	0	0	0	0
其他医疗卫生用品	Other Medical Appliances	0	0	0	0
2.保健用品	Health Appliances	0	1	0	1
药品类保健品	Drugs Health Products	0	0	0	0
保健器材	Health Equipment	0	0	0	0
(二)医疗保健服务消费支出	Health Care Services	81	88	115	125
医疗费	Medical Charges	80	87	115	124
医疗设备修理费	Repair Charges for Medical Equipment	0	0	0	0
保健费	Health Charges	0	1	0	0
保健设备修理费	Repair Charges for Health Equipment	0	0	0	
其他服务性支出	Other Services	1	0	0	1
八、其他商品和服务消费支出	**Other Goods and Services**	**35**	**38**	**38**	**44**
(一)其他商品支出	Other Goods	15	17	18	22
首　饰	Jewelry	2	3	3	2
手　表	Watch	1	0	0	0
化妆品	Cosmetics	1	1	1	2
迷信、宗教用品	Religious Appliances	3	3	4	5
其　他	Others	9	9	10	13
(二)其他消费服务支出	Other Services	20	21	20	22
旅馆住宿费	Hotel Accommodations	1	1	1	1
美容美发	Beauty Salons	1	1	1	1
殡殓费	Funeral Expenses	8	8	6	9
生活消费借贷利息	Loan Interest of Household Consumption	1	1	1	1
其他服务性支出	Other Services	9	10	11	10

9-12 农村住户期末主要耐用消费品拥有情况（2005-2008年）
Ownership of Major Durable Consumer Goods at Term-end (2005-2008)

单位:台/百户 (piece/100 households)

类　别	Category	2005年	2006年	2007年	2008年
洗衣机	Washing Machine	21.25	24.67	30.29	33.71
电冰箱	Refrigerator	6.92	7.50	8.38	9.75
空调机	Air Conditioner	0.38	0.04	0.08	0.17
抽油烟机	Lampblack Exhauster	0.75	1.08	1.42	1.67
吸尘器	Vacuam Cleaner	0.04		0.29	0.25
微波炉	Microwave Oven	1.46	2.00	2.33	2.96
热水器	Water Heater	9.33	12.67	19.71	22.58
#太阳能热水器	Solar Water Heater			11.88	14.67
自行车（辆/百户）	Bicycle	30.96	30.88	28.50	27.67
#电动自行车	Motorbikes			0.96	1.79
摩托车	Motorcycle	16.25	22.96	27.29	33.29
汽车(生活用)	Automobile	0.42	0.75	0.71	0.83
固定电话机（部/百户）	Phone	23.29	29.92	30.88	29.88
移动电话（部/百户）	Cell Phone	32.29	47.13	69.83	91.17
#接入互联网的（部/百户）	Access to the Internet	1.29	4.25	3.71	3.83
彩色电视机	Color TV Set	70.46	77.54	84.13	88.96
#接入有线电视网的	Access to Cable TV Network	24.75	29.29	29.83	31.67
黑白电视机	Black/White TV Set	15.46	12.92	7.63	6.83
#接入有线电视网的	Access to Cable TV Network	3.17	3.83	1.54	1.17
摄像机	Pickup Camera	0.21	0.58	0.08	0.17
影碟机	Video Disc Player	41.21	46.17	49.04	53.79
照相机（架/百户）	Camera	1.83	2.17	2.50	1.96
家用计算机	Computer	0.71	0.42	0.63	0.83
#接入互联网的	Access to the Internet	0.08	0.04	0.08	0.17
中高档乐器（件/百户）	Medium and Top Grade Music Instruments	0.08	0.08	0.17	0.08

9-13 农村住户人均食品消费数量（2005-2008年）
Per Capita Food Consumption of Rural Households (2005-2008)

单位:千克 (kg)

类　别	Category	2005年	2006年	2007年	2008年
一、粮食消费量	**Grain Consumption**	**194.37**	**202.51**	**183.07**	**190.37**
(一)谷物消费量	Cereal	187.45	194.42	174.56	181.62
#小　麦	Wheat	11.21	11.70	9.10	10.80
稻　谷	Rice	146.23	148.58	135.62	145.27
玉　米	Corn	27.03	30.20	25.88	21.74
(二)薯类消费量	Tubers	3.18	3.54	4.12	3.34
(三)豆类消费量	Beans	3.75	4.56	4.39	5.41
二、油脂类消费量	**Oil Consumption**	**3.26**	**3.21**	**3.07**	**3.59**
植物油	Vegetable Oil	1.84	2.01	1.32	1.52
动物油	Animal Fat	1.42	1.21	1.75	2.07
三、烟叶消费量	**Tobacco Consumption**	**0.60**	**0.34**	**0.43**	**0.38**
四、豆制品	**Bean Products**	**1.74**	**1.53**	**1.58**	**1.50**
五、蔬菜及菜制品消费量	**Consumption of Vegetable and Products**	**98.30**	**93.32**	**86.44**	**97.84**
六、瓜　类	**Melons**	**0.69**	**0.66**	**0.76**	**2.33**
七、水果类	**Fruits**	**10.25**	**12.33**	**11.61**	**10.00**
八、消费茶叶	**Tea Consumption**	**0.44**	**0.50**	**0.59**	**0.55**
九、坚果消费量	**Nuts Consumption**	**1.31**	**1.19**	**1.27**	**1.19**
十、肉禽及其制品	**Meat,Poultry and Products**	**31.89**	**34.75**	**33.04**	**33.49**
猪　肉	Pork	27.92	30.18	28.26	27.10
牛　肉	Beef	0.41	0.63	0.70	0.64
羊　肉	Mutton	0.18	0.24	0.19	0.21
家　禽	Poultry	2.93	3.01	3.23	4.87
其他肉禽及制品	Other Meat,Poultry and Products	0.46	0.68	0.67	0.67
十一、蛋类及蛋制品	**Eggs and Products**	**1.67**	**1.86**	**1.87**	**2.41**
十二、奶和奶制品	**Milk and Products**	**0.23**	**0.21**	**0.25**	**0.29**
十三、水产品	**Aquatic Products**	**1.06**	**1.31**	**1.58**	**1.72**
鱼　类	Fish	1.02	1.26	1.50	1.65
虾、贝、蟹类	Shrimp,Shellfish and Crab	0.01	0.01	0.02	0.02
藻　类	Algae	0.01	0.01	0.01	0.00
其　他	Others	0.03	0.03	0.04	0.05
十四、食糖	**Sugar**	**1.21**	**1.12**	**1.13**	**1.22**
十五、酒	**Liquor**	**6.72**	**7.52**	**7.52**	**7.38**
#白　酒	White Spirit	5.00	5.13	4.77	4.70
啤　酒	Beer	1.58	2.23	2.60	2.57
果　酒	Wine	0.06	0.06	0.05	0.03

9-14 农村住户人均粮食收支情况（2005-2008年）
Per Capita Grain Income and Expenditure of Rural Households (2005-2008)

单位:千克 (kg)

类　别	Category	2005年	2006年	2007年	2008年
一、期内粮食收入合计	**Grain Income in the Term**	**596.72**	**591.21**	**583.48**	**587.13**
(一)家庭经营生产粮食	Grain of Household Operations	519.88	509.85	509.94	502.34
1.谷　物	Cereal	470.63	460.96	462.34	449.41
#小　麦	Wheat	36.58	41.38	39.40	29.95
水　稻	Rice	177.37	176.30	169.44	160.44
玉　米	Corn	239.88	229.28	236.34	239.47
2.薯　类	Tubers	27.76	28.52	26.70	32.29
3.豆　类	Beans	21.49	20.36	20.90	20.64
(二)购入粮食	Purchase of Grain	74.33	80.35	72.34	83.82
1.谷　物	Cereal	72.85	78.85	71.18	82.30
#小　麦	Wheat	2.56	2.44	2.22	3.14
水　稻	Rice	34.37	37.93	36.83	40.81
玉　米	Corn	32.07	33.65	28.55	33.73
2.薯　类	Tubers	0.38	0.45	0.35	0.33
3.豆　类	Beans	1.10	1.05	0.81	1.19
(三)借入粮食	Loan of Grain	0.22	0.12		0.01
(四)收回借出粮	Grain Repaid	0.06	0.05		0.17
(五)其他粮食收入	Other Grain Income	2.23	0.83	1.20	0.79
二、期内粮食支出合计	**Grain Expenditure in the Term**	**518.59**	**548.65**	**519.07**	**517.68**
(一)主食用粮	Grain as Staple	194.37	202.51	183.07	190.37
1.谷　物	Cereal	187.45	194.42	174.56	181.62
#小　麦	Wheat	11.21	11.70	9.10	10.80
水　稻	Rice	146.23	148.58	135.62	145.27
玉　米	Corn	27.03	30.20	25.88	21.74
2.薯　类	Tubers	3.18	3.54	4.12	3.34
3.豆　类	Beans	3.75	4.56	4.39	5.41
(二)其他生活用粮	Other Living Grain	1.87		0.85	0.05
(三)出售粮食	Sale of Grain	107.80	130.29	125.61	115.78
1.谷　物	Cereal	91.80	112.81	109.94	99.91
#小　麦	Wheat	8.96	12.81	13.13	5.73
水　稻	Rice	39.51	44.07	38.20	38.51
玉　米	Corn	41.23	53.22	55.92	52.92
2.薯　类	Tubers	6.72	7.85	6.66	7.57
3.豆　类	Beans	9.28	9.63	9.01	8.30
(四)种籽用粮食	Grain as Seeds	16.11	13.29	13.03	12.01
(五)饲料用粮食	Grain as Feed	196.63	201.34	195.75	199.10
(六)借出粮食	Creditor of Grain	0.10	0.05	0.01	0.03
(七)归还借粮	Grain Returned	0.05	0.80		0.04
(八)其他粮食支出	Other Grain Expenditure	1.65	0.36	0.75	0.30
三、期末粮食结存实际调查数	**Balance of Grain Surveyed at Term-end**	**396.16**	**394.36**	**371.15**	**413.45**
(一)谷　物	Cereal	363.95	366.57	342.74	380.32
#小　麦	Wheat	9.22	8.71	10.52	8.12
水　稻	Rice	156.13	158.85	141.14	161.50
玉　米	Corn	192.42	195.17	185.65	205.15
(二)薯　类	Tubers	26.45	23.57	22.56	26.25
(三)豆　类	Beans	5.76	4.23	5.85	6.89

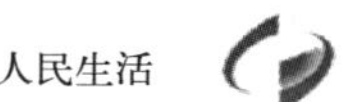

9-15 农村住户人口与就业情况（2005-2008年）
Population and Employment of Rural Households (2005-2008)

单位：人 (person)

类别		2005年	2006年	2007年	2008年
一、农村住户人口状况	**Population of Rural Households**				
(一)家庭常住人口	Number of Permanent Residents	10 396	10 449	10 371	10 361
(二)常住人口与户主关系	Relationship between the Permanent Residents and the Head of the Household				
户　主	the Head of the Household	2 400	2 400	2 400	2 393
配　偶	Spouses	2 281	2 280	2 255	2 243
子　女	Children	4 322	4 345	4 296	4 286
孙子女	Grandchildren	366	423	471	526
父　母	Parents	806	811	771	741
祖父母	Grandparents	39	41	27	21
兄弟姐妹	Brothers and Sisters	123	130	119	115
其他亲属	Other Relatives	57	17	32	36
非亲属	Unrelated				
(三)家庭常住人口年龄状况	Age of Permanent Residents				
6岁及以下	6 Year-old and Under	847	803	754	729
7-15岁	Between 7 and 15 Year-old	1 586	1 499	1 463	1 439
16-18岁	Between 16 and 18 Year-old	698	684	623	576
19-22岁	Between 19 and 22 Year-old	792	870	904	927
23-25岁	Between 23 and 25 Year-old	491	497	494	534
26-30岁	Between 26 and 30 Year-old	857	822	772	732
31-40岁	Between 31 and 40 Year-old	1 800	1 764	1 721	1 698
41-50岁	Between 41 and 50 Year-old	1 544	1 606	1 683	1 699
51-60岁	Between 51 and 60 Year-old	921	1 019	1 051	1 104
61岁及以上	61 Year-old and Above	860	885	906	923
(四)在校学生人数	Students Enrollment	1 964	2 005	1 953	1 922
#7-15岁以下在校学生人数	Between 7 and 15 Year-old	1 459	1 431	1 398	1 394
(五)7-15岁非在校学生人数	Non-school Students Between 7 and 15 Year-old	127	68	65	45
(六)参加养老保险的人数	People Participated in Endowment Insurance	200	173	97	95
(七)参加医疗保险的人数	People Participated in Medical Insuarance	3 965	5 659	9 915	10 117
二、农村住户劳动力素质状况	**Labor Force Quality of Rural Households**				
(一)整半劳动力数	Number of Full/Semi Labour Force	6 685	6 833	6 831	6 866
#男劳动力人数	Number of Male Labour Force	3 507	3 600	3 612	3 652
整劳动力人数	Number of Full Labour Force	5 176	5 245	5 236	5 200
受过专业培训的人数	Number of Professionally Trained				
(二)年龄状况	Age of Labor Force				
16-20岁	Between 16 and 20 Year-old	765	743	676	635
21-25岁	Between 21 and 25 Year-old	799	836	874	923
26-30岁	Between 26 and 30 Year-old	854	820	767	724
31-35岁	Between 31 and 35 Year-old	841	836	856	847
36-40岁	Between 36 and 40 Year-old	950	924	861	843
41-45岁	Between 41 and 45 Year-old	866	979	1 045	1 014
45-50岁	Between 45 and 50 Year-old	663	620	631	678
51岁及以上	51 Year-old and Above	947	1 075	1 121	1 202

9-15 续表 continued

单位:人 (person)

类 别	Category	2005年	2006年	2007年	2008年
(三)文化程度	Education of Labor Force				
不识字或识字很少	Can Not Read or Read Very Little	934	880	912	905
小学程度	Primary School	2 810	2 791	2 721	2 605
初中程度	Junior High School	2 541	2 719	2 739	2 840
高中程度	Senior High School	309	342	331	364
中 专	Secondary School	74	77	98	110
大专及以上	Junior College and over	17	24	30	42
三、农村住户劳动力就业情况	**Employment of Rural Labor Force**				
就业劳动力人数	Number of Employed Labor Force	6 678	6 819	6 825	6 859
#男劳动力人数	Male Labor Force	3 502	3 594	3 611	3 650
整劳动力人数	Full Labor Force	5 171	5 236	5 233	5 196
受专业培训的人数	Professionally Trained	945	986	1 362	1 383
(一)就业地点	Place of Employment				
乡 内	in the Village	6 350	6 465	6 371	6 342
县内乡外	in the County but outside the Village	56	46	54	66
省内县外	in the Province but outside the County	174	184	184	207
国内省外	in China but outside the Province	95	121	212	243
国 外	Abroad	3	3	4	1
(二)行业分布	Sector Employment				
1.一产业就业劳动力	Primary Industry	5 983	6 041	5 950	5 892
#农 业	Farming	5 944	6 001	5 898	5 857
林 业	Forestry	8	16	11	11
牧 业	Animal Husbandry	27	22	39	24
渔 业	Fishery	4	2	2	
2.非农产业就业劳动力	Non-agricultural Industries	695	778	875	967
(1)二产业就业劳动力	Secondary Industry	251	297	346	372
采矿业	Mining and Quarrying	52	52	38	33
制造业	Manufacturing	101	135	169	173
电力煤气及水的生产供应业	Electricity, Gas & Water Production and Supply	10	8	15	6
建筑业	Construction	88	102	124	160
(2)三产业就业劳动力	Tertiary Industry	444	481	529	595
交通运输仓储及邮电通讯业	Transport,Storage and Post	41	55	70	63
批发和零售贸易	Wholesale and Retail Trades	34	45	60	64
住宿和餐饮业	Hotels and Catering Services	66	63	72	91
居民服务和其他服务业	Services to Households and Other Services	78	92	128	149
教 育	Education	18	22	16	11
卫生、社会保障和社会福利业	Health,Social Security and Social Welfare	15	17	11	12
文化、体育和娱乐业	Culture,Sports and Entertainment	5	4	3	6
其 他	Others	187	183	169	199
(三)年内从事各种行业时间(月)	Time Engaged in Various Sectors in the Year (month)	65 442	66 477	65 672	66 340
从事农业的时间	Engaged in Agriculture	54 043	54 525	52 975	52 483
从事非农产业的时间	Engaged in Non-agriculture	11 399	11 952	12 696	13 857

9-16 农村住户农业生产结构及生产技术应用情况（2005-2008年）

Agricultural Production Structure and Technology Application of Rural Households (2005-2008)

单位:亩/人 (mu/person)

类 别		2005年	2006年	2007年	2008年
一、土地经营情况	Land Operation				
(一)期内增加的经营土地面积	Added Land Area Operated in the Term	0.03	0.12	0.07	0.08
#耕 地	Farmland	0.03	0.06	0.04	0.04
(二)期内减少的经营土地面积	Reduce Land Area Operated in the Term	0.01	0.05	0.02	0.04
#耕 地	Farmland	0.01	0.04	0.02	0.03
(三)期末实际经营的土地面积	Actually Land Area Operated at Term-end	2.14	2.25	2.30	2.40
耕 地	Farmland	1.40	1.45	1.45	1.43
#有效灌溉面积	Effective Irrigation Area	0.45	0.49	0.47	0.47
山 地	Mountain Land	0.62	0.56	0.61	0.71
园 地	Garden Land	0.11	0.23	0.23	0.26
牧草地	Grassland	0.01	0.01	0.01	0.01
养殖水面	Culture Surface	0.00	0.00	0.00	0.00
二、土地种植情况	Land Cultivation				
(一)粮食播种面积	Acreage of Grain	1.69	1.75	1.95	1.65
#小麦播种面积	Acreage of Wheat	0.20	0.21	0.19	0.19
水稻播种面积	Acreage of Rice	0.42	0.46	0.69	0.37
玉米播种面积	Acreage of Corn	0.72	0.69	0.69	0.71
豆类播种面积	Acreage of Beans	0.13	0.13	0.16	0.15
薯类播种面积	Acreage of Tubers	0.13	0.14	0.13	0.15
(二)经济作物播种面积	Acreage of Economic Crops				
#棉花播种面积	Acreage of Cotton				
油料播种面积	Acreage of Oil	0.10	0.10	0.10	0.09
蔬菜播种面积	Acreage of Vegetables	0.21	0.60	0.24	0.52
瓜类播种面积	Acreage of Melons	0.01	0.01	0.01	0.01
三、农业生产技术应用情况	Agricultural Technology Application				
(一)优质粮食品种播种面积	Acreage of Quality Grain Varieties	0.09	0.10	0.05	
优质小麦面积	Acreage of Quality Wheat	0.01	0.02	0.01	
优质水稻面积	Acreage of Quality Rice	0.03	0.03	0.02	
优质玉米面积	Acreage of Quality Corn	0.05	0.05	0.02	
(二)机耕面积	Mechanical Cultivation Area	0.11	0.14	0.16	0.18
(三)抛秧面积	Throwing Seedling Area	0.00	0.00	0.01	0.01
(四)机播面积	Mechanical Seeding Area	0.00	0.01	0.00	
(五)机收面积	Mechanical Harvesting Area	0.01	0.02	0.02	0.01
(六)机电灌溉面积	Mechanical Irrigation Area	0.02	0.02	0.03	0.03
(七)薄膜覆盖面积	Films Coverage Area	0.18	0.21	0.17	0.21
(八)温室面积	Greenhouse Area	0.00	0.00	0.00	0.00

9-17　农村住户生产经营情况（2005-2008年）
Production Operations of Rural Households (2005-2008)

单位:千克/人　　　　(kg/person)

类　别	Category	2005年	2006年	2007年	2008年
一、农 业	**Farming**				
(一)谷物产量	Cereal Output	470.63	460.96	462.34	449.41
#粮食产量	Ordinary Wheat	230.75	231.68	226.00	209.94
玉米产量	Ordinary Corn	239.88	229.28	236.34	239.47
(二)薯类产量	Tubers Output	27.76	28.52	26.70	32.29
(三)豆类产量	Beans Output	21.49	20.36	20.90	20.64
(四)棉花产量	Cotton Output				
(五)油料产量	Oil Output	16.74	17.74	17.61	14.45
(六)蔬菜产量	Vegetable Output	269.22	241.43	272.99	274.12
(七)水果类产量	Fruit Output	26.89	36.49	34.99	33.50
二、林 业	**Forestry**				
核桃产量	Walnut Output	2.84	3.16	4.38	2.60
木 材（立米/人）	Wood (cu.m/person)	0.03	0.04	0.04	0.03
树 苗（株/人）	Sapling (stem/person)	7.92	33.38	11.29	8.17
三、牧 业	**Animal Husbandry**				
(一)畜禽肉产量(出售、自宰)	Output of Livestock and Poultry	72.74	65.29	60.05	61.05
1.畜肉产量	Output of Livestock Meat	66.97	58.98	55.59	52.52
#(1)肉猪头数(头/人)	Pig (head/person)	0.73	0.66	0.61	0.58
肉猪肉产量	Pork	64.13	56.49	52.85	50.20
(2)菜羊只数（只/人）	Sheep (head/person)	0.04	0.05	0.03	0.02
菜羊肉产量	Mutton	0.74	0.90	0.66	0.50
(3)肉牛头数（头/人）	Cattle (head/person)	0.01	0.01	0.01	0.01
肉牛肉产量	Beef	1.44	1.55	2.02	1.56
2.家禽肉产量	Output of Poultry Meat	5.77	6.32	4.45	8.53
#鸡只数（只/人）	Chicken (head/person)	2.71	3.03	2.05	3.88
鸡的肉产量	Chicken Meat	5.34	6.01	4.06	8.21
(二)蛋类产量	Eggs Output	7.28	6.79	6.08	6.53
(三)奶类产量	Milk Outout	11.80	14.37	14.09	14.70
四、渔 业	**Fishery**				
鱼类产量	Fishes output	0.74	0.56	0.59	1.37

9-18 农村居民出售产品情况（2005-2008年）
Product Sales of Rural Households (2005-2008)

类别	Category	2005年	2006年	2007年	2008年
一、农 业（元/人）	**Farming (yuan/person)**	**771.99**	**948.84**	**1173.97**	**1229.92**
(一)谷物数量 （千克/人）	Cereal Amount (kg/person)	91.80	112.81	109.94	99.91
金 额（元/人）	Sum (yuan/person)	134.16	155.63	166.92	182.29
#1.出售小麦数量（千克/人）	Amount of Wheat (kg/person)	8.96	12.81	13.13	5.73
出售小麦金额（元/人）	Sum of Wheat (yuan/person)	12.26	15.23	18.36	10.10
2.出售玉米数量（千克/人）	Amount of Corn (kg/person)	41.23	53.22	55.92	52.92
出售玉米金额（元/人）	Sum of Corn (yuan/person)	52.11	63.49	75.34	87.90
(二)出售薯类数量（千克/人）	Amount of Tubers (kg/person)	6.72	7.85	6.66	7.57
出售薯类金额（元/人）	Sum of Tubers (yuan/person)	18.37	22.58	20.28	29.59
(三)出售豆类数量（千克/人）	Amount of Beans (kg/person)	9.28	9.63	9.01	8.30
出售豆类金额（元/人）	Sum of Beans (yuan/person)	21.04	26.17	25.85	26.33
(四)出售棉花数量（千克/人）	Amount of Cotton (kg/person)				0.00
出售棉花金额（元/人）	Sum of Cotton (yuan/person)				0.35
(五)出售油料数量（千克/人）	Amount of Oil (kg/person)	10.69	13.35	13.54	8.64
出售油料金额（元/人）	Sum of Oil (yuan/person)	27.23	30.63	47.86	46.45
(六)出售蔬菜数量（千克/人）	Amount of Vegetables (kg/person)	146.27	143.40	171.16	180.71
出售蔬菜金额（元/人）	Sum of Vegetables (yuan/person)	150.17	186.08	235.61	260.99
(七)出售瓜类数量（千克/人）	Amount of Melons (kg/person)	6.74	7.92	10.96	7.22
出售瓜类金额（元/人）	Sum of Melons (yuan/person)	4.33	6.90	9.46	6.49
(八)出售园林水果数量（千克/人）	Amount of Fruits (kg/person)	21.46	26.38	27.16	29.01
出售园林水果金额（元/人）	Sum of Fruits (yuan/person)	23.98	31.20	38.53	46.00
二、林 业（元/人）	**Forestry (yuan/person)**	**137.40**	**238.38**	**239.55**	**234.32**
#出售采集林产品金额（元/人）	Sum of Forestry Products (yuan/person)	115.48	214.21	217.92	209.45
出售竹木金额（元/人）	Sum of Bamboo (yuan/person)	6.65	11.00	9.63	9.01
出售育种、育苗金额（元/人）	Sum of Breeding Nursery (yuan/person)	10.03	7.01	6.33	5.71
三、牧 业（元/人）	**Animal Husbandry (yuan/person)**	**494.79**	**524.96**	**701.57**	**883.93**
#1.出售肉猪及猪肉总重量（千克/人）	Amount of Pigs and Meat (kg/person)	34.16	36.70	34.38	31.93
出售肉猪及猪肉总金额（元/人）	Sum of Pigs and Meat (yuan/person)	256.69	310.20	431.54	516.00
2.出售菜羊及羊肉总重量（千克/人）	Amount of Sheep and Mutton (kg/person)	0.75	0.90	0.52	0.39
出售菜羊及羊肉总金额（元/人）	Sum of Sheep and Mutton (yuan/person)	9.12	11.28	8.24	8.43
3.出售家禽总重量（千克/人）	Amount of Livestock (kg/person)	3.43	2.92	2.36	4.55
出售家禽总金额（元/人）	Sum of Livestock (yuan/person)	32.79	27.77	31.40	37.96
4.出售蛋类的数量（千克/人）	Amount of Eggs (kg/person)	6.48	5.65	4.92	4.86
出售蛋类的金额（元/人）	Sum of Eggs (yuan/person)	38.48	30.96	32.78	33.97
四、渔 业（元/人）	**Fishery (yuan/person)**	**6.67**	**4.75**	**3.95**	**5.44**
#出售水产品金额（元/人）	Sum of Aquatic Products (yuan/person)	6.66	4.52	3.80	5.43

9-19 各地区农村居民主要指标（2008年）

Major Indicators of Rural Households by Region (2008)

地 区	Region	调查户数（户）Number of Households Surveyed (household)	常住人口（人）Number of Permanent Residents (person)	整半劳动力数(人) Number of Full Semi Labour Force (person)	整半劳动力（人）Among Number of Full Semi Labour Force (person)					
					文盲或半文盲 Illiterate and Semiliterate	小学程度 Primary School	初中程度 Junior Secondary School	高中程度 Senior Secondary School	中专 Secondary School	大专及以上 Junior College and over
全省合计	**Total**	**2 400**	**10 361**	**6 866**	**905**	**2 605**	**2 840**	**364**	**110**	**42**
昆 明	Kunming	1 187	4 490	3 071	234	848	1 558	272	102	57
曲 靖	Qujing	2 915	11 223	7 601	1 441	2 651	2 814	496	140	57
玉 溪	Yuxi	677	2 735	1 871	165	618	856	176	35	22
保 山	Baoshan	580	2 556	1 643	179	631	735	77	18	3
昭 通	Zhaotong	1 180	5 274	3 536	661	1 610	1 071	143	38	13
丽 江	Lijiang	462	1 946	1 299	269	571	394	46	12	6
普 洱	Pu'er	1 000	4 350	2 965	354	1 397	1 057	112	40	5
临 沧	Lincang	1 000	4 465	3 071	509	1 497	921	106	31	7
楚 雄	Chuxiong	2 150	9 029	6 191	693	2 242	2 744	351	130	31
红 河	Honghe	3 000	13 001	8 783	1 347	3 167	3 563	485	163	58
文 山	Wenshan	800	3 528	2 393	382	920	984	93	9	5
西双版纳	Xishuangbanna	172	863	579	79	302	168	20	8	2
大 理	Dali	500	2 115	1 452	102	505	729	75	33	8
德 宏	Dehong	579	2 615	1 820	238	791	699	64	18	10
怒 江	Nujiang	400	1 766	1 134	374	381	343	24	9	3
迪 庆	Diqing	300	1 370	899	189	435	217	43	9	6

9-19 续表 1 continued

单位：元/人 (yuan/person)

地 区	Region	全年总收入 Total Income	工资性收入 Income from Wages and Salaries	#在企业中劳动得到收入 Earning Money by Working at Enterprises	#外出从业得到收入 Earning Money by Working outside	家庭经营收入 Income from Household Operations	财产性收入 Income from Properties	转移性收入 Income from Transfers
全省合计	**Total**	**4 889.13**	**617.47**	**47.75**	**120.72**	**3 908.04**	**109.83**	**253.79**
昆 明	Kunming	7 375.21	1 310.70	279.67	112.13	5 141.24	593.42	329.85
曲 靖	Qujing	5 311.49	944.78	299.70	292.63	4 073.28	59.28	234.15
玉 溪	Yuxi	7 173.42	1 046.64	447.77	106.93	5 694.92	156.95	274.90
保 山	Baoshan	4 628.23	766.45	13.14	244.09	3 518.29	114.69	228.80
昭 通	Zhaotong	2 890.46	834.44	54.32	324.44	1 803.90	25.46	226.67
丽 江	Lijiang	3 219.23	700.03	122.93	117.40	2 364.68	32.30	122.22
普 洱	Pu'er	4 288.79	437.03	17.97	38.03	3 535.79	45.37	270.60
临 沧	Lincang	3 595.83	580.91	6.58	123.60	2 744.29	30.62	240.01
楚 雄	Chuxiong	4 833.51	567.92	52.81	176.89	4 066.28	43.92	155.38
红 河	Honghe	5 536.87	599.79	60.98	41.24	4 691.54	65.74	179.80
文 山	Wenshan	2 844.08	532.39	18.15	192.62	2 192.48	37.49	81.72
西双版纳	Xishuangbanna	5 565.22	225.19	0.96	32.79	4 810.98	224.26	304.79
大 理	Dali	4 644.18	580.39	41.03	105.17	3 804.17	73.98	185.64
德 宏	Dehong	3 968.89	319.16	4.98	28.16	3 434.89	32.11	182.74
怒 江	Nujiang	2 053.49	339.35		25.92	1 364.78	70.45	278.91
迪 庆	Diqing	3 145.84	932.79		211.57	1 818.76	76.77	317.53

9-19 续表 2 continued

单位：元/人 (yuan/person)

地 区	Region	全 年 纯收入 Net Income	工资性 纯收入 Net Income from Wages and Salaries	家庭经营 纯 收 入 Net Income from Household Operations	财产性 纯收入 Net Income from Properties	转移性 纯收入 Net Income from Transfers	现 金 纯收入 Cash Net Income
全省合计	**Total**	**3 103**	**617**	**2 157**	**110**	**219**	**2 379**
昆 明	Kunming	4 610	1 311	2 416	593	290	4 159
曲 靖	Qujing	3 166	945	1 967	59	195	2 396
玉 溪	Yuxi	4 761	1 047	3 306	157	252	4 178
保 山	Baoshan	2 717	766	1 634	115	203	2 155
昭 通	Zhaotong	2 102	834	1 049	25	193	1 493
丽 江	Lijiang	2 374	700	1 532	32	110	1 697
普 洱	Pu'er	2 536	437	1 800	45	254	1 835
临 沧	Lincang	2 363	581	1 528	31	223	1 721
楚 雄	Chuxiong	3 110	568	2 354	44	143	2 220
红 河	Honghe	3 050	600	2 224	66	160	2 536
文 山	Wenshan	2 027	532	1 381	37	77	1 291
西双版纳	Xishuangbanna	3 213	225	2 471	224	292	2 252
大 理	Dali	3 078	580	2 247	74	177	2 511
德 宏	Dehong	2 439	319	1 921	32	166	1 749
怒 江	Nujiang	1 448	339	783	70	255	1 140
迪 庆	Diqing	2 595	933	1 281	77	304	2 064

9-19 续表 3 continued

单位：元/人 (yuan/person)

地 区	Region	全 年 总支出 Total Expenditure	家庭经营 费用支出 Expenditure for Household Operations	购置生产性 固定资产支出 Expenditure for Purchase of Productive Fixed Assets	建、造生产性 固定资产 雇工支出 Expenditure for Building of Productive Fixed Assets	税 费 支 出 Expenditure for Taxes and Fees	生活消费 支 出 Expense on Household Consumption	财产性 支 出 Expenditure for Properties	转移性 支 出 Expenditure for Transfers
全省合计	**Total**	**4 923**	**1 612**	**158**	**3**	**3**	**2 991**	**9**	**148**
昆 明	Kunming	7 623	2 491	314	4	15	4 530	30	239
曲 靖	Qujing	4 773	1 935	184	65	1	2 488	3	97
玉 溪	Yuxi	7 055	2 205	323	2	2	4 223	40	261
保 山	Baoshan	4 901	1 736	172	0	2	2 819	24	147
昭 通	Zhaotong	2 832	704	73	1	1	1 948	9	96
丽 江	Lijiang	2 386	636	93			1 614	3	39
普 洱	Pu'er	4 193	1 621	161	5	2	2 327	15	61
临 沧	Lincang	2 858	1 130	85	1	4	1 597	2	39
楚 雄	Chuxiong	4 709	1 537	210	9	5	2 840	13	94
红 河	Honghe	5 388	2 321	205	1	4	2 681	23	154
文 山	Wenshan	2 485	723	70	0	0	1 658	3	31
西双版纳	Xishuangbanna	5 700	2 215	79	2	0	3 271	53	80
大 理	Dali	4 406	1 434	92	1	1	2 641	30	207
德 宏	Dehong	3 826	1 359	132	2	8	2 208	24	92
怒 江	Nujiang	1 997	520	56	1	0	1 331	3	87
迪 庆	Diqing	2 276	407	60			1 787	1	21

9-19 续表 4 continued

单位：元/人 (yuan/person)

地 区	Region	全年生活消费总支出 Total Expense on Household Consumption	食品消费支出 Food	衣着消费支出 Clothing	居住消费支出 Residence	家庭设备、用品消费支出 Household Appliances and Services
全省合计	**Total**	**2 991**	**636**	**1 483**	**120**	**626**
昆 明	Kunming	4 530	1 774	254	955	220
曲 靖	Qujing	2 488	1 113	149	481	137
玉 溪	Yuxi	4 223	1 743	218	791	244
保 山	Baoshan	2 819	1 457	104	448	134
昭 通	Zhaotong	1 948	1 066	87	414	83
丽 江	Lijiang	1 614	862	110	122	76
普 洱	Pu'er	2 327	1 440	65	278	94
临 沧	Lincang	1 597	971	62	181	64
楚 雄	Chuxiong	2 840	1 543	98	389	134
红 河	Honghe	2 681	1 373	123	387	127
文 山	Wenshan	1 658	1 003	77	210	64
西双版纳	Xishuangbanna	3 271	1 566	140	522	138
大 理	Dali	2 641	1 225	169	535	93
德 宏	Dehong	2 208	1 264	85	302	84
怒 江	Nujiang	1 331	803	84	147	67
迪 庆	Diqing	1 787	950	136	135	66

9-19 续表 5 continued

单位：元/人 (yuan/person)

地 区	Region	交通和通讯消费支出 Transport and Communications	文化教育、娱乐消费支出 Recreation,Education and Cultural Services	医疗保健保障支出 Health Care and Medical Services	其他商品和服务消费支出 Other Goods and Services
全省合计	**Total**	**248**	**169**	**182**	**44**
昆 明	Kunming	488	416	342	81
曲 靖	Qujing	149	264	142	53
玉 溪	Yuxi	444	325	365	92
保 山	Baoshan	296	133	199	49
昭 通	Zhaotong	102	94	84	19
丽 江	Lijiang	129	202	96	17
普 洱	Pu'er	211	90	113	37
临 沧	Lincang	139	75	84	22
楚 雄	Chuxiong	264	193	199	22
红 河	Honghe	251	176	188	56
文 山	Wenshan	129	91	69	16
西双版纳	Xishuangbanna	504	168	210	23
大 理	Dali	208	184	196	31
德 宏	Dehong	205	111	120	37
怒 江	Nujiang	92	69	62	9
迪 庆	Diqing	137	149	195	19

主要统计指标解释

城镇居民家庭就业人口 指从事社会劳动并取得劳动报酬或经营收入的人口。城镇就业人口包括“国有经济单位职工”、“城镇集体经济单位职工”、“其他各种经济类型单位职工”、“个体经营者”、“个体被雇人员”、“离退休再就业人员”、“其他就业人员”七项。

城镇居民家庭总收入 指城镇居民家庭中生活在一起的所有家庭成员在调查期得到的工资性收入、经营净收入、财产性收入、转移性收入的总和。不包括出售财物和借贷收入。

城镇居民家庭可支配收入 指城镇居民家庭可用于最终消费支出和其他非义务性支出以及储蓄的总和。即居民家庭可以用来自由支配的收入。它是家庭总收入扣除交纳的个人所得税、个人交纳的社会保障费以及调查户的记账补贴后的收入。

城镇居民家庭消费性支出 指城镇居民家庭用于日常生活的全部支出,包括食品、衣着、居住、家庭设备用品及服务、医疗保健、交通和通信、娱乐教育文化服务、其他商品和服务八大类支出。

农村居民总收入 指调查期内农村住户和住户成员从各种来源渠道得到的收入总和。按收入的性质划分为工资性收入、家庭经营收入、财产性收入和转移性收入。

农村居民纯收入 指农村住户当年从各个来源得到的总收入相应地扣除所发生的费用后的收入总和。纯收入主要用于再生产投入和当年生活消费支出，也可用于储蓄和各种非义务性支出，计算方法:

纯收入＝总收入－家庭经营费用支出－税费支出－生产性固定资产折旧－赠送农村外部亲友支出

农村居民总支出 指农村住户用于生产、生活和再分配的全部支出。家庭经营费用支出、购置生产性固定资产支出、生产性固定资产折旧、税费支出、生活消费支出、财产性支出和转移性支出。

城乡居民储蓄存款余额 包括城镇居民储蓄和农民个人储蓄两部分的余额。不包括工矿企业、部队、机关团体等集团存款。

城镇居民储蓄存款余额是指各专业银行的城市居民储蓄、华侨储蓄之和。农民个人储蓄是指信用社社员储蓄。

Explanatory Notes on Principal Statistical Indicators

Employed Population of Urban Households refers to the persons who are engaged in social labor activities and gain labor remuneration or business income. Urban employed population falls into seven categories: staff and workers of state-owned economic entity, staff and workers of collective-owned economic entities, staff and workers of other ownership entity, self-employed persons, and employees of individual economic entities, re-employed retirees and other employees.

Total Income of Urban Households refers to the sum total of wage income, net business income, income from properties and transfer income of the sample households in the survey period. Income from sales of properties and borrowings are excluded.

Disposable Income of Urban Households refers to the actual income at the disposal of the sample households which is used for final consumption, other non-compulsory expenditures and savings, i.e., total income minus personal income tax, personal social security payments and sample household subsidy.

Consumption Expenditure of Urban Households refers to the total expenditure of sample households on consumption in daily life, falling into eight main categories such as expenditure on food, clothing, household appliances and services, health and medical care, transport and telecommunication, services of entertainment, education and culture, housing, miscellaneous goods and services.

Total Income of Rural Households refers to the sum of income earned from various sources by rural households and their members within the survey period composed of wage income, business income, and income from properties and transfer income.

Net Income of Rural Households refers to the total income of rural households after deduction of their relevant expenses incurred from their total income in the current year. It is mainly used as capital input for reproduction and for living expenses, savings and other non-compulsory expenditures. The formula is as follows:

Net Income = Total Income − Household Operating Costs − Depreciation of Productive Fixed Assets − Taxes and Fees − Expenses on Gifts to Non-rural to Relatives.

Total Expenditure of Rural Households refers to the total actual expenses of rural households on production, in daily life consumption and redistribution, including expenses on household operating costs, expenses on purchase of productive fixed assets, depreciation of productive fixed assets, payments for taxes and fees, expenses on consumption in daily life expenditures, on properties and transfer expenditures.

Savings Deposits of Urban and Rural Residents refer to the balance of savings deposits of urban residents and of rural residents, excluding the group deposits of industrial and mining enterprises, military units, government agencies, social organizations etc.

The savings deposits of urban residents refer to the total deposits of urban residents and overseas Chinese saved in various professional banks. The savings deposits of rural residents refer to the total deposits of members of credit cooperatives.

Chapter 10

十、自然资源和环境

Natural Resources and Environment

10-1 人口和自然资源（2008年）
Population and Natural Resources (2008)

指标	Item	2008年
全省年底人口总数（万人）	Total Population (year-end) (10 000 persons)	4 543.00
人口密度（人/平方公里）	Population Density (person/sq .km)	115.30
全省土地面积（万平方公里）	Total Land Area (10 000 sq .km)	39.40
民族自治地方土地面积（万平方公里）	Autonomous Area of Nationalities (10 000 sq.km)	27.67
全省年末耕地总资源（万公顷）	Total cultivated Land Resources at Year-end (10 000 hectares)	607.78
#常用耕地面积（万公顷）	Area of Cultivated Land in Common Use (10 000 hectares)	418.55
牧草地面积（万公顷）	Area of Grassland (10 000 hectares)	78.23
全省森林面积（万公顷）	Forest Area (10 000 hectares)	1 560.03
全省活立木总蓄积量（亿立方米）	Standing Stock Volume (100 million cu.m)	15.48
全省水面面积（万公顷）	Water Area (10 000 hectares)	27.90
全省水能资源理论蕴藏量（万千瓦）	Hydropower Resources by Theoretic (10 000 kw)	10 437.00
全省水资源总量（亿立方米）	Fotal of Water Resources (100 million cu.m)	2 256.00
全省铁矿保有资源储量（亿吨）	Ensured Reserves of Iron Ore (100 million tons)	35.67
全省煤矿保有资源储量（亿吨）	Ensured Reserves of Coal Ores (100 million tons)	271.07
全省磷矿石保有资源储量（亿吨）	Ensured Reserves of Phosphate Ores (100 million tons)	40.28

注：森林资源有关数据系2002年全省森林资源连续清查第四次复查统计数。
Note: Data of forest resource are the reviewing data of the 4th provincial continuous forest resource census in 2002.

10-2 土地状况
Land Characteristics

项　目	Item	面积 Area	占总面积(%) Proportion to Total Area (%)
按地形分类：（万平方公里）	**By Topographic Feature (10 000 sq.km)**		
山　地	Mountains	约 33.1	84.0
高　原	Plateaus	约 3.9	10.0
盆　地	Basins	约 2.4	6.0
按特征分类：（万公顷）	**By Land Use (10 000 hectares)**		
常用耕地面积	Cultivated Land Area	420.02	10.6
森　林	Forest	1 501.50	38.0
疏林地、灌木林	Sparse Forest and Shrubbery	660.00	16.8
荒山草坡地	Undeveloped Land on the Slope	565.11	9.7
水面面积	Water Area	28.00	0.7
其　他	Others	953.00	24.2

10-3　主要山峰高程
Height of Major Mountain Peaks

名　　称	Mountain Range	标 高（米） Height of Mountain Peak (m)	所属地、州、市	Region
高黎贡山	Gaoligong Mountains	3 374	保 山	Baoshan
碧罗雪山	Biluo Snow Mountains	4 141	怒 江	Nujiang
梅里雪山(卡格博峰)	Meili Snow Mountains (Kagebo Peak)	6 740	迪 庆	Diqing
玉龙雪山(扇子陡峰)	Yulong Snow Mountains (Shanzi Peak)	5 596	丽 江	Lijiang
点苍山(马龙峰)	Diancang Mountains (Malong Peak)	4 122	大 理	Dali
大雪山	Daxue Mountains	3 504	临 沧	Lincang
无量山	Wuliang Mountains	3 291	大理、普洱	Dali, Pu'er
哀牢山	Ailao Mountains	2 940	普洱、玉溪、红河	Pu'er,Yuxi, Honghe
五莲峰	Wulian Mountains	2 561	昭 通	Zhaotong
拱王山	Gongwang Mountains	3 677	昆 明	Kunming
梁王山	Liangwang Mountains	2 833	曲 靖	Qujing

注：全省最低点为河口县境内的南溪河与元江汇合处，海拔76.4米。
Note: The minimum height is that of 76.4 meters of the confluence of the Nanxi River and the Yuanjiang River in Hekou county.

10-4　主要河流情况
Major Rivers

名　　称	River	境内河长（公里） Internal Length (km)	集水面积（平方公里） Catchments Area (sq.km)
大盈江	Daying River	196	5 859
瑞丽江	Ruili River	370	9 743
怒　江	Nu River	618	33 366
澜沧江	Lancang River	1 227	88 574
金沙江	Jinsha River	1 560	105 614
元　江	Yuan River	680	37 455
南盘江	Nanpan River	677	43 342

10-5　主要湖泊情况
Major Lakes

名　称	Lake	所属水系 River System	湖面面积 (平方公里) Lake Area (sq · km)	最大水深 (米) Maximum Depth(m)	平均水深 (米) Average Depth(m)	平均水位 (米) Average Water Level (m)	总容水量 (亿立方米) Water Volume (100 million cu.m)
滇　池	Dianchi Lake	金沙江 Jinsha River	306.3	8	5	1 885	15.70
洱　海	Erhai Lake	澜沧江 Lancang River	250.0	23	10.5	1 974	30.00
抚仙湖	Fuxian Lake	南盘江 Nanpan River	212.0	151.5	87	1 720	185.00
阳宗海	Yangzonghai Lake	南盘江 Nanpan River	31.0	30	20	1 770	6.02
星云湖	Xingyun Lake	南盘江 Nanpan River	39.0	12	9	1 723	2.30
程　海	Chenghai Lake	金沙江 Jinsha River	78.8	36.9	15	1 503	27.00
泸沽湖	Lugu Lake	金沙江 Jinsha River	51.8	73.2	40	2 685	20.72
异龙湖	Yilong Lake	泸　江 Lu River	31.0	6.6	2.8	1 413	1.27
杞麓湖	Qilu Lake	南盘江 Nanpan River	37.3	6.8	4	1 792	1.68

10-6 各县市土地、气温、降水量（2008年）

Land Characteristics, Temperature and Precipitation of Cities, Counties and Prefectures (2008)

地区	Region	土地面积（平方公里） Land Area (sq.km)	牧草地面积（千公顷） Area of Grazing Land (1000 hectares)	年平均气温（℃） Annual Average Temperature (℃)	年降水量（毫米） Annual Precipitation (mm)
全省合计	**Total**	**394 139**	**782.30**	**16.7**	**1131.6**
昆 明 市	**Kunming**	**21 582**	**44.85**	**15.4**	**982.2**
五华区	Wuhua	} 2 190		} 15.6	932.7
盘龙区	Panlong				
官渡区	Guandu		1.27		
西山区	Xishan		0.03		
东川区	Dongchuan	1 674	21.45	19.6	805.8
呈贡县	Chenggong	541	0.00	15.6	850.3
晋宁县	Jinning	1 391	3.62	15.0	885.9
富民县	Fuming	1 030	0.12	16.1	774.9
宜良县	Yiliang	1 880	7.23	16.8	811.2
石林县	Shilin	1 777	0.35	16.5	1 134.4
嵩明县	Songming	1 442	0.91	14.8	1 145.4
禄劝县	Luquan	4 378	0.00	15.7	1 026.0
寻甸县	Xundian	3 966	9.85	15.1	1 186.2
安宁市	Anning	1 313	0.01	15.6	979.5
曲 靖 市	**Qujing**	**29 855**	**40.87**	**15.1**	**1 039.1**
麒麟区	Qilin	1 442	7.10	15.1	112.3
马龙县	Malong	1 751	1.59	13.3	1 027.6
陆良县	Luliang	2 096	8.96	15.0	1 030.1
师宗县	Shizong	2 858	2.61	14.1	951.3
罗平县	Luoping	3 116	0.81	14.9	1 569.5
富源县	Fuyuan	3 348	2.53	14.3	1 011.2
会泽县	Huize	6 077	3.72	13.1	980.0
沾益县	Zhanyi	2 910	12.78	14.5	966.4
宣威市	Xuanwei	6 257	0.77	13.5	1 263.3
玉 溪 市	**Yuxi**	**15 285**	**0.22**	**15.9**	**967.9**
红塔区	Hongta	1 004		16.0	881.3
江川县	Jiangchuan	850		16.2	755.0
澄江县	Chengjiang	773	0.16	16.4	726.4
通海县	Tonghai	721	0.00	15.7	939.7
华宁县	Huaning	1 313		16.8	928.7
易门县	Yimen	1 571		16.8	923.4
峨山县	Eshan	1 972	0.05	16.4	915.7
新平县	Xinping	4 223		17.1	962.9
元江县	Yuanjiang	2 858		23.2	865.6

注：土地资源为以前清查数。

Note: The figures on land are obtained from the previous surveys.

10-6 续表1 continued

地 区	Region	土地面积(平方公里) Land Area (sq.km)	牧草地面积(千公顷) Area of Grazing Land (1000 hectares)	年平均气温(℃) Annual Average Temperature (℃)	年降水量(毫米) Annual Precipitation (mm)
保 山 市	**Baoshan**	**19 637**	**39.61**	**16.4**	**966.3**
隆阳区	Longyang	5 011	4.69	16.3	1 037.0
施甸县	Shidian	2 009	11.91	17.4	1 038.1
腾冲县	Tengchong	5 845	1.91	15.7	1 428.5
龙陵县	Longling	2 884	20.93	15.1	2 038.8
昌宁县	Changning	3 888	0.17	15.3	1 242.7
昭 通 市	**Zhaotong**	**23 021**	**117.84**	**11.8**	**866.1**
昭阳区	Zhaoyang	2 240	21.54	12.3	655.1
鲁甸县	Ludian	1 519	18.27	12.0	1 030.6
巧家县	Qiaojia	3 245	54.15	20.3	1 099.7
盐津县	Yanjin	2 096		17.8	1 205.0
大关县	Daguan	1 802	0.27	14.5	1 259.9
永善县	Yongshan	2 833	21.88	16.8	825.2
绥江县	Suijiang	882	0.01	18.0	988.4
镇雄县	Zhenxiong	3 785	1.32	11.6	1 173.4
彝良县	Yiliang	2 884	0.17	17.0	886.0
威信县	Weixin	1 416	0.23	13.8	1 171.3
水富县	Shuifu	319			
丽 江 市	**Lijiang**	**21 219**	**26.48**	**12.8**	**918.5**
古城区	Gucheng	1255		12.9	1 054.0
玉龙县	Yulong	6393	19.72	12.9	1 054.0
永胜县	Yongsheng	5 099	1.25	13.4	894.3
华坪县	Huaping	2 266		19.4	1 016.0
宁蒗县	Ninglang	6 206	5.52	12.6	911.5
普 洱 市	**Pu'er**	**45 385**	**22.86**	**19.1**	**1 544.7**
思茅区	Simao	4 093	7.01	19.0	1 569.0
宁洱县	Ning'er	3 670	0.58	18.6	1 574.5
墨江县	Mojiang	5 459	1.00	17.7	1 335.0
景东县	Jingdong	4 532		18.9	1 254.6
景谷县	Jinggu	7 777		20.7	1 222.7
镇沅县	Zhenyuan	4 223	0.02	19.2	1 273.1
江城县	Jiangcheng	3 476	13.94	18.7	2 168.5
孟连县	Menglian	1 957	0.02	20.2	1 559.5
澜沧县	Lancang	8 807	0.24	19.9	1 770.4
西盟县	Ximeng	1 391	0.03	19.3	1 982.1
临 沧 市	**Lincang**	**24 469**	**3.91**	**18.1**	**1 016.3**
临翔区	Linxiang	2 652	0.04	18.0	1 322.5
凤庆县	Fengqing	3 451	0.03	16.9	1 276.2
云 县	Yunxian	3 760		20.0	863.5
永德县	Yongde	3 296	0.21	17.5	1 354.6
镇康县	Zhenkang	2 642	2.24	19.7	1 632.6
双江县	Shuangjiang	2 292	1.02	19.9	947.3
耿马县	Gengma	3 837	0.22	19.5	1 332.8
沧源县	Cangyuan	2 539	0.16	17.9	1 789.2

10-6 续表2 Continued

地 区	Region	土地面积 (平方公里) Land Area (sq.km)	牧草地面积 (千公顷) Area of Grazing Land (1000 hectares)	年平均气温 (℃) Annual Average Temperature (℃)	年降水量 (毫米) Annual Precipitation (mm)
楚 雄 州	**Chuxiong**	**29 258**	**3.33**	**16.1**	**882.6**
楚雄市	Chuxiong	4 482	0.32	16.1	1 101.5
双柏县	Shuangbo	4 045	0.00	14.8	1 016.0
牟定县	Mouding	1 494	0.04	16.2	1 028.1
南华县	Nanhua	2 343	1.02	14.7	695.8
姚安县	Yao'an	1 803		15.4	996.9
大姚县	Dayao	4 146	1.78	15.4	1 007.8
永仁县	Yongren	2 189		17.1	989.4
元谋县	Yuanmou	1 803	0.01	21.1	668.2
武定县	Wuding	3 322	0.14	15.2	1 005.5
禄丰县	Lufeng	3 631	0.02	16.2	1 294.0
红 河 州	**Honghe**	**32 931**	**6.20**	**18.7**	**1 285.9**
个旧市	Gejiu	1 597	0.00	15.9	1 308.3
开远市	Kaiyuan	2 009	0.92	19.7	954.5
蒙自县	Mengzi	2 228	0.44	19.0	1 108.9
屏边县	Pingbian	1 906	0.00	15.9	1 739.0
建水县	Jianshui	3 940	0.71	18.5	892.1
石屏县	Shiping	3 090	0.03	17.6	988.8
弥勒县	Mile	4 004	0.00	17.2	877.4
泸西县	Luxi	1 674		14.8	761.4
元阳县	Yuanyang	2 292	0.62	23.4	1 043.5
红河县	Honghe	2 034		19.6	944.9
金平县	Jinping	3 677	0.04	17.6	2 400.5
绿春县	Luchun	3 167	3.43	16.6	2 136.8
河口县	Hekou	1 313		22.9	2 021.5
文 山 州	**Wenshan**	**32 239**	**19.46**	**17.6**	**1 028.3**
文山县	Wenshan	3 064		18.3	1 141.4
砚山县	Yangshan	3 888	0.24	15.8	1 129.7
西畴县	Xichou	1 545		15.5	1 490.6
麻栗坡县	Malipo	2 395	0.76	17.5	1 306.1
马关县	Maguang	2 755		16.8	1 405.8
丘北县	Qiubei	5 150	11.54	16.1	1 342.1
广南县	Guangnan	7 983	0.24	16.8	1 068.1
富宁县	Funing	5 459	6.68	19.4	1 247.7
西双版纳州	**Xishuangbanna**	**19 700**	**1.22**	**21.1**	**1 311.1**
景洪市	Jinghong	7 133	0.81	22.5	1 430.2

10-6 续表3 continued

地 区	Region	土地面积(平方公里) Land Area (sq.km)	牧草地面积(千公顷) Area of Grazing Land (1000 hectares)	年平均气温(℃) Annual Average Temperature (℃)	年降水量(毫米) Annual Precipitation (mm)
勐海县	Menghai	5 511	0.33	19.1	1 421.7
勐腊县	Mengla	7 056	0.08	21.7	1 876.6
大 理 州	**Dali**	**29 459**	**62.90**	**15.7**	**931.2**
大理市	Dali	1 468	0.27	15.2	1 364.8
漾濞县	yangbi	1 957	0.26	16.2	1 101.7
祥云县	Xiangyun	2 498	12.50	14.6	943.7
宾川县	Binchuan	2 627	39.89	18.1	688.3
弥渡县	Midu	1 571	0.14	16.6	879.1
南涧县	Nanjian	1 802		18.9	820.9
巍山县	Weishan	2 266	0.75	15.8	1 008.8
永平县	Yongping	2 884	1.50	15.7	1 089.7
云龙县	Yunlong	4 712	0.10	16.2	931.0
洱源县	Eryuan	2 961	0.02	14.0	998.1
剑川县	Jianchuan	2 318	7.47	12.5	1 016.8
鹤庆县	Heqing	2 395		13.6	1 059.6
德 宏 州	**Dehong**	**11 526**	**4.94**	**19.7**	**1 598.1**
瑞丽市	Ruili	1 020	0.02	20.8	1 565.8
潞西市	Luxi	2 987		20.0	1 586.9
梁河县	Lianghe	1 159	3.05	18.3	1 313.3
盈江县	Yingjiang	4 429	1.87	20.1	1 522.7
陇川县	Longchuan	1 931		19.2	1 738.4
怒 江 州	**Nujiang**	**14 703**	**9.74**	**16.0**	**1 299.3**
泸水县	Lushui	2 938	0.32	19.9	1 110.7
福贡县	Fugong	2 804		16.9	1 106.6
贡山县	Gongshan	4 506	7.74	14.6	1 696.6
兰坪县	Lanping	4 455	1.68	11.4	1 149.1
迪 庆 州	**Diqing**	**23 870**	**377.88**	**8.4**	**814.8**
香格里拉县	Shangri-La	11 613	263.23	6.4	683.3
德钦县	Deqing	7 596	99.52	6.2	654.4
维西县	Weixi	4 661	15.13	11.8	894.0

10-7 各地区土地利用情况（2008年）
Land Use by Region (2008)

单位：百公顷 (100 hectares)

地 区	Region	土地调查面积 Area under Land Survey	农用地 Land for Agriculture Use	#园地 Garden Land	#牧草地 Land Grazing and Pasture	建设用地 Land for Construction	居民点及工矿用地 Land for Inhabitation, Mining and Manufacturing	交通用地 Land for Transport Facilities	水利设施用地 Land for Water Conservancy Facilities
全省合计	**Total**	**5 747 912**	**4 763 937**	**126 232**	**117 280**	**122 389**	**94 231**	**15 024**	**13 134**
昆 明	Kunming	315 182	246 258	6 233	6 728	17 163	13 755	2 235	1 173
曲 靖	Qujing	433 562	352 684	5 666	6 071	16 043	12 196	1 594	2 253
玉 溪	Yuxi	224 180	190 214	4 303	32	5 859	4 444	823	591
保 山	Baoshan	285 997	250 108	5 646	5 937	6 998	5 766	748	484
昭 通	Zhaotong	336 453	290 566	5 383	17 675	8 588	6 835	1 101	651
丽 江	Lijiang	308 235	252 308	2 305	3 972	3 730	2 970	474	286
普 洱	Pu'er	665 205	591 115	19 801	3 429	7 730	5 679	944	1 108
临 沧	Lincang	354 380	299 246	18 310	586	6 333	5 109	701	523
楚 雄	Chuxiong	426 723	351 991	4 390	499	8 893	5 807	1 378	1 708
红 河	Honghe	482 717	363 684	8 726	929	11 221	8 484	1 335	1 402
文 山	Wenshan	471 072	356 845	4 611	2 919	9 045	7 117	1 098	830
西双版纳	Xishuangbanna	284 918	246 725	26 645	183	2 928	2 237	443	248
大 理	Dali	424 532	349 238	8 970	9 435	10 447	8 062	1 293	1 092
德 宏	Dehong	167 606	146 172	3 928	741	4 580	3 459	417	704
怒 江	Nujiang	218 969	176 834	505	1 461	1 445	1 196	180	69
迪 庆	Diqing	348 419	299 949	809	56 682	1 387	1 114	261	12
接边（川）	Area Adjoin Sichuan Province	- 238							

10-8 各地区湿地面积（2008年）
Area of Wetlands by Region (2008)

地 区	Region	湿地面积（千公顷） Area of Wetlands (1 000 hectares)	自然湿地 Natural Wetlands: 河流 Rivers	湖泊 Lakes	沼泽 Marshland	占国土面积比重(%) Proportion to Total Territory Area (%)
全省合计	**Total**	**343.90**	**159.50**	**175.40**	**9.00**	**0.8**
昆 明	Kunming	50.00	3.00	47.00		2.3
曲 靖	Qujing	12.50	8.00	4.00	0.50	0.4
玉 溪	Yuxi	48.00	8.50	39.50		3.1
保 山	Baoshan	7.00	6.50	0.50		0.4
昭 通	Zhaotong	22.30	17.80	1.50	3.00	1.0
丽 江	Lijiang	25.70	9.90	14.80	1.00	1.2
普 洱	Pu'er	27.10	27.10			0.6
临 沧	Lincang	11.30	11.30			0.5
楚 雄	Chuxiong	23.90	14.50	9.40		0.4
红 河	Honghe	19.30	7.00	12.30		0.6
文 山	Wenshan	9.40	1.00	8.40		0.3
西双版纳	Xishuangbanna	7.90	7.90			0.4
大 理	Dali	49.60	15.00	33.60	1.00	1.7
德 宏	Dehong	11.90	10.90		1.00	1.0
怒 江	Nujiang	6.50	5.50	0.50	0.50	0.4
迪 庆	Diqing	11.50	5.60	3.90	2.00	0.5

10-9 各地区造林面积

Area of Afforestation by Region

单位：百公顷 (100 hectare)

年份 Year / 地区 Region	造林总面积 Total Area of Afforestation	按造林方式分 By Approach		按林种用途分 By Function of Forest				
		人工造林 Manual Planting	飞机播种 Airplane Planting	用材林 Timber Forests	经济林 By-product Forests	防护林 Protection Forests	薪炭林 Fuel Forests	特种用途林 Forests for Special Purpose
2000	4 306.45	3 309.14	997.31	1 444.07	1 380.45	1 406.70	56.32	18.91
2001	3 350.36	2 798.16	552.20	892.36	1 045.29	1 382.20	21.68	8.83
2002	4 022.93	3 078.71	944.22	682.36	743.00	2 552.82	33.93	10.82
2003	4 951.35	4 314.26	637.09	837.37	909.62	3 184.92	10.10	9.34
2004	2 281.84	1 742.65	539.19	310.16	310.03	1 495.71	161.72	4.22
2005	2 079.23	1 635.98	443.25	348.47	392.70	1 324.75	13.31	
2006	1 579.94	1 361.57	218.37	301.87	917.76	357.11	0.27	3.00
2007	3 192.23	2 641.92		379.68	1 816.81	980.08	0.67	14.99
2008	5 661.35	5 077.33		415.75	4 080.78	1 154.82	0.67	9.33
昆 明 Kunming	66.00	22.67		4.15	3.85	58.00		
曲 靖 Qujing	1 423.00	1 269.40		123.18	1 080.89	217.60		1.33
玉 溪 Yuxi	160.20	140.20			112.42	40.44	0.67	6.67
保 山 Baoshan	323.47	323.47		14.34	299.99	9.14		
昭 通 Zhaotong	343.09	321.59		9.99	226.92	106.18		
丽 江 Lijiang	250.08	229.01			173.54	76.54		
普 洱 Pu'er	340.28	328.94		114.91	188.09	37.28		
临 沧 Lincang	410.22	356.89		0.67	322.22	87.33		
楚 雄 Chuxiong	570.74	507.40		6.60	457.46	106.68		
红 河 Honghe	349.98	328.48		44.02	166.99	138.97		
文 山 Wenshan	221.99	146.01		29.27	68.74	123.98		
西双版纳 Xishuangbanna	107.87	107.87		5.68	102.19			
大 理 Dali	773.44	728.00		1.12	677.32	93.67		1.33
德 宏 Dehong	82.31	82.31		59.42	22.89			
怒 江 Nujiang	149.48	109.47		1.40	106.87	41.21		
迪 庆 Diqing	89.20	75.87		1.00	70.40	17.80		

10-10 水资源情况
Water Resources

年 份 Year 地 区 Region	水资源总量 (亿立方米) Total Amount of Water Resources (100 millioncu.m)	地表水资源量 Surface Water Resources	地下水资源与地表水资源重复量 Duplicated Measurement Between Surface Water and Groundwater
2000	2 447.55	2 447.55	772.60
2001	2 561.94	2 561.94	808.50
2002	2 308.87	2 308.87	763.60
2003	1 699.36	1 699.36	592.20
2004	2 106.30	2 106.30	719.80
2005	1 846.43	1 846.43	660.30
2006	1 712.00	1 712.00	615.00
2007	2 256.00	2 256.00	794.60
2008	2 314.49	2 314.49	801.60
昆 明 Kunming	69.53	69.53	23.01
曲 靖 Qujing	124.95	124.95	36.22
玉 溪 Yuxi	46.29	46.29	16.82
保 山 Baoshan	151.23	151.23	57.52
昭 通 Zhaotong	148.98	148.98	57.27
丽 江 Lijiang	75.77	75.77	26.64
普 洱 Pu'er	331.17	331.17	129.57
临 沧 Lincang	157.62	157.62	57.63
楚 雄 Chuxiong	73.30	73.30	16.76
红 河 Honghe	217.92	217.92	71.35
文 山 Wenshan	181.92	181.92	54.63
西双版纳 Xishuangbanna	140.78	140.78	50.68
大 理 Dali	121.69	121.69	42.67
德 宏 Dehong	121.31	121.31	48.96
怒 江 Nujiang	210.72	210.72	59.63
迪 庆 Diqing	141.29	141.29	52.23

10-11 各地水资源及供、用水情况（2008年）

Water Resource and Tap Water Supply and Use by Region (2008)

单位：万立方米 (10 000 cu.m)

地区	Region	水资源总量 Total Amount of Water Resources	供水总量 Total Volume of Water Supply	用水总量 Total Volume of Water Use	农业 For Agriculture Use	工业 For Productive Use	生活 For Residential Use	生态 For Entironment Use
全省	**Total**	**23 144 877**	**1 531 362**	**1 531 362**	**1 100 459**	**230 294**	**164 144**	**36 464**
昆明	Kunming	695 300	216 084	216 084	89 281	74 710	30 356	21 737
曲靖	Qujing	1 249 504	140 901	140 901	95 176	24 466	19 404	1 855
玉溪	Yuxi	462 940	98 994	98 994	53 846	29 172	9 074	6 902
保山	Baoshan	1 512 338	91 191	91 191	74 100	9 604	7 271	216
昭通	Zhaotong	1 489 792	76 472	76 472	53 457	10 741	11 903	372
丽江	Lijiang	757 700	56 517	56 517	47 995	3 952	4 347	223
普洱	Pu'er	3 311 733	112 609	112 609	91 938	9 484	10 130	1 057
临沧	Lincang	1 576 200	98 671	98 671	85 574	4 495	7 970	632
楚雄	Chuxiong	733 003	110 627	110 627	92 062	7 299	10 627	639
红河	Honghe	2 179 200	165 802	165 802	117 468	29 297	17 395	1 642
文山	Wenshan	1 819 200	69 259	69 259	54 979	4 271	9 748	261
西双版纳	Xishuangbanna	1 407 800	68 016	68 016	59 743	3 067	5 041	165
大理	Dali	1 216 929	121 732	121 732	96 272	11 918	13 131	411
德宏	Dehong	1 213 100	74 038	74 038	63 566	5 024	5 205	243
怒江	Nujiang	2 107 213	17 067	17 067	14 415	1 079	1 515	58
迪庆	Diqing	1 412 926	13 383	13 383	10 589	1 715	1 027	52

10-12 各地区城市人口和建设用地情况（2008年）

Basic Statistics on Urban Population and Land Use for Construction by Region (2008)

城市	City	城区人口（万人） Number of Urban Population (10 000 persons)	城区面积（平方公里） City Area (sq.km)	建成区面积 Of Which: Developed Area	绿化覆盖面积（公顷） Coverage Area of Greenery and Plants (sq.km)	建成区面积 Of Which: Developed Area	人均公园绿地面积(平方米) Per Capita Public Park Area (sq.km)	建成区绿化覆盖率 (%) Percentage of Coverage by Greenery and Plants in Developed Area (%)
全省	**Total**	**959.22**	**3 405.78**	**1 200.39**	**39 494**	**29 456**	**6.49**	**24.5**
昆明	Kunming	277.42	912.44	349.03	14 131	12 098	7.34	34.7
曲靖	Qujing	108.93	129.82	129.82	3 908	2 823	6.13	21.8
玉溪	Yuxi	42.20	116.49	55.69	2 451	1 514	9.25	27.2
保山	Baoshan	37.40	88.90	46.69	1 111	967	9.38	20.7
昭通	Zhaotong	71.78	144.63	70.38	1 671	1 061	1.86	15.1
丽江	Lijiang	19.88	55.86	31.68	672	658	14.66	20.8
普洱	Pu'er	43.33	89.70	52.71	1 242	1 094	3.32	20.8
临沧	Lincang	47.94	93.64	43.95	1 402	912	2.63	20.8
楚雄	Chuxiong	50.08	178.86	63.58	1 548	819	6.65	12.9
红河	Honghe	86.59	387.92	112.44	6 167	3 012	8.33	26.8
文山	Wenshan	47.40	110.95	57.17	766	640	5.81	11.2
西双版纳	Xishuangbanna	16.47	256.63	27.93	918	890	9.87	31.9
大理	Dali	66.22	671.91	82.08	1 727	1 648	5.05	20.1
德宏	Dehong	26.02	107.00	51.00	1 238	982	5.79	19.3
怒江	Nujiang	9.98	26.31	15.66	496	309	3.36	19.7
迪庆	Diqing	7.58	34.72	10.58	46	29	1.49	2.7

10-13 “三废”治理项目完成情况（2006-2008年）

Completion of "Three Wastes" Disposal (2006-2008)

指　　标	Item	2006年	2007年	2008年
汇总工业企业数(个)	**Number of Industrial Enterprises**	**390**	**317**	**292**
污染治理项目本年投资来源合计（万元）	**Total of Investment in Pollution Dispoal in the Year (10 000 yuan)**	**94 089**	**86 423**	**102 677**
按使用分（万元）	**By Use (10 000 yuan)**			
治理废水	Disposal of Waste Water	17 962	21 511	26 847
治理废气	Disposal of Waste Gas	52 394	51 766	46 429
治理固体废物	Disposal of Solid Wastes	9 944	7 501	21 630
治理噪声	Disposal of Noise Pollution	442	284	289
治理其它	Disposal of Other Pollution	13 347	5 361	7 482
本年施工项目总数(个)	**Number of Projects Under Consumption**	**542**	**461**	**451**
治理废水	Disposal of Waste Water	140	129	99
治理废气	Disposal of Waste Gas	325	275	279
治理固体废物	Disposal of Solid Wastes	35	29	33
治理噪声	Disposal of Noise Pollution	12	8	4
治理其它	Disposal of Other Pollution	30	20	36
当年竣工项目数(个)	**Number of Projects Completed**	**506**	**425**	**416**
治理废水	Disposal of Waste Water	133	116	88
治理废气	Disposal of Waste Gas	302	257	261
治理固体废物	Disposal of Solid Wastes	30	25	30
治理噪声	Disposal of Noise Pollution	13	8	4
治理其它	Disposal of Other Pollution	28	19	33
当年竣工项目新增设计处理能力	**Newly Added Design Capacity of Projects Completed**			
治理废水(吨／日)	Disposal of Waste Water(ton/day)	314 642	298 625	270 090
治理废气(万标立方米／时)	Disposal of Waste Gas (10 000cu.m/h)	693	321	633
治理固体废物(吨／日)	Disposal of Solid Wastes(ton/day)	10 923	4 178	9 867

注：1.治理类型中的“治理废气”包括燃料燃烧废气和生产工艺废气的治理。

2.治理类型中的“治理其它”包括：(1)电磁辐射治理；(2)放射性治理；(3)其它治理(包括搬迁)。

Note: a. Disposal of waste gas refers to that of waste gas emitted fuel pluring and industrial production.

b. Disposal of other pollution refers to that of (1) electromagnetic radiation; (2) combustion; (3) others including relocation.

10-14 各地区废水、废气、固体废物排放情况

Waste Water, Waste Gas and Solid Waste Discharged By Region

单位：万吨 (10 000 tons)

年份 地区	Year Region	废水排放总量 Total Volume of Waste Water Discharged	生活污水排放量 Consumption Waste Water Discharged	化学需氧量(COD)排放量 COD Discharge	生活污水中COD排放量 COD Discharge from Consumption Waste Water	二氧化硫(SO2)排放量 Volume of Sulphur Dioxide Emission	工业SO2排放量 Volume of Industry Sulphur Dioxide Emission	工业SO2排放达标量 Volume of Indusry Sulphur Dioxide Emision Meeting Discharge Standards	工业固体废物排放量 Volume of Industrial Solid Wastes Discharged	工业固体废物处置率(%) Ratio of Industrial Solid Wastes Utilized
	2000	675 27.15	324 10.00	29.71	11.97	38.59	32.39		5 30.40	4.9
	2001	641 52.34	314 39.00	30.89	16.64	35.75	29.44	10.20	2 95.80	15.9
	2002	662 71.02	325 75.00	30.10	18.07	36.41	29.31	11.48	2 31.81	10.5
	2003	681 80.80	335 26.00	28.52	19.24	45.26	38.07	14.52	1 21.67	21.4
	2004	783 02.56	399 01.00	29.02	19.26	47.75	39.99	18.19	55.10	22.3
	2005	752 02.45	422 74.00	28.47	17.78	52.19	42.89	18.76	70.66	35.1
	2006	804 78.36	461 92.41	29.37	18.80	55.10	45.62	30.91	99.56	33.7
	2007	837 58.94	484 06.66	29.00	19.21	53.37	44.54	34.50	82.66	33.0
	2008	838 64.57	508 69.04	28.05	18.86	50.17	41.99	38.41	39.42	30.8
昆明	Kunming	264 06.17	219 80.71	2.76	2.34	9.89	9.32	9.24	9.91	59.7
曲靖	Qujing	84 90.97	50 70.66	3.33	2.88	8.22	7.52	7.37		19.6
玉溪	Yuxi	37 28.20	19 70.45	1.28	0.94	1.83	1.21	1.13	0.32	42.0
保山	Baoshan	55 27.95	21 67.37	2.68	0.94	0.90	0.78	0.45	1.09	0.3
昭通	Zhaotong	30 68.61	25 95.89	1.94	1.54	3.82	0.96	0.87	1.19	48.9
丽江	Lijiang	8 73.33	7 17.23	0.76	0.52	0.66	0.40	0.39		4.6
普洱	Pu'er	40 53.47	15 44.45	1.46	1.08	1.25	1.02	1.02	0.20	10.8
临沧	Lincang	27 29.72	8 25.63	2.23	1.14	0.36	0.33	0.32		5.9
楚雄	Chuxiong	37 55.11	26 51.94	1.24	1.11	1.81	1.20	0.72	0.05	7.8
红河	Honghe	63 04.82	34 41.64	2.69	2.02	17.47	16.89	15.11		15.5
文山	Wenshan	54 64.59	30 30.74	1.64	1.15	1.65	0.91	0.90	1.65	0.8
西双版纳	Xishuangbanna	36 06.59	18 58.06	2.03	0.88	0.11	0.07	0.04	0.20	1.0
大理	Dali	22 19.52	15 51.69	1.03	0.91	1.77	1.03	0.84	13.20	3.0
德宏	Dehong	63 64.16	6 81.01	2.25	0.71	0.31	0.26		0.41	25.1
怒江	Nujiang	9 34.42	5 45.92	0.50	0.48	0.11	0.09		10.43	5.3
迪庆	Diqing	3 36.94	2 35.64	0.23	0.22	0.02	0.01		0.78	4.3

10-15 各地区工业废水排放及处理情况（2008年）
Discharge and Disposal of Industrial Waste Water by Region (2008)

地区	Region	工业用水总量（万吨）Total Consumption of Water for Industrial Use (10 000 tons)	工业用水重复利用率（%）Recycling Rate of Water for Industrial Use (%)	工业废水排放总量（万吨）Total Volume of Industrial Waste Water Discharged (10 000 tons)	工业废水排放达标量（万吨）Volume of Industrial Waste Water Meeting Discharge Standards (10 000 tons)	工业废水排放达标率（%）Ratio of Treated Industrial Waste Water Meeting Discharge Standard (%)
全省合计	**Total**	**692 132.83**	**89.3**	**32 995.53**	**30 574.29**	**92.7**
昆明	Kunming	212 643.33	92.2	4 425.46	4 405.16	99.5
曲靖	Qujing	178 747.11	92.4	3 420.31	3 194.19	93.4
玉溪	Yuxi	25 894.15	84.1	1 757.75	1 719.92	97.9
保山	Baoshan	6 638.82	43.1	3 360.58	3 107.45	92.5
昭通	Zhaotong	21 391.59	90.0	472.72	442.05	93.5
丽江	Lijiang	14 170.68	95.4	156.11	151.31	96.9
普洱	Pu'er	6 964.74	44.3	2 509.02	2 472.69	98.6
临沧	Lincang	5 058.93	57.5	1 904.09	1 795.63	94.3
楚雄	Chuxiong	43 258.99	93.1	1 103.16	948.34	86.0
红河	Honghe	150 241.68	92.9	2 863.18	2 785.29	97.3
文山	Wenshan	9 639.14	65.1	2 433.84	2 250.55	92.5
西双版纳	Xishuangbanna	3 069.72	36.2	1 748.53	1 493.83	85.4
大理	Dali	3 958.99	67.8	667.82	476.56	71.4
德宏	Dehong	8 586.24	27.3	5 683.15	4 983.63	87.7
怒江	Nujiang	1 559.50	52.3	388.50	289.76	74.6
迪庆	Diqing	309.22	36.2	101.30	57.93	57.2

注：1.工业用新鲜水量74304万吨；2.工业重复用水量617829万吨；3.汇总工业企业2033个。

Note: a.Total Consumption of fresh water for industrial use: 743，040,000 tons;
b. Volume of Recycled Water for Industrial Use:6,178,290,000tons;
c. Total Number of industrial enterprises is 2033.

10-16 各地区工业废气排放及处理能力情况（2008年）
Emission and Disposal Capacity of Industrial Waste Gas by Region (2008)

地区	Region	工业废气处理设施数（套）Number of Facilities for Disposal of Industrial Waste Gas (set)	工业废气治理设施处理能力（万标立方米/时）Capacity of Facilities for Disposal of Industrial Waste Gas (10 000 cu.m/h)	工业废气排放总量（万标立方米）Total Volume of Industrial Waste Gas Emitted (10 000 cu.m)	其中 Of Which: 燃料燃烧 from Process of Fuel Burning	生产工艺 from Process of Production
全省合计	**Total**	**5 267**	**18 947**	**83 160 817**	**39 465 303**	**43 695 514**
昆明	Kunming	1 414	4 667	23 169 189	8 094 072	15 075 117
曲靖	Qujing	748	4 997	19 526 053	12 426 780	7 099 273
玉溪	Yuxi	828	1 417	7 396 165	2 773 527	4 622 638
保山	Baoshan	189	268	1 906 662	1 028 804	877 858
昭通	Zhaotong	162	466	1 792 523	933 921	858 602
丽江	Lijiang	46	58	696 964	151 064	545 900
普洱	Pu'er	197	515	1 039 725	586 154	453 571
临沧	Lincang	102	354	821 391	625 764	195 627
楚雄	Chuxiong	233	864	4 388 014	1 350 706	3 037 308
红河	Honghe	605	2 870	11 425 850	6 577 683	4 848 167
文山	Wenshan	197	413	4 956 004	2 198 336	2 757 668
西双版纳	Xishuangbanna	46	51	248 053	231 746	16 307
大理	Dali	378	1 593	4 372 054	1 825 505	2 546 549
德宏	Dehong	64	344	950 141	554 452	395 689
怒江	Nujiang	47	70	205 885	72 741	133 144
迪庆	Diqing	11		266 144	34 048	232 096

10-17 各地区工业固体废物排放及处理利用情况（2008年）
Discharge, Disposal and Recycling of Industrial Solid Wastes by Region (2008)

地 区	Region	工业固体废物产生量(万吨) Volume of Industrial Solid Wastes Produced (10 000 tons)	工业固体废物综合利用量(万吨) Volume of Industrial Solid Wastes Utilized (10 000 tons)	工业固体废物综合利用率(%) Rate of Industrial Solid Wastes Utilized (%)	工业固体废物贮存量(万吨) Volume of Industrial Solid Wastes Stored (10 000 tons)
全省合计	**Total**	**7 986.42**	**3 827.41**	**47.8**	**1 687.79**
昆　明	Kunming	1 988.87	789.57	39.7	2.66
曲　靖	Qujing	1 305.49	583.53	44.5	472.80
玉　溪	Yuxi	1 675.57	851.92	50.8	126.17
保　山	Baoshan	179.41	116.92	65.2	60.91
昭　通	Zhaotong	73.03	36.15	49.5	.01
丽　江	Lijiang	82.25	65.96	80.2	16.29
普　洱	Pu'er	133.01	108.23	81.4	10.73
临　沧	Lincang	121.03	112.30	92.8	1.60
楚　雄	Chuxiong	416.69	284.73	68.3	100.41
红　河	Honghe	1 159.69	470.10	40.3	517.50
文　山	Wenshan	356.62	224.65	62.6	129.98
西双版纳	Xishuangbanna	51.98	35.64	67.9	16.63
大　理	Dali	151.60	55.75	36.8	78.15
德　宏	Dehong	98.22	73.39	74.0	.80
怒　江	Nujiang	173.04	9.36	5.4	144.02
迪　庆	Diqing	19.95	9.22	46.2	9.10

10-17 续表 continued

地 区	Region	工业固体废物处置量(万吨) Volume of Industrial Solid Wastes Disposal (10 000 tons)	其中：处置往年贮存量(万吨) Of Which: Volume of Previously Stored Industrial Solid Wastes Disposal (10 000 tons)	工业固体废物排放量(万吨) Volume of Industrial Solid Wastes Discharged (10 000 tons)	"三废"综合利用产品产值(万元) Output Value of Products Made from Waste Gas, Waste Water and Solid Wastes (10 000 yuan)
全省合计	**Total**	**2 462.66**	**4.32**	**39.42**	**652 348.30**
昆　明	Kunming	1 187.17		9.91	234 746.90
曲　靖	Qujing	255.34			72 707.70
玉　溪	Yuxi	703.43		0.32	38 221.70
保　山	Baoshan	0.49		1.09	11 556.60
昭　通	Zhaotong	35.68		1.19	5 292.50
丽　江	Lijiang	3.80	3.80		5 096.50
普　洱	Pu'er	14.43		0.20	18 937.90
临　沧	Lincang	7.18			17 382.40
楚　雄	Chuxiong	32.34		0.05	35 377.80
红　河	Honghe	180.26			144 348.30
文　山	Wenshan	2.80	0.02	1.65	18 600.20
西双版纳	Xishuangbanna	0.51	0.50	0.20	2 830.90
大　理	Dali	4.51		13.20	39 771.70
德　宏	Dehong	24.61		0.41	4 620.20
怒　江	Nujiang	9.23		10.43	736.00
迪　庆	Diqing	0.85		0.78	2 121.00

10-18 各地区城市污水排放和处理情况（2008年）

Discharge and Disposal of City Sewage by Region (2008)

地区	Region	城市污水排放量（万立方米）Total Volume of City Sewage Discharged (10 000 cu.m)	污水处理总量（万立方米）Total Volume of Sewage Disposal (10 000 cu,m)	污水厂污水处理量 Volume of Sewage Disposal by Sewage Disposal Plants	污水再生利用量（万立方米）Volume of Utilized by Sewage regenerated (10 000 cu.m)	城市污水处理率(%) Ratio of City Sewage Disposal (%)	污水处理厂集中处理率(%) Ratio of Centralized Disposal by Sewage Disposal Plants (%)
全省	**Total**	**73 164**	**42 320**	**38 325**	**2 987**	**57.8**	**52.4**
昆明	Kunming	31 546	22 054	22 054	2 200	69.9	69.9
曲靖	Qujing	8 402	5 628	2 747		67.0	32.7
玉溪	Yuxi	4 290	2 626	2 626		61.2	61.2
保山	Baoshan	3 354	720	360		21.5	10.7
昭通	Zhaotong	3 094	890	890	179	28.8	28.8
丽江	Lijiang	1 887	883	853	560	46.8	45.2
普洱	Pu'er	2 044	806	281		39.4	13.8
临沧	Lincang	1 318					
楚雄	Chuxiong	2 590	1 462	1 462		56.5	56.5
红河	Honghe	5 263	2 506	2 506	40	47.6	47.6
文山	Wenshan	3 035	986	906		32.5	29.9
西双版纳	Xishuangbanna	1 472	830	830		56.4	56.4
大理	Dali	3 312	2 288	2 288	8	69.1	69.1
德宏	Dehong	1 118	557	438		49.8	39.2
怒江	Nujiang	142					
迪庆	Diqing	297	84	84		28.3	28.3

10-19 主要城市空气质量指标（2008年）

Ambient Air Quality in Major Cities (2008)

单位：毫克/立方米 (milligram/cu.m)

城市	City and Town	可吸入颗粒物 (PM_{10}) Particulate Matters	二氧化硫 (SO_2) Sulphur Dioxide	二氧化氮 (NO_2) Nitrogen Dioxide	空气质量达到及好于二级的天数(天) Days of Air Quality Equal to or Above Grade Ⅱ	主要污染物指标 Main Pollution Indicators	空气综合污染指数 Index of Wastes Air Pollution
昆明市	Kunming	0.067	0.051	0.039	366		2.5
曲靖市	Qujing	0.086	0.052	0.027	366		2.4
玉溪市	Yuxi	0.071	0.039	0.018	365		1.8
保山市	Baoshan	0.045	0.023	0.022	366		1.4
昭通市	Zhaotong	0.033	0.094	0.021	307	二氧化硫 Sulphur Dioxide	2.4
丽江市	Lijiang	0.031	0.008	0.014	366		0.8
普洱市	Pu'er	0.059	0.024	0.020	366		1.5
临沧市	Lincang	0.064	0.016	0.010	362		1.2
楚雄市	Chuxiong	0.038	0.047	0.015	366		1.5
个旧市	Gejiu	0.069	0.087	0.016	326	二氧化硫 Sulphur Dioxide	2.5
开远市	Kaiyuan	0.118	0.027	0.025	-	可吸入颗粒物 Particulate Matters	2.3
蒙自县	Mengzi	0.056	0.037	0.009	363		1.4
河口县	Hekou	0.105	0.021	0.021	-		1.9
文山县	Wenshan	0.074	0.006	0.004	363		0.9
景洪市	Jinghong	0.034	0.025	0.019	366		1.2
大理市	Dali	0.032	0.022	0.012	366		1.0
潞西市	Luxi	0.080	0.012	0.014	357		1.4
六库镇	Liuku	0.046	0.009	0.025	365		1.2
香格里拉县	Shangri-la	0.042	0.018	0.018	365		1.2

注：空气质量监测城市19个，其中一级城市2个，二级城市14个，三级城市3个，劣三级城市0个。

Note:There are 19 cities towns air quality be monitored, of which:2primary cities，14 secondary cities,3tertiary cities, and nonecities worse than tertiary.

10-20 主要城市区域环境噪声声源构成情况（2008年）

Composition of Environmental Noise Source By Major Cities and Towns (2008)

单位：分贝 (unit, LeqdB(A);dB(A))

城 市	City and Town	等效声级 Average Equivalent Sound Level of Environmentalt Noise	交通噪声 Average Equivalent Sound Level of Traffic Noise	工业噪声 Average Equivalent Sound Level of Industrial Noise	施工噪声 Average Equivalent Sound Level of Construction Noise	生活噪声 Average Equivalent Sound Level of Residental Noise	其他 Others
全 省	**Total**	**52.2**	**54.4**	**52.2**	**50.4**	**50.3**	**51.4**
昆明市	Kunming	52.1	52.8	47.8	52.4	53.3	-
曲靖市	Qujing	47.2	51.3	50.7	26.8	45.6	47.0
玉溪市	Yuxi	49.0	43.0	43.6	43.8	42.3	39.7
保山市	Baoshan	52.0	57.7	56.4	56.5	46.6	51.4
昭通市	Zhaotong	46.9	44.8	49.8	46.7	46.1	-
丽江市	Lijiang	53.2	57.6	52.2	-	52.9	53.4
普洱市	Pu'er	56.0	59.4	-	52.1	54.0	53.5
临沧市	Lincang	52.2	58.7	56.4	53.7	51.0	-
楚雄市	Chuxiong	50.9	54.5	52.3	54.1	50.1	-
个旧市	Gejiu	54.2	53.3	56.4	55.3	51.7	53.1
开远市	Kaiyuan	55.0	55.7	57.9	53.2	53.9	53.7
景洪市	Jinghong	49.5	50.5	44.1	40.8	49.6	47.9
大理市	Dali	53.0	54.5	53.2	53.2	51.7	-
潞西市	Luxi	48.4	51.4	52.7	50.4	46.6	-
文山县	Wenshan	59.6	65.3	57.5	64.4	55.8	60.9
六库镇	Liuku	55.7	59.8	-	53.1	53.3	53.1

注：统计范围是州、市所在地监测城市。
Note:Statistical coverage is the monitored cities of prefectures and cities.

10-21 各地区农村改水、改厕投资情况（2008年）

Investment in the Water Supplier and Toilets Facilities Renovation in Rural Areas by Region (2008)

单位:万元 (10 000 yuan)

地 区	Region	农村改水 Water Supplier Renovation in Rural Areas				农村改厕 Toilets Facilities Renovation in Rural Areas			
		农村改水投入 Investment in Water Supplier Renovation in Rural Areas	国家 State Investment	集体 Collective Investment	个人 Individual Investment	农村改厕投入 Investment in Toilets Facilities Renovation in Rural Areas	国家 State Investment	集体 Collective Investment	个人 Individual Investment
全 省	**Total**	**41 192.84**	**28 970.31**	**4 578.69**	**6 587.92**	**24 532.62**	**13 949.74**	**2 026.32**	**8 428.22**
昆 明	Kunming	6 790.17	3 451.37	2 442.86	733.35	4 051.40	1 829.90	778.53	1 426.87
曲 靖	Qujing	3 813.74	2 694.21	302.97	530.23	2 507.24	1 181.95	139.81	1 153.48
玉 溪	Yuxi	2 366.65	1 705.99	202.50	420.16	1 902.51	1 275.36	141.10	486.05
保 山	Baoshan	3 208.43	2 144.28	337.55	713.45	494.04	222.57	14.00	257.47
昭 通	Zhaotong	1 169.08	754.82	1.00	403.26	1 009.58	565.68		433.90
丽 江	Lijiang	361.68	317.53		14.16	528.00	173.00	10.00	345.00
普 洱	Pu'er	1 547.18	1 186.04	70.45	266.69	1 207.28	544.40	32.71	615.67
临 沧	Lincang	1 570.21	1 244.33	38.10	262.78	1 355.94	844.55	106.61	398.78
楚 雄	Chuxiong	3 430.34	2 286.23	374.28	769.83	1 693.78	895.27	41.50	757.01
红 河	Honghe	1 708.00	1 540.00	166.00	2.00	3 924.00	3 544.00	344.00	36.00
文 山	Wenshan	2 399.11	1 730.42	32.40	636.29	1 829.92	1 110.42	10.70	676.56
西双版纳	Xishuangbanna	935.77	661.34	47.00	203.21	319.75	86.75	51.00	181.50
大 理	Dali	6 920.32	5 563.52	301.68	981.82	2 763.62	1 158.26	339.60	1 255.76
德 宏	Dehong	2 989.82	1 922.23	189.90	560.69	608.76	269.43	6.76	332.57
怒 江	Nujiang	1 103.00	941.00	72.00	90.00	194.90	134.10	10.00	43.80
迪 庆	Diqing	879.34	827.00			141.90	114.10		27.80

10-22 各地区农村改水、改厕情况（2008年）

Basic Statistics on Water Supplier and Toilets Facilities Renovation in Rural Areas by Region (2008)

地区 Region		农村改水(万人) Number of Rural Persons Benefited from Water Supplier Renovation in Rural Areas(10 000 persons)				农村改厕（万户） Number of Rural Persons Benefited from Toilets Facilities Renovation in Rural Areas(10 000 persons)				
		农村总人口 Total Number of Rural Population	累计已改水受益人口 Accumulative Number of Rural Persons Benefited from Water Supplier Renovation	自来水 Tap Water	手压机井 Manual Pumped Well	农村总户数 Total Number of Rural Households	累计使用卫生厕所户数 Number of Rural Households Using Sanitation Lavatories by Accumulative	卫生厕所普及率(%) Percentage of Rural Households with Access to Sanitation Lavatories	无害化卫生厕所普及率(%) Percentage of Rural Households with Access to Innocuouslize Sanitation Lavatories	累计使用卫生公厕户数 Number of Rural Households Using Sanitation Lavatories by Accumulative
全省	**Total**	**3 684.52**	**2 919.53**	**2 181.90**	**101.99**	**898.63**	**469.54**	**52.3**	**24.8**	**106.31**
昆明	Kunming	314.54	270.15	243.06	6.91	86.82	53.90	62.1	30.8	13.69
曲靖	Qujing	505.90	479.11	296.05	20.73	128.01	77.26	60.4	24.1	4.64
玉溪	Yuxi	177.45	156.71	153.71		46.50	26.30	56.6	45.0	11.16
保山	Baoshan	221.89	161.77	124.64	1.24	57.07	28.88	50.6	9.2	0.27
昭通	Zhaotong	488.85	297.18	169.45	31.17	113.30	51.63	45.6	20.1	6.59
丽江	Lijiang	113.66	94.71	78.62	12.44	27.32	15.74	57.6	34.6	2.35
普洱	Pu'er	213.76	162.94	150.68	0.03	49.31	24.32	49.3	23.0	4.04
临沧	Lincang	215.08	167.97	138.86	7.93	46.85	24.97	53.3	19.0	1.51
楚雄	Chuxiong	225.70	188.07	135.30	0.93	56.84	37.00	65.1	26.3	3.95
红河	Honghe	342.40	281.84	209.67	8.50	84.60	45.66	54.0	33.5	38.41
文山	Wenshan	312.41	265.43	140.58	1.53	73.10	35.05	48.0	23.4	5.53
西双版纳	Xishuangban	83.04	63.98	59.02	4.95	18.46	3.15	17.1	16.3	5.39
大理	Dali	303.46	198.79	157.44	2.86	72.59	34.79	47.9	25.4	6.52
德宏	Dehong	86.47	73.25	68.83	2.77	18.67	6.88	36.9	15.4	1.47
怒江	Nujiang	50.36	37.27	37.27		12.62	1.36	10.8	9.3	0.61
迪庆	Diqing	29.55	20.36	18.72		6.57	2.65	40.3	11.0	0.18

主要统计指标解释

自然资源　指人类可以直接从自然界获得，并用于生产和生活的物质资源。自然资源一般可以分成可再生资源和非再生资源两大类。可再生资源指在较短时间内可以再生、可以循环利用的资源，包括土地资源、水资源、气候资源、生物资源和海洋资源等。非再生资源指在使用后不能再生的资源，包括矿产资源和地热能源。

土地资源　土地指陆地的表层部分，它主要由岩石、岩石的风化物和土壤构成。土地资源按利用类型可以分为农用地、建筑用地和未利用地。农用地包括耕地、园地、林地、牧草地和水面。建筑用地包括居民点及工矿用地、交通用地和水利设施用地。未利用地指农用地和建筑用地以外的土地，包括滩涂、荒漠、戈壁、冰川和石山等。

耕地面积　指经过开垦用以种植农作物并经常进行耕耘的土地面积。包括种有作物的土地面积、休闲地、新开荒地和抛荒未满三年的土地面积。

林业用地面积　指生长乔木、竹类、灌木、沿海红树林等林木的土地面积，包括有林地、灌木林、疏林地、未成林造林地、迹地、苗圃等。

牧草地面积　指牧区和农区用于放牧牲畜或割草，植被盖度在5%以上的草原、草坡、草山等面积。包括天然的和人工种植或改良的草地面积。

森林资源　指森林、林木、林地以及依托森林、林木、林地生存的野生动物、植物和微生物。林木指树木和竹子。森林指以乔木为主体的植物群落，是集生的乔木及与共同作用的植物、动物、微生物和土壤、气候等的总体。

森林面积　指由乔木树种构成，郁闭度0.2以上(含0.2)的林地或冠幅宽度10米以上的林带的面积，即有林地面积。森林面积包括天然起源和人工起源的针叶林面积、阔叶林面积、针阔混交林面积和竹林面积，不包括灌木林地面积和疏林地面积。

森林覆盖率　指一个国家或地区森林面积占土地总面积的百分比。森林覆盖率是反映森林资源的丰富程度和生态平衡状况的重要指标。在计算森林覆盖率时，森林面积包括郁闭度0.2以上的乔木林地面积和竹林地面积，国家特别规定的灌木林地面积、农田林网以及四旁(村旁、路旁、水旁、宅旁)林木的覆盖面积。计算公式为:

$$\text{森林覆盖率}(\%)=\frac{\text{森林面积}}{\text{土地总面积}}\times 100\%$$

活立木总蓄积量　指一定范围内土地上全部树木蓄积的总量，包括森林蓄积、疏林蓄积、散生木蓄积和四旁树蓄积。

森林蓄积量　指一定森林面积上存在着的林木树干部分的总材积。它是反映一个国家或地区森林资源总规模和水平的基本指标之一，也是反映森林资源的丰富程度、衡量森林生态环境优劣的重要依据。

气候　指地球与大气之间长期能量交换与质量交换所形成的一种自然环境状态，它是多种因素综合作用的结果。气候既是人类生活和生产的环境要素之一，又是供给人类生活和生产的重要资源。气温、降水、湿度等气象要素的多年平均值是用来描述一个地区气候状况的主要参数，而各种气象要素某年、某月的平均值(或总量)则可以反映出该时期天气气候状况的重要特征。

气温　指空气的温度，我国一般以摄氏度(℃)为单位表示。气象观测的温度表是放在离地面约1.5米处通风良好的百叶箱里测量的，因此，通常说的气温指的是离地面1.5米处百叶箱中的温度。其统计计算方法为:

月平均气温是将全月各日的平均气温相加，除以该月的天数而得。

年平均气温是将12个月的月平均气温累加后除以12而得。

降水量　指从天空降落到地面的液态或固态(经融化后)水，未经蒸发、渗透、流失而在地面上积聚的深

度。其统计计算方法为:

月降水量是将全月各日的降水量累加而得。

年降水量是将12个月的月降水量累加而得。

土地调查面积 指行政区域内的土地调查总面积，包括农用地、建设用地和未利用地。

农用地 指直接用于农业生产的土地，包括耕地、园地、林地、牧草地及其他农用地。

湿地 指天然或人工、长久或暂时性的沼泽地、泥炭地或水域地带，包括静止或流动、淡水、半咸水、咸水体，低潮时水深不超过6米的水域以及海岸地带地区的珊瑚滩和海草床、滩涂、红树林、河口、河流、淡水沼泽、沼泽森林、湖泊、盐沼及盐湖。

造林总面积 指报告期内在荒山、荒地、沙丘、退耕地等一切可以造林的土地上，采用人工播种、飞机播种、植苗造林、分植造林等方法新植成片乔木林和灌木林，经过检查验收符合《造林技术规程》要求的单位面积株数，并按《中华人民共和国森林法实施条例》规定，成活率达85%以上(含85%，年降雨量在400毫米以下且无浇灌条件的地区造林成活率达70%以上)的总面积。四旁植树如一侧在四行以上，连片面积0.066公顷(一亩)以上，应统计在造林面积内。造林面积，通常按所有制(国有、国有集体合作、集体和个人)、造林方式(人工、飞机播种)、主要林种用途(用材林、经济林、防护林、薪炭林、特种用途林)分组进行统计。

人工造林 指在宜林荒山荒地、宜林沙荒地、无立木林地、疏林地和退耕地等其它宜林地上通过播种、植苗和分植来提高森林植被覆被率的技术措施。

飞机播种 通过飞机播种，为宜林荒山荒地、宜林沙荒地、其它宜林地、疏林地补充适量的种源，并辅以适当的人工措施，在自然力的作用下使其形成森林或灌草植被，提高森林植被覆被率的技术措施。

用材林 指以生产木材为主要目的的森林和林木，包括以生产竹材为主要目的的竹林。

经济林 指以生产果品，食用油料、饮料、调料，工业原料和药材为主要目的的林木。经济林是人们为了取得林木的果实、叶片、皮层、胶液等产品作为工业原料或者供食用所营造的林木，如油茶、油桐、核桃、樟树、花椒、茶、桑、果等。

防护林 指以防护为主要目的的森林、林木和灌木丛。包括水源涵养林，水土保持林，防风固沙林，农田、牧场防护林，护岸林，护路林等。

薪炭林 指以生产燃料为主要目的的林木。

特种用途林 指以国防、环境保护、科学实验等为主要目的的森林和林木。包括国防林、实验林、母树林、环境保护林、风景林，名胜古迹和革命纪念地的林木，自然保护区的森林。

水资源总量 指评价区内降水形成的地表和地下产水总量，即地表产流量与降水入渗补给地下水量之和，不包括过境水量。

地表水资源量 指评价区内河流、湖泊、冰川等地表水体中可以逐年更新的动态水量，即当地天然河川径流量。

地下水资源量 指评价区内降水和地表水对饱水岩土层的补给量，包括降水入渗补给量和河道、湖库、渠系、渠灌田间等地表水体的入渗补给量。

地表水与地下水资源重复量 指地表水和地下水相互转化的部分，即天然河川径流量中的地下水排泄量和地下水补给量中来源于地表水的入渗补给量。

供水总量 指各种水源工程为用户提供的包括输水损失在内的毛供水量之和，不包括海水直接利用量。

用水总量 指分配给各类用户的包括输水损失在内的毛用水量之和，不包括海水直接利用量。

农业用水 指农田灌溉用水、林果地灌溉用水、草地灌溉用水和鱼塘补水。

工业用水 指工矿企业在生产过程中用于制造、加工、冷却、空调、净化、洗涤等方面的用水，按新水取用量计，不包括企业内部的重复利用水量。

生活用水 包括城镇生活用水和农村生活用水。城镇生活用水由居民用水和公共用水（含第三产业及建筑业等用水）组成；农村生活用水除居民生活用水外，还包括牲畜用水在内。

生态用水 仅包括人为措施供给的城镇环境用水和部分河湖、湿地补水，而不包括降水、径流自然满足的水量。

工业废水排放量　指经过企业厂区所有排放口排到企业外部的工业废水量。包括生产废水、外排的直接冷却水、超标排放的矿井地下水和与工业废水混排的厂区生活污水，不包括外排的间接冷却水(清污不分流的间接冷却水应计算在内)。

工业废水排放达标量　指报告期内废水中各项污染物指标都达到国家或地方排放标准的外排工业废水量，包括未经处理外排达标的，经废水处理设施处理后达标排放的，以及经污水处理厂处理后达标排放的。

工业废水排放达标率　指工业废水排放达标量占工业废水排放量的百分率，计算公式为:

$$\text{工业废水排放达标率}=\frac{\text{工业废水排放达标量}}{\text{工业废水排放量}}\times 100\%$$

化学需氧量(COD)　指用化学氧化剂氧化水中有机污染物时所需的氧量。COD值越高，表示水中有机污染物污染越重。

生活污水中化学需氧量(COD)排放量　指城镇居民每年排放的生活污水中的 COD 的量。用人均系数法测算。测算公式为:

$$\begin{matrix}\text{城镇生活污水}\\ \text{中}COD\text{排放量}\end{matrix}=\begin{matrix}\text{城镇生活污水中}\\ COD\text{产生系数}\end{matrix}\times\begin{matrix}\text{市镇非}\\ \text{农业人口}\end{matrix}\times 365$$

工业废气排放量　指报告期内企业厂区内燃料燃烧和生产工艺过程中产生的各种排入大气的含有污染物的气体的总量，以标准状态(273K，101325Pa)计算。测算公式为:

$$\begin{matrix}\text{工业废气}\\ \text{排放量}\end{matrix}=\begin{matrix}\text{燃料燃烧过程}\\ \text{中废气排放量}\end{matrix}+\begin{matrix}\text{生产工艺过程}\\ \text{中废气排放量}\end{matrix}$$

二氧化硫排放量　指报告期内工业SO_2排放量与生活SO_2排放量之和。

工业 SO_2 排放量　指报告期内企业在燃料燃烧和生产工艺过程中排入大气的 SO_2 总量，计算公式为:

$$\begin{matrix}\text{工业}SO_2\\ \text{排放量}\end{matrix}=\begin{matrix}\text{燃料燃烧过程}\\ \text{中}SO_2\text{排放量}\end{matrix}+\begin{matrix}\text{生产工艺过程}\\ \text{中}SO_2\text{排放量}\end{matrix}$$

工业 SO_2 排放达标量　指排入大气的达到排放标准的工业二氧化硫量。

工业 SO_2 排放达标率　指工业 SO_2 排放达标量占工业 SO_2 排放量的百分率。计算公式为:

$$\text{工业}SO_2\text{排放达标率}=\frac{\text{工业}SO_2\text{排放达标量}}{\text{工业}SO_2\text{排放量}}\times 100\%$$

工业固体废物产生量　指报告期内企业在生产过程中产生的固体状、半固体状和高浓度液体状废弃物的总量，包括危险废物、冶炼废渣、粉煤灰、炉渣、煤矸石、尾矿、放射性废物和其他废物等；不包括矿山开采的剥离废石和掘进废石(煤矸石和呈酸性或碱性的废石除外)。酸性或碱性废石指采掘的废石其流经水、雨淋水的 pH 值小于 4 或 pH 值大于 10.5 者。

工业固体废物排放量　指报告期内企业将所产生的固体废物排到固体废物污染防治设施、场所以外的数量，不包括矿山开采的剥离废石和掘进废石(煤矸石和呈酸性或碱性的废石除外)。

工业固体废物综合利用量　指报告期内企业通过回收、加工、循环、交换等方式，从固体废物中提取或者使其转化为可以利用的资源、能源和其他原材料的固体废物量(包括当年利用往年的工业固体废物贮存量)，如用作农业肥料、生产建筑材料、筑路等。综合利用量由原产生固体废物的单位统计。

工业固体废物综合利用率　指工业固体废物综合利用量占工业固体废物产生量(包括综合利用往年贮存量)的百分率。计算公式为:

$$\begin{matrix}\text{工业固体废物}\\ \text{综合利用率}\end{matrix}=\frac{\begin{matrix}\text{工业固体废物}\\ \text{综合利用量}\end{matrix}}{\begin{matrix}\text{工业固体废物产生量}+\\ \text{综合利用往年贮存量}\end{matrix}}\times 100\%$$

工业固体废物贮存量　指报告期内企业以综合利用或处置为目的，将固体废物暂时贮存或堆存在专设的贮存设施或专设的集中堆存场所内的数量。专设的固体废物贮存场所或贮存设施必须有防扩散、防流失、防渗漏、防止污染大气、水体的措施。

工业固体废物处置量　指报告期内企业将固体废物焚烧或者最终置于符合环境保护规定要求的场所，并不再回取的工业固体废物量(包括当年处置往年的工业固体废物贮存量)。处置方式有填埋(其中危险废物应安全填埋)、焚烧、专业贮存场(库)封场处理、深层灌注、回填矿井及海洋处置(经海洋管理部门同意投海处置)等。

“三废”综合利用产品产值 指报告期内利用“三废” 作为主要原料生产的产品价值(现行价);已经销售或准备销售的应计算产品价值,留作生产自用的不应计算产品价值。

城区面积 城区面积包括:(1)街道办事处所辖地域;(2)城市公共设施、居住设施和市政公用设施等连接到的其他镇(乡)地域;(3)常住人口在3000人以上独立的工矿区、开发区、科研单位、大专院校等特殊区域。

城市建成区面积 指城市行政区内实际已成片开发建设、市政公用设施和公共设施基本具备的区域。对于核心城市来说,它包括核心区域和多个分散区域;对于一城多镇的城市来说,它包括若干个连片开发起来的区域。一般是指建成区外轮廓线所能包括的地区,也就是这个城市实际建设用地所达到的范围。

城区人口 指划定的城区范围的人口数。按公安部门的户籍统计为准。

城市污水排放量 指城市生活污水、工业废水的排放总量,包括从排水管道和排水沟(渠)排出的污水量。

城市污水处理量 指城市污水处理厂和处理装置实际处理的污水量。包括物理处理量、生物处理量和化学处理量。

城市污水集中处理率 指城市污水处理厂处理的污水量与城市污水排放总量的比率。计算公式:

$$\text{城市污水处理率}=\frac{\text{城市污水处理厂污水处理量}}{\text{城市污水排放总量}}\times 100\%$$

人均公园绿地面积 指报告期末区域内城市人口平均每人拥有的公园绿地面积。人口数采用年底人口数。其中公园绿地指城市中向公众开放的、以游憩为主要功能,有一定的游憩设施和服务设施,同时兼有健全生态、美化景观、防灾减灾等综合作用的绿化用地。计算公式为:

$$\text{人均公园绿地面积}=\frac{\text{公园绿地面积}}{\text{城市人口数}}\times 100\%$$

建成区绿化覆盖率 指报告期末建成区内绿化覆盖面积与建成区面积的比率。计算公式为:

$$\text{建成区绿化覆盖率}=\frac{\text{建成区内绿化覆盖面积}}{\text{建成区面积}}\times 100\%$$

其中,绿化覆盖面积指城市中的乔木、灌木、草坪等所有植被的垂直投影面积。包括公共绿地、居住区绿地、单位附属绿地、防护绿地、生产绿地、道路绿地、风景林地的绿化种植覆盖面积、屋顶绿化覆盖面积以及零散树木的覆盖面积。乔木树冠下重叠的灌木和草本植物不能重复计算。

农村改水受益率 指农村累计已改水受益人口占农村人口总数的百分比。其中,改水受益人口指通过改善饮用水的水质,改善供水方式,如管道式集中供水(自来水)、分布式改水(手压机井、改良大口井)而受益的累计农村人口。农村人口总数采用爱卫会统计数据。注意不要和“农村饮用自来水人口比重”混淆。统计范围为全国县及城市下辖农村(不包括城市市区)。计算公式为:

$$\text{农村改水受益率}=\frac{\text{农村累计已改水受益人口数}}{\text{农村人口总数}}\times 100\%$$

农村自来水普及率 指农村饮用自来水人口数占农村人口总数的百分比。计算公式为:

$$\text{农村自来水普及率}=\frac{\text{农村饮用自来水人口数}}{\text{农村人口总数}}\times 100\%$$

农村卫生厕所普及率 指使用各种类型卫生厕所的农户数占农村总户数的百分比。其中,农村卫生厕所包括三格化粪池式、双瓮漏斗式、三联沼气池式、粪尿分集式、完整下水道水冲式和其它类型的厕所以及粪便及时清理并进行高温堆肥无害化处理的非水冲式厕所。农村总户数指县城以下农村农户总数。计算公式为:

$$\text{农村卫生厕所普及率}=\frac{\text{使用卫生厕所农户数}}{\text{农村总户数}}\times 100\%$$

Explanatory Notes on Principal Statistical Indicators

Natural Resources refer to material resources that could be obtained from the nature by human being and used for production and living. Natural resources in general can be classified as renewable resources and non-renewable resources. Renewable resources refer to resources that could be renewed and recycled during a relatively short period of time, including land resource, water resource, climate resource, biology resource and marine resource. Non-renewable resources include resources that could not be renewed, such as minerals and geothermal resource.

Land Resource Land refers to the surface of the earth, consisting of mainly rocks and its weathering and earth. Land resource can be classified, by its utilization, as land for agriculture, land for construction and unused land. Land for agriculture includes cultivated land, plantation land, forestland, grassland and waters. Land for construction includes land for residential purpose, for manufacturing and mining, for transportation and for water-conservancy projects. Unused land refers to land other than land for agriculture and construction, including beaches, deserts, Gobi, glaciers and rock mountains.

Area of Cultivated Land refers to area of land reclaimed for the regular cultivation of various farm crops, including crop-cover land, fallow, newly reclaimed land and land laid idle for less than 3 years.

Area of Afforested Land refers to area for land for trees bamboo, bushes and mangrove, including forest-covered land, bush-covered land, sparse forest land, land planned for afforestation and nurseries of young trees.

Area of Pasture refers to area of grassland, grass-slopes and grass-covered hills with a vegetation-covering rate of over 5% that are used for animal husbandry or harvesting of grass. It includes natural, cultivated and improved grassland areas.

Forest Resource refers to forests, trees, forestland and wild animals, plants and microorganism that live on forest and trees. Trees include trees and bamboo. Forest refers to the population of clusters of trees and other plants, animals and microorganism as well as the earth and climate that have interactions with the trees.

Forest Area refers to the area of forest where trees and bamboo grow with canopy density above 0.2, including land of natural woods and planted woods, but excluding bush land and thin forest land. It reflects the total areas of afforestation.

Forest Coverage Rate refers to the ratio of area of afforested land to total land area. It is a very important indicator that reflects the status of abundance of forest resource and balance of the ecosystem. Forest area includes the area of trees and bamboo grow with canopy density above 0.2, the area of shrubby tree according to regulations of the government, the area of forest land inside farm land and the area of trees planted by the side of villages, farm houses and along roads and rivers. The formula for calculating forest coverage rate is as follows:

$$\text{Forestry coverage rate (\%)} = \frac{\text{Area of Afforested Land}}{\text{Area of Total Land}} \times 100\%$$

Total Standing Stock Volume refers to the total stock volume of trees growing in land, including trees in forest, trees in sparse forest, scattered trees and trees planted by the side of villages, farm houses and along roads and rivers.

Stock Volume of Forest refers to total stock volume of wood growing in forest area, which shows the total size and level of forest resources of a country or a region. It is also an important indicator illustrating the richness of forest resource and the status of forest ecological environment.

Climate refers to the natural environment status formed by the long-term exchange of energy and mass between the earth and the atmosphere, and is the result of interaction of many factors. Climate is both one of the environment factors and also the important resources for living and production activities of the human being. The average values across several years of meteorological factors such as temperature, rainfall and humidity are used as important parameters to describe the climate of a region, while the average values(or total values) of a given year or

month of meteorological factors reflect the key characteristics of climate for the period of time.

Temperature refers to the air temperature. China uses centigrade as the unit. The thermometry used for weather observation is put in a breezy shutter, which is 1.5 meters high from the ground. Therefore, the commonly used temperature refers to the temperature in the breezy shutter 1.5 meters away from the ground. The calculation method is as follows:

Monthly average temperature is the summation of average daily temperature of one month divided by the actual days of that particular month.

Annual average temperature is the summation of monthly average of a year divided by 12 months.

Volume of Precipitation refers to the deepness of liquid state or solid state (thawed) water falling from the sky to the ground that has not been evaporated, infiltrated or run off. The calculation method is as follows:

Monthly precipitation is the summation of daily precipitation of a month.

Annual precipitation is the summation of 12 months precipitation of a year.

Land for Agriculture Use refers to land directly used for agriculture production, including land for cultivation, gardening, forests, herbage and other agriculture activities.

Wetlands refer to marshland and peat bog, whether natural or man-made, permanent or temporary; water covered areas, whether stagnant or flowing, with fresh or semi-fresh or salty water that is less than 6 meters deep at low tide; as well as coral beach, weed beach, mud beach, mangrove, river outlet, rivers, fresh-water marshland, marshland forests, lakes, salty bog and salt lakes along the coastal areas.

Total Area of Afforestation refers to the total area of land suitable for afforestation, including barren hills, idle land, sand dunes, "grain for green" land, on which acres of arbores or bushes are planted through manual planting, airplane planting, plant seedlings, etc. in accordance with the required density standards of the Technical Procedures of Afforestation, and with a survival rate of over 85% in line with the Implementing Rules of the Forest Law of the People's Republic of China (or a survival rate of 75% in areas with less that 400 mm of annual rainfall and without irrigation facilities). Included in this category are trees planted alone the roadsides, riversides, or next to houses that occupy an area over 0.066 hectares, or where more than 4 lines of trees are planted. Total area of afforestation is further classified by ownership (state-owned, state-collective, collective or private), by approach of planting (manual, airplane), and by type of forests (timber, by-products, protection, fuel, special use, etc.).

Area of Man-made Forests refer to the area of stable growing forests, planted manually or by airplanes, with a survival rate of 80% or higher of the designed number of trees per hectare, or with a canopy density of 0.20 - or above after 3-5 years of manual planting or 5-7 years of airplane planting.

Timber Forests refer to forests which are mainly for the production of timber, including bamboo groves planted to harvest bamboos.

By-product Forests refer to forests that mainly produce fruits, nuts, edible oil, beverages, indigents, raw materials and medicine materials. By-product forests are planted to harvest the fruits, leaves, bark or liquid of trees, and consume them as food or raw materials for the manufacturing industry, such as tea-oil trees, tung oil trees, walnut trees, camphor trees, tea bushes, mulberry trees, fruit trees, etc.

Protection Forests refer to forests, trees and bushes planted mainly for protection or preservation purpose, including water resource conservation forests, water and soil conservation forests, windbreak and dune-fixing forests, farmland and pasture protection forests, riverside protection forests, roadside protection forests, etc.

Fuel Forests refer to forests planted mainly for fuels.

Forests for Special Purpose refer to forests planted mainly for national defense, environment protection or scientific experiments, including national defense forests, experimental forests, mother-tree forests, environment protection forests, scenery forests, trees in historical or scenic spots, roadside in natural reserves.

Total Water Resources refers to total volume of water resources measured as run-off for surface water from rainfall and recharge for groundwater in a given area, excluding transit water.

Surface Water Resources refers to total renewable resources which exist in rivers, lakes, glaciers and other collectors from rainfall and are measured as run-off of rivers.

Groundwater Resources refers to replenishment of aquifers with rainfall and surface water.

Duplicated Measurement between Surface Water and Groundwater refers to mutual exchange between surface water and groundwater, i.e. run-off of rivers includes some depletion into groundwater while groundwater includes some replenishment from surface water.

Water Supply refers to gross water supply by supply systems from sources to consumers, including losses during distribution.

Water Use refers to gross water use distributed to users, including loss during transportation, broken down into use by agriculture, industry, living consumption and ecological protection.

Water Use by Agriculture includes uses of water by irrigation of farming fields and by forestry, animal husbandry and fishing. Water use by forestry, animal husbandry and fishery includes irrigation of forestry and orchards, irrigation of grassland and replenishment of fishing farms.

Water Use by Industry refers to new withdrawals of water, excluding reuse of water within enterprises.

Water Use by Living Consumption includes use of water for living consumption in both urban and rural areas. Urban water use by living consumption is composed of household use and public use (including services, commerce, restaurants, cargo transportation, posts, telecommunications and construction). Rural water use by living consumption includes both households and animals.

Water Use by Ecological Protection includes replenishment of rivers and lakes and use for urban environment.

Waste Water Discharged by Industry refers to the volume of waste water discharged by industrial enterprises through all their outlets, including waste water from production process, directly cooled water, groundwater from mining wells which does not meet discharge standards and sewage from households mixed with waste water produced by industrial activities, but excluding indirectly cooled water discharged (It should be included if the discharge is not separated from waste water).

Industrial Waste Water Meeting Discharge Standards refers to volume of industrial waste water discharge which, with or without treatment, reaches national or local standards with regard to all pollutants.

Ratio of Industrial Waste Water Meeting Discharge Standards refers to percentage of industrial waste water meeting discharge standards over total industrial waste water discharge. It is calculated as:

$$\begin{matrix}\text{Ratio of industrial waste water}\\\text{meeting discharge standards}\end{matrix} = \frac{\begin{matrix}\text{industrial waste water}\\\text{meeting discharge standards}\end{matrix}}{\begin{matrix}\text{total industrial waste}\\\text{water discharge}\end{matrix}}$$

Chemical Oxygen Demand (COD) refers to the amount of oxygen required when chemical oxidants are used to oxidize organic pollutants in water. A higher value of COD corresponds to more serious pollution by organic pollutants.

Volume of Chemical Oxygen Demand (COD) Generated by Urban Non-industrial Waster Water refers to chemical oxygen demand generated through the annual discharge of non-industrial waste water by urban households. It is estimated as:

$$\begin{matrix}\text{Volume of chemical oxygen}\\\text{demand (cod) generated}\\\text{by urban non - industrial}\\\text{waster water}\end{matrix} = \begin{matrix}\text{Coefficient of COD}\\\text{generated through urban}\\\text{non - industrial waste water}\end{matrix} \times \begin{matrix}\text{urban}\\\text{non - agricultural}\\\text{population}\end{matrix} \times 365$$

Industrial Waste Air Emission refers to the discharge into atmosphere of waste air containing pollutants generated from fuel burning and production processes in enterprises within a given period of time. It is calculated at standard status (273K, 101325Pa) as:

$$\begin{matrix}\text{Industrial waste}\\\text{air emission}\end{matrix} = \begin{matrix}\text{emission through}\\\text{fuel burning}\end{matrix} + \begin{matrix}\text{emission through}\\\text{production process}\end{matrix}$$

SO_2 Emission is calculated on the basis of consumption of coal by households and industrial activities.

SO_2 Emission through Industrial Activities refers to volume of sulphur dioxide emission from fuel burning and production process by enterprises during a given period of time. It is calculated as:

$$\text{SO}_2\text{ emission through industrial activities} = \text{SO}_2\text{ emission from fuel burning} + \text{SO}_2\text{ emission from production process}$$

SO_2 Emission through Industrial Activities Meeting Discharge Standards refers to volume of sulphur dioxide emission from fuel burning and production process by enterprises during a given period of time meeting discharge standards

Ratio of SO_2 Emission through Industrial Activities Meeting Discharge Standards refers to percentage of sulphur dioxide emission from fuel burning and production process by enterprises meeting discharge standards over total volume of sulphur dioxide emission from fuel burning and production process by enterprises during a given period of time.

It is estimated as:

Ratio of SO_2 emission through industrial activities meeting discharge Standards= SO_2 emission through industrial activities meeting discharge standards÷SO_2 emission through industrial activities.

Industrial Solid Wastes Produced refers to total volume of solid, semi-solid and high concentration liquid residues produced by industrial enterprises from production process in a given period of time, including hazardous wastes, slag, coal ash, gangue, tailings, radioactive residues and other wastes, but excluding stones stripped or dug out in mining - gangue and acid or alkaline stones not included (a stone is acid or alkaline according to the pH value of the water being below 4 or above 10.5 when the stone is in, or soaked by water).

Industrial Solid Wastes Discharged refers to the volume of industrial solid wastes discharged by producing enterprises to disposal facilities or to other sites. The wastes exclude stones stripped or dug from mining (gangue and acid or alkaline waste stones not included).

Industrial Solid Wastes Utilized refers to volume of solid wastes from which useful materials can be extracted or which can be converted into usable resources, energy or other materials by means of reclamation, processing, recycling and exchange (including utilizing in the year the stocks of industrial solid wastes of the previous year). Examples of such utilizations include fertilizers, building materials and road materials. The information shall be collected by the producing units of the wastes.

Ratio of Utilization of Industrial Solid Wastes refers to the percentage of industrial solid wastes utilized over industrial solid wastes produced (including stocks of the previous years). It is calculated as:

$$\text{Rate of utilization of industrial solid wastes} = \frac{\text{volume of industrial solid wastes utilized}}{\text{industrial solid wastes produced} + \text{stock of previous years}} \times 100\%$$

Stock of Industrial Solid Wastes refers to the volume of solid wastes placed in special facilities or special sites for purposes of utilization or disposal. The sites or facilities should take measures against dispersion, loss, seepage, and air and water contamination.

Industrial Solid Wastes Disposed refers to the quantity of industrial solid wastes which are burnt or placed ultimately in the sites meeting the requirements for environmental protection and not salvaged or recycled (including disposition in the year of those wastes of previous years). The disposition includes landfill (Safe landfills should be conducted for hazardous wastes), incineration, containment spaces, deep underground disposal, backfill in mining pits and disposal at sea.

Output Value of Products Made from Waste Gas, Waste Water and Solid Wastes refers to the current value of products with waste gas, waste water and solid wastes as main materials of production. Products sold and ready to sell shall be included while those produced for own use shall not be included.

Urban Area includes (1)Area under Sub-District Offices (2)The area of other towns(villages) connected by urban public infrastructure, accommodations and municipal public infrastructure.(3)Independent industrial and mining areas, development areas, scientific research institutions, institutes of higher education and such special areas with a permanent residents above 3000 persons.

Urban Completed Areas refers to the areas of the districts which have been developed aggregately and with municipal public infrastructure and public infrastructure. For the core cities, it includes the core areas and many scattered areas. For a city with many towns, it included several districts which were developed into one district. Generally, it refers to all districts which can be covered by the outline of the developed areas, which is the size of actual land for construction of the city.

Urban District Population refers to the population of the defined urban districts. It is based on the household register statistics of the public security departments.

Urban Sewage Discharge refers to volume of the domestic sewage and industrial sewage, which includes the sewage discharged from the drainage pipe and drainage channel(ditch).

Treatment Rate of Urban Sewage refers to the percentage of sewage volume disposed by the sewage treatment plants over the urban sewage discharge volume. It is calculated as:

Treatment Rate of Urban Sewage= sewage volume disposed by the sewage treatment plants ÷ urban sewage discharge volume×100%.

Per Capita Public Green Land Area refers to the public green area enjoyed by every urban resident in the end of the report period. The number of the population is the population at the year-end. The public green land refers to the green spaces opening to the public with certain recreation and service facilities and whose main function is providing recreation areas, at the same time, their comprehensive functions include improving ecological environment, beautifying scenery and preventing disasters.

It is calculated as:

Per capita public green land area= public green area ÷ urban population×100%

Ratio of Green Covered Area in Completed Area refers to percentage of the green coverage in the urban completed area over the urban completed area in the end of the report period.

It is calculated as:

Ratio of Green Covered Area in Completed Area= green coverage in the urban completed area ÷ urban completed area×100%

In which, the green coverage refer to the vertical shadow of all vegetation such as trees, shrubs and lawn. It includes the green coverage, roof greenery coverage and scattered trees of the public green area, residential quarter green area, units attached green area, green area for environmental protection, green space attached to urban road and square and scenic forest land.

The overlapping of the bushes and herbaceous plants under the trees crown can't be calculated repeatedly.

Ratio of Beneficial Population of Water Renovation in Rural Areas refers to the percentage of the beneficial population of the water renovation in the rural areas over the rural population. In which, the beneficial population of the water renovation in the rural areas refers to the accumulated rural population benefits from the quality renovation of the drinking water, renovation of ways for supplying water such as tubular central water supply (tap water), distributed water supply (manual pumped wells and improved open wells).The population in the rural areas is based on the statistics of the Patriotic Health Committee. Don't confuse it with rate of the population drinking tap water in the rural areas. The statistical coverage is the rural areas under the county and city in the whole country (excluding the urban districts).

It is calculated as:

Ratio of Beneficial population of water renovation in rural areas= the beneficial population of the water renovation in the rural areas ÷ the rural population×100%

Ratio of Access to tap water in rural areas refers to the percentage of the population drinking the tap water in rural areas over the rural population. It is calculated as:

Ratio of Access to tap water in rural areas=the population drinking the tap water in rural areas ÷ the rural population×100%

Dissemination Ratio of the Sanitation Toilets in Rural Areas refers to the percentage of the number of rural families using all types of sanitation toilets over number of the rural families. In which, the sanitation toilets in rural areas include the toilets with three lattices cesspool, funnel toilets with two urns, triad marsh gas tank toilets, toilets

 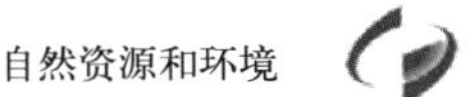

with separate collection of the excrement and urine, flushing toilets with integrated sewer and other types of toilets and the non-flushing toilets which can clean the excrement and urine in time and can disposed them with high temperature compost harmlessly. The number of rural families refers to the number of the rural families under the county towns.

It is calculated as:

Dissemination ratio of the sanitation toilets in rural areas=number of rural families using all types of sanitation toilets ÷number of rural families ×100%.

Chapter 11

十一、农业

Agriculture

11-1 云南省农村和农业生产基本情况（2001-2008年）
Basic Statistics on Rural Areas and Agriculture Production (2001-2008)

指 标	Item	2001年	2002年	2003年	2004年	2005年	2006年	2007年	2008年
农村基层组织情况（个）	**Rural Grass-roots Units (unit)**								
乡镇个数	Number of Townships and Towns	1 433	1 419	1 406	1 402	1 296	1 207	1 201	1 206
#镇个数	Number of Towns	405	477	467	469	459	474	479	476
村委会个数（个）	Number of Villagers' Committees	13419	13380	13306	13198	12940	13080	13120	13099
乡村户数及人口	**Number of Rural Households and Population**								
乡村户数（万户）	Number of Rural Households (10 000 households)	836	845	885	866	877	867	900	915
乡村人口数（万人）	Rural Population (10 000 persons)	3 464	3 490	3 511	3 538	3 568	3 594	3 620	3 640
乡村就业人员（万人）	**Number of Rural Employed Persons (10 000 persons)**	**1 971**	**1 990**	**2 003**	**2 030**	**2 051**	**2 074**	**2 097**	**2 113**
按性别分	**Grouped by Sex**								
男	Male (10 000 persons)	1 022	1 033	1 042	1 057	1 069	1 081	1 093	1 099
女	Female (10 000 persons)	949	957	961	973	982	993	1 004	1 014
按行业分	**Grouped by Sector**								
农、林、牧、渔	Farming, Forestry, Animal Husbandry and Fishery	1 689	1 696	1 690	1 694	1 690	1 677	1 664	1 659
工业	Industry	53	53	54	56	59	64	69	72
建筑业	Construction	54	57	59	60	63	70	76	81
交通运输、仓储和邮政业	Employed Persons of Transport, Storage and Post Service	36	37	38	38	39	41	42	44
批发与零售业	Employed Persons of Wholesale and Retail Trade	39	40	40	38	38	39	40	42
其他	Others	100	107	122	144	162	183	206	188

注：1.乡村总人口是按1984年前的老口径统计，故本表的数字大于人口篇乡村总人口。乡镇个数中不包括城关镇、街道办事处。

2."交通运输、仓储和邮政业就业人员"2003年以前统计口径为"交通运输和邮电通讯业就业人员"；"批发与零售业就业人员"2003年以前统计口径为"批发、零售、餐饮、金融、保险就业人员"。

Note: a. The total rural population is calculated accolding to original standards before 1984, so the data in this table are larger than the rural population in chapter on population. since 2001,the data of townships and towns have not included those of urban towns.

b.The employed persons of transport, storage and post service have calculated including the telecommunication service and unincorporated the stoarge before 2003;employed persons of wholesale trade, retail trade refers to the employed persons of wholesale trade, retail trade,food services,banking and insurance trades.

11-2 1978-2008年历年主要农业机械拥有量
Historic Number of Major Agricultural Machinery Owned (1978-2008)

年份 Year	农业机械总动力（万千瓦） Total Power of Agricultural Machinery (10 000 kw)	农用大中型拖拉机（台/万瓦特） Large and Medium-sized Agricultural Tractors (unit/10000watt)	农用小型及手扶拖拉机（台/万瓦特） Small and Walking Agricultural Tractors (unit/10000watt)	大中型拖拉机机引农具（部） Farm Tools Towed by Large and Medium Sized Tractors (unit)	小型拖拉机机引农具（部） Farm Tools Towed by Small Tractors (unit)	农用水泵（台） Water Pumps for Agricultural Use (unit)	联合收割机（台） Combine Harvesters (unit)	机动脱粒机（台） Power-driver Shellers (unit)
1978	243	14 361	25 215	22 270	18 714	17 060	215	41 930
1979	292	16 653	31 253	21 910	24 229	21 204	201	50 714
1980	295	17 234	33 431	21 097	29 575	22 052	184	53 612
1981	328	16 756	34 168	20 593	31 092	22 398	156	52 785
1982	335	16 543	37 970	18 621	28 803	21 897	170	48 427
1983	369	18 199	49 015	17 592	33 454	26 572	93	42 221
1984	407	18 412	61 069	14 718	31 957	27 942	68	39 662
1985	439	17 741	73 783	12 813	29 461	28 235	53	33 846
1986	475	19 128	86 213	10 999	40 029	32 350	53	31 304
1987	513	17 770/69 233	90 624/147 455	10 562	35 291	34 537	42	31 737
1988	579	17 546/68 551	115 683/102 743	10 194	39 064	37 119	60	37 391
1989	612	16 751/66 798	128 064/114 026	9 747	44 077	42 230	124	33 922
1990	649	16 247/63 947	141 277/126 223	9 362	53 981	44 576	120	36 611
1991	710	15 545/61 877	159 914/143 005	9 002	64 497	47 674	154	41 412
1992	754	13 937/55 850	172 167/153 600	8 572	63 994	50 128	125	45 947
1993	788	11 659/48 429	184 159/165 611	7 632	75 443	51 899	197	50 470
1994	850	10 543/44 183	198 661/179 880	6 698	79 977	44 576	126	54 434
1995	906	9 568/39 503	216 192/196 864	6 568	89 717	57 005	134	59 234
1996	1 003	8 425/35 650	260 296/240 400	3 520	65 226	54 105	101	80 071
1997	1 104	8 488/36 090	291 619/279 950	3 438	74 725	58 895	171	96 999
1998	1 177	10 092/38 920	314 089/30 516	3 633	81 655	62 017	257	102 181
1999	1 255	15 557/49 860	304 434/298 310	8 187	138 973	78 781	360	92 391
2000	1 301	38 331/101 623	300 694/299 355	8 138	150 317	88 845	450	111 029
2001	1 398	52 600/137 465	304 826/299 849	8 805	157 866	90 256	484	115 710
2002	1 460	66 954/176 880	299 060/303 928	10 319	164 603	94 928	483	115 791
2003	1 543	86 347/230 980	305 106/307 144	9 051	171 968	101 904	652	112 380
2004	1 608	91 483/250 820	304 830/310 377	9 002	166 610	110 143	817	115 708
2005	1 666	44 978/121 380	274 764/307 360	11 545	180 819	117 705	1 150	123 967
2006	1 755	48 635/128 300	278 764/281 250	12 331	188 251	127 210	1 570	148 155
2007	1 862	75 097/181 000	286 790/328 120	15 078	202 281	147 306	2 168	176 746
2008	2 014	175 087/378 934	295 727/311 676	19 081	222 962	170 899	2 537	218 036

11-3 各地区农村基本情况及农业生产条件（2008年）

Basic Conditions of Rural Areas and Agricultural Production by Region (2008)

地　区	Region	乡镇个数（个） Number of Townships and Towns (unit)	镇个数（个） Number of Towns (unit)	村委会个数(个) Number of Villagers' Commitees (unit)	自来水受益村数(个) Villages with Tap Water Supply (unit)	通汽车村数(个) Villages with Highway (unit)	通电话村数(个) Villages with Telephone Service (unit)	农村用电量（万千瓦时） Rural Consumption of Electricity (10 000 kwh)	乡村办电站/装机容量(个/万瓦特) Number of Power Stations Owned by Villages and Their Installed Capacity (10 000 w)
全省合计	**Total**	**1 206**	**476**	**13 099**	**12 034**	**12 897**	**12 689**	**504 413**	**399/28 986**
昆　明	Kunming	94	44	1 217	1 189	1 213	1 214	75 245	29/3 093
曲　靖	Qujing	99	52	1 548	1 413	1 542	1 463	61 343	15/602
玉　溪	Yuxi	64	37	665	649	664	664	93 338	13/210
保　山	Baoshan	72	24	883	855	883	882	23 310	45/3 911
昭　通	Zhaotong	130	44	1 179	948	1 169	1 163	35 215	95/7 211
丽　江	Lijiang	55	8	448	392	445	429	10 131	39/3 250
普　洱	Pu'er	94	21	994	976	885	856	15 580	22/236
临　沧	Lincang	68	25	897	887	892	883	10 653	4/246
楚　雄	Chuxiong	93	43	1 048	1 013	1 043	1 040	29 681	6/1 340
红　河	Honghe	117	41	1 179	1 024	1 174	1 114	53 060	15/679
文　山	Wenshan	94	35	947	758	947	926	27 974	29/1 676
西双版纳	Xishuangbann	31	18	220	218	220	207	6 968	3/31
大　理	Dali	99	55	1 096	967	1 064	1 091	46 450	61/4 302
德　宏	Dehong	45	18	336	325	336	323	4 569	
怒　江	Nujiang	25	5	258	258	238	257	3 772	10/1 891
迪　庆	Diqing	26	6	184	162	182	177	7 124	13/308

11-4 水库库容量（2007-2008年）

Storage Capacity of Reservoirs (2007-2008)

指　标	Item	水库（座） Number of Reservoirs		水库库容量（亿立方米） Reservoir Capacity (100 million cu.m)		2008年比2007年增长（%） Increase Rate in 2008 Over 2007 (%)	
		2007年	2008年	2007年	2008年	水　库 Number of Reservoirs	水库库容量 Capacity of Reservoirs
合　计	**Total**	**5 403**	**5 474**	**106.23**	**106.93**	**1.3**	**0.7**
大型水库	Large Reservoirs	6	6	21.62	21.62		
中型水库	Medium Sized Reservoirs	173	178	50.33	50.94	2.9	1.2
小型水库	Small Reservoirs	5 224	5 290	34.28	34.42	1.3	0.4

11-5 各地区农业水利情况（2008年）

Basic Conditions of Water Conservancy by Region (2008)

单位：千公顷 (1 000 hectares)

地区	Region	水库座数（座）Number of Reservoirs (unit)	水库总库容（万立方米）Capacity of Reservoirs (10 000 cu.m)	农田水利情况 Irrigation and Water Conservancy		
				有效灌溉面积 Irrigated Area	旱涝保收面积 Area With Stable Yields Despite Drought or Waterlogging	机电排灌面积 Mechenical and Electric Irrigation and Drainage Area
全省合计	**Total**	**5 474**	**1 069 836**	**1 536.87**	**917.35**	**183.68**
昆明	Kunming	798	260 048	132.51	88.48	42.98
曲靖	Qujing	662	167 635	177.03	112.43	25.74
玉溪	Yuxi	555	69 669	81.61	57.54	17.46
保山	Baoshan	260	42 861	106.01	78.33	6.80
昭通	Zhaotong	171	58 514	108.16	51.32	4.63
丽江	Lijiang	132	30 734	65.83	35.22	8.43
普洱	Pu'er	281	48 164	112.75	61.39	0.85
临沧	Lincang	220	29 094	83.73	46.66	1.94
楚雄	Chuxiong	1 042	105 974	116.81	79.95	9.90
红河	Honghe	421	95 498	170.71	91.23	31.58
文山	Wenshan	226	40 125	101.32	55.71	5.19
西双版纳	Xishuangbanna	178	31 385	45.66	27.50	0.08
大理	Dali	430	67 294	141.80	79.75	25.80
德宏	Dehong	66	20 872	59.94	29.53	0.34
怒江	Nujiang	19	338	14.71	10.77	
迪庆	Diqing	13	1 632	18.29	11.54	1.96

11-6 各地区农用化肥及农用薄膜施用量（2008年）

Quantity of Chemical Fertilizers and Chemical Film Used for Farming by Region (2008)

单位：吨 (ton)

地区	Region	化肥施用量合计 Consumption of Chemical Fertilizer	氮肥 Nitrogenous Fertilizer	磷肥 Phosphate Fertilizer	钾肥 Potash Fertilizer	复合肥 Compound Fertilizer	农用塑料薄膜使用量 Plastic Film	地膜使用量 Mulching Film	农药使用量 Compound Fertilizer
全省合计	**Total**	**1 676 708**	**919 118**	**260 123**	**152 130**	**345 337**	**74 830**	**58 272**	**42 875**
昆明	Kunming	173 379	93 562	35 704	12 870	31 243	14 434	9 279	6 167
曲靖	Qujing	277 973	142 893	46 695	25 195	63 190	18 920	16 575	4 817
玉溪	Yuxi	82 200	50 580	11 197	15 589	4 834	4 546	3 836	2 897
保山	Baoshan	100 847	58 286	13 533	13 631	15 397	3 293	2 873	3 358
昭通	Zhaotong	123 716	75 390	18 364	11 816	18 146	5 249	4 290	1 226
丽江	Lijiang	68 392	33 506	18 454	4 747	11 685	2 198	1 874	943
普洱	Pu'er	55 361	40 424	5 181	3 385	6 371	1 887	1 017	2 285
临沧	Lincang	107 918	50 957	5 537	6 009	45 415	1 022	871	1 589
楚雄	Chuxiong	121 746	73 815	22 616	4 222	21 093	5 406	4 220	2 820
红河	Honghe	180 709	93 337	31 773	17 425	38 174	8 176	5 345	5 559
文山	Wenshan	122 791	75 962	17 693	11 159	17 977	2 131	1 664	1 924
西双版纳	Xishuangbanna	44 725	16 970	3 213	4 794	19 748	342	340	4 543
大理	Dali	152 523	66 376	22 221	16 988	46 938	5 125	4 191	3 385
德宏	Dehong	52 707	39 768	5 661	3 802	3 476	1 140	1 070	1 132
怒江	Nujiang	4 919	3 343	628	112	836	381	302	108
迪庆	Diqing	6 802	3 949	1 653	386	814	580	525	122

注：化肥施用量折纯计算

Note: Consumption of chemical fertilizers is caculated according to the volume of effective component of the chemical fertilizers.

11-7 1978-2008年历年农、林、牧、渔业总产值
Historic Total Output Value of Farming，Forestry, Animal Husbandry and Fishery (1978-2008)

(按当年价格计算) (at current prices)

单位：亿元 (100 million yuan)

年 份 Year	农、林、牧、渔业总产值 Total	农 业 Farming	林 业 Forestry	牧 业 Animal Husbandry	渔 业 Fishery	农林牧渔服务业 Services in Support of Farming, Forestry,Animal Husbandry and Fishery
1978	40.02	28.58	2.48	7.08	0.08	1.80
1979	44.71	31.03	3.17	8.27	0.09	2.15
1980	48.20	33.02	2.94	10.22	0.19	1.83
1981	55.20	38.32	3.77	10.74	0.20	2.17
1982	61.84	41.90	3.87	12.79	0.21	3.07
1983	65.68	42.30	4.73	13.84	0.24	4.57
1984	77.36	48.78	5.97	15.79	0.27	6.55
1985	88.88	52.02	7.90	20.33	0.40	8.23
1986	96.01	51.80	7.40	26.14	0.71	9.96
1987	111.25	61.75	8.85	29.42	0.95	10.28
1988	135.39	76.11	10.05	37.01	1.56	10.66
1989	152.68	84.30	12.97	41.68	1.93	11.80
1990	211.72	119.63	18.27	54.01	1.39	18.42
1991	222.93	130.67	18.69	55.68	1.37	16.52
1992	250.35	146.70	22.84	61.54	2.02	17.25
1993	281.21	179.39	25.39	72.89	3.54	
1994	356.78	228.99	30.41	92.13	5.25	
1995	474.46	299.48	40.53	127.19	7.26	
1996	567.51	369.36	43.21	146.03	8.91	
1997	612.01	397.09	40.40	163.93	10.59	
1998	620.02	381.26	41.77	184.83	12.16	
1999	642.48	394.96	45.60	188.82	13.10	
2000	680.86	416.36	49.75	201.49	13.26	
2001	703.53	431.31	47.21	210.63	14.38	
2002	737.55	445.35	53.52	223.49	15.19	
2002(新口径)	743.75	414.89	59.27	223.49	15.19	
2003	799.33	433.91	73.17	242.53	16.56	33.16
2004	965.22	516.92	86.40	305.42	19.14	35.19
2005	1 068.58	559.32	105.53	339.68	22.97	41.08
2006	1 209.76	630.19	142.59	362.89	26.30	44.78
2007	1 414.79	707.15	156.27	459.63	35.73	56.01
2008	1 641.46	790.87	183.60	570.01	38.12	58.86

注：1.“农林牧渔服务业”1992年及以前年份为“副业”。
2.从2003年开始，按新国民经济行业分类标准，农业总产值中取消“农民家庭兼营的商品性工业”；‘木材采运”改为全社会口径；增加“农林牧渔服务业”。“农林牧渔服务业”包含在“农业总产值”中(下同)。

Note: a. Services in Support of Farming，Forestry,Animal Husbandry and Fishery was called sideline production before 1992.
b. According to the new standards for the classification of National Economy；Subsidiary commercial industry operated by farmers has been deleted from the output value of agriculture since 2003. The logging and transport of timber has changed to the standard of the whole society. Services in support of farming, forestry,animal husbandry and fishery are added items.Services of farming, forestry,animal husbandry and fishery are included in the output value of agriculture (The same as below).

11-8 1978-2008年历年农、林、牧、渔业总产值指数

Indices of Historic Gross Output Value of Farming，Forestry, Animal Husbandry and Fishery (1978-2008)

(以1952年为100) (1952=100)

年 份 Year	农、林、牧、渔业总产值 Total	农 业 Farming	林 业 Forestry	牧 业 Animal Husbandry	渔 业 Fishery	农林牧渔服务业 Services in Support of Agriculture, Forestry, Animal Husbandry and Fishery
1978	249.2	233.0	13 119.8	410.2	1 296.6	103.5
1979	235.2	213.5	14 288.8	404.3	1 619.3	103.9
1980	251.2	231.3	14 938.3	418.3	1 759.0	104.9
1981	273.6	255.7	16 118.2	439.9	1 886.9	105.7
1982	302.9	274.1	16 885.3	525.0	1 946.7	150.0
1983	319.7	274.8	19 622.1	568.2	2 225.7	222.2
1984	368.3	303.7	25 504.0	645.6	2 500.9	321.5
1985	391.8	308.2	29 241.5	700.0	3 058.1	404.4
1986	382.6	288.0	25 449.1	717.4	3 599.1	489.3
1987	406.0	315.8	24 428.5	738.9	4 402.0	504.9
1988	432.8	339.7	25 935.5	781.7	5 771.3	524.1
1989	445.3	346.4	27 366.2	821.8	5 091.1	530.0
1990	474.5	366.1	29 995.2	882.9	5 318.0	566.6
1991	501.1	398.6	30 756.4	929.5	5 702.4	514.0
1992	523.0	416.5	33 893.6	968.5	6 181.4	503.7
1993	538.8	422.1	40 280.4	991.9	7 462.5	479.0
1994	555.4	426.3	42 959.2	1 050.2	9 256.1	
1995	591.2	457.0	43 946.1	1 112.7	11 177.8	
1996	634.9	490.8	46 714.7	1 195.0	13 223.3	
1997	686.9	530.1	49 941.7	1 303.4	14 728.1	
1998	718.1	533.2	52 506.4	1 467.9	18 282.1	
1999	753.7	555.6	53 943.5	1 571.6	20 274.7	
2000	802.7	589.3	56 155.9	1 705.5	20 850.3	
2001	831.5	611.7	54 154.9	1 800.6	22 289.4	
2002	870.0	633.3	59 030.7	1 892.0	24 368.0	
2003	927.8	663.1	67 532.6	2 027.4	25 600.1	105.1
2004	990.7	703.8	70 033.8	2 204.5	28 027.2	116.6
2005	1 059.1	734.0	76 196.7	2 431.6	31 222.3	121.1
2006	1 148.5	791.1	86 271.6	2 610.6	36 558.9	132.5
2007	1 232.3	844.1	94 553.7	2 767.3	44 309.4	146.7
2008	1 329.7	899.8	105 521.9	3 016.3	47 278.1	152.1

注：1.本表按可比价格计算。
2."农林牧渔业"1993年及以前年份为"副业"。
3.农林牧渔服务业产值指数从2003年开始计算，为新农业发展速度口径。

Note: a. The data in this table are calculated at comparable prices.
b.Farming，Forestry,Animal Husbandry and Fishery in 1993 and the years before 1993 were called sideline production.
c.The indice of services in support of agriculture，forestry,animal husbandry and fishery has been calculated according the new calculating coverage of agriculture developing speed since 2003.

11-9 农、林、牧、渔业总产值（2007-2008年）
Gross Output Value of Farming, Forestry, Animal Husbandry and Fishery (2007-2008)

单位：亿元 (100 million yuan)

项　目	Item	按当年价格 At Current Prices	
		2007年	2008年
农、林、牧、渔业总产值总计	**Gross Output Value of Farming, Forestry, Animal Husbandry and Fishery**	**1 414.79**	**1 641.46**
农业产值合计	**Gross Output Value of Farming**	**707.15**	**790.87**
谷物及其他作物	Cereals and Other Crops	457.71	513.70
#谷物	Corn Cereals	221.29	224.59
薯类	Tubers	36.73	42.87
油料	Oil-bering Crops	12.53	17.79
豆类	Beans and Peas	22.03	26.48
糖料	Sugar Crops	41.05	44.90
烟草	Tobacco	94.39	124.38
蔬菜园艺作物	Vegetables and Horticultural Crops	158.44	185.75
水果、坚果、饮料和香料作物	Fruits，Nuts, Beverages and Spiceberry Crops	81.40	79.06
中药材	Traditional Chinese Medicinal Materials	9.60	12.36
林业产值合计	**Gross Output Value of Animal Husbandry**	**156.27**	**183.60**
林木的培育和种植	Cultivation of Forest Trees	18.66	29.38
竹木采运	Logging and Transport of Timber and Bamboo	30.94	42.23
林产品	Forest Products	106.67	111.99
牧业产值合计	**Gross Output Value of Animal Husbandry**	**459.63**	**570.01**
牲畜饲养产值	Livestock Raising	67.81	85.50
生猪产值	Hogs	333.91	407.55
家禽产值	Poultry	50.18	69.54
狩猎和捕捉动物	Hunting	0.05	0.06
其他畜牧业	Others	7.68	7.35
渔业产值	**Gross Output Value of Fishery**	**35.73**	**38.12**
农、林、牧、渔业服务业产值	**Output Value of Services in Support of Farming, Forestry, Animal Husbandry and Fishery**	**56.01**	**58.86**

11-10 各地区农、林、牧、渔业总产值（2008年）

Gross Output Value of Farming, Forestry, Animal Husbandry and Fishery by Region (2008)

(按当年价格计算) (at current prices)
单位：万元 (10 000 yuan)

地区	Region	农林牧渔业总产值 Gross Output Value of Farming, Forestry,Animal Husbandry and Fishery	农业产值 Farming	林业产值 Forestry	牧业产值 Animal Husbandry	渔业产值 Fishery	农林牧渔服务业产值 Services in Support of Farming, Forestry, Animal Husbandry
全省合计	**Total**	**16 414 600**	**7 908 654**	**1 835 964**	**5 700 117**	**381 236**	**588 629**
昆明	Kunming	1 757 375	879 010	59 335	722 735	39 539	56 756
曲靖	Qujing	2 598 812	1 164 003	82 757	1 265 399	50 522	36 131
玉溪	Yuxi	1 020 092	555 173	29 370	403 855	16 891	14 803
保山	Baoshan	1 023 444	480 673	140 023	362 146	20 631	19 971
昭通	Zhaotong	1 005 471	446 455	44 867	486 725	2 931	24 493
丽江	Lijiang	378 652	170 590	24 762	154 251	16 687	12 362
普洱	Pu'er	877 635	396 267	212 035	229 817	18 879	20 637
临沧	Lincang	942 652	527 461	116 988	267 271	9 346	21 586
楚雄	Chuxiong	1 233 890	566 839	84 928	454 346	18 383	109 394
红河	Honghe	1 495 192	759 061	87 337	580 357	43 155	25 282
文山	Wenshan	972 777	503 517	42 046	396 545	12 917	17 752
西双版纳	Xishuangbanna	588 676	186 904	318 307	56 073	13 398	13 994
大理	Dali	1 573 679	738 471	127 908	636 407	37 584	33 309
德宏	Dehong	455 896	265 629	53 065	108 018	15 545	13 639
怒江	Nujiang	87 565	36 460	11 567	32 115	136	7 287
迪庆	Diqing	98 971	44 661	13 485	29 683	1 916	9 226

注：由于省，州（市）农业总产值实行分级核算，故各州（市）加总不等于全省总数（下同）。
Note:Total agricultural output value is not the value caculated by plusing the agricultural output value of each prefecture(city) because the agricultural output value of the province and prefecture(city) are accounted at different levels.(Same as below).

11-11 各地区农、林、牧、渔业总产值指数（2008年）

Indices of Gross Output Value of Agriculture, Forestry, Animal Husbandry and Fishery by Region (2008)

(以上年为100) (preceding year= 100)
单位：% (%)

地区	Region	农林牧渔业总产值 Total	农业产值 Farming	林业产值 Forestry	牧业产值 Animal Husbandry	渔业产值 Fishery	农林牧渔服务业产值 Services in Support of Agriculture, Forestry, Animal Husbandry and Fishery
全省合计	**Total**	**107.9**	**106.6**	**111.6**	**109.0**	**106.7**	**103.7**
昆明	Kunming	107.6	106.9	121.1	107.2	112.8	108.1
曲靖	Qujing	109.7	106.9	140.4	109.3	145.4	123.0
玉溪	Yuxi	106.8	107.4	109.0	106.1	103.8	102.1
保山	Baoshan	108.7	106.8	111.1	110.3	107.2	116.1
昭通	Zhaotong	108.4	106.2	114.8	110.5	112.2	101.3
丽江	Lijiang	107.1	112.0	115.7	99.1	107.1	115.7
普洱	Pu'er	108.5	103.9	112.4	114.6	112.4	110.7
临沧	Lincang	109.6	105.8	114.7	117.3	110.6	105.5
楚雄	Chuxiong	107.5	107.0	118.2	105.2	109.5	112.1
红河	Honghe	109.3	114.6	94.4	104.8	111.0	105.0
文山	Wenshan	107.8	107.3	114.2	106.3	191.0	105.7
西双版纳	Xishuangbanna	104.0	115.0	97.2	112.3	110.8	103.7
大理	Dali	109.4	106.9	114.3	111.2	108.5	117.7
德宏	Dehong	108.9	108.1	109.4	113.8	98.3	104.2
怒江	Nujiang	103.1	101.7	102.0	105.9	105.5	101.2
迪庆	Diqing	104.0	103.1	111.4	98.9	263.4	102.2

注：本表按可比价格计算。
Note : The data in the table are calculated at comparable prices.

11-12 各地区农、林、牧、渔业总产值构成（2008年）
Composition of Gross Output Value of Farming, Forestry, Animal Husbandry and Fishery by Region (2008)

(按当年价格计算) (at current prices)
单位：% (%)

地 区	Region	农、林、牧、渔业总产值 Gross Output Value of Farming, Forestry, Animal Husbandry and Fishery	农业产值 Farming	林业产值 Forestry	牧业产值 Animal Husbandry	渔业产值 Fishery	农林牧渔服务业产值 Services in Support of Agriculture, Forestry, Animal Husbandry and Fishery
全省合计	**Total**	**100.0**	**48.2**	**11.2**	**34.7**	**2.3**	**3.6**
昆 明	Kunming	100.0	50.0	3.4	41.1	2.3	3.2
曲 靖	Qujing	100.0	44.8	3.2	48.7	1.9	1.4
玉 溪	Yuxi	100.0	54.4	2.9	39.5	1.7	1.5
保 山	Baoshan	100.0	47.0	13.7	35.3	2.0	2.0
昭 通	Zhaotong	100.0	44.4	4.5	48.4	0.3	2.4
丽 江	Lijiang	100.0	45.1	6.5	40.7	4.4	3.3
普 洱	Pu'er	100.0	45.1	24.2	26.2	2.2	2.3
临 沧	Lincang	100.0	56.0	12.4	28.3	1.0	2.3
楚 雄	Chuxiong	100.0	45.9	6.9	36.8	1.5	8.9
红 河	Honghe	100.0	50.8	5.8	38.8	2.9	1.7
文 山	Wenshan	100.0	51.8	4.3	40.8	1.3	1.8
西双版纳	Xishuangbanna	100.0	31.7	54.1	9.5	2.3	2.4
大 理	Dali	100.0	46.9	8.1	40.5	2.4	2.1
德 宏	Dehong	100.0	58.3	11.6	23.7	3.4	3.0
怒 江	Nujiang	100.0	41.6	13.2	36.7	0.2	8.3
迪 庆	Diqing	100.0	45.1	13.7	30.0	1.9	9.3

11-13 各地区农、林、牧、渔业增加值（2008年）
Added Value of Farming, Forestry, Animal Husbandry and Fishery by Region (2008)

(按当年价格计算) (at current prices)
单位：万元 (10 000 yuan)

地 区	Region	合 计 Total	农 业 Farming	林 业 Forestry	牧 业 Animal Husbandry	渔 业 Output of Fishery	农林牧渔服务业产值 Services in Support of Agriculture, Forestry, Animal Husbandry and Fishery
全省合计	**Total**	**10 205 552**	**5 253 719**	**1 303 535**	**3 192 066**	**232 554**	**223 679**
昆 明	Kunming	1 156 961	595 693	46 850	454 573	25 512	34 333
曲 靖	Qujing	1 753 353	782 339	67 697	837 201	38 935	27 181
玉 溪	Yuxi	676 170	403 739	20 326	229 533	12 683	9 889
保 山	Baoshan	717 766	325 787	108 972	254 120	14 619	14 268
昭 通	Zhaotong	740 210	341 557	38 237	341 658	2 308	16 450
丽 江	Lijiang	249 260	110 912	17 120	102 118	11 015	8 095
普 洱	Pu'er	623 868	270 057	164 160	159 479	13 715	16 457
临 沧	Lincang	650 277	360 269	88 459	181 074	6 711	13 764
楚 雄	Chuxiong	826 698	387 563	61 445	289 104	12 293	76 293
红 河	Honghe	1 020 501	525 920	56 991	391 106	30 251	16 233
文 山	Wenshan	675 683	345 455	32 875	274 372	11 432	11 549
西双版纳	Xishuangbanna	388 340	118 828	212 643	36 205	9 297	11 367
大 理	Dali	1 008 505	471 911	94 498	393 792	25 851	22 453
德 宏	Dehong	321 440	179 994	47 121	76 021	10 475	7 829
怒 江	Nujiang	59 897	25 211	8 754	22 003	93	3 836
迪 庆	Diqing	69 747	31 553	12 589	16 171	1 791	7 643

注：从2003年开始，农林牧渔业增加值为按新口径核算数。
Note: The data of added value of Farming, Forestry, Animal Husbandry and Fishery have been calculated according to the new standards since 2003.

11-14 各地区农、林、牧、渔业中间消耗（2008年）
Intermediate Consumption of Farming, Forestry, Animal Husbandry and Fishery by Region (2008)

(按当年价格计算) (at current prices)
单位：万元 (10 000 yuan)

地区	Region	合计 Total	农业 Farming	林业 Forestry	牧业 Animal Husbandry	渔业 Fishery	农林牧渔服务业 Services in Support of Agriculture，Forestry, Animal Husbandry and Fishery
全省合计	**Total**	**6 209 048**	**2 654 935**	**532 430**	**2 508 052**	**148 682**	**364 950**
昆明	Kunming	600 414	283 317	12 485	268 162	14 027	22 423
曲靖	Qujing	845 459	381 664	15 060	428 198	11 587	8 950
玉溪	Yuxi	343 922	151 434	9 044	174 322	4 208	4 914
保山	Baoshan	305 678	154 886	31 051	108 026	6 012	5 703
昭通	Zhaotong	265 261	104 898	6 630	145 067	623	8 043
丽江	Lijiang	129 392	59 678	7 642	52 133	5 672	4 267
普洱	Pu'er	253 767	126 210	47 875	70 338	5 164	4 180
临沧	Lincang	292 375	167 192	28 529	86 197	2 635	7 822
楚雄	Chuxiong	407 192	179 276	23 483	165 242	6 090	33 101
红河	Honghe	474 691	233 141	30 346	189 251	12 904	9 049
文山	Wenshan	297 094	158 062	9 171	122 173	1 485	6 203
西双版纳	Xishuangbanna	200 336	68 076	105 664	19 868	4 101	2 627
大理	Dali	565 174	266 560	33 410	242 615	11 733	10 856
德宏	Dehong	134 456	85 635	5 944	31 997	5 070	5 810
怒江	Nujiang	27 668	11 249	2 813	10 112	43	3 451
迪庆	Diqing	29 224	13 108	896	13 512	125	1 583

11-15 各地区农、林、牧、渔业中间消耗、增加值占总产值比重（2008年）
Proportion of Intermediate Consumption and Added Value of Farming, Forestry, Animal Husbandry and Fishery to Gross Output Value by Region (2008)

(按当年价格计算) (at current prices)
单位：万元 (10 000 yuan)

地区	Region	农林牧渔业总产值 Gross Output Value of Farming, Forestry, Animal Husbandry and Fishery	农林牧渔业中间消耗 Intermediate Consumption of Farming, Forestry, Animal Husbandry and Fishery	农林牧渔业增加值 Added Value of Farming,Forestry, Animal Husbandry and Fishery	占农林牧渔业总产值比重(%) Proportion to Gross Output Value (%)	
					中间消耗 Intermediate Consumption	增加值 Added Value
全省合计	**Total**	**16 414 600**	**6 209 048**	**10 205 552**	**37.8**	**62.2**
昆明	Kunming	1 757 375	600 414	1 156 961	34.2	65.8
曲靖	Qujing	2 598 812	845 459	1 753 353	32.5	67.5
玉溪	Yuxi	1 020 092	343 922	676 170	33.7	66.3
保山	Baoshan	1 023 444	305 678	717 766	29.9	70.1
昭通	Zhaotong	1 005 471	265 261	740 210	26.4	73.6
丽江	Lijiang	378 652	129 392	249 260	34.2	65.8
普洱	Pu'er	877 635	253 767	623 868	28.9	71.1
临沧	Lincang	942 652	292 375	650 277	31.0	69.0
楚雄	Chuxiong	1 233 890	407 192	826 698	33.0	67.0
红河	Honghe	1 495 192	474 691	1 020 501	31.7	68.3
文山	Wenshan	972 777	297 094	675 683	30.5	69.5
西双版纳	Xishuangbanna	588 676	200 336	388 340	34.0	66.0
大理	Dali	1 573 679	565 174	1 008 505	35.9	64.1
德宏	Dehong	455 896	134 456	321 440	29.5	70.5
怒江	Nujiang	87 565	27 668	59 897	31.6	68.4
迪庆	Diqing	98 971	29 224	69 747	29.5	70.5

11-16 主要年份主要农产品产量
Output of Major Farm Products in Significant Years

单位：万吨 (10 000 tons)

年 份 Year	粮 食 Grain	#稻 谷 Rice	#小 麦 Wheat	#玉 米 Corn	#大 豆 Soybeans	#薯 类 Tubers	油 料 Oil-bearing Crops	#花 生 Peanuts	#油菜籽 Rapeseeds	烟 叶 Tobacco	#烤 烟 Flue-cured Tobacco
1952	450.70	255.75	19.60	101.65	7.25	18.80	3.37	0.82	2.10		0.57
1957	583.20	325.50	29.60	119.75	8.70	33.85	8.01	2.46	4.07		2.82
1962	534.50	273.55	27.10	125.85	7.75	35.25	3.53	1.07	2.05		2.55
1965	586.95	304.75	31.85	145.85	7.50	29.30	8.75	2.75	5.75		4.65
1970	698.45	396.65	36.65	171.25	8.35	36.00	4.77	2.01	2.68		3.25
1975	798.90	400.00	60.32	207.25	9.60	43.30	6.97	1.80	5.08		9.72
1978	864.05	411.60	85.95	233.10	9.70	48.65	5.51	2.05	3.18		12.26
1980	865.55	387.60	78.55	225.05	7.05	53.60	6.48	1.83	4.18		10.32
1985	935.00	482.95	61.90	248.75	9.60	63.00	11.81	3.60	7.17		41.00
1990	1 061.21	509.44	106.79	280.56	10.12	67.51	13.31	2.93	9.65	44.70	43.60
1995	1 188.91	515.77	138.50	341.83	13.13	79.48	19.58	4.33	14.29	76.83	76.07
1996	1 246.30	535.15	145.39	365.03	12.02	82.72	18.81	4.32	13.61	90.19	88.39
1997	1 271.90	533.77	166.14	365.63	12.54	85.10	17.43	3.82	12.80	110.16	109.28
1998	1 319.50	540.86	152.22	420.72	12.95	87.58	17.46	4.55	11.95	57.29	56.37
1999	1 399.25	534.34	153.47	463.44	13.43	98.86	20.62	4.78	14.54	62.66	60.95
2000	1 467.80	536.29	151.19	473.30	13.99	145.46	26.98	5.35	19.11	65.57	64.61
2001	1 486.30	595.87	137.88	477.30	15.97	148.96	27.66	5.40	20.42	61.47	60.08
2002	1 424.74	543.20	134.11	461.50	15.89	153.88	27.52	5.37	20.52	71.80	66.15
2003	1 471.01	635.89	124.35	399.93	14.81	172.29	29.70	5.34	22.75	65.49	63.68
2004	1 509.50	639.40	121.67	425.66	20.62	191.39	33.41	5.59	26.23	70.75	69.24
2005	1 514.93	646.34	106.86	449.31	17.39	193.60	36.22	5.75	29.02	79.09	77.22
2006	1 457.60	612.90	93.00	478.00	10.90	157.40	39.01	5.80	31.57	77.73	75.78
2007	1 460.70	589.70	91.20	498.60	17.90	162.20	36.65	6.11	29.07	79.12	76.68
2008	1 518.59	621.01	83.05	529.55	26.16	169.76	40.38	6.70	32.10	86.38	83.97

11-16 续表 continued

单位：万吨 (10 000 tons)

年 份 Year	糖 料 Sugar Crops	#甘 蔗 Sugar cane	茶 叶 Tea	水 果 Fruits	猪牛羊肉 Pork, Beef and Mutton	禽 蛋 Poultry Eggs	水产品 Aquatic Products	麻 类 Fiber Crops	棉 花 Cotton
1952	30.13	30.13	0.36						
1957	66.60	66.60	0.84	6.07			0.50		
1962	42.25	42.25	0.63				0.75		
1965	107.35	107.35	0.89		24.58		0.80		
1970	88.32	88.32	1.05	8.78			0.92		
1975	133.31	133.31	1.64	12.93	28.56		1.40		
1978	160.04	160.01	1.78	11.62	29.23		1.12		
1980	184.59	184.45	1.78	11.63	30.91		1.52		
1985	480.13	479.77	3.11	21.18	56.82	3.90	2.65		
1990	662.32	661.88	4.48	31.97	74.74	4.90	4.60	0.22	0.04
1995	1 056.31	1 055.92	6.40	55.71	120.45	6.85	8.44	0.22	0.07
1996	1 143.36	1 143.08	6.82	59.01	133.37	7.41	10.20	0.30	0.06
1997	1 435.18	1 434.92	7.08	66.02	148.95	8.51	11.89	0.23	0.07
1998	1 598.09	1 597.71	7.75	68.07	166.21	8.70	13.84	0.22	0.08
1999	1 526.89	1 526.53	7.51	73.83	180.35	9.83	15.53	0.21	0.06
2000	1 420.61	1 420.29	7.94	76.95	191.51	10.63	16.62	0.19	0.05
2001	1 481.49	1 481.10	8.07	79.29	203.84	11.80	18.02	0.49	0.05
2002	1 733.66	1 733.36	8.36	85.63	218.74	13.16	19.26	2.33	0.04
2003	1 695.24	1 694.96	8.59	96.53	234.53	14.39	20.43	4.49	0.03
2004	1 688.80	1 688.49	9.51	115.52	257.10	16.49	22.05	13.66	0.03
2005	1 415.89	1 415.50	11.59	136.63	277.32	20.35	23.85	14.10	0.02
2006	1 679.06	1 678.73	13.82	162.56	296.13	20.54	29.24	5.88	0.02
2007	1 938.81	1 938.67	16.99	202.37	238.60	18.00	33.39	2.42	0.03
2008	1 898.88	1 898.75	17.15	266.18	257.18	29.04	39.37	2.28	0.04

注：1.1991年起粮食产量为抽样调查推算数,由国家统计局云南调查总队提供。
2.猪牛羊肉产量2006-2007年为农业普查衔接数，2008年为抽样调查数，由国家统计局云南调查总队提供。
3.2001年起粮食分品种为抽样调查数。

Note: a. Since 1991 output of grain crops has been estimated on the basis of sample surveys,by NBS Survey Office in Yunnan.
b. The output of pork, beef and mutton from 2006 to 2007 was linked up with The Agricultural Census, and the data of 2008 are on the basis of sample survey by NBS Survey Office in Yunnan.
c. Since 2001,the data of the grain varieties has been based on sample surveys.

11-17 1978-2008年历年大小春粮食面积和产量
Historic Sown Areas and Yields of Grain Harvested in Early and Late Spring (1978-2008)

年 份 Year	粮食总计(万吨) Total Yield of Grain (10 000 tons)	小 春 Late Spring		大 春 Early Spring	
		面积(万亩) Area(10 000 mu)	粮食产量(万吨) Grain Yield(10 000 tons)	面积(万亩) Area(10 000 mu)	粮食产量(万吨) Grain Yield(10 000 tons)
1978	864.05	1 578.92	134.79	3 937.87	729.26
1979	792.90	1 557.12	107.27	3 973.99	685.63
1980	865.55	1 409.80	126.64	3 979.23	738.91
1981	917.10	1 323.67	124.01	3 986.30	793.09
1982	945.90	1 240.77	111.59	3 970.09	834.31
1983	954.35	1 272.87	140.28	3 933.34	814.07
1984	1 005.00	1 281.50	135.28	3 880.56	869.72
1985	935.00	1 268.20	109.23	3 709.57	825.77
1986	870.00	1 266.33	75.48	3 733.04	794.52
1987	934.84	1 288.10	133.89	3 758.63	800.95
1988	940.72	1 392.94	138.49	3 733.81	802.23
1989	998.41	1 467.68	132.19	3 822.92	866.22
1990	1 061.21	1 543.05	170.02	3 890.39	891.19
1991	1 093.00	1 566.19	184.25	3 862.21	908.75
1992	1 070.40	1 584.30	196.00	3 788.70	874.40
1993	1 085.24	1 598.05	211.24	3 692.51	874.00
1994	1 146.47	1 704.37	201.36	3 798.90	945.11
1995	1 188.91	1 690.28	228.18	3 773.79	960.73
1996	1 246.30		234.30		1 012.00
1997	1 271.90		254.70		1 017.20
1998	1 319.50		240.15		1 079.35
1999	1 399.25	1 951.28	234.49	4 111.83	1 164.76
2000	1 467.80	1 897.13	241.00	4 090.38	1 226.80
2001	1 486.30	1 995.02	233.86	4 513.53	1 252.44
2002	1 424.74	1 827.33	240.85	4 413.54	1 183.89
2003	1 471.01	1 791.71	244.55	4 310.89	1 226.46
2004	1 509.50	1 765.11	236.32	4 472.60	1 273.18
2005	1 514.93	1 783.40	222.31	4 597.50	1 292.62
2006	1 457.60	1 658.25	220.60	4 374.90	1 237.00
2007	1 460.70	1 645.80	223.40	4 345.95	1 237.30
2008	1 518.59	1 652.60	207.58	4 491.30	1 311.01

11-18 各地区主要农作物播种面积（2008年）

Total Sown Areas of Major Farm Crops by Region (2008)

单位：公顷 (hectare)

地 区	Region	总播种面积 Total Sown Area	粮食播种面积 Sown Area of Grain Crops	#稻谷 Rice	#小麦 Wheat	#玉米 Corn	#豆类 Beans	#薯类 Tubers
全省合计	**Total**	**5 953 600**	**4 095 930**	**1 017 530**	**425 000**	**1 325 800**	**565 130**	**586 930**
昆 明	Kunming	402 780	256 410	44 371	34 791	63 242	45 652	32 652
曲 靖	Qujing	906 549	546 505	53 288	31 964	158 439	61 101	165 159
玉 溪	Yuxi	234 053	94 872	24 931	19 723	28 870	11 028	4 314
保 山	Baoshan	343 433	220 999	62 702	18 017	65 572	28 961	17 530
昭 通	Zhaotong	641 551	469 625	28 236	54 432	190 887	37 586	138 569
丽 江	Lijiang	156 019	127 540	20 271	19 346	32 904	27 287	15 666
普 洱	Pu'er	393 611	287 962	91 179	24 858	107 264	38 918	11 509
临 沧	Lincang	401 913	256 943	54 045	38 114	93 308	38 327	15 803
楚 雄	Chuxiong	317 472	209 069	62 033	33 228	42 293	44 126	5 914
红 河	Honghe	537 575	331 111	94 575	40 042	98 653	43 662	23 392
文 山	Wenshan	625 470	405 666	66 559	49 187	135 930	87 763	47 521
西双版纳	Xishuangbanna	111 002	76 994	45 553	108	27 751	2 371	999
大 理	Dali	369 499	261 402	64 617	15 384	69 389	49 694	15 105
德 宏	Dehong	205 833	104 744	51 477	5 055	33 059	5 934	8 857
怒 江	Nujiang	87 388	72 199	6 588	7 702	24 773	15 322	9 364
迪 庆	Diqing	56 616	46 560	2 817	10 193	15 832	5 871	4 028

11-18 续表 continued

单位：公顷 (hectare)

地 区	Region	油料播种面积 Oil-bearing Crops	#花生 Peanuts	#油菜籽 Rapeseeds	甘蔗 Sugarcane	烤烟播种面积 Flue-cured Tobacco	蔬菜播种面积 Vegetables and Melon	其它作物 Other Farm Crops
全省合计	**Total**	**249 934**	**45 848**	**189 479**	**309 699**	**387 179**	**583 441**	**412 205**
昆 明	Kunming	8 332	784	6 979	56	43 384	63 607	29 395
曲 靖	Qujing	53 414	1 034	51 486	37	86 666	85 482	126 313
玉 溪	Yuxi	13 498	482	12 665	21 224	50 059	48 916	4 565
保 山	Baoshan	22 941	650	22 120	38 466	22 879	21 281	9 741
昭 通	Zhaotong	15 719	4 812	10 520	2 034	28 968	68 486	52 495
丽 江	Lijiang	5 139	818	3 935	1 400	7 122	8 119	4 075
普 洱	Pu'er	13 636	8 950	4 495	36 293	10 794	21 997	20 201
临 沧	Lincang	9 256	2 091	6 458	93 134	6 355	17 078	12 692
楚 雄	Chuxiong	17 208	1 053	14 865	387	35 997	45 939	6 333
红 河	Honghe	20 976	8 998	11 316	23 082	38 837	76 345	40 916
文 山	Wenshan	37 071	13 130	16 126	12 201	22 972	58 759	81 705
西双版纳	Xishuangbanna	1 882	1 862		15 845		9 927	1 566
大 理	Dali	15 415	391	14 764	3 044	33 141	38 286	12 246
德 宏	Dehong	11 492	610	10 861	60 853	2	10 902	4 261
怒 江	Nujiang	2 231	183	1 426	1 643		6 887	1 926
迪 庆	Diqing	1 724		1 463		3	1 430	3 775

注：2001年起全省粮食播种面积为抽样调查数。

Note: Since 2001 the data from sample surveys have been used for the total sown area of grain crops in the whole province.

11-19 茶叶、水果生产情况（2006-2008年）
Planting Areas and Output of Tea and Fruits (2006-2008)

单位：公顷、吨 (hectare, ton)

指标	Item	2006年		2007年		2008年	
		面积 Area	产量 Output	面积 Area	产量 Output	面积 Area	产量 Output
茶叶	**Tea**	**247 540**	**138 176**	**302 882**	**169 866**	**335 708**	**171 535**
#红毛茶	Black Tea		10 498		8 827		17 078
绿毛茶	Green Tea		124 999		159 849		152 757
紧压茶	Brick Tea		143		36		31
水果	**Fruits**	**241 990**	**1 625 584**	**265 065**	**2 023 728**	**289 027**	**2 661 799**
香蕉	Bananas	24 610	338 112	36 199	540 046	50 867	948 455
苹果	Apples	30 250	201 962	31 122	234 855	29 945	267 954
柑桔	Citrus	29 110	243 628	32 075	280 769	32 941	327 196
梨	Pears	41 650	216 936	43 391	240 519	46 856	286 850
葡萄	Grapes	6 340	90 117	6 989	93 800	7 919	128 449
菠萝	Pineapples	3 740	19 542	3 760	24 892	4 141	28 912
瓜果	Melon and Fruit	18 342	393 039	22 236	495 969	18 290	472 585
#西瓜	Watermelon	15 008	315 157	18 847	426 195	14 853	393 246

11-20 热带、亚热带作物面积和产量（2007-2008年）
Areas and Output of Tropical and Subtropical Crops (2007-2008)

单位：公顷，吨 (hectare, ton)

指标	Item	年末实有面积 Real Area at Year-end		收获面积 Harvest Area		总产量 Total Output	
		2007年	2008年	2007年	2008年	2007年	2008年
橡胶	Rubber	396 523	435 770	166 595	173 515	282 233	257 180
咖啡	Coffee	20 400	24 250	14 929	16 152	29 625	32 888
香料作物(折香料油)	Perfume Plants (perfume oil)	5 203	4 503	4 008	3 785	891	960
胡椒	Pepper	749	1 554	438	515	522	733
砂仁	Fructus Amomis	7 247	7 478	6 062	5 989	1 149	1 308

11-21 各地区营林生产情况
Forestry Production by Region

单位：千公顷 (1000 hectares)

年 份 Year 地 区 Region	造林面积 Afforested Area	迹地更新面积 Area of Reforested Slash	幼林抚育作业面积 Area of Cultivating Young Growth	成林抚育面积 Area of Cultivating Mature Forest	零星(四旁)植树(万株) Area of Planting Trees Around(10 000 trees)	育苗面积(公顷) Area of Growing Seedings (hectares)
2000	430.65	151.79	150.58	181.38	13 433	1 886
2001	335.04	8.44	115.92	67.67	13 151	2 642
2002	402.29	17.99	95.89	56.38	11 226	2 579
2003	495.14	21.87	92.48	31.18	11 972	3 303
2004	259.26	13.03	87.14	30.19	10 990	3 098
2005	210.98	13.21	80.26	16.54	11 687	3 748
2006	158.75	10.68	82.19	61.10	10 112	2 040
2007	319.23	10.29	63.96	39.60	8 650	1 911
2008	566.14	10.37	74.94	24.16	8 891	3 627
昆 明 Kunming	6.60		0.11	0.47	1 467	545
曲 靖 Qujing	142.30		10.77	3.75	1 235	335
玉 溪 Yuxi	16.02			3.29	176	74
保 山 Baoshan	32.35		4.96	2.60	559	135
昭 通 Zhaotong	34.31		22.29		904	470
丽 江 Lijiang	25.01			0.13	209	88
普 洱 Pu'er	34.03	10.37	9.46		256	467
临 沧 Lincang	41.02				520	363
楚 雄 Chuxiong	57.07				1 579	152
红 河 Honghe	35.00		10.54	5.27	302	344
文 山 Wenshan	22.20		6.41	1.73	487	198
西双版纳 Xishuangbanna	10.79			0.67	127	106
大 理 Dali	77.34		8.27	0.29	828	171
德 宏 Dehong	8.23		1.67	5.47	129	135
怒 江 Nujiang	14.95				36	30
迪 庆 Diqing	8.92		0.47	0.47	76	14

11-22 各地区主要林产品产量（2008年）

Output of Major Forest Products by Region (2008)

单位：百公斤 (100 kg)

地 区	Region	橡胶 Rubber	松脂 Pine Resin	油桐籽 Tung-oil Seeds	油茶籽 Rapeseeds	核桃 Walnuts	板栗 Chestnuts	紫胶 Shellac
全省合计	**Total**	**2 571 800**	**1 124 792**	**179 272**	**59 333**	**1 425 589**	**314 299**	**21 837**
昆 明	Kunming		1 827	280	95	20 909	118 810	330
曲 靖	Qujing		340	11 111	710	65 127	28 748	
玉 溪	Yuxi		49 227			18 090	20 907	99
保 山	Baoshan		1 101	2 280	465	183 160	16 454	1 129
昭 通	Zhaotong			28 952	12	59 005	8 680	
丽 江	Lijiang		2 548	2 614		67 956	5 018	
普 洱	Pu'er	224 730	949 722	717	16	43 680	4 115	5 741
临 沧	Lincang	177 095	46 186	2 791	1 096	268 442	4 512	4 496
楚 雄	Chuxiong		49 468	648	122	162 963	66 882	
红 河	Honghe	116 334	538	282		20 940	7 256	9 693
文 山	Wenshan	6 252	2 856	114 021	56 681	9 934	10 626	
西双版纳	Xishuangbanna	1 987 510	8 319				2 193	69
大 理	Dali		4 979	5 635	10	351 109	12 483	100
德 宏	Dehong	59 879	5 202	2 562	126	8 884	1 720	180
怒 江	Nujiang		2 200	7 331		40 228	2 125	
迪 庆	Diqing		279	48		105 162	3 770	

11-23 主要年份畜牧业生产情况

Basic Conditions of Animal Husbandry Production in Significant Years

指 标	Item	2003年	2005年	2006年	2007年	2008年
牲畜年末头数	**Number of Livestock (at year-end)**					
大牲畜（万头）	Large Livestock (10 000 heads)	941.50	937.58	892.65	903.07	883.57
牛	Cattle and Buffaloes	762.57	760.16	713.00	725.67	706.43
马	Horses	81.18	78.26	78.77	75.48	75.30
驴	Donkeys	32.61	33.27	34.01	33.97	34.19
骡	Mules	65.14	65.89	66.87	67.95	67.65
猪（万头）	Hogs (10 000 heads)	2 554.13	2 585.07	2 365.01	2 457.60	2 669.03
羊（万只）	Goats and Sheep (10 000 heads)	809.56	912.15	793.50	825.82	843.27
畜禽产品产量	**Output of Livestock and Poultry Products**					
肉类总产量（万吨）	Total Output of Meat (10 000 tons)	253.69	300.04	300.40	266.10	288.28
猪 肉	Pork	208.77	244.96	235.90	203.60	219.58
牛 肉	Beef	17.58	21.99	22.90	24.80	26.12
羊 肉	Mutton	8.18	10.37	9.30	10.20	11.47
其它畜禽产品产量	**Output of Other Livestock and Poultry Products**					
牛 奶（万吨）	Milk (10 000 tons)	21.75	30.91	36.40	42.30	44.67
山羊毛（吨）	Coat Wool (ton)	100	63	101	76	86
绵羊毛（吨）	Sheep Wool (ton)	1 758	1 959	1 999	3 862	1 489
禽 蛋（万吨）	Poultry Eggs (10 000 tons)	14.39	19.00	16.90	18.00	19.41
蚕 茧（吨）	Silkworm Cocoons (ton)	13 093	19 226	23 677	29 637	28 386

注：2006年-2007年畜牧业主要产品数据为第二次农业普查修正数据，2008年为抽样调查数。

Note: From 2006 to 2007, the data of Animal Husbandry Production is corrected by The Census of Agriculture, and the data of 2008 are on the basis of sample survey.

11-24 各地区畜产品产量（2008年）

Output of Livestock Products by Region (2008)

单位：吨 (ton)

地 区	Region	猪牛羊肉产量 Output of Pork, Beef and Mutton	#猪 肉 Pork	#牛 肉 Beef	#羊 肉 Mutton	奶 类 Milk	#牛 奶 Cow Milk	绵羊毛 Sheep Wool	禽 蛋 Eggs	蜂 蜜 Honey
全省合计	**Total**	**2571 800**	**2195 805**	**261 248**	**114 738**	**467 270**	**446 705**	**1 489**	**194 116**	**6 338**
昆 明	Kunming	331 728	291 314	25 975	14 439	115 821	106 235	231	75 939	620
曲 靖	Qujing	999 341	911 796	60 493	27 052	16 594	6 274	186	33 651	1 692
玉 溪	Yuxi	182 376	160 432	16 460	5 484	634	396	9	55 096	87
保 山	Baoshan	222 928	198 905	18 844	5 179	4 492	4 492	15	9 782	421
昭 通	Zhaotong	293 321	270 348	17 073	5 900	1 254	1 254	595	16 062	145
丽 江	Lijiang	77 590	61 075	10 137	6 378	4 328	4 292	117	3 550	157
普 洱	Pu'er	107 044	93 590	11 046	2 408	467	467		4 679	466
临 沧	Lincang	122 996	105 880	12 967	4 149	1 064	1 064		3 461	228
楚 雄	Chuxiong	255 613	200 413	40 623	14 577	2 042	2 042	24	6 787	951
红 河	Honghe	394 365	365 823	22 313	6 229	22 517	19 647	22	33 244	266
文 山	Wenshan	288 239	249 329	33 708	5 202	111	111		8 598	205
西双版纳	Xishuangbanna	25 357	20 298	4 998	61	7	7		1 277	42
大 理	Dali	363 147	289 940	50 467	22 740	340 770	339 212	192	33 519	744
德 宏	Dehong	56 367	49 773	5 674	920	2 692	2 692		3 153	81
怒 江	Nujiang	26 304	20 845	2 598	2 861	54	54	36	790	141
迪 庆	Diqing	19 206	13 755	4 295	1 156	13 644	13 644	62	838	92

注：各地州市数据为全面统计数，全省合计为抽样调查数。

Note: The data of the prefectures and cities are overall statistics.The data of the whole province are on the basis of sample survey.

11-25 各地区水产品产量及养殖面积（2008年）

Output of Aquatic Products and Aquaculture Areas by Region (2008)

单位：吨，公顷 (ton,hectare)

地 区	Region	水产品产量 Output of Aquatic Products	养殖产量 Artificially Cultured	捕捞产量 Naturally Grown	鱼 类 Fish	虾蟹类 Shrimps, Prawns and Crabs	贝 类 Shellfish	其 它 Others	水产养殖面积 Aquiculture Area
全省合计	**Total**	**393 736**	**359 165**	**34 571**	**385 391**	**5 855**	**1 027**	**1 463**	**104 144**
昆 明	Kunming	45 624	36 944	8 680	42 987	2 637			9 381
曲 靖	Qujing	63 281	58 233	5 048	62 948	317		16	15 056
玉 溪	Yuxi	14 680	12 397	2 283	14 556	122		2	10 833
保 山	Baoshan	21 739	20 981	758	21 734	5			3 357
昭 通	Zhaotong	8 124	7 901	223	8 120	4			4 023
丽 江	Lijiang	10 508	8 696	1 812	9 208			1 300	3 940
普 洱	Pu'er	27 869	27 272	597	27 815	22	22	10	7 133
临 沧	Lincang	15 136	13 654	1 482	14 842	49	184	61	3 002
楚 雄	Chuxiong	16 004	15 736	268	16 002	2			8 838
红 河	Honghe	48 108	47 511	597	47 792	309		7	13 265
文 山	Wenshan	26 775	24 651	2 124	26 434	220	90	31	9 587
西双版纳	Xishuangbanna	24 717	23 797	920	24 642	70		5	4 041
大 理	Dali	48 261	39 653	8 608	46 226	2 017	18		8 266
德 宏	Dehong	21 080	19 985	1 095	20 255	81	713	31	2 819
怒 江	Nujiang	440	428	12	440				54
迪 庆	Diqing	1 390	1 326	64	1 390				548

11-26 各地区主要蔬菜产品产量（2008年）
Output of Major Vegetable Products by Region (2008)

单位：吨 (ton)

地 区	Region	蔬菜产量 Yield of Vegetable	叶菜类 Foliage Vegetables	瓜菜类 Melon Vegetables	块根块茎类 Root and Stem Vegetables	茄果菜类 Eggplant Vegetables	葱蒜类 Onion and Garlic Vegetables
全省合计	**Total**	**11 666 372**	**4 915 765**	**801 364**	**2 241 104**	**1 198 050**	**1 030 287**
昆 明	Kunming	1 900 452	1 018 816	127 741	205 130	150 409	140 868
曲 靖	Qujing	1 755 189	696 979	57 838	598 586	182 029	62 250
玉 溪	Yuxi	1 269 685	458 403	66 095	288 472	71 375	134 738
保 山	Baoshan	363 609	125 641	32 327	40 094	93 049	15 969
昭 通	Zhaotong	958 039	550 554	65 259	199 313	69 660	29 029
丽 江	Lijiang	170 624	71 222	12 704	8 922	19 422	29 940
楚 雄	Chuxiong	269 673	117 156	53 375	35 057	29 047	11 556
红 河	Honghe	343 886	120 476	48 534	74 334	30 242	18 412
文 山	Wenshan	1 169 711	467 076	64 577	289 223	131 331	43 785
普 洱	Pu'er	1 569 859	615 044	126 131	312 527	248 103	84 564
西双版纳	Xishuangbanna	560 243	316 460	62 161	57 905	38 839	22 429
大 理	Dali	85 071	26 181	12 828	4 491	34 147	1 758
德 宏	Dehong	1 034 708	236 749	43 548	83 335	88 119	422 836
怒 江	Nujiang	125 168	63 887	17 428	11 309	7 693	5 588
迪 庆	Diqing	70 388	21 795	8 578	30 417	3 465	2 241
临 沧	Lincang	20 068	9 325	2 241	1 990	1 118	4 325

11-27 各地区特种作物生产情况（2008年）
Output of Special Crops by Region (2008)

单位：百公斤 (100 kg)

地 区	Region	鲜切花 (万枝) Fresh Cut Flowers (10 000 branches)	盆栽观赏植物 (盆) Potted Ornamental Plants (pot)	药 材 (百公斤) Medicinal Materials (100 kg)	食用菌 (百公斤) Edible Mushrooms (100 kg)
全省合计	**Total**	**528 961**	**107 925 100**	**897 205**	**273 702**
昆 明	Kunming	404 050	48 162 200	24 019	13 043
曲 靖	Qujing	19 583	4 260 000	285 766	98 965
玉 溪	Yuxi	51 899	2 272 700	7 693	2 089
保 山	Baoshan	474	12 414 200	4 290	13 235
昭 通	Zhaotong	201	1 123 200	59 503	5 443
丽 江	Lijiang	725	3 766 000	82 534	245
普 洱	Pu'er	194	2 218 200	12 097	3 731
临 沧	Lincang	177	886 900	20 040	10 464
楚 雄	Chuxiong	19 162	1 308 000	29 680	31 269
红 河	Honghe	7 648	17 698 900	181 361	8 852
文 山	Wenshan	2 062	826 600	48 239	12 098
西双版纳	Xishuangbanna	768		3 419	8 727
大 理	Dali	21 738	1 400 100	89 690	47 150
德 宏	Dehong	59	97 200	34 876	18 181
怒 江	Nujiang		330 000	1 044	50
迪 庆	Diqing	223	11 160 900	12 954	160

主要统计指标解释

农、林、牧、渔业总产值 指以货币形式表现的农林渔业全部产品总量和对农、林、牧、渔业生产活动进行的各种支持性服务活动的价值。它反映了一定时期(通常指一年)农、林、牧、渔业生产及其服务的总成果和总规模。

1957 年以前的农业总产值包括了厩肥和农民自给性手工业(如农民自制衣服、鞋、袜,自己从事粮食初步加工等)。1958 年及以后的农业总产值,林业中增加了村及村以下竹木采伐产值;牧业中取消了厩肥产值;副业中取消了农民自给性手工业产值,增加了村及村以下的工业产值;渔业中增加了机械化捕鱼产值。1980 年及以后农业总产值,在副业中增加了农民商品性家庭手工业的产值。从 1984 年起村及村以下办工业产值划归工业。1993 年取消副业产值,农业总产值改为农、林、牧、渔业总产值。原副业产值的采集野生植物和农民家庭兼营商品性工业划归农业产值;捕猎野兽野禽划归牧业产值。2003 年开始,增加农林牧渔服务业产值,同时取消农民家庭兼营商品性工业,竹木采运由村及村以下扩大到全社会口径。

农、林、牧、渔业中间消耗 指各种经济类型的农业生产单位和农户在农业生产经营过程中投入(或消耗)的各种物质产品和劳务价值的总和。包括中间物质消耗和中间劳务消耗两个部份。计入中间消耗必须具备以下两个条件:一是与总产出相对应的生产过程中消耗的物质产品和劳务活动;二是本期投入并一次性消耗的不属于固定资产的非耐用品。

农、林、牧、渔业增加值 指各种经济类型的农业生产单位和农户从事农业生产经营活动所提供的社会最终产品的货币表现。增加值的计算方法有两种,一是生产法:农、林、牧、渔业增加值=农、林、牧、渔业总产出-农、林、牧、渔业中间消耗;二是分配法:农、林、牧、渔业增加值=固定资产折旧+劳动者报酬+生产税净额(生产税-生产补贴)+营业盈余。

自来水受益村数 包括取水、净水、输配水三部分组成的自来水供给的,或由取水和输配水两部分的符合饮用卫生标准的简易自来水年末实际受益的村委会个数。

通汽车村数 指拥有乡级以上公路通过,并通达客运或货运汽车的村委会个数。

粮食产量 指全社会的产量。包括国营农场等全民所有制经营的、集体统一经营的和农民家庭经营的粮食产量,还包括工矿企业家属办的农场和其他生产单位的产量。粮食除包括稻谷、小麦、玉米、高粱、谷子及其他杂粮外,还包括薯类和大豆。其产量计算方法,豆类按去豆荚后的干豆计算;薯类(包括甘薯和马铃薯,不包括芋头和木薯)1963 年以前按每 4 公斤鲜薯折 1 公斤粮食计算,从 1964 年以后按 5 公斤鲜薯折 1 公斤粮食计算。其他粮食一律按脱粒后的原粮计算。

谷物 指稻谷、小麦、玉米、谷子、高粱和其他谷物,不包括薯类和豆类。其他谷物指除稻谷、小麦、玉谷、高粱以外的一些子实主要用作粮食的作物,包括大麦、元麦(青稞)、莜麦、荞麦、糜子等。

水产品产量 指人工养殖的水产品的天然生长的水产品的捕捞量。包括海水的鱼类、虾蟹类、贝类和藻类以及淡水的鱼类、虾蟹类、贝类,不包括淡水水生植物。

猪、牛、羊产量 指当年的猪、牛、羊的肉产量。即屠宰后除去头、蹄下水后带骨肉(即胴体重)的重量。

灌溉面积 指有效灌溉面积,即具有一定的水源,地块比较平整,灌溉工程或设备已经配套,在一般年景下当年能够正常灌溉的耕地面积。

Explanatory Notes on Principal Statistical Indicators

Gross Output Value of Farming, Forestry, Animal Husbandry and Fishery refers to the total value of products of farming, forestry, animal husbandry and fishery and the value of support services for production of farming, forestry, animal husbandry and fishery, which reflects the total scale and result of agricultural production and services during a given period (generally one year).

The gross agricultural output value before 1957 included output value of barnyard manure and farmers' self-supporting handicraft industry (e.g., self-made clothing, shoes, socks, initial grain processing, etc.). Since 1958, output value of felling timber and bamboo by villages and organizations has been included in below village that of forestry; output value of barnyard manure has been excluded from that of animal husbandry; output value of farmers' self-supporting handicraft industry has been excluded from that of sideline production, while output value of industries run by villages and organizations had been included in it; output value of mechanized fishing has been included in that of fishery. Since 1980, output value of farmers' commercial household handicraft industry has been added to that of sideline production. Since 1984, output value of industries run by villages or organizations below village has been classified into that of industry. Since 1993, output value of sideline production has been cancelled and gross agricultural output value has been changed to gross output value of farming, forestry, animal husbandry and fishery; output value of wild plants gathering and commercial industry run by rural households has been incorporated to agricultural output value; output value of animal and bird hunting has been classified into that of animal husbandry. Since 2003, output value of services of farming, forestry, animal husbandry and fishery has been added while farmers' commercial household industry has been cancelled, and transporting and felling timber and bamboo by villages and organizations below village has been expanded to all levels.

Intermediate Consumption of Farming, Forestry, Animal Husbandry and Fishery refers to the total value of material products and labor input (or consumed) by various agricultural production entities and rural households in the process of agricultural production and operation. It is composed of intermediate material consumption and intermediate labor consumption. Items calculated into intermediate consumption should satisfy the following two conditions: first, they are material products and labor consumed in the process of production against total output; second, they are is non-durable goods that do not belong to fixed assets but input and consumed up one time in the present phase.

Added Value of Farming, Forestry, Animal Husbandry and Fishery refers to the final social products in monetary terms provided by various agricultural production entities and rural households through their agricultural production and operation. There are two methods to calculate value added: one is the method of production: added value of farming, forestry, animal husbandry and fishery = total output of farming, forestry, animal husbandry and fishery - intermediate consumption of farming, forestry, animal husbandry and fishery; the other is the method of distribution: added value of farming, forestry, animal husbandry and fishery = depreciation of fixed assets - remuneration of laborers + net production tax (production tax — production subsidy) + business surplus.

Number of Villages Benefiting from Tap Water Supply refers to the number of villages practically enjoying tap water supply composed of water intakes, water treatment and water conveyance and distribution or up-to-standard potable water supply composed of water intakes and water conveyance and distribution at the year-end.

Number of Villages Accessible to Motor Vehicle refers to the number of villages with town-level road passing through and transport service.

Grain Yield refers to the total yield in the whole country including grain produced by state farms, collective entities, rural households, industrial enterprises and mines. Grain includes rice, wheat, maize, sorghum, millet and other cereals as well as tubers and soybeans. Output of beans refers to dry beans without pods. Output of tubers (sweet potatoes and potatoes, not including taros and cassava) was converted into that of grain at the ratio 4:1, i.e. 4 kilograms of fresh tubers was equivalent to 1 kilogram of grain up to 1963. Since 1964 the ratio for conversion has been 5:1. Tubers supplied as vegetables (such as potatoes) in cities and suburbs are calculated as fresh vegetables and their output is not included in the output of grain. Other kinds of grain are calculated as husked grain.

Cereals refer to rice, wheat, maize millet, sorghum and other kinds of grain, but tubers and beans are not included. Other kinds of grain refer to some crops whose seeds are mainly used for food such as barley, highland barley, naked oats, buckwheat, broom corn millet, etc.

Output of Aquatic Products refers to catches of both artificially cultured and naturally grown aquatic products, including fish, shrimps, crabs and shellfish in sea and inland water as well as seaweed. Freshwater plants are not included.

Output of Pork, Beef, and Mutton refers to the weight of the meat of slaughtered hogs, cattle, sheep and goats with head, feet, and offal taken away.

Irrigated Area refers to area under effective irrigation, i.e., area of cultivated land which is relatively level and has water source and complete sets of irrigation facilities to lift and move adequate water for irrigation purpose under normal conditions.

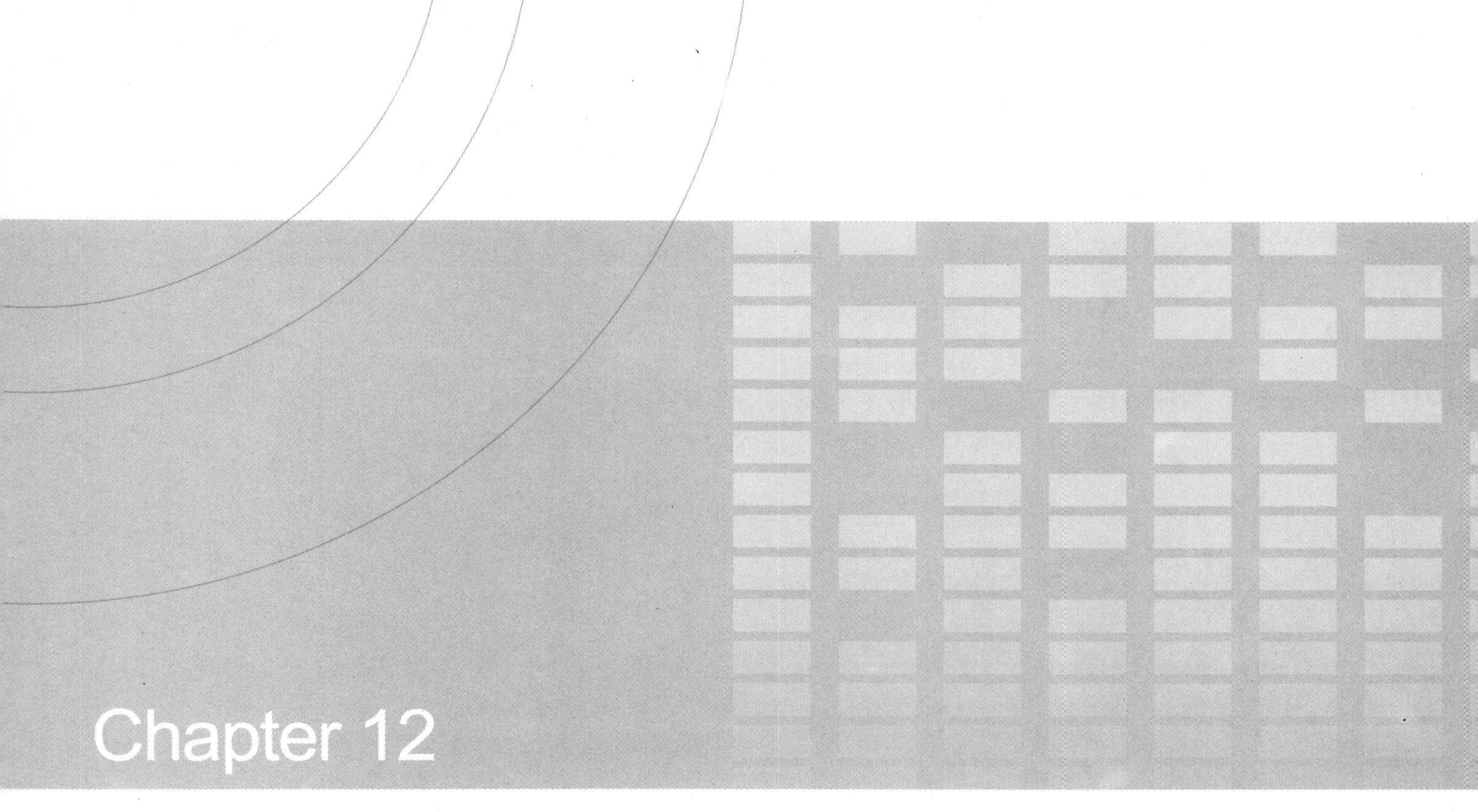

十二、工业
Industry

12-1 1978-2008年历年工业总产值

Gross Industrial Output Value Over the Years(1978-2008)

年 份 Year	工业总产值 (亿元) Gross Industria Output Value	轻工业总产值 Light Industry	重工业总产值 Heavy Industry	占全部工业总产值的比重(%) proportion over Gross Industrial Output Value (%) 轻工业 Light Industry	重工业 Heavy Industry
1978	55	24	32	43.0	57.0
1979	62	26	36	42.1	57.9
1980	65	30	36	45.2	54.8
1981	73	35	37	48.5	51.5
1982	84	41	42	49.4	50.6
1983	95	47	48	49.8	50.2
1984	112	55	57	49.1	50.9
1985	136	66	70	48.4	51.6
1986	147	68	79	46.1	53.9
1987	182	86	96	47.0	53.0
1988	245	122	123	49.7	50.3
1989	305	155	150	50.7	49.3
1990	345	181	164	52.5	47.5
1991	394	204	190	51.8	48.2
1992	477	241	236	50.5	49.5
1993	690	333	357	48.3	51.7
1994	949	515	434	54.3	45.7
1995	1 230	657	573	53.4	46.6
1996	1 291	696	596	53.9	46.1
1997	1 440	751	689	52.2	47.8
1998	1 503	775	729	51.5	48.5
1999	1 561	794	767	50.9	49.1
2000	1 589	803	787	50.5	49.5
2001	1 675	864	811	51.6	48.4
2002	1 850	954	896	51.6	48.4
2003	2 176	1 015	1 162	46.6	53.4
2004	2 479	917	1 562	37.0	63.0
2005	3 250	1 120	2 129	34.5	65.5
2006	4 110	1 270	2 841	30.9	69.1
2007	5 137	1 830	3 307	35.6	64.4
2008	5 739	1 448	4 291	25.2	74.8

注:本表按当年价格计算,1996年后数字为新规定。1998年及以后集体工业为规模以上集体工业。

Note:The data in this table are calculated at current prices, and the data after year 1996 are calculated according to new regulation.
The indices of the collective-owned industry in 1998 and the after years are that of the collective-owned industry above designated size.

12-2 规模以上工业企业主要经济指标(2008年)

单位:万元

类别	Category	企业单位数(个) Number of Industrial Enterprises (unit)	# 亏损企业 Loss Enterprises
一、按登记注册类型分	**by Status of Registration**		
内资企业	Domestic Funded Enterprises	3 088	977
国有企业	State-owned Enterprises	220	59
集体企业	Collective-owned Enterprises	156	59
股份合作企业	Cooperative Enterprises	46	19
联营企业	Joint Ownership Enterprises	9	
有限责任公司	Limited Liability Corporations	769	268
股份有限公司	Share-holding Corporations Limited	136	30
私营企业	Private Enterprises	1 740	539
其他企业	Other Enterprises	12	3
港、澳、台商投资企业	Enterprises with Funds from Hong Kong, Macao and Taiwan	114	39
外商投资企业	Foreign Funded Enterprises	118	40
二、在总计中:亏损企业	**of which:Loss Enterprises**	**1 056**	**1 056**
在总计中:国有控股企业	of which:State-holding Enterprises	539	163
按轻重工业分	**by Light & Heavy Industry**		
轻工业	Light Industry	883	266
重工业	Heavy Industry	2 437	790
按企业规模分	**by Enterprise Size**		
大型企业	Large-sized Enterprises	40	11
中型企业	Medium-sized Enterprises	511	131
小型企业	Small-sized Enterprises	2 769	914

Main Economic Indicators of Industrial Enterprises above Designated Size(2008)

(10 000 yuan)

工 业 总产值 Gross Industrial Output Value	工 业 销售产值 Industrial Output Value of Products Sold	# 出 口 交货值 Export Delivery Value	资产合计 Total Assets	产成品 Finished Products	流动资产 年平均余额 Annual Average Balance of Working Capitals	固定资产净值 年平均余额 Annual Average Balance of Net Value of Fixed Assets
48 270 996	45 870 111	942 681	67 835 651	2 360 660	26 084 159	21 481 752
7 521 405	7 346 054	98 483	11 252 283	280 163	3 176 744	5 509 052
732 854	627 435	2 917	607 916	42 996	263 209	211 276
143 226	140 529	467	215 537	22 504	120 199	65 942
28 270	28 837		29 860	5 007	14 869	7 861
19 270 271	18 288 671	394 199	33 109 922	721 649	11 997 770	8 949 978
8 749 756	8 522 797	282 207	11 493 347	406 443	5 115 230	3 394 479
11 762 551	10 856 620	164 408	11 056 683	878 750	5 355 801	3 321 175
62 665	59 168		70 105	3 148	40 338	21 990
1 089 892	1 060 837	48 771	1 188 674	113 837	627 202	377 163
2 084 928	2 037 531	168 831	2 826 823	121 917	1 077 954	1 297 405
13 112 731	**12 170 001**	**236 466**	**18 701 626**	**852 550**	**6 774 323**	**7 503 033**
29 635 144	28 849 077	722 308	47 679 245	1 089 858	17 330 875	14 850 127
13 985 281	13 330 352	346 807	17 914 180	695 199	10 047 070	3 301 510
37 460 535	35 638 125	813 475	53 936 969	1 901 213	17 742 245	19 854 810
18 332 353	17 836 814	358 158	23 708 677	472 583	11 123 424	5 993 426
20 451 828	19 309 475	485 522	30 195 095	1 115 803	10 193 239	10 131 497
12 661 634	11 822 189	316 602	17 947 377	1 008 027	6 472 652	7 031 397

12-3 规模以上工业增加值(2003-2008年)

Value Added of Industry Enterprises above Designated Size(2003-2008)

单位:万元 (10 000 yuan)

类 别	Category	2003		2004		2005	
		工业增加值 Value Added of Industry Enterprises	比上年增长(%) Growth Rate (%)	工业增加值 Value Added of Industry Enterprises	比上年增长(%) Growth Rate (%)	工业增加值 Value Added of Industry Enterprises	比上年增长(%) Growth Rate (%)
全省总计	**Total**	**7 197 450**	**9.1**	**8 811 948**	**16.6**	**10 180 658**	**8.4**
轻工业	Light Industry	4 634 978	8.7	4 986 083	10.8	5 349 086	5.8
重工业	Heavy Industry	2 562 472	9.6	3 825 865	26.4	4 831 572	11.7
国有企业	State-owned Enterprises	6 238 910	6.0	5 243 033	10.5	60 000 290	8.1
集体企业	Collective-owned Enterprises	202 163	- 4.8	333 751	27.5	169 665	- 20.6
股份制企业	Cooperative Enterprises	1 460 197	13.3	2 662 961	30.0	3 267 068	12.0
外商及港澳台商投资企业	Enterprises with Funds from Foreign Countries ,Hong Kong, Macao and Taiwan	277 243	8.0	359 691	24.5	523 475	8.9
国有控股企业	State-holding Enterprises			6 940 777	13.8	8 018 630	9.7
大中型工业企业	Large and Medium-sized Industrial Enterprises	6 359 744	5.4	7 271 091	14.2	8 312 152	8

注:本表绝对数按当年价格计算,增幅按可比价计算。2003年国有企业中已含国有控股企业。

Note:Data in this table are calculated at current prices.Indices are calculated at conmparable prices.
State-holding enterprises had been included in state-owned enterprises in 2003.

12-3 续表 continued

单位:万元 (10 000 yuan)

类 别	Category	2006		2007		2008	
		工业增加值 Value Added of Industry Enterprises	比上年增长(%) Growth Rate (%)	工业增加值 Value Added of Industry Enterprises	比上年增长(%) Growth Rate (%)	工业增加值 Value Added of Industry Enterprises	比上年增长(%) Growth Rate (%)
全省总计	**Total**	**12 403 607**	**17.8**	**14 943 794**	**17.5**	**18 036 219**	**12.6**
轻工业	Light Industry	5 985 083	9.6	6 910 774	17.9	8 186 050	14.2
重工业	Heavy Industry	6 418 524	27.1	8 033 020	16.5	9 850 169	11.3
国有企业	State-owned Enterprises	6 521 241	11.0	7 594 799	17.2	5 667 833	11.9
集体企业	Collective-owned Enterprises	174 101	7.4	169 348	- 8.9	191 003	5.9
股份制企业	Cooperative Enterprises	4 821 987	30.7	6 055 976	19.0	10 610 210	12.9
外商及港澳台商投资企业	Enterprises with Funds from Foreign Countries ,Hong Kong, Macao and Taiwan	628 023	13.7	801 042	14.8	921 793	10.3
国有控股企业	State-holding Enterprises	8 929 632	14.8	10 311 670	17.8	12 024 239	12.5
大中型工业企业	Large and Medium-sized Industrial Enterprises	9 947 498	16.3	11 877 769	17.3	14 022 274	11.4

12-4 主要工业产品产量(2008年)
Output of Major Industrial Products(2008)

单位：万吨 (10 000 tons)

名称	Item	生产量Output
1.原煤	Coal	8 657.43
2.洗精煤	Washed Coal	871.47
3.焦炭	Coke	1 391.60
#机焦	Machine-made Coke	743.44
4.发电量(亿千瓦小时)	Electricity (100 million kwh)	1 039.56
#水电	Thermal Power	621.96
火电	Hydro Power	417.60
5.铁矿石原矿量	Ironstone in Original Iron Ores	2 103.04
6.锰矿石成品矿	Manganese Ore	59.55
7.铜选矿产品含铜量	Copper Content of Copper Dressing Products	24.44
8.铅选矿产品含铅量	Lead Content of Lead Dressing Products	15.86
9.锌选矿产品含锌量	Zinc Content of Zinc Dressing Products	77.52
10.锡选矿产品含锡量	Stannum Content of Stannum Dressing Products	4.70
11.钨精矿折含量(吨)	tungsten ores & concentrates (ton)	2 424.44
12.硫铁矿(折S 35%)	Pyrite Ore(converted into 35% sulphur)	44.64
13.磷矿石(折P2O3 30%)	Rock Phosphate (converted into 30% P203)	1 883.19
14.生铁	Pig Iron	1 180.52
15.粗钢	Crude Steel	901.31
16.钢材	Rolled Steel	836.62
中小型型钢	Rolled-steel,Medium and Small	9.53
棒材	Steel Bar	95.77
钢筋	Corrugated Steel Bar	322.49
盘条(线材)	Wire Rod	249.85
中板	Medium Steel Plate	20.15
热轧簿板	Hot-roll Narrow Steel Belt	1.89
17.铁合金(吨)	Ferroalloy	630 982.04
18.十种有色金属(吨)	Ten Kinds of Nonferrous Metals	2167 513.27
# 铜	Copper	313 535.48
原铝	Primary Aluminum	531 148.23
铅	Lead	400 681.00
锌	Zinc	807 593.56
锡	Stannum	73 869.00
锑	Stibium	26 150.00
19.硫酸（折100%）	Sulfuric	812.57
20.烧碱（折100%）（吨）	Caustic soda (ton)	158 045.00
21.电石(折合量)（吨）	Calcium Carbide(ton)	373 949.00
22.纯苯（吨）	Pure Benzene(ton)	7 925.00
23.三聚磷酸钠（吨）	Sodium tripolyphosphate (ton)	49 857.00
24.黄磷（吨）	Yellow Phosphorus(ton)	352 290.38
25.纯碱（吨）	Soda ash(ton)	167 560.50
26.塑料（吨）	Plastic (ton)	139 802.00
27.合成氨（吨）	Synthetic ammonia	178.81
28.化肥（折 100%）	Chemical Fertilizer	338.27
#氮肥	Nitrogen Fertilizer	143.53
磷肥	Phosphate fertilizer	194.72
29.化学农药（吨）	Chemical Pesticide	613.00
30.农用簿膜（吨）	Agriculture Plastic Film (ton)	35 629.80
31.农业运输机械（辆）	Agricultural Transport Machinery(units)	
32.小型拖拉机（台）	Small Tractors(unit)	31 574.00
33.配.混合饲料	Mingled Forage (10 000 ton)	141.95
34.复烤烟叶（吨）	Flue-cured Tobacco(ton)	328 338.00
35.卷烟（亿支）	Cigarettes(100 million pieces)	3 397.77
36.成品糖	Sugar of Finished Product	211.02
37.发酵酒精（折96度）（千升）	Fermenting Alcohol (kiloliter)	204 976.54
38.精制茶叶（吨）	Refined Tea (ton)	97 873.73

12-4 续表 continued

单位：万吨 (10 000 tons)

名称	Item	生产量
39.原盐	Salt	93.33
40.饮料酒(千升)	Liquor (kiloliter)	644 992.82
#白酒(折65度)	White Spirit	225 295.82
啤酒	Beer	312 169.53
葡萄酒	Wine	7 025.57
41.软饮料	Soft Drinks	144.04
42.罐头(吨)	Canned Food (ton)	25 035.00
43.乳制品(吨)	Milk Products (ton)	257 713.30
44.糖果(吨)	Candy(ton)	6 315.53
45.化学纤维(吨)	Chemical Fiber(ton)	35 518.00
46.纱(吨)	Yarn	10 396.33
47.布(万米)	Cloth (10 000 m)	374.78
#纯棉布	Cotton Cloth	320.68
棉混纺布	Cotton Blended Cloth	54.10
48.印染布(万米)	Printed Fabric (10 000 m)	3 302.00
49.丝(吨)	Silk (ton)	3 254.80
50.丝织品(万米)	Silk Products (10 000 m)	87.20
51.呢绒(万米)	Woolen Fabric(10 000 m)	
52.毛线(吨)	Knitting Wool(ton)	
53.服装(万件)	Garments (10 000 pieces)	805.44
54.针棉织品折纱线量(吨)	Yarn of Knitted and Cotton Goods (ton)	
55.塑料制品(吨)	Plastic Products (ton)	246 875.56
56.自来水生产量(万立方米)	tap water output (10 000 cu.m)	61 419.58
57.合成洗涤剂(吨)	Synthetic Detergents(ton)	13 516.00
58.肥皂(吨)	Soap(ton)	2 874.00
59.火柴(万件)	Match (10 000 units)	
60.日用精铝制品(吨)	Refined Aluminium Products for Daily Use (ton)	124.00
61.日用陶瓷器(万件)	Ceramics for Daily Use (10 000units)	16 508.50
62.日用玻璃制品(吨)	Glass Products for Daily Use (ton)	162 991.00
63.干电池(万只)	Dry Battery(10 000 units)	1 089.00
64.皮鞋(万双)	Leather Shoe (10 000 pairs)	81.31
65.纸浆(吨)	paper pulp(ton)	212 263.77
66.机制纸及纸板(吨)	Machine-made Paper and Cardboard(ton)	427 851.71
67.大米	Rice	116.72
68.小麦粉	wheat flour	32.16
69.食用植物油(吨)	Edible Vegetable Oil (ton)	173 124.59
70.麻袋	Gunny Bag(10 000 pieces)	
71.水泥	Cement	4 011.98
72.水泥预制管桩(万米)	Cement Concrete Pile (10 000 m)	251.42
73.平板玻璃(万重量箱)	Plate Glass (10 000 weight boxes)	335.38
74.大理石板材(万平方米)	Marble Building Block (10 000 sq.m)	458.94
75.商品混凝土(万立方米)	Concrete (10 000 cu.m)	294.42
76.人造板(立方米)	Manmade Plates (10 000 cu.m)	953 800.27
77.复合地板(万立方米)	Engineered Floor(10 000 cu.m)	124.98
78.松香(吨)	Rosin(ton)	90 443.80
79.矿山设备(吨)	Mining Equipment(ton)	13 369.00
80.金属轧制设备(吨)	Metal Shaping Equipment (ton)	3 500.00
81.起重设备(吨)	lifting equipment (ton)	3 950.00
82.发电设备(千瓦)	Power Equipment (kw.)	875 350.00
83.烟草加工机械(台、条)	Machine for Processing Tobacco(unit)	
84.交流电动机(万千瓦)	Alternating Current Motor (10 000 kw.)	173.52
85.变压器(万千伏安)	Transformer(10 000 KVA)	1 488.53
86.工业锅炉(蒸发量吨)	Industrial Boilers(evaporation ton)	146.00
87.金属切削机床(台)	Metal-cutting Machine Tools(unit)	26 363.00
88.汽车(辆)	Motor Vehicles(unit)	43 112.00
#轿车	Cars	946.00
89.内燃机(万千瓦)	Internal Combustion Engines (10 000 kw)	1 086.36
90.通讯电缆(公里)	Communication Cable (km)	
91.轴承(万套)	Bearing (10 000 units)	215.59
92.阀门(吨)	valve(ton)	112.00
93.打印机(台)	Printers (unit)	95 513.00
94.单色印刷(万令)	single-color printing (10 000 reams)	198.09
95.轻革(万平方米)	Light Leather(10 000 sq.m.)	0.98
96.油漆(吨)	oil paint (ton)	11 213.00
97.化学医药(吨)	Chemical Medicine(ton)	3 693.49
98.中成药(吨)	Chinese Traditional Patent Medicine (ton)	18 618.71
99.轮胎外胎(万条)	Outer Tyre (10 000 units)	1 699.00
100.力车胎外胎(万条)	Outer Tyre for Powered Vehicle (10 000 units)	

主要统计指标解释

工业 我国的工业包括以下四个方面的生产活动:

(1) 对自然资源的开采, 如: 采矿、晒盐等, 但不包括禽兽捕猎和水产捕捞和森林采伐。

(2) 对农副产品的加工、再加工, 如: 粮油加工、食品加工、缫丝、纺织、制革等。

(3) 对采掘品的加工、再加工, 炼铁、炼钢、轧钢、化工生产、石油加工、机械制造、木材加工等, 以及电力、水、燃气的生产和供应等。

(4) 对工业品的修理、翻新, 如: 机器设备的修理、交通运输工具(包括小卧车)的修理等。

1984 年以前农村的村及村以下办工业归属农业,1984 年及以后划归工业。

独立核算法人工业企业和工业活动单位 工业统计调查单位分为两类: 独立核算法人工业企业和工业活动单位。

独立核算法人工业企业 是指从事工业生产经营活动的单位。应同时具备以下条件:

(1) 依法成立,有自己的名称,组织机构和场所,能够承担民事责任。

(2) 独立拥有和使用资产,承担负债,有权与其他单位签订合同。

(3) 独立核算盈亏,并能够编制资产负债表。

工业活动单位 是指在一个场所从事一种或主要从事一种工业生产活动的经济单位。一般应同时具备以下三个条件:

(1) 具有一个场所,从事一种或主要从事一种工业活动。

(2) 单独组织工业生产、经营或业务活动。

(3) 单独核算收入和支出。

国有经济(全民所有制工业) 是指生产资料归国家所有的一种经济类型。包括中央和地方各级国家机关,事业单位和社会团体使用国有资产和使用自有资金投资举办的工业企业。1957 年以前的公私合营和私营工业,后均改造为国营工业,这部分工业资料不单独列时,均包括在国有经济内。

集体经济 是指生产资料归公民、集体所有的一种经济类型,包括城乡所有使用集体投资举办的工业企业,以及部分个人通过集体自愿放弃所有权并依法经工商行政管理机关认定为集体所有制的工业企业。

私营经济 是指生产资料归公民私人所有,以雇佣劳动力为基础的一种经济类型,包括私营独资企业,私营合伙企业和私营有限责任公司。

个体经济 是指生产资料归劳动者个人所有,以个体劳动为基础,劳动成果归劳动者个人占有和支配的一种经济类型。

"三资工业" 包括外商投资经济和港、澳、台投资经济。

其他经济 指除国有经济、集体经济和私营、个体经济以外的其他经济,包括联营经济、股份制经济、外商投资经济、港、澳、台投资经济等。

轻工业 指提供生活消费品和制作手工工具的工业,是为满足人们吃、穿、用需要的工业。按其所使用的原料不同,可分为两大类:

(1) 以农产品为原料的轻工业 是指直接或间接以农产品为基本原料的轻工业。主要包括食品制造、饮料制造、烟草加工、纺织、缝纫、皮革和毛皮制作、造纸以及印刷等工业。

(2) 以非农产品为原料的轻工业 是指以工业品为原料的轻工业,主要包括文教体育用品、化学药品制造、合成纤维制造、日用化学制品、日用玻璃制品、日用金属制品、手工工具制造、医疗器械制造、文化和办公用机械制造等工业。

重工业 指生产生产资料的工业,是为国民经济各部门提供物质技术基础的工业。按其生产和产品用途,可分为下列三大类:

(1) 采掘工业 是指对自然资源的开采,包括石油开采、煤炭开采、金属矿开采和非金属矿开采等工业;

(2) 原材料工业 是指提供国民经济各部门使用的原料、动力和燃料的工业。包括金属冶炼及加工、 炼

焦及焦炭化学、化工原料、水泥、人造板以及电力、石油和煤炭加工等工业;

(3) 加工工业 是指对原材料进行加工制造的工业。包括装备国民经济各部门的机械设备制造工业、金属结构、水泥制品等工业,以及为农业提供的生产资料和化肥、农药等工业。

根据上述划分原则,修理业中修理作业对象是重工业的划为重工业,否则划为轻工业。

大、中、小型企业 从2003年年报开始企业规模的划分标准，执行《统计上大中小型企业划分办法(暂行)》的规定，按照企业资产总计、主营业务收入、从业人员平均人数的大小，将企业划分为大型、中型和小型。

工业总产值 是以货币表现的工业企业在一定时间内生产的工业产品总量,它反映工业生产的总规模和总水平。它包括：在本企业内不再进行加工,经检验、包装入库的成品价值、对外加工费收入、自制半成品、在制品期末期初差额价值。工业总产值采用“工厂法”计算,即以工业企业作为一个整体,按企业工业生产活动的最终成果计算,企业内部不允许重复计算,不能把企业内部各个车间(分厂)生产的成果相加。但在企业之间、行业之间、地区之间存在重复计算。

轻重工业总产值的划分也是按“工厂法”计算的,即一个工业企业在正常情况下生产的主要产品的性质属于轻工业,则该企业的全部总产值作为轻工业总产值；一个工业企业生产的主要产品的性质属于重工业,则该企业的全部总产值作为重工业总产值。

工业总产值新规定的主要修订内容 自1992年起,国务院决定以国内生产总值作为衡量国民经济发展的总量指标,以工业增加值作为衡量工业经济的总量指标,淡化工业总产值指标的作用。但工业增加值指标的计算仍然要以工业总产值为基础。为使工业总产值的计算口径与工业中间投入的计算相配套,减少计算难度,保证工业增加值计算的准确性,在第三次全国工业普查方案中,针对工业总产值计算原规定的缺陷，对其作了下列四个方面的修订:

1.凡用自备原材料生产的产品,不论其加工的繁简程度如何,一律按全价,即工业总产值包括自备原材料的价值。

2.凡承接来料加工生产的产品,加工企业一律按财务上结算的加工费计算工业总产值,即不包括定货者来料的价值。

3.自制半成品、在制品期末期初差额价值,原则上应计入工业总产值,不再按生产周期是六个月以上还是六个月以下来区分是否计入工业总产值。

4.现价工业总产值一律采用不含销项税额的价格计算。

工业总产值计算新规定与原规定的区别主要包括以下两点:

1.计算口径不同

(1)全价与加工费的计算原则不同：新规定凡用自备原材料生产的产品,不论其加工的繁简程度如何,一律按加工费计算工业总产值。原规定则根据加工的繁简程度,有一些特殊规定 ,即对某些来料加工,允许按全价计算工业总产值,对某些自备原材料生产的产品,只允许按加工费计算总产值。

(2)自制半成品、在制品期末、期初差额价值计算规定不同：新规定要求原则上将自制半成品在制品期末期初差额价值计入工业总产值,并明确,如果会计的产品成本核算计算了这部分价值,工业总产值中也相应包括,否则可不包括;原规定,凡生产周期在六个月以上的产品,在计算工业总产值时应包括这部分差额价值,否则,可不包括这部分价值。

2.计算价格不同

按新规定计算的工业总产值按不含销项税额的价格计算；原规定则按含销项税额的价格计算。按1990年不变价格计算的工业总产值则不涉及计算价格扣除增值税的问题。

有关工业总产值计算的新规定详见《第三次全国工业普查实施方案》。

工业增加值 是指工业企业在一定时期内以货币表现的工业生产活动的最终成果。

Explanatory Notes on Principal Statistical Indicators

Industry refers to the material production sector which is engaged in the following four aspects:

(1) extraction of natural resources, such as mining, salt production, but not including hunting, fishing and logging;

(2) processing and reprocessing of farm and sideline produces, such as rice husking, food processing, flour milling, wine making, oil pressing, cotton ginning, silk reeling, spinning and weaving, and leather making;

(3)manufacturing of extracted products, such as steel making, iron smelting, chemicals manufacturing, petroleum processing, machine building, timber processing; water and gas production and electricity generation and supply;

(4) repairing and renovating of industrial products, such as the repairing of machinery, equipment and means of transport (including cars) etc..

Prior to 1984, the rural industry run by villages and cooperative organizations under village was classified into agriculture. Since 1984, it has been grouped into industry.

Corporate Industrial Enterprises with Independent Accounting System and Industrial Activity Entities Units of industrial statistics and inquiry are classified into two categories: corporate industrial enterprises with independent accounting system and industrial activity entities.

Corporate Industrial Enterprises with Independent Accounting System refer to enterprises engaging in industrial production activities, which meet the following requirements:

(1) Established legally, having their own names, organizations, location, and being able to take civil liability;

(2) Legally possessing and having the right to their assets independently, to assume liabilities, and to sign contracts with other entities;

(3) Being able to calculate profit and loss independently and prepare their own balance sheets.

Industrial Activity Entities refer to the economic entities located in one single place and engaged entirely or primarily in one kind of industrial activity. Which generally meet the following requirements:

(1) Having regular location and entirely or mainly engaging in one kind of industrial activity;

(2) Operating and managing their industrial production activities independently;

(3) Having independent accounting system for income and expenditures.

State-owned Enterprises (Whole People Owned Industry) refers to a type of industrial enterprises where the means of production are owned by the state. It includes the industrial enterprises run by the central and local state agencies at all levels and by institutions and social groups in using state-owned assets and self-owned funds. Joint state-private industries and private industries, which existed before 1957, have been transformed into state industries. Statistics on these enterprises has been included in the state-owned industries since 1957 when separation of data was no longer necessary.

Collective-owned Enterprises refers to a type of industrial enterprises where the means of production are owned collectively, including urban and rural enterprises invested by collectives and some enterprises which were formerly owned privately but have been registered in industrial and commercial administration agencies as collective entities through raising funds from the public.

Private Enterprises refers to a type of economic entities where the means of production are owned privately and employed labor force is taken as their basis. It includes private solely-funded enterprises, private partnership enterprises and private limited liability companies.

Individual Enterprises refers to a type of economic entities where the means of production are owned by individual laborer, individual labor is taken as their basis and labor fruits are owned by individual laborer.

Other Enterprises refers to other enterprises excluding state-owned, collective-owned, private-owned and individual enterprises. It includes joint ownership enterprises, joint stock enterprises, foreign funded enterprises, and enterprises funded by Hong Kong, Macao and Taiwan, etc.

Light Industry refers to the industry that produces consumer goods and hand tools, satisfying people's need of eating, clothing and using. It consists of two categories, depending on the materials used:

(1) Industries using farm products as raw materials. These are branches of light industry which directly or indirectly use farm products as basic raw materials, including food and beverages production, tobacco processing, textile, clothing, fur and leather making, paper making, printing, etc.;

(2) Industries using non-farm products as raw materials. These are branches of light industry which use manufactured goods as raw materials, including the manufacture of cultural, educational articles and sports goods, chemicals, synthetic fiber, chemical products for daily use, glass products for daily use, metal products for daily use, hand tools, medical apparatus and instruments, and cultural and clerical machinery.

Heavy Industry refers to the industry, which produces capital goods, and provides various sectors of the national economy with necessary material and technical basis. It consists of the following three branches according to the purpose of production or the use of products:

(1) Mining, quarrying and logging industry refers to the industry that extracts natural resources, including extraction of petroleum, coal, metal and non-metal ores and logging;

(2) Raw materials industry refers to the industry that provides various sectors of the national economy with raw materials, fuels and power. It includes smelting and processing of metals, coking and coke chemistry, chemical materials and building materials such as cement, plywood, and power, petroleum refining and coal dressing;

(3) Manufacturing industry refers to the industry that processes raw materials. It includes machine building industry which equips sectors of the national economy, industries of metal structure and cement products, industries producing means of agricultural production, such as chemical fertilizers and pesticides.

According to the above principle of classification, repairing trades which are engaged primarily in repairing products of heavy industry are classified into heavy industry while those engaged in repairing products of light industry are classified into light industry.

Large-scale, Medium-scale and Small-scale Enterprises Enterprises are classified into three categories: large-scale, medium-scale and small-scale enterprises according to their total assets, annual sales revenue of products and average number of employed persons. The regulations of Methods of Classification of Enterprises by Scale in Statistics have been carried out as the standards of classification since 2003.

Gross Industry Output Value is the total volume of industrial products produced during a given period in monetary terms, which reflects the total achievements and overall scale of industrial production. It includes value of finished products, which are not to be further processed in the enterprises and have been inspected, packed and put in storage, income from external processing, and differential value of self-made semi-finished products and products in process at the end and beginning of the report period. The gross industrial output value is calculated by the "factory method", i.e. an industrial enterprise is treated as the basic amounting unit in calculating the gross industrial output value; no double calculations are to be made within the same enterprise, e.g. the output value of the different workshops (branch factories) of an enterprises should not be added, however, this method does not exclude the possibility of double counting among different enterprises, industries and regions.

Output value of light and heavy industries is also classified by the "factory" method, i.e. if the major products of an industrial enterprise belong to light industry products, the gross output value of that enterprise is classified wholly into light industry; the same principle applies to heavy industry.

Explanation: differences between the new regulations and the original ones for calculation of gross industrial output value (main points) Since 1992 the State Council has decided to adopt gross domestic product as the total amount index to measure development of the national economy, to adopt added value of industry as the total amount index to measure industrial economy and to downplay the function of the index of gross industrial output value. But the calculation of industrial added value is still based on gross industrial output value. In order to coordinate the principles of calculation of gross industrial output value and of calculation of industrial intermediate input, to reduce the difficulty of calculation and to ensure the accuracy of industrial added value, the revision was made in the following four aspects to counter the defects in the original regulations for the calculation of gross industrial output value in the Third National Industrial General Survey Scheme:

1. Products produced with self-prepared raw material are calculated at all-round price in reporting the gross industrial output value, irrespective complexity of simplicity of production, i.e., the gross industrial output value includes the value of self-prepared raw material.
2. Products processed with supplied materials are calculated, according to processing charges financially settled in reporting the gross industrial output value, i.e., the gross industrial output value excludes the value of orders' material.
3. Differential value of self-made semi-finished products and product in process at the end and beginning of the report period should be calculated into the gross industrial output value in principle and the old method in which inclusion or exclusion of the differential value is determined by whether the production cycle is over or below six months is not applied.
4. Current gross industrial output value is all calculated at price without sales tax.

There are two main differences between the new regulations and the original one for calculation of gross industrial output value:

1. Difference in principle of calculation

(1) Different principles of calculation for all-round price and processing charge: according to the new regulations, the product produced with self-prepared raw material is calculated at all-round price in reporting the gross industrial output value, no matter how complex or simple its processing is. Under the original regulations, the use of all-round price or processing charge in calculation the complexity or simplicity of processing, i.e., for some products processed with supplied materials gross industrial output value was calculated at all-round price and for some products produced with self-prepared materials, gross industrial output value was calculated only according to the processing charge.

(2) Different principles of calculating the differential value of self-made semi-finished products and product in process at the end and beginning of the report period: according to the new regulations, the differential value (of self-made semi-product and product in progress at the beginning and end of period) is calculated into gross industrial output value in principle and it is made clear that if the value is included in product cost, it should be included in gross industrial output value accordingly, otherwise it can not be included. Under the original regulations, for the product with the production cycle over six months, gross industrial output value should include the differential value, otherwise it can not be included.

2. Difference in calculation price

Gross industrial output value is calculated at price without sales tax under the new regulations, while at price with sales tax under the original regulations. The gross industrial output value calculated at fixed price in 1990 does not involve the question of whether value added tax is deducted from calculation price.

The details of the new regulations for calculation of gross industrial output value can refer to the Third National Industrial General Survey Scheme.

Added Value of Industry refers to the final results of industrial production of industrial enterprises in monetary terms during the report period.

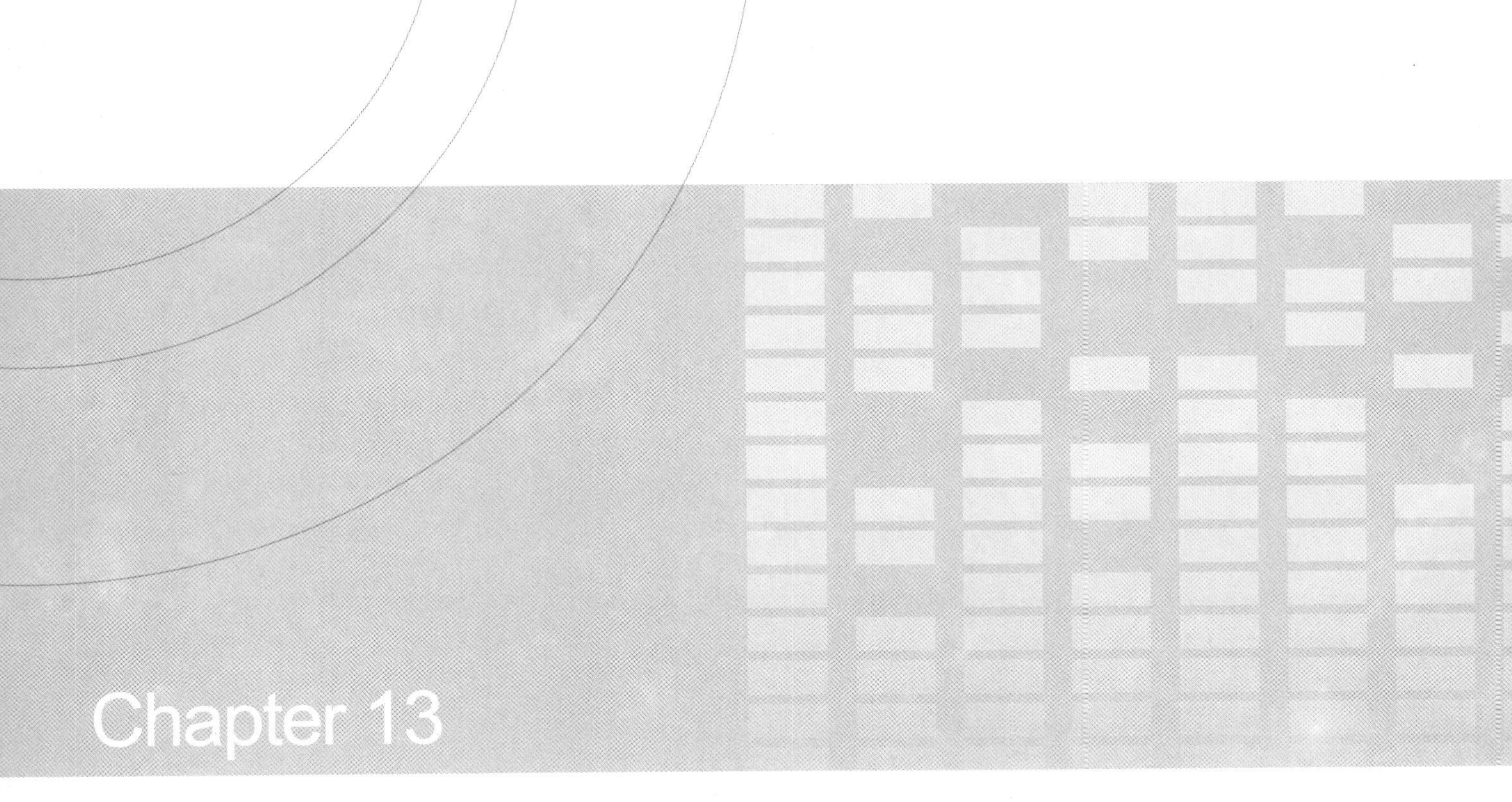

十三、建筑业

Construction

13-1 主要年份建筑施工企业个数和人数及施工产值
Number of Construction Enterprises, Employed Persons and Their Output Value in Significant Years

年份 Year	总计 Total	国有建筑施工企业 State-owned Construction Enterprises	集体建筑施工企业 Collective-cwned Construction Enterprises	其它 Others
施工企业个数(个) Number of Enterprises (unit)				
1985	2 522	144	2 378	
1990	3 010	123	2 887	
1995	2 657	140	2 517	6
2000	1 564	201	854	509
2001	1 583	190	713	680
2002	1 317	152	440	725
2003	1 231	129	330	772
2004	1 663	122	325	1 216
2005	1 648	111	258	1 279
2006	1 796	110	243	1 443
2007	1 903	107	232	1 564
2008	2 150	105	230	1 815
施工企业人数(人) Number of Employed Persons (person)				
1985	466 428	166 963	299 465	
1990	476 111	160 500	315 611	
1995	646 528	181 237	463 892	1 399
2000	535 519	158 817	253 806	122 896
2001	555 784	141 518	223 031	191 235
2002	517 674	124 543	170 328	222 803
2003	573 651	153 486	135 960	284 205
2004	502 976	105 600	102 822	294 554
2005	553 068	94 660	86 334	372 074
2006	633 161	105 271	90 092	437 798
2007	647 721	116 372	74 208	457 141
2008	658 106	114 925	68 590	474 591
建筑业总产值(万元) Gross Output Value (10 000 yuan)				
1985	212 751	102 616	110 135	
1990	366 810	185 895	180 915	
1995	1 812 155	737 385	1 071 367	3 403
2000	3 113 352	1 305 512	1 088 314	719 526
2001	3 455 135	1 278 259	1 004 570	1 172 306
2002	3 582 375	1 218 833	777 624	1 585 918
2003	3 969 692	1 322 335	682 398	1 964 959
2004	4 485 045	1 363 090	664 112	2 457 843
2005	5 395 877	1 389 621	580 259	3 425 996
2006	6 728 819	1 839 452	637 809	4 251 558
2007	7 633 192	2 058 647	641 227	4 933 318
2008	9 075 827	2 275 422	714 718	6 085 687

注：1996年起各种经济类型的具有资质等级证书的建筑企业均纳入国家统计；集体企业中的农村集体1996年的数据为测算数,以前年度为省乡镇企业局统计数。

Note: Since 1996 the state statistical coverage has included the construction enterprises of various types of ownership with credentials. The figures of rural Collective-woned in Collective-woned Enterprises in 1996 in this table are estimated figure; while prior to 1996 they were included in the statistical coverage of the Provincial Bureau of Township and town Enterprises。

13-2 总承包专业承包建筑施工企业生产情况（2008年）

类别	Category	企业个数（个）Number of Enterprises (unit)	建筑业总产值 Gross Output Value of Construction: 建筑业总产值（万元）Gross Output Value of Construction (10 000 yuan)	建筑工程产值 Output Value of Construction Projects	安装工程产值 Output Value of Installation Projects	竣工产值（万元）Value of Construction Completed (10 000 yuan)
总计	**Total**	**2 150**	**9 075 827**	**8 034 022**	**857 736**	**5 936 451**
一、按企业控股情况分组	Grouped by Share Holding					
国有控股	State-controlled	150	3 289 370	2 859 263	402 329	1 704 429
集体控股	Collective-controlled	309	1 226 481	1 076 010	120 167	851 675
私人控股	Private-controlled	1 656	4 432 345	4 002 093	314 210	3 291 284
二、按国民经济行业分组	by Sector					
房屋和土木工程建筑业	Building and Civil Engineering Construction	1 388	8 119 300	7 548 119	429 541	5 315 558
建筑安装业	Construction Installation	315	614 585	203 525	401 352	370 702
建筑装饰业	Construction Decoration	366	178 019	149 875	18 135	115 758
其他建筑业	Others	81	163 924	132 503	8 708	134 434
三、按企业资质等级分组	by Qualification Criteria					
施工总承包	Construction Contract	1 293	8 127 758	7 457 961	531 700	5 308 699
特级	Special Grade	4	937 713	910 281	15 754	452 336
一级	First Grade	44	2 612 459	2 280 382	314 850	1 534 819
二级	Second Grade	353	2 651 096	2 501 367	93 914	1 887 921
专业承包	Professional Contract	821	941 440	576 061	326 036	627 752
一级	First Grade	53	298 475	228 658	69 272	181 562
二级	Second Grade	285	292 607	188 657	93 585	203 205
劳务分包	Labor Subcontract	36	6 628			
四、按地区分	by Region					
昆明	Kunming	1 017	5 721 652	5 006 617	644 690	3 463 046
曲靖	Qujing	187	678 698	624 072	23 383	507 241
玉溪	Yuxi	155	326 937	299 910	19 644	266 109
保山	Baoshan	47	195 864	189 041	2 085	159 161
昭通	Zhaotong	72	149 988	126 889	19 076	79 277
丽江	Lijiang	54	146 762	130 579	15 620	103 605
普洱	Pu'er	83	242 295	210 198	27 214	153 128
临沧	Lincang	47	138 476	124 943	8 896	111 852
楚雄	Chuxiong	113	321 787	296 708	18 513	232 618
红河	Honghe	124	519 850	452 734	45 235	326 717
文山	Wenshan	33	129 412	112 651	12 342	101 990
西双版纳	Xishuangbanna	32	49 130	46 621	1 978	65 547
大理	Dali	134	339 736	309 347	15 102	271 146
德宏	Dehong	32	70 861	66 909	3 502	59 064
怒江	Nujiang	5	16 124	8 548	457	13 558
迪庆	Diqing	15	28 255	28 255		22 392

Construction Situation of Construction Enterprises of General Contractors and Professional Contractors (2008)

房屋建筑施工面积(万平方米) Floor Space under Construction (10 000 sq.m)	本年新开工面积 Newly Started Building Area in This Year	房屋建筑竣工面积(万平方米) Floor Space Completed (10 000 sq.m)	房屋建筑面积竣工率(%) Ratio of Floor Space Completed (%)	施工机械设备 Construction Machinery and Equipment: 自有机械设备净值(万元) Net Value of Machinery and Equipment Owned (10 000 yuan)	自有机械设备总台数(万台) Number of Machinery and Equipment Owned (10 000 unit)	自有机械设备总功率(万千瓦) Total Power of Machinery and Equipment Owned (10 000kw)	技术装备率(元/人) Value of Machinery Per Laborer (yuan/per)	动力装备率(千瓦/人) Power of Machinery Per Laborer (kw/per)	计算建筑业劳动生产率的平均人数(人) Average Persons of calculating the Labor Productivity (person)	年末从业人数(人) Number of Employed Persons at Year-end (person)	全员劳动生产率(元/人) Overall Labor Productivity of Construction Enterprises (yuan/per)
6 671.95	**3 716.79**	**3 336.74**	**50.0**	**693 768**	**17.37**	**313 674**	**10 542**	**4.77**	**658 106**	**649 682**	**137 908**
1 846.85	770.02	747.88	40.5	124 691	2.74	74 837	7 756	4.66	160 761	153 167	204 612
1 149.87	735.33	599.98	52.2	125 486	3.79	66 622	10 960	5.82	114 493	116 019	107 123
3 559.45	2 136.05	1 929.89	54.2	430 055	10.54	169 700	11 629	4.59	369 824	368 113	119 850
6 624.45	3 688.75	3 307.09	49.9	656 027	16.17	295 442	11 017	4.96	595 461	593 156	136 353
43.42	26.37	27.96	64.4	20 932	0.65	9 974	5 436	2.59	38 509	34 209	159 595
2.62	1.35	1.28	48.9	4 989	0.34	3 820	3 049	2.33	16 366	15 187	108 774
1.46	0.32	0.41	27.9	11 819	0.22	4 438	15 211	5.71	7 770	7 130	210 970
6 536.38	3 649.50	3 257.24	49.8	635 457	15.98	285 211	10 722	4.81	592 681	590 514	137 135
262.67	104.47	114.83	43.7	42 914	0.90	23 631	14 575	8.03	29 444	32 056	318 473
2 085.75	974.68	814.02	39.0	80 280	1.65	47 242	5 273	3.10	152 247	140 813	171 593
2 412.68	1 418.31	1 304.76	54.1	302 012	6.14	119 630	12 859	5.09	234 864	234 575	112 878
135.57	67.28	79.49	58.6	58 311	1.40	28 463	9 129	4.46	63 873	57 787	147 393
52.37	21.62	29.54	56.4	10 950	0.29	7 033	6 642	4.27	16 486	15 177	181 047
28.47	15.21	13.43	47.2	21 741	0.54	8 458	9 997	3.89	21 747	18 179	134 550
									1 552	1 380	42 707
3 485.06	1 736.62	1 510.63	43.3	312 998	6.75	156 823	8 876	4.45	352 623	329 422	162 260
712.05	478.25	452.03	63.5	107 903	1.80	29 246	15 119	4.10	71 367	70 584	95 100
399.19	258.24	209.88	52.6	56 574	1.71	23 874	18 731	7.90	30 204	30 857	108 243
164.98	117.16	116.87	70.8	28 907	0.52	8 687	9 854	2.96	29 336	30 532	66 766
114.27	74.57	74.47	65.2	12 624	0.51	5 883	8 999	4.19	14 029	15 885	106 913
109.62	74.91	64.75	59.1	6 961	0.18	3 483	7 218	3.61	9 644	7 723	152 180
168.92	120.60	76.01	45.0	16 435	0.46	8 411	8 605	4.40	19 099	17 701	126 863
96.52	35.38	62.00	64.2	17 379	0.53	7 947	15 173	6.94	11 454	13 427	120 898
235.29	143.69	137.43	58.4	28 976	1.32	20 545	11 374	8.06	25 476	29 919	126 310
480.03	306.70	243.82	50.8	40 470	1.19	19 265	10 868	5.17	37 237	40 061	139 606
221.13	92.26	123.35	55.8	2 764	0.19	1 535	3 176	1.76	8 703	11 111	148 698
99.02	31.26	67.12	67.8	3 118	0.25	3 559	6 816	7.78	4 575	4 516	107 388
299.22	202.69	137.52	46.0	45 768	1.57	19 619	13 993	6.00	32 707	36 241	103 873
55.41	31.25	35.30	63.7	8 512	0.35	4 616	15 920	8.63	5 347	5 109	132 524
6.89	6.89	4.14	60.1	2 733	0.00	24	19 834	0.17	1 378	1 550	117 011
24.34	6.32	21.43	88.0	1 646	0.02	157	3 340	0.32	4 927	5 044	57 347

13-3 总承包专业承包建筑施工企业财务状况（2008年）

单位:万元

类别	Item	资产合计 Total Assets	固定资产 Fixed Assets	负债合计 Total Liabilities	流动负债 Liqiid Liabilities	所有者权益 Owners' Equity
总计	**Total**	**10 129 402**	**1 852 311**	**6 201 514**	**5 786 544**	**3 927 889**
一、按企业控股情况分组	Grouped by Share Holding					
国有控股	State-controlled	3 587 207	436 640	2 580 500	2 358 126	1 006 707
集体控股	Collective-controlled	1 516 053	319 110	941 629	906 504	574 425
私人控股	Private-controlled	4 830 798	1 059 462	2 560 983	2 409 745	2 269 816
二、按国民经济行业分组	by Sector					
房屋和土木工程建筑业	Building and Civil Engineering Construction	8 717 148	1 648 318	5 375 702	5 030 017	3 341 446
建筑安装业	Construction Installation	989 765	131 138	621 220	570 015	368 545
建筑装饰业	Construction Decoration	306 558	41 911	143 266	128 568	163 292
其他建筑业	Others	115 931	30 944	61 325	57 943	54 606
三、按企业资质等级分组	by Qualification Criteria					
施工总承包	Construction Contract	8 658 492	1 608 726	5 356 214	4 986 864	3 302 278
特级	Special Grade	1 055 543	115 659	808 119	723 114	247 424
一级	First Grade	2 927 674	240 900	2 268 000	2 159 594	659 673
二级	Second Grade	2 627 505	670 932	1 364 869	1 277 254	1 262 636
专业承包	Professional Contract	1 470 910	243 585	845 300	799 680	625 610
一级	First Grade	271 567	30 143	174 822	162 828	96 745
二级	Second Grade	474 441	78 473	253 265	235 100	221 176
劳务分包	Labor Subcontract					
四、按地区分	by Region					
昆明	Kunming	6 609 736	877 288	4 440 211	4 119 335	2 169 525
曲靖	Qujing	722 681	256 912	270 383	250 519	452 298
玉溪	Yuxi	347 509	105 893	142 345	131 470	205 164
保山	Baoshan	155 671	53 959	63 729	60 162	91 942
昭通	Zhaotong	148 673	46 328	64 128	61 795	84 545
丽江	Lijiang	205 432	58 042	115 956	108 391	89 477
普洱	Pu'er	309 563	45 828	220 724	217 508	88 839
临沧	Lincang	106 499	44 079	36 790	29 810	69 709
楚雄	Chuxiong	254 483	78 038	107 625	102 424	146 858
红河	Honghe	484 641	120 650	267 061	258 978	217 580
文山	Wenshan	108 850	35 859	57 300	50 673	51 550
西双版纳	Xishuangbanna	61 556	14 045	38 032	36 628	23 524
大理	Dali	495 513	77 780	323 225	307 746	172 288
德宏	Dehong	74 058	21 336	35 665	33 787	38 393
怒江	Nujiang	11 667	6 805	6 590	6 035	5 077
迪庆	Diqing	32 870	9 469	11 752	11 284	21 118

Financial Situation of Construction Enterprises of General Contractors and Professional Contractors (2008)

(10 000 yuan)

实收资本 Paid-in Capitals	工程结算收入 Revenue of Project Settlement Accounts	工程结算成本 Cost of Project Settlement Accounts	工程结算税金及附加 Taxes and Extra Charges on Project Settlement Accounts	工程结算利润 Profits of Project Settlement Accounts	其他业务收入 Revenue from other Businesses	其他业务利润 Profits from other Businesses	经营费用 Operation Expenses	管理费用 Management Expenses	税金 Tax	财务费用 Financial Expenses
3 062 283	**8 466 367**	**7 386 392**	**289 388**	**705 986**	**158 831**	**47 978**	**84 601**	**370 938**	**18 327**	**62 871**
761 807	3 436 651	3 064 143	103 794	259 935	54 059	15 009	8 779	168 839	4 573	22 400
386 828	1 068 615	922 483	38 430	93 356	26 448	10 827	14 346	50 801	2 977	8 124
1 866 507	3 832 779	3 287 236	140 669	344 940	75 683	20 463	59 934	147 414	10 477	31 713
2 544 294	7 590 163	6 635 912	262 848	618 693	112 723	36 572	72 711	302 110	16 105	57 104
312 750	596 030	517 359	17 131	54 942	43 684	10 378	6 598	46 902	1 574	4 321
157 259	163 453	135 726	5 939	18 108	1 814	754	3 680	13 375	408	1 299
47 979	116 721	97 395	3 471	14 244	611	274	1 612	8 551	240	146
2 540 691	7 605 793	6 653 222	261 890	619 735	117 718	32 234	70 946	305 831	16 135	56 275
113 238	1 060 227	942 023	32 415	85 047	5 138	1 062	742	30 721	1 045	9 707
551 079	2 615 609	2 383 643	78 549	146 672	44 360	12 430	6 746	123 124	3 398	20 662
944 084	2 244 165	1 907 512	82 779	218 645	30 809	7 730	35 229	89 302	4 955	15 346
521 592	860 574	733 170	27 498	86 250	41 113	15 743	13 655	65 107	2 192	6 596
81 244	248 015	221 515	7 473	17 699	693	181	1 329	14 186	327	988
200 605	263 025	219 122	8 510	30 425	12 131	3 668	4 968	20 840	769	2 162
1 659 974	5 550 897	4 931 247	172 166	407 859	102 339	28 446	39 626	256 267	9 090	40 948
362 338	674 284	558 676	25 129	78 609	9 060	3 322	11 871	23 174	2 054	4 065
168 434	295 172	255 926	9 995	24 197	5 902	2 210	5 054	13 534	311	1 931
76 923	169 722	144 735	8 014	13 192	287	52	3 780	6 060	214	1 242
71 836	134 596	114 922	5 569	12 455	2 484	1 439	1 650	7 161	198	1 048
76 383	113 623	94 203	11 846	6 616	503	385	957	2 859	201	914
75 605	190 373	165 692	6 834	15 459	1 016	722	2 389	5 753	290	1 684
55 439	134 121	106 977	6 591	17 724	2 063	557	2 829	5 889	2 423	842
118 783	261 678	223 704	8 948	21 031	3 003	1 442	7 996	8 383	894	1 176
156 750	416 731	354 370	15 121	43 967	7 144	3 445	3 273	19 382	1 129	3 662
26 255	66 056	42 309	1 801	21 789	9 429	1 537	157	2 142	80	905
19 458	45 069	39 562	2 384	2 274	1 079	630	848	1 925	76	69
140 266	310 594	270 850	11 612	26 734	14 086	3 611	1 398	15 692	1 145	3 784
29 798	53 292	41 193	1 937	9 394	265	120	767	1 778	53	319
4 177	13 558	11 607	604	1 292			55	294	57	49
19 863	36 603	30 420	839	3 395	172	60	1 949	646	113	231

13-3 续表 1 continued

单位:万元 (10 000 yuan)

类 别	Item	利润总额 Total Profits	应交所得税 Value-added Tax Payale	企业总收入 Total Revenue	上缴税金 Tax Payment	产值利税率(%) Ratio of Profits & Taxes to Output Value (%)	资产利税率(%) Ratio of Profits and Taxes to Assets (%)
总计	**Total**	**279 309**	**50 378**	**8 625 198**	**358 093**	**6.5**	**5.8**
一、按企业控股情况分组	Grouped by Share Holding						
国有控股	State-controlled	76 546	11 518	3 490 710	119 885	5.6	5.2
集体控股	Collective-controlled	47 914	8 077	1 095 064	49 484	7.3	5.9
私人控股	Private-controlled	150 700	30 277	3 908 461	181 423	6.8	6.2
二、按国民经济行业分组	by Sector						
房屋和土木工程建筑业	Building and Civil Engineering Construction	255 902	44 064	7 702 886	323 017	6.6	6.1
建筑安装业	Construction Installation	15 254	4 976	639 713	23 680	5.6	3.4
建筑装饰业	Construction Decoration	4 250	849	165 267	7 196	6.0	3.5
其他建筑业	Others	3 903	489	117 332	4 201	4.7	6.6
三、按企业资质等级分组	by Qualification Criteria						
施工总承包	Construction Contract	247 872	44 100	7 723 511	322 125	6.5	6.1
特级	Special Grade	41 167	4 272	1 065 365	37 732	8.0	7.1
一级	First Grade	18 121	5 822	2 659 969	87 769	3.8	3.4
二级	Second Grade	92 182	17 696	2 274 974	105 430	6.8	6.8
专业承包	Professional Contract	31 437	6 278	901 687	35 968	6.5	4.2
一级	First Grade	3 245	735	248 708	8 535	3.7	4.1
二级	Second Grade	13 663	1 970	275 156	11 249	7.8	4.8
劳务分包	Labor Subcontract						
四、按地区分	by Region						
昆　明	Kunming	136 934	24 346	5 653 236	205 602	5.6	4.8
曲　靖	Qujing	45 212	8 134	683 344	35 316	10.7	10.0
玉　溪	Yuxi	11 142	2 632	301 074	12 937	6.6	6.2
保　山	Baoshan	5 647	1 146	170 009	9 374	7.1	8.9
昭　通	Zhaotong	5 708	1 139	137 079	6 906	7.7	7.7
丽　江	Lijiang	3 326	793	114 126	12 839	10.5	7.5
普　洱	Pu'er	8 418	981	191 389	8 105	6.4	5.0
临　沧	Lincang	11 802	2 341	136 184	11 355	15.0	19.5
楚　雄	Chuxiong	11 772	1 664	264 681	11 506	6.7	8.5
红　河	Honghe	19 536	3 422	423 875	19 672	6.9	7.4
文　山	Wenshan	3 526	422	75 484	2 302	4.2	5.0
西双版纳	Xishuangbanna	614	167	46 147	2 627	6.3	5.0
大　理	Dali	11 547	2 497	324 680	15 253	7.2	4.9
德　宏	Dehong	1 771	367	53 557	2 357	5.3	5.1
怒　江	Nujiang	837	193	13 558	854	9.3	12.8
迪　庆	Diqing	1 517	136	36 776	1 088	8.7	7.5

主要统计指标解释

建筑施工企业 指从事房屋、构筑物和设备安装生产活动的独立施工单位,分为建筑安装企业和自营施工单位两种组织形式。建筑安装企业是指行政有独立组织,经济上实行独立核算的企业。一般称为建筑公司、安装公司、工程公司、工程局(处)等。自营施工单位是指附属于现有生产企业、事业内部或行政单位的,为建造和修理本单位固定资产而自行组织的,同时具备下述条件:

(1) 对内独立核算。

(2) 有固定组织和施工队伍。

(3) 全年施工期在半年以上。

建筑业总产值(自行完成施工产值) 指建筑施工企业在一定时期内所完成的以货币表现的生产总量。是反映全部生产规模、水平和成果的综合指标。

房屋建筑施工面积 指在报告期内施工的全部房屋建筑面积，包括本期新开工的房屋面积、 上期施工跨入本期继续施工的房屋面积、上期停缓建在本期恢复施工的房屋面积、本期竣工的房屋面积及本期施工后又停缓建的房屋面积。

房屋建筑竣工面积 指在报告期内房屋建筑按照设计要求全部完工，达到了住人和使用条件，经验收鉴定合格，正式移交使用单位的房屋建筑面积。

自有机械设备年末总台数 指归本企业所有，属于本企业固定资产的生产性机械设备年末总台数。包括施工机械、生产设备、运输设备以及其他设备。

自有机械设备年末总功率 指本企业自有施工机械、生产设备、运输设备以及其他设备等 列为在册固定资产的生产性机械设备年末总功率，按设定能力或查定能力计算。包括机械本身的动力和为该机械服务的单独动力设备，如电动机等。计算单位用千瓦，动力换算可按 1 马力=0.735 千瓦折合成瓦数。电焊机、变压器、锅炉不计算动力。

企业总收入 指与企业生产经营直接有关的各项收入,包括工程结算收入与其他业务收入。

利润总额 指建筑施工企业在一定时期内实现的利润。

工程结算收入 指企业承包工程实现的工程价款结算收入，以及向发包单位 收取的除工程价款以外的按规定列作营业收入的各种款项，如临时设施费、劳动保险费、施工机械调迁费等以及向发包单位收取的各种索赔款。

工程结算利润 指已结算工程实现的利润，如亏损以“一”号表示。计算公式为 :

工程结算利润=工程结算收入－工程结算成本－工程结算税金及附加

建筑业增加值 指建筑企业在报告期内以货币表现的建筑生产经营活动的最终成果。

产值利润率 是指报告期内企业实现的利润总额占同期建筑业总产值的百分比。

Explanatory Notes on Principal Statistical Indicators

Statistical Entities in Construction refers to corporate enterprises engaged in construction of buildings and structures and equipment installation. A corporate construction enterprise should meet the following requirements: (1) being established in line with relevant legal provisions, having its full mane, organization and location and capable of taking civil liability; (2) independently possessing and using its assets and bearing its liabilities, and being entitled to sign contracts with other entities; and (3) keeping independent accounts of its profits and losses and capable of preparing its balance sheet.

Gross Output Value of Construction (Output Value of Self-completed Projects) refers to the total volume of construction products, expressed in monetary terms and completed by construction and installation enterprises during a given period of time. It is a comprehensive indicator reflecting the whole production scale, level and fruits.

Floor Space of Buildings Under Construction refers to the floor space of buildings under construction during the report period, including newly started buildings, buildings started in the preceding period and continued during the current period, and buildings suspended in the preceding period but restarted in the current period, buildings completed during the current period, and buildings under construction and then suspended during the current period.

Floor Space of Buildings Completed refers to the floor space of buildings that are completed in the report period in accordance with the requirements of the design, up to the standard of putting them into use, and have been checked and accepted by concerned departments as qualified ones.

Total Number of Machinery and Equipment Owned at Year-end refers to the number of machines and equipment owned by enterprises, and listed as their fixed assets by the end of the year, including machinery and equipment for construction, production and transportation.

Total Power of Machinery and Equipment Owned at Year-end refers to the total power of machinery and equipment for construction, production and transportation owned by enterprises, and listed as their fixed assets by the end of the year, which is calculated on the basis of the designed or verified capacity, covering the power of machinery and equipment and separate power equipment serving them (such as electric motors), but excluding welders, transformers and boilers. The unit used for the calculation of power is kilowatt, with horsepower converted to kilowatt by 1 horsepower = 0.735 kilowatt.

Total Revenue of Enterprises refers to the sum of income from production and operation of enterprises, including income from settlement of projects and other operating income.

Total Profits refer to the profits made by construction enterprises in a certain period of time.

Income from Settlement of Projects refers to income received by construction enterprises from contracted projects through settlement, and other payments from entities which contract the projects out as operating income according to the relevant regulations except costs of the projects, such as expenses on temporary facilities, labor insurance premium, costs of moving construction equipment, and various claims.

Profit from Settlement of Projects refers to the profit made through settled projects. If there is a loss, it is expressed with the sign "-". It is calculated with the following formula:

Profit from Settlement of Projects = Income from Settlement of Projects – Settlement Costs – Taxes and Surcharges on Settlement.

Added Value of Construction refers to the final results of production and operation of construction enterprises in monetary terms in the report period.

Ratio of Profit to Output Value refers to the ratio of the total profits to the gross output value of construction in the report period.

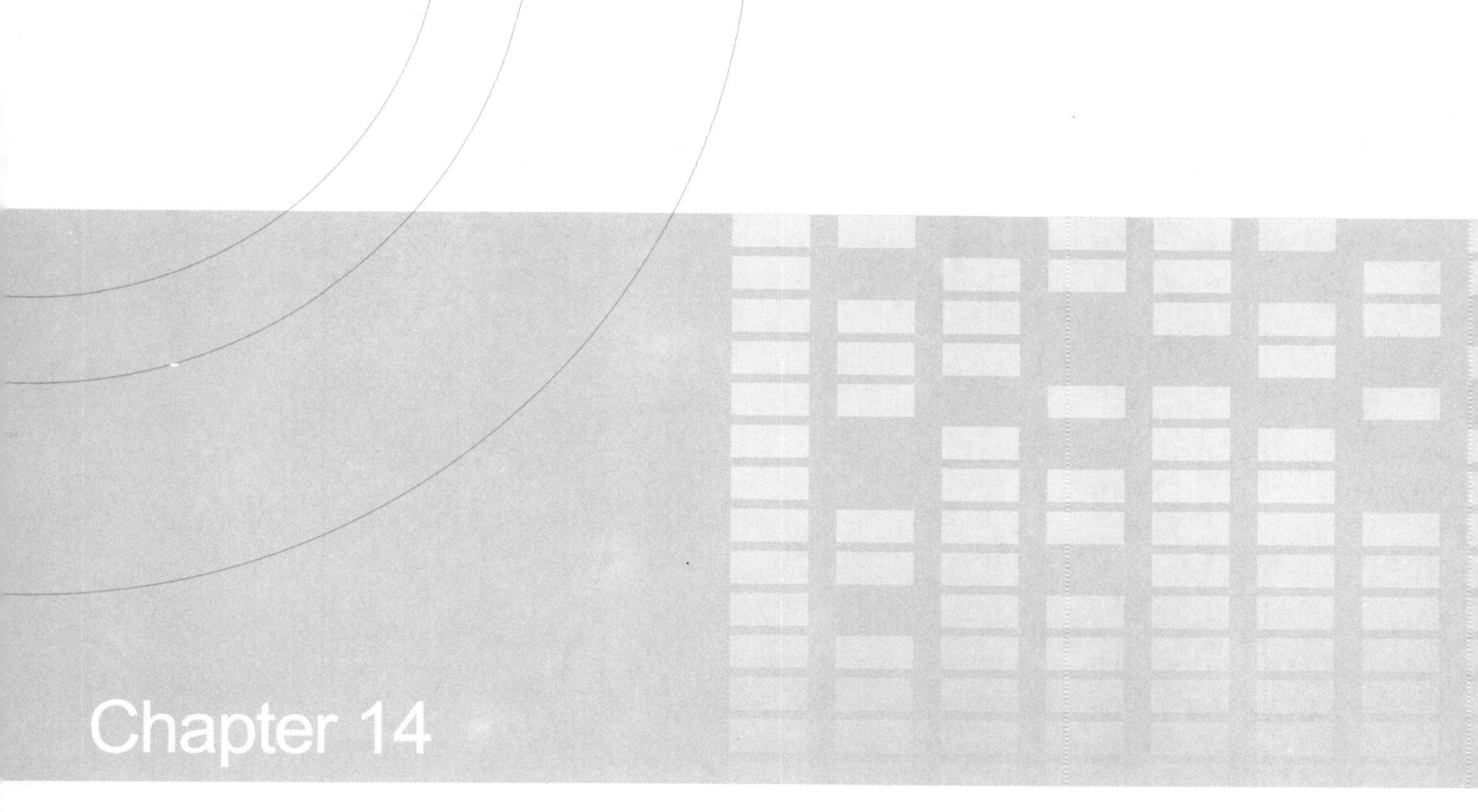

十四、运输邮电

Transport, Post and Telecommunication Services

14-1　主要年份年末运输线路长度
Length of Transport Routes at Year-end in Significant Years

单位：公里 (km)

年　份 Year	铁路营业里程 Length of Railways in Operation	公路通车里程 Total Length of Highways	内河航道里程 Length of Navigable Inland Waterways	民用航空航线里程 Length of Civil Aviation Rcutes	国际航线 International Lines
1978	1 705	41 816	2 809	1 009	
1980	1 682	44 149	1 006	1 009	
1985	1 679	49 541	1 042	22 720	1 318
1988	1 626	52 534	1 072	23 682	3 071
1989	1 694	54 732	1 072	22 682	3 071
1990	1 695	56 536	1 130	26 639	3 065
1991	1 684	58 123	1 130	30 773	3 114
1992	1 651	60 045	1 130	47 322	4 147
1993	1 644	63 086	1 130	45 132	6 964
1994	1 642	65 578	1 324	64 220	9 464
1995	1 644	68 236	1 324	51 638	9 464
1996	1 644	70 279	1 324	70 610	6 693
1997	2 023	73 821	1 324	89 781	6 693
1998	1 991	76 957	1 324	128 685	16 256
1999	2 015	102 405	1 530	133 105	33 672
2000	2 015	163 604	1 580	119 702	20 356
2001	2 015	163 953	1 824	135 114	20 744
2002	2 016	164 852	1 824	148 114	29 063
2003	1 984	166 133	1 810	145 498	20 907
2004	1 925	167 050	2 549	137 800	24 348
2005	1 925	194 495	2 764	135 448	24 413
2006	1 925	198 496	2 764	136 785	22 437
2007	1 924	200 333	2 764	129 879	26 251
2008	1 924	203 753	2 764	112 120	14 713

14-2　各地区公路运输线路长度（2008年底）
Length of Highways at Year-end by Region (2008)

单位：公里 (km)

地　区	Region	公路通车里程 Total Length of Highways	按公路等级分 Expressway and Class I to IV Highway 合　计 Total	#二　级 Second Class	#三　级 Third Class	#四　级 Fourth Class	等外公路 Highway Below Class IV
全省合计	**Total**	**203 753**	**121 381**	**4 859**	**9 563**	**106 959**	**79 227**
昆　明	Kunming	16 035	11 123	712	618	9 793	4 434
曲　靖	Qujing	20 293	15 247	305	994	13 948	4 561
玉　溪	Yuxi	16 390	15 619	246	1 005	14 368	453
保　山	Baoshan	11 549	7 078	386	307	6 386	4 315
昭　通	Zhaotong	14 312	4 258	282	204	3 771	9 919
丽　江	Lijiang	5 966	3 113	240	475	2 398	2 839
普　洱	Pu'er	19 077	8 444	147	835	7 462	10 498
临　沧	Lincang	13 755	6 761	448	214	6 099	6 972
楚　雄	Chuxiong	16 644	6 813	184	713	5 915	9 530
红　河	Honghe	18 937	13 238	389	1 285	11 564	5 322
文　山	Wenshan	12 872	8 230	110	1 364	6 757	4 338
西双版纳	Xishuangbanna	6 270	3 936	247	26	3 664	2 216
大　理	Dali	16 783	8 818	550	1 083	7 186	7 662
德　宏	Dehong	6 834	3 905	410	254	3 241	2 930
怒　江	Nujiang	3 695	1 514	33	129	1 351	2 182
迪　庆	Diqing	4 341	3 284	170	57	3 056	1 056

14-3 铁路里程和机车拥有量（2005-2008年）
Length of Railways and Number of Railway Locomotives Owned (2005-2008)

指标	Item	2005年	2006年	2007年	2008年
铁路里程	**Length of Railways in Operation**				
正线延长里程(公里)	Length of Railways in Trunk Line (km)	2 041.60	2 071.20	2 172.10	2 172.20
营业里程(公里)	Length of Railways in Operation (km)	1 925.00	1 925.00	1 923.70	1 923.70
准　轨(公里)	Standard Tracks (km)	1 264.20	1 264.20	1 262.90	1 262.90
米　轨(公里)	Meter Tracks (km)	660.80	660.80	660.80	660.80
内燃机车牵引里程(公里)	Length of Diesel Engine Routes (km)	842.30	842.30	857.90	857.90
占营业里程比重(%)	As Percentage of Railways in Operation (%)	43.76	43.76	44.60	44.60
半自动闭塞里程(公里)	Semi-automatic Blocking Length (km)	1 914.20	1 914.20	1 781.20	1 781.20
占营业里程比重(%)	As Percentage of Railways in Operation (%)	73.7	73.7	92.6	92.6
无缝线路里程(公里)	Length of Continuous Welded Rail (km)	518.7	704.6	946.6	973.6
占营业里程比重(%)	As Percentage of Railways in Operation (%)	25.4	34.02	43.6	50.6
有电气集中的车站(个)	Number of Stations with Electric Interlocking (unit)	133	133	132	132
占正式营业线路车站比重(%)	As Percentage of Railways Stations in Operation (%)	100	100	67.0	67.0
营业线路主要车站(个)	Railways Station of in Operation (unit)	203	202	196	196
铁路机车拥有量	Number of Railway Locomotives			388	381
内燃机车(台)	Diesel Locomotives (unit)	168	171	171	164
电力机车(台)	Electric Locomotives (unit)	225	233	217	217

14-4 铁路客货车拥有量（2007-2008年）
Number of Railway Passenger Coaches and Freight Cars Owned (2007-2008)

指标	Item	2007年	#准　轨 Standard Tracks	2008年	#准　轨 Standard Tracks
客车合计(辆)	**Passenger Coaches (coach)**	**1 023**	**977**	**1 013**	**977**
软卧车	Soft Berth Coaches	82	78	82	78
硬卧车	Hard berth Coaches	430	424	430	424
硬座车	Hard Seat Coaches	387	367	387	367
餐　车	Dining Cars	59	57	59	57
行李邮政车	Luggage and Post Cars	1		1	
其　它	Others	64	51	54	51
货车合计(辆)	**Freight Cars (coach)**	**1 567**		**1 484**	
按车型分	Grouped by Type of Car				
棚　车	Covered Cars	362		316	
敞　车	Open cars	990		964	
平　车	Flat Cars	100		100	
罐　车	Tank Cars	98		94	
其　它	Others	17		10	
按载重量分	Grouped by Capacity of Car				
30吨及以下	30 Tons and Under	1 567		1 484	
货车总载重(万吨)	Total Loading Capacity of Freight Cars (10 000 tons)	4.7		4.5	
平均每辆车载重量(吨)	Average Marked Loading Capacity Per Car (ton)	29.9		30.0	

14-5 各地区民用车辆拥有量（2008年）
Number of Civil Motor Vehicles Owned by Region (2008)

单位：辆 (unit)

地 区	Region	总 计 Total	营 运 Operation	非营运 Non-operation	总计中：Of Total 进 口 Import	个 人 Private-owned	新注册 New Registration
全省合计	**Total**	**5 307 594**	**560 062**	**4 420 676**	**81 531**	**4 855 133**	**725 296**
昆 明	Kunming	968 070	96 669	827 026	26 027	839 725	110 376
曲 靖	Qujing	565 752	90 500	454 104	5 935	520 488	62 244
玉 溪	Yuxi	446 865	56 738	355 853	5 157	415 694	66 051
保 山	Baoshan	314 305	28 644	262 796	2 491	306 707	45 583
昭 通	Zhaotong	245 330	26 225	214 071	1 796	231 720	41 158
丽 江	Lijiang	101 057	16 091	71 313	1 039	90 467	17 378
普 洱	Pu'er	363 960	35 666	303 783	4 987	345 463	60 493
临 沧	Lincang	218 128	15 617	167 506	1 375	208 656	42 707
楚 雄	Chuxiong	264 285	23 547	221 778	1 656	246 226	47 522
红 河	Honghe	479 110	66 597	391 197	7 221	424 661	54 125
文 山	Wenshan	321 639	22 978	286 401	2 722	301 740	66 949
西双版纳	Xishuangbanna	268 681	11 340	244 956	5 367	256 532	21 360
大 理	Dali	377 200	37 966	313 493	2 863	349 462	51 703
德 宏	Dehong	270 529	14 894	232 577	8 834	259 026	26 147
怒 江	Nujiang	27 317	4 119	20 282	679	22 615	3 575
迪 庆	Diqing	43 065	12 471	21 239	855	35 743	5 449

注：营运和非营运中不含拖拉机。
Note:The number of operation and non-operation civil motor vehicles excludes the number of tractors.

14-5 续表 1 continued

单位：辆 (unit)

地 区	Region	汽车合计 Total	轿 车 Car	载客汽车 Passenger Vehicles	大型 Large-scale	中 型 Medium	小 型 Small-scale	微 型 Miniature
全省合计	**Total**	**1 634 105**	**566 069**	**1 051 709**	**18 168**	**33 004**	**847 216**	**153 321**
昆 明	Kunming	547 286	285 860	456 484	7 343	8 906	374 652	65 583
曲 靖	Qujing	183 776	52 827	104 660	1 765	2 472	83 539	16 884
玉 溪	Yuxi	138 240	43 678	72 954	948	1 688	55 186	15 132
保 山	Baoshan	53 240	11 725	27 058	346	1 379	22 207	3 126
昭 通	Zhaotong	65 949	14 898	38 213	753	1 104	27 458	8 898
丽 江	Lijiang	39 366	9 674	22 117	603	1 114	16 999	3 401
普 洱	Pu'er	71 758	12 213	30 400	466	1 454	25 575	2 905
临 沧	Lincang	32 703	9 459	18 780	247	620	16 201	1 712
楚 雄	Chuxiong	53 208	13 444	29 640	561	1 508	22 092	5 479
红 河	Honghe	136 632	30 882	70 430	1 491	2 900	57 830	8 209
文 山	Wenshan	57 617	15 691	32 586	612	1 551	26 626	3 797
西双版纳	Xishuangbanna	43 064	12 306	24 192	645	1 691	19 688	2 168
大 理	Dali	95 949	24 214	52 917	1 278	3 111	41 937	6 591
德 宏	Dehong	45 953	12 298	23 843	200	920	18 995	3 728
怒 江	Nujiang	13 546	2 361	8 190	122	412	7 065	591
迪 庆	Diqing	27 946	4 539	12 509	461	650	9 408	1 990

14-5 续表2 continued

单位：辆 (unit)

地 区	Region	载货汽车 Trucks	重型 Heavy	中型 Medium	轻型 Light	微型 Miniature
全省合计	**Total**	**471 604**	**57 359**	**151 613**	**255 381**	**7 251**
昆 明	Kunming	80 584	9 963	18 097	51 673	851
曲 靖	Qujing	64 923	10 375	23 908	29 824	816
玉 溪	Yuxi	59 426	8 408	20 614	29 876	528
保 山	Baoshan	21 783	3 096	9 063	9 483	141
昭 通	Zhaotong	24 308	4 320	4 951	14 523	514
丽 江	Lijiang	13 506	698	5 600	6 427	781
普 洱	Pu'er	26 116	1 202	8 896	15 607	411
临 沧	Lincang	9 388	901	1 954	6 424	109
楚 雄	Chuxiong	15 498	1 500	5 436	8 196	366
红 河	Honghe	46 805	5 974	17 484	23 245	102
文 山	Wenshan	22 253	1 815	6 918	12 971	549
西双版纳	Xishuangbanna	17 277	535	3 551	13 142	49
大 理	Dali	35 772	4 151	13 606	17 726	289
德 宏	Dehong	15 380	1 372	4 049	8 637	1 322
怒 江	Nujiang	4 439	182	1 684	2 340	233
迪 庆	Diqing	13 091	2 792	5 721	4 412	166

14-5 续表3 continued

单位：辆 (unit)

地 区	Region	其它汽车 Others	三 轮 Three-wheel	低速货车 Four-wheel	摩托车 Motors	普 通 Common	轻 便 Convenient
全省合计	**Total**	**110 792**	**5 016**	**93 390**	**3 344 255**	**3 232 423**	**111 832**
昆 明	Kunming	10 218	1 994	3 777	375 674	358 523	17 151
曲 靖	Qujing	14 193	761	12 427	360 749	350 633	10 116
玉 溪	Yuxi	5 860	192	4 023	273 708	244 370	29 338
保 山	Baoshan	4 399	240	3 739	238 072	233 800	4 272
昭 通	Zhaotong	3 428	504	2 721	174 326	172 115	2 211
丽 江	Lijiang	3 743	137	3 530	48 036	47 191	845
普 洱	Pu'er	15 242	65	15 035	267 659	256 524	11 135
临 沧	Lincang	4 535	20	4 348	150 408	148 590	1 818
楚 雄	Chuxiong	8 070	268	7 057	192 029	183 339	8 690
红 河	Honghe	19 397	460	17 456	320 987	312 446	8 541
文 山	Wenshan	2 778	141	2 395	251 748	249 351	2 397
西双版纳	Xishuangbanna	1 595	19	1 433	213 215	208 172	5 043
大 理	Dali	7 260	168	5 920	255 173	247 585	7 588
德 宏	Dehong	6 730	37	6 516	201 507	199 199	2 308
怒 江	Nujiang	917	10	858	10 854	10 656	198
迪 庆	Diqing	2 346		2 141	5 681	5 501	180

14-5 续表4 continued

单位：辆 (unit)

地区	Region	拖拉机 Tractors	大中型 Large and Medium	小型方向盘式 Small Steering Wheel	挂车 Trailers	其他类 Others	机动车驾驶员 Number of Motor Drivers	汽车驾驶员 Automobile Drivers
全省合计	**Total**	**326 856**	**181 626**	**80 123**	**2 273**	**105**	**5 781 618**	**3 427 947**
昆明	Kunming	44 375	19 789	11 075	677	58	1 338 661	1 146 221
曲靖	Qujing	21 148	10 261	9 080	79		686 406	420 598
玉溪	Yuxi	34 274	7 893	20 717	640	3	411 005	241 738
保山	Baoshan	22 865	21 440	525	127	1	306 441	114 397
昭通	Zhaotong	5 034	1 534	3 233	21		275 588	146 847
丽江	Lijiang	13 653	4 711	7 117	2		102 724	70 551
普洱	Pu'er	24 511	14 692	764	32		343 239	135 666
临沧	Lincang	35 005	21 413	1 543	12		238 844	87 534
楚雄	Chuxiong	18 960	10 775	6 776	87	1	304 887	153 237
红河	Honghe	21 316	16 623	4 409	173	2	470 180	289 008
文山	Wenshan	12 260	9 181	2 903	14		362 459	124 506
西双版纳	Xishuangbanna	12 385	5 224	5 083	14	3	214 451	108 681
大理	Dali	25 741	23 361	2 252	305	32	397 842	223 586
德宏	Dehong	23 058	8 653	1 695	6	5	249 615	101 034
怒江	Nujiang	2 916	2 780	133	1		37 301	29 096
迪庆	Diqing	9 355	3 296	2 818	83		41 975	35 247

14-6 各地区私人车辆拥有量（2008年）

Number of Private Motor Vehicles by Region (2008)

单位：辆 (unit)

地区	Region	总计 Total	载客汽车 Passenger Vehicles	载货汽车 Trucks	拖拉机 Tractors	摩托车 Motors
全省合计	**Total**	**4 855 133**	**763 292**	**344 220**	**326 856**	**3 321 710**
昆明	Kunming	839 725	358 690	58 525	44 375	371 704
曲靖	Qujing	520 488	79 424	50 263	21 148	356 439
玉溪	Yuxi	415 694	57 466	45 886	34 274	273 145
保山	Baoshan	306 707	21 572	20 260	22 865	237 682
昭通	Zhaotong	231 720	28 794	20 966	5 034	173 662
丽江	Lijiang	90 467	15 627	10 183	13 653	47 559
普洱	Pu'er	345 463	19 322	20 166	24 511	266 535
临沧	Lincang	208 656	11 154	8 229	35 005	149 955
楚雄	Chuxiong	246 226	19 364	8 813	18 960	191 783
红河	Honghe	424 661	45 457	20 876	21 316	319 576
文山	Wenshan	301 740	22 169	14 661	12 260	250 445
西双版纳	Xishuangbanna	256 532	16 975	13 319	12 385	212 400
大理	Dali	349 462	37 685	25 392	25 741	254 406
德宏	Dehong	259 026	16 170	13 068	23 058	200 189
怒江	Nujiang	22 615	4 605	3 527	2 916	10 746
迪庆	Diqing	35 743	8 668	10 075	9 355	5 438

14-7 民用运输船舶年末实有数（2006-2008年）

Number of Civil Transport Vessels at Year-end (2006-2008)

指标	Item	2006年 合计 Total	2006年 #私人 Private-owned	2007年 合计 Total	2007年 #私人 Private-owned	2008年 合计 Total	2008年 #私人 Private-owned
机动船总计	**Total Motor Vessels**						
艘　数（艘）	Number (unit)	1 188	1 001	1 088	922	843	638
净载重量（吨位）	Dead Weight Tonnage (ton)	58 488	28 234	66 017	35 797	57 346	37 580
载客量（客位）	Passenger Capacity (seat)	25 478	18 916	23 796	18 354	13 439	10 248
功　率（千瓦）	Drawing Power (kw)	92 861	50 553	87 226	45 280	71 649	40 485
客船	Passenger Boat						
艘　数（艘）	Number (unit)	926	848	727	660	538	416
载客量（客位）	Passenger Capacity (seat)	23 223	17 510	20 388	15 396	10 253	7 562
功　率（千瓦）	Drawing Power (kw)	45 811	37 945	32 238	25 022	19 420	14 398
客货船	Passenger Boat and Cargo Vessel						
艘　数（艘）	Number (unit)	100	79	162	154	136	112
净载重量（吨位）	Dead Weight Tonnage (ton)	1 919	1 318	2 348	1 848	1 011	812
载客量（客位）	Passenger Capacity (seat)	2 255	1 406	3 408	2 958	3 186	2 686
功　率（千瓦）	Drawing Power (kw)	5 854	2 182	7 817	5 835	5 678	4 256
货船	Cargo Vessel						
艘　数（艘）	Number (unit)	160	72	197	106	167	108
净载重量（吨位）	Dead Weight Tonnage (ton)	46 532	19 702	55 619	27 389	54 803	35 642
功　率（千瓦）	Drawing Power (kw)	40 799	10 029	46 774	14 026	46 155	21 435
拖船	Tugboat						
艘　数（艘）	Number (unit)	2	2	2	2	2	2
功　率（千瓦）	Drawing Power (kw)	397	397	397	397	396	396
驳船	Barge						
艘　数（艘）	Number (unit)			110	110	2	2
净载重量（吨位）	Dead Weight Tonnage (ton)			952	952	164	164

14-8 内河、湖泊主要港口码头泊位数(2008年)

Number of Berths in Major Ports of Inland Rivers and Lakes (2008)

名称	Name	港口所在地	Place of Port	旅客吞吐量（万人） Volume of Passenger Traffic (10 000 persons)	出港量 Export Volume	货物吞吐量（万吨） Volume of Freight Handled (10 000 tons)	出港量 Export Volume	进港量 Import Volume	生产用码头 Quay Line For Productive Use: 码头长度（米） Length of Quay Line (m)	泊位数（个） Number of Berths (unit)	最大靠泊能力（吨级） The Greatest Capacity (tons)
全省合计	**Total**			**883**	**441**	**316**	**188**	**128**	**8 840**	**190**	**500**
昆明港	Kunming	昆明新篆塘	Kunming Xinzhuantang	180	90	38	19	19	1 387	64	300
水富港	Shuifu	昭通水富县	Zhaotong Shuifu County			42	18	24	240	3	500
绥江港	Suijiang	昭通绥江县	Zhaotong Suijiang County			90	80	10	660	14	300
下关港	Xiaguan	大理下关	Dali Xiaguan	243	122	10	5	5	1 135	23	300
景洪港	Jinghong	西双版纳景洪	Xishuangbanna Jinghong	18	9	38	18	20	773	5	300
普洱港	Pu'er	普洱市	Pu'er City	20	10	30	15	15	740	16	300
江川港	Jiangchuan	玉溪江川县	Yuxi Jiangchuan County						100	2	
澄江港	Chengjiang	玉溪澄江县	Chengjiang County	4	2				114	3	300

14-9 主要年份客运量

Passenger Traffic in Significant Years

单位：万人 (10 000 persons)

年 份 Year	客运量总计 Total Passenger Traffic	铁 路 Railways	公 路 Highways	水 运 Waterways	民用航空 Civil Aviation
1978	3 941.0	1 267.0	2 534.0	31.0	8.9
1980	5 250.0	1 528.0	3 612.0	93.0	17.2
1985	9 393.0	1 509.0	7 735.0	126.0	23.0
1987	10 091.0	1 351.0	8 552.0	149.0	39.0
1988	10 551.0	1 444.0	8 864.0	211.0	32.0
1989	10 389.0	1 320.0	8 928.0	110.0	31.0
1990	10 702.0	1 016.0	9 475.0	177.0	34.0
1991	11 078.0	1 006.0	9 880.0	142.0	50.0
1992	10 565.0	1 086.0	9 277.0	119.0	83.0
1993	11 063.0	1 250.0	9 528.0	158.0	127.0
1994	25 163.0	1 359.0	23 518.0	141.0	145.8
1995	21 697.0	1 257.0	20 095.0	134.0	211.0
1996	23 904.0	1 119.0	22 397.1	135.2	253.0
1997	25 003.7	1 129.5	23 437.9	148.0	288.3
1998	29 863.0	1 295.0	28 048.0	189.0	331.1
1999	32 962.2	1 494.8	30 796.0	236.0	435.4
2000	33 704.0	1 531.6	31 586.0	241.0	345.0
2001	39 984.4	1 424.4	37 909.0	271.0	380.0
2002	38 879.6	1 391.6	36 726.0	369.0	393.0
2003	35 156.0	1 360.5	33 039.0	382.0	377.0
2004	38 902.0	1 524.0	36 502.0	412.0	464.0
2005	41 079.0	1 574.0	38 509.0	501.0	495.0
2006	43 844.0	1 840.0	40 861.0	544.0	599.1
2007	46 290.2	2 105.9	42 913.0	599.0	672.3
2008	34 827.4	2 432.0	31 157.0	639.0	599.4

注：1、公路客运量1993年前为运输系统统计数,1994年起为全社会统计数。
2、2008年公路客运量为全国专项调查数,与2007年口径不一致。
3、铁路从2008年起调整口径。

Note: a. Before 1993,the data of highways passenger traffic were transportation system data, and since 1994, whole society statistics.
b.The data of highways passenger traffic of 2008 were the data of national special survey and the coverage is different from that of 2007.
c. The coverage of the railways passenger traffic statistics has been changed since 2008.

14-10 主要年份旅客周转量
Passenger-kilometers in Significant Years

单位：亿人公里 (100 million persons-km)

年份 Year	旅客周转量总计 Total Passengerkilometers	铁路 Railways	公路 Highways	水运 Waterways	民用航空 Civil Aviation
1978	24.25	9.92	13.89	0.12	0.32
1980	33.74	12.86	20.30	0.26	0.32
1985	72.84	19.56	52.53	0.32	0.43
1987	88.41	23.20	59.92	0.55	4.74
1988	93.46	23.91	64.81	0.57	4.17
1989	94.01	21.92	67.66	0.42	4.01
1990	87.67	17.22	65.77	0.46	4.22
1991	95.86	17.95	71.83	0.37	5.72
1992	99.98	20.29	69.89	0.34	9.46
1993	111.90	22.86	73.38	0.37	15.29
1994	146.87	24.41	101.77	0.33	20.36
1995	137.93	23.03	93.10	0.35	21.45
1996	149.94	20.57	102.40	0.37	26.61
1997	172.37	22.73	119.47	0.38	29.78
1998	189.85	24.76	131.80	0.58	32.71
1999	237.99	32.82	164.20	0.64	40.34
2000	237.94	31.35	171.20	0.78	34.57
2001	304.20	31.79	232.76	0.82	38.83
2002	281.60	30.50	210.10	0.90	40.10
2003	263.45	30.07	192.87	0.88	39.60
2004	317.76	37.30	227.21	0.91	52.34
2005	331.60	41.04	233.12	1.05	56.39
2006	362.40	47.22	247.71	1.17	66.30
2007	393.40	52.63	265.80	1.21	73.76
2008	411.89	66.61	272.98	1.54	70.76

注：1.公路旅客周转量1993年前为运输系统统计数,1994年起为全社会统计数。
2.2008年公路旅客周转量为全国专项调查数,与2007年口径不一致。
3.铁路从2008年起调整口径。

Note: a. Before 1993,the data of highways passenger-kilometers were transportation system data, and since 1994, whole society statistics.
b.The data of highways passenger-kilometers of 2008 were the data of national special survey and the coverage is different from that of 2007.
c. The coverage of the railways passenger traffic statistics has been changed since 2008.

14-11 主要年份货运量
Freight Traffic in Significant Years

单位：万吨 (10 000 tons)

年份 Year	货运量总计 Total Freight Traffic	铁路 Railways	公路 Highways	水运 Waterways	民用航空 Civil Aviation
1978	4 994	1 929	2 972	93	0.16
1980	4 758	2 106	2 587	65	0.22
1985	20 044	2 022	17 970	52	0.40
1987	21 583	2 308	19 184	91	0.50
1988	22 990	2 421	20 477	91	0.60
1989	30 822	2 541	28 189	91	1.00
1990	38 327	2 567	35 656	104	0.43
1991	30 834	2 577	28 165	91	0.63
1992	42 752	2 658	39 988	105	1.00
1993	35 704	2 718	32 869	115	1.84
1994	37 860	2 769	34 921	168	2.00
1995	38 400	2 829	35 446	123	2.40
1996	42 852	2 896	39 728	245	3.50
1997	46 782	2 904	43 716	157	5.60
1998	48 448	3 100	45 199	141	7.27
1999	50 781	3 287	47 368	118	7.75
2000	52 452	3 521	48 789	134	7.82
2001	53 199	3 859	49 189	142	8.63
2002	55 014	4 312	50 549	146	6.70
2003	58 664	4 634	53 864	160	6.10
2004	59 636	5 082	54 326	221	7.50
2005	62 246	5 300	56 702	236	7.93
2006	66 412	5 542	60 614	247	8.56
2007	71 829	6 021	65 537	262	8.74
2008	45 570	6 104	39 119	339	7.56

注：1.公路货运量从1984年起为国家统计局统一口径的全社会运量数。
2.2008年公路货运量为全国专项调查数,与2007年口径不一致。
3.铁路从2008年起调整口径。

Note: a. Since 1984 the approach in computation of freight-traffic of highways has been included in total social count according to National Bureau of Statistics of China .
b.The data of highways freight traffic of 2008 were the data of national special survey and the coverage is different from that of 2007.
c.The coverage of the railways passenger traffic statistics has been changed since 2008.

14-12 主要年份货物周转量

Freight Ton-kilometers in Significant Years

单位：亿吨公里 (100 million tons-km)

年 份 Year	货物周转量总计 Total Freight Ton-kilometers	铁 路 Railways	公 路 Highways	水 运 Waterways	民用航空 Civil Aviation
1978	62.34	43.52	18.57	0.24	0.01
1980	68.76	50.59	17.84	0.32	0.01
1985	154.11	64.83	88.73	0.50	0.05
1987	195.89	79.77	115.35	0.69	0.08
1988	208.05	82.78	124.44	0.75	0.08
1989	225.21	88.00	136.10	1.04	0.07
1990	260.67	93.91	166.10	0.59	0.07
1991	233.12	96.07	136.42	0.55	0.08
1992	275.85	100.92	173.92	0.88	0.13
1993	241.61	106.23	134.06	1.08	0.24
1994	295.08	107.86	185.99	0.98	0.26
1995	307.71	114.24	192.10	1.06	0.31
1996	352.44	122.24	228.53	1.23	0.44
1997	384.94	129.00	253.96	1.21	0.76
1998	416.18	141.08	273.12	0.96	1.02
1999	443.09	152.64	288.14	0.92	1.11
2000	479.52	180.76	296.65	0.98	1.13
2001	517.31	196.58	318.49	0.99	1.25
2002	551.20	215.80	333.20	1.20	1.00
2003	595.88	235.79	357.64	1.54	0.90
2004	628.39	260.01	365.08	2.12	1.18
2005	656.49	270.37	381.96	2.93	1.23
2006	692.21	277.21	409.46	4.22	1.32
2007	770.96	314.23	450.83	4.59	1.31
2008	811.15	336.20	468.63	5.16	1.16

注：1.公路货物周转量从1984年起为国家统计局统一口径的全社会运量数。
2.2008年公路货物周转量为全国专项调查数,与2007年口径不一致。
3.铁路从2008年起调整口径。

Note: a. Since 1984 the approach in computation of freight-kilometers of highways has been included in total social count according to National Bureau of Statistics of China .
b.The data of highways freight ton-kilometers of 2008 were the data of national special survey and the coverage is different from that of 2007.
c.The coverage of the railways passenger traffic statistics has been changed since 2008.

14-13 主要年份货物运输平均运距
Average Transport Distance of Freight in Significant Years

单位：公里 (km)

年 份 Year	总 计 Total	铁 路 Railways	公 路 Highways	水 运 Waterways	民用航空 Civil Aviation
1978	124.8	225.6	62.5	25.8	625.0
1980	144.5	240.2	69.0	49.2	454.5
1985	194.0	320.6	88.6	96.2	1 250.0
1986	204.7	312.9	100.7	82.8	1 200.0
1987	237.5	345.6	119.7	75.8	1 600.0
1988	178.2	341.9	71.5	82.4	1 333.3
1989	73.1	346.3	48.3	114.0	1 444.1
1990	68.0	365.8	46.6	57.0	1 595.3
1991	75.6	372.8	48.4	60.4	1 269.8
1992	64.5	379.7	43.5	84.3	1 256.7
1993	67.7	390.0	40.8	93.9	1 304.3
1994	77.9	389.5	53.3	58.3	1 300.0
1995	80.1	403.8	54.2	86.2	1 291.7
1996	82.3	422.1	57.5	54.7	1 257.1
1997	82.3	444.2	58.1	77.2	1 358.2
1998	85.9	455.0	60.4	68.1	1 483.0
1999	87.3	464.4	60.8	78.0	1 793.5
2000	91.4	513.4	60.8	73.1	1 445.0
2001	97.2	509.4	64.7	69.7	1 448.4
2002	100.2	500.5	65.9	82.2	1 515.1
2003	101.6	508.8	66.4	96.3	1 475.4
2004	105.4	512.0	67.2	95.9	1 573.3
2005	105.5	510.1	67.4	124.2	1 551.1
2006	104.2	500.2	67.6	170.9	1 542.1
2007	107.3	521.9	68.8	175.2	1 498.9
2008	178.0	550.8	119.8	152.2	1 534.4

14-14 主要年份旅客运输平均运距
Average Transport Distance of Passengers in Significant Years

单位：公里 (km)

年 份 Year	客运量总计 Total Freight Traffic	铁 路 Railways	公 路 Highways	水 运 Waterways	民用航空 Civil Aviation
1978	61.5	78.3	54.8	38.7	359.6
1980	64.3	84.2	56.2	28.0	186.0
1985	77.5	129.6	67.9	25.4	487.0
1986	78.1	151.7	64.3	36.4	1 174.2
1987	87.6	171.7	70.1	36.9	1 215.4
1988	88.6	165.6	73.1	27.0	1 303.1
1989	86.4	166.1	72.6	31.4	1 292.7
1990	81.9	169.5	69.4	25.9	1 240.4
1991	86.5	178.4	72.7	26.1	1 144.0
1992	88.4	186.9	75.3	28.6	1 139.4
1993	101.1	182.9	77.0	23.4	1 203.9
1994	116.4	179.6	73.6	23.4	1 396.4
1995	63.6	183.2	46.3	26.1	1 016.6
1996	62.7	183.8	45.7	27.4	1 051.8
1997	68.9	201.3	51.0	25.9	1 032.9
1998	63.6	191.3	47.0	30.7	987.9
1999	72.2	219.5	53.3	27.1	926.5
2000	70.6	204.7	54.2	32.4	1 002.0
2001	90.3	223.2	61.4	30.3	1 021.8
2002	72.4	219.2	57.2	24.3	1 019.1
2003	74.9	221.0	58.4	23.0	1 050.4
2004	82.0	244.0	62.0	22.0	1 128.0
2005	80.7	260.7	60.5	21.0	1 139.2
2006	82.7	256.6	60.6	21.5	1 106.7
2007	85.0	249.9	61.9	20.2	1 097.1
2008	118.3	273.9	87.6	24.1	1 180.5

14-15 铁路货物运输量（2007-2008年）
Railway Freight Traffic (2007-2008)

(按货类分) (by category of cargo)

品 种	Item	2007年			2008年		
		货运量（万吨）Freight Traffic (10 000 tons)	货物周转量（百万吨公里）Freight Ton-kilometers (1 000 000 tons-km)	平均运距（公里）Average Transport Distance (km)	货运量（万吨）Freight Traffic (10 000 tons)	货物周转量（百万吨公里）Freight Ton-kilometers (1 000 000 tons-km)	平均运距（公里）Average Transport Distance (km)
合 计	**Total**	**10 501**	**31 423**	**299**	**10 824**	**33 620**	**311**
煤	Coal	2 016	4 451	221	2 448	4 722	193
焦 炭	Coke	206	372	181	214	509	238
石 油	Petroleum	408	1 191	292	419	1 443	344
钢铁及有色金属	Steel and Nonferrous metal	1 624	5 407	333	1 533	5 377	351
金属矿石	Metal Ores	1 147	3 949	344	1 259	4 962	394
非金属矿石	Nonmetal Materials	214	736	344	226	878	388
磷矿石	Phosphate Mineral	563	1 715	305	451	1 447	321
矿建材料	Mineral Building Materials	306	1 074	352	301	1 147	381
水 泥	Cement	36	63	176	57	166	292
木 材	Timber	124	365	295	119	383	321
化肥农药	Chemical Fertilizers and pesticide	944	2 841	301	936	3 065	327
粮 食	Grain	279	745	267	364	1 052	289
棉 花	Cotton	2	6	304	2	6	335
盐	Salt	45	123	275	52	158	304
农副土特产品	Farm Crops	79	246	309	67	219	329
鲜活易腐货物	Goods of Live Animal and Putrescence	94	303	322	72	241	333
其 它	Others	2 414	7 836	325	2 304	7 844	340

注： 2008年调整口径。
Note: The coverage is adjusted in 2008.

14-16 公路部门货物运输量（2007-2008年）
Highway Freight Traffic（2007-2008）

(按货类分) (by category of cargo)

品 种	Item	2007年			2008年		
		货运量（万吨）Freight Traffic (10 000 tons)	货物周转量（万吨公里）Freight Ton-kilometers (10 000 tons-km)	平均运距（公 里）Average Transport Distance (km)	货运量（万吨）Freight Traffic (10 000 tons)	货物周转量（万吨公里）Freight Ton-kilometers (10 000 tons-km)	平均运距（公 里）Average Transport Distance (km)
合 计	**Total**	**65 537**	**4 508 272**	**68.8**	**39 119**	**4 686 340**	**119.8**
煤炭及制品	Coal and Coal Products	8 251	569 599	69.0	6 404	736 692	115.0
石油、天然气及制品	Petroleum,Natrual gas and Products	1 597	109 102	68.3	841	157 461	187.2
钢 铁	Steel	2 442	207 013	84.8	2 073	303 206	146.3
金属矿石	Metal Ores	3 809	253 593	66.6	2 730	335 541	122.9
非金属矿石	Nonmetal Materials	2 551	145 943	57.2	2 633	124 467	47.3
磷矿石	Phosphate Mineral	798	19 505	24.4			
矿物性建筑材料	Mineral Building Materials	5 373	168 649	31.4	4 025	157 266	39.1
水 泥	Cement	5 250	358 952	68.4	3 032	221 195	73.0
木 材	Timber	1 123	100 458	89.5	880	193 545	219.9
化肥农药	Chemical Fertilizers and pesticide	2 520	176 027	69.9	1 201	175 737	146.3
粮 食	Grain	1 952	131 993	67.6	1 131	155 566	137.5
盐	Salt	640	45 248	70.7	176	23 069	131.1
日用工业品	Daily Use Industrial Products	561	145 103	258.7			
其 它	Others	29 468	2 096 592	71.1	13 993	2 102 595	150.3

14-17 民用航空运输基本情况（2005-2008年）

Principal Indicators of Civil Aviation（2005-2008）

指　　标	Item	2005年	2006年	2007年	2008年
旅客发运量（人）	Passenger Traffic (person)	4 951 118	5 991 257	6 722 979	5 994 371
国际航线（人）	International Routes (person)	150 654	155 259	199 311	196 929
国内航线（人）	Domestic Routes (person)	4 762 918	5 772 253	6 523 668	5 797 442
地区航线（人）	Regional Routes (person)	37 546	63 745	79 424	63 682
货邮发运量（吨）	Freight Traffic (ton)	79 252	85 574	87 442	75 587
国际航线（吨）	International Routes (ton)	1 322	1 658	1 669	1 293
国内航线（吨）	Domestic Routes (ton)	77 704	83 474	85 773	74 294
地区航线（吨）	Regional Routes (ton)	226	442	533	477
旅客周转量（万人公里）	Passenger-tons (10 000 persons-km)	563 853	663 031	737 649	707 592
货邮周转量（万吨公里）	Freight Ton-kilometers (10 000 tons-km)	12 290	13 175	13 063	11 619
总周转量　（万吨公里）	Total Air Traffic Ton-kilometers (10 000 tons-km)	62 492	72 250	78 708	74 674
起飞架次　（架次）	Number of Flying Aircrafts (number)	54 590	65 774	73 408	68 444
飞行里程　（万公里）	Distance of Flying (10 000 km)	5 549	6 549	7 029	7 001
飞行小时　（小时）	Hours of Flying (h)	90 656	107 942	120 616	122 379
飞行生产率（吨公里/小时）	Productivity of Flying (ton-km/h)	6 893	6 756	6 525	6 102
正班载运率（%）	Carry Rate of Aircrafts (%)	74.2	77.2	79.4	77.8
正班客座率（%）	Utilization Rate of Seats (%)	71.5	74.5	77.3	76.0

14-18 电信业务基本情况（2000-2008年）

Basic Conditions of Telecommunication Services（2000-2008）

年　份 Year	电信业务总量（亿元） Business Volume of Telecommunication Services (100 million yuan)	移动短信业务量（亿条） Short Message Services (100 million messages)	移动电话年末用户（万户） Number of Mobile Telephone Subscribers at Year-end (10 000 subscribers)	固定电话年末用户（万户） Number of Fixed Telephone Subscribers at Year-end (10 000 subscribers)	城市电话用户 Number of Urban Fixed Telephone Subscribers	农村电话用户 Number of Rural Fixed Telephone Subscribers
2000	82.43		200.90	288.90	221.90	67.00
2001	93.40		338.50	359.90	276.20	83.70
2002	118.50	10.70	502.30	437.20	357.40	79.60
2003	151.45	24.90	628.40	483.20	226.50	114.90
2004	200.80	33.00	732.40	547.20	232.30	121.40
2005	253.60	55.90	898.80	597.70	444.00	153.80
2006	327.70	77.90	1 068.90	644.20	441.70	202.60
2007	458.30	134.00	1 346.40	628.70	237.90	210.00
2008	594.28	169.80	1 635.90	616.30	248.60	221.00

14-19 主要年份邮政业务基本情况

Basic Conditions of Postal Services in Significant Year

年份 地区	Year Region	营业网点(处) Number of Postal Offices (unit)	信筒信箱(个) Number of Postal Boxes (unit)	邮路总长度(公里) Length of Postal Routes (km)	汽车邮路 Highway Routes	铁路邮路 Railway Routes	农村投递路线(公里) Rural Delivery Routes (km)	邮政业务总量(亿元) Business Volume of Postal Services (100 million yuan)	函件(万件) Number of Letters (10 000 pcs)	报刊期发数(万份) Issue of Newspaper and Magazines (10 000 copies)
1978		1 698	2 359	260 761	25 494	5 101			5 571.57	224.08
1980		1 680	3 929	255 779	27 241	4 812			7 023.68	364.22
1985		1 684	4 647	50 015	29 261	5 395	180 490		9 496.54	639.24
1990		1 696	4 500	56 408	31 299	5 398	171 312		8 957.46	471.20
1991		1 691	4 599	55 001	31 846	5 103	171 377	1.00	9 378.72	597.30
1992		1 721	4 738	57 089	32 393	5 103	171 174	1.20	10 319.95	529.04
1993		1 711	4 558	57 361	32 348	5 106	171 023	1.50	12 658.39	532.64
1994		1 741	4 736	63 974	33 459	5 106	168 109	2.05	15 534.33	522.96
1995		1 779	4 786	65 564	34 948	5 106	170 883	2.17	16 024.08	484.57
1996		1 812	4 785	124 454	37 023	5 106	168 907	2.44	14 951.09	507.35
1997		1 894	4 696	125 504	37 685	5 099	168 414	2.64	14 467.20	596.55
1998		1 944	4 735	126 567	39 606	5 099	166 333	2.74	12 558.42	457.75
1999		1 912	4 763	127 612	41 593	5 104	166 673	3.00	10 798.30	640.20
2000		1 930	4 436	129 808	44 420	4 638	166 900	3.21	10 001.50	421.30
2001		1 893	4 538	135 276	51 427	4 666	164 655	7.60	8 876.10	459.20
2002		1 884	4 471	136 537	53 013	4 666	164 277	8.30	12 344.10	410.80
2003		1 891	4 487	136 365	52 855	4 638	165 196	8.52	9 969.30	328.90
2004		1 895	4 292	140 483	58 347	4 666	163 756	8.18	8 386.70	339.10
2005		1 879	4 013	145 971	66 382	4 666	165 455	8.60	7 957.40	317.60
2006		1 853	3 857	146 171	66 777	4 638	160 478	9.92	7 299.80	342.80
2007		1 794	3 936	168 727	67 477	10 375	161 377	11.10	6 695.60	264.50
2008		1 789	3 266	175 670	71 103	13 403	160 898	12.71	7 442.82	279.69
昆明	Kunming	319	342	124 746	23 231	13 403	11 593	4.00	4 127.88	101.11
曲靖	Qujing	145	220	4 958	4 596		17 293	1.15	499.24	19.79
玉溪	Yuxi	77	356	2 674	2 665		8 286	0.66	236.07	13.93
保山	Baoshan	81	204	3 568	3 525		9 390	0.49	136.23	11.55
昭通	Zhaotong	135	168	3 744	3 083		16 113	0.69	179.43	12.89
丽江	Lijiang	62	215	1 997	1 607		5 304	0.38	162.91	6.65
普洱	Pu'er	127	263	5 255	5 241		11 423	0.60	154.32	12.19
临沧	Lincang	91	117	3 620	3 558		10 478	0.34	137.42	7.54
楚雄	Chuxiong	132	269	5 632	4 957		16 646	0.53	170.34	14.75
红河	Honghe	183	359	5 677	5 197		15 474	1.14	386.51	23.48
文山	Wenshan	124	212	4 279	4 055		14 977	0.84	174.77	14.19
西双版纳	Xishuangbanna	48	80	1 621	1 593		1 263	0.51	716.81	8.97
大理	Dali	134	272	4 437	4 413		12 921	0.81	244.55	16.02
德宏	Dehong	71	97	1 100	1 100		4 087	0.39	79.25	8.22
怒江	Nujiang	30	53	639	559		3 115	0.10	22.01	5.25
迪庆	Diqing	30	39	1 723	1 723		2 535	0.10	15.08	3.15

注：1.邮路总长度1980年及以前是邮路及农村投递线路总长度之和。
2.营业网点不含代办点，1998年及以前年份的为邮电支局所(已剔除独立的电信局所)。
3.1990年及以前年份没有单独核算邮政业务量。

Note: a.Length of postal routes included the length of postal routes and rural delivery route in and before 1981.
b.Number of postal offices excluded the number of post sub-stations while in and before 1998,the number of postal offics referred to postal and telcommunication offices (has excluded the independent telcommunication offices)
c.In and before 1990,the business volume of postal services was not calculated independently.

主要统计指标解释

铁路营业里程　又称营业长度(包括正式营业和临时营业里程)，指办理客货运输业务的铁路正线总长度。凡是全线或部分建成双线及以上的线路，以第一线的实际长度计算；复线、站线、段管线、岔线和特殊用途线以及不计算运费的联络线都不计算营业里程。该指标可以反映铁路运输业基础设施的发展水平，也是计算客货周转量、运输密度和机车车辆运用效率等指标的基础资料。

公路里程　指在一定时期内实际达到《公路工程[WTBZ]技术标准 JTJ01-88》规定的等级公路，并经公路主管部门正式验收交付使用的公路里程数。包括大中城市的郊区公路以及通过小城镇街道部分的公路里程和桥梁、渡口的长度，不包括大中城市的街道、厂矿、林区生产用道和农业生产用道的里程。两条或多条公路共同经由同一路段，只计算一次，不得重复计算里程长度。该指标可以反映公路建设的发展规模，也是计算运输网密度等指标的基础资料。

内河航道里程　也称内河通航里程，指在一定时期内，能通航运输船舶及排筏的天然河流、湖泊水库、运河及通航渠道的长度。包括全年季节性通航累计三个月以上的航道，不包括仅供零散流放竹、木排的河道。该指标可以反映内河水运网的规模、水平和发展情况。

民用航空航线里程　指统计期间内全部民用航空航线的航线总长度。航线长度指民用航空航线的计费距离。计算航线里程可按重复和不重复两种方法，前者是指各航线长度相加的总和；后者则要扣除各航线之间相同航段重复计算的部分。

货(客)运量　指在一定时期内，各种运输工具实际运送的货物(旅客)数量。该指标是反映运输业为国民经济和人民生活服务的数量指标，也是制定和检查运输生产计划、研究运输发展规模和速度的重要指标。货运按吨计算，客运按人计算。货物不论运输距离长短、货物类别，均按实际重量统计。旅客不论行程远近或票价多少，均按一人一次客运量统计；半价票、小孩票也按一人统计。

货物(旅客)周转量　指在一定时期内，由各种运输工具运送的货物(旅客)数量与其相应运输距离的乘积之总和。该指标可以反映运输业生产的总成果，也是编制和检查运输生产计划，计算运输效率、劳动生产率以及核算运输单位成本的主要基础资料。计算货物周转量通常按发出站与到达站之间的最短距离，也就是计费距离计算。计算公式为:

货物（旅客）周转量=Σ（货物（旅客）运输量×运输距离）

邮电业务总量　指以货币形式表示的邮电企业为社会提供各类邮电服务的总数量，是用于观察邮电业务发展变化总趋势的综合性总量指标。分别按邮政业务总量和电信业务总量统计。邮电业务总量是以各类业务的实物量分别乘以相应的不变单价，得出各类业务的货币量再加总求得。

移动电话用户　指在电信运营企业营业网点办理开户登记手续，通过移动电话交换机进入移动电话网，占用移动电话号码的各类电话用户。包括 GSM 数字移动电话用户、CDMA 数字移动电话用户和电信运营企业发行的报告期末已激活充值的能异地漫游的各种智能卡用户。

固定电话用户　指在电信运营企业营业网点办理开户登记手续并已接入固定电话网上的全部电话用户。包括普通电话用户、公用电话用户、窄带综合业务数字网（N—ISDN）用户、智能网专用接入终端用户等。按行政区划分为城市电话用户和农村电话用户。

城市电话用户　指直辖市、省辖市、地级市、县级市的市区、市郊区及县城范围内接入局用交换机的电话用户。包括分布在农村地区县团级以上建制的独立工矿区、林区、驻军等电话用户。

农村电话用户　指县城关区以下的集镇和农村接入局用交换机的电话用户。

Explanatory Notes on Main Statistical Indicators

Length of Railways in Operation refers to the total length of the trunk line under passenger and freight transportation (including both full operation and temporary operation). The calculation is based on the actual length of the first line even if this line has a full or partial double track or more tracks, excluding double tracks, station sidings, tracks under the charge of stations, branch lines, special purpose lines and the non payable connecting lines. The length of railways in operation is an important indicator to show the development of the infrastructure for the railway transport, and also the essential data to calculate volume of passenger freight transport, traffic density and utilization efficiency of the locomotives and carriages.

Length of Highways refers to the length of highways which are built in conformity with the grades specified by the highway engineering standard formulated by the Ministry of Communications, and have been formally checked and accepted by the departments of highways and put into use. The length of highways includes that of the suburb highways at large and medium sized cities, highways passing through streets at small cities and towns, and also the length of bridges and ferries. It does not include the length of streets in big and medium sized cities and highways built for the production purpose at factories, mines, forest areas and agricultural areas. If two or more highways go the same section of the way, the length of the section is only calculated for once and no duplication is allowed. The length of highways is an important indicator to show the development of the highway construction and to provide essential information to calculate the transport network density.

Length of Navigable Inland Waterways it is an indicator reflecting the size and development of inland water network, it refers to the length of the natural rivers, lakes, reservoirs, canals, and ditches open to navigation during a given period, which enables the transport by ships and rafts. It includes the channels open to navigation for over an accumulative 3 months in a year, yet this does not include the river courses, which are only used to float odd logs and bamboo rafts. This indicator can reflect the scale, level and development situation of the inland waterway network.

Length of Civil Aviation Routes refers to the length of all routes for regular civil aviation flights, which is used to account the freight, during the period of statistics. There are usually two ways to calculate the route length: duplicated calculation and non-duplicated calculation, the former is the sum of length of all civil aviation routes, and latter should deduct the duplication length of same route among all routes.

Freight (Passenger) Traffic refers to the volume of freight (passenger) transported with various means. The freight (passenger) traffic provides a quantitative measure to show how the transport industry serves the national economy and people, and is also an important indicator for planning the transport industry and for studying the development scale and speed of the transport industry. Freight transport is calculated in tons and passenger traffic is calculated in the number of persons. Despite the type of freight and traveling distance, the freight transport is calculated in the actual weight of the goods, and despite the traveling distance and ticket price, the passenger traffic is calculated by the principle that one person can be counted only once in one travel. The passengers who travel with a half price ticket or a child ticket is also calculated as one person.

Freight Ton-kilometres (Passenger-kilometres) refer to the sum of the products of the volume of transported cargo (passengers) multiplying by the transport distance. It is an important indicator to reflect the achievement of transportation industry. Normally, the shortest distance between the departure station and the destination station (i.e., the payable distance) is the basis to calculate the freight ton-kilometers. This is an important indicator to show the total results of the transport industry, to prepare and examine the transport plan and to measure the efficiency, the labour productivity and the unit cost of transport. The formula is as follows:

$$\begin{matrix}\text{Freight ton - kilometres}\\ \text{(passenger - kilometres)}\end{matrix} = \sum \begin{matrix}\text{freight}\\ \text{(passenger)traffic}\end{matrix} \times \begin{matrix}\text{distance of}\\ \text{transportation}\end{matrix}$$

Business Volume of Post and Telecommunications refers to the total amount of post and telecommunication services, expressed in value terms, provided by the post and telecommunications departments for the society. This indicator reflects the overall results of development of postal and telecommunication services. It can be classified as postal services and telecommunication services. Business Volume of Post and Telecommunications is the sum of all services in kind multiplying with the unit price(constant price) to get the total business value.

Mobile Telephone Subscribers refer to the persons who have gone through registration procedures in the operation points of enterprises engaged in telecommunications and are hence connected with the mobile telephone communication network through the mobile telephone switchboards and occupy mobile phone numbers. Included are GSM digital mobile phone subscribers and CDMA digital mobile phone subscribers and subscribers to intelligent phone cards with roaming facility issued by telecommunications enterprises and which have been subscribed to and achieved at the end of the reference period.

Local telephone Subscribers refer to all subscribers who have gone through registration procedures in the operation points of enterprises engaged in telecommunication and are hence connected to the local telecommunication service providers through fixed line network .Included are general subscribers, public telephone subscribers, N-ISDN subscribers and intelligent network terminal subscribers. They are also classified in terms of administrative districts as urban telephone subscribers and rural telephone subscribers according to location.

Urban Telephone Subscribers refer to number of telephone subscribers, located at municipalities, cities under the jurisdiction of province, cities at prefecture level, downtown and suburb of city at county level town and county towns (including country towns where county government located, and towns of county level according to the administrative organizational system), that are connected to the public line telephone network, including rural mineral area, forest area, military area.

Rural Telephone Subscribers refer to telephone subscribers, located at counties (towns) and villages outside the range of cities according to administrative jurisdiction.

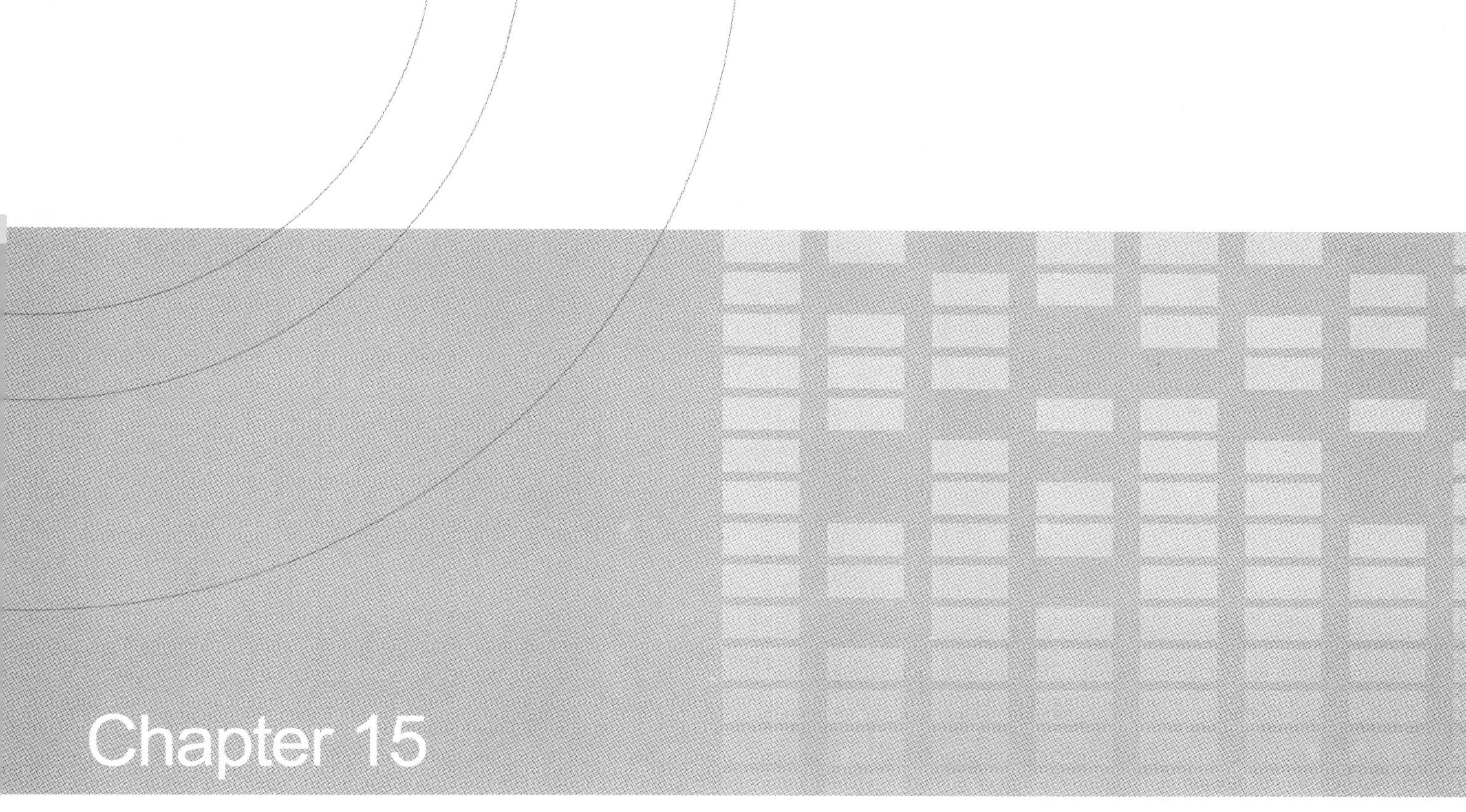

十五、国内贸易

Domestic Trade

15-1 主要年份流通业基本情况

Basic Statistics on Circulation of Commodities in Significant Years

指　　标	Item	2000年	2005年	2006年	2007年	2008年
全省限额以上法人企业（个）	**Corporate Enterprises Above Designated Size (unit)**	**931**	**1 699**	**1 763**	**1 671**	**2 004**
批发零售贸易业	Wholesale and Retail Trade	893	1 121	1 145	1 070	1 518
星级住宿业	Hotel Industry Attained Star level		501	534	518	359
餐饮业	Catering Service	38	77	84	83	127
全省限额以上企业从业人员(人)	**Employed Persons in Enterprises Above Designated Size (person)**	**114 101**	**114 627**	**177 403**	**194 831**	**201 244**
批发零售贸易业	Wholesale and Retail Trade	108 310	104 087	117 982	134 555	140 368
星级住宿业	Hotel Industry Attained Star level		46 414	47 234	48 171	46 676
餐饮业	Food Service	5 791	10 540	12 187	12 105	14 200
全省批发零售贸易业（万元）	**Wholesale and Retail Trade (10 000 yuan)**					
商品购进总额	Total Purchases	9 878 101	18 941 809	20 239 147	21 848 437	27 278 834
商品销售总额	Total Sales	16 459 397	28 674 631	32 435 048	34 268 420	46 992 238
商品库存总额	Total Inventory	2 135 649	2 653 376	3 307 054	3 301 892	4 697 399
全省社会消费品零售总额(万元)	**Total Retail Sales of Consumer Goods (10 000 yuan)**	**5 831 702**	**10 344 024**	**11 888 789**	**13 945 445**	**17 185 368**
按销售单位所在地分	**Grouped by Location of Marketing Establishments**					
市	City	3 092 810	5 645 431	6 510 518	7 713 174	9 597 288
县	County	1 390 824	2 392 938	2 753 996	3 183 116	3 909 711
县以下	Under County Level	1 348 0 68	2 305 655	2 624 275	3 049 155	3 678 369
按行业分	**Grouped by Sector**					
批发零售贸易业	Wholesale and Retail Trade	3 764 867	8 238 291	9 498 002	10 709 415	13 141 179
住宿餐饮业	Hotel and Catering Service	748 688	1 554 424	1 787 139	2 318 824	2 982 192
制造业	Manufacturing	270 218				
农业生产者	Farm Producers	900 22 5				
其它	Others	147 704	551 309	603 648	917 207	1 061 997
按经济成份分	**Grouped by Type of Economic Ownership**					
公有制经济	Public Onwership Economy	2 294 113	1 876 810	2 049 821	2 439 831	2 979 193
#国有经济	Of Which: State-owned Economy	1 485 298	1 167 997	1 317 374	1 627 060	1 931 755
非公有制经济	Non-public Onwership Economy	3 537 589	8 467 214	9 838 968	11 505 614	14 206 176
#私有经济	Of Which: Private Onwership Economy	2 539 146	6 602 219	7 627 489	9 679 000	11 756 276

注：1．1998年后批发零售贸易业购进总额和库存总额仅为限额以上批发零售贸易业数。

2．从2003年开始批零贸易业零售额与往年口径不一致。

3．星级住宿业的统计口径，2008年为年主营业务收入200万元以上的企业，2007年及以前的为评为星级的住宿企业。

Note: a. Total Purchases and inventory of Wholesale and Retail Trade after 1998 only represent the data of the wholesale and retail sales above designated size.

b. Data of Wholesale and Retail Trade have been calculated according to the new standards since 2003.

c. The calculating standard of business of star-rated hotels in 2008 are the enterprises of revenue from principal business above 2 million Yuan, while in 2007, the star-rated hotels.

15-2 1978-2008年历年社会消费品零售总额
Historical Total Retail Sales of Consumer Goods (1978-2008)

单位：万元 (10 000 yuan)

年份 Year	社会消费品零售总额 Total Retail Sales of Consumer Goods	市 City	县 County	县以下 Under County Level	按行业分 Grouped by Sector: 批发零售贸易业 Wholesale and Retail Trade	住宿餐饮业 Food Service	其它行业 Others
1978	283 811	69 328	118 118	96 365			
1979	326 009	84 874	118 769	122 366			
1980	379 641	107 937	135 611	136 093			
1985	844 463	315 367	228 414	300 682			
1986	919 066	303 496	277 269	338 301			
1987	1 025 522	339 423	318 213	367 886			
1988	1 355 679	462 446	428 875	464 358			
1989	1 421 534	499 802	441 239	480 493			
1990	1 455 944	524 397	451 364	480 183			
1991	1 637 515	598 973	518 323	520 219			
1992	2 045 994	809 999	630 477	605 518			
1993	2 619 032	1 176 212	775 789	667 031			
1994	3 049 700	1 420 495	867 316	761 889			
1995	3 695 537	1 722 962	1 051 772	920 803			
1996	4 141 796	1 920 664	1 169 422	1 051 710			
1997	4 670 654	2 275 987	1 256 470	1 138 197			
1998	5 000 868	2 562 627	1 262 706	1 175 535			
1999	5 389 506	2 833 712	1 296 732	1 259 062	4 630 655	617 778	141 073
2000	5 831 702	3 092 810	1 390 824	1 348 068	4 935 311	748 688	147 704
2001	6 407 957	3 434 096	1 502 413	1 471 448	5 338 230	901 006	168 721
2002	7 112 500	3 846 051	1 657 612	1 608 837	5 855 717	1 066 086	190 697
2003	7 824 580	4 252 620	1 804 852	1 767 108	6 354 201	1 246 322	224 057
2004	9 153 100	4 989 624	2 112 366	2 051 110	7 320 700	1 345 500	486 900
2005	10 344 024	5 645 431	2 392 938	2 305 655	8 238 291	1 554 424	551 309
2006	11 888 789	6 510 518	2 753 996	2 624 275	9 498 001	1 787 139	603 648
2007	13 945 445	7 713 174	3 183 116	3 049 155	10 709 415	2 318 824	917 207
2008	17 185 368	9 597 288	3 909 711	3 678 369	13 141 179	2 982 192	1 061 997

15-3 各地区社会消费品零售总额（2008年）
Total Retail Sales of Consumer Goods by Region (2008)

单位：万元 (10 000 yuan)

地 区	Region	社会消费品零售总额 Total Retail Sales of Consumer Goods	按销售单位所在地分 Grouped by Location of Marketing Establishments			按行业分 Grouped by Sector	
			市 City	县 County	县以下 Under County Level	批发零售贸易业 Wholesale and Retail Trade	住宿餐饮业 Hotel and Catering Service
全省合计	**Total**	**17 185 368**	**9 597 288**	**3 909 711**	**3 678 369**	**13 141 179**	**2 982 192**
昆 明	Kunming	7 007 415	6 148 691	350 001	508 723	5 561 830	1 220 051
曲 靖	Qujing	1 552 507	519 196	437 330	595 981	1 208 216	249 653
玉 溪	Yuxi	949 073	380 731	280 284	288 058	736 255	183 011
保 山	Baoshan	583 513	227 107	167 524	188 882	464 861	92 635
昭 通	Zhaotong	718 664	264 911	229 451	224 302	577 487	76 655
丽 江	Lijiang	290 922	134 337	88 185	68 400	208 694	76 994
普 洱	Pu'er	519 804	152 727	234 245	132 832	413 874	96 810
临 沧	Lincang	469 923	92 529	188 400	188 994	273 458	95 167
楚 雄	Chuxiong	904 152	331 429	277 090	295 634	714 622	112 915
红 河	Honghe	1 048 787	299 426	447 881	301 481	768 949	198 680
文 山	Wenshan	958 572		528 648	429 924	736 449	189 452
西双版纳	Xishuangbanna	348 933	169 081	85 748	94 104	253 371	52 831
大 理	Dali	1 035 272	341 106	317 965	376 201	834 226	163 551
德 宏	Dehong	381 960	174 194	92 048	115 718	309 820	58 752
怒 江	Nujiang	107 800		68 558	39 242	78 530	11 578
迪 庆	Diqing	141 998		88 488	53 510	82 928	19 840

注：分地区不等于全省合计数.
Note: The sum of the data of various regions is not equal to the provincial total.

15-3 续表 continued

单位：万元 (10 000 yuan)

地 区	Region	按经济成份分 Grouped by Type of Ownership			
		公有制经济 Public Ounership Economy	其中：国有经济 Of Which: State-owned Economy	非公有制经济 Non-public Ounership Economy	其中：私有经济 Of Which: Private Ounership Economy
全省合计	**Total**	**2 979 193**	**1 931 755**	**14 206 176**	**11 756 276**
昆 明	Kunming	1 098 048	700 524	5 909 368	4 670 502
曲 靖	Qujing	311 611	189 952	1 240 896	1 032 722
玉 溪	Yuxi	175 957	66 430	773 116	666 625
保 山	Baoshan	124 320	112 522	459 193	428 077
昭 通	Zhaotong	181 899	175 898	536 766	485 569
丽 江	Lijiang	40 209	12 988	250 713	211 471
普 洱	Pu'er	50 177	30 175	469 627	464 486
临 沧	Lincang	58 417	38 355	411 506	330 260
楚 雄	Chuxiong	129 808	81 227	774 344	705 947
红 河	Honghe	294 120	158 285	754 667	636 095
文 山	Wenshan	117 409	50 924	841 163	637 165
西双版纳	Xishuangbanna	62 487	27 278	286 446	244 935
大 理	Dali	179 182	143 635	856 089	718 472
德 宏	Dehong	38 569	8 907	343 391	302 570
怒 江	Nujiang	22 596	4 911	85 205	46 063
迪 庆	Diqing	41 597	28 213	100 401	46 251

15-4 各地区限额以上批发零售贸易业商品购进、销售、库存总额（2008年）
Total Purchases, Sales and Inventory of Enterprises Above Designated Size in Wholesale and Retail Trade by Region (2008)

单位：万元 (10 000yuan)

地区	Region	法人企业数（个） Number of Corporate Enterprises (unit)	产业活动单位数(个) Number of Industrial Activity Entities (unit)	从业人员数（人） Number of Employed Persons (persons)	购进总额 Total Purchases	销售总额 Total Sales	年末库存总额 Inventory at Year-end	年末零售营业面积（平方米） Retail Operational Area at Year-end (sq.m)
全省合计	**Total**	**1 518**	**4 856**	**140 368**	**27 278 834**	**33 459 905**	**4 697 399**	**4 857 595**
昆明	Kunming	745	2 014	62 493	16 069 626	20 751 682	1 816 731	2 676 696
曲靖	Qujing	66	210	8 875	2 071 502	1 938 013	302 079	481 928
玉溪	Yuxi	119	306	14 224	3 253 673	3 106 604	1 572 073	291 254
保山	Baoshan	45	197	6 995	353 417	425 759	111 530	62 192
昭通	Zhaotong	54	141	5 643	648 108	749 363	148 578	88 490
丽江	Lijiang	22	98	1 931	386 102	435 168	41 889	41 943
普洱	Pu'er	34	138	3 819	309 374	376 899	48 032	69 055
临沧	Lincang	16	64	1 314	234 926	240 063	35 857	25 519
楚雄	Chuxiong	54	260	4 882	441 163	863 984	174 525	223 014
红河	Honghe	93	471	8 285	945 013	1 320 676	58 561	416 988
文山	Wenshan	39	195	5 766	491 924	480 063	67 696	102 825
西双版纳	Xishuangbanna	57	267	3 086	256 148	361 467	24 462	109 589
大理	Dali	68	270	8 062	1 015 926	1 490 629	147 328	157 254
德宏	Dehong	91	189	2 305	573 664	662 593	44 705	54 854
怒江	Nujiang	5	18	467	46 622	55 399	13 737	12 059
迪庆	Diqing	10	18	2 221	181 646	201 542	89 618	43 935

注：表中的产业活动单位数按2008年经济普查制度规定统计口径进行统计，与往年的口径不同。

Note:The calculating standard of the corporate enterprises number in this table is that of the National Economic Census, and it differs from that of the former years.

15-5 限额以上批发零售贸易业商品购进、销售、库存总额（2008年）

单位：万元

项 目	Item	法人企业数（个）Number of Corporate Enterprises (unit)	产业活动单位数（个）Number of Industrial Activity Entities (unit)
总 计	**Total**	**1 518**	**4 856**
一、批发业	**Ⅰ.Wholesale Trade**	**871**	**1 421**
1.按登记注册类型分	**1.Grouped by Status of Registration**		
内资企业	Domestic-funded Enterprises	859	1 414
国有企业	State-owned Enterprises	75	295
集体企业	Collective-owned Enterprises	26	83
股份合作企业	Joint Stock Cooperative Enterprises	6	7
联营企业	Joint Ownership Enterprises	4	
有限责任公司	Limited Liability Companies	174	396
股份有限公司	Incorporated Corporations	39	376
私营企业	Private Enterprises	533	239
其他企业	Other Enterprises	2	17
港澳台商投资企业	Enterprises Invested by Hong Kong, Macao and Taiwan	6	2
外商投资企业	Foreign-funded Enterprises	6	5
2.按国民经济行业分	**2. by Sector**		
农畜产品批发业	Wholesale of Farm Produce and Livestock Products	21	45
食品、饮料及烟草制品批发业	Wholesale of Food, Beverages and Tobaccos	98	241
米、面制品及食用油批发业	Wholesale of Rice, Flour and Edible Oil	31	63
烟草制品批发业	Whole of Tobaccos	19	120
纺织、服装及日用品批发业	Wholesale of Textiles, Garments and Daily Consumer Articles	18	10
文化、体育用品及器材批发业	Wholesale of Culture, Sports Appliances and Equipments	11	8
医药及医疗器材批发业	Wholesale of Medicines and Medical Appliances	79	61
矿产品、建材及化工产品批发业	Wholesale of Mineral Products, Building Materials and Chemical Products	470	803
煤炭及制品批发业	Wholesale of Coal and Related Products	41	11
石油及制品批发业	Wholesale of Petrolem and Related Products	33	450
金属及金属矿批发业	Wholesale of Metal Materials	199	34
建材批发业	Wholesale of Building Materials	38	16
化肥批发业	Wholesale of Chemical Fertilizer	70	232
其他化工产品批发	Wholesale of Other Chemical Products	76	29
机械设备、五金交电及电子产品批发业	Wholesale of Machinery, Hardware and Electronic Products	136	74
汽车、摩托车及零配件批发业	Wholesale of Motor Vehicles, Motorcycles and Parts	30	15
家用电器批发业	Wholesale of Household Electrical Appliances	12	6
计算机、软件及辅助设备批发业	Wholesale of Computer, Software and Assistant Appliances	24	21
其他机械设备及电子产品批发	Wholesale of Machinery and Electronic Products	47	11
贸易经纪与代理	Trade Broker and Agency	1	
其他批发业	Other Wholesale not Classified Elsewhere	37	179

注：表中的产业活动单位数按2008年经济普查制度规定统计口径进行统计，与往年的口径不同。

Total Purchases, Sales and Inventory of Enterprises Above Designated Size in Wholesale and Retail Trade (2008)

(10 000 yuan)

从业人员数(人) Number of Employed Persons (persons)	购进总额 Total Purchases	进口 Imports	销售总额 Total Sales 合计 Total	批发 Wholesale	出口 Outputs	零售 Retail	年末库存总额 Inventory at Year-end	年末零售营业面积(平方米) Retail Operational Area at Year-end (sq.m)
140 368	**27 278 834**	**1 249 471**	**33 459 905**	**27 518 588**	**1 109 435**	**5 941 317**	**4 697 399**	**4 857 595**
72 243	**23 147 782**	**1 092 292**	**27 894 895**	**27 262 901**	**1 109 415**	**631 994**	**3 949 248**	**1 311 355**
70 644	22 941 282	1 092 292	27 643 194	27 012 528	1 095 590	630 666	3 940 089	1 311 155
23 173	8 582 255	286 734	9 743 473	9 694 445	440 140	49 028	1 463 490	21 548
772	183 525	6 442	189 339	186 752	14 178	2 588	10 857	2 492
163	34 056	4 406	38 899	35 657	8 300	3 242	4 156	2 014
170	75 448		73 621	73 621			4 517	
12 997	5 694 576	551 437	5 517 624	5 477 035	87 911	40 589	1 813 952	75 939
8 018	1 529 334	37 745	4 681 079	4 238 083	88 021	442 996	53 387	1 138 748
25 076	6 804 320	205 529	7 355 122	7 263 234	456 887	91 888	583 341	68 427
273	37 763		44 033	43 698	153	335	6 388	1 987
822	123 631		135 016	133 691	3 171	1 325	6 392	200
777	82 869		116 686	116 682	10 655	3	2 767	
1 816	1 792 494	58 253	1 451 756	1 448 759	9 271	2 997	1 440 155	316
24 125	6 275 510	52 693	7 046 900	7 024 628	177 296	22 272	1 329 732	46 304
2 114	310 745	37 161	298 193	290 726	12 406	7 467	116 829	7 700
17 591	5 349 232	2 821	6 141 759	6 133 577	132 604	8 182	1 019 198	11 064
5 586	87 184	731	104 076	104 073	50 884	3	5 879	117
1 030	215 304		251 128	221 866		29 263	102 824	60
9 797	1 130 056	3 443	1 233 971	1 225 160	16 100	8 811	107 352	28 928
20 752	10 481 896	956 929	14 390 176	13 875 496	604 677	514 680	574 038	1 216 420
1 533	714 435		846 567	846 540	262	27	26 712	4 730
7 760	1 591 397	3 099	2 871 258	2 374 701	20 926	496 557	49 687	1 130 816
5 240	4 723 521	861 973	6 846 037	6 846 037	90 169		212 461	30 096
794	816 378	29 282	856 390	854 516	5 471	1 874	39 893	5 501
2 812	1 491 112	24 445	1 645 193	1 631 039	244 619	14 154	165 669	41 258
2 286	1 025 647	31 899	1 186 355	1 184 292	192 228	2 063	71 929	2 736
7 252	1 913 857	356	2 187 808	2 133 880	161 140	53 928	225 233	16 335
1 361	367 033		430 124	401 884	11 581	28 240	41 851	14 934
1 754	601 624		670 819	669 796		1 023	84 411	200
985	183 454		191 275	167 393		23 882	17 077	635
1 919	534 426	20	631 765	630 982	91 728	784	63 070	212
90	270		2 153	2 153			541	
1 795	1 251 211	19 888	1 226 928	1 226 886	90 048	41	163 495	2 875

Note:The calculating standard of of corporate enterprises number is that of the National Economic Census, and it differs from that of the former years.

15-5　续表

单位：万元

项　　目	Item	法人企业数(个) Number of Corporate Enterprises (unit)	产业活动单位数(个) Number of Industrial Activity Entities (unit)
二、零售业	**Ⅱ.Retail Trade**	**647**	**3 435**
1.按登记注册类型分	**1. Grouped by Status of Registration**		
内资企业	Domestic Funded Enterprises	631	3 318
国有企业	State-owned Enterprises	50	258
集体企业	Collective-owned Enterprises	19	56
股份合作企业	Joint Stock Cooperative Enterprises	19	20
联营企业	Joint Ownership Enterprises	2	
有限责任公司	Limited Liability Companies	126	802
股份有限公司	Incorporated Corporations	25	252
私营企业	Private Enterprises	387	1 779
其他企业	Other Enterprises	3	151
港澳台商投资企业	Enterprises Invested by Hong Kong, Macao and Taiwan	8	79
外商投资企业	Foreign-funded Enterprises	8	38
2.按国民经济行业分	**2. by Sector**		
综合零售业	Integrated Retail	105	250
百货零售业	Retail of General Merchandise	41	137
超级市场零售业	Retail of Supermarkets	50	75
食品、饮料及烟草制品专门零售业	Retail of Food, Beverages and Tobaccos	44	305
纺织、服装及日用品专门零售业	Retail of Textiles, Garments and Daily Consumer Articles	10	36
服装零售业	Retail of Garments	9	29
文化、体育用品及器材专门零售业	Retail of Culture, Sports Appliances and Equipments	45	200
图书零售业	Retail of Books	36	151
医药及医疗器材专门零售业	Retail of Medicines and Medical Equipments	31	1 803
药品零售业	Retail of Medicines	28	1 799
汽车、摩托车、燃料及零配件专门零	Retail of Motor Vehicles, Motorcycles,Fuel and Parts	301	545
汽车零售业	Retail of Motor Vehicles	232	51
摩托车及零配件零售	Retail of Motorcycle and Parts	29	55
机动车燃料零售业	Retail of Fuel of Motor Vehicles	36	439
家用电器及电子产品专门零售业	Special Retail of Household Electric Appliances and Electronic Products	73	158
家用电器零售业	Retail of Household Electric Appliances	18	52
计算机、软件及辅助设备零售业	Retail of Computer, Software and Assistant Appliances	39	50
通讯设备零售业	Retail of Communication Equipments	14	56
五金、家具及室内装修材料专门零售	Special Retail of Hardware, Furniture and Decoration Materials	6	9
无店铺及其他零售业	Non-shop and Other Retails	32	129
其他未列明的零售	Other Retail Trades not Listed Here	21	18

continued

(10 000 yuan)

从业人员数（人） Number of Employed Persons (persons)	购进总额 Total Purchases	进口 Imports	销售总额 Total Sales 合计 Total	批发 Wholesale	出口 Outputs	零售 Retail	年末库存总额 Inventory at Year-end	年末零售营业面积（平方米） Retail Operational Area at Year-end (sq.m)
68 125	**4 131 053**	**157 179**	**5 565 010**	**255 686**	**20**	**5 309 323**	**748 151**	**3 546 240**
59 859	3 577 413	156 491	4 843 657	211 155	20	4 632 502	566 022	2 772 628
8 344	336 577		730 930	11 378		719 552	42 804	277 427
811	35 410		71 666	1 452		70 215	4 364	37 213
783	44 365		47 262	12 196	20	35 067	4 416	65 811
115	18 574		19 074			19 074	2 863	3 200
17 952	896 306	40 485	1 133 632	69 237		1 064 395	223 243	663 043
2 290	228 969	340	525 955	31 442		494 514	13 747	284 693
28 384	1 954 192	115 666	2 249 842	85 451		2 164 390	368 445	1 405 254
1 180	63 020		65 295			65 295	6 139	35 987
2 018	239 449		332 035	28 210		303 825	43 122	582 589
6 248	314 191	688	389 318	16 321		372 997	39 008	191 023
20 036	672 313	688	946 175	36 861		909 314	127 277	1 171 850
6 836	222 960	688	445 430	27 150		418 279	69 361	714112
12 462	421 048		467 447	2 808		464 640	54 579	401086
6 656	146 785	912	177 455	7 175		170 280	52 972	69284
3 065	118 056		194 652	45 139		149 512	44 253	196899
2 593	90 069		133 549	33 089		100 459	21 512	40301
6 400	232 785		238 191	27 774		210 416	66 068	194337
4 519	148 406		145 582	8 035		137 548	34 849	164961
11 266	231 957		298 153	7 666		290 487	101 233	367346
11 185	229 802		294 217	6 942		287 275	100 712	361135
14 329	2 269 648	154 872	3 112 611	107 390	20	3 005 221	300 948	1128319
9 086	1 652 381	154 872	1 850 455	65 040		1 785 415	253 504	575022
567	30 748		31 412	265		31 148	6 858	30110
4 466	496 727		1 153 139	41 735		1 111 404	16 273	517387
4 146	366 667	707	410 671	19 877		390 794	42 125	287999
2 057	209 793	707	236 507	3 939		232 568	21 371	172204
1 097	85 671		96 006	11 894		84 112	8 919	84266
964	66 449		73 395	3 459		69 937	11 493	31250
359	15 067		20 250	222		20 028	3 445	35645
1 868	77 775		166 853	3 583		163 271	9 831	94561
1 270	46 306		131 550	1 503		130 047	8 808	70767

15-6 限额以上批发零售贸易业商品销售总额分类销售额（2007-2008年）

Total Sales of Enterprises above Designated Size in Wholesale and Retail Trade by Category of Commodities (2007-2008)

单位：万元 (10 000 yuan)

项　　目	Item	销售合计 Sales		批　发 Wholesale Trade		零　售 Retail Trade	
		2007年	2008年	2007年	2008年	2007年	2008年
总　　计	**Total**	**24 983 574**	**33 459 905**	**21 285 927**	**27 518 588**	**3 697 647**	**5 941 317**
食品、饮料、烟酒类	Food,Beverages,Tobacco and Liquor	5 078 224	5 568 471	4 628 201	5 066 866	450 024	501 604
粮油类	Grain and Oil	926 876	515 086	657 123	337 402	269 754	177 684
肉禽蛋类	Meat,Poultry and Eggs	302 979	71 248	186 428	20 704	116 551	50 544
其他食品类	Other Foodstuffs	58 170	518 336	12 424	400 728	45 746	117 608
饮料类	Beverages	103 433	118 662	65 889	79 850	37 544	38 812
烟酒类	Tobacco and Liquor	4 047 915	4 345 138	3 905 189	4 228 183	142 726	116 956
服装、鞋帽、针、纺织品类	Clothing, Footwerw, Headgear, Kaitting and Textiles	244 400	499 556	46 066	101 964	198 334	397 592
服装类	Clothing	153 161	296 730	9 179	33 284	143 983	263 446
鞋帽类	Footwerw and Headgear	35 563	122 337	2 241	15 788	33 322	106 550
针、纺织类	Knitting and Textile	55 676	80 489	34 647	52 892	21 029	27 597
化妆品类	Cosmetics	74 822	108 608	13 296	22 406	61 526	86 202
金银珠宝类	Gold,Silver and Jewelry	149 221	185 162	81 717	87 839	67 505	97 323
日用品类	Articles for Daily Use	107 916	152 807	36 402	44 452	71 514	108 355
洗涤用品类	Washing Articles	39 265	55 922	4 209	4 139	35 055	51 783
儿童玩具类	Children Toys	8 829	8 106	33	2	8 796	8 104
五金、电料类	Hardware and Electrical Materials	52 766	106 233	46 697	90 400	6 070	15 833
体育、娱乐用品类	Sports and Recreation Articles	11 134	22 547	1 043	4 983	10 091	17 564
书报杂志类	Newspapers and Magazines	184 865	241 632	96 824	111 538	88 041	130 095
电子出版物及音像制品类	E-journals and Audio-visual Products	12 463	21 191	3 259	10 943	9 204	10 247

15-6 续表 continued

单位：万元 (10 000 yuan)

项目	Item	销售合计 Sales		批发 Wholesale Trade		零售 Retail Trade	
		2007年	2008年	2007年	2008年	2007年	2008年
家用电器和音像器材类	Household Appliances and Audio-visual Equipment	1 099 109	1 010 213	799 781	701 072	299 328	309 141
中西药品类	Traditional Chinese and Western Medicines	1 064 889	1 516 671	837 445	1 231 683	227 444	284 988
西药	Western Medicine	879 436	1 237 239	691 424	1 001 457	188 012	235 782
中草药及中成药	Herban Medicine and Traditional Chinese Medicines Products	163 691	208 546	124 713	189 204	38 979	19 341
文化办公用品类	Cultural Goods and Office Supply	247 081	341 571	118 720	217 949	128 361	123 622
家俱类	Furniture	8 060	13 200	356	2 905	7 705	10 295
通讯器材类	Communication Equipment	150 077	210 381	16 593	120 341	133 485	90 041
煤炭及制品类	Coal and Related Products	364 164	957 828	361 717	953 674	2 447	4 154
木材及制品类	Timber and Related Products	41 819	40 432	41 806	40 432	12	
石油及制品类	Petroleum and Related Products	2 657 432	4 115 923	2 078 214	2 475 294	579 219	1 640 629
化工材料及制品类	Chemical Industrial Materials and Related Products	976 106	2 913 642	939 774	2 909 875	36 332	3 767
化肥类	Fertilizer	394 561	1 281 074	384 749	1 281 074	9 811	
金属材料类	Metal Materials	6 173 889	7 017 423	6 165 268	7 017 423	8 620	
建筑及装潢材料类	Building and Decoration Materials	224 670	571 740	205 069	530 660	19 601	41 081
机电产品及设备类	Mechanical and Electric Products and Equipment	726 849	892 111	704 233	842 918	22 616	49 193
农机类	Agricultural Machinary	33 890	31 198	33 665	31 198	226	
汽车类	Automobiles	1 453 815	2 294 448	333 769	405 704	1 120 045	1 888 744
种子饲料类	Seeds and Forage	7 655	70 442	5 459	70 442	2 196	
棉麻类	Cotton and Hemp	2 860	14 153	2 656	13 536	204	617
其他类	Others	3 869 288	4 573 521	3 721 564	4 443 289	147 724	130 232

15-7 限额以上住宿业和限额以上餐饮业经营情况（2008年）

单位：万元

项　　目	Item	法人企业数（个） Number of Corporate Enterprises (unit)	产业活动单位数(个) Number of Industrial Activity Entities (unit)
总　　计	**Total**	**486**	**241**
一、住宿业	**Hotel Industry**	**359**	**123**
1.按登记注册类型分组	**1.Grouped by Status of Registration**		
内资企业	Domestic-funded Enterprises	337	122
国有企业	State-owned Enterprises	98	28
集体企业	Collective-owned Enterprises	22	5
股份合作企业	Joint Stock Cooperative Enterprises	6	9
联营企业	Joint Ownership Enterprises	2	1
国有联营企业	State -owned Joint Ownership	2	1
集体联营	Collective-cwned Joint Ownership		
有限责任公司	Limited Liability Companies	68	34
国有独资公司	Wholly State-funded Companies	4	3
其他有限责任公司	Other Joint Ownership Enterprises	64	31
股份有限公司	Incorporated Corporations	14	5
私营企业	Private Enterprises	122	37
私营独资企业	Private Sale Proprietorship Enterprises	39	2
私营合伙企业	Private Partnership Enterprises	2	
私营有限责任公司	Private Limited Liability Companies	73	28
私营股份有限公司	Private Incorporated Corporations	8	7
其他企业	Other Enterprises	5	3
港澳台商投资企业	Enterprises Funded by Hong Kong, Macao and Taiwan	13	
合资经营企业(港或澳台资)	Joint Ventures (funded by Hong Kong, Macao and Taiwan)	7	
合作经营企业(港或澳台资)	Cooperative Enterprises(funded by Hong Kong, Macao and Tai	1	
独资经营企业(港或澳台资)	Enterprises Wholly Funded by Hong Kong, Macao and Taiwan	5	
外商投资企业	Foreign-funded Enterprises	9	1
中外合资经营企业	Sino-foreign Joint Ventures	6	
中外合作经营企业	Sion-foreign-funded Cooperative Enterprises		
外资企业	Wholly Foreign-funded Enterprises	3	1
2.按国民经济行业分组	**2.Grouped by Sector**		
旅游饭店	Tour Hotel	304	57
一般旅馆	General Hotel	48	59
其他住宿服务	Other Accommodation Services	7	7

注：1.2008年住宿业统计口径由星级住宿业变为年主营业务收入超过200万元的住宿企业
2.表中的产业活动单位数按2008年经济普查制度规定统计口径进行统计，与往年的口径不同。

Basic Statistics on Commodity Sales of Hotel Industry Attained Star level and Catering Service above Designated Size (2008)

(10 000 yuan)

从业人员数(人) Number of Employed Persons (persons)	营业总收入 Total Business Income	客房收入 Hotel	餐费收入 Catering Service	商品销售收入 Retail Sales of Commodities	其他收入 Other	年末餐饮营业面积(平方米) Catering Service Operational Area at the Year-end (sq.m)	床位数(个) Number of Hotel beds (unit)	餐位数(位) Number of Food Seats (unit)
60 876	**548 059**	**213 629**	**275 583**	**15 293**	**43 554**	**702 131**	**132 678**	**381 655**
46 676	**375 077**	**204 334**	**121 366**	**8 657**	**40 720**	**420 374**	**118 237**	**223 048**
42 211	334 188	182 643	108 066	8 182	35 297	388 080	110 825	209 873
13 136	106 941	54 976	35 251	2 674	14 041	124 232	42 312	99 810
1 912	13 192	7 767	4 564	79	783	15 679	4 342	6 498
539	6 365	3 427	2 501	30	407	5 400	1 938	2 106
155	1 012	462	278	209	64	400	303	380
155	1 012	462	278	209	64	400	303	380
10 065	83 484	46 741	28 267	2 273	6 203	79 329	22 481	31 302
365	2 235	1 510	416	82	227	3 267	1 337	1 395
9 700	81 249	45 231	27 852	2 191	5 976	76 062	21 144	29 907
2 449	22 386	13 875	6 397	119	1 996	37 136	6 533	7 637
13 153	92 224	51 401	28 440	1 421	10 962	122 647	31 436	59 638
2 973	19 694	11 082	6 504	507	1 601	27 115	6 852	13 390
134	894	604	289			860	376	450
8 858	64 084	35 744	18 793	858	8 689	82 685	21 703	35 430
1 188	7 554	3 971	2 855	56	673	11 987	2 505	10 368
802	8 583	3 994	2 369	1 378	842	3 257	1 480	2 502
3 422	31 832	15 890	11 040	319	4 583	26 593	5 372	9 664
1 855	16 243	8 233	5 282	289	2 439	11 992	2 787	4 861
258	4 031	1 892	1 447		693	3 500	634	720
1 309	11 559	5 766	4 312	30	1 452	11 101	1 951	4 083
1 043	9 057	5 801	2 259	156	840	5 701	2 040	3 511
633	3 005	1 415	1 107	45	439	4 203	1 316	2 610
410	6 052	4 387	1 153	112	401	1 498	724	901
40 595	338 415	185 007	109 748	7 320	36 340	369 952	103 611	197 141
5 423	33 248	17 503	10 353	1 263	4 129	40 557	13 130	22 807
658	3 414	1 824	1 264	75	251	9 865	1 496	3 100

Note:a.The calculating standard of business of star-rated hotels in 2008 are the enterprises of revenue from principal business above 2 million Yuan, while in the former years, the star-rated hotels.

b.The calculating standard of the number of corporate enterprises is that of the National Economic Census, and it differs from that of the former years.

15-7 续表

单位：万元

项　　目	Item	法人企业数(个) Number of Corporate Enterprises (unit)	产业活动单位数(个) Number of Industrial Activity Entities (unit)
二、餐饮业	**Ⅱ.Total of Food Service**	**127**	**118**
1.按登记注册类型分组	**1.Grouped by Status of Registration**		
内资企业	Domestic-funded Enterprises	119	88
国有企业	State-owned Enterprises	5	8
集体企业	Collective-owned Enterprises	5	3
股份合作企业	Joint Stock Cooperative Enterprises	2	3
有限责任公司	Limited Liability Companies	22	21
其他有限责任公司	Other Joint Ownership Enterprises	22	21
股份有限公司	Incorporated Corporations	6	5
私营企业	Private Enterprises	79	48
私营独资企业	Private Sale Proprietorship Enterprises	21	22
私营合伙企业	Private Partnership Enterprises		
私营有限责任公司	Private Limited Liability Companies	53	24
私营股份有限公司	Private Incorporated Corporations	5	2
其他企业	Other Enterprises		
港澳台商投资企业	Enterprises Funded by Hong Kong, Macao and Taiwan	5	12
合资经营企业(港或澳台资)	Joint Ventures (funded by Hong Kong, Macao and Taiwan)	2	
独资经营企业(港或澳台资)	Enterprises Wholly Funded by Hong Kong, Macao and Taiwan	3	12
外商投资企业	Foreign-funded Enterprises	3	18
外资企业	Wholly Foreign-funded Enterprises	3	18
2.按国民经济行业分组	**2.Grouped by Sector**		
正餐服务	Dinner Service	120	62
快餐服务	Snack Service	5	49
饮料及冷饮服务	Service of Beverages and Cold Drink		3
其他餐饮服务	Others Catering Services	2	4

continued

(10 000 yuan)

从业人员数(人) Number of Employed Persons (persons)	营业总收入 Total Business Income	客房收入 Hotel	餐费收入 Catering Service	商品销售收入 Retail Sales of Commodities	其他收入 Other	年末餐饮营业面积(平方米) Catering Service Operational Area at the Year-end (sq.m)	床位数(个) Number of Hotel beds (unit)	餐位数(位) Number of Food Seats (unit)
14 200	**172 982**	**9 295**	**154 218**	**6 636**	**2 834**	**281 757**	**14 441**	**158 607**
12 483	135 529	9 295	119 070	5 196	1 969	264 961	14 441	152 147
726	4 578	1 095	3 025	180	278	9 670	1 726	6 220
382	3 103	282	2 601	94	127	8 135	449	4 858
192	1 417	532	722		164	8 092	272	1 480
2 933	29 365	3 873	22 519	2 325	649	54 201	744	14 778
2 933	29 365	3 873	22 519	2 325	649	54 201	744	14 778
574	16 322	25	14 870	1 402	24	20 940	9 423	71 899
7 676	80 744	3 488	75 333	1 195	728	163 923	1 827	52 912
1 433	16 085	424	14 801	861		34 066	345	13 756
5 754	56 193	1 384	54 028	314	468	119 509	1 232	35 072
489	8 466	1 681	6 504	20	260	10 348	250	4 084
615	15 946		13 641	1 440	865	7 716		3 079
163	5 079		3 639	1 440		1 860		588
452	10 867		10 002		865	5 856		2 491
1 102	21 507		21 507			9 080		3 381
1 102	21 507		21 507			9 080		3 381
11 644	129 771	8 623	114 921	4 464	1 762	243 073	14 035	147 251
1 869	36 224		33 227	2 125	872	27 493		9 556
28	246		246			1 575		140
659	6 741	672	5 823	48	199	9 516	406	1 660

15-8 限额以上批发和零售业企业财务状况（2008年）

单位:万元

指 标 名 称	Indicator	企业数（个） Number of Enterprises (unit)
总　　计	**Total**	**1 518**
一、批发业	**Ⅰ. Wholesale Trade**	**871**
# 国有及国有控股	Of Which: State-owned and State-holding	131
1.按登记注册类型分	**1. by Status of Registration**	
内　资	Domestic Funded Enterprises	859
国　有	State-owned	75
集　体	Collective-owned	26
股份合作	Cooperative	6
联营企业	Joint Ownership	4
有限责任公司	Limited Liability Corporations	174
股份有限公司	Share-holding Corporations Ltd.	39
私营企业	Private-funded Enterprises	533
其　他	Others	2
港澳台商投资企业	Enterprises with Funds from Hong Kong,Macao and Taiwan	6
外商投资企业	Share-holding Corporations Ltd. with Foreign Investment	6
2.按国民经济行业分	**2. by Sector**	
农畜产品批发业	Wholesale of Farm Produce and Livestock Products	21
食品、饮料及烟草制品批发业	Wholesale of Food, Beverages and Tobaccos	98
米、面制品及食用油批发业	Wholesale of Rice, Flour and Edible Oil	31
烟草制品批发业	Whole of Tobaccos	19
纺织、服装及日用品批发业	Wholesale of Textiles, Garments and Daily Consumer Articles	18
文化、体育用品及器材批发业	Wholesale of Culture, Sports Appliances and Equipments	11
医药及医疗器材批发业	Wholesale of Medicines and Medical Appliances	79
矿产品、建材及化工产品批发业	Wholesale of Mineral Products, Building Materials and Chemic	470
煤炭及制品批发业	Wholesale of Coal and Related Products	41
石油及制品批发业	Wholesale of Petrolem and Related Products	33
金属及金属矿批发业	Wholesale of Metal Materials	199
建材批发业	Wholesale of Building Materials	38
化肥批发业	Wholesale of Chemical Fertilizer	70
其他化工产品批发	Wholesale of Other Chemical Products	76
机械设备、五金交电及电子产品批发业	Wholesale of Machinery, Hardware and Electronic Products	136
汽车、摩托车及零配件批发业	Wholesale of Motor Vehicles, Motorcycles and Parts	30
家用电器批发业	Wholesale of Household Electrical Appliances	12
计算机、软件及辅助设备批发业	Wholesale of Computer, Software and Assistant Appliances	24
其他机械设备及电子产品批发	Wholesale of Machinery and Electronic Products	47
贸易经纪与代理	Trade Broker and Agency	1
其他批发业	Other Wholesale Trades	37

Financial Indicators of Enterprises above Designated Size of Wholesale and Retail Trades (2008)

(10 000 yuan)

# 亏损 企业数 Deficient Enterprises	年末资产负债 Assets and Liabilities at Year-end 流动资产合计 Total Working Capitals	固定资产原价 Original Value of Fixed Assets	本年折旧 Depreciation in the Year	资产合计 Total Assests	负债合计 Total Liabilities	所有者权益合计 Total Owners' Equities
488	**12 839 430**	**2 639 607**	**178 828**	**16 993 379**	**10 263 619**	**6 729 760**
269	**11 136 082**	**1 971 517**	**93 511**	**14 355 732**	**8 461 695**	**5 894 037**
21	7 626 784	1 613 349	74 238	10 175 645	52 227 103	4 952 935
267	11 089 225	1 963 633	93 065	14 299 978	8 420 517	5 879 461
11	4 484 538	1 162 425	55 781	5 642 359	2 346 445	3 295 914
6	36 698	9 178	162	46 037	38 693	7 345
1	7 913	2 851	94	12 317	7 679	4 638
1	22 343	1 258	65	26 431	17 767	8 664
44	3 898 048	263 868	11 614	5 178 589	3 560 945	1 617 645
10	339 324	322 336	13 982	702 875	392 227	310 649
194	2 298 744	201 145	11 327	2 689 173	2 055 468	633 705
	1 616	571	40	2 196	1 295	902
1	31 745	6 960	364	39 254	26 173	13 081
1	15 111	924	83	16 501	15 005	1 495
7	1 732 989	58 707	2 010	1 767 676	1 646 401	121 276
24	3 797 429	1 052 103	50 622	4 870 591	1 785 694	3 084 897
10	206 363	45 133	912	289 450	210 635	78 815
	3 166 751	960 884	48 171	4 094 975	1 175 749	2 919 226
4	24 567	3 819	64	31 154	23 994	7 160
1	183 788	55 094	2 051	277 808	122 753	155 055
26	446 601	50 133	2 461	515 313	368 914	146 399
163	3 626 832	621 170	30 471	5 329 350	3 508 790	1 820 560
13	259 870	28 698	1 395	314 906	245 784	69 122
11	146 193	368 136	15 579	517 022	211 149	305 874
95	1 938 553	92 342	5 896	2 963 065	1 763 553	1 199 512
17	241 658	20 183	1 422	292 470	262 803	29 667
7	619 609	51 625	2 247	683 539	596 177	87 363
17	401 907	55 068	3 663	533 840	410 618	123 222
36	867 320	49 235	3 026	1 019 272	741 899	277 373
9	116 521	11 333	844	140 193	108 796	31 398
8	175 565	732	85	180 600	74 392	106 208
5	50 989	3 499	182	62 694	48 017	14 677
10	447 326	27 990	1 620	546 846	446 620	100 225
1	1 395	2 206	55	2 690	6 801	- 4 111
7	455 161	79 049	2 752	541 880	256 451	285 429

15-8 续表1

单位:万元

指标名称	Indicator	营业收入合计 Total Business Revenue
总 计	**Total**	**28 632 639**
一、批发业	**Ⅰ. Wholesale Trade**	**23 670 274**
# 国有及国有控股	Of Which: State-owned and State-holding	14 006 393
1.按登记注册类型分	**1. by Status of Registration**	
内 资	Domestic Funded Enterprises	23 485 647
国 有	State-owned	9 240 236
集 体	Collective-owned	169 093
股份合作	Cooperative	38 184
联营企业	Joint Ownership	66 045
有限责任公司	Limited Liability Corporations	4 759 574
股份有限公司	Share-holding Corporations Ltd.	2 292 398
私营企业	Private-funded Enterprises	6 907 328
其 他	Others	12 789
港澳台商投资企业	Enterprises with Funds from Hong Kong,Macao and Taiwan	122 608
外商投资企业	Share-holding Corporations Ltd. with Foreign Investment	62 020
2.按国民经济行业分	**2. by Sector**	
农畜产品批发业	Wholesale of Farm Produce and Livestock Products	1 171 191
食品、饮料及烟草制品批发业	Wholesale of Food, Beverages and Tobaccos	6 768 755
米、面制品及食用油批发业	Wholesale of Rice, Flour and Edible Oil	264 790
烟草制品批发业	Whole of Tobaccos	5 982 816
纺织、服装及日用品批发业	Wholesale of Textiles, Garments and Daily Consumer Articles	88 154
文化、体育用品及器材批发业	Wholesale of Culture, Sports Appliances and Equipments	212 087
医药及医疗器材批发业	Wholesale of Medicines and Medical Appliances	1 103 603
矿产品、建材及化工产品批发业	Wholesale of Mineral Products, Building Materials and Chemical Products	11 189 140
煤炭及制品批发业	Wholesale of Coal and Related Products	755 822
石油及制品批发业	Wholesale of Petrolem and Related Products	2 199 781
金属及金属矿批发业	Wholesale of Metal Materials	4 571 850
建材批发业	Wholesale of Building Materials	763 161
化肥批发业	Wholesale of Chemical Fertilizer	1 651 999
其他机械设备及电子产品批发	Wholesale of Other Chemical Products	1 113 273
机械设备、五金交电及电子产品批发业	Wholesale of Machinery, Hardware and Electronic Products	1 919 401
汽车、摩托车及零配件批发业	Wholesale of Motor Vehicles, Motorcycles and Parts	359 156
家用电器批发业	Wholesale of Household Electrical Appliances	530 026
计算机、软件及辅助设备批发业	Wholesale of Computer, Software and Assistant Appliances	184 824
其他机械设备及电子产品批发	Wholesale of Machinery and Electronic Products	575 383
贸易经纪与代理	Trade Broker and Agency	2 154
其他批发业	Other Wholesale Trades	1 215 790

continued

(10 000 yuan)

损 益 及 分 配 Losses,Profits and Distribution						
# 主营业务收入 Revenue from Principal Business	主营业务成本 Cost of Principal Business	主营业务税金及附加 Taxes and Other Charges on Principal Business	主营业务利润 Profits from Principal Business	营业费用 Expenses on Business	管理费用 Expenses on Management	财务费用 Expenses on Finance
28 348 771	**24 981 562**	**129 686**	**3 140 649**	**1 075 013**	**702 429**	**88 659**
23 452 174	**20 742 676**	**112 251**	**2 533 677**	**789 482**	**558 599**	**62 130**
13 825 748	11 827 110	40 303	1 980 972	499 355	435 349	9 511
23 267 714	20 579 162	112 249	2 512 734	776 867	552 012	61 719
9 076 635	7 383 850	31 224	1 640 182	334 171	362 860	- 4 953
168 040	162 102	403	5 535	3 435	1 744	687
37 894	34 888	1 358	1 648	945	668	178
66 010	62 137	33	3 840	1 529	900	359
4 731 155	4 472 076	6 270	338 602	169 977	80 037	20 221
2 287 115	2 097 556	7 192	182 368	75 023	31 936	12 540
6 888 193	6 354 772	65 732	339 707	191 338	73 647	32 674
12 672	11 780	39	853	449	220	14
122 443	106 665		15 778	9 211	5 187	90
62 017	56 850	2	5 165	3 404	1 400	321
1 167 410	1 101 842	606	64 405	26 808	11 111	895
6 622 042	5 115 508	23 593	1 548 765	304 451	339 074	- 16 605
262 101	249 904	607	11 589	10 156	6 702	6 669
5 845 498	4 337 653	22 289	1 464 298	240 238	320 552	- 26 226
87 410	84 362	93	2 719	1 951	1 383	70
211 172	149 013	1 464	60 696	13 362	12 666	4 570
1 101 045	993 795	1 569	105 577	69 066	20 179	3 105
11 147 652	10 352 591	80 900	587 943	310 897	119 634	63 378
755 080	698 147	1 611	54 691	45 151	11 713	6 549
2 186 585	2 010 172	3 459	172 955	79 930	26 800	5 614
4 559 755	4 430 704	6 265	125 720	61 835	40 862	22 261
760 841	736 143	1 594	22 259	10 581	5 977	4 883
1 644 471	1 487 312	7 099	149 854	77 648	17 167	18 324
1 107 914	878 359	48 624	53 462	29 050	15 474	5 240
1 904 785	1 798 454	1 876	102 175	49 103	34 299	3 187
358 007	336 879	345	20 783	10 950	4 430	73
525 932	508 636	270	17 026	7 224	4 234	- 241
182 000	173 300	198	6 072	4 040	2 206	298
569 278	525 104	817	43 269	18 478	20 060	2 740
2 153	2 266		- 113	49	228	133
1 208 506	1 144 844	2 152	61 509	13 796	20 026	3 397

15-8 续表2

单位:万元

指标名称	Indicator	营业利润 Profits from Business
总　计	**Total**	**1 433 667**
一、批发业	**Ⅰ. Wholesale Trade**	**1 277 772**
# 国有及国有控股	Of Which: State-owned and State-holding	1 166 413
1.按登记注册类型分	**1. by Status of Registration**	
内　资	Domestic Funded Enterprises	1 276 275
国　有	State-owned	1 021 672
集　体	Collective-owned	108
股份合作	Cooperative	131
联营企业	Joint Ownership	1 087
有限责任公司	Limited Liability Corporations	116 056
股份有限公司	Share-holding Corporations Ltd.	78 039
私营企业	Private-funded Enterprises	58 922
其　他	Others	260
港澳台商投资企业	Enterprises with Funds from Hong Kong,Macao and Taiwan	1 454
外商投资企业	Share-holding Corporations Ltd. with Foreign Investment	43
2.按国民经济行业分	**2. by Sector**	
农畜产品批发业	Wholesale of Farm Produce and Livestock Products	26 716
食品、饮料及烟草制品批发业	Wholesale of Food, Beverages and Tobaccos	991 710
米、面制品及食用油批发业	Wholesale of Rice, Flour and Edible Oil	- 10 090
烟草制品批发业	Whole of Tobaccos	992 790
纺织、服装及日用品批发业	Wholesale of Textiles, Garments and Daily Consumer Articles	36
文化、体育用品及器材批发业	Wholesale of Culture, Sports Appliances and Equipments	30 325
医药及医疗器材批发业	Wholesale of Medicines and Medical Appliances	14 410
矿产品、建材及化工产品批发业	Wholesale of Mineral Products, Building Materials and Chemical Products	160 801
煤炭及制品批发业	Wholesale of Coal and Related Products	- 2 537
石油及制品批发业	Wholesale of Petrolem and Related Products	73 765
金属及金属矿批发业	Wholesale of Metal Materials	39 670
建材批发业	Wholesale of Building Materials	1 566
化肥批发业	Wholesale of Chemical Fertilizer	40 945
其他化工产品批发	Wholesale of Other Chemical Products	7 004
机械设备、五金交电及电子产品批发业	Wholesale of Machinery, Hardware and Electronic Products	24 865
汽车、摩托车及零配件批发业	Wholesale of Motor Vehicles, Motorcycles and Parts	6 264
家用电器批发业	Wholesale of Household Electrical Appliances	9 594
计算机、软件及辅助设备批发业	Wholesale of Computer, Software and Assistant Appliances	702
其他机械设备及电子产品批发	Wholesale of Machinery and Electronic Products	4 902
贸易经纪与代理	Trade Broker and Agency	- 523
其他批发业	Other Wholesale Trades	29 434

continued

(10 000 yuan)

损益及分配 Losses,Profits and Distribution				工资、福利、增值税 Wages,Welfare and Value Added Tax		
利润总额 Total Profits	应交所得税 Income Tax Payable	劳动、失业保险费 Charges on Labor and Unemployment Insurance	住房公积金和住房补贴 Housing Accumulation Fund and Housing Subsidies	本年应付工资总额 Total Wages Payable	本年应付福利费总额 Total Welfare Payable	本年应交增值税 Value Added Tax Payable
1 470 247	**313 643**	**12 431**	**28 255**	**439 495**	**30 446**	**804 101**
1 326 209	**296 289**	**9 443**	**24 574**	**313 324**	**24 353**	**639 211**
1 189 897	272 182	8 307	23 175	246 566	16 752	489 546
1 324 813	296 067	9 408	24 486	310 693	24 265	635 955
1 034 834	250 224	7 421	20 596	209 454	13 751	424 326
- 6	40	50	68	1 242	113	1 549
243	61	33	9	290	20	1 768
1 754	392	14	29	459	15	2 062
132 801	20 439	941	2 491	47 471	3 247	45 417
82 503	10 069	400	1 003	13 446	939	42 622
72 425	14 783	550	292	37 934	6 156	117 557
259	60			398	25	654
1 328	211	14	68	1 796	71	2 713
69	10	21	20	835	17	543
24 434	7 073	31	186	7 939	49	2 398
1 010 521	249 605	6 959	19 053	207 914	14 078	413 184
- 19	540	132	242	3 833	380	5 283
997 037	247 570	6 551	18 680	191 137	13 193	400 509
64	56	14	1	927	76	1 517
32 527	4 355	20	153	4 323	11	7 492
17 940	3 394	155	388	15 932	1 337	28 579
179 177	24 469	1 783	3 066	48 865	7 362	153 922
5 428	1 738	35	215	4 106	3 487	8 136
73 960	6 942	333	897	14 401	939	33 759
43 378	7 327	548	732	12 393	1 613	65 038
677	304	274	137	2 231	236	6 039
42 962	5 126	514	662	8 439	631	17 961
11 973	2 691	74	254	6 794	426	22 185
29 256	5 534	287	670	17 017	1 159	22 145
4 789	1 280	105	43	2 864	174	6 255
10 236	1 484	16	37	2 536	85	2 807
766	131	26	41	1 913	183	2 205
9 426	1 648	117	543	6 051	604	6 269
- 288		5		204		
32 576	1 802	188	1 057	10 204	282	9 973

15-8 续表3

单位:万元

指标名称	Indicator	企业数(个) Number of Enterprises (unit)
二、零售业	**Ⅱ.Retail Trade**	**647**
# 国有及国有控股	Of Which: State-owned and State-holding	87
1.按登记注册类型分	**1. by Status of Registration**	
内 资	Domestic Funded Enterprises	631
国 有	State-owned	49
集 体	Collective-owned	19
股份合作	Cooperative	19
联营企业	Joint Ownership	2
有限责任公司	Limited Liability Corporations	126
股份有限公司	Share-holding Corporations Ltd.	25
私营企业	Private-funded Enterprises	388
其 他	Others	3
港澳台商投资企业	Enterprises with Funds from Hong Kong,Macao and Taiwan	8
外商投资企业	Share-holding Corporations Ltd. with Foreign Investment	8
2.按国民经济行业分	**2. by Sector**	
综合零售业	Integrated Retail	105
百货零售业	Retail of General Merchandise	41
超级市场零售业	Retail of Supermarkets	50
食品、饮料及烟草制品专门零售业	Retail of Food, Beverages and Tobaccos	44
纺织、服装及日用品专门零售业	Retail of Textiles, Garments and Daily Consumer Articles	10
服装零售业	Retail of Garments	9
文化、体育用品及器材专门零售业	Retail of Culture, Sports Appliances and Equipments	45
图书零售业	Retail of Books	36
医药及医疗器材专门零售业	Retail of Medicines and Medical Equipments	31
药品零售业	Retail of Medicines	28
汽车、摩托车、燃料及零配件专门零售业	Retail of Motor Vehicles, Motorcycles,Fuel and Parts	301
汽车零售业	Retail of Motor Vehicles	232
摩托车及零配件零售	Retail of Motorcycle and Parts	29
机动车燃料零售业	Retail of Fuel of Motor Vehicles	36
家用电器及电子产品专门零售业	Special Retail of Household Electric Appliances and Electronic Products	73
家用电器零售业	Retail of Household Electric Appliances	18
计算机、软件及辅助设备零售业	Retail of Computer, Software and Assistant Appliances	39
通讯设备零售业	Retail of Communication Equipments	14
五金、家具及室内装修材料专门零售业	Special Retail of Hardware, Furniture and Decoration Materials	6
无店铺及其他零售业	Non-shop and Other Retails	32
其他未列明的零售	Other Retail Trades not Listed Here	21

continued

(10 000 yuan)

# 亏损 企业数 Deficient Enterprises	年末资产负债 Assets and Liabilities at Year-end					
	流动资产合计 Total Working Capitals	固定资产原价 Original Value of Fixed Assets	本年折旧 Depreciation in the Year	资产合计 Total Assests	负债合计 Total Liabilities	所有者权益合计 Total Owners' Equities
219	**1 703 349**	**668 091**	**85 317**	**2 637 647**	**1 801 924**	**835 724**
16	196 568	276 960	60 542	545 662	275 701	269 961
214	1 535 581	599 232	80 091	2 362 329	1 627 934	734 395
10	65 763	123 081	52 239	149 460	64 214	85 247
5	7 969	4 461	103	11 984	5 914	6 069
4	13 195	14 862	507	27 395	13 448	13 947
2	5 323	823	175	6 592	4 786	1 807
38	534 950	164 347	9 562	735 246	514 561	220 686
5	35 767	99 938	5 656	249 042	116 453	132 589
149	869 582	190 139	11 804	1 178 084	904 836	273 248
1	3 031	1 582	46	4 525	3 723	802
2	73 415	10 974	684	122 281	77 157	45 124
3	94 353	57 885	4 542	153 037	96 832	56 205
23	299 360	159 471	12 676	514 156	361 048	153 108
10	161 044	81 641	3 855	299 231	223 537	75 694
12	127 761	73 187	8 616	198 797	128 116	70 681
6	95 986	42 053	1 260	147 308	98 857	48 450
6	54 865	21 824	451	87 038	50 826	36 212
5	54 667	21 776	442	86 621	50 240	36 381
5	160 666	65 541	2 619	217 358	120 068	97 289
4	71 410	50 337	2 122	112 484	73 661	38 824
9	105 188	19 667	1 858	128 011	85 508	42 503
9	103 594	19 518	1 847	126 159	84 452	41 707
138	830 178	332 662	64 884	1 343 565	964 213	379 352
115	713 184	112 258	7 033	937 934	756 286	181 648
8	12 550	3 247	145	16 876	10 727	6 149
12	53 145	215 786	57 603	336 105	145 499	190 606
26	107 879	8 941	578	120 697	73 308	47 389
6	72 715	4 396	276	79 278	47 797	31 481
12	18 686	2 192	141	21 834	12 522	9 312
8	15 010	2 075	139	16 941	12 451	4 489
1	10 566	2 072	92	13 168	6 143	7 024
5	38 662	15 860	900	66 348	41 952	24 396
2	27 514	8 971	690	44 811	27 681	17 130

15-8 续表4

单位:万元

指标名称	Indicator	营业收入合计 Total Business Revenue
二、零售业	**Ⅱ.Retail Trade**	**4 962 365**
# 国有及国有控股	Of Which: State-owned and State-holding	1 254 043
1.按登记注册类型分	**1. by Status of Registration**	
内资	Domestic Funded Enterprises	4 402 838
国有	State-owned	359 084
集体	Collective-owned	63 987
股份合作	Cooperative	42 589
联营企业	Joint Ownership	19 076
有限责任公司	Limited Liability Corporations	1 062 660
股份有限公司	Share-holding Corporations Ltd.	761 064
私营企业	Private-funded Enterprises	2 087 071
其他	Others	7 308
港澳台商投资企业	Enterprises with Funds from Hong Kong,Macao and Taiwan	224 471
外商投资企业	Share-holding Corporations Ltd. with Foreign Investment	335 057
2.按国民经济行业分	**2. by Sector**	
综合零售业	Integrated Retail	855 180
百货零售业	Retail of General Merchandise	395 508
超级市场零售业	Retail of Supermarkets	433 487
食品、饮料及烟草制品专门零售业	Retail of Food, Beverages and Tobaccos	159 932
纺织、服装及日用品专门零售业	Retail of Textiles, Garments and Daily Consumer Articles	89 906
服装零售业	Retail of Garments	89 341
文化、体育用品及器材专门零售业	Retail of Culture, Sports Appliances and Equipments	224 868
图书零售业	Retail of Books	134 105
医药及医疗器材专门零售业	Retail of Medicines and Medical Equipments	257 587
药品零售业	Retail of Medicines	253 650
汽车、摩托车、燃料及零配件专门零售业	Retail of Motor Vehicles, Motorcycles,Fuel and Parts	2 877 669
汽车零售业	Retail of Motor Vehicles	1 727 051
摩托车及零配件零售	Retail of Motorcycle and Parts	29 772
机动车燃料零售业	Retail of Fuel of Motor Vehicles	1 045 767
家用电器及电子产品专门零售业	Special Retail of Household Electric Appliances and Electronic Products	353 106
家用电器零售业	Retail of Household Electric Appliances	207 602
计算机、软件及辅助设备零售业	Retail of Computer, Software and Assistant Appliances	85 505
通讯设备零售业	Retail of Communication Equipments	55 021
五金、家具及室内装修材料专门零售业	Special Retail of Hardware, Furniture and Decoration Materials	17 479
无店铺及其他零售业	Non-shop and Other Retails	126 638
其他未列明的零售	Distribution of Post and E-commerce	105 461

continued

(10 000 yuan)

损 益 及 分 配 Losses,Profits and Distribution						
# 主营业务收入 Revenue from Principal Business	主营业务成本 Cost of Principal Business	主营业务税金及附加 Taxes and Other Charges on Principal Business	主营业务利润 Profits from Principal Business	营业费用 Expenses on Business	管理费用 Expenses on Management	财务费用 Expenses on Finance
4 896 597	**4 238 886**	**17 434**	**606 972**	**285 531**	**143 830**	**26 529**
1 246 149	1 035 723	8 784	200 519	61 319	28 133	2 518
4 350 263	3 775 456	17 231	524 271	225 342	122 609	26 374
354 949	257 802	1 516	95 009	20 074	8 709	1 249
63 774	30 624	793	3 735	2 295	923	52
42 255	31 825	70	9 381	1 721	1 586	332
19 074	2 528	88	16 458	1 418	437	238
1 046 361	901 946	3 519	140 692	62 275	46 758	11 552
759 864	674 121	7 228	78 516	28 718	8 581	716
2 056 698	1 870 571	4 510	180 429	108 795	55 080	12 179
7 288	6 040	7	51	46	536	57
221 337	190 765	18	30 554	15 136	6 405	537
324 997	272 665	185	52 147	45 054	14 816	- 382
832 229	694 488	2 161	132 933	76 150	48 339	3 951
385 704	316 143	1 461	65 453	21 799	28 979	3 100
421 565	355 818	585	65 163	53 017	17 560	788
155 230	131 898	928	22 403	14 218	7 973	2 214
89 704	75 436	137	14 132	12 623	3 497	2 111
89 140	74 924	137	14 079	12 143	3 483	2 107
220 785	164 863	1 275	53 521	17 611	18 656	1 465
130 935	98 678	407	30 724	12 381	15 966	78
254 180	187 587	1 033	63 665	41 824	12 735	657
250 243	185 660	1 018	62 795	41 709	12 525	644
2 866 293	2 581 729	9 777	275 441	91 822	40 879	15 507
1 717 427	1 598 488	2 041	118 079	51 363	30 751	13 563
29 742	27 124	36	2 583	1 370	711	132
1 044 803	884 496	7 633	152 675	37 051	8 655	1 244
338 452	308 683	825	28 574	21 818	6 740	388
195 844	176 957	609	18 278	15 968	2 759	22
83 753	76 690	149	6 543	3 332	2 255	203
53 877	50 763	61	3 052	2 331	1 538	164
17 228	13 277	19	3 932	3 231	954	74
122 496	80 926	1 278	12 371	6 233	4 057	162
103 921	65 387	1 130	9 907	4 436	1 726	- 32

15-8 续表5

单位:万元

指标名称	Indicator	营业利润 Profits from Business
二、零售业	**Ⅱ.Retail Trade**	**155 895**
# 国有及国有控股	Of Which: State-owned and State-holding	64 889
1.按登记注册类型分	**1. by Status of Registration**	
内　资	Domestic Funded Enterprises	143 719
国　有	State-owned	18 065
集　体	Collective-owned	703
股份合作	Cooperative	6 057
联营企业	Joint Ownership	14 365
有限责任公司	Limited Liability Corporations	33 514
股份有限公司	Share-holding Corporations Ltd.	41 214
私营企业	Private-funded Enterprises	29 949
其　他	Others	- 147
港澳台商投资企业	Enterprises with Funds from Hong Kong,Macao and Taiwan	11 567
外商投资企业	Share-holding Corporations Ltd. with Foreign Investment	609
2.按国民经济行业分	**2. by Sector**	
综合零售业	Integrated Retail	24 070
百货零售业	Retail of General Merchandise	20 471
超级市场零售业	Retail of Supermarkets	3 451
食品、饮料及烟草制品专门零售业	Retail of Food, Beverages and Tobaccos	1 395
纺织、服装及日用品专门零售业	Retail of Textiles, Garments and Daily Consumer Articles	- 3 915
服装零售业	Retail of Garments	- 3 470
文化、体育用品及器材专门零售业	Retail of Culture, Sports Appliances and Equipments	19 027
图书零售业	Retail of Books	5 398
医药及医疗器材专门零售业	Retail of Medicines and Medical Equipments	11 601
药品零售业	Retail of Medicines	11 026
汽车、摩托车、燃料及零配件专门零售业	Retail of Motor Vehicles, Motorcycles,Fuel and Parts	88 413
汽车零售业	Retail of Motor Vehicles	30 756
摩托车及零配件零售	Retail of Motorcycle and Parts	395
机动车燃料零售业	Retail of Fuel of Motor Vehicles	57 765
家用电器及电子产品专门零售业	Special Retail of Household Electric Appliances and Electronic Products	11 972
家用电器零售业	Retail of Household Electric Appliances	9 283
计算机、软件及辅助设备零售业	Retail of Computer, Software and Assistant Appliances	2 395
通讯设备零售业	Retail of Communication Equipments	24
五金、家具及室内装修材料专门零售业	Special Retail of Hardware, Furniture and Decoration Materials	- 110
无店铺及其他零售业	Non-shop and Other Retails	3 444
其他未列明的零售	Other Retail Trades not Listed Here	3 923

continued

(10 000 yuan)

损益及分配 Losses,Profits and Distribution				工资、福利、增值税 Wages,Welfare and Value Added Tax		
利润总额 Total Profits	应交所得税 Income Tax Payable	劳动、失业保险费 Charges on Labor and Unemployment Insurance	住房公积金和住房补贴 Housing Accumulation Fund and Housing Subsidies	本年应付工资总额 Total Wages Payable	本年应付福利费总额 Total Welfare Payable	本年应交增值税 Value Added Tax Payable
144 038	**17 355**	**2 988**	**3 680**	**126 170**	**6 092**	**164 890**
63 899	2 677	1 891	2 410	27 847	1 354	29 960
129 689	14 266	2 849	3 241	111 440	5 434	146 528
20 119	284	1 625	1 675	11 951	442	7 004
649	135	35	43	1 158	231	586
5 845	90	10	12	911	128	357
- 524		47		631	7	872
35 867	7 526	536	883	33 332	2 022	51 396
37 453	818	76	312	7 715	428	20 138
30 429	5 413	519	311	55 538	2 155	66 167
- 149	1	2	6	204	21	8
11 804	1 872	45	37	4 671	45	3 972
2 546	1 217	95	403	10 060	614	14 391
27 559	5 644	525	1 486	33 542	1 658	25 403
21 904	4 538	339	1 085	11 485	783	13 789
5 293	1 062	168	367	16 638	775	11 451
4 379	875	1 301	255	9 460	538	1 676
- 3 582	24	11	4	4 808	56	6 468
- 3 337	24	10	4	4 789	56	6 460
20 453	1 881	361	714	12 519	590	14 406
6 287	867	349	677	10 024	582	3 313
10 665	1 860	129	37	21 915	290	9 029
10 087	1 860	128	37	21 784	290	8 989
69 860	4 634	500	499	33 236	1 902	98 047
16 864	3 947	303	149	23 124	1 338	75 011
240	12	5		829	81	392
53 274	672	188	350	8 231	419	21 822
12 364	1 851	71	177	6 066	393	7 090
9 422	1 701	24	158	3 469	168	3 078
2 453	63	31	20	1 632	165	3 279
219	85	10		935	55	376
179	30	7	27	759	260	493
2 161	555	84	481	3 866	406	2 279
1 957	419	55	30	1 921	283	1 305

15-9 限额以上住宿和餐饮企业财务状况（2008年）

单位:万元

指标名称	Indicator	企业数(个) Number of Enterprises (unit)	#亏损企业数 Number of Deficient Enterprises
总　计	**Total**	**486**	**260**
一、住宿业	**Ⅰ. Hotels**	**359**	**223**
# 国有及国有控股	Of Which: State-owned and State-holding	136	82
1.按登记注册类型分	**1. by Status of Registration**		
内 资	Domestic Funded Enterprises	337	207
国 有	State-owned	97	66
集 体	Collective-owned	23	13
股份合作	Cooperative	6	5
联营企业	Joint Ownership	2	
国有联营	State Joint Ownership	2	
集体联营	Collective Joint Ownership		
国有与集体联营	Joint State-collective		
其他联营	Other Joint Ownership		
有限责任公司	Limited Liability Corporations	68	47
国有独资公司	State Sole Funded Corporations	4	4
其他有限责任公司	Other Limited Liability Corporations	64	43
股份有限公司	Share-holding Corporations Ltd.	14	7
私营企业	Private Enterprises	122	66
私营独资	Private-funded Enterprises	39	16
私营合伙	Private Partnership Enterprises	2	
私营有限责任公司	Private Limited Liability Corporations	73	45
私营股份有限公司	Private Share-holding Corporations Ltd.	8	5
其 他	Others	5	3
港澳台商投资企业	Enterprises with Funds from Hong Kong,Macao and Taiwan	13	9
与港澳台商合资经营	Joint-venture	7	4
与港澳台商合作经营	Cooperative	1	1
港澳台商独资	Sole Investment	5	4
港澳台商独资股份有限公司	Share-holding Corporations Ltd. With Sole Investment		
外商投资企业	Foreign Funded Enterprises	9	7
中外合资经营	Joint-venture	6	4
中外合作经营	Cooperative		
外资企业	Sole Foreign Investment	3	3
外商投资股份有限公司	Share-holding Corporations Ltd. with Foreign Investment		
2.按国民经济行业分	**2. by Sector**		
旅游饭店	Tourist Hotels	304	198
一般旅馆	General Hotels	48	25
其他住宿服务	Other Accommodation Services	7	

Financial Indicators of Enterprises above Designated Size of Catering Services (2008)

(10 000 yuan)

年末资产负债 Assets and Liabilities at Year-end					
流动资产合计 Total Working Capitals	固定资产原价 Original Value of Fixed Assets	本年折旧 Depreciation in the Year	资产合计 Total Assests	负债合计 Total Liabilities	所有者权益合计 Total Owners' Equities
407 269	**1 407 227**	**68 711**	**1 643 136**	**1 000 544**	**642 592**
335 817	**1 289 888**	**62 977**	**1 451 842**	**889 045**	**562 798**
113 735	583 025	29 628	576 289	258 085	318 204
281 175	1 062 627	56 128	1 224 917	739 230	485 687
608 755	341 374	19 879	351 216	149 974	201 242
4 980	30 878	1 203	26 437	19 539	6 898
1 607	14 136	588	11 958	5 252	6 706
3 725	2 644	52	5 355	2 656	2 699
3 725	2 644	52	5 355	2 656	2 699
73 024	322 796	17 512	341 078	208 447	132 630
3 174	14 172	1 463	13 281	4 724	8 557
69 850	308 624	16 050	327 797	203 724	124 073
13 392	81 678	4 521	69 155	51 432	17 723
114 777	262 334	12 161	407 624	292 792	114 832
8 650	34 836	1 916	44 775	22 525	22 251
200	1 348	33	1 270	723	546
95 256	219 378	9 843	329 988	251 769	78 219
10 671	6 773	369	31 592	17 775	13 817
8 795	6 787	212	12 095	9 138	2 957
38 123	170 197	4 719	142 831	104 108	38 723
23 931	54 596	2 316	55 383	26 645	28 737
4 528	40 372	468	35 954	43 542	- 7 588
9 664	75 229	1 934	51 494	33 920	17 574
16 519	57 065	2 130	84 094	45 707	38 387
3 183	21 837	1 711	25 926	7 490	18 435
13 336	35 229	419	58 169	38 217	19 952
319 503	1 182 184	59 219	1 346 999	812 335	534 664
14 455	97 423	3 415	94 464	70 797	23 667
1 859	10 281	344	10 380	5 913	4 467

15-9 续表1

单位:万元

指标名称	Indicator	营业收入合计 Business Revenue	# 主营业务收入 Revenue from Principal Business
总计	**Total**	**532 621**	**514 127**
一、住宿业	**I. Hotels**	**371 542**	**354 957**
# 国有及国有控股	Of Which: State-owned and State-holding	163 847	158 354
1.按登记注册类型分	**1. by Status of Registration**		
内资	Domestic Funded Enterprises	327 560	314 213
国有	State-owned	97 342	93 730
集体	Collective-owned	14 071	13 710
股份合作	Cooperative	6 310	5 916
联营企业	Joint Ownership	5 360	4 433
国有联营	State Joint Ownership	5 360	4 433
集体联营	Collective Joint Ownership		
国有与集体联营	Joint State-collective		
其他联营	Other Joint Ownership		
有限责任公司	Limited Liability Corporations	81 693	78 097
国有独资公司	State Sole Funded Corporations	2 131	1 957
其他有限责任公司	Other Limited Liability Corporations	79 563	76 140
股份有限公司	Share-holding Corporations Ltd.	22 813	22 737
私营企业	Private Enterprises	91 391	87 055
私营独资	Private-funded Enterprises	20 182	19 157
私营合伙	Private Partnership Enterprises	894	894
私营有限责任公司	Private Limited Liability Corporations	64 726	61 542
私营股份有限公司	Private Share-holding Corporations Ltd.	5 590	5 463
其他	Others	8 579	8 533
港澳台商投资企业	Enterprises with Funds from Hong Kong,Macao and Taiwan	34 641	31 852
与港澳台商合资经营	Joint-venture	18 811	16 022
与港澳台商合作经营	Cooperative	4 031	4 031
港澳台商独资	Sole Investment	11 800	11 800
港澳台商独资股份有限公司	Share-holding Corporations Ltd. With Sole Investment		
外商投资企业	Foreign Funded Enterprises	9 341	8 892
中外合资经营	Joint-venture	3 005	2 840
中外合作经营	Cooperative		
外资企业	Sole Foreign Investment	6 336	6 052
外商投资股份有限公司	Share-holding Corporations Ltd. with Foreign Investment		
2.按国民经济行业分	**2. by Sector**		
旅游饭店	Tourist Hotels	338 939	323 551
一般旅馆	General Hotels	29 231	28 060
其他住宿服务	Other Accommodation Services	3 371	3 345

continued

(10 000 yuan)

损 益 及 分 配 Losses,Profits and Distribution					
主营业务成本 Cost of Principal Business	主营业务税金及附加 Taxes and Other Charges on Principal Business	主营业务利润 Profits from Principal Business	营业费用 Expenses on Business	管理费用 Expenseson Management	财务费用 Expenses on Finance
201 183	**29 297**	**286 436**	**163 842**	**144 489**	**13 058**
116 499	**20 485**	**220 760**	**124 612**	**128 269**	**10 261**
56 405	8 597	95 168	51 021	57 523	3 046
106 620	17 998	192 435	111 113	105 877	9 593
35 260	5 335	55 788	33 061	32 610	2 025
4 198	821	8 690	5 416	4 060	57
5 465	96	356	722	737	124
784	252	3 398	1 648	1 976	- 74
784	252	3 398	1 648	1 976	- 74
21 916	4 614	50 489	29 112	30 345	2 947
410	117	1 430	1 559	688	88
21 506	4 497	49 059	27 553	29 657	2 859
6 079	1 270	16 427	8 866	7 089	561
30 280	5 206	51 798	28 853	26 744	3 899
7 342	1 065	10 113	5 214	4 726	756
215	49	630	442	80	86
20 810	3 706	37 892	20 868	20 989	3 031
1 913	386	3 164	2 329	949	26
2 639	405	5 489	3 436	2 317	54
7 103	1 801	22 948	10 133	17 382	440
3 781	968	11 273	4 832	6 896	717
1 751	241	2 039	656	2 625	52
1 572	591	9 637	4 644	7 861	- 329
2 776	687	5 377	3 366	5 010	228
1 179	117	1 491	1 200	1 721	190
1 597	570	3 886	2 167	3 289	38
103 834	18 620	203 806	114 729	120 212	9 058
11 046	1 674	15 420	9 311	7 712	1 107
1 619	191	1 535	572	346	96

15-9 续表2

单位:万元

指标名称	Indicator	营业利润 Profits from Business
总 计	**Total**	**-22 556**
一、住宿业	**Ⅰ. Hotels**	**-31 346**
# 国有及国有控股	Of Which: State-owned and State-holding	-11 486
1.按登记注册类型分	**1. by Status of Registration**	
内 资	Domestic Funded Enterprises	-23 768
国 有	State-owned	-9 085
集 体	Collective-owned	-698
股份合作	Cooperative	-976
联营企业	Joint Ownership	306
国有联营	State Joint Ownership	306
集体联营	Collective Joint Ownership	
国有与集体联营	Joint State-collective	
其他联营	Other Joint Ownership	
有限责任公司	Limited Liability Corporations	-8 932
国有独资公司	State Sole Funded Corporations	-732
其他有限责任公司	Other Limited Liability Corporations	-8 200
股份有限公司	Share-holding Corporations Ltd.	12
私营企业	Private Enterprises	-4 091
私营独资	Private-funded Enterprises	475
私营合伙	Private Partnership Enterprises	22
私营有限责任公司	Private Limited Liability Corporations	-4 571
私营股份有限公司	Private Share-holding Corporations Ltd.	-18
其 他	Others	-304
港澳台商投资企业	Enterprises with Funds from Hong Kong,Macao and Taiwan	-4 841
与港澳台商合资经营	Joint-venture	-1 007
与港澳台商合作经营	Cooperative	-1 294
港澳台商独资	Sole Investment	-2 540
港澳台商独资股份有限公司	Share-holding Corporations Ltd. With Sole Investment	
外商投资企业	Foreign Funded Enterprises	-2 738
中外合资经营	Joint-venture	-1 130
中外合作经营	Cooperative	
外资企业	Sole Foreign Investment	-1 608
外商投资股份有限公司	Share-holding Corporations Ltd. with Foreign Investment	
2.按国民经济行业分	**2. by Sector**	
旅游饭店	Tourist Hotels	-29 750
一般旅馆	General Hotels	-2 168
其他住宿服务	Other Accommodation Services	572

continued

(10 000 yuan)

损 益 及 分 配 Losses,Profits and Distribution				工资、福利费 Wages and Welfare	
利润总额 Total Profits	应交所得税 Income Tax Payable	劳动、失业保险费 Charges on Labor and Unemployment Insurance	住房公积金和住房补贴 Housing Accumulation Fund and Housing Subsidies	本年立付工资总额 Total Wages Payable	本年应付福利费总额 Total Welfare Payable
- 19 652	**3 917**	**1 389**	**1 685**	**94 315**	**8 173**
- 28 434	**1 635**	**995**	**1 529**	**73 006**	**6 277**
- 10 796	547	570	1 020	32 222	2 166
- 21 626	1 354	913	1 273	63 583	4 696
- 8 897	250	423	663	18 702	1 419
- 1 006	14	15	31	2 763	133
- 564		89	8	514	32
327	1	9		1 696	34
327	1	9		1 696	34
- 8 376	321	153	388	16 414	1 147
- 722		8		483	18
- 7 654	321	145	388	15 931	1 129
- 62	139	28	15	3 471	108
- 2 906	615	177	14	17 975	1 534
438	67	19	1	3 385	299
22	13			150	54
- 3 374	530	139	13	13 414	1 077
9	5	18		1 026	105
- 142	15	20	154	2 049	288
- 3 287	53	74	153	6 463	952
- 195	53	26	64	3 337	42
- 1 281		8	1	767	
- 1 811		40	87	2 360	910
- 3 521	228	7	104	2 960	629
- 1 882		4	10	874	44
- 1 639	228	4	94	2 086	586
- 26 832	1 519	939	1 381	66 205	5 657
- 2 177	116	53	144	6 004	572
575		3	4	797	49

15-9 续表3

单位:万元

指标名称	Indicator	企业数(个) Number of Enterprises (unit)	#亏损企业数 Number of Deficient Enterprises
二、餐饮业	**Ⅱ. Catering Service**	**127**	**37**
# 国有及国有控股	Of Which: State-owned and State-holding	8	3
1.按登记注册类型分	**1. by Status of Registration**		
内 资	Domestic Funded Enterprises	119	34
国 有	State-owned	5	3
集 体	Collective-owned	5	3
股份合作	Cooperative	2	
联营企业	Joint Ownership		
国有联营	State Joint Ownership		
集体联营	Collective Joint Ownership		
国有与集体联营	Joint State-collective		
其他联营	Other Joint Ownership		
有限责任公司	Limited Liability Corporations	22	7
国有独资公司	State Sole Funded Corporations		
其他有限责任公司	Other Limited Liability Corporations	22	7
股份有限公司	Share-holding Corporations Ltd.	6	2
私营企业	Private Enterprises	79	19
私营独资	Private-funded Enterprises	21	3
私营合伙	Private Partnership Enterprises		
私营有限责任公司	Private Limited Liability Corporations	53	16
私营股份有限公司	Private Share-holding Corporations Ltd.	5	
其 他	Others		
港澳台商投资企业	Enterprises with Funds from Hong Kong,Macao and Taiwan	5	2
与港澳台商合资经营	Joint-venture	2	1
与港澳台商合作经营	Cooperative		
港澳台商独资	Sole Investment	3	1
港澳台商独资股份有限公司	Share-holding Corporations Ltd. With Sole Investment		
外商投资企业	Foreign Funded Enterprises	3	1
中外合资经营	Joint-venture		
中外合作经营	Cooperative		
外资企业	Sole Foreign Investment	3	1
外商投资股份有限公司	Share-holding Corporations Ltd. with Foreign Investment		
2.按国民经济行业分	**2. by Sector**		
正餐服务业	Dinner Service	120	37
快餐服务业	Snack Service	5	
饮料及冷饮服务业	Service of Beverages and Cold Drinks		
其他餐饮服务业	Other Carering Services	2	

continued

(10 000 yuan)

年末资产负债 Assets and Liabilities at Year-end					
流动资产合计 Total Working Capitals	固定资产原价 Original Value of Fixed Assets	本年折旧 Depreciation in the Year	资产合计 Total Assests	负债合计 Total Liabilities	所有者权益合计 Total Owners' Equities
71 452	**117 338**	**5 734**	**191 294**	**111 499**	**79 795**
13 638	23 049	1 083	33 405	6 799	26 606
64 291	104 819	5 563	169 245	99 200	70 045
1 773	18 414	75	19 079	1 978	17 102
1 596	4 312	208	5 080	4 431	649
356	521	24	924	239	684
20 383	25 829	2 033	39 261	27 196	12 065
20 383	25 829	2 033	39 261	27 196	12 065
6 356	9 316	560	20 361	17 144	3 218
33 827	46 427	2 663	84 540	48 213	36 327
8 562	12 207	645	18 906	9 934	8 971
23 400	26 873	1 767	56 744	34 088	22 655
1 864	7 347	251	8 891	4 190	4 701
5 924	4 399	98	12 001	6 607	5 394
2 014	480	26	2 585	721	1 864
3 910	3 919	72	9 416	5 886	3 530
1 237	8 120	73	10 048	5 692	4 356
1 237	8 120	73	10 048	5 692	4 356
54 276	102 876	4 770	159 304	97 166	62 138
7 965	13 076	188	21 976	11 446	10 530
9 211	1 387	776	10 014	2 887	7 127

15-9 续表4

单位:万元

指标名称	Indicator	营业收入合计 Business Revenue	#主营业务收入 Revenue from Principal Business
二、餐饮业	**Ⅱ. Catering Service**	**161 080**	**159 171**
# 国有及国有控股	Of Which: State-owned and State-holding	16 107	15 940
1.按登记注册类型分	**1. by Status of Registration**		
内　资	Domestic Funded Enterprises	122 128	121 105
国　有	State-owned	3 344	3 218
集　体	Collective-owned	2 292	2 255
股份合作	Cooperative	1 426	1 321
联营企业	Joint Ownership		
国有联营	State Joint Ownership		
集体联营	Collective Joint Ownership		
国有与集体联营	Joint State-collective		
其他联营	Other Joint Ownership		
有限责任公司	Limited Liability Corporations	29 841	29 599
国有独资公司	State Sole Funded Corporations		
其他有限责任公司	Other Limited Liability Corporations	29 841	29 599
股份有限公司	Share-holding Corporations Ltd.	9 274	9 145
私营企业	Private Enterprises	75 952	75 567
私营独资	Private-funded Enterprises	16 025	15 873
私营合伙	Private Partnership Enterprises		
私营有限责任公司	Private Limited Liability Corporations	55 120	54 886
私营股份有限公司	Private Share-holding Corporations Ltd.	4 808	4 808
其　他	Others		
港澳台商投资企业	Enterprises with Funds from Hong Kong,Macao and Taiwan	16 148	15 262
与港澳台商合资经营	Joint-venture	5 281	5 281
与港澳台商合作经营	Cooperative		
港澳台商独资	Sole Investment	10 867	9 981
港澳台商独资股份有限公司	Share-holding Corporations Ltd. With Sole Investment		
外商投资企业	Foreign Funded Enterprises	22 804	22 804
中外合资经营	Joint-venture		
中外合作经营	Cooperative		
外资企业	Sole Foreign Investment	22 804	22 804
外商投资股份有限公司	Share-holding Corporations Ltd. with Foreign Investment		
2.按国民经济行业分	**2. by Sector**		
正餐服务业	Dinner Service	116 505	115 522
快餐服务业	Snack Service	36 720	35 827
饮料及冷饮服务业	Service of Beverages and Cold Drinks		
其他餐饮服务业	Other Carering Services	7 855	7 822

continued

(10 000 yuan)

损益及分配 Losses,Profits and Distribution					
主营业务成本 Cost of Principal Business	主营业务税金及附加 Taxes and Other Charges on Principal Business	主营业务利润 Profits from Principal Business	营业费用 Expenses on Business	管理费用 Expenseson Management	财务费用 Expenses on Finance
84 684	**8 812**	**65 676**	**39 230**	**16 219**	**2 797**
9 837	519	5 585	2 084	2 455	349
68 282	6 854	45 969	26 990	13 443	2 805
2 042	167	1 009	698	442	4
1 227	124	904	633	316	19
305	84	932	354	368	
16 504	1 317	11 778	5 891	4 382	929
16 504	1 317	11 778	5 891	4 382	929
5 850	403	2 893	318	803	285
42 354	4 759	28 453	19 096	7 133	1 569
9 154	1 309	5 409	3 293	1 386	306
30 837	3 195	20 854	14 642	5 229	1 110
2 363	255	2 190	1 161	517	153
7 866	704	6 692	5 557	1 109	30
3 495	192	1 593	1 006	302	37
4 371	511	5 099	4 550	807	- 7
8 535	1 254	13 015	6 684	1 667	- 38
8 535	1 254	13 015	6 684	1 667	- 38
65 459	6 782	43 280	27 261	11 767	2 576
14 535	1 856	19 435	11 543	2 721	- 40
4 689	173	2 960	427	1 731	260

15-9 续表5

单位:万元

指 标 名 称	Indicator	营业利润 Profits from Business
二、餐饮业	**Ⅱ. Catering Service**	**8 790**
#国有及国有控股	Of Which: State-owned and State-holding	815
1.按登记注册类型分	**1. by Status of Registration**	
内 资	Domestic Funded Enterprises	3 506
国 有	State-owned	- 22
集 体	Collective-owned	- 28
股份合作	Cooperative	315
联营企业	Joint Ownership	
国有联营	State Joint Ownership	
集体联营	Collective Joint Ownership	
国有与集体联营	Joint State-collective	
其他联营	Other Joint Ownership	
有限责任公司	Limited Liability Corporations	774
国有独资公司	State Sole Funded Corporations	
其他有限责任公司	Other Limited Liability Corporations	774
股份有限公司	Share-holding Corporations Ltd.	1 615
私营企业	Private Enterprises	851
私营独资	Private-funded Enterprises	429
私营合伙	Private Partnership Enterprises	
私营有限责任公司	Private Limited Liability Corporations	64
私营股份有限公司	Private Share-holding Corporations Ltd.	358
共 创	Others	
港澳台商投资企业	Enterprises with Funds from Hong Kong,Macao and Taiwan	705
与港澳台商合资经营	Joint-venture	248
与港澳台商合作经营	Cooperative	
港澳台商独资	Sole Investment	458
港澳台商独资股份有限公司	Share-holding Corporations Ltd. With Sole Investment	
外商投资企业	Foreign Funded Enterprises	4 578
中外合资经营	Joint-venture	
中外合作经营	Cooperative	
外资企业	Sole Foreign Investment	4 578
外商投资股份有限公司	Share-holding Corporations Ltd. with Foreign Investment	
2.按国民经济行业分	**2. by Sector**	
正餐服务业	Dinner Service	2 446
快餐服务业	Snack Service	5 802
饮料及冷饮服务业	Service of Beverages and Cold Drinks	
其他餐饮服务业	Other Carering Services	542

continued

(10 000 yuan)

损 益 及 分 配 Losses,Profits and Distribution				工资、福利费 Wages and Welfare	
利润总额 Total Profits	应交所得税 Income Tax Payable	劳动、失业保险费 Charges on Labor and Unemployment Insurance	住房公积金和住房补贴 Housing Accumulation Fund and Housing Subsidies	本年应付工资总额 Total Wages Payable	本年应付福利费总额 Total Welfare Payable
8 782	**2 282**	**395**	**156**	**21 309**	**1 896**
1 400	316	24	133	3 465	1 012
3 596	1 034	384	143	17 519	1 819
- 19	17	4	11	1 178	819
- 82	3	6		380	4
315	2	3		345	11
1 595	381	23	124	4 433	462
1 595	381	23	124	4 433	462
499	104	245	3	1 330	32
1 287	527	102	6	9 853	491
172	160	10	5	1 729	90
750	325	42	1	7 695	282
365	42	50		429	119
649	115	11	13	1 325	46
244	70	4		381	
405	45	7	13	944	46
4 537	1 133			2 465	31
4 537	1 133			2 465	31
1 973	813	368	21	15 675	1 632
5 687	1 338	10	13	3 663	80
1 121	131	17	122	1 971	184

15-10 各地区限额以上批发和零售业财务状况 (2008年)

Financial Indicators of Enterprises above Designated Size of Wholesale and Retail Trades by Region (2008)

单位:万元 (10 000 yuan)

地 区	Region	企业数(个) Number of Enterprises (unit)	#亏损企业数 Deficient Enterprises	流动资产合计 Total Working Capitals	固定资产原价 Original Value of Fixed Assets	本年折旧 Depreciation in the Year	资产合计 Total Assests	负债合计 Total Liabilities	所有者权益合计 Total Owners' Equities
全省合计	**Total**	**1 518**	**488**	**12 839 430**	**2 639 607**	**178 828**	**16 993 379**	**10 263 619**	**6 729 760**
昆　明	Kunming	745	266	7 259 546	989 647	49 570	9 675 709	5 969 130	3 706 579
曲　靖	Qujing	66	21	838 130	333 310	7 446	1 119 088	527 426	591 662
玉　溪	Yuxi	119	30	2 294 492	287 254	14 220	2 565 547	1 942 899	622 648
保　山	Baoshan	45	10	184 187	79 922	5 595	288 767	142 540	146 227
昭　通	Zhaotong	54	17	266 528	129 098	5 602	377 633	181 389	196 244
丽　江	Lijiang	22	5	148 221	42 179	2 594	227 747	174 664	53 083
普　洱	Pu'er	34	13	74 796	60 098	3 281	139 934	69 564	70 371
临　沧	Lincang	16	5	53 511	37 742	2 052	89 343	52 488	36 855
楚　雄	Chuxiong	54	14	299 806	109 952	6 271	416 185	159 204	256 981
红　河	Honghe	93	31	394 275	228 824	61 868	637 712	234 105	403 607
文　山	Wenshan	39	3	179 053	82 511	5 139	299 540	124 415	175 124
西双版纳	Xishuangbanna	57	15	76 335	57 259	3 646	133 136	63 906	69 230
大　理	Dali	68	30	411 834	150 059	8 605	599 943	340 721	259 222
德　宏	Dehong	91	23	151 385	31 673	1 973	193 455	111 604	81 851
怒　江	Nujiang	5	1	15 906	9 668	430	25 208	8 609	16 598
迪　庆	Diqing	10	4	191 425	10 412	537	204 434	160 954	43 480

15-10 续表1 continued

单位:万元 (10 000 yuan)

地 区	Region	营业收入合计 Business Revenue	#主营业务收入 Revenue from Principal Business	主营业务成本 Cost of Principal Business	主营业务税金及附加 Taxes and Other Charges on Principal Business	主营业务利润 Profits from Principal Business	营业费用 Expenses on Business	管理费用 Expenseson Management	财务费用 Expenses on Finance
全省合计	**Total**	**28 632 639**	**28 348 771**	**24 981 562**	**129 686**	**3 140 649**	**1 075 013**	**702 429**	**88 659**
昆　明	Kunming	17 521 111	17 402 318	15 691 736	91 461	1 493 419	619 176	313 094	72 512
曲　靖	Qujing	1 746 146	1 711 923	1 388 914	4 736	314 518	94 132	65 497	1 841
玉　溪	Yuxi	2 697 891	2 676 681	2 430 840	2 866	242 975	60 244	51 387	808
保　山	Baoshan	416 612	403 111	327 639	1 976	73 495	20 641	23 638	2 002
昭　通	Zhaotong	639 080	622 813	512 655	1 936	106 895	21 941	42 846	352
丽　江	Lijiang	393 286	380 440	336 507	1 758	42 176	12 428	12 355	2 429
普　洱	Pu'er	317 927	307 947	255 065	769	52 113	19 015	14 557	2 403
临　沧	Lincang	197 407	193 790	160 477	404	32 909	11 381	11 005	502
楚　雄	Chuxiong	683 053	667 335	531 732	5 208	129 969	34 232	33 863	119
红　河	Honghe	1 168 218	1 153 365	955 278	4 192	193 894	41 337	50 510	- 495
文　山	Wenshan	453 989	453 556	338 144	1 215	113 983	16 242	21 303	683
西双版纳	Xishuangbanna	336 689	335 423	288 453	7 615	39 355	14 104	9 289	747
大　理	Dali	1 170 257	1 151 114	975 003	2 181	147 418	47 386	38 276	3 477
德　宏	Dehong	637 649	635 829	595 795	2 142	37 892	17 185	9 398	1 289
怒　江	Nujiang	52 182	51 986	35 979	60	15 947	2 286	3 173	- 28
迪　庆	Diqing	201 141	201 141	157 346	1 168	103 690	43 284	2 240	18

15-10 续表2 continued

单位:万元 (10 000 yuan)

地 区	Region	营业利润 Profits from Business	利润总额 Total Profits	应交所得税 Income Tax Payable	劳动、失业保险费 Charges on Labor and Unemployment Insurance	住房公积金和住房补贴 Housing Accumulation Fund and Housing Subsidies	本年应付工资总额 Total Wages Payable	本年应付福利费总额 Total Welfare Payable	本年应交增值税 Value Added Tax Payable
全省合计	**Total**	**1 433 667**	**1 470 247**	**313 643**	**12 431**	**28 255**	**439 495**	**30 446**	**804 101**
昆 明	Kunming	600 080	645 584	126 878	4 028	8 212	175 460	14 382	498 001
曲 靖	Qujing	156 786	160 135	32 231	1 701	4 107	50 497	3 668	47 187
玉 溪	Yuxi	136 282	125 545	33 748	134	1 753	38 787	1 781	26 658
保 山	Baoshan	30 239	34 524	10 042	139	1 321	13 782	1 750	15 126
昭 通	Zhaotong	43 861	44 813	11 253	2 411	2 319	22 964	447	18 501
丽 江	Lijiang	15 561	17 433	3 463	288	544	6 717	762	8 132
普 洱	Pu'er	16 499	16 227	4 380	239	663	18 812	846	6 211
临 沧	Lincang	10 069	8 963	3 170	95	377	6 156	646	4 582
楚 雄	Chuxiong	70 530	87 923	23 921	1 126	2 097	21 459	262	28 979
红 河	Honghe	103 324	108 994	20 336	779	2 940	23 633	572	45 769
文 山	Wenshan	75 985	79 218	10 568	608	976	12 483	1 282	46 185
西双版纳	Xishuangbanna	14 572	13 399	3 353	59	233	5 782	322	9 708
大 理	Dali	124 757	101 231	26 596	587	2 351	24 740	3 161	24 873
德 宏	Dehong	10 064	10 447	2 484	96	156	4 812	340	14 287
怒 江	Nujiang	10 685	3 934	973	20	100	2 231	29	1 161
迪 庆	Diqing	14 372	11 879	249	123	107	10 181	195	8 743

15-11 各地区限额以上住宿餐饮业财务状况（2008年）

Financial Indicators of Enterprises above Designated Size of Catering Services by Region (2008)

单位:万元 (10 000 yuan)

地 区	Region	企业数(个) Number of Enterprises (unit)	#亏损企业数 Deficient Enterprises	流动资产合计 Total Working Capitals	固定资产原价 Original Value of Fixed Assets	本年折旧 Depreciation in the Year	资产合计 Total Assests	负债合计 Total Liabilities	所有者权益合计 Total Owners' Equities
全省合计	**Total**	**486**	**260**	**407 269**	**1 407 227**	**68 711**	**1 643 136**	**1 000 544**	**642 592**
昆 明	Kunming	213	118	254 068	745 825	32 963	870 510	520 729	349 781
曲 靖	Qujing	33	13	13 918	60 977	3 313	69 946	52 571	17 376
玉 溪	Yuxi	34	15	12 384	90 494	4 289	78 757	39 115	39 642
保 山	Baoshan	10	2	8 896	23 622	991	33 018	14 673	18 345
昭 通	Zhaotong	14	4	2 161	13 393	500	14 323	8 973	5 350
丽 江	Lijiang	39	33	42 417	133 686	11 915	170 438	103 358	67 079
普 洱	Pu'er	11	5	2 877	13 323	566	13 803	4 629	9 173
临 沧	Lincang	5	2	7 991	14 388	923	22 006	15 792	6 214
楚 雄	Chuxiong	12	7	5 206	18 137	372	18 710	11 686	7 024
红 河	Honghe	29	13	8 254	46 285	1 991	65 765	44 202	21 563
文 山	Wenshan	14	4	4 086	24 844	1 099	27 030	18 559	8 471
西双版纳	Xishuangbanna	25	18	26 164	68 623	2 940	95 063	65 544	29 520
大 理	Dali	30	19	13 618	86 567	4 085	89 350	60 814	28 536
德 宏	Dehong	7	3	2 254	27 596	1 223	38 431	23 859	14 571
怒 江	Nujiang	2	1	608	4 308	199	4 751	1 597	3 155
迪 庆	Diqing	8	3	2 369	35 158	1 344	31 236	14 442	16 794

15-11 续表1 continued

单位:万元 (10 000 yuan)

地区	Region	营业收入合计 Business Revenue	#主营业务收入 Revenue from Principal Business	主营业务成本 Cost of Principal Business	主营业务税金及附加 Taxes and Other Charges on Principal Business	主营业务利润 Profits from Principal Business	营业费用 Expenses on Business	管理费用 Expenseson Management	财务费用 Expenses on Finance
全省合计	**Total**	**532 621**	**514 127**	**201 183**	**29 297**	**286 436**	**163 842**	**144 489**	**13 058**
昆　明	Kunming	323 117	316 736	120 909	17 712	181 116	97 606	84 888	5 218
曲　靖	Qujing	27 131	25 550	13 470	1 356	10 707	7 295	5 138	505
玉　溪	Yuxi	29 449	29 164	15 561	1 489	12 114	6 689	6 810	800
保　山	Baoshan	9 588	8 930	2 774	519	5 637	3 742	1 863	339
昭　通	Zhaotong	6 238	6 171	2 829	369	2 973	1 837	1 363	132
丽　江	Lijiang	39 028	37 959	11 458	2 371	24 130	15 474	14 793	1 191
普　洱	Pu'er	4 408	3 969	2 393	220	1 357	1 026	1 012	121
临　沧	Lincang	3 296	3 176	803	155	2 218	899	1 368	432
楚　雄	Chuxiong	7 311	6 952	2 600	472	3 880	2 338	1 512	171
红　河	Honghe	18 429	17 722	6 281	991	10 451	6 182	4 809	1 322
文　山	Wenshan	7 234	7 138	3 204	479	3 212	1 272	1 198	264
西双版纳	Xishuangbanna	21 913	19 629	6 307	1 146	12 177	7 354	7 203	338
大　理	Dali	22 946	19 763	7 421	1 305	10 092	7 335	6 318	1 776
德　宏	Dehong	4 561	3 316	1 370	195	1 750	2 527	2 572	148
怒　江	Nujiang	937	919	451	87	381	160	302	23
迪　庆	Diqing	7 035	7 035	3 353	432	4 244	2 107	3 339	279

15-11 续表2 continued

单位:万元 (10 000 yuan)

地　区	Region	营业利润 Profits from Business	利润总额 Total Profits	应交所得税 Income Tax Payable	劳动、失业保险费 Charges on Labor and Unemployment Insurance	住房公积金和住房补贴 Housing Accumulation Fund and Housing Subsidies	本年应付工资总额 Total Wages Payable	本年应付福利费总额 Total Welfare Payable
全省合计	**Total**	**- 22 556**	**- 19 652**	**3 917**	**1 389**	**1 685**	**94 315**	**8 173**
昆　明	Kunming	- 3 080	- 1 093	2 689	868	1 139	56 003	5 107
曲　靖	Qujing	- 1 175	- 1 063	216	66	20	4 165	239
玉　溪	Yuxi	- 2 106	- 1 884	146	8	65	4 174	218
保　山	Baoshan	26	211	62	46		1 354	123
昭　通	Zhaotong	- 304	- 387	25	24	20	1 288	40
丽　江	Lijiang	- 6 643	- 6 783	191	79	118	8 069	1 000
普　洱	Pu'er	- 490	- 1 022		84	7	832	67
临　沧	Lincang	- 482	- 382	8	10	2	424	127
楚　雄	Chuxiong	149	161	8	85	14	1 125	64
红　河	Honghe	- 1 414	- 1 412	73	15	27	3 075	251
文　山	Wenshan	595	575	7	12	4	1 556	83
西双版纳	Xishuangbanna	- 961	- 562	256	61	251	4 722	235
大　理	Dali	- 3 621	- 2 942	230	24	15	4 375	390
德　宏	Dehong	- 2 946	- 2 980	2	5		1 727	199
怒　江	Nujiang	- 115	- 116	2			152	
迪　庆	Diqing	11	25		4	6	1 275	32

主要统计指标解释

社会消费品零售总额 指国民经济各行业直接销售给城乡居民和社会集团的消费品总额。它是反映各行业通过多种商品流通渠道向居民和社会集团供应的生活消费品总量，是研究国内零售市场变动情况、反映经济景气变化程度的重要指标。

社会消费品零售总额包括：（1）售给城乡居民作为生活用品和修建房屋用的建筑材料；（2）售给社会集团的各种办公用品和公用消费品；（3）售给机关、团体、学校、部队、企业、事业单位的职工食堂和旅店（招待所）附设专门供本店旅客食用，不对外营业的食堂的各种食品、燃料；企业、单位和国营农场直接售给本单位职工和职工食堂的自己生产的产品；（4）售给部队干部、战士生活用的粮食、副食品、衣着品、日用品、燃料；（5）售给来华的外国人、华侨、港澳台同胞的消费品；（6）居民自费购买的中、西药品、中药材及医疗用品；（7）报社、出版社直接售给居民和社会集团的报纸、图书、杂志，集邮公司出售的新、旧纪念邮票、特种邮票、首日封、集邮册、集邮工具等；（8）旧货寄售商店自购、自销部分的商品；（9）煤气公司、液化石油气站售给居民和社会集团的煤气、灶具和罐装液化石油气；（10）农民售给非农业居民和社会集团的商品。

批发零售贸易业商品购、销、存总额 指各种登记注册类型的批发、零售贸易企业（单位）以本企业（单位）为总体的，从国内、国外市场购进的商品总量、销售和出口的商品总量、库存商品总量等情况。该指标对促进工农业生产发展、活跃市场、平抑物价、保障供给、满足需求具有举足轻重的作用。该指标可以反映商品流通过程中商品的购进、销售、库存之间的比例关系和存在的问题。

商品购进总额 指从本企业（单位）以外的单位和个人购进（包括从境外直接进口）作为转卖或加工后转卖的商品总额。它反映批发零售贸易业从国内、国外市场上购进商品的总量。商品购进总额包括：（1）从工农业生产者购进的商品；（2）从出版社、报社的出版发行部门购进的图书、杂志、报纸和音像制品；（3）从各种登记注册类型的批发零售贸易企业（单位）购进的商品；（4）从其他单位购进的商品，如：从机关、团体、企业等单位购进的剩余物资，从餐饮业、服务业购进的商品，从海关、市场管理部门购进的缉私和没收的商品，从居民手中收购的废旧商品等；（5）从国（境）外直接进口的商品。

商品销售总额 指对本企业（单位）以外的单位和个人出售（包括对境外直接出口）的商品总额。它反映批发零售贸易业在国内市场上销售商品以及出口商品的总量。商品销售总额包括：（1）售给城乡居民和社会集团消费用的商品；（2）售给工业、农业、建筑业、运输邮电业、批发零售贸易业、餐饮业、服务业等作为生产、经营使用的商品；（3）售给批发零售贸易业作为转卖或加工后转卖的商品；（4）对国（境）外直接出口的商品。

批发零售贸易业库存 指报告期末各种登记注册类型的批发零售贸易企业（单位）已取得所有权的商品。它反映批发零售贸易企业（单位）的商品库存情况和对市场商品供应的保证程度。期末库存包括：（1）存放在批发零售贸易业经营单位（如：门市部、批发站、经营处）仓库、货场、货柜和货架中的商品；（2）挑选、整理、包装中的商品；（3）已记入购进而尚未达到本单位的商品，即发货单或银行承兑凭证已到而货未到的部分；（4）寄放他处的商品，如：因购货方拒绝承付而暂时存放在购货方的商品和已办理加工成品收回手续而未提回的商品；（5）委托其他单位代销（未作销售或调出）尚未售出的商品；（6）代其他单位购进尚未交付的商品。

餐饮业商品零售额 指餐饮业、活动单位或个体户直接对居民和社会集团零售的各种商品。包括：（1）经烹饪、调制加工后出售的各种食品，如：主食、副食、炒菜、凉拌菜等；（2）不经加工直接转卖的各种外购商品，如：卷烟、酒、饮料、熟食、水果等；（3）附设非独立核算的专门销售商品的小卖部出售的各种食品及其他商品。

Explanatory Notes on Principal Statistical Indicators

Total Retail Sales of Consumer Goods refer to the total amount of consumer goods directly sold by all sectors of the national economy to urban and rural residents and social groups. This indicator is used to show the total supplies of consumer goods through various channels of commodity circulation to households and institutions, and to study changes in the domestic retail market and in economic climate.

Total retail sales of consumer goods include: (1) commodities sold to urban and rural residents for their daily use and building materials sold to them for construction or repair of houses; (2) office appliances and supplies sold to social groups; (3) food and fuels sold to staff canteens of government departments, organizations institutions, enterprises, schools, military units and to canteens attached to hotels and hostels that only serve their guests, and commodities produced by enterprises, institutions or state farms and sold directly to their employees or their staff canteens; (4) grain and non-staple food, clothing, articles for daily use and fuels sold to military personnel; (5) consumer goods sold to foreigners, overseas Chinese, and Chinese compatriots from Taiwan, Hong Kong and Macao during their stay in the mainland of China; (6) Chinese and western medicines, Chinese herbal medicine and medical facilities purchased by residents; (7) newspapers, books and magazines directly sold to residents and social groups by publishers, new and old commemorative stamps, special stamps, first-day covers, stamp albums and other stamp-collection articles sold by stamp companies; (8) consumer goods purchased and then sold by second-hand shops; (9) stoves, coal gas and liquefied petroleum gas sold by gas companies to households and social groups; and (10) commodities sold by farmers to non-agricultural residents and social groups.

Total Purchases, Sales and Inventory of Commodities in Wholesale and Retail Trade refer to the total volume of commodities purchased, total volume of sales and exports, and inventory of commodities by wholesale and retail enterprises (establishments) of different status of registration from domestic and overseas markets. This indictor plays an important role in promoting industrial and agricultural production, thriving market, stabilizing prices, ensuring market supply and meeting the needs of consumers. It also reflects the proportional relationship among purchase, sales and inventory of commodities in the circulation of goods and reveals the existing problems.

Total Purchases of Commodities refer to the total volume of commodities purchased by the enterprises (establishments) from other establishments or individuals (including direct imports from abroad) for the purpose of re-selling, either with or without further processing of the commodities purchased. This indicator is used to show the total volume of commodities purchased by wholesale and retail establishments from domestic and overseas markets. Total purchases include: (1) agricultural and industrial products purchased from producers; (2) books, magazines, newspapers and audiovisual products purchased from distribution departments of publishers; (3) commodities purchased from wholesale and retail establishments of different status of registration; (4) commodities purchased from other entities, such as surplus materials purchased from government departments, enterprises or institutions, commodities purchased from food and service establishments, confiscated goods purchased from customs authorities or market management agencies, second-hand goods and wastes purchased from residents; and (5) commodities directly imported from abroad.

Total Sales of Commodities refer to total volume of commodities sold by the establishments to other establishments and individuals (including direct exports). This indicator is used to show the total volume of commodities sold at domestic markets and exports. Total sales include: (1) commodities sold to urban and rural residents and social groups for their consumption; (2) commodities sold to establishments in industry, agriculture, construction, transportation, post and telecommunications, wholesale and retail trade, food service and other service industries for their production and operation; (3) commodities sold to wholesale and retail establishments for re-selling, with or without further processing; and (4) commodities for direct export to other countries.

Inventory of Commodities of Wholesale and Retail Enterprises refers to total commodities possessed by

wholesale and retail enterprises (establishments) of various status of registration at the end of the report period, which reflects the commodity inventory level of various wholesale and retail enterprises and the potential for market supply. It includes: (1) commodities stored in warehouses, goods yards, counters, and shelves of operating establishments (such as stores, wholesale centers, and operating offices) of wholesale and retail trade; (2) commodities in the process of selecting, sorting, and packing; (3) commodities not arrived but recorded as purchase in the account, i.e. commodities not arrived but payment receipts for the commodities from the sellers or the banks arrived; (4) commodities deposited in other places rather than places mentioned above, for instance: commodities in the hold of purchasers temporarily due to the refusal of payment and commodities not taken back after going through the formalities; (5) commodities entrusted to other entities to sell but not sold yet; (6) commodities purchased for other entities but not delivered yet.

Retail Sales of Commodities in Food Service refer to retail sales of commodities to residents and social groups by catering enterprises, establishments and individual, including: (1) various food sold after cooking and processing, such as: staple food, non-staple food, cooked dishes, cold and dressed dishes and so on; (2) commodities re-sold without further processing, such as: cigarettes, liquor, beverages, cooked food, fruits and son on; (3) various food and other commodities sold in buffets with dependant accounting system..

Chapter 16

十六、对外经济和旅游

Foreign Economy and Trade and Tourism

16-1 主要年份年进出口贸易总额

Historic Total Value of Import and Export Trade in Significant Years

单位：万美元 (USD 10 000)

年 份 Year	进出口总额 Total Value of Imports and Exports	出口总额 Total Exports	进口总额 Total Imports	差 额 (出超+、入超−) Balance (Favorable balance(+), Trade Deficit(-))
1980	11 037	9 601	1 436	+8 165
1985	20 953	12 901	8 052	+4 849
1987	34 217	26 226	7 991	+18 235
1988	44 388	34 196	10 192	+24 004
1989	54 768	37 442	17 326	+20 116
1990	54 842	43 449	11 393	+32 056
1991	55 051	40 097	14 954	+25 143
1992	67 056	46 653	20 403	+26 250
1993	84 008	52 291	31 717	+20 574
1994	134 406	91 016	43 390	+47 626
1995	189 609	121 548	68 061	+53 487
1996	192 220	109 631	82 589	+27 042
1997	193 698	117 224	76 474	+40 750
1998	190 329	117 376	72 953	+44 423
1999	165 967	103 443	62 524	+40 919
2000	181 283	117 516	63 767	+53 749
2001	198 906	124 412	74 494	+49 918
2002	222 635	142 965	79 670	+63 295
2003	266 767	167 658	99 109	+68 549
2004	374 777	223 882	150 895	+72 987
2005	473 822	264 158	209 664	+54 494
2006	623 174	339 143	284 031	+55 112
2007	877 975	473 612	404 363	+69 249
2008	959 936	498 696	461 240	+37456

注：本表数字1998年以前为外贸业务数,且不含边境贸易统计数据。1999年后为海关进出口统计数。

Note: The data before 1998 were the statistics of foreign trade and excluded those of border trade. The data After 1999 refer to the customs import and export statistics.

16-2 主要进出口贸易方式总值（2006-2008年）

Total Value of Main Modes of Import and Export Trade (2006-2008)

单位：万美元 (USD 10 000)

项 目	Item	2006年		2007年		2008年	
		出口 Exports	进口 Imports	出口 Exports	进口 Imports	出口 Exports	进口 Imports
合 计	**Total**	**339 143**	**284 031**	**473 612**	**404 363**	**498 696**	**461 240**
一般贸易	General Trade	223 443	202 780	345 398	301 525	399 564	375 094
赠送物资	Assistance Goods	885	14			1 801	52
来料加工装配贸易	Processing and Assembling Goods from Raw Materials	6 871	4 838			6 081	4 116
进料加工贸易	Processing Goods with Imported Materials	58 541	43 331			29 659	10 969
边境小额贸易	Frontier Small Value Trade of Small Value	46 538	31 111	56 774	44 327	57 247	62 864
出料加工贸易	Processing Goods with Exported Materials						
易货贸易	Barter						
保税仓库进出口货物	Import and Export Commodities in Bonded Warehouses	101	866			1 349	1 259
对外承包工程出口货物	Expor Commodities for Constructed Projects	2 700				2 396	
补偿贸易	Compensation Trade						
外商投资进口设备物资	Imported Equipment and Goods as Foreign		949				2 795
其 他	Others	62	142			385	169

16-3 云南省对主要国家及地区出口总值（2007-2008年）

Total Value of Provincial Exports to Major Countries and Regions (2007-2008)

单位：万美元 (USD 10 000)

名　称	Item	2007年	2008年	2008年比2007年增长(%) Increase Rate in 2008 Over 2007 (%)
亚洲小计	**Asia**	**363 107**	**362 496.0**	**- 0.2**
阿富汗	Afghanistan			
孟加拉国	Bangladesh	4 960	21 731.0	338.1
文莱	Brunei	4	13.0	225.0
缅甸	Myanmar	64 068	72 769.0	13.6
柬埔寨	Cambodia	990	1 684.0	70.1
朝鲜民主主义人民共和国	The Democratic People's Republic of Korea	823	343.0	- 58.3
中国香港	Hong Kong,China	43 751	28 274.0	- 35.4
印度	India	15 886	34 829.0	119.2
印度尼西亚	Indonesia	12 551	15 698.0	25.0
伊朗	Iran	8 548	8 207.0	- 4.0
以色列	Israel	728	369.0	- 49.3
日本	Japan	30 240	36 661.0	21.2
约旦	Jordan	34	147.0	332.4
科威特	Kuwait	16	74.0	362.5
老挝	Laos	3 591	5 712.0	59.1
黎巴嫩	Lebanon	138	306.0	121.7
中国澳门	Macao，China	622	502.0	- 19.3
马来西亚	Malaysia	5 581	8 174.0	46.4
尼泊尔	Nepal			
阿曼	Oman	37	25.0	- 32.4
巴基斯坦	Pakistan	13 832	6 196.0	- 55.2
菲律宾	The Philippines	4 543	4 030.0	- 11.3
沙特阿拉伯	Saudi Arabia	3 147	1 383.0	- 56.1
新加坡	Singapore	32 730	14 995.0	- 54.2
韩国	The Republic of Korea	9 117	11 177.0	22.6
斯里兰卡	Sri Lanka	2 578	3 164.0	22.7
叙利亚	Syria	127	264.0	107.9
泰国	Thailand	15 680	22 888.0	45.9
土耳其	Turkey	947	1 716.0	81.2
阿拉伯联合酋长国	The United Arab Emirates	1 491	2 054.0	37.7
越南	Viet Nam	77 773	49 331.0	- 36.6
中国台湾	Taiwan,China	7 208	8 488.0	17.8
非洲小计	**Africa**	**6 595**	**9 176.0**	**39.1**
阿尔及利亚	Algeria	104	189.0	81.7
埃及	Egypt	556	2 080.0	274.1
埃塞俄比亚	Ethiopia	38	77.0	102.6
肯尼亚	Kenya	58	979.0	1 587.9
毛里求斯	Mauritius	424	448.0	5.7
摩洛哥	Morocco	189	286.0	51.3

16-3 续表1 continued

单位：万美元 (USD 10 000)

名 称	Item	2007年	2008年	2008年比2007年增长(%) Increase Rate in 2008 Over 2007(%)
尼日尔	Niger			
尼日利亚	Nigeria	247	299	21.1
南非(阿扎尼亚)	South Africa (Azania)	1 741	1 075	- 38.3
多哥	Togo	679	956	40.8
津巴布韦	Zimbabwe			
欧洲小计	**Europe**	**43 598**	**64 044**	**46.9**
比利时	Belgium	6 020	8 240	36.9
丹麦	Denmark	262	333	27.1
英国	The United Kingdom	2 563	2 757	7.6
德国	Germany	6 309	14 486	129.6
法国	France	2 491	3 092	24.1
爱尔兰	Ireland	181	251	38.7
意大利	Italy	8 226	11 547	40.4
荷兰	The Netherlands	11 583	12 878	11.2
希腊	Greece	386	434	12.4
葡萄牙	Protugal	268	592	120.9
西班牙	Spain	2 550	3 960	55.3
奥地利	Austria	91	9	- 90.1
保加利亚	Bulgaria	26	111	326.9
芬兰	Finland	147	193	31.3
匈牙利	Hungary	51	57	11.8
马耳他	Malta	1	10	900.0
挪威	Norway	14	44	214.3
波兰	Poland	574	1 022	78.0
罗马利亚	Romania	105	239	127.6
瑞典	Sweden	81	169	108.6
瑞士	Switzerland	92	98	6.5
拉脱维亚	Latvia	12	39	225.0
立陶宛	Lithuania	88	76	- 13.6
俄罗斯联邦	Russia	965	1 865	93.3
乌克兰	Ukraine	197	469	138.1
南斯拉夫	Yugoslavia			
斯洛文尼亚	Slovenia	38	71	86.8
捷克	Czech	274	892	225.5
拉丁美洲小计	**Latin America**	**28 231**	**28 455**	**0.8**
阿根廷	Argentina	4 081	1 672	- 59.0
巴西	Brazil	17 917	20 337	13.5
智利	Chile	315	1 270	303.2
哥伦比亚	Colombia	129	786	509.3
多米尼加联邦	The Commonwealth of Dominica			

16-3 续表2 continued

单位：万美元 (USD 10 000)

名　　称	Item	2007年	2008年	2008年比2007年增长(%) Increase Rate in 2008 Over 2007 (%)
古巴	Cuba	13	47	261.5
多米尼加共和国	The Dominican Republic		9	-
海地	Haiti		3	-
墨西哥	Mexico	4 278	3 094	- 27.7
巴拿马	Panama	361	261	- 27.7
巴拉圭	Paraguay		8	-
秘鲁	Peru	108	368	240.7
波多黎各	Puerto Rico	2	8	300.0
圣卢西亚岛	Saint Lucia			
萨尔瓦多	El Salvador	16	4	- 75.0
乌拉圭	Uruguay	11	40	263.6
委内瑞拉	Venezuela	672	289	- 57.0
北美洲小计	**North America**	**24 619**	**25 276**	**2.7**
加拿大	Canada	3 127	2 331	- 25.5
美国	The United States	21 492	22 838	6.3
大洋洲小计	**Oceanica**	**7 462**	**9 249**	**23.9**
澳大利亚	Australia	6 716	8 685	29.3
斐济	Fiji	5	-	
新西兰	New Zealand	523	358	- 31.5
巴布亚新几内亚	Papua New Guinea	156	175	12.2
合计中：东南亚国家联盟	**Total of ASEAN**	**217 510**	**195 294**	**- 10.2**
合计中：欧洲联盟	**Total of European Union**	**42 206**	**61 140**	**44.9**
合计中：亚太经合组织	**Total of APEC**			

16-4 云南省对主要国家及地区进口总值（2007-2008年）

Total Value of Provincial Imports from Major Countries and Regions (2007-2008)

单位：万美元 (USD 10 000)

名　　称	Item	2007年	2008年	2008年比2007年增长(%) Increase Rate in 2008 Over 2007(%)
亚洲小计	**Asia**	**147 845**	**198 925**	**34.5**
缅甸	Myanmar	23 289	46 510	99.7
中国香港	Hong Kong,China	1 125	994	- 11.6
印度	India	17 364	23 728	36.7
印度尼西亚	Indonesia	21 272	6 506	- 69.4
伊朗	Iran	13 920	18 645	33.9
以色列	Israel	857	800	- 6.7
日本	Japan	5 154	9 692	88.0
科威特	Kuwait	1 766	3 774	113.7
老挝	Laos	4 748	5 334	12.3
中国澳门	Macao,China			
马来西亚	Malaysia	1 844	3 285	78.1
菲律宾	The Philippines	327	386	18.0

16-4 续表 continued

单位：万美元

(USD 10 000)

名 称	Item	2007年	2008年	2008年比2007年增长(%) Increase Rate in 2008 Over 2007 (%)
卡塔尔	Qatar	154	6 895	4377.3
沙特阿拉伯	Saudi Arabia	3 748	22 154	491.1
新加坡	Singapore	3 154	1 820	-42.5
韩国	The Republic of Korea	1 950	1 433	-26.6
泰国	Thailand	6 341	2 087	-67.1
阿拉伯联合酋长国	The United Arab Emirates	10 932	16 196	48.2
越南	Viet Nam	19 394	15 160	-21.8
中国台湾	Taiwan,China	598	3 887	548.9
非洲小计	**Africa**	**28 183**	**22 222**	**-21.2**
南非(阿扎尼亚)	South Africa	6 578	2 299	-65.1
坦桑尼亚	Tanzania	12 361	6 999	-43.4
欧洲小计	**Europe**	**38 769**	**54 060**	**39.4**
比利时	Belgium	619	453	-26.8
丹麦	Denmark	264	360	35.3
英国	The United Kingdon	909	2 720	199.2
德国	Federal Republic of Germany	12 821	18 960	47.9
法国	France	1 056	1 095	3.7
爱尔兰	Ireland	2	89	4350
意大利	Italy	5 471	5 937	8.5
荷兰	The Netherlands	2 488	2 684	7.9
西班牙	Spain	691	1 127	63.1
奥地利	Austria	5 799	13 934	140.3
芬兰	Finland	396	326	-17.7
罗马利亚	Romania	710	36	-94.9
瑞典	Sweden	1 710	1 575	-7.9
瑞士	Switzerland	622	749	20.4
哈萨克斯坦	Kazakhstan			
俄罗斯联邦	Russia	2 086	1 239	-40.6
乌克兰	Ukraine	481	-	-
拉丁美洲小计	**Latin America**	**86 082**	**91 019**	**5.7**
阿根廷	Argentina	38	187	392.1
巴西	Brazil	15 583	19 408	24.5
智利	Chile	25 904	32 226	24.4
圭亚那	Guyana			-
墨西哥	Mexico	7 334	9 057	23.5
秘鲁	Peru	35 176	28 759	-18.2
北美洲小计	**North America**	**39 088**	**56 989**	**45.8**
加拿大	Canada	11 279	36 722	225.5
美国	The United States	27 809	20 267	-27.1
大洋洲小计	**Oceanica**	**64 395**	**38 026**	**-40.9**
澳大利亚	Australia	64 243	35 186	-45.2
新西兰	New Zealand	152	117	-23
合计中：东南亚国家联盟	**Total of ASEAN**	**80 370**	**81 088**	**0.9**
合计中：欧洲联盟	**Total of European Union**	**34 067**	**51 824**	**52.1**
合计中：亚太经合组织	**Total of APEC**			

注：本表2006年云南省对主要国家及地区进口按原产国原则统计。2005年数据已调整为同口径数据。

Note:Value of imports from major countries and regions in Yunnan in 2006 in this table are calculated according to the country of origin principle.The data of 2005 have been changed to the same standard data.

16-5 主要年份边境贸易进出口总额（1996-2008年）

Total Value of Imports and Exports of Border Trade in Significant Years (1996-2008)

单位：万美元 (10 000 yuan)

年份 Year	总额 Total	出口额 Exports	进口额 Imports
1996	13 645	4 537	9 108
1997	7 413	4 201	3 212
1998	13 091	8 902	4 189
1999	28 778	23 183	5 594
2000	35 624	27 803	7 821
2001	34 594	23 010	11 584
2002	36 803	23 095	13 708
2003	41 927	25 278	16 649
2004	52 412	30 875	21 537
2005	65 486	38 558	26 908
2006	77 649	46 538	31 111
2007	101 101	56 774	44 327
2008	120 110	57 247	62 864

16-6 各地区进出口总值（2008年）

Total Value of Imports and Exports by Region (2008)

单位：万美元 (USD 10 000)

地区	Region	进出口总额 Total Value of Imports and Exports	比2007年增长(%) Increase Rate Over 2007 (%)	出口额 Exports	比2007年增长(%) Increase Rate Over 2007 (%)	进口额 Imports	比2007年增长(%) Increase Rate Over 2007 (%)
全省合计	**Total**	**959 936**	**9**	**498 696**	**4.6**	**461 240**	**14.3**
昆明	Kunming	730 801	9.3	352 672	8.2	378 130	10.3
曲靖	Qujing	17 362	51.2	11 390	33.2	5 972	103.6
玉溪	Yuxi	21 354	38	20 181	43.7	1 173	- 17.9
保山	Baoshan	12 219	-11	9 841	10.7	2 378	- 50.9
昭通	Zhaotong	707	-25.3	700	-3.2	7	- 96.9
丽江	Lijiang	4 598	166.1	4 554	164.0	43	1 333.3
普洱	Pu'er	7 719	39.9	2 621	-3.4	5 099	81.8
临沧	Lincang	5 855	41.2	2 069	6.9	3 786	71.2
楚雄	Chuxiong	2 868	-1.9	2 325	-6.8	543	26.6
红河	Honghe	43 652	-34.9	28 962	-42.8	14 690	- 10.7
文山	Wenshan	9 321	-1.6	4 232	13.5	5 088	- 11.5
西双版纳	Xishuangbanna	16 986	45.9	7 165	24.3	9 821	67.2
大理	Dali	9 109	1.4	5 474	5.7	3 635	- 4.5
德宏	Dehong	76 117	34.7	45 933	4.6	30 184	139.2
怒江	Nujiang	746	-47.5	54	25.6	692	- 49.7
迪庆	Diqing	522	21.1	522	21.4	-	-

16-7 主要年份利用外资概况
Utilization of Foreign Capital in Significant Years

年份 Year	总计 Total 项目(个) Number of Projects (unit)	总计 Total 金额(万美元) Value (USD 10000)	对外借款 Foreign Borrowings 项目(个) Number of Projects (unit)	对外借款 Foreign Borrowings 金额(万美元) Value (USD 10000)	外商直接投资 Foreign Direct Investment 项目(个) Number of Projects (unit)	外商直接投资 Foreign Direct Investment 金额(万美元) Value (USD 10000)	外商其它投资 Other Foreign Investment 项目(个) Number of Projects (unit)	外商其它投资 Other Foreign Investment 金额(万美元) Value (USD 10000)
签订利用外资协议(合同)额 Total Amount of Contracted Foreign Capital								
1985	15	1 751			12	1 478	3	273
1990	16	4 073		3 351	11	245		477
1995	277	70 206	8	32 807	269	37 399		
1999	140	57 874	2	25 280	138	32 594		
2000	110	73 149	4	43 400	106	29 749		
2001	140	29 444			140	29 444		
2002	150	33 298			150	33 298		
2003	167	54 351			167	54 351		
2004	167	31 818			167	31 818		
2005	152	43 623			152	43 623		
2006	204	79 771			204	79 771		
2007	170	96 608			170	96 608		
2008	228	168 576			228	168 576		
实际利用外资金额 Total Amount of Foreign Capital Aactually Used								
1985		163				156		7
1990		1 096		359		260		477
1995		34 479	27	11 979		22 500		
1999		23 765		8 380		15 385		
2000		22 062		9 250		12 812		
2001		20 679		14 222		6 457		
2002		28 362		17 196		11 166		
2003		29 452		12 700		16 752		
2004		21 422		7 270		14 152		
2005		29 247		11 895		17 352		
2006		42 894		12 660		30 234		
2007		55 233		15 780		39 453		
2008		93 618		15 930		77 688		

注：从1991年起实际利用外资额中对外借款从国家外汇管理局云南分局取得数字,1990年以前是从中国银行昆明分行取得数字。1994年后对外借款从省计委外经处 取得数字。

Note:Since 1991,data of borrowings in the foreign investment actually used have been obtained from Yunnan Branch of State Foreign Exchange Admistration Bureau,Before 1990 they were obtained from Kunming Branch of Bank of China. Since 1994, data of foreign exchange borrowings have been obtained from Foreign Trade Section of Provincial Planning Committee.

16-8 对外签订利用外资协议(合同)额（2006-2008年）
Amount of Foreign Capital Utilized Through the Signed Agreements (Contracts) (2006-2008)

项目	Item	2006年 项目(个) Number of Projects (unit)	2006年 金额(万美元) Value (USD 10000)	2007年 项目(个) Number of Projects (unit)	2007年 金额(万美元) Value (USD 10000)	2008年 项目(个) Number of Projects (unit)	2008年 金额(万美元) Value (USD 10000)
总 计	**Total**	**204**	**79 771**	**170**	**96 608**	**228**	**168 576**
对外借款	Foreign Borrowings	-	-	-	-	-	-
外商直接投资	Foreign Direct Investment	204	79 771	170	96 608	228	168 576
合资经营企业	Joint Ventures	54	33 331	47	14 457	66	54 444
合作经营企业	Cooperative Enterprises	24	9 326	16	12 879	21	24 714
外资企业	Foreign-funded Enterprises	125	36 804	107	68 689	141	89 143
外商投资股份制企业	Foreign-funded Joint Stock Enterprises	1	310		583		275

16-9 分行业利用外商直接投资情况（2007-2008年）

Utilization of Foreign Direct Investment by Sector (2007-2008)

行业	Sector	协议投资 Contracted Investment				实际投资金额（万美元） Actual Investment (USD 10 000)	
		项目（个） Number of Projects (unit)		金额（万美元） Value (USD 10 000)			
		2007年	2008年	2007年	2008年	2007年	2008年
总　计	**Total**	**170**	**228**	**96 608**	**168 576**	**39 453**	**77 688**
农、林、牧、渔业	Farming,Forestry,Animal Husbandry and Fishery	25	29	3 169	11 314	972	7 226
采掘业	Mining and Quarrying	10	3	3 196	4 337	2 299	3 023
制造业	Manufacturing	51	51	18 236	71 560	11 977	18 089
电力、煤气及水的生产和供应业	Production and Supply of Electricity,Gas and Water	4	7	3 564	10 984	10 080	5 829
建筑业	Construction	1	4	9 980	4 780		643
地质勘查,水利管理业	Geological Prospecting and Water Conservancy						
交通运输、仓储及邮电通信业	Transport,Storage,Postal and Telecommunication Services	1	2	1 869	574	35	356
批发和零售贸易餐饮业	Wholesale and Retail Trade and Food Services	31	51	7 128	3 845	3 206	5 928
房地产业	Real Estate	10	5	44 222	44 249	5 111	19 666
社会服务业	Social Services	35	71	3 921	12 648	4 283	15 338
卫生体育和社会福利业	Health Care,Sports and Social Welfare						
教育、文化艺术和广播电影电视业	Education,CultureandArts,Broadcasting,Film and Television						
科学研究和综合技术服务业	Scientific Research and Polytechnic Services	2	5	1 323	4 285	1 490	1 590
其他行业	Others						

16-10 实际利用外商直接投资额(按国别或地区分)（2007-2008年）

Actually Utilized Foreign Direct Investment by Country and Region (2007-2008)

单位：万美元 (USD 10 000)

名 称	Item	2007年	2008年
总计	**Total**	**39 453**	**77 688**
亚洲	**Asia**	**17 422**	**35 774**
#中国香港	Hong Kong,China	15 827	30 688
中国澳门	Macaot,China		1 272
中国台湾	Taiwan,China	174	848
菲律宾	The Philippines	1	-
泰国	Thailand	305	53
新加坡	Singapore	777	169
马来西亚	Malaysia	9	154
日本	Japan	141	881
韩国	The Republic of Korea	87	1 578
缅甸	Myanmar	68	-
非洲	**Africa**	**4 691**	**10 294**
欧洲	**Europe**	**358**	**2 726**
#德国	Germany	1	474
法国	France		294
意大利	Italy		8
荷兰	The Netherlands	16	158
英国	The United Kingdom	138	1 387
比利时	Belgium	1 017	-
丹麦	Denmark	10	20
爱尔兰	Ireland		-
希腊	Greece		-
葡萄牙	Portugal		-
西班牙	Spain	95	226
芬兰	Finland		-
瑞士	Switzerland		2
俄罗斯联邦	Russia		35
拉丁美洲	**Latin America**	**14 761**	**22 324**
#巴西	Brazil	3	-
维尔京群岛	Virgin Islands	14 538	18 064
开曼群岛	Cayman Islands		2 470
北美洲	**North America**	**1 968**	**3 633**
#加拿大	Canada	104	262
美国	The United States	1 864	3 371
大洋洲	**Oceanica**	**253**	**489**
#澳大利亚	Australia	214	26
新西兰	New Zealand		3
其他	**Others**	**74**	**-**

16-11 主要年份实际利用外资额

Foreign Investment Actually Utilized in Significant Years

单位：万美元 (USD 10 000)

项 目	Item	1999年	2000年	2005年	2006年	2007年	2008年
总 计	**Total**	**23 765**	**22 062**	**29 247**	**42 894**	**55 233**	**93 618**
对外借款	Foreign Borrowings	8 380	9 250	11 895	12 660	15 780	15 930
双边政府混合贷款	Mixed Loans from Bilateral Governments	1 007	1 271	4 065	3 880	4 920	9 750
国际金融组织贷款	Loans from International Financial Organizations	7 273	7 979	7 830	8 780	10 860	6 180
商业性货款	Commercial Loans						
出口信贷	Export Credit						
外国银行现汇贷款	Loans of Spot Exchange from Foreign Banks						
外商直接投资	Foreign Direct Investment	15 385	12 812	17 352	30 234	39 453	77 688
合资经营企业	Joint Ventures	11 813	7 204	9 044	21 809	17 100	29 493
合作经营企业	Cooperative Enterprises	2 061	2 371	2 452	1 793	2 266	2 935
独资企业	Sole Proprietorship Enterprises	1 511	3 237	5 856	6 322	20 087	45 260
外商投资股份制企业	Foreingn-funded Joint Sock Enterprises				310		

16-12 各地区利用外商直接投资情况（2007-2008年）
Utilization of Foreign Direct Investment by Region (2007-2008)

地 区	Region	协议投资 Contracted Investment				实际投资金额（万美元）Actual Investmen (USD 10 000)	
		项 目(个) Number of Projects (unit)		金额(万美元) Value(USD 10 000)			
		2007年	2008年	2007年	2008年	2007年	2008年
全省合计	**Total**	**170**	**228**	**96608**	**168576**	**39453**	**77688**
昆 明	Kunming	86	142	43863	92078	23220	43874
曲 靖	Qujing	4	3	1495	3816	154	3504
玉 溪	Yuxi	11	3	1188	577	286	1598
保 山	Baoshan	1	3	10	4662	1268	314
昭 通	Zhaotong			300			
丽 江	Lijiang	8	4	15628	860	1241	
普 洱	Pu'er	8	2	2649	289	1285	1656
临 沧	Lincang	3		2134	2202	135	614
楚 雄	Chuxiong	2	3	1154	8487	77	
红 河	Honghe	4	4	1223	744	154	947
文 山	Wenshan	3	2	-3240	157		
西双版纳	Xishuangbanna	4	4	5035	491	148	380
大 理	Dali	6	9	589	8638	1007	2455
德 宏	Dehong	5	3	3769	3825	1171	2456
怒 江	Nujiang	1	2	269	2071	45	34
迪 庆	Diqing	2	7	905	626	334	390
省 直	Those Directly under Provincal Government	22	37	19637	39053	8928	19466

16-13 主要年份对外承包工程和劳务合作
Contracted Projects and Labor Cooperation with Foreign Countries in Significant Years

单位：万美元 (USD 10 000)

年 份 Year	签订合同的国家和地区(个) Number of Countries or Territories with Contracts Signed	合同份数(份) Number of Contracts(unit)	合同金额 Contracted Value	完成营业额 Value of Business Fulfilled
承包工程 Contracted Projects				
1985	3	3	67	684
1990	6	19	681	448.14
1994		15	10 193	2 086
1995		46	21 971	10 126
1996		25	7 842	12 246
1997		47	7 739	9 054
1998		56	29 624	9 769
1999		120	24 995	12 489
2000		154	27 822	14 951
2001		58	14 400	14 265
2002		102	29 229	21 890
2003		62	30 335	24 152
2004		73	30 729	32 481
2005		120	53 181	38 502
2006		82	60 026	43 130
2007		90	68 260	49 485
2008		82	73 437	59 870
劳务合作 Labor Consultation Senice				
1990		3	5	3.47
1994		7	271	66.48
1995		7	220	63.14
1996		9	195	92
1997		13	1 047	258
1998		11	377	123
1999		14	197	267
2000		8	405	215
2001		9	217	55
2002		2	20	77
2003		2	106	49
2004		2	23	60
2005		1	4	35
2006		-	-	38
2007		2	51	176
2008		6	1498	355
设计咨询 Design Consultancy				
1995		8	1 042	342
1998		16	1 015	109
2000		8	1 813	305
2001		2	876	239
2002		5	142	610
2003		9	336	223
2004		10	852	1 107
2005		11	181	229
2006		3	338	203
2007		6	1 787	367
2008		12	4546	1808

16-14 主要年份旅游接待人数及旅游总收入情况

Number of Tourists and Total Tourism Revenue in Significant Years

项 目	Item	2000年	2005年	2006年	2007年	2008年
国内旅游者（万人次）	Domestic Tourists (10 000 person-times)	3 841	6 861	7 721	8 986	10 250
过夜游客	Of which: Overnight Tourists	2 409	4 107	4 748	5 401	6 265
一日游游客	One-day Tourists	1 432	2 754	2 972	3 585	3 985
海外旅游者（人次）	Overseas Tourists (person-time)	1 001 141	1 502 817	1 810 017	2 219 030	2 502 170
外国人	Of which: Foreigners	665 919	996 557	1 111 744	1 447 431	1 691 835
香港同胞	Tourists from Hong Kong	105 704	193 423	307 306	338 114	358 570
澳门同胞	Tourists from Macao	8 448	34 864	42 519	93 295	99 117
台湾同胞	Tourists from Taiwan	221 070	277 973	348 448	340 190	352 648
海外旅游者人天数（人天）	Overseas Tourists (person-day)	1 557 453	2 616 071	3 241 139	4 004 101	4 527 585
国内旅游收入（万元）	Domestic Tourism Revenue (10 000 yuan)	1 831 938	3 861 529	4 471 017	4 947 396	5 947 650
过夜游客收入	Of which: Revenue from Overnight Tourists	1 592 504	3 316 386	3 654 301	3 957 198	4 837 961
一日游收入	Revenue from One-day Tourists	239 433	545 143	816 716	990 198	1 109 689
旅游外汇收入合计（万美元）	Total Foreign Exchange Earning (USD 10 000)	33 901	52 801	65 844	85 958	100 755
折合人民币（万元）	Equivalent Amount Converted into RMB (10 000 yuan)	282 402	439 836	526 749	644 685	685 137
旅游总收入（万元）	Total Tourism Revenue (10 000 yuan)	2 114 340	4 301 365	4 997 766	5 592 081	6 632 787

16-15 主要年份分国别接待旅游人次

Number of International Tourists in Yunnan by Nationality in Significant Years

单位：人次 (person-time)

国家和地区	Country and Territory	2000年	2002年	2005年	2006年	2007年	2008年
总 计	**Total**	**1 001 141**	**1 303 550**	**1 502 817**	**1 810 017**	**2 219 030**	**2 502 170**
外国人	Foreigners	665 919	781 305	996 557	1 111 744	1 447 431	1 691 835
日 本	Japan	126 104	137 423	85 448	108 503	147 439	138 988
菲律宾	The Philippines	4 704	3 092	4 021	8 929	11 287	14 433
新加坡	Singapore	75 541	67 473	63 150	66 125	88 838	104 034
泰 国	Thailand	77 375	61 631	81 172	72 047	95 248	185 390
印度尼西亚	Indonesia	8 017	13 253	16 261	14 594	17 628	21 063
美 国	The United States	38 312	48 688	62 981	75 234	87 671	106 956
加拿大	Canada	6 965	10 630	15 479	16 474	22 936	25 188
英 国	The United Kingdom	9 676	13 355	17 289	22 007	31 674	42 486
法 国	France	15 461	21 471	43 768	45 368	74 918	84 192
德 国	Germany	14 299	15 838	28 543	29 521	43 595	50 594
意大利	Italy	4 323	5 226	14 730	18 079	26 301	29 163
俄罗斯	Russia	443	1 338	5 365	6 270	11 576	6 486
澳大利亚	Australia	8 286	12 066	25 501	31 381	35 801	35 781
新西兰	New Zealand	1 685	2 592	4 301	7 035	4 063	6 450
其 它	Others	274 728	367 229	528 548	590 177	748 456	840 631
华 侨	Overseas Chinese	-	-	-			
港澳台同胞	Compatriots from Hong Kong, Macao and Taiwan	335 222	522 245	506 260	698 273	771 599	810 335
#台湾同胞	Compatriots from Taiwan	221 070	339 025	277 973	348 448	340 190	352 648

16-16 各地区旅游情况（2008年）
Tourism Situation by Region (2008)

地 区	Region	旅游总收入（亿元）Total Tourism Revenue (100million yuan)	旅游外汇收入（万美元）Foreign Exchange Earnings (USD10000)	国内旅游人数（万人次）Domestic Tourists (10000 person-time)	海外旅游人数（人次）Overseas Tourists (person-tines)	外国人 Foreigners	香港同胞 Compatriots from Hong Kong	澳门同胞 Compatriots from Macao	台湾同胞 Compatriots From Taiwan
全省合计	**Total**	**663.00**	**86 486.35**	**10 250.08**	**2 502 170**	**1 691 835**	**358 570**	**99 117**	**352 648**
昆 明	Kunming	197.12	20 416.37	2 663.57	700 685	498 172	57 468	3 113	141 932
曲 靖	Qujing	33.28	234.96	571.87	12 600	5 318	2 329	165	4 788
玉 溪	Yuxi	24.12	24.51	796.89	965	786	113		66
保 山	Baoshan	20.63	8.22	498.00	69 405	65 119	1 454	1 501	1 331
昭 通	Zhaotong	11.46	1 287.86	373.62	302	206	69	4	23
丽 江	Lijiang	69.54	470.30	578.91	465 830	321 196	65 381	1 053	77 200
普 洱	Pu'er	9.45	14 830.59	234.42	21 436	21 430	1		5
临 沧	Lincang	10.24	1 595.16	226.54	43 290	43 153	119		18
楚 雄	Chuxiong	16.41	63.47	618.62	3 108	1 249	246		1 613
红 河	Honghe	47.24	4 763.11	950.13	99 958	88 390	4 884	178	6 506
文 山	Wenshan	23.22	233.13	376.73	11 455	9 167	820	350	1 118
西双版纳	Xishuangbanna	41.17	3 514.28	590.12	113 119	103 800	3 065	988	5 266
大 理	Dali	73.17	8 719.64	921.64	316 691	191 702	63 989	18 338	42 662
德 宏	Dehong	34.04	1 860.93	354.94	70 284	68 605	87	2	1 590
怒 江	Nujiang	7.36	810.74	119.61	13 009	12 260	259	133	357
迪 庆	Diqing	44.50	26 916.48	374.47	519 946	221 195	157 286	73 292	68 173

注：本表旅游外汇收入不包括口岸一日游创汇收入。
Note: In this table, the data of foreign exchange earning is not included part of Revenue from one-day tourists in port.

16-17 边境地区口岸入境一日游旅客及外汇收入（2008年）
Number of One-day Entry Tourists and Earnings in Foreign Exchange in Border Areas (2008)

行政区域	Administrative Prefecture	口岸入境一日游人数(万人次) Number of One-day Entry Tourists (10 000 person-time)	比2007年增长（%） Increase Rate Over 2007 (%)	口岸入境一日游外汇收入(万美元) Earnings in Foreign Exchange from One-day Entry Tourists (USD 10 000)	比2007年增长（%） Increase Rate Over 2007 (%)
保山市	Baoshan	7.57	10.5	414.68	18.8
普洱市	Pu'er	9.00	-1.7	492.86	5.7
临沧市	Lincang	20.19	-9.1	1 106.00	-2.3
红河州	Honghe	89.11	11.7	4 831.19	20.1
文山州	Wenshan	11.30	-44.2	619.01	-40.1
西双版纳州	Xishuangbanna	22.85	31.7	1 251.72	41.6
德宏州	Dehong	100.90	25.7	5 527.46	35.1
怒江州	Nujiang	3.57	72.0	195.51	84.9

主要统计指标解释

进出口总额 指实际进出我省境内的货物总金额。包括对外贸易实际进出口货物，来料加工装配进出口货物，国家间、联合国及国际组织无偿援助物资和赠送品，华侨、港澳同胞和外籍华人捐赠品，租赁期满归承租人所有的租赁货物，进料加工进出口货物，边境地方贸易及边境地区小额贸易进出口货物（边民互市贸易除外），中外合资企业、中外合作经营企业、外商独资经营企业进出口货物和公用物品，到、离岸价格在规定限额以上的进出口货样和广告品（无商业价值、无使用价值和免费提供出口的除外），从保税仓库提取在中国境内销售的进口货物，以及其他进出口货物。该指标可以观察一个国家在对外贸易方面的总规模。我国规定出口货物按离岸价格统计，进口货物按到岸价格统计。

商品经营单位所在地进、出口额 指所在地海关注册登记的有进出口经营权的企业实际进、出口额。

利用外资 指各级政府、部门、企业和其他经济组织通过对外借款、吸收外商直接投资以及用其他方式筹措的境外现汇、设备、技术等。

对外借款 指通过对外正式签订借款协议，从境外筹措的资金，包括政府贷款、国际金融组织贷款、外国银行商业贷款、出口信贷以及以前还包括对外发行股票。该指标是利用外资的重要部分。

外商直接投资 指外国企业和经济组织或个人（包括华侨、港澳同胞以及我省在境外注册的企业）按中国有关政策、法规，用现汇、实物、技术等在云南境内开办外商独资企业、与中国境内的企业或经济组织共同举办中外合资经营企业、合作经营企业或合作开发资源的投资（包括外商投资收益的再投资），以及政府有关部门批准的项目投资总额内企业从境外借入的资金。

外商其他投资 指除对外借款和外商直接投资以外的各种利用外资的形式。包括企业在境内外股票市场公开发行的以外币计价的股票（目前主要是在香港证券市场发行的H股和在境内证券市场发行的B股）发行价总额，国际租赁进口设备的应付款，补偿贸易中外商提供的进口设备、技术、物料的价款，加工装配贸易中外商提供的进口设备、物料的价款。

对外承包工程 指各对外承包公司以招标议标承包方式承揽的下列业务：（1）承包国外工程建设项目；（2）承包云南对外经援项目；（3）承包云南驻外机构的工程建设项目；（4）承包云南境内利用外资进行建设的工程项目；（5）与外国承包公司合营或联合承包工程项目时云南公司分包部分；（6）对外承包兼营的房屋开发业务。对外承包工程的营业额是以货币表现的本期内完成的对外承包工程的工作量，包括以前年度签订的合同和本年度新签订的合同在报告期内完成的工作量。

对外劳务合作 指以收取工资的形式向业主或承包商提供技术和劳动服务的活动。云南对外承包公司在境外开办的合营企业，中国公司同时又提供劳务的，其劳务部分也纳入劳务合作统计。劳务合作营业额按报告期内雇主提交的结算数（包括工资、加班费和奖金等）统计。

旅游者人数 （1）入境国际旅游者人数：是指来云南参观、访问、旅行、探亲、访友、休养、考察、参加会议和从事经济、科技、文化、教育、宗教等活动的外国人、华侨、港澳同胞和台湾同胞的人数。不包括外国在我国的常住机构，如使领馆、通讯社、企业办事处的工作人员；来中国常住的外国专家、留学生以及在岸逗留不过夜人员。

（2）国内旅游者人数：指中国大陆居民和在我国常住 1 年以上的外国人、华侨、港澳台同胞，离开常住地在境内其他地方的旅游设施至少停留一夜，最长不超过6个月的人数。

国际旅游(外汇)收入 指入境游客在中国（大陆）境内旅行、游览过程中用于交通、参观游览、住宿、餐饮、购物、娱乐等全部花费。

国内旅游收入 又称旅游总花费指国内游客在国内旅行、游览过程中用于交通、参观游览、住宿、餐饮、购物、娱乐等全部花费。

Explanatory Notes on Principal Statistical Indicators

Total value of Imports and Exports refer to the total value of goods imported into and exported from the boundary of China, including the actual imports and exports through foreign trade, imported and exported goods under the processing and assembling trade gifts and supplies as aid given gratis between governments and by the United Nations and other international organizations, and contributions donated by overseas Chinese, compatriots in Hong Kong and Macao and Chinese with foreign citizenship, leasing commodities owned by leaseholders at the expiration of the lease term, imported and exported goods processed with imported materials, commodities trading in border areas (excluding mutual exchange goods), imported and exported goods and articles for public use of the Sino-foreign joint ventures, cooperative enterprises and wholly foreign-funded enterprises. Imported or exported samples and advertising goods for whose CIF or FOB value are beyond the permitted ceiling (excluding goods of no trading or use value and free commodities for export), imported goods sold in China from bonded warehouses and other imported or exported goods. This indicator can be used to observe the general scale of foreign trade in a country. In accordance with the stipulation of the Chinese government, imp orts are calculated at CIF, while exports are calculated at FOB.

Import and Export Value by Location of operating Establishments refers to actual value of import and export business operated by establishments which have been registered by the local customhouse and are entitled to run import and export business.

Utilization of Foreign Capital refers to spot exchange, equipment and technology raised from abroad, by foreign borrowings, foreign direct investment and other forms undertaken by t he Chinese governments at all levels, various departments, enterprises and other economic entities.

Foreign Borrowings refer to funds raised from abroad through formal borrowing agreements with foreign institutions, including loans of foreign governments, loans of international financial institutions, commercial loans of foreign banks, export credit, and funds raised by Chinese stocks issued abroad (before 1996). It is an import ant part of China's utilization of foreign capital.

Foreign Direct Investment refers to the investments inside China by foreign enterprises and economic organizations or individuals (including overseas Chinese, compatriots from Hong Kong, Macao and Taiwan, and Chinese enterprises registered abroad), following the relevant policies and laws of China, for the establishment of wholly foreign-funded enterprises, Sino-foreign joint ventures and cooperative enterprises or for co-operative exploration of resources with enterprises or economic organizations in Yunnan. It also includes the reinvestment of the foreign entrepreneurs with the profits gained from the original investment and the funds that enterprises borrow from abroad in the total investment of projects, which are approved by the relevant government departments.

Other Foreign Investment refers to all forms of utilization of foreign capital except foreign borrowings and foreign direct investment. It includes the total value of stocks in foreign currencies issued by enterprises at domestic or foreign stock exchanges (now mainly consisting of H shares issued at Hong Kong Security Market and B shares issued at the domestic security markets), rent payable for imported equipment through international leasing arrangement, costs of imported equipment, technology and materials provided by foreign counterparts in compensation trade and processing and assembling trade.

International Contracted Projects refer to projects undertaken by Chinese contractors (contracting companies) through bidding process, including: (1) overseas construction projects financed by foreign investors; (2) overseas projects financed by the Yunnan provincial government through its foreign aid programs; (3) construction projects of Yunnan diplomatic missions, trade offices and other institutions stationed abroad; (4)construction projects in Yunnan financed by foreign investors ; (5) sub-contracted projects undertaken by Yunnan contractors in joint or united contracts with foreign contractor(s); (6) housing development projects. Business volume of international contracted projects is the work volume of contracted projects completed during the report period, expressed in monetary terms, including completed work on projects contracted in previous years and the current year.

International Cooperation refers to the supply of technology and labor services to employers or contractors by receiving salaries and wages. Labor services provided by joint ventures of Yunnan international contracting corporations should be included in the statistics of labor co-operation with foreign countries. Business volume of labor cooperation is calculated according to the settled amount (including wages and salaries, overtime pay, bonuses, etc) provided by the employers during the report period.

Number of Tourists (1) International tourists refer to foreigners, overseas Chinese, Chinese compatriots from Hong Kong, Macao and Taiwan coming to Yunnan for sight-seeing, visits, tours, family reunions, vacations, study tours, conferences and other activities of a business, scientific and technological, cultural, educational and religious nature. It does not include representatives and employees of resident institutions of foreign countries in China such as embassies, consulates, news agencies and offices of foreign companies and organizations, nor does it include foreign experts or students permanently residing in China, or persons in transition without spending a night in China.

(2) Domestic tourists refer to residents of the mainland of China and foreigners, overseas Chinese and Chinese compatriots from Hong Kong, Macao and Taiwan who have resided in China for over one year, who stay for at least one night but no more than 6 months at tourist facilities in other places than their permanent residence within the territory of the mainland of China.

Foreign Exchange Earnings from International Tourism refer to the total expenditure of foreigners, overseas Chinese, Chinese compatriots from Hong Kong, Macao and Taiwan during their stay in the mainland of China on transportation, sighting, accommodation, food, shopping and entertainment.

Income from Domestic Tourism refer to expenditure of domestic tourists on transportation, sighting, accommodation, food, shopping and entertainment while they travel.

Chapter 17

十七、教育、科技、文化和体育

Education, Science and Technology, Culture and Sports

17-1 主要年份各级各类学校数

Number of Schools by Level and Type of School in Significant Years

单位：所 (unit)

年份 Year	普通高等学校 Regular Institutions of Higher Education	中等学校 Secondary Schools					普通小学 Primary Schools	幼儿园 Kindergartens
		普通中等专业学校 Regular Secondary Specialized Schools	普通中学 Regular Secondary Schools			职业中学 Vocational Secondary Schools		
			合计 Total	高中 Senior Secondary Schools	初中 Junior Secondary Schools			
1978	15	70	1 476	841	635		66 672	371
1980	18	100	1 435	610	825	59	59 499	591
1985	26	111	1 765	528	1 237	179	58 484	1 981
1990	26	138	2 030	503	1 527	228	53 556	1 434
1995	26	143	2 225	455	1 770	233	24 612	1 340
1996	26	144	2 242	442	1 800	217	24 078	1 501
1997	26	146	2 240	431	1 809	217	23 724	1 412
1998	26	142	2 245	419	1 826	211	23 249	1 500
1999	24	136	2 225	407	1 818	209	22 705	1 568
2000	24	127	2 236	418	1 818	199	22 151	1 770
2001	28	121	2 276	419	1 857	209	21 315	1 530
2002	31	121	2 267	411	1 856	193	20 595	1 711
2003	34	113	2 275	421	1 854	181	20 296	1 862
2004	43	99	2 280	429	1 851	177	19 725	2 103
2005	44	96	2 257	443	1 814	172	18 747	2 247
2006	50	93	2 266	452	1 814	168	18 127	2 495
2007	51	93	2 281	465	1 816	182	17 163	2 760
2008	59	94	2 272	460	1 812	182	16 573	3 085

17-2 主要年份各级各类学校专任教师数

Number of Full-time Teachers by Level and Type of School in Significant Years

单位：人 (person)

年份 Year	普通高等学校 Regular Institutions of Higher Education	中等学校 Secondary Schools						普通小学 Primary Schools	幼儿园 Kindergartens
		普通中等专业学校 Regular Secondary Specialized Schools	普通中学 Regular Secondary Schools			职业中学 Vocational Secondary Schools			
			合计 Total	高中 Senior Secondary Schools	初中 Junior Secondary Schools				
1978	3 743	2 221	59 003	11 561	47 442	222		164 100	2 474
1980	4 354	3 321	52 665	8 877	43 728	274		175 353	3 493
1985	6 383	4 631	52 140	10 722	41 418	1 947		171 574	8 064
1990	7 754	7 093	69 238	12 331	56 907	3 712		174 159	11 966
1995	7 415	7 886	80 139	12 668	67 471	5 474		181 384	16 330
1996	7 518	8 150	83 840	12 967	70 873	5 661		184 303	17 254
1997	7 690	8 432	88 120	13 057	75 063	5 983		189 129	18 937
1998	8 143	8 400	92 736	13 003	79 733	6 319		193 900	18 272
1999	8 296	8 304	98 927	13 511	85 416	6 900		201 125	18 618
2000	9 237	7 750	105 620	14 631	90 989	7 091		210 507	19 614
2001	9 982	7 678	109 674	15 991	93 683	7 115		217 658	13 148
2002	11 152	7 550	114 916	18 449	96 467	7 165		222 855	14 525
2003	12 236	7 262	120 221	21 497	98 724	7 167		221 589	15 279
2004	15 162	6 145	124 718	25 076	99 642	7 219		218 969	16 963
2005	16 819	6 285	131 685	29 760	101 925	7 517		219 236	17 987
2006	19 402	6 133	138 465	34 046	104 419	7 978		222 022	19 608
2007	21 233	6 300	143 111	36 788	106 323	8 880		222 676	21 251
2008	23 276	7 090	148 602	38 278	110 324	9 094		226 795	23 178

17-3 主要年份各级各类学校招生数

Number of New Students Enrollment by Level and Type of School in Significant Years

单位：万人 (10 000 persons)

年 份 Year	普通高等学校 Regular Institutions of Higher Education	中等学校 Secondary Schools 普通中等专业学校 Regular Specialized Secondary Schools	普通中学 Regular Secondary Schools 合计 Total	高中 Senior Secondary Schools	初中 Junior Secondary Schools	职业中学 Vocational Secondary Schools	普通小学 Primary Schools
1978	0.71	1.28	51.55	10.42	41.13		109.34
1980	0.50	1.48	34.97	6.27	28.70	0.35	111.97
1985	1.26	1.97	36.58	6.32	30.26	1.95	103.58
1990	1.30	2.29	44.40	6.51	37.89	3.28	79.99
1995	1.65	3.51	47.66	6.54	41.12	6.56	87.93
1996	1.72	3.70	48.77	5.84	42.93	6.13	87.52
1997	1.83	3.96	52.52	6.25	46.27	6.31	85.27
1998	2.04	3.94	56.30	6.56	49.74	7.31	75.80
1999	2.75	3.65	62.94	7.43	55.51	7.77	70.99
2000	3.20	3.76	69.84	8.82	61.02	6.42	70.20
2001	4.25	4.67	72.20	10.67	61.54	6.20	72.36
2002	5.04	4.81	77.74	12.44	65.30	6.17	73.71
2003	6.22	4.54	81.59	13.84	67.75	5.35	73.11
2004	6.67	5.17	80.13	16.73	63.40	5.00	73.25
2005	7.45	5.97	82.31	19.00	63.31	5.80	73.34
2006	9.07	6.60	86.04	20.47	65.57	6.67	76.03
2007	9.92	6.92	88.59	20.33	68.26	8.73	75.46
2008	11.71	8.34	91.51	21.20	70.31	8.44	72.91

17-4 主要年份各级各类学校在校学生数

Number of Students Enrollment by Level and Type of School in Significant Years

单位：万人 (10 000 persons)

年份 Year	普通高等学校 Regular Institutions of Higher Education	中等学校 Secondary Schools					普通小学 Primary Schools	幼儿园 Kindergartens
		普通中等专业学校 Regular Specialized Secondary Schools	普通中学 Regular Secondary Schools			职业中学 Vocational Secondary Schools		
			合计 Total	高中 Senior Secondary Schools	初中 Junior Secondary Schools			
1978	1.59	2.66	128.54	23.78	104.76	0.39	436.03	4.08
1980	1.81	4.02	96.86	14.67	82.20	0.54	424.39	10.32
1985	3.23	5.01	101.99	17.49	84.50	4.07	514.66	19.68
1990	4.35	7.38	123.95	18.06	105.89	6.82	446.86	30.06
1995	5.14	10.26	127.25	17.78	109.47	12.54	462.41	51.74
1996	5.40	10.97	133.43	17.61	115.82	9.78	473.12	53.35
1997	5.74	11.68	142.31	17.76	124.55	11.38	483.71	53.72
1998	6.24	12.24	152.15	17.84	134.31	12.51	485.45	54.37
1999	7.39	11.95	167.44	19.42	148.02	15.78	480.80	57.75
2000	9.04	11.92	185.97	22.21	163.76	15.85	472.06	60.35
2001	11.90	12.86	200.46	26.50	173.96	15.26	460.50	62.70
2002	14.34	13.89	215.14	31.55	183.58	14.64	450.93	66.85
2003	17.53	14.84	228.46	36.33	192.13	13.14	441.88	70.66
2004	20.06	14.76	235.06	41.98	193.09	13.21	440.65	75.37
2005	23.21	15.56	238.88	48.31	190.58	14.08	441.23	77.27
2006	26.81	17.35	244.70	54.54	190.16	16.21	452.26	82.38
2007	30.21	18.63	251.77	57.64	194.12	19.64	453.31	86.31
2008	34.35	20.53	259.48	59.47	200.01	21.28	451.04	89.57

17-5 主要年份各级各类学校毕业生数

Number of Graduates by Level and Type of School in Significant Years

单位：万人 (10 000 persons)

年份 Year	普通高等学校 Regular Institutions of Higher Education	中等学校 Secondary Schools					普通小学 Primary Schools
		普通中等专业学校 Regular Specialized Secondary Schools	普通中学 Regular Secondary Schools			职业中学 Vocational Secondary Schools	
			合计 Total	高中 Senior Secondary Schools	初中 Junior Secondary Schools		
1978	0.33	0.99	44.60	9.19	35.41	0.11	56.76
1980	0.53	1.59	27.90	8.12	19.78	0.09	48.27
1985	0.54	1.23	24.32	4.63	19.69	0.58	51.90
1990	1.45	2.07	33.99	5.57	28.42	2.63	64.59
1995	1.63	2.63	35.71	5.55	30.16	2.83	56.03
1996	1.45	2.96	34.03	5.25	28.78	2.90	57.98
1997	1.49	3.20	37.03	5.48	31.55	2.97	61.25
1998	1.53	3.30	40.17	5.82	34.35	3.17	61.80
1999	1.58	3.50	42.80	5.15	37.65	3.50	65.61
2000	1.62	3.77	47.54	5.65	41.89	4.61	72.15
2001	1.94	3.69	52.50	5.93	46.56	4.94	76.04
2002	2.56	3.69	58.80	7.11	51.7	4.49	77.52
2003	3.13	3.94	63.94	8.45	55.49	4.30	77.15
2004	3.26	4.87	67.88	9.94	57.94	3.55	72.13
2005	4.49	4.88	73.10	11.60	61.50	4.07	69.32
2006	5.58	4.34	76.29	12.77	63.52	3.98	68.69
2007	6.61	5.07	76.21	15.33	60.88	4.51	71.46
2008	7.28	5.46	77.91	17.39	60.52	5.13	73.23

17-6 主要年份研究生数

Number of Postgraduates in Significant Years

单位：人 (person)

年份 Year	招生数 New Students Enrollment	在学人数 Total Enrollment		毕业生数 Graduates	
		攻读硕士学位 Master's Degree	攻读博士学位 Doctor's Degree	攻读硕士学位 Master's Degree	攻读博士学位 Doctor's Degree
1985	448	724	5	98	1
1990	151	467	24	248	11
1991	140	481	26	221	8
1992	198	533	40	148	11
1993	275	612	42	187	8
1995	343	948	77	183	14
1996	414	1 030	156	266	18
1997	592	1 351	202	326	24
1998	643	1 483	175	373	50
1999	822	1 830	247	538	74
2000	1 231	2 376	332	535	46
2001	1 777	3 428	396	559	77
2002	2 302	4 799	500	692	93
2003	3 307	6 739	667	1 052	117
2004	4 517	9 254	916	1 568	116
2005	5 483	12 223	1 147	2 053	151
2006	6 193	14 927	1 319	2 951	210
2007	6 549	16 751	1 507	4 048	207
2008	6 905	18 373	1 711	4 923	271

17-7 各级各类成人学校基本情况（2008年）

Basic Statistics on Adult Schools by Level and Type of School (2008)

单位：所，人 (unit, person)

项目	Item	学校数(所) Schools	毕业生数 Graduates	招生数 New Student Enrollment	在校学生数 Student Enrollment	教职工合计 Faculty	#专任教师 Full-time Teachers
成人高等教育按办学形式:	**Adult Education Schools Grouped by Form of Running a School**	**2**	**50 495**	**58 256**	**162 183**	**1 842**	**898**
函授	Correspondence Schools		32 398	37 970	104 542		
业余	Sparetime Schools		8 981	12 986	36 695		
脱产	Full-time Schools		9 116	7 300	20 946		
成人中专	**Secondary Specialized Schools for Adults**	**136**	**2 715**	**3 147**	**7 705**	**3 744**	**2 538**
成人小学	**Primary Schools for Adults**	**70**	**198 438**		**164 952**	**2 104**	**587**
小学班	Primary Courses	70	72 526		69 434	540	214

17-8 各级各类学校师生比例（2007-2008年）

Student-teacher Ratio by Level and Type of School (2007-2008)

单位:人 (person)

项　目	Item	2007年	2008年
普通高等学校	Regular Institutions of Higher Education	18.8	19.1
普通中专	Regular Secondary Specialize Schools	29.6	29.0
成人中专	Specialize Secondary Schools for Adult	3.0	3.0
普通高中	Regular Senior Secondary Schools	21.1	23.2
职业高中	Vocational Senior Secondary Schools	15.7	15.5
普通初中	Regular Junior Secondary Schools	18.3	18.1
职业初中	Vocational Junior Secondary Schools	43.3	27.8
小　学	Primary Schools	20.4	19.9
幼儿园	Kindergartens	40.6	38.6

注:普通高等学校师生比例按教育部新标准测算

Note: The data in this table are calculated according to the new standards of educational departments .

17-9 主要年份小学学龄儿童入学率

Enrollment Rate of School-age Children in Primary Schools in Significant Years

年 份 Year	全省学龄儿童数(万人) School-Age Children (10 000 persons)	已入学学龄儿童数（万人） School-Age Children Enrolled in Schools (10 000 persons)	入学率(%) Enrollment Rate	年 份 Year	全省学龄儿童数（万人） School-Age Children (10 000 persons)	已入学学龄儿童数(万人) School-Age Children Enrolled in Schools (10 000 persons)	入学率(%) Enrollment Rate
1980	400.79	349.54	87.2	2001	429.62	426.92	99.4
1985	421.61	384.14	93.1	2002	421.63	419.86	99.6
1990	342.40	324.06	94.6	2003	412.87	396.92	96.1
1995	427.81	416.79	97.4	2004	416.06	400.02	96.2
1997	452.05	446.64	98.4	2005	420.31	404.77	96.3
1998	454.13	448.37	98.4	2006	427.83	413.17	96.6
1999	449.02	444.52	99.0	2007	425.09	414.84	97.6
2000	438.41	434.10	99.0	2008	420.32	413.15	98.3

17-10 主要年份自然科学研究成果获奖统计
Statistics on Prizes of Natural Science Research Achievements in Significant Years

单位：项 (unit)

年份 Year	云南省科技进步奖 Provincial Scientific Technological Progress Prize				
	申报数 Applications Acceptance	获奖数 Number of Prize-wining	奖励等级 Reward Grade		
			一等 Grade I	二等 Grade II	三等 Grade III
1985	455	149	3	22	124
1990	179	90		11	79
1995	293	182	1	19	162
1999	377	208	2	24	182
2000	444	193	6	24	163
2002	298	173	8	29	136
2003	416	239	12	15	212
2004	374	221	12	42	167
2005	404	242	15	50	177
2006	358	193	7	33	153
2007	371	187	5	31	151
2008	333	155	10	24	121

注:1.1985年一等奖中含特等奖一项。2.云南省星火奖从1988年开始实行，2000年以后不再统计。

Note: a. The first prizes in 1985 included the special awards.

b. The Spark Prize was executed in 1988 in Yunnan province,and it hasn't been calculated since 2000.

17-11 主要年份自然科学研究机构数（独立科研机构）
Number of Research Institutions of Natural Science in Significant Years (Independent Research Institutions)

单位：个 (unit)

年份 Year	中国科学院 Chinese Academy of Sciences	国务院各部委直属 Directly under Departments of State Council	省业务局直属 Directly under Provincial Departments	地州(市)直属 Directly under Prefecture (municipal) Departments	年份 Year	中国科学院 Chinese Academy of Sciences	国务院各部委直属 Directly under Departments of State Council	省业务局直属 Directly under Provincial Departments	地州(市)直属 Directly under Prefecture (municipal) Departments
1980	5	12	54	83	2001	4	9	55	65
1985	4	15	57	72	2002	4	9	55	64
1990	4	14	55	80	2003	3	8	55	64
1995	4	12	54	79	2004	3	5	24	62
1997	4	12	54	78	2005	3	4	23	61
1998	4	12	53	77	2006	3	4	22	60
1999	4	12	51	73	2007	3	4	21	58
2000	4	9	55	67	2008	3	5	19	59

17-12 主要年份分行业自然科学独立研究机构数

Number of Independent Research Institutions of Natural Science by Sector in Significant Years

单位：个 (unit)

年 份 Year	合 计 Total	农林牧渔业 Farming, Forestry, Animal Husbandry and Fishery	工 业 Industry	地质普查及勘探业 Geological Prospecting	建筑业 Construction	交通运输邮电通讯业 Transport, Postal and Telecom-munication Services	社会服务业 Social Services	卫生、体育和社会福利业 Health Care, Sports and Social Welfare	科学研究与综合技术服务业 Scientific Research and Polytechnic Services
1985	149	59	44	1	2	3		16	24
1990	153	79	35	2	2	3	3	12	17
1994	150	77	32	2	2	3	3	12	19
1995	149	76	32	2	2	3	3	12	19
1996	149	61	36	3	2	3	5	11	28
1997	148	57	48	3	2	3	7	12	16
1998	146	57	46	3	2	3	7	12	16
1999	140	56	44	1	2	3	7	11	14
2000	135	67	25	1	1	3	4	5	29
2001	133	67	22	1	1	3	4	6	29
2002	132	70	22	1	1	3	4	6	25
2003	130	70	27		2	2	4	6	19
2004	94	57	10		1	1	6	7	12
2005	91	56	9	1	1	1	5	7	11
2006	89	56	8	1	1	1	5	7	10
2007	86	56	7	1	1	1	5	6	9
2008	86	56	7	1	1	1	4	6	10

注:从1991年起不包括国防科工委系统。

Note: Units under cmmission of science, technology and industry for national defense have not been included since 1991.

17-13 主要年份分行业自然科学独立研究机构科技活动人员数

Number of Scientific and Technical Personnel in Independent Research Institutions of Natural Science by Sector in Significant Years

单位：人 (person)

年 份 Year	合 计 Total	农林牧渔业 Farming, Forestry, Animal Husbandry and Fishery	工 业 Industry	地质普查及勘探业 Geological	建筑业 Construction Prospecting	交通运输邮电通讯业 Transport, Postal and Telecom-munication Services	社会服务业 Social Services	卫生、体育和社会福利业 Health Care, Sports and Social Welfare	科学研究与综合技术服务业 Scientific Research and Polytechnic Services
1985	8 012	1 956	3 522	96	60	193		845	1 340
1990	11 008	2 801	5 006	120	89	190	98	814	1 890
1994	8 875	2 818	2 746	123	72	187	105	876	1 948
1995	8 722	2 821	2 606	120	67	175	115	875	1 943
1996	8 260	2 572	2 523	143	64	170	331	562	1 895
1997	8 135	2 524	2 724	127	53	172	411	592	1 532
1998	7 863	2 305	2 619	128	62	154	400	623	1 482
1999	7 606	2 528	2 306	58	98	160	409	522	1 443
2000	7 160	2 819	1 754	48	82	152	258	321	1 726
2001	7 224	2 978	1 609	43	82	138	220	406	1 748
2002	6 965	3 060	1 574	48	85	157	201	407	1 433
2003	6 573	3 033	1 578		164	116	156	352	1 174
2004	5 229	3 281	293		50	45	317	413	830
2005	5 151	3 192	298	64	50	46	277	413	811
2006	5 517	3 497	343	65	60	35	285	406	826
2007	5 467	3 452	373	61	55	35	292	334	865
2008	5 471	3 465	323	61	55	38	279	333	917

注:从1991年起不包括国防科工委系统(下同)。

Note: Units under commission of science, technology and industry for national defense have not been included since 1991. (Same as below).

17-14 各地区自然科学机构中从事科技人员数（2008年）

Number of Scientific and Technical Personnel in Natural Science Institutions by Region (2008)

单位：人 (person)

地区	Region	科技人员数 Scientists and Technicians	高级技术人员 Senior Technicians	中级技术人员 Middle Technicians	初级技术人员 Junior Technicians
全省合计	**Total**	5 471	1 115	1 793	1 498
昆　明	Kunming	3 210	780	1 070	790
曲　靖	Qujing	65	17	30	9
玉　溪	Yuxi	48	11	20	9
保　山	Baoshan	107	17	45	17
昭　通	Zhaotong	80	16	38	24
丽　江	Lijiang	61	12	18	23
普　洱	Pu'er	130	22	40	50
临　沧	Lincang	85	8	28	46
楚　雄	Chuxiong	83	18	39	22
红　河	Honghe	198	34	54	50
文　山	Wenshan	173	23	71	72
西双版纳	Xishuangbanna	712	94	199	241
大　理	Dali	216	39	79	65
德　宏	Dehong	246	18	42	54
怒　江	Nujiang	33	2	10	19
迪　庆	Diqing	24	4	10	7

17-15 各地区独立研究与开发机构情况（2007-2008年）

Basic Statistics on Independent Scientific Research and Development Institutions by Region (2007-2008)

单位:个、人 (unit,person)

地区	Region	2007年				2008年			
		合计 Total		自然科学 Natural Science		合计 Total		自然科学 Natural Science	
		机构 Institutions	人员 Employees	机构 Institutions	人员 Employees	机构 Institutions	人员 Employees	机构 Institutions	人员 Employees
全省合计	**Total**	**104**	**7 522**	**86**	**6 921**	**105**	**7 741**	**86**	**7 108**
昆　明	Kunming	45	4 722	30	4 168	46	4 894	30	4 304
曲　靖	Qujing	3	81	3	81	3	83	3	83
玉　溪	Yuxi	3	67	2	55	3	68	2	56
保　山	Baoshan	4	117	4	117	4	117	4	117
昭　通	Zhaotong	2	87	2	87	2	89	2	89
丽　江	Lijiang	3	67	3	67	3	67	3	67
楚　雄	Chuxiong	4	139	3	113	4	147	3	122
红　河	Honghe	6	252	5	243	6	241	5	235
文　山	Wenshan	5	211	5	211	5	224	5	224
普　洱	Pu'er	5	173	5	173	5	169	5	169
西双版纳	Xishuangbanna	6	953	6	953	6	998	6	998
大　理	Dali	6	240	6	240	6	235	6	235
德　宏	Dehong	5	263	5	263	5	257	5	257
怒　江	Nujiang	2	36	2	36	2	36	2	36
迪　庆	Diqing	1	24	1	24	1	26	1	26
临　沧	Lincang	4	90	4	90	4	90	4	90

17-16 主要年份县级以上政府部门属独立研究与开发机构及情报文献机构数、人员数

Number of Independent Research and Development Institutions, Information and Literature Institutions Subordinated to Government Departments Above County Level, and Number of Their Personnel in Significant Years

单位:个、人 (unit,person)

指　　标	Item	2000年	2002年	2005年	2006年	2007年	2008年
机构合计	**Total Institutions**	**156**	**153**	**110**	**108**	**104**	**105**
人员合计	**Total Employees**	**11 645**	**11 097**	**7 660**	**7 638**	**7 522**	**7 741**
自然科学技术领域	Field of Natural Sciences and Technology						
机构数	Number of Institutions	135	132	91	89	86	86
人员数	Number of Employees	10 972	10 413	7 101	7 057	6 921	7 108
#科学家、工程师	Scientists and Engineers	4 555	4 524	3 307	3 304	3 520	3 734
社会、人文科学技术领域	Field of Social Sciences and Humanities						
机构数	Number of Institutions	14	14	13	13	12	13
人员数	Number of Employees	470	475	342	356	365	401
#科学家、工程师	Scientists and Engineers	357	362	274	279	279	324
科技情报和文献机构	Scientific-Technological Information and Literature Institutions						
机构数	Number of Institutions	7	7	6	6	6	6
人员数	Number of Employees	203	209	217	225	236	232
#科学家、工程师	Scientists and Engineers	139	155	156	183	176	186

17-17 科技活动单位及科技活动人员情况（2008年）

Basic Statistics on Units and Personnel Engaged in Science and Technology Activities (2008)

单位:个,人 (unit,person)

指　　标	Item	单位个数(个) Number of Units (unit)	#科技活动单位 Units Engaged in Science and Technology Activities	科技活动人员(人) Number of Personnel Engaged in Science and Technology Activities	#科学家和工程师 Scientists and Engineers
总计	**Total**	4 703	1 277	74 154	48 124
按单位类型分组	**Grouped by Types of Unit**				
科研机构	Science Research Institution	107	107	8 846	6 895
高等院校	Higher Eduction Academies	46	46	10 928	9 421
企　业	Enterprises	3 929	672	39 461	22 064
#工业企业	Industry Enterprises	3 636	540	30 388	16 966
其　他	Others	621	452	14 919	9 744
按隶属关系分组	**Grouped by Administrative Subordination Relationship**				
中　央	Central Government	170	72	12 279	10 081
地　方	Local Government	4 533	1 205	61 875	38 043

17-18 主要年份专利申请和批准数

Number of Patents Applications Approved and Granted in Significant Years

单位:件 (piece)

年 份 Year	申请数(件) Applications Examined				批准数(件) Applications Granted			
	合 计 Total	发 明 Invention	实用新型 Utility Models	外观设计 Design	合 计 Total	发 明 Invention	实用新型 Utility Models	外观设计 Design
1985	135	66	65	4				
1990	461	77	326	58	362	24	312	26
1993	729	164	485	80	686	35	568	83
1994	883	171	499	213	439	25	367	47
1995	959	195	476	288	569	35	346	188
1996	1 290	266	665	359	602	33	336	233
1997	1 108	163	612	333	692	20	362	310
1998	1 136	163	579	394	832	45	477	310
1999	1 246	198	609	438	1 185	73	695	417
2000	1 710	341	737	632	1 216	139	606	417
2001	1 793	344	807	642	1 347	113	662	572
2002	1 780	448	722	610	1 128	83	522	523
2003	1 976	574	797	605	1 213	172	521	513
2004	1 710	341	737	632	1 216	139	606	471
2005	2 556	776	905	875	1 381	306	563	512
2006	3 085	1 005	1 076	1 004	1 637	355	689	593
2007	3 108	1 014	1 100	994	2 139	368	1 017	754
2008	4 089	1 474	1 389	1 226	2 021	383	1 038	600

17-19 科技成果情况(2008年)

Scientific and Technological Achievements (2008)

项 目	Item	发表科技论文(篇) S & T Papers	出版科技著作(种) S & T Works	专利申请数(件) Patent Applications	发明专利申请数(件) Invention Patents Applied	拥有发明专利数(件) Invention Patents Owned
总 计	**Total**	20 944	862	1 687	987	1 334
按单位类型分	**Grouped by Type of Unit**					
科学研究与技术开发机构	Scientific Research & Technological Development Institutions	2 893	162	160	123	170
全日制普通高等学校	Full-time Regular Institutions of Higher Education	14 868	675	771	474	412
企业	Enterprises	91	2	749	385	745
其他	Others	3 092	23	7	5	7

17-20 科技活动经费筹集情况（2008年）
Funds Raising on Scientific and Technological Activities (2008)

单位:万元 (10 000 yuan)

项目	Item	活动经费筹集总额 Total Funds Raised	政府拨款 Government Appropria-tions	自筹资金 Self-raised Funds	银行贷款 Bank Loans	事业单位资金 Public Institution Funds	国外资金 Foreign Funds	其他资金 Other Funds
总　计	**Total**	**893 291**	**255 588**	**532 073**	**57 898**	**32 376**	**3 709**	**11 647**
按单位类型分	**Grouped by Type of Unit**							
科学研究与技术开发机构	Scientific Research & Tech. Development Institutions	212 526	184 186	3 535	6 968	15 343	1 886	608
全日制普通高等学校	Full-time Regular Institutions of Higher Education	56 385	23 831	23 392	845	5 739	1 128	1 450
企业	Enterprises	585 718	29 846	498 772	47 306	1 100	93	8 601
其他	Others	38 662	17 725	6 374	2 779	10 194	602	988
按隶属关系分	**Grouped by Administrative Subordination Relationship**							
中央	Central Government	265 307	131 881	112 240	8 168	7 099	1 628	4 292
地方	Local Government	627 984	123 707	419 833	49 730	25 277	2 081	7 355

17-21 科技活动经费支出情况（2008年）
Expenditures on Science and Technology Activities (2008)

单位:万元 (10 000yuan)

项目	Item	合计 Total	内部支出 Internal Expenditure	经常费支出 Regular Expenditure	#人员劳务费 Labour Payment	#科研基建支出 Expenditure on Capital Construction of Science Research	固定资产购建 Expenditure on Fixed Assets	#设备购置 Expenses on Equipment	外部支出 Exterior Expenditure
合　计	**Total**	**881 201**	**830 683**	**741 362**	**128 712**	**89 321**	**292 190**	**240 448**	**50 518**
按单位类型分组	**Grouped by Type of Unit**								
科研机构	Science Research Institution	189 652	187 875	158 332	40 180	29 543	39 874	19 820	1 777
高等院校	Higher Eduction Academies	51 394	49 638	49 438	6 934	200	6 830	2 101	1 756
企　业	Enterprises	598 712	554 510	500 427	70 033	54 083	229 514	205 437	44 202
#工业企业	Industry Enterprises	575 110	531 860	479 610	63 801	52 250	219 526	195 837	43 250
其　他	Others	41 443	38 660	33 165	11 565	5 495	15 972	13 090	2 783
按隶属关系分组	**Grouped by Administrative Subordination Relationship**								
中　央	Central Government	246 134	218 600	188 719	36 637	29 881	53 295	33 798	27 534
地　方	Local Government	635 067	612 083	552 643	92 075	59 440	238 895	206 650	22 984

17-22 主要年份文化事业机构数
Number of Cultural Institutions in Significant Years

单位：个 (unit)

年 份 Year	艺术事业 Art Institutions		图书出版社 Publishing Houses	博物馆 Museums	公共图书馆 Public Libraries
	表演团体 Art Performance Troupes	艺术表演场所 Art Performance Sites			
1978	149	3	2	4	16
1980	154	26	2	4	80
1985	149	15	4	16	149
1990	137	46	7	20	148
1994	135	44	8	22	148
1995	134	44	8	22	148
1996	133	42	8	23	148
1997	132	40	8	26	148
1998	131	40	8	27	148
1999	130	39	8	27	147
2000	129	40	8	30	148
2001	128	41	8	30	147
2002	124	38	8	30	148
2003	123	39	8	30	149
2004	116	40	8	31	149
2005	135	38	8	32	149
2006	126	33	8	33	149
2007	131	31	8	36	149
2008	127	31	8	36	150

17-22 续表 continued

单位：个 (unit)

年 份 Year	群众文化事业 Mass Culture		广播电视事业 Broadcasting and Television Stations	
	群众艺术馆及文化馆 Mass Art Centers and Cultural Centers	文化站 Cultural Stations	电视发射台及转播台 Television Transmission Stations and Relay Stations	县级以上广播电台 Broadcasting Stations above County Level
1978	145	2	5	3
1980	148	388	5	4
1985	148	1 456	12	5
1990	147	1 477	24	12
1994	147	1 591	15	13
1995	147	1 567	30	14
1996	147	1 582	30	14
1997	147	1 577	44	13
1998	147	1 593	44	13
1999	147	1 580	44	13
2000	147	1 551	44	14
2001	146	1 586	28	14
2002	147	1 576	27	11
2003	148	1 582	17	12
2004	149	1 577	33	14
2005	149	1 535	33	15
2006	148	1 400	33	15
2007	148	1 375	56	15
2008	148	1 376	56	16

17-23 主要年份艺术、群众文化活动情况

Basic Statistics on Artist and Mass Cultural Activities in Significant Years

年份 Year	艺术活动 Artist Activities		群众文化活动 Mass Cultural Activities	
	演出场次 (场) Number of Performances (show)	国内观众人次 (千人次) Number of Domestic Spectators (1 000 person-time)	办展览 (个) Number of Exhibitions (unit)	训练班结业 (人次) Number of Persons Completing Courses(person-time)
1978	6 802	9 756	612	
1980	16 102	15 288	968	11 610
1985	9 105	8 864	754	20 229
1990	9 092	10 645	2 504	24 000
1995	14 500	12 954	2 138	70 300
1999	10 240	12 066	3 085	192 000
2000	10 080	13 292	3 427	178 000
2001	11 000	12 209	3 019	167 000
2002	8 874	11 113	3 052	208 000
2003	9 035	10 298	3 333	216 000
2004	10 302	13 220	5 272	218 847
2005	8 215	11 137	4 270	226 000
2006	8 896	12 277	11 507	231 000
2007	15 002	12 547	3 126	439 000
2008	9 592	11 226	3 329	473 000

17-24 主要年份图书馆、博物馆活动情况

Facilities and Services of Libraries and Museums in Significant Years

年份 Year	图书馆活动 Library Services Activity		博物馆活动情况 Museums Services	
	借阅册次 (千册次) Number of Books Borrowed by the Readers (1 000 volume-times)	借阅人次 (千人次) Number of Circulation Borrowing People (1 000 person-times)	陈列、展览 (个) Number of Displays and Exhibitions (unit)	参观人数 (千人次) Number of Visitors (1 000 person-times)
1978	552	358		
1980	3 384	2 889	19	40
1985	5 399	4 630	99	473
1990	7 100	5 170	85	506
1995	5 285	5 586	112	887
1999	7 426	4 030	146	1 437
2000	6 803	3 834	145	1 066
2001	6 877	3 729	156	1 112
2002	6 414	3 415	109	1 234
2003	6 181	3 422	98	580
2004	5 850	2 766	131	1 266
2005	7 005	3 519	139	1 371
2006	6 312	3 171	221	1 815
2007	6 071	3 965	131	1 514
2008	5 680	2 769	299	2 341

17-25 主要年份图书、杂志、报纸出版情况

Publication of Books, Magazines and Newspapers in Significant Years

年份 Year	出版总数（种） Number of Publications (kind)			出版印数（万册、万份） Printed Copies(10 000 copies)		
	图书 Books Published	杂志 Magazines Published	报纸 Newspapers Published	图书 Books Published	杂志 Magazines Published	报纸 Newspapers Published
1978	333	31	7	4 543	75	
1980	336	87	11	8 106	739	17 570
1985	568	65	43	11 411	1 161	32 138
1990	804	68	41	12 330	954	22 280
1995	1 452	99	44	11 889	1 604	25 936
2000	1 644	125	70	13 414	2 877	36 029
2004	2 476	124	61	15 053	2 379	47 240
2005	2 337	124	61	12 898	2 308	49 736
2006	2 471	124	61	17 388	2 898	53 314
2007	3 117	126	63	15 962	2 793	55 943
2008	3 336	126	63	17 485	3 265	58 879

17-26 各地区文化、文物事业基本情况（2008年）

Basic Statistics on Culture and Cultural Relics by Region (2008)

地区	Region	公共图书馆馆数(个) Public Libraries (Unit)	公共图书馆藏书量(万册) Number of books in Public Libraries (Unit)	艺术表演团体(个) Numbers of Art Performance Troupes(Unit)	艺术表演场所(个) Arts Performance Places (Unit)	群众艺术馆及文化馆(个) Mass Art and Cultural Centers (Unit)	文化站(个) Cultural Centers (Unit)	文化、文物事业费(万元) Total Expenditures on Culture and Cultural Relics (10 000 yuan)	文物事业费(万元) Total Expenditures on Cultural Relics (10 000 yuan)	博物馆(个) Museums (Unit)
全省合计	**Total**	**150**	**1 452.7**	**127**	**31**	**148**	**1376**	**80 523**	**10 117**	**36**
昆明	Kunming	17	194.5	11	4	15	136	11 039	1 784	5
曲靖	Qujing	11	100.1	9	3	10	115	4 710	323	
玉溪	Yuxi	10	112.2	8	5	10	76	6 064	507	3
保山	Baoshan	7	50.4	6		6	72	2 421	264	5
昭通	Zhaotong	12	72.6	5		12	143	2 080	185	3
丽江	Lijiang	6	42.3	10		6	63	1 999	217	1
普洱	Pu'er	10	64.4	6		11	103	3 181	179	2
临沧	Lincang	9	57.6	9		9	77	1 917	67	
楚雄	Chuxiong	11	105.6	10	3	11	103	4 999	1 570	4
红河	Honghe	15	141.6	11	4	14	133	5 475	664	3
文山	Wenshan	9	54.7	9		9	104	2 958	193	3
西双版纳	Xishuangbanna	4	24.1	7	4	4	31	2 204	25	
大理	Dali	13	94.6	5	1	14	110	4 551	1 063	3
德宏	Dehong	7	35.5	7		7	52	2 156	174	
怒江	Nujiang	5	33.7	5		5	29	1 588	145	1
迪庆	Diqing	3	14.6	3	2	4	29	1 497	122	2

17-27 广播电视基本情况（2005-2008年）

Basic Statistics on Radio and Television Station (2005-2008)

项　目	Item	2005	2006	2007	2008
职工人数(人)	Number of Staff and Workers (person)	13857	13785	14694	15035
广播电台(座)	Number of Broadcasting Stations (unit)	15	15	15	16
电视台（座）	Number of Television Stations (unit)	16	16	16	16
广播人口覆盖率(%)	Radio Coverage of Population (%)	91.03	92.02	92.65	93.12
电视人口覆盖率(%)	Television Coverage of Population (%)	92.63	93.68	94.02	94.34

注:自1998年起数据采用国家广电总局年报制度新口径。

Note:Since 1998,data have been based on new statistical method made by State Administration of Radio,Film and Television.

17-28 主要年份运动员比赛获奖情况

Prizes Won by Yunnan Athletes in Significant Years

单位：枚 (unit)

年 份 Year	金 牌 Gold Medal		银 牌 Silver Medal		铜 牌 Copper Medal	
	国 际 International Competitions	全 国 National Competitions	国 际 International Competitions	全 国 National Competitions	国 际 International Competitions	全 国 National Competitions
1978	1	4	1	9	14	8
1980	4	13	2	13		21
1985	11	24	13	13	9	18
1990	4	22		27	6	19
1995	9	27	3	29	4	31
2000	1	44		38	5	36
2004	4	47	7	44	3	50
2005	1	34	1	30		32
2006	6	13	4	15	1	12
2007	2	13		15	1	15
2008	4	14	3	6	5	11

17-29 主要年份等级裁判员、运动员人数

Number of Referees and Athletes in Significant Years

单位：人 (person)

项　目	Item	1978年	1985年	1990年	1995年	2000年	2005年	2007年	2008年
等级裁判员合计	**Number of Referees in Grades**	**92**	**1 316**	**1 920**	**1 675**	**2 229**	**1 198**	**1 414**	**1 214**
国际级裁判	International-level Referees			1					2
国家级裁判	National-level Referees	6			12	7			104
一级裁判	First Grade Referees	86	135	145	57	40	185	134	276
二级裁判	Second Grade Referees		280	455	316	519	1 013	1 280	832
三级裁判	Third Grade Referees		901	1 320	134	1 653			
等级运动员合计	**Number of Athletes in Grades**	**25**	**1 843**	**1 379**	**1 474**	**1 137**	**599**	**707**	**463**
国际级健将	International-level Master Sportsmen			4	3		7		7
运动健将	Master Sportsmen	3		36	27		22	2	21
一级运动员	First Grade Sportsmen	11	63	38	52	12	65	53	58
二级运动员	Second Grade Sportsmen	11	83	352	328	353	505	652	377
三级运动员	Third Grade Sportsmen		861	583	703	479			
少年级运动员	Juvenile Sportsmen		836	433	361	343			

主要统计指标解释

普通高等学校 指按照国家的审批程序批准举办,通过全国统一招生考试,招收高级中等学校毕业和具有同等学历者,实施高等教育,培养高等专门人才的学校。包括大学、专门学院、专科学校和短期职业大学。

成人高等学校 指按国家规定的审批程序批准举办,招收职业高中毕业或同等学历者,利用多种形式对成人实施高等教育,培养相当普通高等专科或本科毕业水平的专门人才的学校。包括广播电视大学、职工高等学校、农民高等学校、干部管理学院、教育学院、独立函授学院以及普通高等学校举办的函授、夜大学等。

小学学龄儿童入学率 指调查范围内已入小学学习的学龄儿童占该地区校内外学龄儿童总数(包括弱智儿童在内,但不包括盲聋哑儿童)的比重。计算公式为:

小学学龄儿童入学率=已入学的小学学龄儿童数/校内外小学学龄儿童总数 × 100%

科技活动 指在自然科学、农业科学、医药科学、工程与技术科学、人文与社会科学领域(简称科学技术领域)中，与科技知识的产生、发展、传播和应用密切相关的有组织的活动。可分为研究与试验发展(R&D)、研究与试验发展成果应用及相关的科技服务三类活动。该定义是联合国教科文组织考虑成员国特别是发展中国家开展科技统计工作的需要，而对科技活动所作的统计界定。

科技活动人员 指直接从事科技活动、以及专门从事科技活动管理和为科技活动提供直接服务，累计的实际工作时间占全年制度工作时间10%及以上的人员。(1)直接从事科技活动的人员包括：在独立核算的科学研究与技术开发机构、高等学校、各类企业及其他事业单位内设的研究室、实验室、技术开发中心及中试车间(基地)等机构中从事科技活动的研究人员、工程技术人员、技术工人及其它人员；虽不在上述机构工作，但编入科技活动项目(课题)组的人员；科技信息与文献机构中的专业技术人员；从事论文设计的研究生等。(2)专门从事科技活动管理和为科技活动提供直接服务的人员，包括：独立核算的科学研究与技术开发机构、科技信息与文献机构、高等学校、各类企业及其他事业单位主管科技工作的负责人，专门从事科技活动的计划、行政、人事、财务、物资供应、设备维护、图书资料管理等工作的各类人员，但不包括保卫、医疗保健人员、司机、食堂人员、茶炉工、水暖工、清洁工等为科技活动提供间接服务的人员。该指标用来反映投入科技活动人力的规模。

科学家与工程师 指科技活动人员中具有高、中级技术职称(职务)的人员和不具有高、中级技术职称(职务)的大学本科及以上学历人员。该指标用来反映投入科技活动人力的素质。

研究与试验发展(R&D) 指在科学技术领域，为增加知识总量、以及运用这些知识去创造新的应用进行的系统的创造性的活动，包括基础研究、应用研究、试验发展三类活动。国际上通常采用R&D 活动的规模和强度指标反映一国的科技实力和核心竞争力。

专业技术人员 指从事专业技术工作和专业技术管理工作的人员，即企事业单位中已经聘任专业技术职务从事专业技术工作和专业技术管理工作的人员，以及未聘任专业技术职务，现在专业技术岗位上工作的人员。包括工程技术人员，农业技术人员，科学研究人员，卫生技术人员，教学人员。

科技活动经费筹集 指从各种渠道筹集到的计划用于科技活动的经费，包括政府资金、企业资金、事业单位资金、金融机构贷款、国外资金和其他资金等。反映各社会经济主体对促进科技进步所做的努力。

政府资金 指从各级政府部门获得的计划用于科技活动的经费，包括科学事业费、科技三项费、科研基建费、科学基金、教育等部门事业费中计划用于科技活动的经费以及政府部门预算外资金中计划用于科技活动的经费等。

科技活动经费内部支出 指报告年内用于科技活动的实际支出，包括劳务费、科研业务费、科研管理费，非基建投资购建的固定资产、科研基建支出以及其他用于科技活动的支出。不包括生产性活动支出、归还贷款支出及转拨外单位支出。反映科技投入实际完成情况。

劳务费 指以货币或实物形式直接或间接支付给从事科技活动人员的劳动报酬及各种费用。包括各种形式的工资、津贴、奖金、福利、离退休人员费用、人民助学金等。反映改善科技人员待遇情况。

固定资产购建费 指报告年内使用非基建投资购建的固定资产和用于科研基建投资的实际支出额，即固定资产实际支出和科研基建投资实际完成额之和。固定资产是指长期使用而不改变原有实物形态的主要物资设备、图书资料、实验材料和标本以及其他设备和家具、房屋、建筑物。反映用于改善科研条件和科研手段方面的投入情况。

新产品 指采用新技术原理、新设计构思研制、生产的全新产品，或在结构、材质、工艺等某一方面比原有产品有明显改进，从而显著提高了产品性能或扩大了使用功能的产品。既包括政府有关部门认定并在有效期内的新产品，也包括企业自行研制开发，未经政府有关部门认定，从投产之日起一年之内的新产品。用来反映科技产出及对经济增长的直接贡献。

专利 是专利权的简称，是对发明人的发明创造经审查合格后，由专利局依据专利法授予发明人和设计人对该项发明创造享有的专有权。包括发明、实用新型和外观设计。反映拥有自主知识产权的科技和设计成果情况。

发明 指对产品、方法或者其改进所提出的新的技术方案。是国际通行的反映拥有自主知识产权技术的核心指标。

实用新型 指对产品的形状、构造或者其结合所提出的适于实用的新的技术方案。反映具有一定技术含量的技术成果情况。

外观设计 指对产品的形状、图案、色彩或者其结合所做出的富有美感并适于工业上应用的新设计。反映拥有自主知识产权的外观设计成果情况。

文化事业机构 指从事专业文化工作和为专业文化工作服务的单独核算、独立建制的单位。不包括半工半艺、半农半艺的业余剧团。

艺术表演观众人数 指售票、包场演出或民族地区免费演出的艺术表演观众人数。不包括彩排审查和内部观摩演出的观看人次数。

等级运动员人数 指经考核正式批准授予等级运动员称号的人数。运动员等级分为国际级运动健将、运动健将、一级运动员、二级运动员、三级运动员、少年运动员。

等级裁判员人数 指经考核正式批准授予等级裁判员称号的人数。裁判员等级分为国际裁判、国家级裁判、一级裁判、二级裁判。

体育场 指有400米跑道(中心含足球场),有固定道牙,跑道6条以上,并有固定看台的田径场。以看台容纳观众人数为：甲级25000人以上,乙级15000–25000人,丙级5000–15000人,丁级5000人以下。

体育馆 指有固定看台可供篮球、排球、乒乓球、体操等项目训练比赛活动用的室内场地。经以看台容纳观众人数分：甲级6000人以上,乙级4000–6000人,丙级2000–4000人,丁级2000人以下。

Explanatory Notes on Principal Statistical Indicators

Regular Institutions of Higher Learning refer to the educational institutions set up according to the government evaluation and approval procedures, enrolling graduates from senior high schools and providing higher education courses and training senior professionals. They include fulltime universities and colleges, junior colleges and short-term schools for professional training.

Institutions of Higher Learning for Adults refer to the educational institutions, set up in line with relevant rules approved by the government, enrolling staff and workers with senior high school or equivalent education, and providing higher education courses in many forms of full time, part time, spare time, or correspondence for adults. Professionals thus trained receive a qualification equivalent to graduates studying regular courses at regular universities, colleges and professional colleges. Institutions of higher learning for adults include Radio and TV universities, colleges for staff and workers and for farmers, management colleges for cadres, education colleges, independent correspondence college and correspondence schools, night schools and the like run by regular institutions of higher learning.

Enrollment Rate of Primary School-age Children refers to the proportion of school-age children enrolled at school to the total number of school-age children both at and out of school (including retarded children, but excluding blind, deaf and mute children). The formula is as follows:

Enrollment Rate of Primary School-age Children = (Total Primary School-age Children at School)/(Total Primary School-age Children Both at and out of School) × 100%

Scientific and Technological Activities (S&T Activities) refer to organized activities which are closely related to the creation, development, dissemination and application of scientific and technological knowledge in the fields of natural sciences, agricultural science, medical science, engineering and technological science, humanities and social sciences (referred to as scientific and technological fields). S&T activities can be divided into three categories: research and development (R&D) activities, application of R&D results, and related S&T services. This statistical definition is made by UNICHIEF for scientific and technological activities to meet the need for carrying out statistical work in this field in its member countries, especially those developing countries.

Personnel Engaged in S&T Activities refer to personnel directly engaged in S&T activities, in the management of S&T activities, and in providing direct service to S&T activities, who spend over 10% of the total working hours in a year in S&T activities. (1) Personnel directly engaged in S&T activities include researchers, engineers, technicians and other related personnel engaged in S&T activities in independent-accounting R&D institutions, institutions of higher learning, and in research rooms and institutes, laboratories, technological development centers and central experiment workshops under enterprises and institutions. Also included are people working in S&T research project teams, professional and technical personnel working in S&T information and literature institutions, and graduate students working on the design of their theses. (2) Personnel engaged in the management of S&T activities and in providing direct service to S&T activities include administrative personnel responsible for S&T activities in independent-accounting R&D institutions, S&T information and literature institutions, institutions of higher learning, and enterprises and institutions where S&T activities are undertaken. Also included are people responsible for the planning, administration, personnel management, financial management, logistics supply, equipment maintenance, information and library management that are related to S&T activities. People providing indirect services are excluded, such as security personnel, medical staff, drivers, plumbers, cleaners and those providing food and related services. This indicator reflects the scale of personnel engaged in S&T activities.

Scientists and Engineers refer to persons engaged in S&T activities who have obtained technical or

professional titles of senior and middle rank, and those without such title but have completed university or higher education. This indicator reflects the quality of personnel engaged in S&T activities.

Research and Development (R&D) refers to systematic and creative activities in the field of science and technology aiming at increasing and using the knowledge for new application. R&D falls into 3 categories of activities: basic research, applied research and experiment and development. The scale and intensity of R&D are widely used internationally to reflect the strength of S&T and the core competitiveness of a country in the world.

Professional and Technical Personnel refer to persons engaged in professional and technical work or in the management of professional and technical activities, i.e., personnel with professional or technical titles who are engaged in professional and technical work or in the management of professional and technical activities, and personnel without professional or technical titles but working on professional or technical posts in enterprises and institutions. They include professionals and technicians working in the fields of engineering, agriculture, scientific research, health care and education.

Funding for S&T Activities refers to funds obtained from various sources for S&T activities, including government funds, self-raised funds by enterprises, self-raised funds by institutions, loans from financial institutions, foreign funds and other funds. This indicator reflects the efforts made by various social economic entities in promoting the development of S&T.

Government Funds refer to funds obtained from government departments at all levels for S&T activities, including funds for scientific undertakings, 3 kinds of funds for S&T activities, funds for capital construction for scientific research, science funds, funds from educational expenditures by educational departments for S&T activities, and extra-budgetary funds from government departments for S&T activities.

Internal Expenditures on S&T Activities refer to the actual expenditures on S&T activities during the report year, including service charges, operating expenses on research activities, overhead charges on research, fixed assets excluded in the investment in capital construction, expenditures on capital construction for scientific research, and other expenditures on S&T activities. Not included are expenditures on production activities, repayment of loans and transfer expenditures. This indicator reflects the real completion of input in S&T.

Service Charges refer to direct or indirect payments, in cash or in kind, made to personnel engaged in S&T activities as remuneration and other charges, including salaries, subsidies, bonus, benefits, retirement pensions, stipends, etc. This indicator reflects the improvement of treatment toward S&T personnel.

Expenditure on Purchase and Construction of Fixed Assets refers to the fixed assets purchased or constructed by using funds excluded in the investment in capital construction and the actual expenditures on capital construction for scientific research within the report year, i.e. the sum total of the actual expenditures on fixed assets and the actual investments in capital construction for scientific research. Fixed asset refers to main materials and equipment, literature and documents in libraries, materials for experiments, specimen, instruments, furniture, buildings and constructions that can be used for a long time without changing their original forms and shapes. This indictor reflects the input in improving the conditions and means of scientific research.

New Products refer to new products produced with new technology and design, or products that represent noticeable improvement in terms of structure, material, or production process so as to improve significantly the character or function of the older versions. They include new products certified by relevant government departments within the period of certification, and those designed and produced by enterprises within a year without certification by government departments. This indictor reflects the S&T output and its direct contribution to economic growth.

Patent is an abbreviation for patent right and refers to the exclusive right of ownership by the inventors or designers for their creations or inventions, conferred by the patent offices after the due process of assessment and approval in accordance with the Patent Law. Patent is granted for inventions, utility models and designs. This indicator reflects the achievements of S&T and design with independent intellectual property.

Inventions refer to the new technical proposals on products or methods or their modifications. This is universal core indicator reflecting the technologies with independent intellectual property.

Utility Models refer to the practical and new technical proposals on the shape and structure of the product or their combination. This indicator reflects the technological results with certain technical content.

Designs refer to the aesthetic and industrially applicable new designs for the shape, pattern and color of the product or their combinations. This indicator reflects the exterior design achievements with independent intellectual property.

Cultural Institutions refer to entities which have their own organizational systems and independent accounting systems and specialize in or serve cultural development, excluding other establishments run by these cultural institutions and amateur cultural groups established by various departments.

Number of Spectators at Art Performance refers to the number of attendants at commercial shows, completely booked shows or a free show offered in minority nationality areas, and does not include the number of spectators at rehearsals of examination and internal shows for observation.

Number of Athletes in Grades refers to the number of athletes who have been conferred titles after examination. The titles of athletes include international masters of sports, masters of sports, first-grade, second-grade and third-grade sportsmen and young athletes.

Number of Referees in Grades refers to the number of referees who have been conferred titles after examination. They are classified as international-level referees, national-level referees and referees of the first, second and third grades.

Stadiums refer to the stadiums for track and field events with six-lane 400-meter tracks around soccer fields, permanent track marks and permanent bleachers. Stadiums are classified according to seating capacity, including: Class A stadiums seating over 25,000 people each, Class B stadiums seating 15,000 to 25,000 people each, Class C stadiums seating 5,000 to 15,000 people each, and Class D stadiums seating less than 5,000 people each.

Gymnasiums refer to the indoor sports grounds with permanent seats in which basketball, volleyball, badminton, table tennis and gymnastics matches can be held. Gymnasiums are classified according to seating capacity, including Class A gymnasiums seating over 6,000 people each, Class B gymnasiums seating 4,000 to 6,000 people each, Class C gymnasiums seating 2,000 to 4,000 people each, and Class D gymnasiums seating less than 2,000 people each.

Chapter 18

十八、卫生和其他社会活动

Public Health and Other Social Activities

18-1 主要年份卫生机构数

Number of Health Care Institutions in Significant Years

单位：个 (unit)

年份 Year	总计 Total	医院 Hospitals	门诊部所 Clinics	疾病预防控制中心（含卫生防疫站） Center for Disease Control and Prevention(Epidemic Prevention Stations)	妇幼保健站 Women and Children Care Agencies
1985	6 305	1 813	3 846	159	145
1990	6 671	1 908	4 085	150	144
1992	6 765	1 950	4 107	149	144
1993	6 469	1 969	3 772	157	143
1994	6 474	2 115	3 618	157	143
1995	6 400	2 108	3 522	158	145
1996	11 122	548	53	148	140
1997	11 454	589	46	149	140
1998	11 867	594	53	150	143
1999	11 875	603	51	151	140
2000	13 356	602	51	151	142
2001	12 552	590	37	152	142
2002	8 541	584	38	148	144
2003	9 804	566	52	153	151
2004	9 436	594	69	150	146
2005	10 110	648	73	153	148
2006	10 020	649	69	150	148
2007	9 693	668	73	150	148
2008	9 249	692	74	152	148

注:1.2002年起卫生保健所、医务室统计口径有调整。
2.从1996年开始医院、县及县以上医院只包括正规医院。

Note: a. Since 2002, the statistical coverage of health care institutions and clinics has been adjusted.
b. Since 1996, hospitals above county level have been included formal ones only.

18-2 主要年份卫生机构床位数

Number of beds in Health Care Institutions in Significant Years

单位：张 (unit)

年份 Year	总计 Total	医院 Hospitals	#农村 Rural Areas	平均每千人口有医院床位数 Number of Hospital Beds per 1000 Persons
1985	74 477	68 012	47 709	1.99
1990	84 530	76 145	48 286	2.04
1992	90 981	80 863	50 455	2.11
1993	92 684	82 529	51 904	2.14
1994	93 654	83 351	49 812	2.12
1995	95 552	83 959	50 942	2.10
1996	90 818	60 848	30 719	1.51
1997	93 993	63 418	30 170	1.55
1998	95 965	64 041	29 687	1.55
1999	97 197	64 575	30 551	1.53
2000	97 530	66 106	31 232	1.56
2001	99 768	65 978	31 722	1.55
2002	96 633	67 522	31 931	1.56
2003	98 388	67 930	31 530	1.55
2004	102 167	71 170	32 261	1.61
2005	106 961	74 697	32 482	1.68
2006	110 472	77 366	34 346	1.73
2007	119 038	83 193		1.84
2008	127 784	90 391		1.99

18-3 主要年份卫生机构人员数

Number of Employed Persons in Health Institutions in Significant Years

单位：人 (person)

年份 Year	总计 Total	#卫生技术人员 Medical Technical Personnel	#医生 Doctors	平均每千人有卫生技术人员或医生 Number of Medical Technical Personnel or Doctors per 1 000 Persons: 卫生技术人员 Medical Technical Personnel	医生 Doctors
1978	79 520	65 486	31 145	2.12	1.01
1980	89 086	71 375	33 421	2.25	1.28
1985	107 905	87 337	42 660	2.56	1.25
1990	125 503	101 649	53 879	2.72	1.44
1992	131 775	105 622	53 471	2.76	1.40
1993	133 873	107 660	55 452	2.77	1.43
1994	137 167	110 900	57 675	2.82	1.46
1995	139 529	112 530	59 456	2.86	1.49
1996	138 748	111 591	56 392	2.76	1.40
1997	145 863	118 227	59 090	2.89	1.44
1998	147 159	119 200	59 138	2.88	1.43
1999	148 429	121 040	60 680	2.88	1.44
2000	151 588	124 055	62 572	2.93	1.48
2001	149 788	123 021	62 311	2.89	1.46
2002	133 155	109 713	51 746	2.56	1.20
2003	133 960	111 748	52 696	2.55	1.20
2004	136 697	113 871	53 248	2.58	1.21
2005	142 175	118 429	55 837	2.66	1.25
2006	145 621	121 424	56 476	2.71	1.26
2007	149 266	123 722	56 582	2.74	1.25
2008	151 859	126 237	57 276	2.78	1.26

18-4 主要年份卫生防疫机构、妇幼保健机构情况

Basic Statistics on Epidemic Prevention Institutions, Women and Children care Agencies in Significant Years

单位：个、人 (unit,person)

年份 Year	卫生防疫机构 Epidemic Prevention Institutions: 机构数 Number of Institutions(Unit)	人员数 Number of Employed Persons(Person)	妇幼保健机构 Women and Children care Agencies: 机构数 Number of Institutions(Unit)	床位数 Number of Beds(Unit)	人员数 Number of Employed Persons(Person)
1978	149	3 604	142	82	1 194
1985	159	4 931	145	524	2 108
1990	150	5 930	144	928	3 001
1992	149	6 388	144	1 073	3 467
1993	157	6 606	143	1 244	3 669
1994	157	6 810	143	1 350	3 869
1995	158	6 962	145	1 510	4 197
1996	158	7 136	142	1 657	4 270
1997	159	7 344	142	1 836	4 559
1998	150	7 390	141	2 024	4 692
1999	151	7 493	140	2 252	4 822
2000	160	7 574	142	2 356	5 017
2001	175	7 810	142	2 588	5 124
2002	148	7 125	144	3 174	5 624
2003	153	7 241	151	3 341	5 650
2004	150	6 782	146	3 386	5 482
2005	153	7 590	148	3 521	5 641
2006	150	7 585	148	3 662	5 703
2007	150	7 844	148	3 954	5 782
2008	152	7 847	148	4 162	5 638

18-5 主要年份自然灾害救济情况

Basic Statistics on Relief Work on Natural Disasters in Significant Years

年 份 Year	遭受自然灾害人次(万人) Disaster Victims (10 000 persons)	每万农业人口中遭受自然灾害人次(人) Disaster Victims per 10 000 Farmers (person)	享受自然灾害国家救济人次（万人次） Persons Enjoying State Relief (10 000 person-times)	享受国家救济人占遭受自然灾害人数比重(%) Proportion of Persons Enjoying StateRelief to Disaster Victims (%)
1985	856.70	2 845	404.80	47.30
1990	832.00	2 569	749.90	90.10
1993	1 133.88	3 371	623.20	54.90
1994	1 136.00	3 435	562.00	49.50
1995	1 004.36	3 972	532.30	52.90
1996	1 124.00	4 010	547.50	48.70
1997	2 913.00	8 308	936.40	32.10
1998	2 651.00	7 493	527.30	19.90
1999	3 165.21	8 904	600.00	19.00
2000	3 466.10	9 670	432.30	12.50
2001	2 566.48	7 109	886.97	34.60
2002	2 544.00	5 902	441.16	17.34
2003	2 341.20	6 393	758.00	32.37
2004	1 825.30	4 945	1 014.60	55.58
2005	2 756.50	7 409	667.40	24.21
2006	2 161.00	4 820	605.30	28.01
2007	2 071.82	5 501	679.86	32.81
2008	2 921.79	6 613	667.40	22.84

18-6 主要年份优抚事业基本情况

Basic Statistics on Special Care and Preferential Treatment to Disable Servicemen and Family Members of Martyrs and Servicemen in Significant Years

年 份 Year	优抚事业单位(个) Number of Administrative Agencies for Martyrs	优抚事业单位经费(万元) Funds of Administrative Agencies (10 000 yuan)	年末在院人数(人) Number of Persons under Care at Year-end (person)	优抚对象人数(万人) Number of Persons Enjoying Special Care and Preferential Treatment (10 000 persons)	每万人口中优抚对象人数(人) Number of Persons Enjoying Special Care and Preferential Treatment per 10 000 Persons (person)	优抚事业费(万元) Allowances (10 000 yuan)
1985	1	59.9	83	96.9	283	1 265.5
1990	1	112.3	98	88.8	238	3 539.7
1993	1	211.5	80	88.8	229	4 615.0
1994	1	210.5	79	89.9	228	5 122.7
1995	1	184.3	66	91.6	231	6 293.8
1996	1	200.0	70	90.9	232	6 566.2
1997	2	273.2	93	92.4	226	7 601.5
1998	2	350.9	93	92.82	224	8 125.4
1999	2	424.0	84	93.62	223	10 199.8
2000	3	700.5	85	93.67	221	13 664.3
2001	3	806.8	98	90.99	213	14 976.5
2002	5	1 598.7	281	10.73	25	13 703.8
2003	4	1 305.5	179	10.89	25	16 365.5
2004	4	1 599.1	148	10.63	24	17 804.1
2005	4	1 407.3	197	10.24	23	24 307.7
2006	4	1 502.2	296	10.78	24	29 378.1
2007	5	1 863.8	465	30.48	67	42 867.3
2008	5	1 831.4	367	29.08	64	75 761.6

注：2002年优抚对象人数统计口径调整为实际优抚人数。
Note: The statistical coverage of Persons Enjoying Special Care and Preferential Treatment was adjusted to the actual numbers in 2002.

18-7 主要年份社会福利事业基本情况
Basic Statistics on Social Welfare in Significant Years

年 份 Year	民政事业费总额 (万元) Total Funds for Civil Affairs (10 000 yuan)	城市社会福利事业 Urban Social Welfare		
		单位数(个) Number of Institutions	单位经费(万元) Funds of Institution (10 000 yuan)	年末在院人数(人) Persons under Care at Year-end (person)
1985	10 136.5	34	243.3	1 405
1990	40 948.0	45	334.4	1 536
1993	30 502.3	49	457.0	1 590
1994	31 529.4	49	991.5	1 702
1995	36 916.0	50	1 083.0	1 801
1996	43 966.0	50	1 120.0	1 847
1997	55 903.3	50	1 308.9	2 176
1998	58 810.0	50	1 618.7	2 179
1999	63 169.3	50	1 853.2	1 172
2000	78 944.4	75	2 143.3	2 507
2001	98 782.6	112	2 337.2	2 785
2002	115 945.6	152	2 466.6	3 364
2003	150 814.0	781	2 798.2	11 026
2004	183 854.7	744	3 229.9	10 541
2005	202 345.9	767	5 649.1	10 709
2006	228 803.6	578	9 247.1	13 820
2007	445 267.8	669	14 794.5	16 054
2008	689 106.5	702	15 771.5	20 884

18-8 民政事业基本情况（2006-2008年）
Basic Statistics on Civil Affairs (2006-2008)

项 目	Item	2006	2007	2008
救灾工作情况	**calamity Relief**			
救灾支出（万元）	Expenditures on Calamity Relief (10 000 yuan)	30 049.50	52 236.90	142 702.60
# 生活救济费（万元）	Expenditure on Victims' Life (10 000 yuan)	15 680.20	16 368.90	33 424.60
城镇居民最低生活保障情况	**Social Relief**			
城镇低保人数（人）	Number of Urban and Rural Households Receiving Income Relief (person)	730 305.00	793 212.00	858 337.00
城镇保障资金（万元）	Expenditures on Income Relief by Urban and Rural Residents (10 000 yuan)	70 469.80	93 538.50	131 988.10
社会福利事业情况	**Social Welfare Institutions**			
单位数（个）	Number of Institutions (unit)	583.00	669.00	702.00
床位数（张）	Number of Beds (set)	14 238.00	22 813.00	29 773.00
收养人数（人）	Number of People Adopted (person)	8 097.00	15 255.00	20 884.00
社会福利企业情况	**Social Welfare Enterprises**			
单位数（个）	Number of Social Welfare Enterprises (unit)	682.00	408.00	523.00
职工数（人）	Number of Employees (person)	41 500.00	32 707.00	58 080.00
# 残疾职工（人）	Physically-challenged (person)	15 600.00	12 599.00	19 300.00
利润额（万元）	Profits (10 000 yuan)	62 000.00	17 606.40	37 710.50

18-9 主要年份律师、公证工作基本情况

Basic Statistics on Lawyers and Notarization in Significant Years

项　　目	Item	2000	2005	2007	2008
律师工作	**Lawyers**				
律师事务所(个)	Number of Law Offices (unit)	322	405	411	430
国资所(个)	State-owned (unit)	182	120	116	116
合作所(个)	Cooperative (unit)	38	58	52	50
合伙所(个)	Partnership (unit)	100	222	235	252
个人发起所(个)	Initiated by Individual (unit)	2	5	8	12
执业律师（人)	Number of Lawyers (person)	2 286	3 381	3 275	3 404
专职律师（人)	Full-time Lawyers (person)	1 629	3 209	3 179	3 278
兼职律师（人)	Part-time Lawyers (person)	431	91	96	126
特邀律师（人)	Guest Lawyers (person)	226			
公证工作	**Notarization**				
公证处(个)	Number of Notary Offices (unit)	151	151	140	140
公证员(人)	Notaries (person)	374	385	419	431
公证员助理（人)	Assistant Notaries (person)		320	374	395
办理各类公证事项(件)	Number of Notarized Affairs (unit)		242 508	233 074	202 120

18-10 产品质量监督抽查情况（2008年）
Results of Sampling Checks on Product Quality (2008)

类 别	Category	监督检验企业数(个) Number of Enterprises Supervised and Checked (unit)	不合格企业数(个) Number of Enterprises with Products Unqalified (unit)	不合格企业比例(%) Proportion of Enterprises with Products Unqalified	检验批次(批次) Number of Batch-time Checked (unit)	合格批次(批次) Number of Batch-time Qualified (unit)	批次合格率(%) Rate of Batch-time Qualified(%)
总 计	**Total**	**13 326**	**4 425**	**33.2**	**16 627**	**11 980**	**72.1**
农用产品	**Agriculture Products**	**1 557**	**534**	**34.3**	**2 013**	**1 385**	**68.8**
农用化肥	Chemical Fertilizers	942	312	33.1	1 192	847	71.1
化学农药	Chemical Pesticides	17	7	41.2	45	17	37.8
饲 料	Forages						
农 膜	Agriculture Films	2			3	3	100.0
加工食品和饮料	**Food and Beverage**	**6 461**	**2 332**	**36.1**	**7 610**	**5 440**	**71.5**
调味品	Seasoning						
白 酒	White Spirit	1 693	591	34.9	1 831	1 261	68.9
啤 酒	Beer	10	1	10.0	17	16	94.1
食用植物油	Edible Vegetable Oil	30	2	6.7	49	47	95.9
糕点、糖果	Cake						
桶装饮用水	Packed Drinkable water	286	72	25.2	312	237	76.0
肉制品	Meat	29	15	51.7	35	19	54.3
饮 料	Beverage	72	31	43.1	84	62	73.8
酱腌菜产品	Pickled vegetables						
茶 叶	Tea	203	58	28.6	216	156	72.2
米、面	Rice and Flour	166	87	52.4	174	97	55.8
炒 货	Drid Food						
家用电器	**Household Electric Appliances**						
厨房电器具	Electric Cooking Utensils						
电热器具	Electric Heating Appliances						
轻工产品	**Light Industry Products**	**168**	**79**	**47.0**	**248**	**150**	**60.5**
纸制品	Paoer	42	5	11.9	68	13	19.1
家 具	Furniture						
眼镜(架、片)	Spectacles (Glass and Frame)	42			55	55	100.0
玻璃制品	Glass Products						
合成洗涤剂	Chemical Detergent	7	4	57.1	13	9	69.2
橡胶、塑料制品	Plastics Products	77	28	36.4	112	73	65.2
纺织、鞋类商品	**Texile and Shoes**	**36**	**16**	**44.4**	**71**	**37**	**52.1**
布(印染、色织、坯布)	Cloth						
针织品	Knit Goods						
鞋	Shoes						
服 装	Clothing	36	16	44.4	71	37	52.1
地 毯	Carpet						
化工产品	**Chemical Products**	**182**	**43**	**23.6**	**276**	**214**	**77.5**
涂料、油漆	Paint	6	1	16.7	12	11	91.7
建材商品	**Building Raw Materials**	**1 004**	**341**	**34.0**	**1 134**	**752**	**66.3**
水 泥	Cement	388	30	7.7	473	447	94.5
石 材	Stone						
装饰材料	Decoration Material						
铝合金建筑型材	Alumina Material						
机电产品	**Mechanical and Electrical Products**	**221**	**90**	**40.7**	**383**	**200**	**52.2**
阀类、泵	Valves	21	8	38.1	32	19	59.4
低压电器及元件	Low-voltage Electric Elements	199	81	40.7	350	181	51.8
电动机、柴油机	Motors and Diesel Engines	1	1	100.0	1		
冶金商品、金属制品	**Metallurgical and Metal Products**	**388**	**117**	**30.2**	**611**	**462**	**75.6**
线 材	Wire Rod						
型 材	Section Steel	388	117	30.2	611	462	75.6
能源产品	**Energy**	**816**	**86**	**10.5**	**1 015**	**968**	**95.4**
焦 碳	Coke	32	13	40.6	70	33	47.1
汽油、柴油	Gas and Diesel Oil	784	73	9.3	980	938	95.4

主要统计指标解释

医院 指名称为医院,设有固定床位能收容病人住院并能为病人提供医疗、护理服务的医疗机构。包括县及县以上医院、农村乡卫生院、其他医院三部分。按所属性质分为卫生部门、工业及其他部门、集体所有制三类。其中县及县以上医院按业务性质分为综合医院和专科医院。

卫生技术人员 指卫生事业机构支付工资的全部固定职工和合同制职工中现任职务为卫生技术工作的人员。包括中医师、西医师、中西医结合高级医师、护师、中药师、西药师、检验师、其他技师、中医师、西医士、护士、助产士、中药剂士、检验士、其他技士、其他中医、护理员、中药剂员、西药剂员、检验员、其他初级卫生技术人员。

医生 指经卫生部门审查合格,从事医疗工作的专业人员。分为中医医生和西医医生。包括卫生技术人员中的中医师、西医师、中西结合和其他中医师、西医师、中西结合高级医师、中医士、西医士和其他中医。

城市社会福利事业单位 包括社会福利院、儿童福利院和民政部门所属的精神病院等。

城乡社会救济费 社会救济是指国家或集体用于生活困难人员的财物支出。本指标包括城镇社会救济费、乡村社会救济费、精简退职的老职工救济费。

(1)城镇社会救济费 包括民政部门支出的城镇困难户救济费和机关企事业单位支付的职工生活困难补助费。

(2)乡村社会救济费 包括民政部门支出的农村五保户、困难户及麻风病人救济费。本指标包括农村集体支付的散居五保户、贫困户救济折款(包括实物)。

(3)精减退职的老职工救济费 指民政部门支出的精减退职的老职工救济费(包括按原工资40%发给的救济费和其他困难救济费)。

自然灾害受灾人数 指遭受自然灾害人数中的成灾人数。所谓成灾是指遭受自然灾害,作物收成减产三成以上的单位,这种单位的全部农业人口即为成灾人口。

优抚事业单位 指革命残废军人休养院、荣复军人疗养院和复退军人精神病院、光荣院。

优抚对象 优抚是指我国人民群众对革命烈士家属、病故革命军人家属、革命残废军人、革命残废工作人员以及参战负伤致残的民兵、民工的优待和对这些人的抚恤。“优抚对象”包括烈军属、复退军人、革命残废人员。

优抚事业费 指民政部门开支的抚恤事业费。包括牺牲费、烈军属及复员退伍军人补助费、退伍军人安置费、优抚事业单位经费和其他抚恤事业费。

律师 指受聘参加法律顾问工作，担任法律顾问，刑（民）事代理人、刑事辩护人、办理非诉讼事件，解答法律询问，代写法律事务文书等主要从事律师业务的专职法律工作者和兼职律师。

公证人员 指在国家公证机关依法办理公证事务的司法人员，包括公证员、助理公证员和公证处公证的其他人员。

Explanatory Notes on Principal Statistical Indicators

Hospitals refer to the medical institutions with permanent sickbeds where sick or injured people receive medical treatment and nursing services. Hospitals fall into three categories: hospitals at and above county-level, hospitals of rural townships, and other hospitals. According to their ownership, hospitals can be divided into three categories: hospitals under the public health departments, hospitals under industrial and other departments and collective-owned hospitals. Hospitals at and above county-level are divided into general and specialized hospitals.

Medical Technical Personnel refers to all medical staff and workers employed by medical institutions, including doctors of traditional Chinese and Western medicine, senior doctors who integrate traditional Chinese therapeutics with Western therapeutics in practice, senior nurses, pharmacists of traditional Chinese and Western medicine, senior laboratory technicians, other senior technicians, assistant doctors of traditional Chinese and Western medicine, nurses, midwives, assistant pharmacists of traditional Chinese medicine, laboratory technicians, other technicians, other practitioners of traditional Chinese medicine, nursing workers, pharmacological workers of traditional Chinese and Western medicine, laboratory workers, and other junior medical personnel.

Doctors refer to the qualified medical professionals approved to practice by the public health departments. They are classified as doctors of traditional Chinese medicine and of Western medicine, specifically speaking, senior doctors who integrate traditional Chinese therapeutics with Western therapeutics, physicians of traditional Chinese and Western medicine, and other practitioners of traditional Chinese medicine.

Urban Social Welfare Institutions include social welfare institutions, children welfare institutions, metal hospitals subordinated to the civil affairs departments.

Urban and Rural Social Relief Funds refer to the financial expenditure for the needy by the state or collectives. This indicator includes urban social relief funds, rural social relief funds and relief funds for reduced or resigned old staff and workers.

(1) *Urban social relief funds* include the relief funds paid by the civil affairs departments to urban needy households and the living allowances paid by government departments, enterprises and institutions to staff and workers with financial difficulties.

(2) *Rural social relief funds* include the relief funds paid by the civil affairs departments to rural households (of infirm and childless old persons) enjoying the five guarantees, needy households and lepers. This indicator also includes the relief in money and in kind paid by rural collectives to scattered-living households (of infirm and childless old persons) enjoying the five guarantees and needy households.

(3) *Relief funds for reduced or resigned old staff and workers* refer to the relief funds paid by the civil affairs departments to reduced or resigned old staff and workers (including the relief funds paid at 40% of their original wages and other relief funds).

Number of Natural Disaster Victims refers to the number of people stricken by natural disaster of a certain extent. The so-called "disaster of a certain extent" means any natural disaster that causes crop yield to reduce by over 30% and the total agricultural population hit by it is the stricken population.

Institutions for Special Care refer to rest homes for disabled revolutionary servicemen, the sanatoriums for honorably retired servicemen and mental homes or honor homes for retired servicemen.

Persons Enjoying Special Care Special care means the special treatment and compensation given by the state to family members of revolutionary martyrs, family members of revolutionary servicemen died of illness, disabled revolutionary servicemen, disabled revolutionary working staff and militias and laborers wounded and disabled in war. "Person Enjoying Special Care" refers to family members of revolutionary martyrs, retired servicemen and disabled revolutionary persons.

Funds for Special Care refer to the funds spent by the civil affairs departments for special care, which include sacrifice pensions, allowances for family members of martyrs and retired servicemen, placement allowances for retired servicemen, funds of institutions for special care and other special funds.

Lawyers refer to the full-time legal workers and the part-time lawyers engaged in the law practices, employed by legal counseling firms to act as legal advisers, agents in criminal or civil lawsuits and defenders in criminal lawsuits, to handle non-lawsuit legal matters, advise on matters of law and write legal papers for others.

Notary Personnel refer to the judicial officers who handle the notary affairs under the law in the national notary organs, including notaries, assistant notaries and other workers who handle the notary affairs in the notary offices

Chapter 19

十九、民族自治地方概况

General Survey of Ethnic Minority Autonomous Areas

19-1 民族自治地方行政区划（2008年）
Administrative Division of Ethnic Minority Autonomous Regions (2008)

单位:个 Unit:unit

地级	Autonomous Regions at Prefecture Level	县级市 Number of Cities at County Level	县 Number of Counties	自治县 Number of Autonomous Counties
全省合计	**Total**	**9**	**79**	**29**
8个自治州	**8 Autonomous Prefectures**	**7**	**42**	**9**
楚雄彝族自治州	Chuxiong Yi Autonomous Prefecture	1	9	
红河哈尼族彝族自治州	Honghe Hani & Yi Autonomous Prefecture	2	8	3
文山壮族苗族自治州	Wenshan Zhuang & Miao Autonomous Prefecture		8	
西双版纳傣族自治州	Xishuangbanna Dai Autonomous Prefecture	1	2	
大理白族自治州	Dali Bai Autonomous Prefecture	1	8	3
德宏傣族景颇族自治州	Dehong Dai & Jingpo Autonomous Prefecture	2	3	
怒江傈僳族自治州	Nujiang Lisu Autonomous Prefecture		2	
迪庆藏族自治州	Diqing Tibetan Autonomous Prefecture		2	2
其它5个市辖自治县	**Antonmous Counties Jurisdiction under Other 5 Cities**	**2**	**37**	**20**

19-2 民族自治县分布情况（2008年）
Geographical Distribution of Ethnic Minority Autonomous Counties (2008)

地区	Region	自治县数（个） Number of Autonomous Counties(unit)	自治县名称 Schedule of Autonomous Counties
全省合计	**Total**	**29**	
昆明市	Kunming	3	禄劝彝族苗族自治县、石林彝族自治县、寻甸回族彝族自治县 Luquan Yi & Miao Autonomous County, Shilin Yi Autonomous County, Xundian Hui & Yi Autonomous County
玉溪市	Yuxi	3	峨山彝族自治县、新平彝族傣族自治县、元江哈尼族彝族傣族自治县 Eshan Yi Autonomous County Xinping Yi , Dai Autonomous County Yuanjiang Hani , Yi , Dai Autonomous County
丽江市	Lijiang	2	玉龙纳西族自治县、宁蒗彝族自治县 Yulong Naxi Autonomous County, Ninglang Yi Autonomous County
普洱市	Pu'er	9	宁洱哈尼族彝族自治县、景东彝族自治县、景谷傣族彝族自治县、墨江哈尼族自治县、孟连傣族拉祜族佤族自治县、澜沧拉祜族自治县、西盟佤族自治县、江城哈尼族彝族自治县、镇沅彝族哈尼族拉祜族自治县 Ning'er Hani & Yi Autonomous County, Jingdong Yi Autonomous County, Jinggu Dai & Yi Autonomous County,Mojiang Hani Autonomous County, Menglian Dai & Lahu Wa Autonomous County, Lancang lahu Autonomous County, Ximeng Wa Autonomous County, Jiangcheng Hani & Yi Autonomous County, Zhenyuan Yi & Hani Lahu Autonomous County
临沧市	Lincang	3	双江拉祜族佤族布朗族傣族自治县、耿马傣族佤族自治县、沧源佤族自治县 Shuangjiang Lahu & Wa & Bulang & Dai Autonomous County, Gengma Dai & Wa Autonomous County, Cangyuan Wa Autonomous County
红河州	Honghe	3	金平苗族瑶族傣族自治县、屏边苗族自治县、河口瑶族自治县 Jinping Miao & Yao & Dai Autonomous County, Pingbian Miao Autonomous County, Hekou Yao Autonomous County
大理州	Dali	3	漾濞彝族自治县、南涧彝族自治县、巍山彝族回族自治县 Yangbi Yi Autonomous County, Nanjian Yi Autonomous County, Weishan Yi & Hui Autonomous County
怒江州	Nujiang	2	贡山独龙族怒族自治县、兰坪白族普米族自治县 Gongshan Dulong, Nu Autonomous County Lanping Bai , Pumi Autonomous County
迪庆州	Diqing	1	维西傈僳族自治县 Weixi Lisu Autonomous County

19-3 民族分布的主要州市
Main Geographic Distribution of Ethnic Minority

民族	Ethnic Minority	分布的主要州市	Main Geographic Distribution
彝族	Yi	楚雄州、红河州、玉溪市、大理州、普洱市、昆明市	Chuxiong , Honghe ,Yuxi , Dali , Pu'er , Kunming
白族	Bai	大理州	Dali
哈尼族	Hani	红河州、西双版纳州、普洱市、玉溪市	Honghe , Xishuangbanna , Pu'er , Yuxi
壮族	Zhuang	文山州、红河州、曲靖市	Wenshan , Honghe , Qujing
傣族	Dai	西双版纳州、德宏州、普洱市、临沧市	Xishuangbanna , Dehong , Pu'er , Lincang
苗族	Miao	文山州、红河州、昭通市	Wenshan , Honghe , Zhaotong
傈僳族	Lisu	怒江州、迪庆州、丽江市、大理州	Nujiang , Diqing , Lijiang , Dali
回族	Hui	昆明市、大理州、曲靖市、楚雄州、红河州、玉溪市	Kunming , Dali , Qujing , Chuxiong , Honghe , Yuxi
拉祜族	Lahu	普洱市、临沧市、西双版纳州	Pu'er , Lincang , Xishuangbanna
佤族	Wa	临沧市、普洱市	Lincang , Pu'er
纳西族	Naxi	丽江市、迪庆州	Lijiang , Diqing
瑶族	Yao	文山州、红河州	Wenshan , Honghe
藏族	Tibetan	迪庆州	Diqing
景颇族	Jingpo	德宏州	Dehong
布朗族	Bulang	西双版纳州、普洱市、临沧市	Xishuangbanna , Pu'er , Lincang
普米族	Pumi	丽江市、怒江州、迪庆州	Lijiang , Nujiang , Diqing
怒族	Nu	怒江州	Nujiang
阿昌族	Achang	德宏州、保山市	Dehong , Baoshan
基诺族	Jino	西双版纳州	Xishuangbanna
德昂族	De ang	德宏州、临沧市	Dehong , Lincang
蒙古族	Mongolian	玉溪市	Yuxi
布依族	Buyi	曲靖市	Qujing
独龙族	Dulong	怒江州	Nujiang
水族	Shui	曲靖市	Qujing

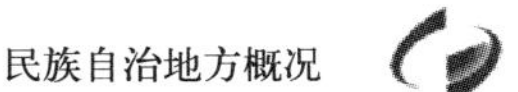

19-4 民族自治地方主要社会经济指标占全省的比重(2008年)
Proportion of Principal Socio-economic Indicators in Ethnic Minority Autonomous Areas to the Whole Province (2008)

指　标	Item	民族自治地方 Ethnic Minority Autonomous Areas	全　省 Provincial Total	民族自治地方占全省的比重(%) Proportion of Ethnic Minority Autonomous Areas to the Whole province(%)
市县数(个)	**Number of Cities and Counties(Unit)**	**78**	**129**	**60.5**
年底总人口(万人)	**Total Population at Year-end (10 000 persons)**	**2 249.70**	**4 543.00**	**49.5**
生产总值(当年价)(亿元)	**Gross Domestic Product (at Current prices) (100 million yuan)**	**2 139.11**	**5 700.10**	**37.5**
工农业总产值(当年价)(亿元)	**Gross Output Value of Industry and Agriculture (at Current prices) (100 million yuan)**	**2 298.27**	**6 786.04**	**33.9**
农业总产值(亿元)	Gross Output Value of Agriculture (100 million yuan)	855.32	1 641.46	52.1
工业总产值(亿元)	Gross Output Value of Industry (100 million yuan)	1 442.95	5 144.58	28.0
土地面积(平方公里)	**Land Area (sq.km)**	**276 674**	**394 193**	**70.2**
主要农产品产量	**Output of Major Agricultureal Products**			
粮食总产量(万吨)	Grain (10 000 tons)	781.59	1 518.59	51.5
甘蔗总产量(万吨)	Sugarcane (10 000 tons)	1 371.04	1 898.75	72.2
烤烟产量(万吨)	Flue-cured Tobacco (10 000 tons)	41.27	83.97	49.1
大牲畜年末数(万头)	Large Livestock at the Year-end (10 000 heads)	707.08	1 097.70	64.4
全社会固定资产投资总额(亿元)	**Total Investment in Fixed Assets (100 million yuan)**	**1 281.41**	**3 526.60**	**36.3**
社会消费品零售总额(亿元)	**Retail Sales of Consumer Goods (100 million yuan)**	**590.09**	**1 718.54**	**34.3**
财政	**Government Finance**			
财政收入(亿元)	Government Revenue (100 million yuan)	159.32	614.05	25.9
财政支出(亿元)	Government Expenditure (100 million yuan)	535.90	1 470.24	36.4

注：财政收支为地方财政收支。
Note:The government revenue and the gorerment expenditure and expenditure.refers to local government revenue.

19-5 民族自治地方基本情况（2008年）

地　　区	Region	建立时间
总　计	**Total**	
自治州小计	**Autonomous Prefectures**	
楚雄彝族自治州	Chuxiong Yi Autonomous Prefecture	1958年4月15日
红河哈尼族彝族自治州	Honghe Hani and Yi Autonomous Prefecture	1957年11月18日
文山壮族苗族自治州	Wenshan Zhuang and Miao Autonomous Prefecture	1958年4月1日
西双版纳傣族自治州	Xishuangbanna Dai Autonomous Prefecture	1953年1月24日
大理白族自治州	Dali Bai Autonomous Prefecture	1956年11月22日
德宏傣族景颇族自治州	Dehong Dai and Jingpo Autonomous Prefecture	1953年7月24日
怒江傈僳族自治州	Nujiang Lisu Autonomous Prefecture	1954年8月23日
迪庆藏族自治州	Diqing Tibetan Autonomous Prefecture	1957年9月13日
自治州以外的自治县小计	**Autonomous Counties Except the Above Prefectures**	
石林彝族自治县	Shilin Yi Autonomous County	1956年12月13日
禄劝彝族苗族自治县	Luquan Yi and Miao Autonomous County	1985年11月25日
寻甸回族彝族自治县	Xundian Hui and Yi Autonomous County	1979年12月20日
峨山彝族自治县	Eshan Yi Autonomous County	1951年5月12日
新平彝族傣族自治县	Xinping Yi and Dai Autonomous County	1980年11月25日
元江哈尼族彝族傣族自治县	Yuanjiang Hani and Yi and Dai Autonomous County	1980年11月22日
普洱哈尼族彝族自治县	Pu er Hani and Yi Autonomous County	1985年12月15日
墨江哈尼族自治县	Mojiang Hani Autonomous County	1979年11月28日
景东彝族自治县	Jingdong Yi Autonomous County	1985年12月20日
景谷傣族彝族自治县	Jinggu Dai and Yi Autonomous County	1985年12月25日
镇沅彝族哈尼族拉祜族自治县	Zhenyuan Yi and Hani and Lahu Autonomous County	1990年5月15日
江城哈尼族彝族自治县	Jiangcheng Hani and Yi Autonomous County	1954年5月18日
孟连傣族拉祜族佤族自治县	Menglian Dai and Lahu and Wa Autonomous County	1954年6月16日
澜沧拉祜族自治县	Lancang Lahu Autonomous County	1953年4月7日
西盟佤族自治县	Ximeng Wa Autonomous County	1965年3月5日
玉龙纳西族自治县	Yulong Naxi Autonomous County	2002年12月26日
宁蒗彝族自治县	Ninglang Yi Autonomous County	1956年9月20日
双江拉祜族佤族布朗族傣族自治县	Shuangjiang Lahu and Wa and Bulang and Dai Autonomous County	1985年12月30日
耿马傣族佤族自治县	Gengma Dai and Wa Autonomous County	1955年10月16日
沧源佤族自治县	Cangyuan Wa Autonomous County	1964年2月28日

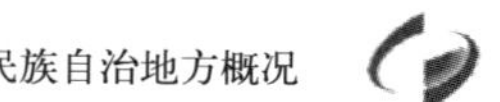

Basic Conditions of Ethnic Minority Autonomous Regions (2008)

Foundation Time	含乡镇、办事处数 (个)	Number of Townships and Towns (Unit)	#民族乡数 (个) Number of Nationality Townships and Towns (Unit)
	589乡338镇	**589 Townships and 338 Towns**	
	376乡287镇	**376 Townships and 287 Towns**	
April. 15,1958	71乡57镇	71 Townships and 57 Towns	6 Townships
Nov.18,1957	82乡60镇	82 Townships and 60 Towns	6 Townships
April.1,1958	75乡39镇	75 Townships and 39 Towns	16 Townships
Jan.24,1953	13乡19镇	13 Townships and 19 Towns	7 Townships
Nov.22,1956	55乡70镇	55 Townships and 70 Towns	13 Townships
July.24,1953	40乡24镇	40 Townships and 24 Towns	5 Townships
Aug.23,1954	20乡9镇	20 Townships and 9 Towns	3 Townships
Sept.13,1957	20乡9镇	20 Townships and 9 Towns	3 Townships
	213乡51镇	**213 Townships and 51 Towns**	
Dec.13,1956	8乡2镇 8	8 Townships and 2 Towns	
Nov.25,1985	15乡3镇	15 Townships and 3 Towns	
Dec.20,1979	11乡6镇	11Townships and 6 Towns	
May.12,1951	8乡4镇	8 Townships and 4 Towns	
Nov.25,1980	10乡2镇	10 Townships and 2 Towns	
Nov.22,1980	8乡3镇	8 Townships and 3 Towns	
Dec.15,1985	9乡2镇	9 Townships and 2 Towns	
Nov.28,1979	17乡2镇	17 Townships and 2 Towns	
Dec.20,1985	13乡3镇	13 Townships and 3 Towns	
Dec.25,1985	10乡2镇	10 Townships and 2 Towns	
May.15,1990	9乡2镇	9 Townships and 2 Towns	
May.18,1954	6乡2镇	6 Townships and 2 Towns	
June.16,1954	5乡2镇	5 Townships and 2 Towns	
April.7,1953	21乡2镇	21 Townships and 2 Towns	
March.5,1965	7乡1镇	7 Townships and 1 Town	
Dec.26,2002	15乡3镇	15 Townships and 3Towns	
Sept.20,1956	15乡1镇	15 Townships and 1 Town	
Dec.30,1985	5乡2镇	5 Townships and 2 Towns	
Oct.16,1955	7乡4镇	7 Townships and 4 Towns	
Feb.28,1964	8乡3镇	8 Townships and 3 Towns	

19-5 续表1 continued

地 区	Region	土地面积 Land Area 绝对数(平方公里) Level (sq.km)	占全省(%) Proportion to Provincial Total (%)	年末总人口 Total Population at Year-end 绝对数(万人) Level (10 000 persons)	占全省(%) Proportion to Provincial Total (%)
总 计	**Total**	**276 674.0**	**70.2**	**2 249.7**	**49.5**
自治州小计	**Autonomous Prefectures**	**193 686.0**	**49.1**	**1 719.0**	**37.8**
楚雄彝族自治州	Chuxiong Yi Autonomous Prefecture	29 258	7.4	269.0	5.9
红河哈尼族彝族自治州	Honghe Hani and Yi Autonomous Prefecture	32 931	8.4	441.2	9.7
文山壮族苗族自治州	Wenshan Zhuang and Miao Autonomous Prefecture	32 239	8.2	343.0	7.6
西双版纳傣族自治州	Xishuangbanna Dai Autonomous Prefecture	19 700	5.0	107.0	2.4
大理白族自治州	Dali Bai Autonomous Prefecture	29 459	7.5	349.3	7.7
德宏傣族景颇族自治州	Dehong Dai and Jingpo Autonomous Prefecture	11 526	2.9	118.5	2.6
怒江傈僳族自治州	Nujiang Lisu Autonomous Prefecture	14 703	3.7	53.3	1.2
迪庆藏族自治州	Diqing Tibetan Autonomous Prefecture	23 870	6.1	37.7	0.8
自治州以外的自治县小计	**Autonomous Counties Except the Above Prefectures**	**82 988**	**21.1**	**530.7**	**11.7**
石林彝族自治县	Shilin Yi Autonomous County	1 777	0.5	24.3	0.5
禄劝彝族苗族自治县	Luquan Yi and Miao Autonomous County	4 378	1.1	44.5	1.0
寻甸回族彝族自治县	Xundian Hui and Yi Autonomous County	3 966	1.0	50.9	1.1
峨山彝族自治县	Eshan Yi Autonomous County	1 972	0.5	16.2	0.4
新平彝族傣族自治县	Xinping Yi and Dai Autonomous County	4 223	1.1	28.4	0.6
元江哈尼族彝族傣族自治县	Yuanjiang Hani and Yi and Dai Autonomous County	2 858	0.7	21.7	0.5
宁洱哈尼族彝族自治县	Ning'er Hani and Yi Autonomous County	3 670	0.9	19.5	0.4
墨江哈尼族自治县	Mojiang Hani Autonomous County	5 459	1.4	38.0	0.8
景东彝族自治县	Jingdong Yi Autonomous County	4 532	1.1	37.9	0.8
景谷傣族彝族自治县	Jinggu Dai and Yi Autonomous County	7 777	2.0	31.0	0.7
镇沅彝族哈尼族拉祜族自治县	Zhenyuan Yi and Hani and Lahu Autonomous County	4 223	1.1	21.5	0.5
江城哈尼族彝族自治县	Jiangcheng Hani and Yi Autonomous County	3 476	0.9	12.0	0.3
孟连傣族拉祜族佤族自治县	Menglian Dai and Lahu and Wa Autonomous County	1 957	0.5	13.4	0.3
澜沧拉祜族自治县	Lancang Lahu Autonomous County	8 807	2.2	49.9	1.1
西盟佤族自治县	Ximeng Wa Autonomous County	1 391	0.4	9.3	0.2
玉龙纳西族自治县	Yulong Naxi Autonomous County	7 648	1.9	23.1	0.5
宁蒗彝族自治县	Ninglang Yi Autonomous County	6 206	1.6	25.6	0.6
双江拉祜族佤族布朗族傣族自治县	Shuangjiang Lahu and Wa and Bulang and Dai Autonomous County	2 292	0.6	18.0	0.4
耿马傣族佤族自治县	Gengma Dai and Wa Autonomous County	3 837	1.1	28.4	0.6
沧源佤族自治县	Cangyuan Wa Autonomous County	2 539	0.6	17.4	0.4

19-5 续表2 continued

地 区	Rgion	少数民族人口 Population of Minority Nationalities		总人口按农业、非农业分 By Agricultural and Non-agricultural Standard	
		绝对数（万人） Level (10 000 persons)	占本地区总人口的(%) Proportion to Local Total Population (%)	农业人口（万人） Agricultural Population (10 000 persons)	非农业人口（万人） Non-agricultural Population (10 000 persons)
总 计	**Total**	**1 244.2**	**55.3**	**1 947.8**	**301.9**
自治州小计	**Autonomous Prefectures**	**933.7**	**48.7**	**1 465.5**	**253.5**
楚雄彝族自治州	Chuxiong Yi Autonomous Prefecture	87.5	32.5	230.0	39.0
红河哈尼族彝族自治州	Honghe Hani and Yi Autonomous Prefecture	250.0	56.7	365.1	76.1
文山壮族苗族自治州	Wenshan Zhuang and Miao Autonomous Prefecture	196.8	57.4	313.7	29.3
西双版纳傣族自治州	Xishuangbanna Dai Autonomous Prefecture	81.0	75.7	74.9	32.1
大理白族自治州	Dali Bai Autonomous Prefecture	174.5	49.9	307.0	42.3
德宏傣族景颇族自治州	Dehong Dai and Jingpo Autonomous Prefecture	61.8	52.2	96.0	22.5
怒江傈僳族自治州	Nujiang Lisu Autonomous Prefecture	49.2	92.4	45.8	7.5
迪庆藏族自治州	Diqing Tibetan Autonomous Prefecture	32.9	87.2	33.0	4.7
自治州以外的自治县小计	**Autonomous Counties Except the Above Prefectures**	**310.5**	**58.5**	**482.3**	**48.4**
石林彝族自治县	Shilin Yi Autonomous County	8.4	34.6	22.7	1.6
禄劝彝族苗族自治县	Luquan Yi and Miao Autonomous County	13.6	30.5	43.8	0.7
寻甸回族彝族自治县	Xundian Hui and Yi Autonomous County	11.1	21.8	49.6	1.2
峨山彝族自治县	Eshan Yi Autonomous County	10.7	66.3	13.2	3.0
新平彝族傣族自治县	Xinping Yi and Dai Autonomous County	21.1	74.2	24.7	3.7
元江哈尼族彝族傣族自治县	Yuanjiang Hani and Yi and Dai Autonomous County	17.3	79.8	19.0	2.6
宁洱哈尼族彝族自治县	Ning'er Hani and Yi Autonomous County	9.9	50.8	16.3	3.2
墨江哈尼族自治县	Mojiang Hani Autonomous County	28.2	74.3	34.4	3.6
景东彝族自治县	Jingdong Yi Autonomous County	17.7	46.7	35.1	2.8
景谷傣族彝族自治县	Jinggu Dai and Yi Autonomous County	14.2	45.8	27.9	3.1
镇沅彝族哈尼族拉祜族自治县	Zhenyuan Yi and Hani and Lahu Autonomous County	11.3	52.7	19.4	2.1
江城哈尼族彝族自治县	Jiangcheng Hani and Yi Autonomous County	9.5	79.0	9.9	2.1
孟连傣族拉祜族佤族自治县	Menglian Dai and Lahu and Wa Autonomous County	11.4	85.2	11.6	1.8
澜沧拉祜族自治县	Lancang Lahu Autonomous County	38.3	76.8	46.2	3.7
西盟佤族自治县	Ximeng Wa Autonomous County	8.7	94.1	7.8	1.4
玉龙纳西族自治县	Yulong Naxi Autonomous County	19.6	85.0	21.6	1.5
宁蒗彝族自治县	Ninglang Yi Autonomous County	20.6	80.6	23.3	2.3
双江拉祜族佤族布朗族傣族自治县	Shuangjiang Lahu and Wa and Bulang and Dai Autonomous County	8.0	44.5	16.4	1.6
耿马傣族佤族自治县	Gengma Dai and Wa Autonomous County	14.7	51.8	24.0	4.4
沧源佤族自治县	Cangyuan Wa Autonomous County	16.2	93.0	15.3	2.1

19-6 民族自治地方生产总值（2008年）

Gross Domestic Product in Ethnic Minority Autonomous Regions (2008)

单位：万元 (10 000 yuan)

地区	Region	生产总值 Gross Domestic Product	第一产业 Primary Industry	第二产业 Secondary Industry	第三产业 Tertiary Industry
总计	**Total**	**21 391 136**	**5 362 963**	**8 579 318**	**7 448 855**
自治州小计	**Autonomous Prefectures**	**17 587 113**	**4 104 845**	**7 324 833**	**6 157 435**
楚雄彝族自治州	Chuxiong Yi Autonomous Prefecture	3 060 166	742 841	1 277 775	1 039 550
红河哈尼族彝族自治州	Honghe Hani and Yi Autonomous Prefecture	5 146 961	963 611	2 739 881	1 443 469
文山壮族苗族自治州	Wenshan Zhuang and Miao Autonomous Prefectu	2 445 148	641 993	864 737	938 418
西双版纳傣族自治州	Xishuangbanna Dai Autonomous Prefecture	1 227 785	368 183	364 002	495 600
大理白族自治州	Dali Bai Autonomous Prefecture	3 716 977	970 033	1 365 367	1 381 577
德宏傣族景颇族自治州	Dehong Dai and Jingpo Autonomous Prefecture	996 655	295 234	280 602	420 819
怒江傈僳族自治州	Nujiang Lisu Autonomous Prefecture	436 661	57 882	204 236	174 543
迪庆藏族自治州	Diqing Tibetan Autonomous Prefecture	556 760	65 068	228 233	263 459
自治州以外的自治县小计	**Autonomous Counties Except the Above Prefe**	**3 804 023**	**1 258 118**	**1 254 485**	**1 291 420**
石林彝族自治县	Shilin Yi Autonomous County	272 889	82 371	78 132	112 386
禄劝彝族苗族自治县	Luquan Yi and Miao Autonomous County	245 682	90 927	55 698	99 057
寻甸回族彝族自治县	Xundian Hui and Yi Autonomous County	299 698	98 311	84 611	116 776
峨山彝族自治县	Eshan Yi Autonomous County	267 408	49 115	127 035	91 258
新平彝族傣族自治县	Xinping Yi and Dai Autonomous County	417 635	68 154	259 086	90 395
元江哈尼族彝族傣族自治县	Yuanjiang Hani and Yi and Dai Autonomous Cou	226 852	81 674	63 683	81 495
宁洱哈尼族彝族自治县	Ning er Hani and Yi Autonomous County	165 701	57 828	39 261	68 612
墨江哈尼族自治县	Mojiang Hani Autonomous County	182 904	55 946	63 028	63 930
景东彝族自治县	Jingdong Yi Autonomous County	223 164	102 313	47 216	73 635
景谷傣族彝族自治县	Jinggu Dai and Yi Autonomous County	276 896	109 302	101 693	65 901
镇沅彝族哈尼族拉祜族自治县	Zhenyuan Yi and Hani and Lahu Autonomous Co	116 866	53 393	24 168	39 305
江城哈尼族彝族自治县	Jiangcheng Hani and Yi Autonomous County	97 037	34 879	33 536	28 622
孟连傣族拉祜族自治县	Menglian Dai and Lahu and Wa Autonomous Cou	80 267	31 746	17 880	30 641
澜沧拉祜族自治县	Lancang Lahu Autonomous County	206 078	72 414	67 963	65 701
西盟佤族自治县	Ximeng Wa Autonomous County	34 153	10 043	6 895	17 215
玉龙纳西族自治县	Yulong Naxi Autonomous County	149 882	49 055	43 558	57 269
宁蒗彝族自治县	Ninglang Yi Autonomous County	111 460	34 248	30 859	46 353
双江拉祜族佤族布朗族傣族自治县	Shuangjiang Lahu and Wa and Bulang and Dai A	99 171	38 481	29 185	31 505
耿马傣族佤族自治县	Gengma Dai and Wa Autonomous County	230 133	104 525	54 140	71 468
沧源佤族自治县	Cangyuan Wa Autonomous County	100 147	33 393	26 858	39 896

注：本表按当年价格计算。

Note:The data above are calculated at current prices.

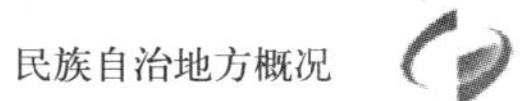

19-7 民族自治地方生产总值指数（2008年）

Gross Domestic Product Indices in Ethnic Minority Autonomous Regions (2008)

（上年=100） (preceding year=100)

地区	Region	生产总值 Gross Domestic Product	第一产业 Primary Industry	第二产业 Secondary Industry	第三产业 Tertiary Industry
总计	**Total**	**111.4**	**107.2**	**112.4**	**113.0**
自治州小计	**Autonomous Prefectures**	**111.2**	**107.1**	**111.5**	**113.7**
楚雄彝族自治州	Chuxiong Yi Autonomous Prefecture	111.5	105.6	113.4	113.4
红河哈尼族彝族自治州	Honghe Hani and Yi Autonomous Prefecture	110.0	108.4	109.2	112.3
文山壮族苗族自治州	Wenshan Zhuang and Miao Autonomous Prefecture	112.6	107.2	115.3	114.1
西双版纳傣族自治州	Xishuangbanna Dai Autonomous Prefecture	110.1	103.4	110.2	115.6
大理白族自治州	Dali Bai Autonomous Prefecture	112.0	108.5	113.4	113.0
德宏傣族景颇族自治州	Dehong Dai and Jingpo Autonomous Prefecture	111.5	108.0	111.3	114.2
怒江傈僳族自治州	Nujiang Lisu Autonomous Prefecture	103.8	101.5	99.5	110.8
迪庆藏族自治州	Diqing Tibetan Autonomous Prefecture	118.5	106.2	118.3	121.9
自治州以外的自治县小计	**Autonomous Counties Except the Above Prefectures**	**112.1**	**107.5**	**118.4**	**110.2**
石林彝族自治县	Shilin Yi Autonomous County	113.7	110.0	125.4	109.1
禄劝彝族苗族自治县	Luquan Yi and Miao Autonomous County	112.8	105.5	115.3	118.8
寻甸回族彝族自治县	Xundian Hui and Yi Autonomous County	115.0	107.7	133.3	112.1
峨山彝族自治县	Eshan Yi Autonomous County	112.4	105.2	117.7	110.0
新平彝族傣族自治县	Xinping Yi and Dai Autonomous County	112.4	107.2	112.5	115.9
元江哈尼族彝族傣族自治县	Yuanjiang Hani and Yi and Dai Autonomous County	111.7	108.1	119.4	109.7
宁洱哈尼族彝族自治县	Ning er Hani and Yi Autonomous County	110.1	106.6	121.5	107.3
墨江哈尼族自治县	Mojiang Hani Autonomous County	110.0	107.9	115.9	106.8
景东彝族自治县	Jingdong Yi Autonomous County	111.0	111.9	110.4	110.2
景谷傣族彝族自治县	Jinggu Dai and Yi Autonomous County	113.2	112.0	115.4	111.7
镇沅彝族哈尼族拉祜族自治县	Zhenyuan Yi and Hani and Lahu Autonomous County	112.8	110.0	119.8	112.0
江城哈尼族彝族自治县	Jiangcheng Hani and Yi Autonomous County	113.0	101.1	147.4	100.5
孟连傣族拉祜族自治县	Menglian Dai and Lahu and Wa Autonomous County	109.0	109.4	112.6	106.5
澜沧拉祜族自治县	Lancang Lahu Autonomous County	109.9	102.4	122.7	107.4
西盟佤族自治县	Ximeng Wa Autonomous County	109.8	107.2	124.2	106.6
玉龙纳西族自治县	Yulong Naxi Autonomous County	113.5	107.0	118.6	115.6
宁蒗彝族自治县	Ninglang Yi Autonomous County	112.5	104.5	116.7	115.5
双江拉祜族佤族布朗族傣族自治县	Shuangjiang Lahu and Wa and Bulang and Dai Autonomous Cc	110.5	109.0	112.4	110.7
耿马傣族佤族自治县	Gengma Dai and Wa Autonomous County	111.0	107.5	114.7	112.7
沧源佤族自治县	Cangyuan Wa Autonomous County	112.7	104.2	124.2	112.4

注：本表按可比价格计算。
Note:The data above are calculated at comparable prices.

19-8 民族自治地方农林牧渔业总产值（2008年）
Gross Output Value of Farming, Forestry, Animal Husbandry and Fishery in Ethnic Minority Autonomous Regions (2008)

单位：万元 (10 000 yuan)

地 区	Region	农、林、牧、渔业总产值 Total	农业产值 Farming	林业产值 Forestry
总 计	**Total**	**8 553 231**	**4 117 349**	**1 029 262**
自治州小计	**Autonomous Prefectures**	**6 506 646**	**3 101 542**	**738 643**
楚雄彝族自治州	Chuxiong Yi Autonomous Prefecture	1 233 890	566 839	84 928
红河哈尼族彝族自治州	Honghe Hani and Yi Autonomous Prefecture	1 495 192	759 061	87 337
文山壮族苗族自治州	Wenshan Zhuang and Miao Autonomous Prefecture	972 777	503 517	42 046
西双版纳傣族自治州	Xishuangbanna Dai Autonomous Prefecture	588 676	186 904	318 307
大理白族自治州	Dali Bai Autonomous Prefecture	1 573 679	738 471	127 908
德宏傣族景颇族自治州	Dehong Dai and Jingpo Autonomous Prefecture	455 896	265 629	53 065
怒江傈僳族自治州	Nujiang Lisu Autonomous Prefecture	87 565	36 460	11 567
迪庆藏族自治州	Diqing Tibetan Autonomous Prefecture	98 971	44 661	13 485
自治州以外的自治县小计	**Autonomous Counties Except the Above Prefectures**	**2 046 585**	**1 015 807**	**290 619**
石林彝族自治县	Shilin Yi Autonomous County	148 513	80 340	3 882
禄劝彝族苗族自治县	Luquan Yi and Miao Autonomous County	168 367	67 965	8 964
寻甸回族彝族自治县	Xundian Hui and Yi Autonomous County	171 240	69 940	8 502
峨山彝族自治县	Eshan Yi Autonomous County	74 099	37 210	4 008
新平彝族傣族自治县	Xinping Yi and Dai Autonomous County	123 646	62 178	10 214
元江哈尼族彝族傣族自治县	Yuanjiang Hani and Yi and Dai Autonomous County	121 565	89 831	1 795
宁洱哈尼族彝族自治县	Pu'er Hani and Yi Autonomous County	79 698	36 678	17 727
墨江哈尼族自治县	Mojiang Hani Autonomous County	85 801	41 511	12 795
景东彝族自治县	Jingdong Yi Autonomous County	148 938	67 196	32 652
景谷傣族彝族自治县	Jinggu Dai and Yi Autonomous County	165 170	57 963	72 111
镇沅彝族哈尼族拉祜族自治县	Zhenyuan Yi and Hani and Lahu Autonomous County	83 428	36 928	18 372
江城哈尼族彝族自治县	Jiangcheng Hani and Yi Autonomous County	53 335	25 906	15 063
孟连傣族拉祜族佤族自治县	Menglian Dai and Lahu and Wa Autonomous County	53 245	26 078	16 582
澜沧拉祜族自治县	Lancang Lahu Autonomous County	107 508	59 466	11 529
西盟佤族自治县	Ximeng Wa Autonomous County	17 747	8 289	4 357
玉龙纳西族自治县	Yulong Naxi Autonomous County	88 919	38 852	3 329
宁蒗彝族自治县	Ninglang Yi Autonomous County	49 534	22 441	4 917
双江拉祜族佤族布朗族傣族自治县	Shuangjiang Lahu and Wa and Bulang and Dai Autonomous County	68 103	35 133	6 281
耿马傣族佤族自治县	Gengma Dai and Wa Autonomous County	166 273	109 622	30 267
沧源佤族自治县	Cangyuan Wa Autonomous County	71 456	42 280	7 272

注：本表按现行价格计算。

Note: The data above are calculated at current prices in 1990.

19-8 续表 continued

单位：万元 (10 000 yuan)

地 区	Region	牧业产值 Animal	渔业产值 Fishery	农、林、牧、渔服务业产值 Services in Support of Farming, Forestry,Animal Husbandry and Fishery
总 计	**Total**	**2 958 707**	**170 973**	**276 940**
自治州小计	**Autonomous Prefectures**	**2 293 544**	**143 034**	**229 883**
楚雄彝族自治州	Chuxiong Yi Autonomous Prefecture	454 346	18 383	109 394
红河哈尼族彝族自治州	Honghe Hani and Yi Autonomous Prefecture	580 357	43 155	25 282
文山壮族苗族自治州	Wenshan Zhuang and Miao Autonomous Prefecture	396 545	12 917	17 752
西双版纳傣族自治州	Xishuangbanna Dai Autonomous Prefecture	56 073	13 398	13 994
大理白族自治州	Dali Bai Autonomous Prefecture	636 407	37 584	33 309
德宏傣族景颇族自治州	Dehong Dai and Jingpo Autonomous Prefecture	108 018	15 545	13 639
怒江傈僳族自治州	Nujiang Lisu Autonomous Prefecture	32 115	136	7 287
迪庆藏族自治州	Diqing Tibetan Autonomous Prefecture	29 683	1 916	9 226
自治州以外的自治县小计	**Autonomous Counties Except the Above Prefectures**	**665 163**	**27 939**	**47 057**
石林彝族自治县	Shilin Yi Autonomous County	56 462	3 561	4 268
禄劝彝族苗族自治县	Luquan Yi and Miao Autonomous County	88 810	546	2 082
寻甸回族彝族自治县	Xundian Hui and Yi Autonomous County	87 934	3 230	1 584
峨山彝族自治县	Eshan Yi Autonomous County	29 816	714	2 351
新平彝族傣族自治县	Xinping Yi and Dai Autonomous County	47 738	1 166	2 350
元江哈尼族彝族傣族自治县	Yuanjiang Hani and Yi and Dai Autonomous County	28 274	1 120	545
宁洱哈尼族彝族自治县	Pu'er Hani and Yi Autonomous County	21 655	1 153	2 475
墨江哈尼族自治县	Mojiang Hani Autonomous County	27 959	1 000	2 536
景东彝族自治县	Jingdong Yi Autonomous County	45 361	1 299	2 430
景谷傣族彝族自治县	Jinggu Dai and Yi Autonomous County	30 086	2 890	2 120
镇沅彝族哈尼族拉祜族自治县	Zhenyuan Yi and Hani and Lahu Autonomous County	25 877	900	1 351
江城哈尼族彝族自治县	Jiangcheng Hani and Yi Autonomous County	10 726	556	1 084
孟连傣族拉祜族佤族自治县	Menglian Dai and Lahu and Wa Autonomous County	7 683	308	2 594
澜沧拉祜族自治县	Lancang Lahu Autonomous County	32 062	1 897	2 554
西盟佤族自治县	Ximeng Wa Autonomous County	4 256	205	640
玉龙纳西族自治县	Yulong Naxi Autonomous County	36 863	2 435	7 440
宁蒗彝族自治县	Ninglang Yi Autonomous County	20 736	630	810
双江拉祜族佤族布朗族傣族自治县	Shuangjiang Lahu and Wa and Bulang and Dai Autonomous County	22 770	1 319	2 600
耿马傣族佤族自治县	Gengma Dai and Wa Autonomous County	21 954	1 674	2 756
沧源佤族自治县	Cangyuan Wa Autonomous County	18 081	1 336	2 487

注：本表按现行价格计算。

Note: The data above are calculated at current prices in 1990.

19-9 主要年份全省民族自治地方主要指标

指标	Item	1952年
总人口(年末数)(万 人)	**Total Population (at year-end) (10 000 persons)**	**866**
#少数民族人口	Minority Population	478
工农业总产值（万 元）	**Gross Output Value of Industry and Agriculture (10 000 yuan)**	**130 671**
农业总产值	Gross Output Value of Agriculture	115 239
工业总产值	Gross Output Value of Industry	15 432
农 业	**Agriculture**	
主要农业产品产量	Yields of Major Agricultural Products	
粮食总产量(万 吨)	Grain (10 000 tons)	235
甘蔗产量（万 吨）	Sugarcane (10 000 tons)	17
烤烟产量（万 吨）	Flue-cured Tobacco (10 000 tons)	
大牲畜年末头数（万 头）	Large Livestock at Year-end (10 000 heads)	227
羊年末只数（万 只）	Goats and Sheep at Year-end (10 000 heads)	122
生猪年末头数（万 头）	Hogs at Year-end (10 000 heads)	204
工 业	**Industry**	
主要工业产品产量	Output of Major Industrial Products	
钢（万 吨）	Steel (10 000 tons)	
生铁（万 吨）	Pig Iron (10 000 tons)	
原煤（万 吨）	Coal (10 000 tous)	6
发电量（万千瓦小时）	Electricity (10 000 kwh)	1 143
木材（万立方米）	Timber (10 000 cu.m)	1
布 （万 米）	Cloth (10 000 m)	155
糖（万 吨）	Sugar (10 000 tons)	1
卷烟（万 箱）	Cigarettes (10 000 cases)	
运输、邮电	**Transport,Posts and Telecommunication Services**	
铁路通车里程（公 里）	Length of Railways in Operation (km)	545
公路通车里程（公 里）	Length of Highways in Operation (km)	2 328
邮电局(所)数（个）	Number of Post and Telecommunication Offices	464
财 政	**Government Finance**	
财政收入（万 元）	Government Revenue (10 000 yuan)	6 288
财政支出（万 元）	Government Expenditure (10 000 yuan)	2 834
卫 生	**Health Care**	
卫生事业机构数（个）	Number of Health Institutions(Unit)	182
#医院个数	Number of Hospitals	92
床位数（张）	Number of Sickbeds(Unit)	1 428
#医院病床数	Number of Sickbeds of Hospitals	1 359
专业卫生技术人员(人)	Number of Medical Technical Personnel (person)	1 715

注：1.1990年以前没有包括镇沅县。
2.工农业总产值1990年以前按1980年不变价格计算,1990年及以后按1990年不变价计算。
3.公路通车里程含乡村简易公路。

Principal Indicators of Ethnic Minority Autonomous Regions in Significant Years

1957年	1965年	1978年	1980年	1985年
955	**1 118**	**1 597**	**1 638**	**1 752**
	537	801	828	909
201 717	**225 735**	**471 721**	**471 222**	**754 953**
160 884	167 861	276 017	268 367	413 042
40 833	57 874	195 704	202 855	341 911
310	327	456	436	476
43	73	117	123	340
1	1	3	3	16
316	338	405	414	547
238	358	378	398	431
363	528	717	703	897
			1	1
1		4	4	6
65	66	420	445	690
4722	5789	180 500	222 621	359 261
21	75	130	176	224
264	165	439	641	2 660
2	5	8	11	21
		1	5	28
545	545	913	913	913
6 200	12 481	28 233	32 500	43 200
652	732	1 026	1 000	1 000
11 753	19 836	30 215	30 234	77 875
7 689	13 398	50 410	56 774	130 300
982	1 703	2 681	3 114	3 157
99	171	1 045	1 067	1 044
4 902	13 481	29 819	33 262	37 299
3 558	8 864	26 957	30 297	34 210
8 462	17 557	30 073	33 222	39 548

Note:a.The figures excluded the data of Zhenyuan county before 1990 .

b.In this table the gross output values of industry and agriculture before 1990 were calculated at constant prices in 1980,and after 1990 they are calculated at constant prices in 1990.

c.The length of highways includes the simple highways between villages.

19-9　续表

指　　标	Item	1990年
总人口(年末数)(万 人)	**Total Population (at year-end)　(10 000 persons)**	**1 914**
#少数民族人口	Minority Population	1 019
工农业总产值(万 元)	**Gross Output Value of Industry and Agriculture (10 000 yuan)**	**2 122 135**
农业总产值	Gross Output Value of Agriculture	1 158 481
工业总产值	Gross Output Value of Industry	963 654
农　业	**Agriculture**	
主要农业产品产量	Yields of Major Agricultural Products	
粮食总产量（万 吨）	Grain (10 000 tons)	565
甘蔗产量（万 吨）	Sugarcane (10 000 tons)	489
烤烟产量（万 吨）	Flue-cured Tobacco (10 000 tons)	15
大牲畜年末头数（万 头）	Large Livestock at Year-end (10 000 heads)	587
猪牛羊肉年末产量（吨）	Goats and Sheep at Year-end (10 000 heads)	618 500
工　业	**Industry**	
主要工业产品产量	Output of Major Industrial Products	
钢产量（万 吨）	Steel (10 000 tons)	1
生铁产量（万 吨）	Pig Iron (10 000 tons)	16
原煤产量（万 吨）	Coal (10 000 tous)	888
发电量（万千瓦小时）	Electricity (10 000 kwh)	615 361
糖产量（万 吨）	Sugar (10 000 tons)	35
卷烟产量（万 箱）	Cigarettes (10 000 cases)	88
运输、邮电	**Transport,Posts and Telecommunication Services**	
铁路通车里程（公 里）	Length of Railways in Operation (km)	913
公路通车里程（公 里）	Length of Highways in Operation (km)	52 776
邮电局(所)数（个）	Number of Post Offices	1 006
财　政	**Government Finance**	
财政收入（万 元）	Government Revenue (10 000 yuan)	195 508
财政支出（万 元）	Government Expenditure (10 000 yuan)	326 535
卫　生	**Health Care**	
卫生机构数（个）	Number of Health Institutions (unit)	3 380
卫生机构床位数（张）	Number of Health Institutions Sickbeds (unit)	39 453
专业卫生技术人员（人）	Number of Medical Technical Personnel (person)	46 607

注：1.卫生机构、人员、床位数1994年报表制度作了调整，与以前年份不可比。
　　2.1994年以后财政收入不包括中央税收入。

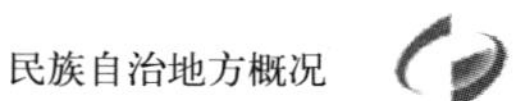

continued

1995年	2000年	2001年	2005年	2006年	2007年	2008年
1 990	**2 070**	**2 081**	**2 214**	**2 228**	**2 237**	**2 250**
1 071	1 121	1 131	1 212	1 229	1 240	1 244
3 622 293	**5 188 349**	**5 299 907**	**15 400 892**	**19 044 510**	**23 952 206**	**229 827 000**
1 588 096	2 137 561	2 184 705	5 447 904	6 089 067	7 201 808	8 553 200
2 034 197	3 050 788	3 115 202	9 952 988	12 955 443	16 750 398	14 429 500
644	751	740	731	750	760	782
790	1 075.44	1 104.26	1 046	1 224	1 387	1 371
32	26	26	36	35	37	41
613	667	669	682	693	699	707
618 500	958 190	1 002 965	1 347 923	1 441 244	1 551 353	
1	1	9	137	200	235	
18	23	55	171	212	298	
1 154	887	1 042	1 738	1 923	2 379	
832 641	1 162 066	1 301 537	1 858 824	2 327 974	3 341 548	
68	114	89	111	105	131	
143	142	159	178	180	91	
913	970	970				
71 000	94 633	100 199				
1 023	1 208	1 156				
281 815	464 155	526 020	831 449	1 011 547	1 305 485	1 593 200
713 377	1 292 331	1 715 074	2 613 989	3 289 306	4 283 623	5 359 000
3 380	1 612	1 604	4 130	2 057	4 517	
39 453	47 281	47 929	47 134	47 825	53 203	
47 000	48 645	48 716	47 396	47 487	55 019	

Note:a.The number of health institutions,personnel and sickbeds can not be compared with those of the earlier years because of the tabling regulation changed in 1994.

b.The government revenue after 1994 in this table does not include the taxes turned over to the central government.

19-10 民族自治地方主要农作物产量（2008年）

Yields of Major Farm Crops in Ethnic Minority Autonomous Regions (2008)

单位：吨 (ton)

地区	Region	粮食 Grain	#稻谷 Rice	#小麦 Wheat	#玉米 Maize
总计	**Total**	**7 815 903**	**3 313 217**	**424 863**	**2 637 522**
自治州小计	**Autonomous Prefectures**	**5 957 858**	**2 597 104**	**309 466**	**1 977 800**
楚雄彝族自治州	Chuxiong Yi Autonomous Prefecture	1 002 187	472 767	90 907	240 142
红河哈尼族彝族自治州	Honghe Hani and Yi Autonomous Prefecture	1 337 307	623 972	66 494	439 405
文山壮族苗族自治州	Wenshan Zhuang and Miao Autonomous Prefecture	1 163 188	411 033	49 632	524 816
西双版纳傣族自治州	Xishuangbanna Dai Autonomous Prefecture	333 623	241 083	151	86 611
大理白族自治州	Dali Bai Autonomous Prefecture	1 350 989	501 369	45 588	431 001
德宏傣族景颇族自治州	Dehong Dai and Jingpo Autonomous Prefecture	460 168	294 478	15 894	116 257
怒江傈僳族自治州	Nujiang Lisu Autonomous Prefecture	170 879	37 336	12 619	79 237
迪庆藏族自治州	Diqing Tibetan Autonomous Prefecture	139 517	15 066	28 181	60 331
自治州以外的自治县小计	**Autonomous Counties Except the Above Prefectures**	**1 858 045**	**716 113**	**115 397**	**659 722**
石林彝族自治县	Shilin Yi Autonomous County	123 689	33 633	7 926	57 367
禄劝彝族苗族自治县	Luquan Yi and Miao Autonomous County	180 043	36 623	14 548	77 262
寻甸回族彝族自治县	Xundian Hui and Yi Autonomous County	195 167	50 534	7 078	42 872
峨山彝族自治县	Eshan Yi Autonomous County	52 481	27 403	2 263	18 281
新平彝族傣族自治县	Xinping Yi and Dai Autonomous County	86 264	41 200	2 946	32 097
元江哈尼族彝族傣族自治县	Yuanjiang Hani and Yi and Dai Autonomous County	53 615	22 265	4 685	21 048
宁洱哈尼族彝族自治县	Pu er Hani and Yi Autonomous County	68 919	32 623	4 629	21 972
墨江哈尼族自治县	Mojiang Hani Autonomous County	115 369	39 668	4 597	57 462
景东彝族自治县	Jingdong Yi Autonomous County	128 954	49 267	14 477	49 211
景谷傣族彝族自治县	Jinggu Dai and Yi Autonomous County	119 538	65 451	3 278	38 497
镇沅彝族哈尼族拉祜族自治县	Zhenyuan Yi and Hani and Lahu Autonomous County	78 760	38 044	6 158	27 581
江城哈尼族彝族自治县	Jiangcheng Hani and Yi Autonomous County	34 625	19 273	377	13 660
孟连傣族拉祜族佤族自治县	Menglian Dai and Lahu and Wa Autonomous County	47 709	32 704	111	13 879
澜沧拉祜族自治县	Lancang Lahu Autonomous County	171 063	98 844	1 902	58 198
西盟佤族自治县	Ximeng Wa Autonomous County	32 639	18 822	513	10 590
丽江纳西族自治县	Yulong Naxi Autonomous County	101 998	11 067	26 541	35 548
宁蒗彝族自治县	Ninglang Yi Autonomous County	71 006	10 836	3 442	17 886
双江拉祜族佤族布朗族傣族自治县	Shuangjiang Lahu and Wa and Bulang and Dai Autonomous County	56 643	26 467	5 784	17 246
耿马傣族佤族自治县	Gengma Dai and Wa Autonomous County	86 263	36 727	3 624	27 924
沧源佤族自治县	Cangyuan Wa Autonomous County	53 300	24 662	518	21 141

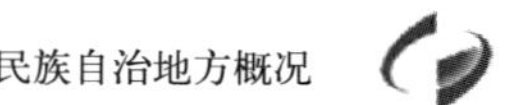

19-10 续表 continued

单位：吨 (ton)

地区	Region	豆类 Beans and Peas	油料 Oil-bearing Crops	甘蔗 Sugar-cane	烤烟 Flue-cured Tobacco	薯类 Tubers
总计	**Total**	**534 192**	**204 428**	**13 710 425**	**412 677**	**451 458**
自治州小计	**Autonomous Prefectures**	**421 299**	**167 017**	**7 856 622**	**296 170**	**295 262**
楚雄彝族自治州	Chuxiong Yi Autonomous Prefecture	104 359	40 361	16 254	85 908	29 068
红河哈尼族彝族自治州	Honghe Hani and Yi Autonomous Prefecture	68 501	30 588	1 543 316	89 038	71 641
文山壮族苗族自治州	Wenshan Zhuang and Miao Autonomous Prefecture	76 677	35 347	657 278	45 434	78 971
西双版纳傣族自治州	Xishuangbanna Dai Autonomous Prefecture	2 847	2 013	960 420		2 571
大理白族自治州	Dali Bai Autonomous Prefecture	134 541	38 007	307 639	75 776	62 835
德宏傣族景颇族自治州	Dehong Dai and Jingpo Autonomous Prefecture	7 121	15 832	4 239 786	2	26 099
怒江傈僳族自治州	Nujiang Lisu Autonomous Prefecture	17 172	1 293	131 929		13 694
迪庆藏族自治州	Diqing Tibetan Autonomous Prefecture	10 081	3 577		12	10 383
自治州以外的自治县小计	**Autonomous Counties Except the Above Prefectures**	**112 893**	**37 412**	**5 853 804**	**116 507**	**156 196**
石林彝族自治县	Shilin Yi Autonomous County	8 569	1 193	460	16 427	9 369
禄劝彝族苗族自治县	Luquan Yi and Miao Autonomous County	12 344	1 385	2 891	13 548	25 494
寻甸回族彝族自治县	Xundian Hui and Yi Autonomous County	13 156	4 440		20 457	56 792
峨山彝族自治县	Eshan Yi Autonomous County	2 351	6 990	23 366	10 694	1 097
新平彝族傣族自治县	Xinping Yi and Dai Autonomous County	2 133	1 543	688 235	13 589	3 373
元江哈尼族彝族傣族自治县	Yuanjiang Hani and Yi and Dai Autonomous County	1 633	1 518	717 687	10 745	1 816
宁洱哈尼族彝族自治县	Pu er Hani and Yi Autonomous County	2 238	1 268	595	1 718	5 928
墨江哈尼族自治县	Mojiang Hani Autonomous County	8 031	3 050	53 218	4 657	1 961
景东彝族自治县	Jingdong Yi Autonomous County	10 815	1 325	180 213	8 282	4 646
景谷傣族彝族自治县	Jinggu Dai and Yi Autonomous County	4 076	2 030	403 788	1 527	6 502
镇沅彝族哈尼族拉祜族自治县	Zhenyuan Yi and Hani and Lahu Autonomous County	5 425	1 292	34 393	6 806	951
江城哈尼族彝族自治县	Jiangcheng Hani and Yi Autonomous County	822	705	133 551		409
孟连傣族拉祜族佤族自治县	Menglian Dai and Lahu and Wa Autonomous County	670	786	340 062		133
澜沧拉祜族自治县	Lancang Lahu Autonomous County	4 958	1 559	640 919		2 207
西盟佤族自治县	Ximeng Wa Autonomous County	336	191	44 638		89
丽江纳西族自治县	Yulong Naxi Autonomous County	15 285	3 401		6 379	9 551
宁蒗彝族自治县	Ninglang Yi Autonomous County	9 771	243		1 018	17 718
双江拉祜族佤族布朗族傣族自治县	Shuangjiang Lahu and Wa and Bulang and Dai Autonomous County	1 821	1 036	463 412	284	2 845
耿马傣族佤族自治县	Gengma Dai and Wa Autonomous County	6 373	2 430	1 638 737	173	4 281
沧源佤族自治县	Cangyuan Wa Autonomous County	2 086	1 029	487 641	207	1 034

19-11 民族自治地方年规模以上工业企业单位数及总产值(2008年)

单位:个、万元

地　　区	Region	工业企业单位数 Number of Industrail Enterprises	#国有 Of Which State-owned
总　计	**Total**	**3 320**	**220**
自治州小计	**Autonomous Prefectures**	**818**	**72**
楚雄彝族自治州	Chuxiong Yi Nationality	162	13
红河哈尼族彝族自治州	Honghe Hani , Yi Nationality	185	22
文山壮族苗族自治州	Wenshan Zhuang , Miao Nationality	127	8
西双版纳傣族自治州	Xishuangbanna Dai Nationality	64	12
大理白族自治州	Dali Bai Nationality	173	8
德宏傣族景颇族自治州	Dehong Dai , Jingpo Nationality	67	4
怒江傈僳族自治州	Nujiang Lisu Nationality	15	2
迪庆藏族自治州	Diqing Tibetan Nationality	25	3
自治州以外的自治县小计	**Autonomous Counties Except the Above Prefectures**	**235**	**21**
石林彝族自治县	Shilin Yi Nationality	3 320	1
禄劝彝族苗族自治县	Luquan Yi , Miao Nationality	16	1
寻甸回族彝族自治县	Xundian Hui , Yi Nationality	19	1
峨山彝族自治县	Eshan Yi Nationality	26	2
新平彝族傣族自治县	Xinping Yi , Dai Nationality	12	2
元江哈尼族彝族傣族自治县	Yuanjiang Hani , Yi , Dai Nationality	15	2
普洱哈尼族彝族自治县	Pu'er Hani , Yi Nationality	16	3
墨江哈尼族自治县	Mojiang Hani Nationality	8	1
景东彝族自治县	Jingdong Yi Nationality	7	1
景谷傣族彝族自治县	Jinggu Dai , Yi Nationality	18	
镇沅彝族哈尼族拉祜族自治县	Zhenyuan Yi , Hani , Lahu Nationality	10	1
江城哈尼族彝族自治县	Jiangcheng Hani , Yi Nationality	5	2
孟连傣族拉祜族佤族自治县	Menglian Dai , Lahu , Wa Nationality	5	
澜沧拉祜族自治县	Lancang Lahu Nationality	7	2
西盟佤族自治县	Ximeng Wa Nationality	2	1
玉龙纳西族自治县	Yulong Naxi Nationality	6	
宁蒗彝族自治县	Ninglang Yi Nationality	11	
双江拉祜族佤族布朗族傣族自治县	Shuangjiang Lahu , Wa , Bulang , Dai Nationality	10	
耿马傣族佤族自治县	Gengma Dai , Wa Nationality	9	1
沧源佤族自治县	Cangyuan Wa Nationality	9	

注：1.统计范围为年主营业务收入500万元及以上工业。
　　2.工业总产值系按当年价格计算。

Number of Enterprises above Designated Size and Their Gross Output Value in Ethnic Minority Autonomous Areas (2008)

轻工业 Light Industry	重 工 业 Heavy Industry	工业总产值 Gross Output Value of Industry	#国 有 Of Which State-owned
883	**2 437**	**51 445 816**	**75 214 051**
251	**567**	**12 965 272**	**24 663 226**
50	112	2 270 989	6 898 323
47	138	5 923 742	9 674 791
28	99	1 391 744	1 815 081
29	35	335 847	694 942
70	103	2 141 693	4 611 702
19	48	405 617	179 801
	15	300 653	514 537
8	17	194 987	274 049
65	**170**	**2 228 280**	**3 456 175**
5	2 437	88 034	88 652
2	14	75 840	122 232
3	16	272 980	137 956
4	22	407 894	156 323
2	10	597 111	1 802 940
2	13	100 089	138 314
3	13	55 304	78 199
2	6	50 430	43 287
2	5	32 527	38 000
6	12	146 458	
1	9	24 256	25 220
3	2	11 440	36 274
2	3	17 324	
3	4	103 883	729 935
1	1	5 645	39 717
5	1	28 778	
2	9	30 351	
7	3	75 353	
7	2	60 035	19 126
3	6	44 548	

Note: a.The data above are included industrial enterprises of state-owned and non-state-owned of annual revenue over 5 million yuan from principal business.
b.The gross product value is calculated at current prices.

19-12 民族自治地方职工人数（2008年）

Number of Staff and Workers in Ethnic Minority Autonomous Regions (2008)

单位：人 (preson)

地 区	Region	职工人数 Number of Staff and Workers 合计 Total	国有单位 State-owned Entities	城镇集体单位 Urban Collective-owned Entities	其它单位 Others
自治州	**Autonomous Prefectures**				
楚雄彝族自治州	Chuxiong Yi Nationality	142 068	99 561	3 886	38 621
红河哈尼族彝族自治州	Honghe Hani , Yi Nationality	254 233	169 974	9 190	75 069
文山壮族苗族自治州	Wenshan Zhuang , Miao Nationality	130 464	96 331	3 005	31 128
西双版纳傣族自治州	Xishuangbanna Dai Nationality	98 245	80 614	3 807	13 356
大理白族自治州	Dali Bai Nationality	201 993	104 748	5 485	91 760
德宏傣族景颇族自治州	Dehong Dai , Jingpo Nationality	86 112	60 277	2 675	23 160
怒江傈僳族自治州	Nujiang Lisu Nationality	30 255	23 669	615	5 971
迪庆藏族自治州	Diqing Tibetan Nationality	23 552	19 146	461	3 945
自治州以外的自治县	**Autonomous Counties Except the Above Prefectures**				
石林彝族自治县	Shilin Yi Nationality	13 897	13 709	9 304	1 326
禄劝彝族苗族自治县	Luquan Yi , Miao Nationality	11 934	11 928	10 712	571
寻甸回族彝族自治县	Xundian Hui , Yi Nationality	18 710	16 710	10 981	781
峨山彝族自治县	Eshan Yi Nationality	16 157	6 608	673	8 876
新平彝族傣族自治县	Xinping Yi , Dai Nationality	16 448	8 340	567	7 541
元江哈尼族彝族傣族自治县	Yuanjiang Hani , Yi , Dai Nationality	12 574	7 881	211	4 482
宁洱哈尼族彝族自治县	Ning'er Hani , Yi Nationality	9 880	7 989	122	1 769
墨江哈尼族自治县	Mojiang Hani Nationality	10 319	7 636	419	2 264
景东彝族自治县	Jingdong Yi Nationality	10 321	9 099	372	850
景谷傣族彝族自治县	Jinggu Dai , Yi Nationality	12 992	8 413	376	4 203
镇沅彝族哈尼族拉祜族自治县	Zhenyuan Yi , Hani , Lahu Nationality	7 489	5 979	153	1 357
江城哈尼族彝族自治县	Jiangcheng Hani , Yi Nationality	5 765	4 153	279	1 333
孟连傣族拉祜族自治县	Menglian Dai , Lahu , Wa Nationality	7 678	6 012	222	1 444
澜沧拉祜族自治县	Lancang Lahu Nationality	12 777	9 719	249	2 809
西盟佤族自治县	Ximeng Wa Nationality	3 725	3 495	209	21
玉龙纳西族自治县	Yulong Naxi Nationality	9 739	7 383	230	2 126
宁蒗彝族自治县	Ninglang Yi Nationality	8 891	7 743	122	1 026
双江拉祜族佤族布朗族傣族自治县	Shuangjiang Lahu , Wa , Bulang , Dai Nationality	6 933	5 400	117	1 416
耿马傣族佤族自治县	Gengma Dai , Wa Nationality	12 906	11 350	272	1 284
沧源佤族自治县	Cangyuan Wa Nationality	8 539	6 840	57	1 642

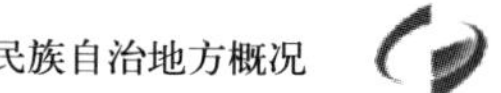

19-13 民族自治地方职工平均工资(2008年)

Average Wages of Staff and Workers in Ethnic Minority Autonomous regions (2008)

单位：元／人 (yuan / person)

地区	Region	职工平均工资 Average Wages of Staff and Workers			
		合计 Total	国有单位 State-owned Entities	集体单位 Collective-owned Entities	其它单位 Others
自治州	**Autonomous Prefectures**				
楚雄彝族自治州	Chuxiong Yi Nationality	23 268	25 931	26 012	16 017
红河哈尼族彝族自治州	Honghe Hani , Yi Nationality	22 023	25 121	18 081	15 602
文山壮族苗族自治州	Wenshan Zhuang , Miao Nationality	22 617	23 839	21 646	18 885
西双版纳傣族自治州	Xishuangbanna Dai Nationality	18 751	19 100	17 926	16 887
大理白族自治州	Dali Bai Nationality	22 973	29 074	21 228	15 937
德宏傣族景颇族自治州	Dehong Dai , Jingpo Nationality	19 956	20 014	18 879	19 942
怒江傈僳族自治州	Nujiang Lisu Nationality	26 342	24 421	14 300	34 618
迪庆藏族自治州	Diqing Tibetan Nationality	31 723	32 370	22 900	29 318
自治州以外的自治县	**Autonomous Counties Except the Above Prefectures**				
石林彝族自治县	Shilin Yi Nationality	19 105	19 349	16 462	19 412
禄劝彝族苗族自治县	Luquan Yi , Miao Nationality	21 097	21 663	17 760	14 726
寻甸回族彝族自治县	Xundian Hui , Yi Nationality	22 643	24 152	21 200	19 401
峨山彝族自治县	Eshan Yi Nationality	22 330	32 045	15 321	15 446
新平彝族傣族自治县	Xinping Yi , Dai Nationality	25 387	27 714	15 128	23 582
元江哈尼族彝族傣族自治县	Yuanjiang Hani , Yi , Dai Nationality	24 086	27 769	20 616	17 410
宁洱哈尼族彝族自治县	Ning'er Hani , Yi Nationality	22 047	23 243	41 485	15 809
墨江哈尼族自治县	Mojiang Hani Nationality	23 321	25 278	23 159	16 657
景东彝族自治县	Jingdong Yi Nationality	23 190	24 494	25 751	7 670
景谷傣族彝族自治县	Jinggu Dai , Yi Nationality	21 602	25 380	18 716	14 177
镇沅彝族哈尼族拉祜族自治县	Zhenyuan Yi , Hani , Lahu Nationality	23 667	24 242	67 538	17 008
江城哈尼族彝族自治县	Jiangcheng Hani , Yi Nationality	21 674	24 373	16 599	13 650
孟连傣族拉祜族自治县	Menglian Dai , Lahu , Wa Nationality	22 585	24 157	28 519	15 230
澜沧拉祜族自治县	Lancang Lahu Nationality	22 972	22 541	30 144	23 778
西盟佤族自治县	Ximeng Wa Nationality	24 745	25 295	16 359	11 524
玉龙纳西族自治县	Yulong Naxi Nationality	25 721	28 346	23 460	15 688
宁蒗彝族自治县	Ninglang Yi Nationality	22 366	23 135	22 795	16 539
双江拉祜族佤族布朗族傣族自治县	Shuangjiang Lahu,Wa ,Bulang,Dai Nationality	17 094	18 015	16 453	10 491
耿马傣族佤族自治县	Gengma Dai , Wa Nationality	19 619	19 245	16 993	21 738
沧源佤族自治县	Cangyuan Wa Nationality	18 865	19 688	27 368	15 802

19-14 民族自治地方财政收入和支出（2007-2008年）

Total Government Revenue and Expenditures in Ethnic Minority Autonomous Regions (2007-2008)

单位：万元 (10 000 yuan)

地区	Region	财政收入 Government Revenue		财政支出 Government Expenditure	
		2007年	2008年	2007年	2008年
总计	**Total**	**1 305 485**	**1 593 246**	**4 283 623**	**5 358 060**
自治州小计	**Autonomous Prefectures**	**1 121 431**	**1 352 405**	**3 371 977**	**4 260 017**
楚雄彝族自治州	Chuxiong Yi Autonomous Prefecture	179 503	227 012	570 960	700 427
红河哈尼族彝族自治州	Honghe Hani and Yi Autonomous Prefecture	377 116	451 396	819 795	1 073 458
文山壮族苗族自治州	Wenshan Zhuang and Miao Autonomous Prefecture	126 000	154 388	525 324	667 080
西双版纳傣族自治州	Xishuangbanna Dai Autonomous Prefecture	60 687	72 011	207 656	256 780
大理白族自治州	Dali Bai Autonomous Prefecture	227 817	275 715	607 140	750 219
德宏傣族景颇族自治州	Dehong Dai and Jingpo Autonomous Prefecture	78 953	88 679	280 082	365 934
怒江傈僳族自治州	Nujiang Lisu Autonomous Prefecture	47 789	51 178	174 157	210 626
迪庆藏族自治州	Diqing Tibetan Autonomous Prefecture	23 566	32 026	186 863	235 493
自治州以外的自治县小计	**Autonomous Counties Except the Above Prefectures**	**184 054**	**240 841**	**911 646**	**1 098 043**
石林彝族自治县	Shilin Yi Autonomous County	14 215	20 090	40 219	55 725
禄劝彝族苗族自治县	Luquan Yi and Miao Autonomous County	12 503	16 078	57 621	72 505
寻甸回族彝族自治县	Xundian Hui and Yi Autonomous County	15 374	21 177	64 791	87 258
峨山彝族自治县	Eshan Yi Autonomous County	18 023	21 220	40 293	47 334
新平彝族傣族自治县	Xinping Yi and Dai Autonomous County	26 339	38 224	67 940	82 462
元江哈尼族彝族傣族自治县	Yuanjiang Hani and Yi and Dai Autonomous County	11 211	13 863	40 968	46 717
宁洱哈尼族彝族自治县	Pu er Hani and Yi Autonomous County	9 322	10 828	82 631	44 218
墨江哈尼族自治县	Mojiang Hani Autonomous County	7 828	10 008	50 257	61 036
景东彝族自治县	Jingdong Yi Autonomous County	11 438	15 800	47 392	59 005
景谷傣族彝族自治县	Jinggu Dai and Yi Autonomous County	12 516	15 868	45 755	52 755
镇沅彝族哈尼族拉祜族自治县	Zhenyuan Yi and Hani and Lahu Autonomous County	4 301	5 530	34 834	42 088
江城哈尼族彝族自治县	Jiangcheng Hani and Yi Autonomous County	3 428	4 216	27 501	26 983
孟连傣族拉祜族自治县	Menglian Dai and Lahu and Wa Autonomous County	3 551	3 598	25 884	31 811
澜沧拉祜族自治县	Lancang Lahu Autonomous County	8 449	10 556	69 281	91 152
西盟佤族自治县	Ximeng Wa Autonomous County	1 278	1 629	22 409	28 813
玉龙纳西族自治县	Yulong Naxi Autonomous County	8 815	11 549	40 792	54 105
宁蒗彝族自治县	Ninglang Yi Autonomous County	3 049	5 271	48 291	70 520
双江拉祜族佤族布朗族傣族自治县	Shuangjiang Lahu and Wa and Bulang and Dai Autonomous County	2 840	3 347	29 832	44 079
耿马傣族佤族自治县	Gengma Dai and Wa Autonomous County	6 084	7 309	40 667	53 479
沧源佤族自治县	Cangyuan Wa Autonomous County	3 490	4 680	34 288	45 998

Chapter 20

二十、各县市主要经济指标

General Survey of Counties and Cities

20-1 各县市生产总值和指数（2008年）

GDP and Indices by County and City (2008)

地 区	Region	绝对数(万元)Level(10 000 yuan)				指数(以上年为100) Index (preceding year=100)			
		生产总值 Gross Domestic Product	第一产业 Primary Industry	第二产业 Secondary Industry	第三产业 Tertiary Industry	生产总值 Gross Domestic Product	第一产业 Primary Industry	第二产业 Secondary Industry	第三产业 Tertiary Industry
全 省	**Total**	**57 001 000**	**10 209 400**	**24 510 900**	**22 280 700**	**111.0**	**107.6**	**111.4**	**112.1**
昆 明 市	**Kunming**	**16 053 993**	**1 049 020**	**7 402 640**	**7 602 333**	**112.0**	**106.2**	**113.0**	**112.0**
五华区	Wuhua	4 446 373	15 111	2 577 651	1 853 611	110.4	104.5	108.9	112.8
盘龙区	Panlong	1 839 046	16 763	547 617	1 274 666	113.1	101.7	114.2	112.7
官渡区	Guandu	3 627 968	97 225	1 389 513	2 141 230	114.2	101.8	114.9	114.4
西山区	Xishan	1 930 357	28 817	615 684	1 285 856	113.1	103.1	114.0	112.9
东川区	Dongchuan	303 699	29 503	198 424	75 772	105.2	107.7	101.8	116.1
呈贡县	Chenggong	533 147	81 752	256 231	195 164	115.0	101.5	122.9	111.8
晋宁县	Jinning	417 973	92 350	206 724	118 899	113.9	105.6	118.1	114.1
富民县	Fuming	208 961	44 847	101 411	62 703	115.1	106.9	118.8	115.2
宜良县	Yiliang	705 304	214 069	194 030	297 205	114.1	108.8	117.1	115.8
石林县	Shilin	272 889	82 371	78 132	112 386	113.7	110.0	125.4	109.1
嵩明县	Songming	339 831	88 929	157 533	93 369	114.1	106.8	119.8	111.2
禄劝县	Luquan	245 682	90 927	55 698	99 057	112.8	105.5	115.3	118.8
寻甸县	Xundian	299 698	98 311	84 611	116 776	115.0	107.7	133.3	112.1
安宁市	Anning	1 140 053	68 565	699 768	371 720	113.1	105.8	112.1	116.6
曲 靖 市	**Qujing**	**7 875 678**	**1 514 995**	**4 237 221**	**2 123 462**	**112.4**	**108.0**	**112.5**	**115.0**
麒麟区	Qilin	2 446 850	117 609	1 545 140	784 101	113.6	107.2	113.6	114.3
马龙县	Malong	168 936	45 000	71 000	52 936	114.0	106.0	118.6	114.7
陆良县	Luliang	720 508	270 091	261 853	188 564	114.1	110.2	116.2	116.2
师宗县	Shizong	386 788	144 321	140 548	101 919	115.0	109.5	118.2	116.5
罗平县	Luoping	606 026	160 166	240 611	205 249	112.9	110.5	111.0	117.0
富源县	Fuyuan	839 430	171 000	462 090	206 340	112.8	106.5	114.1	115.2
会泽县	Huize	769 365	152 175	471 003	146 187	109.0	108.5	114.8	111.0
沾益县	Zhanyi	673 266	176 550	389 285	107 431	115.1	109.9	116.5	117.3
宣威市	Xuanwei	1 145 194	260 742	539 386	345 066	113.0	108.8	113.0	115.8
玉 溪 市	**Yuxi**	**5 960 973**	**645 481**	**3 702 932**	**1 612 560**	**113.0**	**106.2**	**115.4**	**110.3**
红塔区	Hongta	3 409 939	83 329	2 607 733	718 877	113.8	107.0	114.9	110.2
江川县	Jiangchuan	368 100	96 786	146 375	124 939	113.1	104.1	120.7	111.6
澄江县	Chengjiang	242 002	50 020	106 452	85 530	113.9	105.2	117.3	114.7
通海县	Tonghai	392 099	79 000	170 830	142 269	110.1	107.9	109.0	112.6
华宁县	Huaning	264 415	79 928	87 249	97 238	111.3	105.3	115.3	112.7
易门县	Yimen	301 209	56 870	160 933	83 406	115.7	105.1	125.8	110.3
峨山县	Eshan	267 408	49 115	127 035	91 258	112.4	105.2	117.7	110.0
新平县	Xinping	417 635	68 154	259 086	90 395	112.4	107.2	112.5	115.9
元江县	Yuanjiang	226 852	81 674	63 683	81 495	111.7	108.1	119.4	109.7

20-1 续表1 continued

地 区	Region	绝对数(万元) Level (10 000 yuan)				指数(以上年为 100) Index (preceding year=100)			
		生产总值 Gross Domestic Product	第一产业 Primary Industry	第二产业 Secondary Industry	第三产业 Tertiary Industry	生产总值 Gross Domestic Product	第一产业 Primary Industry	第二产业 Secondary Industry	第三产业 Tertiary Industry
保 山 市	**Baoshan**	**1 940 496**	**617 229**	**553 736**	**769 531**	**113.1**	**108.4**	**117.0**	**114.0**
隆阳区	Longyang	824 312	246 617	254 075	323 620	113.5	108.9	116.5	114.7
施甸县	Shidian	171 697	66 000	30 656	75 041	113.5	106.0	130.7	114.3
腾冲县	Tengchong	503 456	142 725	142 122	218 609	114.1	109.7	119.7	113.5
龙陵县	Longling	206 100	66 000	83 800	56 300	113.5	107.5	119.0	113.2
昌宁县	Changning	252 357	103 000	64 652	84 705	113.5	108.6	119.0	115.2
昭 通 市	**Zhaotong**	**2 722 801**	**667 755**	**1 168 207**	**886 839**	**111.1**	**107.8**	**111.3**	**113.1**
昭阳区	Zhaoyang	884 656	123 899	382 445	378 312	110.5	103.8	109.1	113.8
鲁甸县	Ludian	169 096	55 838	69 682	43 576	107.0	109.3	102.1	114.6
巧家县	Qiaojia	201 555	91 371	53 109	57 075	111.2	112.6	110.1	110.1
盐津县	Yanjin	166 001	50 875	62 793	52 333	107.7	108.7	104.2	111.2
大关县	Daguan	96 155	39 140	25 168	31 847	102.7	105.5	93.5	107.7
永善县	Yongshan	214 116	65 280	77 564	71 272	113.0	109.7	110.5	118.6
绥江县	Suijiang	84 489	20 450	27 047	36 992	121.1	105.1	153.7	112.1
镇雄县	Zhenxiong	319 764	118 915	78 191	122 658	111.5	104.5	128.2	110.5
彝良县	Yiliang	209 758	72 078	81 815	55 865	115.5	106.3	127.8	111.1
威信县	Weixin	151 000	40 227	53 077	57 696	114.4	106.6	124.8	112.3
水富县	Shuifu	234 731	12 589	170 608	51 534	105.5	101.2	105.5	106.3
丽 江 市	**Lijiang**	**1 011 490**	**208 702**	**352 157**	**450 631**	**113.1**	**106.5**	**116.7**	**113.5**
古城区	Gucheng	352 861	26 824	116 440	209 597	113.4	105.2	115.2	113.4
玉龙县	Yulong	149 882	49 055	43 558	57 269	113.5	107.0	118.6	115.6
永胜县	Yongsheng	209 757	73 042	68 135	68 580	112.3	108.1	119.4	110.6
华坪县	Huaping	189 234	31 948	100 789	56 497	113.8	103.7	121.6	107.6
宁蒗县	Ninglang	111 460	34 248	30 859	46 353	112.5	104.5	116.7	115.5
普 洱 市	**Pu'er**	**1 798 569**	**573 526**	**575 236**	**649 807**	**112.0**	**108.0**	**121.9**	**107.2**
思茅区	Simao	394 356	50 435	160 803	183 118	113.5	108.6	122.2	108.1
宁洱县	Ning'er	165 701	57 828	39 261	68 612	110.1	106.6	121.5	107.3
墨江县	Mojiang	182 904	55 946	63 028	63 930	110.0	107.9	115.9	106.8
景东县	Jingdong	223 164	102 313	47 216	73 635	111.0	111.9	110.4	110.2
景谷县	Jinggu	276 896	109 302	101 693	65 901	113.2	112.0	115.4	111.7
镇沅县	Zhenyuan	116 866	53 393	24 168	39 305	112.8	110.0	119.8	112.0
江城县	Jiangcheng	97 037	34 879	33 536	28 622	113.0	101.1	147.4	100.5
孟连县	Menglian	80 267	31 746	17 880	30 641	109.0	109.4	112.6	106.5
澜沧县	Lancang	206 078	72 414	67 963	65 701	109.9	102.4	122.7	107.4
西盟县	Ximeng	34 153	10 043	6 895	17 215	109.8	107.2	124.2	106.6
临 沧 市	**Lincang**	**1 568 740**	**569 738**	**514 037**	**484 965**	**111.1**	**107.5**	**114.3**	**111.7**
临翔区	Lincang	235 783	65 543	61 520	108 720	112.1	108.0	115.6	112.4
凤庆县	Fengqing	223 076	101 400	54 176	67 500	112.1	110.0	112.8	114.4
云 县	Yunxian	378 768	125 894	166 808	86 066	110.7	110.8	112.1	107.7
永德县	Yongde	159 700	68 413	44 115	47 172	113.1	103.6	124.8	115.4
镇康县	Zhenkang	118 078	35 997	49 534	32 547	111.5	107.5	115.1	111.2
双江县	Shuangjiang	99 171	38 481	29 185	31 505	110.5	109.0	112.4	110.7
耿马县	Gengma	230 133	104 525	54 140	71 468	111.0	107.5	114.7	112.7
沧源县	Cangyuan	100 147	33 393	26 858	39 896	112.7	104.2	124.2	112.4

20-1 续表2 continued

地 区	Region	绝对数(万元) Level (10 000 yuan) 生产总值 Gross Domestic Product	第一产业 Primary Industry	第二产业 Secondary Industry	第三产业 Tertiary Industry	指数(以上年为 100) Index (preceding year=100) 生产总值 Gross Domestic Product	第一产业 Primary Industry	第二产业 Secondary Industry	第三产业 Tertiary Industry
楚 雄 州	**Chuxiong**	**3 060 166**	**742 841**	**1 277 775**	**1 039 550**	**111.5**	**105.6**	**113.4**	**113.4**
楚雄市	Chuxiong	1 229 870	125 140	699 425	405 305	114.2	106.2	116.1	113.7
双柏县	Shuangbo	96 343	44 740	18 471	33 132	111.1	107.1	115.7	113.6
牟定县	Mouding	155 046	59 320	44 828	50 898	112.3	105.6	116.1	116.8
南华县	Nanhua	158 671	62 972	44 638	51 061	112.9	106.4	122.7	113.4
姚安县	Yao'an	159 273	58 898	45 315	55 060	112.4	107.1	117.4	113.9
大姚县	Dayao	234 930	67 603	95 469	71 858	105.7	107.2	99.1	114.4
永仁县	Yongren	90 301	35 814	20 943	33 544	112.0	109.5	112.9	114.1
元谋县	Yuanmou	147 347	60 609	29 391	57 347	112.3	105.9	119.7	115.3
武定县	Wuding	178 914	63 874	55 667	59 373	112.5	105.9	121.4	113.5
禄丰县	Lufeng	663 378	131 000	268 673	263 705	113.6	105.7	117.8	113.5
红 河 州	**Honghe**	**5 146 961**	**963 611**	**2 739 881**	**1 443 469**	**110.0**	**108.4**	**109.2**	**112.3**
个旧市	Gejiu	1 048 387	60 760	733 999	253 628	108.8	107.0	106.9	114.5
开远市	Kaiyuan	663 207	96 599	339 884	226 724	110.3	108.9	106.1	117.2
蒙自县	Mengzi	503 843	100 174	240 898	162 771	115.0	109.0	115.3	117.9
屏边县	Pingbian	91 715	28 620	29 324	33 771	110.8	103.3	111.7	116.1
建水县	Jianshui	490 844	122 550	180 303	187 991	110.6	104.9	108.2	115.8
石屏县	Shiping	215 148	95 735	53 669	65 744	110.4	106.8	109.4	116.3
弥勒县	Mile	1 122 585	98 826	882 759	141 000	111.0	109.6	110.6	114.2
泸西县	Luxi	252 919	72 250	84 728	95 941	110.8	108.5	112.3	111.3
元阳县	Yuanyang	151 022	57 094	34 175	59 753	110.5	105.0	124.1	108.7
红河县	Honghe	105 665	52 670	15 990	37 005	110.1	104.4	122.3	112.6
金平县	Jinping	155 111	37 837	83 218	34 056	110.0	109.6	106.3	116.4
绿春县	Luchun	78 177	26 912	25 166	26 099	114.7	113.3	111.7	118.9
河口县	Hekou	137 723	28 672	32 415	76 636	118.9	103.6	118.3	125.4
文 山 州	**Wenshan**	**2 445 148**	**641 993**	**864 737**	**938 418**	**112.6**	**107.2**	**115.3**	**114.1**
文山县	Wenshan	743 162	89 140	338 538	315 484	114.6	107.0	116.2	115.2
砚山县	Yanshan	378 180	84 529	167 863	125 788	114.0	106.8	116.5	116.0
西畴县	Xichou	108 756	39 918	11 905	56 933	110.4	106.2	105.1	114.9
麻栗坡县	Malipo	190 635	54 423	77 235	58 977	112.3	105.5	118.6	111.0
马关县	Maguan	284 785	72 340	128 512	83 933	111.6	106.0	114.0	112.3
丘北县	Qiubei	193 188	85 123	33 402	74 663	112.3	107.1	128.5	112.1
广南县	Guangnan	319 403	143 633	64 319	111 451	112.2	108.4	109.9	118.6
富宁县	Funing	270 438	74 840	91 252	104 346	110.4	108.5	105.5	116.5
西双版纳州	**Xishuangbanna**	**1 227 785**	**368 183**	**364 002**	**495 600**	**110.1**	**103.4**	**110.2**	**115.6**
景洪市	Jinghong	628 024	167 490	169 422	291 112	110.5	101.5	119.1	111.5
勐海县	Menghai	310 063	71 090	120 357	118 616	110.0	110.5	94.0	132.9

20-1 续表3 continued

地 区	Region	绝对数(万元) Level (10 000 yuan)				指数(以上年为 100) Index (preceding year=100)			
		生产总值 Gross Domestic Product	第一产业 Primary Industry	第二产业 Secondary Industry	第三产业 Tertiary Industry	生产总值 Gross Domestic Product	第一产业 Primary Industry	第二产业 Secondary Industry	第三产业 Tertiary Industry
勐腊县	Mengla	309 750	130 400	64 809	114 541	108.1	102.3	104.1	118.1
大 理 州	**Dali**	**3 716 977**	**970 033**	**1 365 367**	**1 381 577**	**112.0**	**108.5**	**113.4**	**113.0**
大理市	Dali	1 455 033	124 811	695 727	634 495	112.0	104.0	113.3	112.2
漾濞县	Yangbi	76 800	23 749	37 912	15 139	113.9	107.1	122.5	106.2
祥云县	Xiangyun	450 029	136 132	206 421	107 476	112.1	109.7	113.2	113.0
宾川县	Binchuan	356 643	174 645	76 082	105 916	112.3	106.3	131.8	110.0
弥渡县	Midu	176 176	60 359	50 650	65 167	112.4	108.0	115.1	114.3
南涧县	Nanjian	133 250	55 050	18 230	59 970	112.4	108.4	121.8	113.4
巍山县	Weishan	178 292	70 750	42 207	65 335	112.0	109.0	113.0	114.5
永平县	Yongping	132 890	55 750	29 540	47 600	112.1	107.0	121.4	112.7
云龙县	Yunlong	144 210	49 970	50 974	43 266	114.6	105.1	128.0	111.3
洱源县	Eryuan	195 868	75 652	56 189	64 027	112.0	107.5	119.9	110.8
剑川县	Jianchuan	113 733	26 473	57 763	29 497	112.1	106.8	113.7	113.8
鹤庆县	Heqing	176 058	51 889	77 118	47 051	115.0	106.1	124.2	111.1
德 宏 州	**Dehong**	**996 655**	**295 234**	**280 602**	**420 819**	**111.5**	**108.0**	**111.3**	**114.2**
瑞丽市	Ruili	224 817	46 927	53 315	124 575	112.1	108.6	111.1	113.7
潞西市	Luxi	320 041	96 140	80 830	143 071	112.1	104.9	111.9	117.6
梁河县	Lianghe	73 941	19 740	20 435	33 766	111.9	106.6	122.0	110.0
盈江县	Yingjiang	247 213	78 351	91 363	77 499	112.7	111.5	113.9	112.6
陇川县	Longchuan	130 054	53 300	32 168	44 586	108.1	107.5	106.1	110.6
怒 江 州	**Nujiang**	**436 661**	**57 882**	**204 236**	**174 543**	**103.8**	**101.5**	**99.5**	**110.8**
泸水县	Lushui	134 979	18 935	42 728	73 316	114.6	108.2	136.7	106.7
福贡县	Fugong	43 497	9 226	17 411	16 860	114.6	103.0	122.2	114.6
贡山县	Gongshan	27 048	6 778	9 271	10 999	114.8	103.7	131.5	109.8
兰坪县	Lanping	216 423	20 117	142 786	53 520	102.5	102.8	100.2	113.0
迪 庆 州	**Diqing**	**556 760**	**65 068**	**228 233**	**263 459**	**118.5**	**106.2**	**118.3**	**121.9**
香格里拉县	Shangri-La	362 356	30 590	171 400	160 366	122.2	101.8	121.7	127.5
德钦县	Deqin	78 819	9 315	39 969	29 535	125.2	100.1	148.7	110.9
维西县	Weixi	130 372	29 478	44 300	56 594	120.9	106.2	145.2	112.5

20-2 各县市人均生产总值（2007-2008年）

Per Capita GDP by County and City（2007-2008）

单位：元/人 (yuan/person)

地 区	Region	2007年	2008年
全 省	**Total**	**10 540**	**12 587**
昆 明 市	**Kunming**	**22 762**	**25 826**
五华区	Panlong	44 554	50 648
盘龙区	Guandu	24 676	28 062
官渡区	Xishan	40 690	48 280
西山区	Xishan	23 701	27 600
东川区	Dongchuan	10 464	10 392
呈贡县	Chenggong	20 668	23 513
晋宁县	Jinning	12 003	14 832
富民县	Fuming	9 575	13 894
宜良县	Yiliang	14 100	16 709
石林县	Shilin	9 279	11 302
嵩明县	Songming	8 127	9 757
禄劝县	Luquan	4 955	5 541
寻甸县	Xundian	4 715	5 913
安宁市	Anning	31 337	35 761
曲 靖 市	**Qujing**	**11 381**	**13 684**
麒麟区	Qilin	29 958	35 293
马龙县	Malong	7 299	8 819
陆良县	Luliang	9 680	11 684
师宗县	Shizong	8 678	10 167
罗平县	Luoping	9 991	11 126
富源县	Fuyuan	9 947	11 925
会泽县	Huize	7 636	8 613
沾益县	Zhanyi	13 381	16 673
宣威市	Xuanwei	7 141	8 624
玉 溪 市	**Yuxi**	**21 992**	**26 260**
红塔区	Hongta	62 522	72 176
江川县	Jiangchuan	10 992	13 229
澄江县	Chengjiang	12 374	14 801
通海县	Tonghai	10 790	12 951
华宁县	Huaning	10 221	12 420
易门县	Yimen	13 354	16 804
峨山县	Eshan	13 661	16 594
新平县	Xinping	11 788	14 731
元江县	Yuanjiang	8 928	10 490
保 山 市	**Baoshan**	**6 630**	**7 898**
隆阳区	Longyang	8 117	9 313
施甸县	Shidian	4 596	5 307
腾冲县	Tengchong	6 584	7 979
龙陵县	Longling	6 444	7 522
昌宁县	Changning	6 427	7 347
昭 通 市	**Zhaotong**	**4 372**	**5 163**
昭阳区	Zhaoyang	9 717	11 103
鲁甸县	Ludian	4 310	4 477
巧家县	Qiaojia	3 189	3 741
盐津县	Yanjin	3 827	4 449
大关县	Daguan	3 333	3 744
永善县	Yongshan	4 512	5 440
绥江县	Suijiang	4 174	5 359
镇雄县	Zhenxiong	2 156	2 348
彝良县	Yiliang	3 094	3 860
威信县	Weixin	3 105	3 995
水富县	Shuifu	22 318	24 515
丽 江 市	**Lijiang**	**6 984**	**8 301**
古城区	Gucheng	17 146	20 617
玉龙县	Yulong	5 442	6 511
永胜县	Yongsheng	4 470	5 271
华坪县	Huaping	9 606	11 528
宁蒗县	Ninglang	3 677	4 370
普 洱 市	**Pu'er**	**5 884**	**6 975**
思茅区	Simao	12 962	15 375
宁洱县	Ning'er	7 831	8 508
墨江县	Mojiang	4 189	4 822
景东县	Jingdong	5 076	5 886
景谷县	Jinggu	7 582	8 932
镇沅县	Zhenyuan	4 471	5 448
江城县	Jiangcheng	7 152	8 120
孟连县	Menglian	5 425	6 004
澜沧县	Lancang	3 542	4 132
西盟县	Ximeng	3 279	3 694
临 沧 市	**Lincang**	**5 737**	**6 605**
临翔区	Lincang	6 626	7 745
凤庆县	Fengqing	4 046	4 921
云 县	Yunxian	7 468	8 517
永德县	Yongde	3 707	4 366
镇康县	Zhenkang	6 187	6 901
双江县	Shuangjiang	4 953	5 534
耿马县	Gengma	6 887	8 135
沧源县	Cangyuan	5 113	5 769

20-2 续表 continued

单位：元/人 (yuan/person)

地 区	Region	2007年	2008年	地 区	Region	2007年	2008年
楚 雄 州	**Chuxiong**	**9 469**	**11 389**	富宁县	Funing	5 908	6 816
楚雄市	Chuxiong	18 543	22 414	**西双版纳州**	**Xishuangbanna**	**10 138**	**11 504**
双柏县	Shuangbo	5 066	6 052	景洪市	Jinghong	11 354	13 136
牟定县	Mouding	5 955	7 565	勐海县	Menghai	8 198	9 348
南华县	Nanhua	5 583	6 628	勐腊县	Mengla	10 897	12 031
姚安县	Yao'an	6 558	7 644	**大 理 州**	**Dali**	**9 321**	**10 661**
大姚县	Dayao	7 634	8 118	大理市	Dali	20 900	23 160
永仁县	Yongren	6 920	8 315	漾濞县	Yangbi	6 489	7 328
元谋县	Yuanmou	6 028	6 924	祥云县	Xiangyun	8 252	9 970
武定县	Wuding	5 683	6 461	宾川县	Binchuan	9 234	10 433
禄丰县	Lufeng	12 767	15 121	弥渡县	Midu	4 813	5 552
红 河 州	**Honghe**	**9 859**	**11 718**	南涧县	Nanjian	5 289	5 987
个旧市	Gejiu	18 794	23 011	巍山县	Weishan	5 182	5 734
开远市	Kaiyuan	17 417	21 212	永平县	Yongping	6 271	7 254
蒙自县	Mengzi	9 853	12 591	云龙县	Yunlong	5 813	6 948
屏边县	Pingbian	5 273	6 162	洱源县	Eryuan	6 222	7 081
建水县	Jianshui	7 931	9 353	剑川县	Jianchuan	5 890	6 464
石屏县	Shiping	6 116	7 298	鹤庆县	Heqing	5 372	6 616
弥勒县	Mile	18 489	21 279	**德 宏 州**	**Dehong**	**7 187**	**8 439**
泸西县	Luxi	5 430	6 473	瑞丽市	Ruili	11 226	13 410
元阳县	Yuanyang	3 267	3 901	潞西市	Luxi	7 457	8 502
红河县	Honghe	3 130	3 679	梁河县	Lianghe	3 963	4 604
金平县	Jinping	3 816	4 529	盈江县	Yingjiang	6 752	8 318
绿春县	Luchun	3 030	3 598	陇川县	Longchuan	6 547	7 262
河口县	Hekou	10 043	13 326	**怒 江 州**	**Nujiang**	**9 471**	**8 221**
文 山 州	**Wenshan**	**6 126**	**7 151**	泸水县	Lushui	7 461	7 251
文山县	Wenshan	13 980	16 574	福贡县	Fugong	3 902	4 581
砚山县	Yanshan	6 962	8 317	贡山县	Gongshan	6 357	7 271
西畴县	Xichou	3 802	4 317	兰坪县	Lanping	14 626	10 168
麻栗坡县	Malipo	5 827	6 918	**迪 庆 州**	**Diqing**	**11 988**	**14 817**
马关县	Maguan	7 180	7 868	香格里拉县	Shangri-La	17 814	22 775
丘北县	Qiubei	3 659	4 184	德钦县	Deqin	9 643	12 481
广南县	Guangnan	3 514	4 157	维西县	Weixi	6 812	8 493

20-3 主要年份各县市年末总人口
Total Population at Year-end by County and City in Significant Years

单位：万人 (10 000 persons)

地 区	Region	1978年	1985年	1990年	1995年	2000年	2005年	2008年
全省合计	**Total**	**3 091.5**	**3 418.1**	**3 730.6**	**3 989.6**	**4 240.8**	**4 450.0**	**4 543.0**
昆 明 市	**Kunming**	**367.2**	**399.3**	**426.9**	**449.9**	**480.9**	**608.57**	**623.9**
五华区	Wuhua	23.4	31.3	36.6	39.8	45.5	89.09	87.49
盘龙区	Panlong	26.8	34.5	38.2	41.0	44.4	63.47	65.91
官渡区	Guandu	42.8	44.4	47.8	52.3	58.0	66.79	75.61
西山区	Xishan	28.0	29.0	29.9	31.5	33.3	74.56	70.75
东川区	Dongchuan	23.2	27.5	28.5	28.7	29.7	28.15	29.33
呈贡县	Chenggong	12.3	13.1	13.8	14.4	15.3	21.45	22.5
晋宁县	Jinning	22.5	23.0	24.0	25.1	26.6	28.02	28.04
富民县	Fuming	12	12.3	12.7	13.1	13.6	14.52	15.07
宜良县	Yiliang	33.4	35.0	36.3	37.6	39.5	40.96	42.58
石林县	Shilin	17.4	18.9	20.2	21.1	22.3	23.49	24.26
嵩明县	Songming	26.3	28.3	30.4	31.6	33.3	33.97	34.94
禄劝县	Luquan	36.8	39.7	42.2	43.9	45.2	43.07	44.52
寻甸县	Xundian	40.2	40	43.3	46.3	49.3	49.76	50.89
安宁市	Anning	22.1	22.3	22.9	23.5	25.0	31.27	32.01
曲 靖 市	**Qujing**	**397.7**	**442**	**482.1**	**511.5**	**547.1**	**565.76**	**578.2**
麒麟区	Qilin	68.3	75.8	83.2	91.8	60.6	67.7	69.48
马龙县	Malong	16	17	17.7	17.5	18.6	18.5	19.2
陆良县	Luliang	42.6	46.6	50.4	53.8	58.4	61.2	61.8
师宗县	Shizong	24.4	26.9	30.1	32	34.7	36.6	38.1
罗平县	Luoping	37.2	41.9	45.9	48.3	52.3	52.7	54.5
富源县	Fuyuan	44.8	50.4	55.8	60.0	65.4	70.1	70.4
会泽县	Huize	67.8	74.1	80.8	83.9	88.7	89.4	90.9
沾益县	Zhanyi					38.4	39.9	40.6
宣威市	Xuanwei	96.6	109.3	118.3	124.2	130	129.7	133.3
玉 溪 市	**Yuxi**	**156.6**	**168.9**	**181.9**	**190.6**	**201.7**	**221.35**	**227.6**
红塔区	Hongta	26.4	29.1	32.3	34.6	37.7	46.01	47.4
江川县	Jiangchuan	19.4	20.7	22.5	23.9	25.6	27.08	27.9
澄江县	Chengjiang	11.7	12.5	13.3	13.9	14.8	15.9	16.4
通海县	Tonghai	19.5	21.4	23.4	25.0	26.3	29.6	30.4
华宁县	Huaning	15.7	17.0	18.1	18.8	19.8	20.72	21.4
易门县	Yimen	15.2	15.7	16.2	16.6	17.2	17.58	18.0
峨山县	Ershan	11.9	12.7	13.5	14.1	14.7	15.79	16.2
新平县	Xinping	21.3	23.2	24.9	25.3	26.3	27.58	28.4
元江县	Yuanjiang	15.5	16.6	17.7	18.3	19.3	21.09	21.7

20-3 续表1 continued

单位：万人 (10 000 persons)

地　区	Region	1978年	1985年	1990年	1995年	2000年	2005年	2008年
保 山 市	**Baoshan**	**182.9**	**197.8**	**212.2**	**223.6**	**234.5**	**244.2**	**246.4**
隆阳区	Longyang	64.4	68.8	73.9	78.3	83	87.7	88.7
施甸县	Shidian	25.4	27.4	29.5	31.1	32.3	32.4	32.5
腾冲县	Tengchong	45.1	49.5	53.4	56.4	59.4	62.7	63.3
龙陵县	Longling	21.1	23	24.8	25.8	26.5	27.2	27.5
昌宁县	Changning	26.9	29.1	30.6	32	33.3	34.4	34.4
昭 通 市	**Zhaotong**	**339.4**	**381.4**	**429**	**457.1**	**491.9**	**507.5**	**529.5**
昭阳区	Zhaoyang	48.8	54.7	62.3	67.3	73.6	74.9	80.1
鲁甸县	Ludian	22.3	25.8	30.4	33.5	36.2	38.6	38.0
巧家县	Qiaojia	38.7	43.1	46.8	48	50.4	51.1	53.4
盐津县	Yanjin	25.3	28.1	31.8	33.1	35.5	36.5	37.5
大关县	Daguan	17.9	20.1	22.7	23.8	24.4	25.0	25.9
永善县	Yongshan	31.2	33.7	36.6	37.7	39.3	40.2	39.8
绥江县	Suijiang	11.5	12.3	13.5	14.4	15.3	15.4	15.8
镇雄县	Zhenxiong	78.1	90.7	102.7	111.5	121.6	126.2	137.0
彝良县	Yiliang	34.4	38.8	43.8	46.4	50.6	53.2	54.6
威信县	Weixin	24.5	26.6	30.3	32.8	35.7	37.0	38.0
水富县	Shuifu	6.7	7.5	8.2	8.6	9.1	9.4	9.6
丽 江 市	**Lijiang**	**87.4**	**94.5**	**101.5**	**105.9**	**109.9**	**120.3**	**122.1**
古城区	Gucheng						16.9	17.2
玉龙县	Yulong	28.4	30.1	31.9	33.2	34.7	22.7	23.1
永胜县	Yongsheng	30.9	33.1	35.4	36.8	37.7	39.3	39.9
华坪县	Huaping	12.3	13.3	14.0	14.5	14.8	16.2	16.5
宁蒗县	Ninglang	15.8	18.0	20.1	21.4	22.7	25.2	25.6
普 洱 市	**Pu'er**	**188.7**	**209.3**	**220.9**	**225.9**	**231.8**	**256.6**	**258.1**
思茅区	Simao	10.9	12.6	13.7	15.7	18.5	25.5	25.7
宁洱县	Ning'er	16.9	17.9	18.4	18.5	18.6	19.4	19.5
墨江县	Mojiang	31.2	34.2	35.2	35.6	35.2	37.8	38.0
景东县	Jingdong	29.9	32.7	34.1	34.4	35.1	37.8	37.9
景谷县	Jinggu	24.5	26.7	28	28.5	28.9	30.9	31.0
镇沅县	Zhenyuan	18.1	19.5	20.3	20.2	20.4	21.4	21.5
江城县	Jiangcheng	7.1	8.1	8.9	9.1	9.1	11.8	12.0
孟连县	Menglian	7.2	8.8	9.7	10.4	11.0	13.3	13.4
澜沧县	Lancang	37.1	41.8	44.8	45.5	46.8	49.7	49.9
西盟县	Ximeng	5.8	7.0	7.8	8.0	8.2	9.2	9.3
临 沧 市	**Lincang**	**161.7**	**183.8**	**199.4**	**207.1**	**213.8**	**236.1**	**238.2**
临翔区	Linxiang	21.3	23.8	25.7	26.4	27.3	30.1	30.5
凤庆县	Fengqing	33.3	37.1	39.9	41.3	42.1	44.9	45.5

20-3 续表2 continued

单位：万人 (10 000 persons)

地　区	Region	1978年	1985年	1990年	1995年	2000年	2005年	2008年
云　县	Yunxian	30.7	35.2	37.7	38.8	39.9	44.0	44.6
永德县	Yongde	24.8	28.2	30.2	31.1	32.1	36.1	36.7
镇康县	Zhenkang	11.1	12.9	14.2	14.9	15.5	17.3	17.2
双江县	Shuangjiang	11.7	13.6	15.0	15.7	16.2	28.5	18.0
耿马县	Gengma	17.1	19.7	22.0	23.4	24.9	17.7	28.4
沧源县	Cangyuan	11.7	13.3	14.7	15.4	15.8	17.6	17.4
楚 雄 州	**Chuxiong**	**208.6**	**211.1**	**233.2**	**242.0**	**250.8**	**265.7**	**269.0**
楚雄市	Chuxiong	34.9	37.9	40.5	44.0	47.4	54.2	54.9
双柏县	Shuangbo	13.4	14.2	14.9	15.1	15.4	15.8	15.9
牟定县	Mouding	18.1	18.6	19.4	19.5	19.8	20.3	20.5
南华县	Nanhua	18.8	20.2	21.5	22.1	22.8	23.7	24.0
姚安县	Yao'an	17.3	17.9	18.8	19.5	20.0	20.5	20.8
大姚县	Dayao	25.7	26.3	27.3	27.8	28.0	28.6	29.0
永仁县	Yongren	8.8	9.4	9.8	10.1	10.3	10.8	10.9
元谋县	Yuanmou	16.1	17.4	18.5	19.3	20.2	21.1	21.3
武定县	Wuding	20.8	22.5	24.2	25.1	26.0	27.3	27.8
禄丰县	Lufeng	34.7	36.7	38.4	39.5	40.9	43.4	43.9
红 河 州	**Honghe**	**304.3**	**335.5**	**364.0**	**379.6**	**394.2**	**431.2**	**441.2**
个旧市	Gejiu	30.7	34.2	37.1	38.0	38.5	45.2	45.5
开远市	Kaiyuan	19.4	21.7	24.0	25.3	26.0	31.6	31.3
蒙自县	Mengzi	23.6	25.6	28.0	29.6	31.5	38.8	40.1
屏边县	Pingbian	11.5	12.8	13.8	14.1	14.4	14.8	14.9
建水县	Jianshui	38.9	42.2	45.2	47.2	48.9	51.7	52.6
石屏县	Shiping	23.6	25.5	26.9	27.6	28.5	29.0	29.6
弥勒县	Mile	37.7	40.8	44.2	46.3	48.1	51.4	53.1
泸西县	Luxi	26.4	29.4	32.7	34.8	36.8	38.4	39.2
元阳县	Yuanyang	28.2	31.3	33.5	34.5	35.9	37.8	39.1
红河县	Honghe	19.6	22.0	24.0	25.4	26.8	28.2	28.8
金平县	Jinping	23.2	26.9	29.5	30.4	31.1	32.9	34.6
绿春县	Luchun	14.5	16.3	18.0	19.2	20.0	21.1	22.1
河口县	Hekou	7.0	6.8	7.0	7.6	7.7	10.2	10.4
文 山 州	**Wenshan**	**243.7**	**273.0**	**296.8**	**308.2**	**324.7**	**337.1**	**343.0**
文山县	Wenshan	29.1	32.7	36.8	38.8	41.4	43.9	45.1
砚山县	Yanshan	30.4	34.2	38.1	40.2	43.0	44.8	45.6
西畴县	Xichou	19.7	21.7	22.9	23.5	24.4	25.0	25.2
麻栗坡县	Malipo	21.7	24.2	25.3	25.9	25.7	27.3	27.6
马关县	Maguan	27.5	31.1	33.7	33.9	34.7	35.7	36.4

20-3 续表3 continued

单位：万人 (10 000 persons)

地 区	Region	1978年	1985年	1990年	1995年	2000年	2005年	2008年
丘北县	Qiubei	30.6	34.7	38.4	40.5	43.5	45.5	46.2
广南县	Guangnan	54.2	60.2	65.9	68.9	73.0	75.7	77.1
富宁县	Funing	30.5	34.2	35.7	36.6	38.0	39.2	39.8
西双版纳州	**Xishuangbanna**	**63.8**	**69.1**	**78.2**	**81.8**	**85.4**	**105.0**	**107.0**
景洪市	Jinghong	27.4	29.2	33.6	34.8	36.7	47.1	47.9
勐海县	Menghai	22.1	25.0	27.3	28.5	29.3	32.7	33.3
勐腊县	Mengla	14.3	14.9	17.3	18.5	19.3	25.1	25.8
大 理 州	**Dali**	**260.3**	**281.3**	**303.0**	**315.7**	**328.6**	**347.1**	**349.3**
大理市	Dali	35.9	39.6	43.6	46.9	50.1	61.4	63.1
漾濞县	Yangbi	8.0	8.5	9.3	9.7	9.8	10.6	10.3
祥云县	Xiangyun	35.9	37.6	39.8	41.3	43.5	46.6	45.6
宾川县	Binchuan	25.8	27.8	29.9	31.1	32.3	34.1	34.2
弥渡县	Midu	25.4	26.6	28.0	29.2	30.6	31.5	31.8
南涧县	Nanjian	17.4	19.1	20.2	20.6	21.2	21.9	22.3
巍山县	Weishan	23.4	25.6	27.6	28.5	29.6	31.0	31.1
永平县	Yongping	13.5	14.8	15.8	16.5	17.0	18.5	18.2
云龙县	Yunlong	15.7	17.4	18.8	19.4	19.7	20.6	20.8
洱源县	Eryuan	25.1	27.3	29.9	31.1	32.3	27.5	27.7
剑川县	Jianchuan	13.0	14.0	15.4	16.1	16.6	17.5	17.6
鹤庆县	Heqing	21.2	23.0	24.6	25.3	25.8	26.2	26.7
德 宏 州	**Dehong**	**69.4**	**80.6**	**90.6**	**96.6**	**101.8**	**115.1**	**118.5**
瑞丽市	Ruili	6.2	7.1	8.2	8.9	11.0	16.3	16.8
潞西市	Luxi	22.4	26.1	29.2	31.2	32.9	36.6	37.8
梁河县	Lianghe	11.3	12.9	14.3	15.1	15.6	15.9	16.1
盈江县	Yingjiang	17.5	20.5	23.4	24.7	25.8	28.9	29.8
陇川县	Longchuan	11.3	13.2	14.6	15.5	16.5	17.4	18.0
怒 江 州	**Nujiang**	**29.2**	**34.1**	**43.5**	**45.4**	**46.3**	**52.0**	**53.3**
泸水县	Lushui	8.8	10.5	14.4	15.0	15.3	18.2	18.7
福贡县	Fugong	4.2	5.0	8.5	8.8	8.9	9.3	9.5
贡山县	Gongshan	2.6	3.0	3.3	3.3	3.4	3.7	3.7
兰坪县	Lanping	13.6	15.6	17.3	18.3	18.7	20.9	21.4
迪 庆 州	**Diqing**	**26.0**	**29.0**	**31.5**	**32.5**	**33.1**	**36.9**	**37.7**
香格里拉县	Shangri-La	9.9	11.2	12.2	12.6	13.0	15.4	16.0
德钦县	Deqing	5.1	5.4	5.7	5.8	5.8	6.2	6.3
维西县	Weixi	11.0	12.4	13.6	14.1	14.3	15.2	15.4

20-4 各县市人口和构成（2008年）

Population and Its Composition by County and City (2008)

单位：万人 (10 000 persons)

地 区	Region	总户数 Total Households	总人口 Total Population	按性别分 By Sex 男 Male	女 Female	按农业、非农业分 By Agricultural and Non-agricultural Population 农业人口 Agricultural Population	非农业人口 Non-agricultural Population
全省合计	**Total**	**1 252.9**	**4 543.0**	**2 350.0**	**2 192.9**	**3 789.4**	**753.6**
昆 明 市	**Kunming**	**174.9**	**623.9**	**321.7**	**302.2**	**368.1**	**255.8**
五华区	Wuhua	21.7	87.5	45.0	42.5	14.8	72.6
盘龙区	Panlong	14.9	65.9	34.0	31.9	12.5	53.5
官渡区	Guandu	19.7	75.6	41.2	34.4	31.5	44.1
西山区	Xishan	20.3	70.8	36.9	33.8	22.3	48.4
东川区	Dongchuan	9.6	29.3	14.8	14.5	24.1	5.3
呈贡县	Chenggong	6.0	22.5	11.8	10.7	19.2	3.3
晋宁县	Jinning	10.4	28.0	14.0	14.0	24.1	3.9
富民县	Fuming	4.7	15.1	7.5	7.6	13.8	1.3
宜良县	Yiliang	13.0	42.6	21.3	21.3	40.0	2.6
石林县	Shilin	7.7	24.3	12.1	12.2	22.7	1.6
嵩明县	Songming	10.1	34.9	17.6	17.3	32.9	2.0
禄劝县	Luquan	12.5	44.5	22.5	22.0	43.8	0.7
寻甸县	Xundian	13.7	50.9	26.4	24.4	49.6	1.2
安宁市	Anning	10.6	32.0	16.6	15.4	16.9	15.1
曲 靖 市	**Qujing**	**175.1**	**578.2**	**304.2**	**274.0**	**510.4**	**67.8**
麒麟区	Qilin	22.6	69.5	37.5	32.0	45.0	24.5
马龙县	Malong	5.3	19.2	9.8	9.4	17.3	1.9
陆良县	Luliang	20.7	61.8	33.1	28.7	55.6	6.2
师宗县	Shizong	10.4	38.1	19.9	18.1	34.7	3.3
罗平县	Luoping	16.4	54.5	28.4	26.1	50.4	4.1
富源县	Fuyuan	18.5	70.4	37.4	33.0	65.5	4.9
会泽县	Huize	27.5	90.9	47.4	43.6	84.0	6.9
沾益县	Zhanyi	11.3	40.6	21.8	18.8	36.4	4.2
宣威市	Xuanwei	42.4	133.3	68.9	64.4	121.5	11.8
玉 溪 市	**Yuxi**	**68.4**	**227.6**	**117.1**	**110.5**	**188.9**	**38.7**
红塔区	Hongta	14.5	47.4	24.7	22.7	33.1	14.3
江川县	Jiangchuan	8.9	27.9	14.3	13.6	24.2	3.7

20-4 续表1 continued

单位：万人 (10 000 persons)

地 区	Region	总户数 Total Households	总人口 Total Population	按性别分 By Sex 男 Male	女 Female	按农业、非农业分 By Agricultural and Non-agricultural Population 农业人口 Agricultural Population	非农业人口 Non-agricultural Population
澄江县	Chengjiang	5.4	16.4	8.7	7.7	14.6	1.8
通海县	Tonghai	8.8	30.4	15.2	15.1	26.2	4.2
华宁县	Huaning	6.4	21.4	10.8	10.6	19.4	2.0
易门县	Yimen	5.6	18.0	9.2	8.8	14.6	3.4
峨山县	Ershan	4.9	16.2	8.3	7.9	13.2	3.0
新平县	Xinping	8.1	28.4	14.8	13.6	24.7	3.7
元江县	Yuanjiang	5.8	21.7	11.1	10.6	19.0	2.6
保 山 市	**Baoshan**	**64.1**	**246.4**	**126.7**	**119.7**	**221.9**	**24.5**
隆阳区	Longyang	23.5	88.7	45.9	42.8	76.7	12.0
施甸县	Shidian	8.2	32.5	16.4	16.1	30.0	2.5
腾冲县	Tengchong	16.0	63.3	32.2	31.1	58.3	5.0
龙陵县	Longling	7.2	27.5	14.2	13.3	25.3	2.2
昌宁县	Changning	9.2	34.4	18.1	16.3	31.6	2.8
昭 通 市	**Zhaotong**	**150.6**	**529.5**	**272.0**	**257.5**	**490.6**	**38.9**
昭阳区	Zhaoyang	23.9	80.1	40.5	39.6	69.2	10.9
鲁甸县	Ludian	10.7	38.0	19.7	18.2	35.7	2.3
巧家县	Qiaojia	15.7	53.4	27.6	25.8	51.0	2.4
盐津县	Yanjin	10.4	37.5	18.8	18.7	34.4	3.1
大关县	Daguan	7.7	25.9	13.6	12.2	24.2	1.7
永善县	Yongshan	12.8	39.8	21.0	18.8	37.7	2.1
绥江县	Suijiang	4.5	15.8	8.4	7.4	13.9	1.9
镇雄县	Zhenxiong	35.7	137.0	68.8	68.2	130.0	7.0
彝良县	Yiliang	14.6	54.6	28.6	26.0	51.9	2.6
威信县	Weixin	11.1	38.0	20.0	18.0	35.3	2.7
水富县	Shuifu	3.5	9.6	4.9	4.7	7.3	2.3
丽 江 市	**Lijiang**	**34.8**	**122.1**	**62.8**	**59.3**	**105.1**	**17.0**
古城区	Gucheng	4.4	17.2	9.2	8.0	10.1	7.0
玉龙县	Yulong	5.9	23.1	11.6	11.5	21.6	1.5
永胜县	Yongsheng	11.9	39.9	20.6	19.3	36.5	3.4
华坪县	Huaping	5.2	16.5	8.3	8.1	13.6	2.8

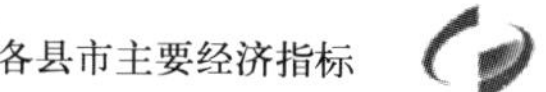

20-4 续表2 continued

单位：万人 (10 000 persons)

地 区	Region	总户数 Total Households	总人口 Total Population	按性别分 By Sex		按农业、非农业分 By Agricultural and Non-agricultural Population	
				男 Male	女 Female	农业人口 Agricultural Population	非农业人口 Non-agricultural Population
宁蒗县	Ninglang	7.4	25.6	13.0	12.5	23.3	2.3
普 洱 市	**Pu'er**	**68.8**	**258.1**	**135.6**	**122.5**	**224.3**	**33.8**
思茅区	Simao	6.7	25.7	13.9	11.8	15.6	10.1
宁洱县	Ning'er	5.7	19.5	9.9	9.6	16.3	3.2
墨江县	Mojiang	9.2	38.0	19.9	18.1	34.4	3.6
景东县	Jingdong	10.1	37.9	20.4	17.5	35.1	2.8
景谷县	Jinggu	8.6	31.0	16.5	14.5	27.9	3.1
镇沅县	Zhenyuan	6.1	21.5	11.3	10.2	19.4	2.1
江城县	Jiangcheng	3.0	12.0	6.4	5.6	9.9	2.1
孟连县	Menglian	3.5	13.4	6.9	6.5	11.6	1.8
澜沧县	Lancang	13.0	49.9	25.6	24.3	46.2	3.7
西盟县	Ximeng	2.9	9.3	4.8	4.4	7.8	1.4
临 沧 市	**Lincang**	**57.1**	**238.2**	**125.0**	**113.2**	**214.6**	**23.6**
临翔区	Linxiang	8.2	30.5	16.9	13.6	25.4	5.2
凤庆县	Fengqing	10.5	45.5	23.4	22.1	42.3	3.1
云 县	Yunxian	11.1	44.6	23.1	21.5	41.3	3.3
永德县	Yongde	8.0	36.7	19.5	17.1	34.0	2.6
镇康县	Zhenkang	4.2	17.2	9.1	8.1	15.8	1.3
双江县	Shuangjiang	4.1	18.0	9.5	8.5	16.4	1.6
耿马县	Gengma	6.6	28.4	14.6	13.8	24.0	4.4
沧源县	Cangyuan	4.4	17.4	8.9	8.5	15.3	2.1
楚 雄 州	**Chuxiong**	**75.2**	**269.0**	**138.2**	**130.8**	**230.0**	**39.0**
楚雄市	Chuxiong	15.5	54.9	28.3	26.6	39.4	15.5
双柏县	Shuangbo	4.5	15.9	8.2	7.8	14.4	1.5
牟定县	Mouding	5.7	20.5	10.7	9.8	19.1	1.4
南华县	Nanhua	6.2	24.0	12.3	11.7	22.1	1.9
姚安县	Yao'an	5.4	20.8	10.7	10.1	19.3	1.5
大姚县	Dayao	8.4	29.0	14.8	14.2	26.0	3.0
永仁县	Yongren	3.2	10.9	5.6	5.3	9.6	1.3

20-4 续表3 continued

单位：万人 (10 000 persons)

地区	Region	总户数 Total Households	总人口 Total Population	按性别分 By Sex 男 Male	女 Female	按农业、非农业分 By Agricultural and Non-agricultural Population 农业人口 Agricultural Population	非农业人口 Non-agricultural Population
元谋县	Yuanmou	6.2	21.3	11.0	10.3	19.2	2.1
武定县	Wuding	7.3	27.8	14.2	13.6	23.7	4.1
禄丰县	Lufeng	12.8	43.9	22.5	21.4	37.1	6.8
红 河 州	**Honghe**	**118.4**	**441.2**	**228.2**	**213.0**	**365.1**	**76.1**
个旧市	Gejiu	13.1	45.5	23.4	22.1	29.0	16.4
开远市	Kaiyuan	8.7	31.3	15.8	15.5	25.5	5.9
蒙自县	Mengzi	10.5	40.1	21.0	19.1	19.8	20.3
屏边县	Pingbian	3.9	14.9	7.6	7.2	13.2	1.6
建水县	Jianshui	15.3	52.6	27.2	25.4	45.1	7.5
石屏县	Shiping	8.8	29.6	15.0	14.6	26.5	3.1
弥勒县	Mile	14.8	53.1	26.8	26.3	47.3	5.8
泸西县	Luxi	11.3	39.2	20.0	19.1	35.1	4.1
元阳县	Yuanyang	8.8	39.1	20.9	18.2	37.2	1.8
红河县	Honghe	6.7	28.8	15.4	13.4	27.3	1.6
金平县	Jinping	8.7	34.6	18.1	16.5	32.3	2.3
绿春县	Luchun	5.0	22.1	11.5	10.6	20.5	1.6
河口县	Hekou	2.8	10.4	5.5	4.9	6.3	4.0
文 山 州	**Wenshan**	**89.9**	**343.0**	**179.1**	**163.9**	**313.7**	**29.3**
文山县	Wenshan	12.8	45.1	23.5	21.6	36.4	8.7
砚山县	Yanshan	11.9	45.6	23.3	22.3	42.0	3.6
西畴县	Xichou	6.8	25.2	13.0	12.2	22.9	2.3
麻栗坡县	Malipo	7.3	27.6	14.5	13.1	25.6	2.0
马关县	Maguan	9.7	36.4	19.2	17.2	33.2	3.2
丘北县	Qiubei	12.7	46.2	24.2	22.0	43.2	3.0
广南县	Guangnan	18.8	77.1	40.4	36.7	73.0	4.1
富宁县	Funing	9.9	39.8	21.0	18.8	37.4	2.4
西双版纳州	**Xishuangbanna**	**25.5**	**107.0**	**54.0**	**53.0**	**74.9**	**32.1**
景洪市	Jinghong	11.6	47.9	24.3	23.6	29.3	18.6
勐海县	Menghai	7.6	33.3	16.7	16.6	27.9	5.4

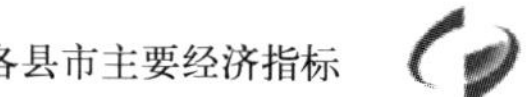

20-4 续表4 continued

单位：万人 (10 000 persons)

地区	Region	总户数 Total Households	总人口 Total Population	按性别分 By Sex 男 Male	女 Female	按农业、非农业分 By Agricultural and Non-agricultural Population 农业人口 Agricultural Population	非农业人口 Non-agricultural Population
勐腊县	Mengla	6.3	25.8	13.0	12.8	17.7	8.1
大理州	**Dali**	**98.2**	**349.3**	**178.4**	**170.9**	**307.0**	**42.3**
大理市	Dali	18.6	63.1	32.4	30.7	42.2	20.9
漾濞县	Yangbi	3.0	10.3	5.1	5.2	9.3	1.0
祥云县	Xiangyun	13.3	45.6	23.4	22.2	41.5	4.1
宾川县	Binchuan	9.2	34.2	17.4	16.8	32.0	2.2
弥渡县	Midu	9.2	31.8	16.1	15.7	29.8	2.0
南涧县	Nanjian	6.2	22.3	11.4	10.9	21.0	1.3
巍山县	Weishan	8.4	31.1	16.1	14.9	29.0	2.1
永平县	Yongping	5.4	18.2	9.3	9.0	16.5	1.7
云龙县	Yunlong	6.0	20.8	10.6	10.2	19.1	1.7
洱源县	Eryuan	7.0	27.7	14.3	13.4	25.9	1.8
剑川县	Jianchuan	4.5	17.6	8.9	8.7	16.1	1.5
鹤庆县	Heqing	7.4	26.7	13.4	13.3	24.7	2.0
德宏州	**Dehong**	**28.4**	**118.5**	**60.2**	**58.3**	**96.0**	**22.5**
瑞丽市	Ruili	3.8	16.8	8.8	8.0	10.5	6.3
潞西市	Luxi	8.9	37.8	18.7	19.1	29.9	7.9
梁河县	Lianghe	4.1	16.1	8.1	8.0	14.5	1.6
盈江县	Yingjiang	6.9	29.8	15.5	14.3	26.3	3.5
陇川县	Longchuan	4.7	18.0	9.1	8.8	14.8	3.2
怒江州	**Nujiang**	**14.6**	**53.3**	**27.6**	**25.7**	**45.8**	**7.5**
泸水县	Lushui	4.8	18.7	9.8	8.9	15.2	3.5
福贡县	Fugong	2.8	9.5	5.0	4.5	8.7	0.8
贡山县	Gongshan	1.1	3.7	1.9	1.8	3.2	0.6
兰坪县	Lanping	5.9	21.4	10.9	10.5	18.8	2.6
迪庆州	**Diqing**	**9.1**	**37.7**	**19.3**	**18.4**	**33.0**	**4.7**
香格里拉县	Shangri-La	3.8	16.0	8.3	7.7	13.2	2.8
德钦县	Deqing	1.3	6.3	3.3	3.0	5.6	0.7
维西县	Weixi	4.0	15.4	7.7	7.6	14.2	1.2

20-5 各县市职工人数（2008年）

Number of Staff and Workers by County and City (2008)

单位：人 (person)

地区	Region	单位从业人员 Number of Employed Persons in Entities	职工人数 Number of Staff and Workers			
			合计 Total	国有单位 State-owned Entities	城镇集体单位 Urban Collective-owned Entities	其他单位 Other Ownership Entities
全省合计	**Total**	**3 035 037**	**2 867 256**	**1 777 753**	**104 430**	**985 073**
昆明市	**Kunming**	**927 562**	**876 746**	**451 958**	**43 229**	**381 559**
五华区	Wuhua	170 865	163 475	93 375	5 153	64 947
盘龙区	Panlong	130 669	126 449	78 057	5 938	42 454
官渡区	Guandu	176 342	168 035	64 715	4 964	98 356
西山区	Xishan	116 571	105 166	48 263	8 813	48 090
东川区	Dongchuan	25 282	24 311	8 775	843	14 693
呈贡县	Chenggong	11 895	11 755	4 726	297	6 732
晋宁县	Jinning	22 328	22 018	12 055	4 845	5 118
富民县	Fuming	11 480	11 375	6 103	421	4 851
宜良县	Yiliang	27 157	27 115	11 121	7 212	8 782
石林县	Shilin	13 897	13 709	9 304	1 326	3 079
嵩明县	Songming	22 097	22 041	10 202	228	11 611
禄劝县	Luquan	11 934	11 928	10 712	571	645
寻甸县	Xundian	18 710	16 710	10 981	781	4 948
安宁市	Anning	63 008	59 887	35 095	1 458	23 334
曲靖市	**Qujing**	**303 129**	**291 342**	**183 005**	**11 406**	**96 931**
麒麟区	Qilin	65 394	63 807	49 201	4 526	10 080
马龙县	Malong	10 413	10 247	5 859	111	4 277
陆良县	Luliang	33 836	30 994	17 494	3 588	9 912
师宗县	Shizong	22 156	21 790	11 852	416	9 522
罗平县	Luoping	20 953	18 402	13 305	377	4 720
富源县	Fuyuan	26 517	26 318	20 809	517	4 992
会泽县	Huize	37 640	37 607	18 558	632	18 417
沾益县	Zhanyi	26 638	25 528	10 760	379	14 389
宣威市	Xuanwei	59 582	56 649	35 167	860	20 622
玉溪市	**Yuxi**	**177 396**	**169 705**	**90 620**	**5 056**	**74 029**
红塔区	Hongta	65 966	63 338	32 543	2 038	28 757
江川县	Jiangchuan	11 084	10 818	6 638	224	3 956
澄江县	Chengjiang	10 426	10 017	5 553	246	4 218
通海县	Tonghai	18 377	17 725	6 753	662	10 310
华宁县	Huaning	10 550	10 020	6 462	248	3 310
易门县	Yimen	13 678	12 608	9 842	187	2 579
峨山县	Ershan	17 124	16 157	6 608	673	8 876
新平县	Xinping	17 541	16 448	8 340	567	7 541
元江县	Yuanjiang	12 650	12 574	7 881	211	4 482

20-5 续表1 continued

单位：人 (person)

地　区	Region	单位从业人员 Number of Employed Persons in Entities	职工人数 Number of Staff and Workers 合　计 Total	国　有 单　位 State-owned Entities	城镇集体 单　位 Urban Collective-owned Entities	其　他 单　位 Other Ownership Entities
保 山 市	**Baoshan**	**123 446**	**123 031**	**68 082**	**3 672**	**51 277**
隆阳区	Longyang	59 497	59 385	28 746	502	30 137
施甸县	Shidian	9 529	9 455	7 836	436	1 183
腾冲县	Tengchong	29 186	29 115	16 233	2 325	10 557
龙陵县	Longling	11 686	11 677	6 962	179	4 536
昌宁县	Changning	13 548	13 399	8 305	230	4 864
昭 通 市	**Zhaotong**	**167 371**	**165 202**	**126 371**	**5 731**	**29 556**
昭阳区	Zhaoyang	49 000	48 960	37 489	1 791	9 681
鲁甸县	Ludian	15 339	15 337	10 378	112	6 319
巧家县	Qiaojia	11 771	11 749	9 246	1 416	1 144
盐津县	Yanjin	11 341	11 341	7 191	393	3 887
大关县	Daguan	7 283	7 283	5 343	92	1 798
永善县	Yongshan	11 454	10 070	9 358	154	745
绥江县	Suijiang	6 672	6 577	4 446	287	1 847
镇雄县	Zhenxiong	21 644	21 644	20 026	466	1 146
彝良县	Yiliang	14 083	14 083	7 914	169	259
威信县	Weixin	8 978	8 380	7 924	97	350
水富县	Shuifu	9 806	9 778	7 062	754	2 380
丽 江 市	**Lijiang**	**75 393**	**70 221**	**44 365**	**2 139**	**23 717**
古城区	Gucheng	28 858	25 442	14 773	893	1 107
玉龙县	Yulong	11 370	9 739	7 383	230	2 126
永胜县	Yongsheng	11 949	11 949	8 834	536	2 579
华坪县	Huaping	14 322	14 200	5 632	358	8 210
宁蒗县	Ninglang	8 894	8 891	7 743	122	1 026
普 洱 市	**Pu'er**	**136 213**	**109 911**	**80 773**	**2 623**	**26 515**
思茅区	Simao	44 913	28 965	18 278	222	10 465
宁洱县	Ning'er	10 401	9 880	7 989	122	1 769
墨江县	Mojiang	10 968	10 319	7 636	419	2 264
景东县	Jingdong	10 437	10 321	9 099	372	850
景谷县	Jinggu	13 829	12 992	8 413	376	4 203
镇沅县	Zhenyuan	8 705	7 489	5 979	153	1 357
江城县	Jiangcheng	6 252	5 765	4 153	279	1 333
孟连县	Menglian	9 539	7 678	6 012	222	1 444
澜沧县	Lancang	13 699	12 777	9 719	249	2 809
西盟县	Ximeng	7 470	3 725	3 495	209	21
临沧市	**Lincang**	**97 480**	**90 333**	**70 921**	**1 450**	**17 962**
临翔区	Linxiang	21 582	21 544	17 657	337	3 550

20-5 续表2 continued

单位：人 (person)

地 区	Region	单位从业人员 Number of Employed Persons in Entities	职工人数 Number of Staff and Workers 合 计 Total	国有单位 State-owned Entities	城镇集体单位 Urban Collective-owned Entities	其他单位 Other Ownership Entities
凤庆县	Yunxian	10 781	9 977	5 789	178	2 210
云 县	Yongde	16 530	13 596	8 740	138	4 718
永德县	Shuangjiang	12 930	11 372	9 127	257	1 988
镇康县	Zhenkang	6 780	5 466	4 218	94	1 154
双江县	Gengma	6 411	6 933	5 400	117	1 416
耿马县	Fengqing	13 844	12 906	11 350	272	1 284
沧源县	Cangyuan	8 620	8 539	6 840	57	1 642
楚 雄 州	**Chuxiong**	**151 531**	**142 068**	**99 561**	**3 886**	**38 621**
楚雄市	Chuxiong	51 824	51 503	35 761	1 748	13 994
双柏县	Shuangbo	7 070	6 190	5 221	82	887
牟定县	Mouding	8 864	7 812	5 304	242	2 266
南华县	Nanhua	10 010	9 225	5 884	228	3 113
姚安县	Yao'an	7 415	7 302	5 757	135	1 410
大姚县	Dayao	15 727	14 789	12 207	281	2 301
永仁县	Yongren	5 141	4 437	3 824	72	541
元谋县	Yuanmou	9 416	8 409	6 171	198	2 040
武定县	Wuding	9 368	8 659	7 042	223	1 394
禄丰县	Lufeng	26 696	23 742	12 390	677	10 675
红 河 州	**Honghe**	**266 249**	**254 233**	**169 974**	**9 190**	**75 069**
个旧市	Gejiu	60 218	59 186	43 516	3 523	12 147
开远市	Kaiyuan	30 980	30 862	19 196	1 372	10 294
蒙自县	Mengzi	34 200	32 887	18 185	336	14 366
屏边县	Pingbian	5 691	5 435	4 215	632	588
建水县	Jianshui	23 712	22 935	15 160	1 231	6 544
石屏县	Shiping	17 227	15 522	8 263	178	7 081
弥勒县	Mile	29 403	26 257	18 032	229	7 996
泸西县	Luxi	23 583	22 956	10 648	980	11 328
元阳县	Yuanyang	7 590	7 219	6 713	121	385
红河县	Honghe	6 923	6 914	5 713	120	1 081
金平县	Jinping	9 584	8 954	6 356	194	2 404
绿春县	Luchun	7 023	5 885	5 414	190	281
河口县	Hekou	10 115	9 221	8 563	84	574
文 山 州	**Wenshan**	**137 112**	**130 464**	**96 331**	**3 005**	**31 128**
文山县	Wenshan	45 306	40 828	24 893	255	15 680
砚山县	Yanshan	18 460	18 210	13 604	333	4 273

20-5 续表3 continued

单位：人 (person)

地区	Region	单位从业人员 Number of Employed Persons in Entities	职工人数 Number of Staff and Workers 合计 Total	国有单位 State-owned Entities	城镇集体单位 Urban Collective-owned Entities	其他单位 Other Ownership Entities
西畴县	Xichou	7 397	7 354	6 208	303	843
麻栗坡县	Malipo	12 648	12 253	9 826	753	1 674
马关县	Maguan	13 421	12 753	8 463	150	4 140
丘北县	Qiubei	12 883	12 619	11 609	387	623
广南县	Guangnan	16 394	15 844	13 226	523	2 095
富宁县	Funing	10 603	10 603	8 502	301	1 800
西双版纳州	**Xishuangbanna**	**98 574**	**98 245**	**80 614**	**3 807**	**13 356**
景洪市	Jinghong	56 228	56 046	45 178	3 128	7 542
勐海县	Menghai	15 864	15 730	11 268	336	3 952
勐腊县	Mengla	26 482	26 469	24 168	343	1 862
大理州	**Dali**	**220 773**	**201 993**	**104 748**	**5 485**	**91 760**
大理市	Dali	111 463	102 653	28 658	2 101	60 894
漾濞县	Yangbi	4 341	4 081	3 792	65	224
祥云县	Xiangyun	24 077	23 733	9 159	390	14 191
宾川县	Binchuan	12 025	11 135	7 940	134	3 061
弥渡县	Midu	8 353	7 474	5 764	1 184	526
南涧县	Nanjian	6 495	5 663	5 125	220	318
巍山县	Weishan	13 021	9 820	7 474	268	2 078
永平县	Yongping	6 419	5 524	4 627	84	813
云龙县	Yunlong	6 393	6 128	4 913	100	1 115
洱源县	Eryuan	9 686	9 518	5 929	106	3 483
剑川县	Jianchuan	7 370	7 126	4 657	595	1 874
鹤庆县	Heqing	11 193	9 138	5 710	245	3 183
德宏州	**Dehong**	**88 843**	**86 112**	**60 277**	**2 675**	**23 160**
瑞丽市	Ruili	18 097	17 395	11 115	640	5 640
潞西市	Luxi	34 624	34 101	24 302	762	9 037
梁河县	Lianghe	7 581	7 181	4 856	479	1 846
盈江县	Yingjiang	15 745	15 184	9 931	621	4 632
陇川县	Longchuan	12 796	12 251	10 073	173	2 005
怒江州	**Nujiang**	**33 585**	**30 255**	**23 669**	**615**	**5 971**
泸水县	Lushui	13 567	13 144	11 266	38	1 840
福贡县	Fugong	4 180	3 548	3 350	113	85
贡山县	Gongshan	2 527	2 415	2 147	9	259
兰坪县	Lanping	13 266	11 148	6 906	455	3 787
迪庆州	**Diqing**	**26 623**	**23 552**	**19 146**	**461**	**3 945**
香格里拉县	Shangri-La	16 839	15 168	11 149	215	3 804
德钦县	Deqin	3 962	3 962	3 912	50	
维西县	Weixi	5 822	4 422	4 085	196	141

20-6 各县市职工平均工资（2008年）

Average Wages of Staff and Workers by County and City (2008)

单位：元／人 (yuan/person)

地区	Region	职工平均工资 Average Wage of Staff and Workers			
		合计 Total	国有单位 State-owned Entities	城镇集体单位 Urban Collective-owned Entities	其他单位 Other Ownership Entities
全省合计	**Total**	**24 030**	**26 765**	**18 194**	**19 683**
昆明市	**Kunming**	**26 169**	**29 508**	**14 628**	**23 470**
五华区	Wuhua	25 094	28 847	13 223	20 673
盘龙区	Panlong	24 081	25 300	14 157	23 270
官渡区	Guandu	26 513	31 953	15 526	23 447
西山区	Xishan	19 891	23 080	13 857	17 701
东川区	Dongchuan	18 331	19 898	15 594	17 573
呈贡县	Chenggong	29 064	21 146	10 290	35 601
晋宁县	Jinning	20 845	26 442	9 570	16 424
富民县	Fuming	17 957	21 350	12 250	14 259
宜良县	Yiliang	19 313	26 418	14 308	14 402
石林县	Shilin	19 105	19 349	16 462	19 412
嵩明县	Songming	18 169	19 827	16 333	16 542
禄劝县	Luquan	21 097	21 663	17 760	14 726
寻甸县	Xundian	22 643	24 152	21 200	19 401
安宁市	Anning	30 204	36 082	32 344	21 015
曲靖市	**Qujing**	**25 982**	**29 922**	**22 807**	**18 901**
麒麟区	Qilin	30 364	33 581	21 306	18 891
马龙县	Malong	23 000	29 679	52 315	13 152
陆良县	Luliang	21 828	28 099	18 797	11 775
师宗县	Shizong	21 972	24 442	20 626	18 882
罗平县	Luoping	27 497	30 467	39 126	17 962
富源县	Fuyuan	25 576	27 641	21 775	17 400
会泽县	Huize	27 926	33 967	27 390	21 885
沾益县	Zhanyi	26 692	28 885	31 261	24 765
宣威市	Xuanwei	23 544	26 932	30 616	17 674
玉溪市	**Yuxi**	**25 286**	**31 503**	**15 405**	**17 888**
红塔区	Hongta	29 419	38 654	9 279	19 437
江川县	Jiangchuan	22 844	27 612	27 005	14 558
澄江县	Chengjiang	22 626	27 314	20 431	16 600
通海县	Tonghai	21 962	28 944	26 402	16 376
华宁县	Huaning	23 168	27 679	15 203	14 343
易门县	Yimen	21 465	23 727	19 690	13 026
峨山县	Eshan	22 330	32 045	15 321	15 446
新平县	Xinping	25 387	27 714	15 128	23 582
元江县	Yuanjiang	24 086	27 769	20 616	17 410

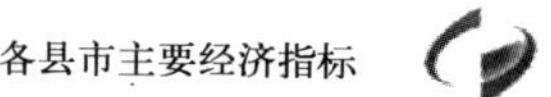

20-6 续表1 continued

单位：元／人 (yuan/person)

地区	Region	职工平均工资 Average Wage of Staff and Workers 合计 Total	国有单位 State-owned Entities	城镇集体单位 Urban Collective-owned Entities	其他单位 Other Ownership Entities
保山市	**Baoshan**	**19 372**	**23 142**	**17 678**	**14 777**
隆阳区	Longyang	19 324	24 435	20 998	14 804
施甸县	Shidian	21 170	21 562	11 175	22 363
腾冲县	Tengchong	18 272	22 494	15 948	12 595
龙陵县	Longling	20 802	21 645	21 436	19 527
昌宁县	Changning	19 499	22 780	34 866	13 088
昭通市	**Zhaotong**	**23 592**	**25 287**	**21 999**	**17 522**
昭阳区	Zhaoyang	26 850	29 968	18 960	16 157
鲁甸县	Ludian	19 245	21 332	34 116	14 686
巧家县	Qiaojia	22 358	23 514	19 913	16 686
盐津县	Yanjin	22 432	23 098	21 579	21 354
大关县	Daguan	22 292	24 057	24 250	16 635
永善县	Yongshan	22 477	22 762	16 753	18 606
绥江县	Suijiang	24 394	23 527	26 833	26 149
镇雄县	Zhenxiong	23 595	23 782	27 486	18 783
彝良县	Yiliang	16 155	13 852	29 497	34 066
威信县	Weixin	22 667	23 343	12 680	10 200
水富县	Shuifu	29 753	35 077	27 060	16 513
丽江市	**Lijiang**	**24 296**	**27 455**	**19 111**	**18 852**
古城区	Gucheng	24 185	30 154	12 309	16 407
玉龙县	Yulong	25 721	28 346	23 460	15 688
永胜县	Yongsheng	23 463	25 874	22 623	15 492
华坪县	Huaping	25 493	27 723	26 267	23 917
宁蒗县	Ninglang	22 366	23 135	22 795	16 539
普洱市	**Pu'er**	**23 056**	**25 008**	**26 898**	**16 787**
思茅区	Simao	23 972	27 676	35 387	17 339
宁洱县	Ning'er	22 047	23 243	41 485	15 809
墨江县	Mojiang	23 321	25 278	23 159	16 657
景东县	Jingdong	23 190	24 494	25 751	7 670
景谷县	Jinggu	21 602	25 380	18 716	14 177
镇沅县	Zhenyuan	23 667	24 242	67 538	17 008
江城县	Jiangcheng	21 674	24 373	16 599	13 650
孟连县	Menglian	22 585	24 157	28 519	15 230
澜沧县	Lancang	22 972	22 541	30 144	23 778
西盟县	Ximeng	24 745	25 295	16 359	11 524
临沧市	**Lincang**	**21 726**	**23 202**	**23 430**	**15 885**
临翔区	Linxiang	26 869	26 825	22 818	27 289

20-6 续表2 continued

单位：元／人 (yuan/person)

地 区	Region	职工平均工资 Average Wage of Staff and Workers 合 计 Total	国有单位 State-owned Entities	城镇集体单位 Urban Collective-owned Entities	其他单位 Other Ownership Entities
凤庆县	Yunxian	22 212	24 068	21 505	16 124
云 县	Yongde	19 851	24 064	44 568	12 116
永德县	Shuangjiang	19 598	19 497	23 168	19 590
镇康县	Zhenkang	25 114	26 268	24 105	21 060
双江县	Gengma	17 094	18 015	16 453	10 491
耿马县	Fengqing	19 619	19 245	16 993	21 738
沧源县	Cangyuan	18 865	19 688	27 368	15 802
楚 雄 州	**Chuxiong**	**23 268**	**25 931**	**26 012**	**16 017**
楚雄市	Chuxiong	24 360	28 366	18 724	15 071
双柏县	Shuangbo	23 364	24 141	38 837	17 079
牟定县	Mouding	20 284	24 309	21 350	12 616
南华县	Nanhua	22 614	24 596	37 175	17 757
姚安县	Yao'an	21 354	22 719	39 141	14 125
大姚县	Dayao	25 338	26 792	43 804	15 555
永仁县	Yongren	24 020	23 518	28 560	26 716
元谋县	Yuanmou	20 070	22 696	30 281	10 501
武定县	Wuding	21 664	22 686	44 164	13 441
禄丰县	Lufeng	23 004	25 733	23 276	19 201
红 河 州	**Honghe**	**22 023**	**25 121**	**18 081**	**15 602**
个旧市	Gejiu	23 339	26 518	17 216	13 643
开远市	Kaiyuan	27 617	32 464	21 222	19 656
蒙自县	Mengzi	22 511	28 097	30 871	16 330
屏边县	Pingbian	18 915	19 827	16 097	14 917
建水县	Jianshui	19 237	21 807	11 821	15 335
石屏县	Shiping	18 158	21 484	22 629	14 025
弥勒县	Mile	23 709	27 435	55 313	13 804
泸西县	Luxi	18 680	23 427	8 719	14 764
元阳县	Yuanyang	21 851	22 590	24 215	7 600
红河县	Honghe	19 472	20 708	18 550	12 002
金平县	Jinping	21 541	21 231	27 091	21 909
绿春县	Luchun	13 633	14 189	8 027	7 424
河口县	Hekou	18 966	18 922	46 107	15 571
文 山 州	**Wenshan**	**22 617**	**23 839**	**21 646**	**18 885**
文山县	Wenshan	24 574	27 158	41 315	19 902
砚山县	Yanshan	20 823	23 125	19 922	13 744

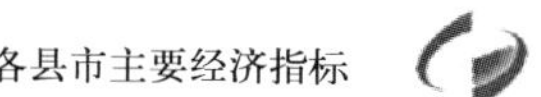

20-6 续表3 continued

单位：元／人 (yuan/person)

地区	Region	职工平均工资 Average Wage of Staff and Workers			
		合计 Total	国有单位 State-owned Entities	城镇集体单位 Urban Collective-owned Entities	其他单位 Other Ownership Entities
西畴县	Xichou	21 980	22 131	12 805	24 110
麻栗坡县	Malipo	20 774	20 962	17 381	17 562
马关县	Maguan	23 895	24 942	54 182	20 896
丘北县	Qiubei	19 452	20 167	12 158	10 836
广南县	Guangnan	22 110	21 850	22 593	23 580
富宁县	Funing	23 875	26 078	20 172	14 041
西双版纳州	**Xishuangbanna**	**18 751**	**19 100**	**17 926**	**16 887**
景洪市	Jinghong	19 778	20 831	14 292	15 763
勐海县	Menghai	19 897	20 071	37 893	17 950
勐腊县	Mengla	15 875	15 385	32 480	19 183
大理州	**Dali**	**22 973**	**29 074**	**21 228**	**15 937**
大理市	Dali	22 859	35 241	13 405	14 875
漾濞县	Yangbi	24 775	23 388	60 200	38 118
祥云县	Xiangyun	21 558	27 463	10 554	17 839
宾川县	Binchuan	22 797	23 738	59 613	18 625
弥渡县	Midu	25 066	26 551	21 254	17 139
南涧县	Nanjian	24 236	24 402	28 644	18 440
巍山县	Weishan	22 136	24 267	28 304	13 005
永平县	Yongping	24 103	24 787	46 833	18 496
云龙县	Yunlong	23 710	25 019	64 178	15 535
洱源县	Eryuan	24 120	26 795	49 585	18 951
剑川县	Jianchuan	21 586	23 947	16 028	18 339
鹤庆县	Heqing	24 266	26 744	32 900	19 225
德宏州	**Dehong**	**19 956**	**20 014**	**18 879**	**19 942**
瑞丽市	Ruili	18 138	18 882	16 400	17 040
潞西市	Luxi	21 151	21 287	21 148	20 801
梁河县	Lianghe	22 144	24 312	15 312	18 476
盈江县	Yingjiang	21 087	20 037	19 622	23 716
陇川县	Longchuan	16 728	16 104	29 153	18 490
怒江州	**Nujiang**	**26 342**	**24 421**	**14 300**	**34 618**
泸水县	Lushui	23 911	24 220	13 838	22 298
福贡县	Fugong	22 007	22 394	14 805	16 905
贡山县	Gongshan	26 614	26 699	15 667	26 293
兰坪县	Lanping	30 632	25 010	14 042	41 879
迪庆州	**Diqing**	**31 723**	**32 370**	**22 900**	**29 318**
香格里拉县	Shangri-La	30 963	31 446	27 373	29 591
德钦县	Deqin	37 764	37 764	39 440	
维西县	Weixi	29 007	30 003	14 117	20 219

20-7 主要年份各县市国有经济固定资产投资
Investment in Fixed Assets of State-Owned Economy by County and City in Signifigicant Years

单位：万元 (10 000 yuan)

地　区	Region	1978年	1985年	1990年	1995年	2000年	2005年	2007年	2008年
全省合计	**Total**	**135 001**	**337 201**	**512 178**	**2 628 381**	**4 661 973**	**8 152 698**	**12 117 827**	**14 269 485**
昆明市	**Kunming**	**23 156**	**111 522**	**170 165**	**927 048**	**1 209 628**	**1 719 048**	**2 853 541**	**3 979 044**
五华区	Wuhua	2 604	17 584	24 321	172 540	196 321	475 027	390 321	1 058 423
盘龙区	Panlong	4 566	21 988	23 886	159 643	319 361	233 759	246 217	575 704
官渡区	Guandu	5 895	26 495	43 872	272 011	333 342	297 878	562 779	888 723
西山区	Xishan	4 269	20 077	16 130	72 536	140 147	103 298	377 468	428 616
东川区	Dongchuan	570	2 905	4 083	10 435	7 506	31 203	61 587	49 898
呈贡县	Chenggong	408	1 702	1 987	18 975	41 705	104 915	348 315	489 024
晋宁县	Jinning	1 983	5 130	13 230	26 664	19 284	7 965	19 084	29 747
富民县	Fuming	107	491	455	1 469	7 001	12 595	14 868	16 591
宜良县	Yiliang	576	2 306	4 104	14 160	43 171	22 190	19 948	50 491
石林县	Shilin	245	783	866	3 399	7 230	22 287	51 769	72 728
嵩明县	Songming	386	1 139	1 145	4 080	9 201	32 649	27 166	55 565
禄劝县	Luquan	246	320	1 463	3 513	10 294	15 385	33 941	44 102
寻甸县	Xundian	836	563	419	4 291	12 231	26 945	47 609	92 517
安宁市	Anning	1 871	4 526	25 954	17 805	62 834	216 804	120 163	126 915
不分县	Unclassified		8 981	13 330			116 148	532 306	
曲靖市	**Qujing**	**20 808**	**44 712**	**70 297**	**271 057**	**395 602**	**932 479**	**1 270 548**	**1 370 907**
麒麟区	Qilin	9 400	14 771	19 873	150 569	177 415	223 440	247 104	287 674
马龙县	Malong	2 038	786	453	4 741	5 052	5 335	17 121	2 878
陆良县	Luliang	1 004	1 235	1 595	16 111	9 656	44 560	50 808	78 052
师宗县	Shizong	275	746	876	8 829	4 380	94 949	92 244	91 378
罗平县	Luoping	1 495	15 813	29 423	2 299	13 620	46 548	55 478	65 293
富源县	Fuyuan	1 441	2 481	2 829	11 016	15 585	318 581	414 472	358 379
会泽县	Huize	556	3 857	2 548	25 550	22 149		181 438	102 772
沾益县	Zhanyi					28 098	39 832	20 784	38 597
宣威市	Xuanwei	2 763	4 356	11 226	47 651	119 647	159 234	191 099	345 884
不分县	Unclassified		104	1 055					
玉溪市	**Yuxi**	**3 062**	**19 347**	**21 682**	**241 628**	**288 466**	**406 130**	**512 920**	**517 354**
红塔区	Hongta	1 057	9 943	10 030	145 681	169 291	256 836	280 852	184 113
江川县	Jiangchuan	127	603	781	8 629	12 075	21 464	22 305	24 876
澄江县	Chengjiang	239	1 390	1 656	17 715	14 895	8 120	10 060	15 919
通海县	Tonghai	174	714	1 223	5 408	25 932	10 965	6 736	18 798
华宁县	Huaning	399	297	1 010	7 076	9 985	20 958	33 438	37 433
易门县	Yimen	357	1 469	2 952	13 435	12 990	8 953	32 776	55 444
峨山县	Eshan	89	1 626	1 114	10 935	10 154	9 784	21 925	28 144
新平县	Xinping	306	1 558	744	22 701	18 077	52 255	58 944	90 353
元江县	Yuanjiang	314	1 691	1 547	10 048	15 067	8 146	22 919	20 174
不分县	Unclassified		56	625			8 649	22 965	42 100

20-7 续表1 continued

单位：万元 (10 000 yuan)

地 区	Region	1978年	1985年	1990年	1995年	2000年	2005年	2007年	2008年
保 山 市	**Baoshan**	**2 335**	**5 777**	**12 092**	**42 769**	**82 225**	**302 572**	**583 353**	**601 160**
隆阳区	Longyang	1 495	2 850	5 047	20 634	24 433	73 025	123 795	176 146
施甸县	Shidian	334	218	665	1 279	4 356	23 910	49 593	49 002
腾冲县	Tengchong	130	695	692	9 776	31 190	25 148	56 234	34 597
龙陵县	Longling	229	435	2 811	2 819	7 307	145 197	31 068	52 398
昌宁县	Changning	147	1 571	2 054	8 261	14 939	35 292	67 644	84 360
不分县	Unclassified		8	823				255 019	204 657
昭 通 市	**Zhaotong**	**4 546**	**9 893**	**12 146**	**77 413**	**158 124**	**407 280**	**677 482**	**787 275**
昭阳区	Zhaoyang	1 091	3 682	4 720	43 835	84 668	261 011	50 286	127 532
鲁甸县	Ludian	188	176	673	4 090	6 576	16 524	35 699	40 130
巧家县	Qiaojia	108	1 320	710	3 170	9 881	17 066	16 387	16 855
盐津县	Yanjin	664	306	199	1 129	5 670	4 182	20 055	20 204
大关县	Daguan	92	139	283	2 511	410	5 371	14 019	27 858
永善县	Yongshan	182	271	772	2 323	6 208	10 332	249 937	157 367
绥江县	Suijiang	52	333	421	2 360	2 737	695	2 140	53 268
镇雄县	Zhenxiong	254	1 252	770	2 648	6 088	11 311	22 822	24 235
彝良县	Yiliang	317	923	1 195	2 187	4 138	5 922	16 487	49 896
威信县	Weixin	274	225	467	2 602	4 973	8 173	17 049	30 409
水富县	Shuifu	1 324	1 216	1 340	10 558	26 775	66 693	81 034	189 055
不分县	Unclassified		50	596				151 567	50 466
丽 江 市	**Lijiang**	**2 540**	**3 344**	**6 504**	**33 897**	**62 508**	**116 142**	**231 748**	**406 333**
古城区	Gucheng	1 908	1 838	2 162	24 121	36 726	40 154	38 215	101 353
玉龙县	Yulong						35 326	53 558	50 777
永胜县	Yongsheng	228	321	597	1 644	9 127	9 786	25 645	22 323
华坪县	Huaping	135	610	451	4 400	8 616	15 819	31 807	58 748
宁蒗县	Ninglang	269	541	372	3 732	8 039	15 057	15 820	23 734
不分县	Unclassified		34	171				66 703	149 398
普 洱 市	**Pu'er**	**3 121**	**10 607**	**17 302**	**42 200**	**74 872**	**94 580**	**192 230**	**374 034**
思茅区	Simao	824	2 725	2 839	11 130	29 599	26 977	43 610	95 911
宁洱县	Ning'er	467	1 627	2 077	4 838	8 460	11 436	15 981	31 049
墨江县	Mojiang	239	773	1 226	4 504	2 753	13 575	7 447	9 989
景东县	Jingdong	250	689	512	4 435	8 699	8 981	12 279	20 023
景谷县	Jinggu	225	1 102	1 649	8 142	8 405	13 455	17 984	32 441
镇沅县	Zhenyuan	88	418	902	2 268	3 050	3 505	7 719	5 730
江城县	Jiangcheng	134	336	595	1 909	898	3 318	5 880	14 513
孟连县	Menglian	391	486	709	996	5 000	6 456	2 352	4 738
澜沧县	Lancang	437	1 010	5 935	3 569	3 970	2 137	32 753	45 786
西盟县	Ximeng	66	138	628	409	4 038	4 740	3 256	10 564
不分县	Unclassified		1 303	230				42 969	103 290

20-7 续表2 continued

单位：万元 (10 000 yuan)

地 区	Region	1978年	1985年	1990年	1995年	2000年	2005年	2007年	2008年
临 沧 市	**Lincang**	**2 790**	**6 360**	**28 640**	**100 588**	**201 231**	**284 984**	**267 827**	**308 701**
临翔区	Linxiang	414	1 111	2 233	16 768	43 796	52 637	53 228	72 983
凤庆县	Fengqing	176	156	419	6 095	7 594	60 090	45 165	51 894
云 县	Yuanxian	206	2 060	15 495	56 812	119 651	26 877	31 320	25 455
永德县	Yongde	160	403	762	6 541	13 763	46 258	36 550	49 989
镇康县	Zhenkang	135	377	303	3 012	1 672	19 793	21 846	22 491
双江县	Shuangjiang	143	484	1 480	3 587	3 379	14 041	22 926	40 875
耿马县	Gengma	620	933	5 426	8 122	6 802	36 470	36 708	19 404
沧源县	Cangyuan	936	438	2 429	2 663	4 574	28 818	20 084	25 610
不分县	Unclassified		398	93				858	
楚 雄 州	**Chuxiong**	**4 332**	**13 671**	**16 863**	**77 171**	**101 146**	**363 240**	**590 817**	**708 547**
楚雄市	Chuxiong	862	5 069	6 617	31 045	49 513	52 634	135 044	151 765
双柏县	Shuangbo	33	650	344	3 730	4 146	12 392	19 440	32 814
牟定县	Mouding	264	489	851	5 129	4 296	7 568	26 657	49 741
南华县	Nanhua	301	2 146	1 088	1 493	6 470	5 446	13 793	26 200
姚安县	Yao'an	279	269	221	1 873	6 911	11 059	23 788	29 977
大姚县	Dayao	690	1 245	1 843	4 973	8 127	25 338	44 610	61 522
永仁县	Yongren	80	298	160	1 999	2 719	4 213	21 505	29 627
元谋县	Yuanmou	216	1 110	445	1 603	5 412	14 458	24 413	23 279
武定县	Wuding	149	302	285	1 599	3 889	7 824	30 353	33 050
禄丰县	Lufeng	1 458	2 063	4 773	14 218	9 663	25 054	49 582	227 500
不分县	Unclassified		30	236			197 254	201 632	43 072
红 河 州	**Honghe**	**12 826**	**43 599**	**48 916**	**223 040**	**280 010**	**692 437**	**1 345 028**	**1 349 971**
个旧市	Gejiu	2 197	11 771	8 913	30 673	85 338	50 299	102 855	188 185
开远市	Kaiyuan	2 312	22 948	22 971	42 616	45 211	79 347	206 924	114 556
蒙自县	Mengzi	459	1 727	1 071	12 293	28 172	211 810	160 181	146 779
屏边县	Pingbian	104	205	192	2 427	1 746	3 406	8 032	24 170
建水县	Jianshui	633	1 616	7 378	11 577	16 273	33 581	82 916	99 544
石屏县	Shiping	395	201	326	8 137	11 582	18 480	22 683	30 485
弥勒县	Mile	3 733	1 703	3 081	65 996	48 997	29 933	86 744	125 767
泸西县	Luxi	328	550	960	12 578	15 290	18 198	37 871	76 976
元阳县	Yuanyang	308	390	724	13 062	4 267	18 293	54 005	62 478
红河县	Honghe	228	225	171	3 957	4 894	23 310	17 631	21 378
金平县	Jinping	411	1 265	424	6 429	4 112	8 380	12 268	19 894
绿春县	Luchun	469	232	194	934	4 908	78 060	113 701	105 270
河口县	Hekou	1 249	740	1 023	12 361	9 220	119 340	34 474	46 806
不分县	Unclassified		28	1 488				404 743	287 683
文 山 州	**Wenshan**	**2 557**	**7 954**	**6 435**	**53 517**	**85 666**	**421 020**	**762 582**	**577 311**
文山县	Wenshan	432	1 443	2 092	19 507	36 836	40 803	91 356	66 543
砚山县	Yangshan	175	897	688	4 799	13 306	61 885	50 809	176 146
西畴县	Xichou	156	659	160	5 406	2 300	7 174	7 740	18 055
麻栗坡县	Malipo	355	1 882	730	6 181	3 875	7 619	11 668	27 041
马关县	Maguan	351	890	272	6 705	8 971	3 952	7 691	17 102
丘北县	Qiubei	487	577	565	5 894	5 421	13 827	28 246	33 358
广南县	Guangnan	344	845	1 357	2 476	6 350	96 444	26 776	173 877
富宁县	Funing	257	736	350	2 549	8 607	189 316	160 769	65 189
不分县	Unclassified		25	221				377 527	

20-7 续表3 continued

单位：万元 (10 000 yuan)

地 区	Region	1978年	1985年	1990年	1995年	2000年	2005年	2007年	2008年
西双版纳州	**Xishuangbanna**	**4 215**	**6 041**	**14 176**	**61 863**	**85 279**	**232 491**	**247 927**	**164 548**
景洪市	Jinghong	2 421	3 232	7 299	34 521	63 520	41 209	15 473	92 420
勐海县	Menghai	594	930	2 892	7 549	5 710	9 625	11 679	24 337
勐腊县	Mengla	1 200	1 854	3 862	19 793	16 049	181 657	220 775	47 791
不分县	Unclassified		25	123				659	
大 理 州	**Dali**	**11 078**	**15 610**	**12 589**	**108 80 2**	**143 127**	**402 763**	**449 052**	**375 543**
大理市	Dali	7 867	8 195	6 140	68 901	77 776	151 834	203 942	218 649
漾濞县	yangbi	917	3 203	201	2 778	4 228	6 053	8 907	12 350
祥云县	Xiangyun	579	286	333	5 771	4 448	11 789	14 538	8 326
宾川县	Binchuang	464	922	1 514	8 303	8 448	25 346	8 399	7 788
弥渡县	Midu	237	591	289	2 679	5 839	54 474	79 060	3 733
南涧县	Nanjian	139	261	100	1 391	6 383	7 845	17 925	15 560
巍山县	Weishan	156	383	794	1 221	4 161	14 782	20 195	33 742
永平县	Yongping	140	288	179	1 226	3 910	10 968	16 943	23 549
云龙县	Yunlong	176	270	266	3 447	4 172	2 118	3 029	5 623
洱源县	Eryuan	193	325	1 019	3 358	7 833	12 020	22 163	21 873
剑川县	Jianchuan	68	227	194	2 405	5 185	5 110	17 699	16 861
鹤庆县	Heqing	142	548	660	7 322	10 744	7 723	8 369	7 489
不分县	Unclassified		111	900			92 701	27 883	
德 宏 州	**Dehong**	**3 428**	**7 962**	**10 962**	**66 391**	**73 669**	**81 364**	**108 426**	**152 054**
瑞丽市	Ruili	1 186	1 519	2 426	30 710	36 712	12 569	21 503	24 234
潞西市	Luxi	1 031	4 109	4 203	9 987	14 186	26 543	34 572	64 637
梁河县	Lianghe	192	309	632	1 382	3 900	289	7 467	10 841
盈江县	Yingjiang	413	883	1 862	7 985	10 658	18 719	17 478	32 348
陇川县	Longchuan	606	1 123	1 255	2 854	8 213	23 244	27 406	19 994
不分县	Unclassified		19	584					
怒 江 州	**Nujiang**	**1 174**	**1 926**	**7 156**	**9 058**	**27 153**	**62 814**	**62 370**	**163 382**
泸水县	Lushui	840	501	5 151	4 339	14 028	43 521	35 819	66 932
福贡县	Fugong	57	134	295	806	4 367		2 816	23 408
贡山县	Gongshan	39	213	342	2 260	2 382	677	7 812	17 834
兰坪县	Lanping	211	595	1 293	1 653	6 376	12 652	15 923	33 768
不分县	Unclassified		299	75			5 964		21440
迪 庆 州	**Diqing**	**627**	**1 850**	**3 682**	**13 576**	**50 849**	**127 554**	**210 271**	**298 295**
香格里拉县	Shangri-La	372	1 176	2 514	8 901	36 101	72 939	117 637	149 732
德钦县	Deqin	81	330	263	689	6 412	41 104	69 399	89 764
维西县	Weixi	174	191	724	3 986	8 336	13 511	23 235	44 799
不分县	Unclassified		153	181					14000
不分地区	**Unclassified by Region**	**14 573**	**24 121**	**51 239**	**271 373**	**1 342 418**	**1 505 800**	**1 751 705**	**2 135 026**

20-8 主要年份各县市财政收入
Government Revenue by County and City in Significant Years

单位：万元 (10 000 yuan)

地区	Region	1978年	1990年	1995年	2000年	2004年	2005年	2007年	2008年
全省合计	**Total**	**117 606**	**774 246**	**983 491**	**1 807 450**	**2 633 618**	**3 126 490**	**4 867 146**	**6 140 518**
昆明市	**Kunming**	**37 316**	**211 214**	**255 821**	**545 299**	**725 730**	**906 655**	**1 330 993**	**1 749 894**
五华区	Wuhua	1 249	27 211	25 601	53 678	67 440	71 813	107 705	133 426
盘龙区	Panlong	1 810	12 241	26 015	53 253	63 700	58 258	78 928	103 789
官渡区	Guandu	654	10 571	27 160	72 157	94 640	55 273	101 699	160 699
西山区	Xishan	327	6 812	11 342	27 373	39 818	51 772	86 263	109 269
东川区	Dongchuan	240	1 667	2 747	3 298	5 568	9 006	37 043	40 128
呈贡县	Chenggong	240	2 464	4 998	7 505	11 653	19 280	43 198	54 042
晋宁县	Jinning	1 060	5 646	6 647	9 199	9 465	13 238	24 500	33 108
富民县	Fuming	152	568	2 915	5 619	5 856	4 422	8 200	10 451
宜良县	Yiliang	766	3 328	7 334	12 117	17 173	19 311	24 814	33 097
石林县	Shilin	326	3 187	7 466	8 510	10 285	11 427	14 215	20 090
嵩明县	Songming	735	2 687	6 847	8 385	9 719	11 165	15 969	22 907
禄劝县	Luquan	381	1 096	3 568	5 046	7 354	8 908	12 503	16 078
寻甸县	Xundian	462	2 231	6 417	6 984	8 081	9 445	15 374	21 177
安宁市	Anning	1 798	14 705	19 284	27 555	52 306	60 911	85 353	108 526
市本级	City-level	30 025	120 798	106 644	244 620	322 672	502 426	675 229	883 107
曲靖市	**Qujing**	**12 289**	**82 531**	**112 482**	**140 795**	**236 549**	**294 506**	**464 868**	**560 137**
麒麟区	Qilin	2 210	10 419	29 279	1 6 166	28 471	34 162	49 976	63 296
马龙县	Malong	398	2 431	4 319	3 826	5 022	8 315	12 656	16 807
陆良县	Luliang	958	3 150	12 511	11 952	14 300	16 482	25 200	30 006
师宗县	Shizong	399	1 929	6 890	6 234	9 233	12 092	18 293	22 128
罗平县	Luoping	555	3 463	8 311	8 910	13 887	16 106	21 226	26 329
富源县	Fuyuan	866	3 540	7 703	10 681	16 706	26 373	57 494	64 164
会泽县	Huize	1 260	5 428	10 349	12 071	30 916	32 986	41 322	50 037
沾益县	Zhanyi				10 717	18 804	23 367	36 139	44 521
宣威市	Xuanwei	2 020	8 087	14 610	18 268	32 575	42 679	63 166	72 716
市本级	City-level	1 335	41 853	12 093	41 970	66 635	81 944	139 396	170 133
玉溪市	**Yuxi**	**14 991**	**126 588**	**184 196**	**262 099**	**295 710**	**312 286**	**388 965**	**501 621**
红塔区	Hongta	856	7 623	12 484	22 0 99	24 532	31 927	48 906	59 433
江川县	Jiangchuan	470	2 147	7 142	7 406	10 744	11 934	16 339	20 130
澄江县	Chengjiang	284	1 469	5 041	5 281	7 456	9 389	11 168	18 341
通海县	Tonghai	652	3 178	7 780	8 667	10 080	11 652	17 490	21 695
华宁县	Huaning	840	1 616	5 769	5 527	7 548	9 680	12 022	17 279
易门县	Yimen	218	1 518	5 056	5 110	7 634	10 095	16 281	19 781
峨山县	Eshan	497	1 556	3 714	5 599	9 826	11 286	18 023	21 220
新平县	Xinping	616	1 784	3 885	6 611	9 986	14 943	26 339	38 224
元江县	Yuanjiang	745	1 550	2 737	5 849	6 386	8 852	11 211	13 863
市本级	City-level	10 313	104 148	130 588	189 950	201 518	192 528	211 186	271 655

20-8 续表1 continued

单位：万元 (10 000 yuan)

地 区	Region	1978年	1990年	1995年	2000年	2004年	2005年	2007年	2008年
保 山 市	**Baoshan**	**3 898**	**13 667**	**25 514**	**39 430**	**51 884**	**65 291**	**105 761**	**124 566**
隆阳区	Longyang	1 327	5 724	8 531	14 367	17 775	22 113	32 741	38 185
施甸县	Shidian	353	1 073	4 293	4 328	3 831	4 201	6 117	7 482
腾冲县	Tengchong	1 008	3 028	5 271	9 453	12 732	15 270	32 341	39 327
龙陵县	Longling	201	1 256	2 631	3 830	4 606	6 809	10 501	12 111
昌宁县	Changning	668	2 242	3 743	5 062	5 834	6 679	9 195	10 496
市本级	City-level	341	346	1 045	2 390	7 106	10 219	14 866	16 965
昭 通 市	**Zhaotong**	**4 817**	**65 360**	**40 717**	**52 837**	**69 674**	**85 216**	**128 874**	**171 286**
昭阳区	Zhaoyang	1 239	4 818	6 882	10 765	13 321	15 038	22 166	30 096
鲁甸县	Ludian	242	897	2 435	1 630	3 018	3 828	8 166	9 418
巧家县	Qiaojia	403	1 195	1 419	2 384	2 906	3 034	6 014	6 917
盐津县	Yanjin	267	945	1 187	1 642	2 338	2 721	5 167	6 998
大关县	Daguan	221	865	1 168	1 179	1 123	1 441	2 796	4 024
永善县	Yongshan	296	798	829	1 541	2 236	3 146	6 738	8 528
绥江县	Suijiang	180	2 790	1 534	1 094	1 300	1 596	2 626	4 748
镇雄县	Zhenxiong	900	5 229	6 585	5 680	6 985	7 557	11 699	15 188
彝良县	Yiliang	288	1 323	1 694	2 885	2 863	4 362	8 153	10 028
威信县	Weixin	435	1 928	2 148	1 986	2 300	2 760	5 389	7 589
水富县	Shuifu		5 252	1 813	3 983	5 916	7 564	10 233	12 106
市本级	City-level	346	39 318	13 023	18 068	25 368	32 169	39 727	55 646
丽 江 市	**Lijiang**	**1 303**	**5 971**	**10 634**	**21 069**	**34 025**	**40 595**	**72 831**	**95 235**
古城区	Gucheng					11 292	14 173	28 109	30 546
玉龙县	Yulong					3 471	4 942	8 815	11 549
永胜县	Yongsheng	391	1 289	2 909	3 336	4 667	3 718	6 069	10 222
华坪县	Huaping	99	1 069	1 828	3 659	5 637	7 997	16 037	21 209
宁蒗县	Ninglang	93	557	1 306	1 236	1 487	1 819	3 049	5 271
市本级	City-level	78	386	169	3 966	7 471	7 946	10 752	16 438
普 洱 市	**Pu'er**	**3 156**	**14 081**	**16 759**	**43 902**	**50 693**	**62 326**	**110 983**	**136 974**
思茅区	Simao	1 090	2 966	3 127	7 957	11 161	15 136	23 866	28 775
宁洱县	Ning'er	1 090	2 161	2 189	4 178	3 770	4 324	9 322	10 828
墨江县	Mojiang	291	995	1 279	4 369	5 565	5 245	7 828	10 008
景东县	Jingdong	478	1 468	2 606	5 681	7 947	9 468	11 438	15 800
景谷县	Jinggu	408	2 041	3 405	8 575	7 358	8 610	12 516	15 868
镇沅县	Zhenyuan	205	1 403	1 481	3 034	2 503	2 594	4 301	5 530
江城县	Jiangcheng	49	281	306	1 075	1 915	2 424	3 428	4 216
孟连县	Menglian	31	409	675	2 157	2 261	2 536	3 551	3 598
澜沧县	Lancang	314	1 492	1 397	3 267	3 801	4 526	8 449	10 556
西盟县	Ximeng	24	480	157	623	553	629	1 278	1 629
市本级	City-level	266	386	137	2 986	3 859	6 834	25 006	30 166
临 沧 市	**Lincang**	**2 507**	**7 631**	**17 489**	**36 141**	**41 939**	**46 000**	**69 554**	**84 865**
临翔区	Linxiang	478	1 404	1 884	4 712	4 740	5 368	9 660	11 983
凤庆县	Fengqing	908	1 801	2 708	4 544	5 871	6 280	8 300	10 845
云 县	Yunxian	468	1 219	3 871	7 987	10 955	13 044	15 596	18 158
永德县	Yongde	219	633	1 356	2 977	3 224	3 171	4 649	5 900
镇康县	Zhenkang	79	278	761	2 269	2 049	2 221	4 699	5 626
双江县	Shuangjiang	170	519	979	2 000	1 853	1 968	2 840	3 347
耿马县	Gengma	205	1 147	4 432	5 650	4 378	3 575	6 084	7 309
沧源县	Cangyuan	107	476	1 073	2 047	1 762	1 622	3 490	4 680
市本级	City-level	-127	154	425	3 955	7 107	8 751	14 236	17 017

20-8 续表2 continued

单位：万元 (10 000 yuan)

地 区	Region	1978年	1990年	1995年	2000年	2004年	2005年	2007年	2008年
楚 雄 州	**Chuxiong**	**5 049**	**56 660**	**56 015**	**72 299**	**107 327**	**122 935**	**179 503**	**227 012**
楚雄市	Chuxiong	798	5 674	16 008	23 503	29 313	32 915	58 336	73 584
双柏县	Shuangbo	186	939	2 416	2 463	2 630	3 278	4 925	6 485
牟定县	Mouding	283	1 322	3 064	2 828	3 299	3 906	4 898	6 479
南华县	Nanhua	692	1 817	4 340	4 067	4 154	5 278	7 711	8 448
姚安县	Yao'an	293	913	1 781	3 008	3 056	3 103	4 326	5 583
大姚县	Dayao	337	1 470	3 394	3 824	4 664	5 208	8 008	11 156
永仁县	Yongren	196	560	1 246	1 765	1 891	2 151	3 629	5 201
元谋县	Yuanmou	338	834	1 856	3 309	4 015	4 427	6 788	8 548
武定县	Wuding	334	1 121	2 624	3 191	4 030	4 750	7 553	12 008
禄丰县	Lufeng	1 445	4 108	8 018	9 277	14 161	18 644	28 918	32 520
州本级	Prefecture-level	-234	37 902	11 268	15 064	36 114	39 275	44 411	57 000
红 河 州	**Honghe**	**8 982**	**32 652**	**59 148**	**104 071**	**205 703**	**249 959**	**377 116**	**451 396**
个旧市	Gejiu	2 015	8 679	9 215	18 431	29 340	36 805	58 926	75 500
开远市	Kaiyuan	2 287	5 067	7 533	12 785	22 108	25 853	37 574	45 018
蒙自县	Mengzi	733	2 602	4 235	6 743	13 514	21 544	39 150	48 857
屏边县	Pingbian	100	310	882	1 152	2 045	2 533	3 534	4 188
建水县	Jianshui	1 032	3 529	6 219	8 757	12 768	17 322	26 976	33 186
石屏县	Shiping	306	1 490	4 013	4 556	6 979	8 180	12 168	14 373
弥勒县	Mile	1 028	4 503	9 720	12 583	23 794	28 164	39 010	46 192
泸西县	Luxi	430	2 012	6 142	7 224	10 684	11 892	15 478	20 138
元阳县	Yuanyang	203	507	833	1 843	2 487	2 737	5 209	6 166
红河县	Honghe	123	264	554	1 277	1 356	1 579	2 217	2 808
金平县	Jinping	155	601	1 242	2 258	3 579	5 094	9 566	11 366
绿春县	Luchun	93	279	494	654	1 926	2 944	4 750	6 060
河口县	Hekou	80	417	1 690	2 962	4 723	7 038	6 289	7 736
州本级	Prefecture-level	361	2 389	6 376	22 846	70 400	78 274	116 269	129 808
文 山 州	**Wenshan**	**2 313**	**8 269**	**14 432**	**36 666**	**55 175**	**70 917**	**126 000**	**154 388**
文山县	Wenshan	600	2 181	3 121	10 688	20 699	24 129	35 666	44 008
砚山县	Yanshan	240	858	1 724	4 300	7 537	9 539	15 551	20 593
西畴县	Xichou	148	589	1 305	2 610	2 307	2 389	2 711	3 508
麻栗坡县	Malipo	175	764	1 013	2 706	3 228	4 708	11 190	12 190
马关县	Maguan	283	761	1 237	3 699	5 266	6 678	15 007	17 966
丘北县	Qiubei	270	775	1 614	3 233	4 328	5 158	7 818	9 816
广南县	Guangnan	392	1 354	2 021	4 242	5 188	6 399	9 398	12 000
富宁县	Funing	236	796	1 531	3 288	4 238	7 513	10 806	13 386
州本级	Prefecture-level	-31	191	866	1 900	2 384	4 404	17 853	20 921
西双版纳州	**Xishuangbanna**	**1 257**	**6 478**	**18 735**	**30 852**	**27 208**	**36 430**	**60 687**	**72 011**
景洪市	Jinghong	599	3 351	8 217	15 547	13 630	17 428	25 834	32 243
勐海县	Menghai	481	1 779	4 163	6 237	3 954	4 315	6 839	8 776

20-8 续表3 continued

单位：万元 (10 000 yuan)

地 区	Region	1978年	1990年	1995年	2000年	2004年	2005年	2007年	2008年
勐腊县	Mengla	153	1 271	4 913	6 397	3 474	5 793	13 046	12 798
州本级	Prefecture-level	24	76	1 442	2 671	6 150	8 894	14 968	18 194
大 理 州	**Dali**	**4 566**	**43 865**	**55 204**	**91 294**	**132 974**	**157 487**	**227 817**	**275 715**
大理市	Dali	1 521	9 886	17 425	11 664	45 885	55 977	90 122	103 995
漾濞县	Yangbi	146	601	1 268	2 305	2 871	3 551	5 042	5 722
祥云县	Xiangyun	442	3 658	7 491	8 509	10 961	13 362	20 379	24 693
宾川县	Binchuan	211	1 856	5 018	6 717	7 303	7 787	11 682	14 594
弥渡县	Midu	207	1 426	3 713	4 251	4 344	4 438	6 688	8 796
南涧县	Nanjian	154	715	3 304	4 316	6 109	7 607	9 916	11 129
巍山县	Weishan	245	1 196	3 102	3 716	4 249	4 866	6 681	7 680
永平县	Yongping	173	636	2 703	3 018	3 534	3 627	6 133	8 002
云龙县	Yunlong	175	1 260	1 154	2 459	2 788	3 121	5 778	8 247
洱源县	Eryuan	510	1 357	3 521	4 148	5 012	6 166	8 556	10 408
剑川县	Jianchuan	157	445	1 083	2 626	3 379	3 609	6 202	7 611
鹤庆县	Heqing	340	1 031	2 787	3 265	5 060	6 053	9 857	13 875
州本级	Prefecture-level	285	19 799	2 635	11 664	31 479	37 323	40 781	50 963
德 宏 州	**Dehong**	**1 464**	**12 815**	**14 333**	**22 086**	**32 510**	**40 585**	**78 953**	**88 679**
瑞丽市	Ruili	125	4 083	3 838	6 093	7 370	10 307	16 819	22 103
潞西市	Luxi	495	2 914	3 600	5 447	7 619	8 867	17 440	21 704
梁河县	Lianghe	189	909	1 150	1 804	2 447	2 529	3 700	4 985
盈江县	Yingjiang	288	1 931	3 206	4 855	6 729	8 466	14 621	18 739
陇川县	Longchuan	273	1 612	1 485	3 006	3 048	3 032	5 252	6 136
州 级	Prefecture-level	48	-148	450	881	5 297	7 384	21 121	15 012
怒 江 州	**Nujiang**	**316**	**3 479**	**4 985**	**9 669**	**14 818**	**20 088**	**47 789**	**51 178**
泸水县	Lushui	53	741	1 190	2 968	5 037	5 600	7 189	8 927
福贡县	Fugong	10	70	181	516	579	866	1 470	2 023
贡山县	Gongshan	2	20	117	778	954	1 146	1 309	1 582
兰坪县	Lanping	188	2 340	3 053	5 079	5 825	8 518	29 599	29 002
州本级	Prefecture-level	51	308	444	328	2 423	3 958	8 222	9 644
迪 庆 州	**Diqing**	**367**	**3 787**	**5 469**	**5 855**	**11 001**	**13 905**	**23 566**	**32 026**
香格里拉县	Shangri-La	166	1 535	2 053	2 902	4 613	5 723	10 188	13 248
德钦县	Deqin	79	1 126	838	486	918	1 178	2 008	2 788
维西县	Weixi	100	525	1 651	840	1 229	1 440	2 126	3 612
州本级	Prefecture-level	22	601	927	1 627	4 241	5 564	9 244	12 378
省 本 级	**Province-level**	**12 775**	**77 633**	**88 811**	**293 086**	**540 698**	**601 309**	**1 072 886**	**1363 535**

20-9 各县市人均财政收入（2006-2008年）

Per Capita Government Revenue by County and City (2006-2008)

单位：元/人 (yuan/person)

地　　区	Region	2006年	2007年	2008年
全省合计	**Total**	**851**	**1 082**	**1 356**
昆 明 市	**Kunming**	**1 695**	**2 156**	**2 815**
五华区	Wuhua	990	1 225	1 520
盘龙区	Panlong	1 010	1 218	1 583
官渡区	Guandu	949	1 363	2 138
西山区	Xishan	977	1 254	1 563
东川区	Dongchuan	811	1 273	1 373
呈贡县	Chenggong	1 156	1 920	2 381
晋宁县	Jinning	667	866	1 175
富民县	Fuming	414	547	695
宜良县	Yiliang	531	595	784
石林县	Shilin	532	592	833
嵩明县	Songming	394	462	658
禄劝县	Luquan	242	284	362
寻甸县	Xundian	238	305	418
安宁市	Anning	2 207	2 701	3 401
曲 靖 市	**Qujing**	**643**	**813**	**973**
麒麟区	Qilin	628	727	913
马龙县	Malong	539	666	876
陆良县	Luliang	344	412	487
师宗县	Shizong	405	485	582
罗平县	Luoping	343	392	484
富源县	Fuyuan	538	818	911
会泽县	Huize	412	472	560
沾益县	Zhanyi	741	903	1 103
宣威市	Xuanwei	402	475	548
玉 溪 市	**Yuxi**	**1 482**	**1 725**	**2 210**
红塔区	Hongta	809	1 043	1 258
江川县	Jiangchuan	495	592	723
澄江县	Chengjiang	643	689	1 122
通海县	Tonghai	449	581	716
华宁县	Huaning	478	570	812
易门县	Yimen	676	915	1 103
峨山县	Eshan	877	1 126	1 316
新平县	Xinping	641	934	1 348
元江县	Yuanjiang	387	521	641
保 山 市	**Baoshan**	**341**	**432**	**507**
隆阳区	Longyang	298	372	431
施甸县	Shidian	171	189	231
腾冲县	Tengchong	330	514	623
龙陵县	Longling	325	385	442
昌宁县	Changning	233	267	306
昭 通 市	**Zhaotong**	**202**	**249**	**325**
昭阳区	Zhaoyang	242	286	378
鲁甸县	Ludian	132	214	249
巧家县	Qiaojia	67	113	128
盐津县	Yanjin	98	140	188
大关县	Daguan	71	110	157
永善县	Yongshan	107	170	217
绥江县	Suijiang	119	168	301
镇雄县	Zhenxiong	73	89	111
彝良县	Yiliang	113	151	185
威信县	Weixin	97	144	201
水富县	Shuifu	1 011	1 077	1 261
丽 江 市	**Lijiang**	**420**	**599**	**782**
古城区	Gucheng	1 011	1 644	1 783
玉龙县	Yulong	292	383	501
永胜县	Yongsheng	110	153	257
华坪县	Huaping	756	978	1 291
宁蒗县	Ninglang	89	120	206
普 洱 市	**Pu'er**	**303**	**431**	**531**
思茅区	Simao	730	932	1 122
宁洱县	Ning'er	306	478	555
墨江县	Mojiang	158	207	264
景东县	Jingdong	291	302	417
景谷县	Jinggu	330	404	512
镇沅县	Zhenyuan	158	201	258
江城县	Jiangcheng	246	288	352
孟连县	Menglian	230	265	269
澜沧县	Lancang	118	170	212
西盟县	Ximeng	100	139	176
临 沧 市	**Lincang**	**235**	**294**	**357**
临翔区	Linxiang	201	319	393
凤庆县	Fengqing	150	184	239
云　县	Yunxian	319	352	408
永德县	Yongde	100	128	161
镇康县	Zhenkang	199	276	328
双江县	Shuangjiang	140	160	187
耿马县	Gengma	169	215	258
沧源县	Cangyuan	140	202	270

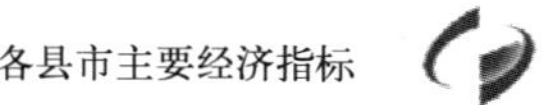

20-9　续表　continued

单位：元/人　(yuan/person)

地　区	Region	2006年	2007年	2008年	地　区	Region	2006年	2007年	2008年
楚 雄 州	**Chuxiong**	**538**	**670**	**845**	富宁县	Funing	229	274	337
楚雄市	Chuxiong	750	1066	1 341	**西双版纳州**	**Xishuangbanna**	**459**	**572**	**675**
双柏县	Shuangbo	244	310	407	景洪市	Jinghong	446	544	674
牟定县	Mouding	241	240	316	勐海县	Menghai	160	207	264
南华县	Nanhua	272	323	353	勐腊县	Mengla	381	510	497
姚安县	Yao'an	190	208	268	**大 理 州**	**Dali**	**539**	**654**	**791**
大姚县	Dayao	235	277	385	大理市	Dali	1 206	1444	1 656
永仁县	Yongren	276	336	·478	漾濞县	Yangbi	408	471	545
元谋县	Yuanmou	235	320	401	祥云县	Xiangyun	353	449	547
武定县	Wuding	209	275	434	宾川县	Binchuan	268	343	427
禄丰县	Lufeng	522	662	741	弥渡县	Midu	172	212	277
红 河 州	**Honghe**	**681**	**865**	**1 028**	南涧县	Nanjian	371	447	500
个旧市	Gejiu	950	1292	1 656	巍山县	Weishan	189	215	247
开远市	Kaiyuan	936	1204	1 440	永平县	Yongping	264	333	437
蒙自县	Mengzi	730	986	1 221	云龙县	Yunlong	213	279	398
屏边县	Pingbian	207	237	281	洱源县	Eryuan	265	310	376
建水县	Jianshui	407	517	632	剑川县	Jianchuan	287	352	432
石屏县	Shiping	344	415	487	鹤庆县	Heqing	302	372	521
弥勒县	Mile	617	747	876	**德 宏 州**	**Dehong**	**462**	**674**	**751**
泸西县	Luxi	346	399	515	瑞丽市	Ruili	786	1013	1 318
元阳县	Yuanyang	83	136	159	潞西市	Luxi	310	468	576
红河县	Honghe	66	78	98	梁河县	Lianghe	201	231	311
金平县	Jinping	191	285	332	盈江县	Yingjiang	369	496	630
绿春县	Luchun	163	223	279	陇川县	Longchuan	260	295	342
河口县	Hekou	769	611	749	**怒 江 州**	**Nujiang**	**648**	**905**	**964**
文 山 州	**Wenshan**	**264**	**371**	**451**	泸水县	Lushui	342	389	479
文山县	Wenshan	661	803	981	福贡县	Fugong	131	156	213
砚山县	Yanshan	257	344	453	贡山县	Gongshan	319	354	425
西畴县	Xichou	98	108	139	兰坪县	Lanping	871	1403	1 363
麻栗坡县	Malipo	202	407	443	**迪 庆 州**	**Diqing**	**491**	**632**	**852**
马关县	Maguan	238	418	496	香格里拉县	Shangri-La	495	649	833
丘北县	Qiubei	132	170	213	德钦县	Deqin	244	319	442
广南县	Guangnan	101	123	156	维西县	Weixi	114	139	236

20-10 主要年份各县市财政支出

Government Expenditure by County and City in Significant Years

单位：万元 (10 000 yuan)

地 区	Region	1978年	1990年	1995年	2000年	2005年	2007年	2008年
全省合计	**Total**	**182 840**	**907 586**	**2 350 993**	**4 141 074**	**7 663 115**	**11 352 175**	**14 702 388**
昆 明 市	**Kunming**	**13 190**	**146 397**	**339 844**	**688 003**	**1 148 259**	**1 646 540**	**2 334 865**
五华区	Wuhua	335	18 238	38 732	63 344	83 147	117 093	148 170
盘龙区	Panlong	303	7 654	23 015	47 416	68 263	92 191	125 023
官渡区	Guandu	698	9 658	31 608	64 973	73 190	105 100	182 860
西山区	Xishan	339	5 173	14 891	32 147	58 689	91 872	144 576
东川区	Dongchuan	1 269	4 399	10 008	21 085	50 247	119 985	124 947
呈贡县	Chenggong	422	2 821	8 699	12 644	28 060	49 611	73 157
晋宁县	Jinning	462	4 193	9 656	17 055	27 658	50 699	70 105
富民县	Fuming	334	2 047	6 926	11 868	19 103	30 891	37 919
宜良县	Yiliang	968	3 270	10 464	16 184	29 148	49 464	70 737
石林县	Shilin	530	2 796	8 986	15 244	27 788	40 219	55 725
嵩明县	Songming	639	3 068	9 430	14 560	29 580	53 947	72 330
禄劝县	Luquan	484	3 051	12 029	19 335	37 993	57 621	72 505
寻甸县	Xundian	562	4 701	11 595	21 254	42 433	64 791	87 258
安宁市	Anning	493	7 753	34 103	49 654	87 712	116 264	139 330
市本级	City-level	9 803	76 677	131 305	281 240	485 248	606 792	930 223
曲 靖 市	**Qujing**	**12 588**	**71 235**	**157 459**	**256 022**	**532 277**	**901 592**	**1 169 321**
麒麟区	Qilin	1 532	12 445	30 876	25 482	57 532	84 704	115 480
马龙县	Malong	508	3 321	6 040	11 294	22 062	33 307	46 449
陆良县	Luliang	1 333	5 377	12 929	18 940	41 017	73 205	98 766
师宗县	Shizong	500	3 271	7 353	13 533	30 500	53 288	73 552
罗平县	Luoping	571	5 059	9 903	19 145	39 661	65 668	84 768
富源县	Fuyuan	761	5 108	9 646	20 234	50 808	102 060	131 264
会泽县	Huize	1 003	8 019	23 273	29 934	72 268	112 554	148 618
沾益县	Zhanyi				21 327	34 261	59 927	77 932
宣威市	Xuanwei	1 045	9 696	19 573	39 176	86 737	145 827	197 941
市本级	City-level	2 637	14 239	26 271	56 957	97 431	171 052	194 551
玉 溪 市	**Yuxi**	**6 480**	**75 495**	**205 135**	**278 101**	**408 743**	**604 191**	**725 275**
红塔区	Hongta	523	9 823	28 438	43 429	60 968	87 055	99 607
江川县	Jiangchuan	326	4 387	11 946	14 823	29 567	39 188	52 414
澄江县	Chengjiang	310	3 982	9 968	12 756	20 723	28 381	40 218
通海县	Tonghai	396	4 695	11 818	14 655	26 171	40 546	47 994
华宁县	Huaning	348	4 195	9 969	13 355	23 773	31 610	43 220
易门县	Yimen	315	4 023	9 982	13 105	25 403	36 658	42 496
峨山县	Eshan	488	4 320	9 974	16 098	28 383	40 293	47 334
新平县	Xinping	450	5 685	14 388	19 944	40 427	67 940	82 462
元江县	Yuanjiang	430	4 933	11 551	17 651	28 226	40 968	46 717
市本级	City-level	2 894	29 451	87 101	112 285	125 102	191 552	222 813

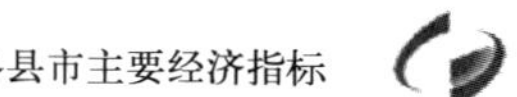

20-10 续表1 continued

单位：万元 (10 000 yuan)

地 区	Region	1978年	1990年	1995年	2000年	2005年	2007年	2008年
保 山 市	**Baoshan**	**5 613**	**26 847**	**61 208**	**105 448**	**226 922**	**364 118**	**468 808**
隆阳区	Longyang	1 514	6 818	15 525	26 246	59 626	91 204	120 241
施甸县	Shidian	1 017	3 083	7 472	12 962	24 714	41 861	53 123
腾冲县	Tengchong	887	6 076	12 176	24 950	54 162	102 392	129 502
龙陵县	Longling	694	3 278	7 042	12 465	27 976	44 774	56 253
昌宁县	Changning	559	3 882	8 312	13 036	28 296	42 732	57 008
市本级	City-level	942	3 711	10 681	15 789	32 148	41 155	52 681
昭 通 市	**Zhaotong**	**7 734**	**62 028**	**111 373**	**177 962**	**371 777**	**630 555**	**882 950**
昭阳区	Zhaoyang	760	8 444	12 690	22 788	50 928	80 270	111 959
鲁甸县	Ludian	362	2 986	6 377	10 238	24 239	47 633	66 271
巧家县	Qiaojia	463	3 488	6 958	13 698	28 546	57 800	75 035
盐津县	Yanjin	378	2 521	4 925	10 425	23 364	42 318	57 518
大关县	Daguan	283	2 232	4 114	8 677	18 381	35 882	49 908
永善县	Yongshan	461	3 262	6 191	13 175	27 552	48 438	71 751
绥江县	Suijiang	240	2 968	6 677	8 743	14 223	24 292	31 010
镇雄县	Zhenxiong	785	8 346	12 740	22 628	58 506	100 633	152 299
彝良县	Yiliang	502	3 082	6 063	13 699	26 934	51 707	75 501
威信县	Weixin	497	3 346	6 695	10 680	25 037	42 668	63 828
水富县	Shuifu		2 043	4 811	7 431	17 231	26 102	38 300
市本级	City-level	3 003	19 310	33 132	35 780	56 836	72 812	89 570
丽 江 市	**Lijiang**	**3 955**	**15 456**	**31 752**	**79 256**	**175 712**	**287 181**	**367 047**
古城区	Gucheng					29 172	46 726	54 788
玉龙县	Yulong					27 992	40 792	54 105
永胜县	Yongsheng	565	3512	7122	16159	31 988	58 983	73 588
华坪县	Huaping	340	2 256	4 522	11 110	30 645	52 499	63 331
宁蒗县	Ninglang	426	2 916	5 559	14 872	25 216	48 291	70 520
市本级	City-level	2 009	2 357	6 007	15 528	30 699	39 890	50 715
普 洱 市	**Pu'er**	**5 682**	**35 391**	**65 588**	**153 907**	**290 364**	**558 022**	**593 010**
思茅区	Simao	581	3 752	5 652	13 494	30 409	59 815	60 157
宁洱县	Ning'er	581	3 266	5 647	11 266	21 182	82 631	44 218
墨江县	Mojiang	509	2 595	5 945	14 468	27 425	50 257	61 036
景东县	Jingdong	469	3 107	6 606	15 668	30 219	47 392	59 005
景谷县	Jinggu	464	3 445	6 579	14 121	26 835	45 755	52 755
镇沅县	Zhenyuan	378	2 693	5 434	10 811	21 647	34 834	42 088
江城县	Jiangcheng	277	1 633	3 504	7 832	14 169	27 501	26 983
孟连县	Menglian	263	1 782	4 487	7 440	14 688	25 884	31 811
澜沧县	Lancang	695	7 074	7 718	18 807	37 669	69 281	91 152
西盟县	Ximeng	250	2 006	3 131	6 670	13 917	22 409	28 813
市本级	City-level	1 796	4 040	10 885	33 330	52 204	92 263	94 992
临 沧 市	**Lincang**	**5 130**	**29 589**	**54 019**	**110 441**	**226 874**	**385 995**	**491 610**
临翔区	Linxiang	432	2 998	6 163	13 977	24 109	45 218	56 818
凤庆县	Fengqing	558	3 304	7 217	14 096	25 079	49 888	67 777
云 县	Yunxian	466	2 893	8 095	15 605	29 593	49 783	59 124
永德县	Yongde	406	2 595	4 881	10 872	24 220	42 822	54 618
镇康县	Zhenkang	374	1 998	4 064	8 952	18 679	33 083	44 269
双江县	Shuangjiang	335	3 083	3 993	8 340	17 105	29 832	44 079
耿马县	Gengma	459	5 808	7 947	11 544	22 617	40 667	53 479
沧源县	Cangyuan	430	4 041	4 592	9 159	18 080	34 288	45 998

20-10 续表2 continued

单位：万元 (10 000 yuan)

地　区	Region	1978年	1990年	1995年	2000年	2005年	2007年	2008年
市本级	City-level	1 670	2 871	7 067	17 896	47 392	60 414	65 448
楚 雄 州	**Chuxiong**	**7 063**	**58 509**	**133 228**	**189 202**	**356 140**	**570 960**	**700 427**
楚雄市	Chuxiong	488	9 326	22 473	30 494	55 147	101 620	123 664
双柏县	Shuangbo	301	2 510	6 836	9 714	18 349	30 087	38 337
牟定县	Mouding	272	3 758	8 142	11 162	20 156	30 022	38 240
南华县	Nanhua	472	4 316	9 179	12 524	21 085	38 365	42 553
姚安县	Yao'an	308	3 418	7 430	13 339	18 212	31 318	39 057
大姚县	Dayao	373	4 315	9 916	14 667	25 057	41 338	54 184
永仁县	Yongren	288	2 107	6 130	9 057	14 575	25 075	35 858
元谋县	Yuanmou	319	2 764	6 705	11 476	23 355	34 081	53 987
武定县	Wuding	351	3 545	10 089	15 175	22 955	40 210	54 158
禄丰县	Lufeng	488	7 250	14 185	18 558	45 517	71 588	81 675
州本级	Prefecture-level	2 919	15 199	32 143	43 036	91 732	127 256	138 714
红 河 州	**Honghe**	**10 351**	**52 278**	**130 239**	**236 622**	**524 183**	**819 795**	**1073 458**
个旧市	Gejiu	1 155	7 964	14 623	25 872	67 792	97 674	129 773
开远市	Kaiyuan	496	4 780	10 364	18 368	44 590	62 070	83 438
蒙自县	Mengzi	607	3 596	8 165	14 089	39 822	71 042	89 311
屏边县	Pingbian	342	1 973	4 308	7 902	16 015	25 273	33 417
建水县	Jianshui	572	4 875	10 442	17 402	39 496	68 277	85 871
石屏县	Shiping	400	3 088	7 442	13 685	28 203	42 461	55 632
弥勒县	Mile	529	4 892	12 212	19 301	45 254	79 273	103 203
泸西县	Luxi	411	3 429	8 904	14 509	28 727	47 104	69 503
元阳县	Yuanyang	516	2 936	7 437	12 773	24 041	39 490	51 924
红河县	Honghe	377	2 315	5 434	10 701	20 704	33 985	42 065
金平县	Jinping	467	2 586	6 883	12 536	25 414	46 724	61 988
绿春县	Luchun	381	2 023	4 548	9 715	19 441	35 071	47 499
河口县	Hekou	305	1 690	4 124	9 116	18 737	25 494	36 524
州本级	Prefecture-level	3 793	6 132	25 353	50 653	105 947	145 857	183 310
文 山 州	**Wenshan**	**6 564**	**26 818**	**63 131**	**142 601**	**307 800**	**525 324**	**667 080**
文山县	Wenshan	457	3 492	7 732	20 526	50 530	69 120	90 201
砚山县	Yanshan	417	2 659	6 574	14 742	30 490	52 438	77 334
西畴县	Xichou	379	2 279	5 163	11 629	25 208	37 286	49 301
麻栗坡县	Malipo	602	2 709	5 235	12 403	26 466	47 999	60 278
马关县	Maguan	601	2 914	5 896	14 764	30 764	52 998	70 069
丘北县	Qiubei	438	2 668	5 812	15 273	28 180	54 774	73 330
广南县	Guangnan	694	3 535	7 263	18 446	40 933	68 162	93 164
富宁县	Funing	589	2 877	6 110	13 930	32 076	54 163	74 722
州本级	Prefecture-level	2 387	3 687	13 346	20 888	43 153	88 384	78 681
西双版纳州	**Xishuangbanna**	**2 644**	**15 981**	**36 457**	**63 148**	**128 223**	**207 656**	**256 780**
景洪市	Jinghong	511	4 913	10 453	19 415	38 608	68 077	84 007
勐海县	Menghai	538	3 997	8 107	13 038	27 157	47 292	60 102

20-10 续表3 continued

单位：万元 (10 000 yuan)

地 区	Region	1978年	1990年	1995年	2000年	2005年	2007年	2008年
勐腊县	Mengla	418	3 221	7 928	11 699	25 423	43 059	50 792
州本级	Prefecture-level	1 177	3 850	9 969	18 996	37 035	49 228	61 879
大 理 州	**Dali**	**7 515**	**53 428**	**114 829**	**207 071**	**396 589**	**607 140**	**750 219**
大理市	Dali	774	8 654	18 961	35 167	83 134	123 929	143 945
漾濞县	Yangbi	205	1 551	3 602	8 761	16 185	24 822	29 901
祥云县	Xiangyun	437	4 236	10 463	16 552	30 976	52 676	67 986
宾川县	Binchuan	433	3 550	8 104	15 264	30 106	52 717	62 478
弥渡县	Midu	362	2 847	6 010	11 717	21 813	35 041	48 120
南涧县	Nanjian	290	2 271	5 688	11 624	21 868	31 822	36 916
巍山县	Weishan	407	3 025	6 374	13 542	22 715	37 874	46 087
永平县	Yongping	293	2 160	5 317	10 614	17 810	29 716	35 432
云龙县	Yunlong	352	2 777	5 402	11 144	20 288	34 408	42 232
洱源县	Eryuan	360	3 012	6 712	13 014	26 364	37 633	46 519
剑川县	Jianchuan	294	2 102	4 676	11 290	19 543	31 809	37 548
鹤庆县	Heqing	357	2 433	6 687	11 067	23 633	37 431	56 542
州本级	Prefecture-level	2 951	14 809	26 833	35 167	62 154	77 262	96 513
德 宏 州	**Dehong**	**4 551**	**24 760**	**43 640**	**71 826**	**168 212**	**280 082**	**365 934**
瑞丽市	Ruili	367	4 128	7 210	11 780	23 965	39 297	55 866
潞西市	Luxi	761	4 009	8 287	12 048	30 962	53 660	71 256
梁河县	Lianghe	450	2 082	4 359	7 644	17 165	27 573	37 077
盈江县	Yingjiang	592	3 632	7 484	11 594	29 865	51 213	87 785
陇川县	Longchuan	469	2 550	5 168	9 306	19 689	32 018	47 398
州本级	Prefecture-level	1 793	6 845	9 335	19 454	46 566	76 321	66 552
怒 江 州	**Nujiang**	**2 060**	**11 496**	**22 933**	**49 498**	**102 507**	**174 157**	**210 626**
泸水县	Lushui	369	2 676	4 799	11 283	28 780	37 151	46 680
福贡县	Fugong	291	1 671	3 178	7 871	14 490	24 191	32 619
贡山县	Gongshan	214	1 112	1 911	5 856	10 656	18 788	25 571
兰坪县	Lanping	439	3 354	7 803	13 577	27 184	58 620	63 542
州本级	Prefecture-level	488	2 683	5 242	10 911	21 397	35 407	42 214
迪 庆 州	**Diqing**	**1 714**	**9 917**	**20 713**	**50 252**	**107 095**	**186 863**	**235 493**
香格里拉县	Shangri-La	463	3 129	6 563	16 310	32 023	49 936	63 819
德钦县	Deqin	399	2 720	3 364	9 804	16 185	32 728	44 575
维西县	Weixi	382	1 873	5 223	12 409	24 994	35 804	50 821
州本级	Prefecture-level	470	2 195	5 563	11 729	33 893	68 395	76 278
省本级	**Provincial-level**	**78 737**	**187 562**	**749 437**	**1 281 714**	**2 191 438**	**2 602 004**	**3409 485**

注：1994年以后全省分县财政支出数按新财政体制口径统计。

Note: Data of government expenditure by county after 1994 have been recorded according to the new financial system.

20-11 各县市人均财政支出（2006-2008年）

Per Capita Government Expenditure by County and City (2006-2008)

单位：元/人 (yuan/person)

地区	Region	2006年	2007年	2008年	地区	Region	2006年	2007年	2008年
全省合计	**Total**	**2 000**	**2 524**	**3 247**	龙陵县	Longling	1 280	1 640	2 053
昆明市	**Kunming**	**2 184**	**2 667**	**3 756**	昌宁县	Changning	999	1 242	1 660
五华区	Wuhua	1 145	1 332	1 688	**昭通市**	**Zhaotong**	**953**	**1 216**	**1 674**
盘龙区	Panlong	1 215	1 423	1 907	昭阳区	Zhaoyang	870	1 037	1 405
官渡区	Guandu	1 123	1 409	2 433	鲁甸县	Ludian	923	1 247	1 754
西山区	Xishan	1 140	1 335	2 067	巧家县	Qiaojia	733	1 091	1 392
东川区	Dongchuan	2 454	4 123	4 276	盐津县	Yanjin	1 066	1 147	1 542
呈贡县	Chenggong	1 660	2 205	3 223	大关县	Daguan	1 162	1 413	1 943
晋宁县	Jinning	1 463	1 791	2 489	永善县	Yongshan	832	1 220	1 823
富民县	Fuming	1 646	2 059	2 521	绥江县	Suijiang	1 107	1 557	1 966
宜良县	Yiliang	994	1 186	1 677	镇雄县	Zhenxiong	575	766	1 118
石林县	Shilin	1 417	1 676	2 309	彝良县	Yiliang	689	959	1 389
嵩明县	Songming	1 240	1 559	2 077	威信县	Weixin	850	1 141	1 689
禄劝县	Luquan	1 073	1 310	1 634	水富县	Shuifu	2 377	2 748	3 990
寻甸县	Xundian	1 063	1 286	1 721	**丽江市**	**Lijiang**	**1 847**	**2 364**	**3 012**
安宁市	Anning	3 136	3 679	4 366	古城区	Gucheng	1 976	2 733	3 198
曲靖市	**Qujing**	**1 216**	**1 578**	**2 032**	玉龙县	Yulong	1 584	1 774	2 349
麒麟区	Qilin	1 058	1 233	1 665	永胜县	Yongsheng	1 049	1 486	1 849
马龙县	Malong	1 413	1 753	2 422	华坪县	Huaping	2 504	3 201	3 855
陆良县	Luliang	900	1 196	1 602	宁蒗县	Ninglang	1 303	1 901	2 762
师宗县	Shizong	1 135	1 413	1 934	**普洱市**	**Pu'er**	**1 457**	**2 167**	**2 300**
罗平县	Luoping	921	1 212	1 557	思茅区	Simao	1 521	2 337	2 346
富源县	Fuyuan	1 031	1 452	1 864	宁洱县	Ning'er	1 468	4 237	2 268
会泽县	Huize	1 036	1 286	1 664	墨江县	Mojiang	931	1 326	1 609
沾益县	Zhanyi	1 159	1 498	1 930	景东县	Jingdong	1 004	1 250	1 556
宣威市	Xuanwei	903	1 097	1 491	景谷县	Jinggu	1 049	1 476	1 701
玉溪市	**Yuxi**	**2 195**	**2 679**	**3 195**	镇沅县	Zhenyuan	1 255	1 628	1 964
红塔区	Hongta	1 517	1 856	2 108	江城县	Jiangcheng	1 553	2 311	2 254
江川县	Jiangchuan	1 262	1 420	1 882	孟连县	Menglian	1 437	1 932	2 376
澄江县	Chengjiang	1 815	1 752	2 460	澜沧县	Lancang	957	1 391	1 827
通海县	Tonghai	1 125	1 347	1 585	西盟县	Ximeng	1 835	2 436	3 122
华宁县	Huaning	1 259	1 498	2 031	**临沧市**	**Lincang**	**1 235**	**1 631**	**2 070**
易门县	Yimen	1 851	2 059	2 370	临翔区	Linxiang	1 086	1 492	1 865
峨山县	Eshan	2 131	2 518	2 935	凤庆县	Fengqing	811	1 104	1 495
新平县	Xinping	1 811	2 409	2 908	云县	Yunxian	839	1 124	1 329
元江县	Yuanjiang	1 538	1 905	2 159	永德县	Yongde	834	1 176	1 493
保山市	**Baoshan**	**1 151**	**1 487**	**1 908**	镇康县	Zhenkang	1 350	1 946	2 583
隆阳区	Longyang	822	1 035	1 359	双江县	Shuangjiang	1 247	1 676	2 457
施甸县	Shidian	936	1 296	1 642	耿马县	Gengma	1 083	1 437	1 890
腾冲县	Tengchong	1 090	1 628	2 052	沧源县	Cangyuan	1 353	1 982	2 650

20-11 续表 continued

单位：元/人 (yuan/person)

地　区	Region	2006年	2007年	2008年	地　区	Region	2006年	2007年	2008年
楚 雄 州	**Chuxiong**	**1 634**	**2 132**	**2 607**	富宁县	Funing	1 044	1 371	1 884
楚雄市	Chuxiong	1 337	1 858	2 254	**西双版纳州**	**Xishuangbanna**	**1 578**	**1 957**	**2 405**
双柏县	Shuangbo	1 271	1 892	2 408	景洪市	Jinghong	1 097	1 433	1 757
牟定县	Mouding	1 136	1 472	1 865	勐海县	Menghai	1 044	1 433	1 811
南华县	Nanhua	1 105	1 605	1 778	勐腊县	Mengla	1 400	1 682	1 972
姚安县	Yao'an	1 114	1 506	1 876	**大 理 州**	**Dali**	**1 441**	**1 743**	**2 152**
大姚县	Dayao	1 109	1 430	1 872	大理市	Dali	1 800	1 986	2 292
永仁县	Yongren	1 748	2 322	3 293	漾濞县	Yangbi	1 716	2 320	2 848
元谋县	Yuanmou	1 199	1 608	2 535	祥云县	Xiangyun	865	1 160	1 506
武定县	Wuding	1 084	1 462	1 956	宾川县	Binchuan	1 116	1 546	1 827
禄丰县	Lufeng	1 205	1 638	1 862	弥渡县	Midu	884	1 109	1 516
红 河 州	**Honghe**	**1 468**	**1 881**	**2 444**	南涧县	Nanjian	1 109	1 433	1 659
个旧市	Gejiu	1 663	2 142	2 847	巍山县	Weishan	882	1 218	1 482
开远市	Kaiyuan	1 495	1 989	2 670	永平县	Yongping	1 216	1 615	1 934
蒙自县	Mengzi	1 345	1 789	2 232	云龙县	Yunlong	1 359	1 662	2 036
屏边县	Pingbian	1 296	1 696	2 244	洱源县	Eryuan	1 123	1 364	1 682
建水县	Jianshui	986	1 308	1 635	剑川县	Jianchuan	1 419	1 807	2 133
石屏县	Shiping	1 143	1 449	1 886	鹤庆县	Heqing	1 191	1 412	2 123
弥勒县	Mile	1 117	1 519	1 956	**德 宏 州**	**Dehong**	**1 906**	**2 392**	**3 099**
泸西县	Luxi	935	1 214	1 778	瑞丽市	Ruili	1 989	2 367	3 331
元阳县	Yuanyang	776	1 031	1 341	潞西市	Luxi	1 095	1 439	1 892
红河县	Honghe	924	1 192	1 465	梁河县	Lianghe	1 371	1 723	2 310
金平县	Jinping	949	1 391	1 809	盈江县	Yingjiang	1 298	1 736	2 951
绿春县	Luchun	1 068	1 647	2 184	陇川县	Longchuan	1 549	1 799	2 644
河口县	Hekou	2 375	2 475	3 536	**怒 江 州**	**Nujiang**	**2 707**	**3 298**	**3 967**
文 山 州	**Wenshan**	**1 162**	**1 545**	**1 951**	泸水县	Lushui	1 829	2 008	2 504
文山县	Wenshan	1 374	1 557	2 011	福贡县	Fugong	2 133	2 574	3 426
砚山县	Yanshan	885	1 160	1 700	贡山县	Gongshan	3 219	5 078	6 874
西畴县	Xichou	1 184	1 485	1 956	兰坪县	Lanping	2 091	2 778	2 986
麻栗坡县	Malipo	1 232	1 745	2 189	**迪 庆 州**	**Diqing**	**3 750**	**5 010**	**6 263**
马关县	Maguan	1 106	1 476	1 935	香格里拉县	Shangri-La	2 385	3 181	4 011
丘北县	Qiubei	860	1 191	1 589	德钦县	Deqin	3 613	5 195	7 064
广南县	Guangnan	698	892	1 212	维西县	Weixi	1 900	2 340	3 315

20-12 主要年份各县市城乡居民储蓄存款年末余额
Balance of Savings Deposits of Rural and Urban Residents at Year-end in Significant Years

单位：万元 (10 000 yuan)

地 区	Region	1978年	1990年	1995年	2000年	2005年	2007年	2008年
全省合计	**Total**	**42 010**	**1 178 897**	**5 001 334**	**11 382 215**	**24 302 841**	**30 464 040**	**37837 849**
昆 明 市	**Kunming**	**17 425**	**317 701**	**1 690 241**	**4438340**	**9 938 095**	**12 121 674**	**15253 598**
五华区	Wuhua	9 391	2 646 490	643 779	2 646 490	6 424 160	7 643 653	
盘龙区	Panlong							
官渡区	Guandu					991 633	1 241 419	1664 160
西山区	Xishan					692 175	809 357	1286 718
东川区	Dongchuan	443	8 103	33 509	62 756	146 629	248 736	280 118
呈贡县	Chenggong	608	10 127	37 091	100 761	271 043	425 673	521 573
晋宁县	Jinning	700	11 760	38 448	93 964	171 098	232 011	293 743
富民县	Fuming	185	4 751	18 784	43 252	84 857	112 634	134 731
宜良县	Yiliang	581	19 689	70 139	177 236	287 195	352 645	421 022
石林县	Shilin	185	7 434	30 173	66 022	104 561	126 123	163 069
嵩明县	Songming	257	10 023	37 883	93 839	171 613	213 550	251 298
禄劝县	Luquan	181	3 190	15 560	40 181	81 566	113 870	146 420
寻甸县	Xundian	430	3 674	18 063	45 053	104 951	143 409	176 632
安宁市	Anning	1 190	9 561	39 228	122 119	406 614	458 594	589 740
曲 靖 市	**Qujing**	**9 152**	**89 460**	**409 561**	**907 860**	**2 128 614**	**2 743 776**	**3524 510**
麒麟区	Qilin	2 233	31 122	105 180	295 890	809 648	989 468	1295 650
马龙县	Malong	282	3 717	13 526	22 987	63 338	85 191	104 323
陆良县	Luliang	952	11 106	36 855	89 412	170 399	226 269	282 796
师宗县	Shizong	464	3 570	12 322	32 188	100 029	140 470	177 367
罗平县	Luoping	285	5 777	18 150	47 170	126 779	164 494	198 131
富源县	Fuyuan	947	6 389	20 361	56 856	191 202	274 009	375 873
会泽县	Huize	837	7 150	29 924	85 014	189 362	242 156	285 603
沾益县	Zhanyi				60 725	132 762	161 806	197 342
宣威市	Xuanwei	2 722	16 955	47 311	142 161	345 095	459 917	607 424
玉 溪 市	**Yuxi**	**2 729**	**95 220**	**398 720**	**1 004 913**	**1 888 479**	**2 114 014**	**2661 610**
红塔区	Hongta	1 076	34 596	114 516	407 108	899 354	1 008 954	1274 663
江川县	Jiangchuan	139	9 110	34 982	89 495	156 500	180 655	223 462
澄江县	Chengjiang	159	6 884	23 411	61 165	123 725	124 030	157 624
通海县	Tonghai	280	14 082	42 886	103 604	231 366	267 273	326 894
华宁县	Huaning	141	6 990	6 872	61 886	96 253	99 879	126 254
易门县	Yimen	289	7 053	22 757	56 277	103 887	113 910	146 859
峨山县	Eshan	165	5 129	15 125	41 262	105 922	119 916	150 646
新平县	Xinping	238	5 291	14 522	42 687	100 602	121 480	155 535
元江县	Yuanjiang	242	6 085	16 501	41 385	70 870	77 885	99 673

20-12 续表1 continued

单位：万元 (10 000 yuan)

地区	Region	1978年	1990年	1995年	2000年	2005年	2007年	2008年
保山市	**Baoshan**	**1 506**	**44 546**	**212 918**	**447 668**	**781 438**	**1 043 351**	**1 270 847**
隆阳区	Longyang	573	20114	67786	185739	333 669	431 773	520 316
施甸县	Shidian	89	3 762	16 418	33 038	60 736	80 878	100 853
腾冲县	Tengchong	463	12 436	50 015	132 312	248 982	332 086	417 076
龙陵县	Longling	169	4 266	15 294	39 729	73 617	102 213	124 403
昌宁县	Changning	213	3 968	15 377	37 426	64 434	96 399	108 199
昭通市	**Zhaotong**	**3 543**	**34 797**	**199 804**	**339 809**	**854 319**	**1 184 923**	**1 500 095**
昭阳区	Zhaoyang	705	11 988	42 119	119 787	289 573	356 874	460 985
鲁甸县	Ludian	151	1 214	3 832	11 690	31 366	46 534	60 235
巧家县	Qiaojia	342	2 629	7 831	20 593	48 180	70 899	87 980
盐津县	Yanjin	275	1 791	5 269	15 862	51 355	79 603	97 879
大关县	Daguan	274	1 477	4 438	13 415	33 983	52 345	67 308
永善县	Yongshan	190	2 300	7 795	19 930	69 928	100 342	132 253
绥江县	Suijiang	262	2 193	7 397	17 993	39 107	61 574	81 583
镇雄县	Zhenxiong	735	3 872	11 563	33 148	97 401	137 049	186 648
彝良县	Yiliang	258	2 426	7 103	19 519	66 911	103 367	112 968
威信县	Weixin	212	2 422	6 868	14 669	47 219	83 637	103 261
水富县	Shuifu	139	2 485	10 351	23 942	79 296	92 699	108 995
丽江市	**Lijiang**	**1 951**	**21 960**	**101 134**	**245 253**	**536 555**	**739 037**	**940 513**
古城区	Gucheng					311 384	406 668	501 488
玉龙县	Yulong							
永胜县	Yongsheng	385	4 975	23 165	53 531	101 121	136 921	177 784
华坪县	Huaping	356	4 361	16 302	37 822	93 278	148 911	200 494
宁蒗县	Ninglang	282	3 019	8 965	18 263	30 772	46 537	60 855
普洱市	**Pu'er**	**2 233**	**38 683**	**153 412**	**363 170**	**742 923**	**1 010 896**	**1 192 381**
思茅区	Simao	463	9 989	25 721	102 746	252 857	318 797	395 629
宁洱县	Ning'er	440	5 823	15 284	37 876	71 414	110 072	119 748
墨江县	Mojiang	241	4 300	13 108	32 375	65 717	93 552	106 241
景东县	Jingdong	240	3 683	11 922	32 076	63 175	88 147	103 769
景谷县	Jinggu	207	3 485	11 658	32 032	80 900	103 359	119 083
镇沅县	Zhenyuan	155	2 515	7 915	20 282	51 662	73 036	87 843
江城县	Jiangcheng	114	1 680	4 505	10 710	26 776	38 988	44 772
孟连县	Menglian	64	1 757	5 755	28 280	58 722	83 085	96 727
澜沧县	Lancang	245	4 600	13 184	27 665	59 709	85 352	99 501
西盟县	Ximeng	56	850	1 963	6 502	11 991	16 508	19 065
临沧市	**Lincang**	**1 045**	**25 890**	**102 931**	**243 038**	**483 790**	**627 746**	**743 313**
临翔区	Linxiang	347	6 731	16 559	67 310	142 281	158 990	196 133
凤庆县	Fengqing	129	4 051	12 408	28 331	65 417	93 802	106 840
云　县	Yunxian	82	3 343	11 600	40 146	75 595	95 907	113 127
永德县	Yongde	100	2 527	8 958	18 672	39 171	57 900	68 487
镇康县	Zhenkang	52	1 065	4 506	14 285	35 780	51 229	59 380
双江县	Shuangjiang	64	1 983	4 971	11 137	25 178	37 493	43 267
耿马县	Gengma	167	4 254	12 609	35 833	71 453	91 054	110 368
沧源县	Cangyuan	99	1 936	4 580	12 807	28 914	41 371	45 709

20-12　续表2　continued

单位：万元　(10 000 yuan)

地　区	Region	1978年	1990年	1995年	2000年	2005年	2007年	2008年
楚 雄 州	**Chuxiong**	**1 591**	**51 492**	**237 398**	**526 264**	**1 071 294**	**1 237 663**	**1 574 931**
楚雄市	Chuxiong	483	15 069	47 250	152 886	402 243	460 863	592 717
双柏县	Shuangbo	54	2 321	7 285	17 651	38 211	46 123	60 819
牟定县	Mouding	85	3 120	10 454	26 447	52 602	65 519	83 914
南华县	Nanhua	65	3 009	10 856	28 520	56 211	69 832	86 411
姚安县	Yao'an	85	2 840	9 794	26 488	58 726	70 700	86 980
大姚县	Dayao	129	3 945	13 277	37 551	81 503	95 129	115 222
永仁县	Yongren	41	1 380	5 092	14 808	32 274	35 549	45 048
元谋县	Yuanmou	94	3 721	14 119	28 880	66 740	77 640	95 199
武定县	Wuding	71	3 049	12 311	31 572	70 644	88 971	115 622
禄丰县	Lufeng	484	13 038	44 713	106 901	212 140	227 319	292 899
红 河 州	**Honghe**	**5 151**	**129 729**	**475 935**	**1 034 042**	**2 028 010**	**2 629 548**	**3 170 064**
个旧市	Gejiu	1 373	37 089	99 121	274 512	531 410	666 115	798 713
开远市	Kaiyuan	696	19 398	56 146	140 898	305 698	351 342	419 584
蒙自县	Mengzi	527	10 610	26 935	66 220	211 151	290 188	368 957
屏边县	Pingbian	90	1 920	6 018	13 859	32 102	41 617	48 514
建水县	Jianshui	752	18 360	51 887	138 973	260 864	375 551	425 571
石屏县	Shiping	587	12 235	36 362	81 584	147 754	177 155	212 323
弥勒县	Mile	336	10 786	31 217	86 913	208 038	253 895	321 650
泸西县	Luxi	146	5 577	19 206	37 009	115 674	170 142	218 143
元阳县	Yuanyang	102	2 757	10 252	24 709	45 739	71 334	80 350
红河县	Honghe	95	2 224	6 090	14 511	30 126	42 965	53 312
金平县	Jinping	149	3 042	8 149	17 321	41 000	58 364	72 563
绿春县	Luchun	101	1 528	4 379	8 317	20 153	29 340	34 219
河口县	Hekou	197	4 203	10 416	26 734	78 301	101 539	116 165
文 山 州	**Wenshan**	**2 865**	**43 207**	**161 846**	**347 726**	**781 706**	**1 151 072**	**1 377 083**
文山县	Wenshan	831	15 901	34 987	107 806	293 287	391 122	465 020
砚山县	Yanshan	300	4 755	13 307	36 988	95 691	141 644	168 316
西畴县	Xichou	118	2 790	7 489	16 944	38 286	57 577	72 359
麻栗坡县	Malipo	308	3 741	11 232	23 534	62 001	107 279	136 631
马关县	Maguan	385	5 265	14 115	37 289	94 674	149 300	169 291
丘北县	Qiubei	259	3 601	9 737	24 412	50 624	78 709	100 230
广南县	Guangnan	425	4 364	12 253	27 503	76 252	126 329	151 051
富宁县	Funing	239	2 790	7 509	18 950	70 891	99 112	114 185
西双版纳州	**Xishuangbanna**	**2 469**	**34 843**	**148 108**	**294 415**	**633 452**	**785 470**	**954 616**
景洪市	Jinghong	834	20 991	27 150	165 222	401 917	473 078	594 975
勐海县	Menghai	710	6 065	7 023	45 002	88 343	113 959	135 993

20-12 续表3 continued

单位：万元 (10 000 yuan)

地　区	Region	1978年	1990年	1995年	2000年	2005年	2007年	2008年
勐腊县	Mengla	925	9 013	7 792	51 910	143 192	198 435	223 647
大 理 州	**Dali**	**2 202**	**61 110**	**295 092**	**695 967**	**1 430 810**	**1 777 081**	**2 161 635**
大理市	Dali	1 172	29 878	99 301	322 109	736 165	855 107	1 025 590
漾濞县	Yangbi	58	1 959	5 601	17 199	29 057	35 447	41 894
祥云县	Xiangyun	143	5 174	19 531	57 474	137 700	181 672	221 638
宾川县	Binchuan	132	3 545	10 944	35 654	83 509	96 003	130 255
弥渡县	Midu	102	3 695	7 848	35 074	74 868	102 776	128 834
南涧县	Nanjian	56	1 735	5 594	18 563	41 049	50 031	64 461
巍山县	Weishan	86	2 889	18 334	43 498	66 793	89 899	105 872
永平县	Yongping	81	1 711	5 264	20 978	35 314	48 675	60 860
云龙县	Yunlong	75	2 200	7 037	18 588	32 462	50 782	61 633
洱源县	Eryuan	116	2 775	11 804	36 294	64 874	81 348	95 682
剑川县	Jianchuan	74	2 094	7 356	21 437	43 658	62 623	74 901
鹤庆县	Heqing	109	3 455	13 164	37 174	84 893	122 716	150 013
德 宏 州	**Dehong**	**1 052**	**27 883**	**155 400**	**366 642**	**717 818**	**895 604**	**1 061 721**
瑞丽市	Ruili	201	4 830	24 655	129 062	291 551	384 490	469 797
潞西市	Luxi	373	9 750	32 889	116 101	215 498	247 121	299 320
梁河县	Lianghe	77	3 061	10 218	24 002	39 438	52 914	61 189
盈江县	Yingjiang	172	5 480	18 711	48 440	116 844	136 446	143 909
陇川县	Longchuan	159	3 782	11 196	31 566	54 487	74 633	87 504
怒 江 州	**Nujiang**	**161**	**5 868**	**40 344**	**67 270**	**159 134**	**213 411**	**236 261**
泸水县	Lushui	68	2 478	6 771	27 701	76 072	80 873	96 634
福贡县	Fugong	15	542	1 142	3 954	12 483	14 907	18 410
贡山县	Gongshan	22	450	1 198	3 437	7 351	11 991	13 106
兰坪县	Lanping	30	2 398	9 002	28 263	63 228	105 640	108 111
迪 庆 州	**Diqing**	**1 102**	**6 376**	**26 632**	**60 961**	**126 404**	**188 858**	**236 914**
香格里拉县	Shangri-La	603	3 667	12 656	36 609	87 384	129 043	163 957
德钦县	Deqin	254	1 099	3 055	8 176	14 855	23 602	25 717
维西县	Weixi	245	1 610	5 426	13 380	24 165	36 118	47 240

20-13 各县市城乡居民人均储蓄存款(2006-2008年)
Per Capita Savings Deposits of Rural and Urban Residents by County and City (2006-2008)

单位：元/人 (yuan/person)

地 区	Region	2006年	2007年	2008年	地 区	Region	2006年	2007年	2008年
全省合计	**Total**	**6 368**	**6 772**	**8355**	龙陵县	Longling	3 251	3 749	4540
昆 明 市	**Kunming**	**18 792**	**19 638**	**24539**	昌宁县	Changning	2 138	2 805	3150
五华区	Wuhua	44 936	50 056		**昭 通 市**	**Zhaotong**	**2 077**	**2 285**	**2845**
盘龙区	Panlong				昭阳区	Zhaoyang	4 488	4 611	5785
官渡区	Guandu	15 972	16 645	22146	鲁甸县	Ludian	984	1 217	1595
西山区	Xishan	11 115	11 762	18397	巧家县	Qiaojia	1 169	1 339	1633
东川区	Dongchuan	7 356	8 552	9585	盐津县	Yanjin	1 796	2 155	2623
呈贡县	Chenggong	17 449	18 961	23002	大关县	Daguan	1 855	2 063	2621
晋宁县	Jinning	7 269	8 203	10424	永善县	Yongshan	2 150	2 525	3360
富民县	Fuming	6 736	7 526	8958	绥江县	Suijiang	3 201	3 938	5175
宜良县	Yiliang	7 833	8 451	9974	镇雄县	Zhenxiong	874	1 043	1370
石林县	Shilin	5 197	5 264	6754	彝良县	Yiliang	1 979	1 918	2079
嵩明县	Songming	5 716	6 176	7215	威信县	Weixin	1 640	2 234	2732
禄劝县	Luquan	2 238	2 586	3303	水富县	Shuifu	10 279	9 753	11383
寻甸县	Xundian	4 339	2 845	3485	**丽 江 市**	**Lijiang**	**5 368**	**6 085**	**7719**
安宁市	Anning	28 534	14 492	18499	古城区	Gucheng	22 092	23 837	29301
曲 靖 市	**Qujing**	**4 370**	**4 801**	**6124**	玉龙县	Yulong			
麒麟区	Qilin	13 877	14 402	18688	永胜县	Yongsheng	3 009	3 452	4467
马龙县	Malong	3 888	4 479	5446	华坪县	Huaping	7 080	9 103	12214
陆良县	Luliang	3 405	3 696	4586	宁蒗县	Ninglang	1 569	1 831	2386
师宗县	Shizong	3 039	3 722	4662	**普 洱 市**	**Pu'er**	**3 490**	**3 926**	**4624**
罗平县	Luoping	2 818	3 038	3637	思茅区	Simao	11 722	12 460	15424
富源县	Fuyuan	3 118	3 899	5339	宁洱县	Ning'er	4 383	5 659	6149
会泽县	Huize	2 509	2 767	3197	墨江县	Mojiang	2 159	2 469	2801
沾益县	Zhanyi	3 745	4 050	4887	景东县	Jingdong	2 108	2 327	2737
宣威市	Xuanwei	3 077	3 460	4574	景谷县	Jinggu	3 033	3 339	3841
玉 溪 市	**Yuxi**	**9 487**	**9 375**	**11725**	镇沅县	Zhenyuan	3 001	3 409	4095
红塔区	Hongta	21 758	21 511	26980	江城县	Jiangcheng	2 856	3 287	3747
江川县	Jiangchuan	6 338	6 536	8031	孟连县	Menglian	5 334	6 224	7235
澄江县	Chengjiang	8 552	7 642	9641	澜沧县	Lancang	1 479	1 713	1995
通海县	Tonghai	8 460	8 884	10797	西盟县	Ximeng	1 634	1 789	2062
华宁县	Huaning	5 016	4 725	5930	**临 沧 市**	**Lincang**	**2 389**	**2 652**	**3130**
易门县	Yimen	6 922	6 387	8193	临翔区	Linxiang	5 219	5 242	6442
峨山县	Ershan	7 506	7 483	9348	凤庆县	Fengqing	1 726	2 078	2357
新平县	Xinping	4 206	4 315	5486	云 县	Yunxian	1 953	2 164	2544
元江县	Yuanjiang	3 824	3 625	4609	永德县	Yongde	1 345	1 589	1873
保 山 市	**Baoshan**	**3 736**	**4 260**	**5172**	镇康县	Zhenkang	2 616	3 009	3470
隆阳区	Longyang	4 445	4 901	5879	双江县	Shuangjiang	1 759	2 103	2414
施甸县	Shidian	2 124	2 502	3118	耿马县	Gengma	2 945	3 223	3901
腾冲县	Tengchong	4 663	5 283	6610	沧源县	Cangyuan	2 008	2 391	2633

20-13 续表 continued

单位：元/人 (yuan/person)

地 区	Region	2006年	2007年	2008年	地 区	Region	2006年	2007年	2008年
楚 雄 州	**Chuxiong**	**4 547**	**4 622**	**5861**	富宁县	Funing	2 164	2 512	2878
楚雄市	Chuxiong	8 320	8 428	10802	**西双版纳州**	**Xishuangbanna**	**7 316**	**7 405**	**8945**
双柏县	Shuangbo	2 856	2 904	3820	景洪市	Jinghong	10 040	9 955	12445
牟定县	Mouding	2 946	3 205	4094	勐海县	Menghai	3 160	3 455	4100
南华县	Nanhua	2 780	2 924	3609	勐腊县	Mengla	7 616	7 760	8687
姚安县	Yao'an	3 385	3 402	4175	**大 理 州**	**Dali**	**4 858**	**5 102**	**6200**
大姚县	Dayao	3 227	3 297	3981	大理市	Dali	13 728	13 695	16325
永仁县	Yongren	3 374	3 284	4148	漾濞县	Yangbi	3 263	3 328	3998
元谋县	Yuanmou	3 580	3 658	4474	祥云县	Xiangyun	3 579	4 005	4910
武定县	Wuding	3 149	3 232	4176	宾川县	Binchuan	2 771	2 812	3810
禄丰县	Lufeng	5 218	5 202	6677	弥渡县	Midu	2 820	3 248	4060
红 河 州	**Honghe**	**5 565**	**6 032**	**7217**	南涧县	Nanjian	2 133	2 254	2896
个旧市	Gejiu	13 713	14 617	17531	巍山县	Weishan	2 693	2 893	3405
开远市	Kaiyuan	11 136	11 272	13420	永平县	Yongping	2 308	2 648	3322
蒙自县	Mengzi	6 334	7 308	9220	云龙县	Yunlong	1 956	2 451	2970
屏边县	Pingbian	2 526	2 793	3259	洱源县	Eryuan	2 774	2 950	3459
建水县	Jianshui	6 436	7 194	8109	剑川县	Jianchuan	3 101	3 562	4257
石屏县	Shiping	5 702	6 046	7202	鹤庆县	Heqing	4 149	4 625	5637
弥勒县	Mile	4 800	4 864	6097	**德 宏 州**	**Dehong**	**7 319**	**7 648**	**8990**
泸西县	Luxi	3 653	4 385	5583	瑞丽市	Ruili	20 957	23 142	28022
元阳县	Yuanyang	1 519	1 865	2076	潞西市	Luxi	6 720	6 632	7951
红河县	Honghe	1 288	1 506	1856	梁河县	Lianghe	2 980	3 310	3810
金平县	Jinping	1 561	1 738	2119	盈江县	Yingjiang	4 803	4 629	4842
绿春县	Luchun	1 127	1 376	1575	陇川县	Longchuan	3 903	4 202	4886
河口县	Hekou	9 372	9 863	11240	**怒 江 州**	**Nujiang**	**3 898**	**4 045**	**4448**
文 山 州	**Wenshan**	**2 852**	**3 386**	**4027**	泸水县	Lushui	4 902	4 374	5191
文山县	Wenshan	7 846	8 802	10371	福贡县	Fugong	1 522	1 581	1939
砚山县	Yanshan	2 602	3 132	3702	贡山县	Gongshan	2 563	3 241	3523
西畴县	Xichou	1 837	2 291	2872	兰坪县	Lanping	4 313	4 996	5079
麻栗坡县	Malipo	3 036	3 905	4958	**迪 庆 州**	**Diqing**	**4 019**	**5 060**	**6305**
马关县	Maguan	3 609	4 155	4677	香格里拉县	Shangri-La	6 618	8 219	10305
丘北县	Qiubei	1 317	1 712	2171	德钦县	Deqin	2 811	3 749	4072
广南县	Guangnan	1 286	1 654	1966	维西县	Weixi	1 869	2 356	3078

20-14 各县市农民人均纯收入（2005-2008年）

Per Capita Net Income of Farmers by City and County（2005-2008）

单位：元/人 (yuan/person)

地 区	Region	2005年	2006年	2007年	2008年
全省合计	**Total**	**2 042**	**2 251**	**2 634**	**3 103**
昆明市	**Kunming**	**3 258**	**3 520**	**4 004**	**4 610**
五华区	Wuhua	4 254	4 595	5 266	5 991
盘龙区	Panlong	4 269	4 570	5 249	5 936
官渡区	Guandu	4 950	5 376	5 965	6 836
西山区	Xishan	4 978	5 288	5 938	6 672
东川市	Dongchuan	1 388	1 529	1 814	2 341
呈贡县	Chenggong	4 569	4 774	5 459	6 225
晋宁县	Jinning	3 229	3 391	3 820	4 334
富民县	Fuming	3 091	3 317	3 927	4 370
宜良县	Yiliang	3 308	3 539	3 999	4 600
石林县	Shilin	3 089	3 339	3 708	4 216
嵩明县	Songming	3 006	3 222	3 664	4 163
禄劝县	Luquan	1 632	1 779	2 041	2 346
寻甸县	Xundian	1 890	2 096	2 460	2 795
安宁市	Anning	3 759	4 058	4 669	5 563
曲靖市	**Qujing**	**2 078**	**2296**	**2 666**	**3 166**
麒麟区	Qilin	3 207	3528	3 847	4 540
马龙县	Malong	1 780	1960	2 260	2 750
陆良县	Luliang	2 805	3059	3 426	3 937
师宗县	Shizong	1 864	2061	2 326	2 857
罗平县	Luoping	2 168	2475	2 925	3 513
富源县	Fuyuan	2 106	2309	2 685	3 287
会泽县	Huize	1 415	1500	1 753	2 113
沾益县	Zhanyi	2 660	2884	3 269	3 917
宣威市	Xuanwei	2 004	2170	2 541	3 118
玉溪市	**Yuxi**	**3 314**	**3 534**	**4 008**	**4 761**
红塔区	Hongta	4 431	4 687	5 216	6 006
江川县	Jiangchuan	3 258	3 469	3 946	4 670
澄江县	Chengjiang	3 497	3 714	4 221	5 009
通海县	Tonghai	3 854	4 074	4 621	5 401
华宁县	Huaning	3 056	3 275	3 725	4 453
易门县	Yimen	2 834	3 054	3 505	4 267
峨山县	Eshan	2 928	3 137	3 542	4 248
新平县	Xinping	2 688	2 886	3 288	4 005
元江县	Yuanjiang	2 591	2 785	3 188	4 006
保山市	**Baoshan**	**1 879**	**2 052**	**2 365**	**2 717**
隆阳区	Longyang	2 121	2 341	2 714	3 069
施甸县	Shidian	1 717	1 846	2 086	2 389
腾冲县	Tengchong	2 035	2 241	2 592	3 002
龙陵县	Longling	1 750	1 890	2 174	2 504
昌宁县	Changning	1 853	2 001	2 348	2 714
昭通市	**Zhaotong**	**1 300**	**1 456**	**1 704**	**2 116**
昭阳区	Zhaoyang	1 499	1 668	2 016	2 495
鲁甸县	Ludian	1 286	1 464	1 688	1 990
巧家县	Qiaojia	1 222	1 367	1 712	2 143
盐津县	Yanjin	1 248	1 404	1 660	2 060
大关县	Daguan	1 155	1 324	1 559	1 962
永善县	Yongshan	1 227	1 372	1 610	2 016
绥江县	Suijiang	1 361	1 512	1 765	2 224
镇雄县	Zhenxiong	1 207	1 351	1 568	1 852
彝良县	Yiliang	1 260	1 390	1 629	2 001
威信县	Weixin	1 334	1 489	1 725	2 123
水富县	Shuifu	1 920	2 119	2 352	2 656
丽江市	**Lijiang**	**1 459**	**1 610**	**1 922**	**2 374**
古城区	Gucheng	2 463	2 766	3 220	3 885
玉龙县	Yulong	1 570	1 729	2 036	2 507
永胜县	Yongsheng	1 427	1 548	1 849	2 315
华坪县	Huaping	1 705	1 970	2 326	2 842
宁蒗县	Ninglang	895	1 001	1 261	1 614
普洱市	**Pu'er**	**1 553**	**1 753**	**2 155**	**2 536**
思茅区	Simao	1 922	2 180	2 588	3 050
宁洱县	Ning'er	1 803	1 998	2 420	2 539
墨江县	Mojiang	1 084	1 191	1 469	1 888
景东县	Jingdong	1 503	1 736	2 102	2 556
景谷县	Jinggu	1 746	1 960	2 366	2 862
镇沅县	Zhenyuan	1 334	1 468	1 774	2 262
江城县	Jiangcheng	1 028	1 116	1 324	1 818
孟连县	Menglian	1 265	1 369	1 588	1 980
澜沧县	Lancang	912	1 006	1 202	1 421
西盟县	Ximeng	806	886	1 080	1 326
临沧市	**Lincang**	**1 346**	**1 488**	**2 001**	**2 363**
临翔区	Linxiang	1 532	1 687	2 068	2 402
凤庆县	Fengqing	1 326	1 470	2 077	2 501

20-14 续表 continued

单位：元/人 (yuan/person)

地 区	Region	2005年	2006年	2007年	2008年	地 区	Region	2005年	2006年	2007年	2008年
云 县	Yunxian	1 565	1 759	2 296	2 758	马关县	Maguan	1 442	1 566	1 796	2 102
永德县	Yongde	1 281	1 430	1 899	2 282	丘北县	Qiubei	1 314	1 425	1 647	1 896
镇康县	Zhenkang	1 158	1 260	1 705	1 993	广南县	Guangnan	1 200	1 299	1 516	1 921
双江县	Shuangjiang	1 011	1 106	1 574	2 009	富宁县	Funing	1 388	1 509	1 695	2 023
耿马县	Gengma	1 525	1 680	2 238	2 586	**西双版纳州**	**Xishuangbanna**	**2 172**	**2 413**	**2 727**	**3 213**
沧源县	Cangyuan	1 159	1 260	1 678	1 998	景洪市	Jinghong	2 468	2 774	3 103	3 611
楚雄州	**Chuxiong**	**2 223**	**2 385**	**2 737**	**3 110**	勐海县	Menghai	1 916	2 175	2 578	2 977
楚雄市	Chuxiong	2 484	2 668	3 068	3 528	勐腊县	Mengla	2 021	2 251	2 501	2 915
双柏县	Shuangbo	1 847	1 978	2 190	2 479	**大理州**	**Dali**	**2 251**	**2 431**	**2 677**	**3 078**
牟定县	Mouding	2 014	2 066	2 379	2 674	大理市	Dali	3 457	3 675	4 010	4 416
南华县	Nanhua	2 081	2 247	2 603	2 956	漾濞县	yangbi	1 581	1 771	2 031	2 383
姚安县	Yao'an	2 125	2 305	2 606	2 959	祥云县	Xiangyun	2 077	2 253	2 554	2 909
大姚县	Dayao	2 160	2 299	2 594	2 908	宾川县	Binchuan	2 307	2 504	2 795	3 038
永仁县	Yongren	1 802	1 967	2 303	2 575	弥渡县	Midu	1 839	1 950	2 147	2 398
元谋县	Yuanmou	2 838	3 044	3 556	4 019	南涧县	Nanjian	1 533	1 660	1 837	2 046
武定县	Wuding	1 791	1 890	2 141	2 356	巍山县	Weishan	1 538	1 632	1 750	1 960
禄丰县	Lufeng	2 530	2 695	3 161	3 597	永平县	Yongping	1 438	1 555	1 726	2 065
红河州	**Honghe**	**1 991**	**2 210**	**2 528**	**3 023**	云龙县	Yunlong	1 341	1 418	1 512	1 767
个旧市	Gejiu	3 264	3 498	4 096	4 676	洱源县	Eryuan	1 896	2 130	2 394	2 684
开远市	Kaiyuan	2 951	3 269	3 710	4 241	剑川县	Jianchuan	1 295	1 383	1 592	1 795
蒙自县	Mengzi	2 029	2 262	2 602	3 163	鹤庆县	Heqing	1 525	1 734	1 902	2 350
屏边县	Pingbian	1 256	1 332	1 425	1 667	**德宏州**	**Dehong**	**1 504**	**1 687**	**2 046**	**2 439**
建水县	Jianshui	2 215	2 473	2 767	3 196	瑞丽市	Ruili	2 130	2 366	2 957	3 372
石屏县	Shiping	2 147	2 276	2 550	3 009	潞西市	Luxi	1 654	1 806	2 296	2 734
弥勒县	Mile	2 112	2 350	2 690	3 160	梁河县	Lianghe	1 096	1 173	1 278	1 586
泸西县	Luxi	1 885	2 036	2 259	2 621	盈江县	Yingjiang	1 516	1 816	2 218	2 669
元阳县	Yuanyang	1 396	1 564	1 750	1 925	陇川县	Longchuan	1 275	1 408	1 580	1 853
红河县	Honghe	1 344	1 462	1 588	1 748	**怒江州**	**Nujiang**	**1 034**	**1 097**	**1 232**	**1 448**
金平县	Jinping	988	1 096	1 205	1 502	泸水县	Lushui	1 282	1 348	1 485	1 745
绿春县	Luchun	1 070	1 200	1 406	1 618	福贡县	Fugong	750	783	927	1 075
河口县	Hekou	1 760	1 950	2 235	2 698	贡山县	Gongshan	754	789	894	1 037
文山州	**Wenshan**	**1 365**	**1 487**	**1 704**	**2 027**	兰坪县	Lanping	1 332	1 406	1 572	1 877
文山县	Wenshan	1 610	1 764	2 063	2 476	**迪庆州**	**Diqing**	**1 425**	**1 614**	**2 287**	**2 595**
砚山县	Yangshan	1 484	1 630	1 862	2 149	香格里拉县	Shangri-La	1 558	1 765	2 396	2 696
西畴县	Xichou	1 171	1 265	1 435	1 750	德钦县	Deqin	1 424	1 607	2 273	2 616
麻栗坡县	Malipo	1 320	1 436	1 610	1 879	维西县	Weixi	1 285	1 461	2 186	2 468

注：按照国家统一的调查方法，统计口径，2002年以后各县农民人均纯收入数据均通过农村住户抽样调查取得。

Note: According to the national uniform investigation method and statistical coverage, the data of farmers' per capita net income in each county in 2002 were obtained by the sample surveys on rural households.

20-15 各县市农业总产值（2007-2008年）
Gross Output Value of Agriculture by County and City (2007-2008)

(按现行价格计算) (Calculated at current prices)

单位：万元 (10 000 yuan)

地 区	Region	2007年	2008年	地 区	Region	2007年	2008年
全省合计	**Total**	**14 147 868**	**16 414 600**	**保 山 市**	**Baoshan**	**859 230**	**1 023 444**
昆 明 市	**Kunming**	**1 504 193**	**1 757 375**	隆阳区	Longyang	316 691	397 505
五华区	Wuhua	21 775	24 646	施甸县	Shidian	107 317	123 383
盘龙区	Panlong	23 654	29 033	腾冲县	Tengchong	176 730	216 625
官渡区	Guandu	135 890	151 790	龙陵县	Longling	95 965	105 335
西山区	Xishan	40 698	45 888	昌宁县	Changning	162 527	180 596
东川区	Dongchuan	49 950	60 852	**昭 通 市**	**Zhaotong**	**808 906**	**1 005 471**
呈贡县	Chenggong	122 507	134 756	昭阳区	Zhaoyang	144 656	180 869
晋宁县	Jinning	132 934	153 334	鲁甸县	Ludian	59 063	72 550
富民县	Fuming	66 742	77 463	巧家县	Qiaojia	105 353	135 431
宜良县	Yiliang	272 436	326 219	盐津县	Yanjin	55 241	70 207
石林县	Shilin	118 196	148 513	大关县	Daguan	40 015	49 844
嵩明县	Songming	134 956	156 121	永善县	Yongshan	67 840	83 278
禄劝县	Luquan	144 005	168 367	绥江县	Suijiang	26 095	31 069
寻甸县	Xundian	146 232	171 240	镇雄县	Zhenxiong	166 713	202 093
安宁市	Anning	94 218	109 153	彝良县	Yiliang	80 875	101 332
曲 靖 市	**Qujing**	**2 045 518**	**2 598 812**	威信县	Weixin	48 035	61 091
麒麟区	Qilin	175 409	221 285	水富县	Shuifu	15 020	17 707
马龙县	Malong	67 658	82 754	**丽 江 市**	**Lijiang**	**304 391**	**378 652**
陆良县	Luliang	380 183	500 015	古城区	Lijiang	39 023	48 953
师宗县	Shizong	155 497	221 554	玉龙县	Yulong	71 531	88 919
罗平县	Luoping	241 689	300 009	永胜县	Yongsheng	101 560	126 888
富源县	Fuyuan	208 805	248 216	华坪县	Huaping	53 043	64 358
会泽县	Huize	227 263	281 806	宁蒗县	Ninglang	39 234	49 534
沾益县	Zhanyi	211 881	283 493	**普 洱 市**	**Pu'er**	**747 256**	**877 635**
宣威市	Xuanwei	377 133	459 680	思茅区	Simao	65 150	82 765
玉 溪 市	**Yuxi**	**828 958**	**1 020 092**	宁洱县	Ning'er	74 390	79 698
红塔区	Hongta	117 155	150 272	墨江县	Mojiang	72 751	85 801
江川县	Jiangchuan	117 202	139 680	景东县	Jingdong	122 868	148 938
澄江县	Chengjiang	62 606	75 273	景谷县	Jinggu	132 856	165 170
通海县	Tonghai	106 356	129 364	镇沅县	Zhenyuan	66 194	83 428
华宁县	Huaning	93 399	114 537	江城县	Jiangcheng	52 358	53 335
易门县	Yimen	71 985	91 656	孟连县	Menglian	45 686	53 245
峨山县	Eshan	59 435	74 099	澜沧县	Lancang	99 432	107 508
新平县	Xinping	102 530	123 646	西盟县	Ximeng	15 571	17 747
元江县	Yuanjiang	98 290	121 565				

20-15 续表 continued

(按现行价格计算)
单位：万元

(Calculated at current prices)
(10 000 yuan)

地　区	Region	2007年	2008年
临 沧 市	**Lincang**	**765 749**	**942 652**
临翔区	Linxiang	85 214	105 350
凤庆县	Fengqing	122 810	152 000
云　县	Yunxian	154 240	198 576
永德县	Yongde	95 791	112 153
镇康县	Zhenkang	56 927	68 741
双江县	Shuangjiang	56 647	68 103
耿马县	Gengma	135 735	166 273
沧源县	Cangyuan	58 385	71 456
楚 雄 州	**Chuxiong**	**1 010 184**	**1 233 890**
楚雄市	Chuxiong	171 633	208 533
双柏县	Shuangbo	65 021	80 261
牟定县	Mouding	69 719	82 857
南华县	Nanhua	89 379	109 134
姚安县	Yao'an	86 659	107 157
大姚县	Dayao	104 611	127 718
永仁县	Yongren	45 920	58 324
元谋县	Yuanmou	92 110	112 197
武定县	Wuding	108 883	132 879
禄丰县	Lufeng	176 249	214 830
红 河 州	**Honghe**	**1 190 541**	**1 495 192**
个旧市	Gejiu	82 518	104 042
开远市	Kaiyuan	95 551	128 986
蒙自县	Mengzi	126 160	161 553
屏边县	Pingbian	38 942	47 007
建水县	Jianshui	164 946	206 280
石屏县	Shiping	140 803	176 010
弥勒县	Mile	153 535	193 052
泸西县	Luxi	95 815	124 355
元阳县	Yuanyang	65 051	81 210
红河县	Honghe	69 012	82 658
金平县	Jinping	60 853	73 091
绿春县	Luchun	47 262	58 489
河口县	Hekou	50 093	58 459
文 山 州	**Wenshan**	**824 937**	**972 777**
文山县	Wenshan	116 217	135 046
砚山县	Yangshan	107 828	127 612
西畴县	Xichou	54 600	64 557
麻栗坡县	Malipo	70 001	80 910
马关县	Maguan	91 022	106 036
丘北县	Qiubei	121 241	143 118
广南县	Guangnan	167 225	200 629
富宁县	Funing	96 803	114 869
西双版纳州	**Xishuangbanna**	**544 618**	**588 676**
景洪市	Jinghong	246 552	263 909
勐海县	Menghai	101 716	119 627
勐腊县	Mengla	196 350	205 140
大 理 州	**Dali**	**1 367 926**	**1 573 679**
大理市	Dali	179 719	199 503
漾濞县	Yangbi	31 079	36 070
祥云县	Xiangyun	176 948	208 609
宾川县	Binchuan	267 758	302 827
弥渡县	Midu	109 185	127 422
南涧县	Nanjian	83 960	95 966
巍山县	Weishan	104 000	119 831
永平县	Yongping	67 760	79 960
云龙县	Yunlong	74 876	89 400
洱源县	Eryuan	127 666	154 188
剑川县	Jianchuan	49 170	55 404
鹤庆县	Heqing	85 805	104 499
德 宏 州	**Dehong**	**383 571**	**455 896**
瑞丽市	Ruili	55 496	67 393
潞西市	Luxi	123 654	141 443
梁河县	Lianghe	36 146	42 203
盈江县	Yingjiang	99 235	122 276
陇川县	Longchuan	69 040	82 581
怒 江 州	**Nujiang**	**77 588**	**87 565**
泸水县	Lushui	27 960	31 760
福贡县	Fugong	10 681	12 430
贡山县	Gongshan	10 131	11 227
兰坪县	Lanping	28 816	32 148
迪 庆 州	**Diqing**	**90 116**	**98 971**
香格里拉县	Shangri-La	39 871	42 864
德钦县	Deqin	12 294	12 701
维西县	Weixi	37 951	43 406

20-16 各县市主要农作物产量(一)(2008年)
Output of Major Farm Crops by County and City (I) (2008)

单位：吨 (ton)

地区	Region	粮食 Grain	稻谷 Rice	小麦 Wheat	玉米 Corn	豆类 Beans	#蚕豆 Broad Beans	薯类 Tubers
全省合计	**Total**	**15 185 900**	**6 210 100**	**830 500**	**5 295 500**	**1 121 200**	**490 500**	**1 697 600**
昆明市	**Kunming**	**1 151 634**	**352 361**	**68 440**	**415 720**	**95 610**	**55 111**	**144 999**
五华区	Wuhua	11 681	1 808	1 088	4 464	1 777	1 199	1 138
盘龙区	Panlong	7 856	110	1 043	4 917	887	212	578
官渡区	Guandu	23 147	546	1 800	16 375	2 057	641	1 153
西山区	Xishan	22 787	5 840	2 025	9 647	2 833	2 311	739
东川区	Dongchuan	72 042	15 972	2 079	25 941	1 869	186	24 328
呈贡县	Chenggong	12 065	822	30	9 741	93	32	370
晋宁县	Jinning	75 515	31 113	5 453	25 357	9 016	7 316	3 222
富民县	Fuming	57 914	19 443	8 138	19 826	6 570	1 798	2 604
宜良县	Yiliang	176 366	84 597	8 231	54 831	18 735	12 630	8 360
石林县	Shilin	123 689	33 633	7 926	57 367	8 569	6 075	9 369
嵩明县	Songming	136 102	56 795	6 151	36 314	15 039	11 190	8 783
禄劝县	Luquan	180 043	36 623	14 548	77 262	12 344	5 542	25 494
寻甸县	Xundian	195 167	50 534	7 078	42 872	13 156	4 374	56 792
安宁市	Anning	57 260	14 525	2 850	30 806	2 665	1 605	2 069
曲靖市	**Qujing**	**2 305 318**	**382 779**	**44 354**	**893 065**	**117 089**	**37 444**	**745 028**
麒麟区	Qilin	167 795	68 894	1 235	40 189	19 674	4 493	26 438
马龙县	Malong	77 418	22 976	1 304	22 123	2 334	473	19 343
陆良县	Luliang	263 944	101 399	2 679	52 306	13 535	10 509	77 057
师宗县	Shizong	158 284	32 315	1 960	73 708	9 131	1 166	38 581
罗平县	Luoping	221 154	38 257	5 682	130 818	10 843	3 464	30 733
富源县	Fuyuan	280 576	21 768	12 179	146 939	21 278	4 730	67 520
会泽县	Huize	342 843	28 057	7 285	87 467	9 401	3 204	202 999
沾益县	Zhanyi	223 073	46 881	161	73 605	16 717	6 528	54 871
宣威市	Xuanwei	570 231	22 232	11 869	265 910	14 176	2 877	227 486
玉溪市	**Yuxi**	**501 985**	**202 869**	**51 656**	**189 136**	**23 463**	**11 010**	**19 581**
红塔区	Hongta	79 394	35 638	10 498	26 947	4 095	1 249	285
江川县	Jiangchuan	41 220	19 154	4 774	9 157	2 995	2 072	5 056
澄江县	Chengjiang	33 317	13 995	4 348	11 282	1 671	1 008	1 474
通海县	Tonghai	33 511	7 354	5 169	16 923	1 363	688	1 510
华宁县	Huaning	66 012	19 008	7 949	31 180	4 266	964	3 299
易门县	Yimen	56 171	16 852	9 024	22 221	2 956	2 023	1 671
峨山县	Eshan	52 481	27 403	2 263	18 281	2 351	1 712	1 097
新平县	Xinping	86 264	41 200	2 946	32 097	2 133	768	3 373
元江县	Yuanjiang	53 615	22 265	4 685	21 048	1 633	526	1 816

20-16 续表1 continued

单位:吨 (ton)

地区	Region	粮食 Grain	稻谷 Rice	小麦 Wheat	玉米 Corn	豆类 Beans	#蚕豆 Broad Beans	薯类 Tubers
保山市	**Baoshan**	**1 043 968**	**439 869**	**54 537**	**364 622**	**47 545**	**16 574**	**54 424**
隆阳区	Longyang	362 666	148 042	29 198	138 756	22 239	9 108	10 413
施甸县	Shidian	130 902	43 126	13 380	50 495	7 123	2 553	6 750
腾冲县	Tengchong	294 584	151 405	2 480	79 871	5 301	655	19 196
龙陵县	Longling	103 340	41 077	4 350	33 634	4 029	1 008	7 264
昌宁县	Changning	152 476	56 219	5 129	61 866	8 853	3 250	10 801
昭通市	**Zhaotong**	**1 504 195**	**161 182**	**82 948**	**748 590**	**60 444**	**7 935**	**423 299**
昭阳区	Zhaoyang	238 928	35 921	2 133	97 027	14 636	681	84 397
鲁甸县	Ludian	123 908	10 744	5 645	55 893	5 542	885	40 202
巧家县	Qiaojia	163 021	21 970	7 863	68 872	8 520	1 762	50 803
盐津县	Yanjin	106 881	20 336	1 815	61 641	3 150	482	19 791
大关县	Daguan	77 733	6 655	2 397	44 331	2 423	640	21 227
永善县	Yongshan	136 247	20 559	7 975	47 777	5 738	1 108	49 265
绥江县	Suijiang	36 492	10 431	7 123	14 983	1 492	304	2 327
镇雄县	Zhenxiong	322 709	3 376	27 989	187 012	8 177	756	91 342
彝良县	Yiliang	146 019	9 765	6 715	83 750	6 002	726	38 654
威信县	Weixin	132 068	13 184	11 343	79 849	4 059	395	23 512
水富县	Shuifu	20 189	8 241	1 950	7 455	705	196	1 779
丽江市	**Lijiang**	**427 869**	**130 999**	**55 825**	**124 464**	**54 365**	**24 066**	**40 717**
古城区	Gucheng	40 032	4 112	8 319	16 590	5 144	2 513	2 310
玉龙县	Yulong	101 998	11 067	26 541	35 548	15 285	2 076	9 551
永胜县	Yongsheng	150 734	77 823	7 266	37 105	20 110	16 232	5 946
华坪县	Huaping	64 099	27 161	10 257	17 335	4 055	871	5 192
宁蒗县	Ninglang	71 006	10 836	3 442	17 886	9 771	2 374	17 718
普洱市	**Pu'er**	**848 352**	**414 298**	**39 526**	**315 357**	**39 228**	**7 547**	**23 645**
思茅区	Simao	50 776	19 602	3 484	24 307	1 857	572	819
宁洱县	Ning'er	68 919	32 623	4 629	21 972	2 238	460	5 928
墨江县	Mojiang	115 369	39 668	4 597	57 462	8 031	1 220	1 961
景东县	Jingdong	128 954	49 267	14 477	49 211	10 815	2 327	4 646
景谷县	Jinggu	119 538	65 451	3 278	38 497	4 076	679	6 502
镇沅县	Zhenyuan	78 760	38 044	6 158	27 581	5 425	1 559	951
江城县	Jiangcheng	34 625	19 273	377	13 660	822	27	409
孟连县	Menglian	47 709	32 704	111	13 879	670	67	133
澜沧县	Lancang	171 063	98 844	1 902	58 198	4 958	592	2 207
西盟县	Ximeng	32 639	18 822	513	10 590	336	44	89
临沧市	**Lincang**	**749 220**	**270 962**	**58 227**	**309 395**	**40 601**	**15 658**	**43 179**
临翔区	Linxiang	80 347	34 681	7 257	27 069	2 851	1 351	5 541
凤庆县	Fengqing	140 100	42 172	18 566	62 113	7 384	4 447	6 202

20-16 续表2 continued

单位:吨 (ton)

地 区	Region	粮 食 Grain Crops	稻 谷 Rice	小 麦 Wheat	包 谷 Maize	豆 类 Beans and Peas	#蚕 豆 Broad Beans	薯 类 Tubers
云 县	Yunxian	151 848	46 508	11 645	73 554	7 982	3 982	8 749
永德县	Yongde	124 071	39 678	7 489	55 602	8 030	2 359	11 483
镇康县	Zhenkang	56 648	20 067	3 344	24 746	4 074	1 239	3 044
双江县	Shuangjiang	56 643	26 467	5 784	17 246	1 821	646	2 845
耿马县	Gengma	86 263	36 727	3 624	27 924	6 373	1 262	4 281
沧源县	Cangyuan	53 300	24 662	518	21 141	2 086	372	1 034
楚 雄 州	**Chuxiong**	**1 002 187**	**472 767**	**90 907**	**240 142**	**104 359**	**80 700**	**29 068**
楚雄市	Chuxiong	182 769	79 214	15 256	50 713	17 564	15 065	4 500
双柏县	Shuangbo	56 966	24 832	4 990	19 091	7 564	5 102	
牟定县	Mouding	83 691	47 651	3 887	12 144	13 252	10 434	1 412
南华县	Nanhua	100 259	34 987	10 068	32 910	8 018	5 911	4 946
姚安县	Yao'an	82 534	46 848	9 340	8 028	11 349	8 991	748
大姚县	Dayao	108 904	48 319	10 806	21 406	19 295	15 075	6 071
永仁县	Yongren	42 458	20 910	2 348	12 276	3 529	2 729	1 628
元谋县	Yuanmou	70 876	45 426	3 318	16 562	2 051	1 274	2 947
武定县	Wuding	91 986	34 690	10 579	27 046	7 932	5 287	5 691
禄丰县	Lufeng	181 744	89 890	20 315	39 966	13 805	10 832	1 125
红 河 州	**Honghe**	**1 337 307**	**623 972**	**66 494**	**439 405**	**68 501**	**20 444**	**71 641**
个旧市	Gejiu	56 927	17 397	2 443	25 736	2 126	527	7 453
开远市	Kaiyuan	91 736	35 785	5 722	33 702	6 072	3 505	8 609
蒙自县	Mengzi	124 569	46 234	4 515	53 544	8 469	4 273	5 934
屏边县	Pingbian	60 148	26 100	1 820	23 145	2 870	352	2 347
建水县	Jianshui	165 489	92 028	12 267	38 220	8 082	3 106	13 617
石屏县	Shiping	96 414	51 818	11 131	20 545	3 836	1 062	7 592
弥勒县	Mile	180 838	62 162	19 183	84 159	5 517	4 318	5 221
泸西县	Luxi	136 018	47 734	4 073	45 007	6 079	1 985	5 942
元阳县	Yuanyang	131 805	78 436	208	30 996	10 360	356	6 587
红河县	Honghe	87 957	54 068	5 089	17 436	5 046	693	1 624
金平县	Jinping	110 669	65 899		34 881	5 716	57	2 171
绿春县	Luchun	76 918	37 568	43	23 816	3 803	210	4 379
河口县	Hekou	17 819	8 743		8 218	525		165
文 山 州	**Wenshan**	**1 163 188**	**411 033**	**49 632**	**524 816**	**76 677**	**9 219**	**78 971**
文山县	Wenshan	138 015	53 498	9 263	62 737	5 726	834	5 351
砚山县	Yanshan	183 782	64 444	10 380	95 128	5 694	649	5 882
西畴县	Xichou	85 220	24 426	2 832	38 691	6 342	446	9 712
麻栗坡县	Malipo	91 008	30 824	1 265	44 403	7 201	389	5 465
马关县	Maguan	130 172	43 209	3 352	60 996	11 066	752	8 290

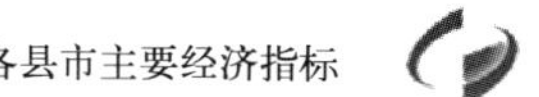

20-16 续表3 continued

单位:吨 (ton)

地区	Region	粮食 Grain	稻谷 Rice	小麦 Wheat	玉米 Corn	豆类 Beans	#蚕豆 Broad Beans	薯类 Tubers
丘北县	Qiubei	170 010	45 015	13 036	96 432	9 632	1 184	5 895
广南县	Guangnan	243 118	89 844	9 166	84 702	22 105	4 131	29 218
富宁县	Funing	121 863	59 773	338	41 727	8 910	834	9 158
西双版纳州	**Xishuangbanna**	**333 623**	**241 083**	**151**	**86 611**	**2 847**	**201**	**2 571**
景洪市	Jinghong	119 021	86 920		30 907	741	24	332
勐海县	Menghai	136 581	111 002	151	21 905	1 380	171	1 986
勐腊县	Mengla	78 021	43 161		33 799	726	6	253
大理州	**Dali**	**1 350 989**	**501 369**	**45 588**	**431 001**	**134 541**	**85 726**	**62 835**
大理市	Dali	146 397	80 770	3 017	28 940	19 260	18 566	4 894
漾濞县	Yangbi	48 640	11 466	3 838	21 807	4 185	2 271	3 452
祥云县	Xiangyun	163 933	49 523	4 892	50 630	18 268	17 191	16 579
宾川县	Binchuan	146 118	63 541	2 779	67 210	7 363	5 458	3 333
弥渡县	Midu	135 792	44 603	4 722	45 031	4 983	2 665	4 056
南涧县	Nanjian	88 820	10 090	6 602	47 487	3 278	2 077	4 144
巍山县	Weishan	130 487	49 609	5 075	36 971	13 677	5 972	4 394
永平县	Yongping	72 121	25 164	6 438	23 359	5 865	2 145	3 531
云龙县	Yunlong	94 936	24 569	2 390	43 759	15 804	2 524	3 531
洱源县	Eryuan	141 765	66 836	1 299	28 066	23 501	16 959	6 218
剑川县	Jianchuan	69 551	21 775	2 131	15 929	9 605	2 941	4 932
鹤庆县	Heqing	112 429	53 423	2 405	21 812	8 752	6 957	3 771
德宏州	**Dehong**	**460 168**	**294 478**	**15 894**	**116 257**	**7 121**	**1 715**	**26 099**
瑞丽市	Ruili	50 300	35 229	1 331	11 863	456	100	1 421
潞西市	Luxi	154 622	97 707	8 697	40 653	2 743	596	4 715
梁河县	Lianghe	42 636	30 522	1 068	7 170	737	199	3 133
盈江县	Yingjiang	131 935	84 554	3 863	28 500	2 282	480	12 530
陇川县	Longchuan	80 675	46 466	935	28 071	903	340	4 300
怒江州	**Nujiang**	**170 879**	**37 336**	**12 619**	**79 237**	**17 172**	**2 909**	**13 694**
泸水县	Lushui	54 882	16 892	1 380	25 904	4 240	1 215	4 373
福贡县	Fugong	30 499	7 168	15	18 298	1 920	271	2 080
贡山县	Gongshan	9 758	1 003	347	6 579	491	66	788
兰坪县	Lanping	75 740	12 273	10 877	28 456	10 521	1 357	6 453
迪庆州	**Diqing**	**139 517**	**15 066**	**28 181**	**60 331**	**10 081**	**1 702**	**10 383**
香格里拉县	Shangri-La	59 713	5 522	14 098	22 395	2 870	1 159	6 053
德钦县	Deqin	21 794	666	5 704	9 867	907	25	626
维西县	Weixi	58 010	8 878	8 379	28 069	6 304	518	3 704

20-17 各县市主要农作物产量(二)(2008年)
Output of Major Farm Crops by County and City (II) (2008)

单位:百公斤 (100 kg)

地 区	Region	油 料 Oil-bearing Crops	#花 生 Peanuts	#油菜籽 Rapeseeds	甘 蔗 Sugarcane	烤 烟 Flue-cured Tobacco	茶 叶 Tea	水 果 Fruits
全省合计	**Total**	**4 037 741**	**669 577**	**3 210 281**	**189 874 776**	**8 396 711**	**1 715 357**	**26 617 986**
昆 明 市	**Kunming**	**144 239**	**14 204**	**114 615**	**41 154**	**919 060**	**749**	**1 366 713**
五华区	Wuhua	683		605		11 514		32 040
盘龙区	Panlong	159		135		8 000		17 674
官渡区	Guandu	329		242		8 906	4	66 533
西山区	Xishan	1 915		1 900		7 281		69 219
东川区	Dongchuan	12 254	7 416	4 805	6 947			39 381
呈贡县	Chenggong							155 116
晋宁县	Jinning	24 208	18	23 401		43 494		48 894
富民县	Fuming	4 191	50	2 598		27 653		246 939
宜良县	Yiliang	8 280	2 450	2 440	700	146 390	282	58 460
石林县	Shilin	11 926		4 896	4 597	164 267	140	237 406
嵩明县	Songming	150		150		112 500		62 813
禄劝县	Luquan	13 846	4 270	8 280	28 910	135 480	10	38 520
寻甸县	Xundian	44 396		43 966		204 569		31 674
安宁市	Anning	21 902		21 197		49 006	313	262 044
曲 靖 市	**Qujing**	**853 917**	**14 687**	**807 072**	**5 490**	**1 917 899**	**119**	**1 253 648**
麒麟区	Qilin	1 020		810		172 840		169 130
马龙县	Malong	7 900		5 140		145 000		67 380
陆良县	Luliang	50 530	480	44 900		255 410		289 060
师宗县	Shizong	103 809	2 947	83 632	1 520	250 100		59 377
罗平县	Luoping	528 820	120	528 700	2 000	287 500		61 210
富源县	Fuyuan	134 220	1 650	131 450		182 890	95	59 657
会泽县	Huize	18 520	8 630	9 340	1 970	85 000		243 500
沾益县	Zhanyi	4 608		3 100		183 379		121 709
宣威市	Xuanwei	4 490	860			355 780	24	182 625
玉 溪 市	**Yuxi**	**324 382**	**10 056**	**307 786**	**14 352 030**	**1 073 620**	**12 654**	**1 639 733**
红塔区	Hongta	98 460	406	98 050		74 654	137	52 065
江川县	Jiangchuan	48 236		48 085		158 193	80	29 009
澄江县	Chengjiang	4 571		4 295		104 111		9 367
通海县	Tonghai	14 759	110	14 567	10 560	97 962		100 117
华宁县	Huaning	20 880	1 921	17 730	14 140	161 816	15	626 317
易门县	Yimen	36 977	391	35 210	34 450	126 612	366	38 904
峨山县	Eshan	69 896	846	67 424	233 660	106 939	2 596	24 587
新平县	Xinping	15 428	4 206	9 728	6 882 350	135 885	3 320	250 529
元江县	Yuanjiang	15 175	2 176	12 697	7 176 870	107 448	6 140	508 838

20-17 续表1 continued

单位:百公斤 (100 kg)

地 区	Region	油 料 Oil-bearing Crops	#花 生 Peanuts	#油菜籽 Rapeseeds	甘 蔗 Sugarcane	烤 烟 Flue-cured Tobacco	茶 叶 Tea	水 果 Fruits
保 山 市	**Baoshan**	**441 951**	**12 464**	**425 664**	**23 382 163**	**463 153**	**210 361**	**625 946**
隆阳区	Longyang	105 240	6 033	97 275	7 190 648	100 029	12 960	346 364
施甸县	Shidian	30 264	1 495	28 252	3 578 995	109 955	8 829	84 961
腾冲县	Tengchong	255 837	130	255 257	1 054 240	124 828	67 508	50 269
龙陵县	Longling	13 860	2 486	11 270	4 983 050	25 176	47 636	23 749
昌宁县	Changning	36 750	2 320	33 610	6 575 230	103 165	73 428	120 603
昭 通 市	**Zhaotong**	**207 211**	**70 922**	**130 732**	**1 384 649**	**529 931**	**23 549**	**2 196 075**
昭阳区	Zhaoyang	2 338	87	1 281	53 389	126 420		1 810 891
鲁甸县	Ludian	14 392	2 831	8 687	6 340	92 652		80 860
巧家县	Qiaojia	9 850	8 474	570	988 081	37 278		30 583
盐津县	Yanjin	25 396	13 414	11 937	9 848	487	16 821	17 869
大关县	Daguan	5 992	5 557	435	6 720	15 000	730	4 862
永善县	Yongshan	31 136	7 761	22 906	292 630	6 620	442	143 291
绥江县	Suijiang	12 950	749	12 195	17 385		3 098	25 353
镇雄县	Zhenxiong	30 119	9 620	20 250		168 577	852	37 240
彝良县	Yiliang	19 248	6 219	12 891	3 766	52 797	772	27 238
威信县	Weixin	47 841	12 395	35 446	5 000	30 100	405	6 240
水富县	Shuifu	7 949	3 815	4 134	1 490		429	11 648
丽 江 市	**Lijiang**	**84 379**	**16 581**	**64 377**	**1 238 534**	**150 959**	**3 293**	**839 133**
古城区	Gucheng	15 855		14 902		8 010		57 244
玉龙县	Yulong	34 012		33 682		63 787		110 870
永胜县	Yongsheng	21 608	11 265	9 970	1 161 098	60 101	27	109 413
华坪县	Huaping	10 470	5 316	5 099	77 436	8 880	3 266	489 294
宁蒗县	Ninglang	2 434		724		10 181		72 312
普 洱 市	**Pu'er**	**131 560**	**101 066**	**29 367**	**18 316 168**	**244 572**	**429 371**	**534 761**
思茅区	Simao	9 514	7 390	1 936	2 412	14 682	79 604	116 430
宁洱县	Ning'er	12 676	8 621	4 055	5 945	17 184	39 559	19 730
墨江县	Mojiang	30 503	27 883	2 620	532 175	46 566	21 693	50 328
景东县	Jingdong	13 248	5 559	7 484	1 802 127	82 817	59 216	29 071
景谷县	Jinggu	20 298	16 489	3 649	4 037 880	15 267	43 742	104 800
镇沅县	Zhenyuan	12 919	6 796	6 123	343 925	68 056	13 055	49 388
江城县	Jiangcheng	7 048	6 660	388	1 335 510		75 930	42 754
孟连县	Menglian	7 859	7 034	810	3 400 620		14 120	54 203
澜沧县	Lancang	15 589	13 840	1 190	6 409 194		75 927	63 180
西盟县	Ximeng	1 906	794	1 112	446 380		6 525	4 877
临 沧 市	**Lincang**	**179 936**	**33 111**	**140 883**	**52 588 371**	**135 821**	**442 128**	**2 315 952**
临翔区	Linxiang	92 652	1 708	90 910	1 261 372	41 921	39 828	41 525
凤庆县	Fengqing	18 018	737	17 165	2 610 220	48 529	165 502	74 515

20-17 续表2 continued

单位:百公斤 (100 kg)

地 区	Region	油 料 Oil-bearing Crops	#花 生 Peanuts	#油菜籽 Rapeseeds	甘 蔗 Sugarcane	烤 烟 Flue-cured Tobacco	茶 叶 Tea	水 果 Fruits
云 县	Yunxian	15 313	3 971	9 157	6 776 802	17 848	53100	210535
永德县	Yongde	8 386	6 830	265	11 192 597	19 878	44335	253835
镇康县	Zhenkang	611	599	3	4 849 488	1 017	20967	26685
双江县	Shuangjiang	10 361	1 913	8 445	4 634 116	2 837	48804	34441
耿马县	Gengma	24 304	15 259	8 146	16 387 366	1 726	40133	1645275
沧源县	Cangyuan	10 291	2 094	6 792	4 876 410	2 065	29459	29141
楚 雄 州	**Chuxiong**	**403 610**	**22 940**	**363 030**	**162 540**	**859 080**	**9796**	**878090**
楚雄市	Chuxiong	75 690	240	73 600	1 750	156 500	1860	92760
双柏县	Shuangbo	8 490	2 620	4 920	81 870	89 160	4116	36100
牟定县	Mouding	52 220	260	49 990		69 170	1577	37070
南华县	Nanhua	30 720	330	30 060	470	107 530	1950	37300
姚安县	Yao'an	64 010		63 540		75 570	41	59100
大姚县	Dayao	24 130	330	22 420	18 810	70 070	3	57700
永仁县	Yongren	9 830	1 080	2 120	7 410	41 220	14	68250
元谋县	Yuanmou	16 270	14 500	1 190	25 470	20 880		231020
武定县	Wuding	24 640	2 860	18 870	2 660	85 120	23	95510
禄丰县	Lufeng	97 610	720	96 320	24 100	143 860	212	163280
红 河 州	**Honghe**	**305 875**	**131 999**	**159 700**	**15 433 162**	**890 382**	**82744**	**8558956**
个旧市	Gejiu	16 147	13 385	1 056	698 035	28 432	71	334322
开远市	Kaiyuan	17 204	15 720		1 433 260	47 536	28	171809
蒙自县	Mengzi	25 458	10 862	9 391	2 045 490	88 816	609	1638720
屏边县	Pingbian	9 911	6 226	3 575	235 390	8 127	13465	200375
建水县	Jianshui	25 720	18 916	6 338	1 767 905	151 112	790	650118
石屏县	Shiping	16 138	3 771	10 509	1 085 935	143 841	33	362473
弥勒县	Mile	26 044	6 536	17 710	4 504 121	216 478	1	512554
泸西县	Luxi	112 069	321	111 007	1 627	206 040	4	424278
元阳县	Yuanyang	13 509	12 787		1 410 710		10488	133891
红河县	Honghe	10 135	10 085		2 183 930		12279	210039
金平县	Jinping	14 348	14 312		40 268		3733	2136904
绿春县	Luchun	16 107	16 107		15 817		40493	15671
河口县	Hekou	3 085	2 971	114	10 674		750	1767802
文 山 州	**Wenshan**	**353 466**	**202 078**	**119 217**	**6 572 779**	**454 341**	**64887**	**1329955**
文山县	Wenshan	69 760	48 669	8 558	2 248 744	71 814	12	79645
砚山县	Yanshan	66 637	60 729		28 232	113 739	16	92194
西畴县	Xichou	13 541	7 116	4 162	200 804	24 151	3412	43396
麻栗坡县	Malipo	18 457	7 756	10 493	102 782	31 236	4922	44804
马关县	Maguan	36 104	14 196	20 633	472 134	35 952	2216	766095

20-17 续表3 continued

单位:百公斤 (100 kg)

地 区	Region	油 料 Oil-bearing Crops	#花 生 Peanuts	#油菜籽 Rapeseeds	甘 蔗 Sugarcane	烤 烟 Flue-cured Tobacco	茶 叶 Tea	水 果 Fruits
丘北县	Qiubei	28 401	15 606	8 567	28 027	96 300	190	69 244
广南县	Guangnan	86 330	33 115	48 245	1 980 598	81 045	51 094	177 470
富宁县	Funing	34 236	14 891	18 559	1 511 458	104	3 025	57 107
西双版纳州	**Xishuangbanna**	**20 128**	**20 058**		**9 604 200**		**269 105**	**2 270 727**
景洪市	Jinghong	7 064	7 061		100 450		104 281	796 918
勐海县	Menghai	8 609	8 557		8 404 660		132 060	318 334
勐腊县	Mengla	4 455	4 440		1 099 090		32 764	1 155 475
大 理 州	**Dali**	**380 066**	**10 571**	**362 979**	**3 076 388**	**757 755**	**47 632**	**2 480 631**
大理市	Dali	11 810		11 474		28 527	1 121	120 759
漾濞县	Yangbi	14 303		14 095		2 228	158	48 778
祥云县	Xiangyun	40 922		40 879		122 777	138	57 305
宾川县	Binchuan	98 092	8 428	87 550	76 200	110 931		1 713 796
弥渡县	Midu	24 599	969	20 139		94 065	2 643	38 779
南涧县	Nanjian	26 679	473	26 105	2 400	92 502	34 700	34 088
巍山县	Weishan	68 895	161	68 601	38	89 636	3 971	64 653
永平县	Yongping	22 880		22 790	1 050	65 231	1 727	34 630
云龙县	Yunlong	17 762		17 762	1 700	51 750	2 747	47 338
洱源县	Eryuan	36 998		36 998		45 165	425	179 818
剑川县	Jianchuan	11 614		11 614		29 672		43 169
鹤庆县	Heqing	5 512	540	4 972	2 995 000	25 271	2	97 518
德 宏 州	**Dehong**	**158 323**	**7 370**	**150 620**	**42 397 856**	**16**	**117 835**	**203 149**
瑞丽市	Ruili	14 090	309	13 781	4 923 240		3 012	92 506
潞西市	Luxi	25 679	5 523	19 917	8 746 206		65 050	48 622
梁河县	Lianghe	21 512	894	20 616	3 540 790		15 012	12 672
盈江县	Yingjiang	34 062	176	33 794	10 220 050		22 806	34 048
陇川县	Longchuan	62 980	468	62 512	14 967 570	16	11 955	15 301
怒 江 州	**Nujiang**	**12 929**	**1 470**	**6 791**	**1 319 292**		**1 134**	**50 969**
泸水县	Lushui	3 372	202	2 596	1 319 242		789	10 782
福贡县	Fugong	6 284	1 000	3 715			280	1 999
贡山县	Gongshan	975	268	446			65	2 100
兰坪县	Lanping	2 298		34	50			36 088
迪 庆 州	**Diqing**	**35 769**		**27 448**		**122**		**73 548**
香格里拉县	Shangri-La	27 673		20 283		122		27 522
德钦县	Deqin	175						27 528
维西县	Weixi	7 921		7 165				18 498

20-18 各县市规模以上工业企业单位数和总产值（2008年）

Number of Industrial Enterprises of Annual Revenue over 5 Million Yuan from Principal Business with Independent Accounting Systems and Their Gross Output Value by County and City (2008)

(按当年价新规定计算) (Data are calculated at current prices according to the new regulation)

地区	Region	工业总产值(万元) Gross Industrial Output Value (10 000 yuan)	企业单位数(个) Number of Enterprises (unit)	国有企业 State-owned Enterprises		集体企业 Collective-owned Enterprises		股份合作制企业 Cooperative Enterprises	
				单位数(个) Number of Enterprise (unit)	总产值(万元) Gross Output Value (10 000 yuan)	单位数(个) Number of Enterprise (unit)	总产值(万元) Gross Output Value (10 000 yuan)	单位数(个) Number of Enterprise (unit)	总产值(万元) Gross Output Value (10 000 yuan)
全省合计	**Total**	**51 445 816**	**3 320**	**259**	**16 518 013**	**156**	**732 854**	**46**	**143 226**
昆明市	**Kunming**	**19 648 981**	**1 070**	**84**	**5 902 495**	**56**	**167 944**	**13**	**30 076**
五华区	Wuhua	6 800 820	185	17	3 090 236	5	11 473	3	7 411
盘龙区	Panlong	1 056 913	93	8	75 871	1	1 609	3	9 827
官渡区	Guandu	3 248 021	226	20	1 664 977	5	16 303	1	1 657
西山区	Xishan	1 386 422	137	11	66 336	11	21 695	1	2 200
东川区	Dongchuan	840 575	72			1	18 865		
呈贡县	Chenggong	789 030	56	2	40 017	1	852	2	4 068
晋宁县	Jinning	482 693	40	2	43 911				
富民县	Fuming	189 393	30			1	1 068	1	2 351
宜良县	Yiliang	353 432	40	3	16 857	11	24 396		
石林县	Shilin	88 034	24	1	8 865	2	1 279		
嵩明县	Songming	276 332	45	4	22 308				
禄劝县	Luquan	75 840	16	1	12 223	2	8 098	2	2 561
寻甸县	Xundian	272 980	19	1	13 796	5	8 648		
安宁市	Anning	3 788 497	87	14	847 099	11	53 657		
曲靖市	**Qujing**	**7 072 383**	**495**	**33**	**1 513 522**	**52**	**105 484**	**3**	**5 909**
麒麟区	Qilin	2 624 719	105	11	912 848	5	12 026	1	2 801
马龙县	Malong	275 429	21	1	11 953				
陆良县	Luliang	463 007	51	3	107 174	2	2 401	1	117
师宗县	Shizong	224 374	36	1	17 605	10	41 900		
罗平县	Luoping	457 250	39	4	79 080			1	2 990
富源县	Fuyuan	858 208	105	4	100 146				
会泽县	Huize	243 454	21	1	16 270	1	599		
沾益县	Zhanyi	1 143 435	29	1	25 960	6	8 315		
宣威市	Xuanwei	782 507	88	7	242 486	28	40 242		
玉溪市	**Yuxi**	**7 802 689**	**325**	**19**	**3 844 212**	**18**	**247 211**	**6**	**23 055**
红塔区	Hongta	5 296 374	117	7	3 546 733	14	239 058		
江川县	Jiangchuan	335 443	23	1	16 954			1	3 858
澄江县	Chengjiang	255 146	25					1	1 541
通海县	Tonghai	302 713	48	1	36 914	3	6 833	3	16 943
华宁县	Huaning	98 752	24	1	11 297			1	713
易门县	Yimen	409 167	35	2	19 404				
峨山县	Eshan	407 894	26	2	15 632	1	1 320		
新平县	Xinping	597 111	12	3	183 447				
元江县	Yuanjiang	100 089	15	2	13 831				

注：国有企业中含国有联营企业和国有独资公司。
Note: State-owned enterprises include state-owned jointly-run enterprises and solely owned enterprises.

20-18 续表1 continued

地 区	Region	工业总产值(万元) Gross Industrial Output Value (10 000 yuan)	企业单位数(个) Number of Enterprises (unit)	国有企业 State-owned Enterprises		集体企业 Collective-owned Enterprises		股份合作制企业 Cooperative Enterprises	
				单位数(个) Number of Enterprise (unit)	总产值(万元) Gross Output Value (10 000 yuan)	单位数(个) Number of Enterprise (unit)	总产值(万元) Gross Output Value (10 000 yuan)	单位数(个) Number of Enterprise (unit)	总产值(万元) Gross Output Value (10 000 yuan)
保 山 市	**Baoshan**	**717 912**	**102**	**4**	**17 661**			**2**	**8 489**
隆阳区	Longyang	313 581	42	1	11 912				
施甸县	Shidian	35 104	6						
腾冲县	Tengchong	167 231	28	2	1 879			1	7 498
龙陵县	Longling	141 758	14	1	3 870				
昌宁县	Changning	60 237	12					1	992
昭 通 市	**Zhaotong**	**1 555 525**	**262**	**11**	**538 803**	**2**	**5 358**	**2**	**5 387**
昭阳区	Zhaoyang	666 528	42	3	476 931				
鲁甸县	Ludian	117 545	12	1	7 648				
巧家县	Qiaojia	51 762	12	1	4 132				
盐津县	Yanjin	102 110	31						
大关县	Daguan	21 104	12	1	1 982			1	2 018
永善县	Yongshan	10 298	7	1	4 391				
绥江县	Suijiang	29 283	10	1	2 571				
镇雄县	Zhenxiong	128 514	62	1	9 234	1	2 093		
彝良县	Yiliang	137 881	35	1	19 624	1	3 265	1	3 369
威信县	Weixin	47 098	31						
水富县	Shuifu	243 402	8	1	12 290				
丽 江 市	**Lijiang**	**433 779**	**70**	**2**	**5 687**	**3**	**3 162**	**1**	**13 209**
古城区	Gucheng	85 021	14	2	5 687	2	1 825		
玉龙县	Yulong	28 778	6						
永胜县	Yongsheng	91 335	15						
华坪县	Huaping	198 294	24			1	1 337	1	13 209
宁蒗县	Ninglang	30 351	11						
普 洱 市	**Pu'er**	**699 371**	**100**	**15**	**140 489**	**3**	**6 015**		
思茅区	Simao	252 103	22	2	31 221				
宁洱县	Ning'er	55 304	16	3	7 820	1	3 401		
墨江县	Mojiang	50 430	8	1	4 329				
景东县	Jingdong	32 527	7	1	3 800				
景谷县	Jinggu	146 458	18	1	8 532	1	1 930		
镇沅县	Zhenyuan	24 256	10	1	2 522	1	684		
江城县	Jiangcheng	11 440	5	2	3 627				
孟连县	Menglian	17 324	5						
澜沧县	Lancang	103 883	7	2	72 994				
西盟县	Ximeng	5 645	2	2	5 645				
临 沧 市	**Lincang**	**549 904**	**78**	**4**	**22 563**			**2**	**13 160**
临翔区	Linxiang	63 580	12	1	16 333			1	849
凤庆县	Fengqing	67 362	11						
云 县	Yunxian	91 803	11	2	4 317			1	12 311
永德县	Yongde	68 415	8						
镇康县	Zhenkang	78 809	8						
双江县	Shuangjiang	75 353	10						
耿马县	Gengma	60 035	9	1	1 913				
沧源县	Cangyuan	44 548	9						

20-18 续表2 continued

地区	Region	工业总产值(万元) Gross Industrial Output Value (10 000 yuan)	企业单位数(个) Number of Enterprises (unit)	国有企业 State-owned Enterprises		集体企业 Collective-owned Enterprises		股份合作制企业 Cooperative Enterprises	
				单位数(个) Number of Enterprise (unit)	总产值(万元) Gross Output Value (10 000 yuan)	单位数(个) Number of Enterprise (unit)	总产值(万元) Gross Output Value (10 000 yuan)	单位数(个) Number of Enterprise (unit)	总产值(万元) Gross Output Value (10 000 yuan)
楚雄州	**Chuxiong**	**2 270 989**	**162**	**16**	**699 799**	**2**	**3 477**	**4**	**6 362**
楚雄市	Chuxiong	1 021 286	52	6	651 597	1	1 634		
双柏县	Shuangbo	29 136	10	1	1 920				
牟定县	Mouding	33 916	12	1	4 099				
南华县	Nanhua	47 383	8	1	3 569				
姚安县	Yao'an	11 380	6					2	2 427
大姚县	Dayao	169 293	14						
永仁县	Yongren	14 589	7	1	2 381				
元谋县	Yuanmou	33 737	10	1	4 406				
武定县	Wuding	38 627	11	1	5 625				
禄丰县	Lufeng	871 642	32	4	26 204	1	1 843	2	3 935
红河州	**Honghe**	**5 923 742**	**185**	**27**	**2 967 794**	**6**	**161 898**	**1**	**2 642**
个旧市	Gejiu	2 311 632	38	6	1 028 523	2	137 999		
开远市	Kaiyuan	661 059	20	7	298 906	2	2 689		
蒙自县	Mengzi	920 154	15	4	596 942				
屏边县	Pingbian	47 420	10	1	1 705	1	18 955		
建水县	Jianshui	230 123	15	1	706				
石屏县	Shiping	68 982	14	1	7 218				
弥勒县	Mile	1 326 182	30	2	994 244				
泸西县	Luxi	147 650	11	1	28 707	1	2 255		
元阳县	Yuanyang	33 304	6	1	6 343			1	2 642
红河县	Honghe	12 396	3	1	1 479				
金平县	Jinping	143 369	17						
绿春县	Luchun	8 370	2	1	2 481				
河口县	Hekou	13 104	4	1	538				
文山州	**Wenshan**	**1 391 744**	**127**	**9**	**183 092**	**1**	**1 329**	**1**	**813**
文山县	Wenshan	501 510	25	5	160 848				
砚山县	Yanshan	280 458	29	3	19 664				
西畴县	Xichou	8 467	3						
麻栗坡县	Malipo	120 654	17						
马关县	Maguan	290 741	18			1	1 329	1	813
丘北县	Qiubei	41 944	11	1	2 580				
广南县	Guangnan	75 732	14						
富宁县	Funing	72 238	10						
西双版纳州	**Xishuangbanna**	**335 847**	**64**	**14**	**73 811**	**1**	**831**	**2**	**4 003**
景洪市	Jinghong	90 193	26	7	42 042			2	4 003
勐海县	Menghai	177 334	29	4	26 832				
勐腊县	Mengla	68 320	9	3	4 938	1	831		

20-18 续表3 continued

地区	Region	工业总产值(万元) Gross Industrial Output Value (10 000 yuan)	企业单位数(个) Number of Enterprises (unit)	国有企业 State-owned Enterprisers		集体企业 Collective-owned Enterprises		股份合作制企业 Cooperative Enterprises	
				单位数(个) Number of Enterprise (unit)	总产值(万元) Gross Output Value (10 000 yuan)	单位数(个) Number of Enterprise (unit)	总产值(万元) Gross Output Value (10 000 yuan)	单位数(个) Number of Enterprise (unit)	总产值(万元) Gross Output Value (10 000 yuan)
大理州	**Dali**	**2 141 693**	**173**	**11**	**507 045**	**4**	**7 328**	**6**	**16 062**
大理市	Dali	1 121 364	65	6	410 137	2	4 051	3	10 271
漾濞县	Yangbi	68 587	10						
祥云县	Xiangyun	419 299	19	1	72 231	1	1 618	2	4 129
宾川县	Binchuan	**33 793**	7						
弥渡县	Midu	23 072	5						
南涧县	Nanjian	9 717	5						
巍山县	Weishan	28 310	8	1	3 407				
永平县	Yongping	20 294	11						
云龙县	Yunlong	29 282	8						
洱源县	Eryuan	184 083	10	1	5 165				
剑川县	Jianchuan	97 814	8	1	7 239				
鹤庆县	Heqing	106 077	17	1	8 866	1	1 658	1	1 662
德宏州	**Dehong**	**405 617**	**67**	**5**	**22 180**	**6**	**9 909**		
瑞丽市	Ruili	112 033	13	1	2 352				
潞西市	Luxi	153 772	22	2	5 440	3	5 497		
梁河县	Lianghe	26 781	6	1	4 200	2	3 118		
盈江县	Yingjiang	89 333	22			1	1 294		
陇川县	Longchuan	23 699	4	1	10 189				
怒江州	**Nujiang**	**300 653**	**15**	**2**	**51 454**			**1**	**6 718**
泸水县	Lushui	64 599	5	2	51 454			1	6 718
福贡县	Fugong	6 451	5						
贡山县	Gongshan	3 616	1						
兰坪县	Lanping	225 987	4						
迪庆州	**Diqing**	**194 987**	**25**	**3**	**27 405**	**2**	**12 911**	**2**	**7 340**
香格里拉县	Shangri-La	141 269	18	3	27 405	2	12 911	1	6 650
德钦县	Deqin	40 991	3						
维西县	Weixi	12 728	4					1	690

20−19 各县市社会消费品零售总额（2007−2008年）

Total Retail Sales of Consumer Goods by County and City （2007-2008）

单位：万元 (10 000 yuan)

地 区	Region	2007年	2008年	地 区	Region	2007年	2008年
全省合计	**Total**	**13 945 445**	**17 185 368**	**保 山 市**	**Baoshan**	**484 782**	**583 513**
昆 明 市	**Kunming**	**5 694 232**	**7 007 415**	隆阳区	Longyang	245 212	294 684
五华区	Wuhua	1 892 914	2 222 932	施甸县	Shidian	43 221	51 864
盘龙区	Panlong	1 125 897	1 429 910	腾冲县	Tengchong	105 950	127 775
官渡区	Guandu	937 438	1 233 677	龙陵县	Longling	39 587	47 860
西山区	Xishan	903 062	1 108 927	昌宁县	Changning	50 813	61 330
东川区	Dongchuan	45 404	55 983	**昭 通 市**	**Zhaotong**	**592 323**	**718 664**
呈贡县	Chenggong	91 293	104 094	昭阳区	Zhaoyang	235 067	299 245
晋宁县	Jinning	71 455	85 324	鲁甸县	Ludian	26 377	30 956
富民县	Fuming	42 813	48 451	巧家县	Qiaojia	40 188	45 788
宜良县	Yiliang	106 527	130 090	盐津县	Yanjin	24 450	28 920
石林县	Shilin	91 800	117 575	大关县	Daguan	18 906	22 610
嵩明县	Songming	98 633	116 372	永善县	Yongshan	36 230	41 411
禄劝县	Luquan	45 703	53 559	绥江县	Suijiang	14 701	19 126
寻甸县	Xundian	75 179	86 522	镇雄县	Zhenxiong	84 702	103 318
安宁市	Anning	166 114	214 289	彝良县	Yiliang	47 376	55 436
曲 靖 市	**Qujing**	**1 231 310**	**1 552 507**	威信县	Weixin	29 956	35 078
麒麟区	Qilin	323 992	408 877	水富县	Shuifu	34 370	36 776
马龙县	Malong	30 816	38 326	**丽 江 市**	**Lijiang**	**224 927**	**290 921**
陆良县	Luliang	116 010	144 117	古城区	Gucheng	104 826	137 835
师宗县	Shizong	58 905	72 411	玉龙县	Yulong	26 189	32 492
罗平县	Luoping	109 942	138 657	永胜县	Yongsheng	35 895	47 081
富源县	Fuyuan	106 060	132 962	华坪县	Huaping	35 561	44 912
会泽县	Huize	89 294	109 919	宁蒗县	Ninglang	22 456	28 600
沾益县	Zhanyi	82 434	107 989	**普 洱 市**	**Pu'er**	**431 923**	**519 804**
宣威市	Xuanwei	313 857	399 249	思茅区	Simao	137 872	164 316
玉 溪 市	**Yuxi**	**781 776**	**949 073**	宁洱县	Ning'er	33 601	39 742
红塔区	Hongta	362 912	440 153	墨江县	Mojiang	35 097	41 254
江川县	Jiangchuan	58 760	70 800	景东县	Jingdong	40 618	48 822
澄江县	Chengjiang	45 110	56 324	景谷县	Jinggu	54 377	66 211
通海县	Tonghai	71 996	88 917	镇沅县	Zhenyuan	28 626	35 096
华宁县	Huaning	45 326	54 617	江城县	Jiangcheng	18 856	22 156
易门县	Yimen	47 580	55 973	孟连县	Menglian	25 429	31 172
峨山县	Eshan	38 464	46 543	澜沧县	Lancang	49 151	61 407
新平县	Xinping	51 800	63 965	西盟县	Ximeng	8 296	9 628
元江县	Yuanjiang	59 828	71 781				

20-19 续表 continued

单位：万元 (10 000 yuan)

地 区	Region	2007年	2008年	地 区	Region	2007年	2008年
临沧市	**Lincang**	**373 607**	**469 923**	麻栗坡县	Malipo	50 627	62 555
临翔区	Linxiang	101 362	128 222	马关县	Maguan	82 470	101 095
凤庆县	Fengqing	53 771	72 224	丘北县	Qiubei	50 051	61 116
云 县	Yunxian	61 251	76 351	广南县	Guangnan	94 680	135 174
永德县	Yongde	38 921	52 082	富宁县	Funing	102 398	134 133
镇康县	Zhenkang	20 571	24 154	**西双版纳州**	**Xishuangbanna**	**291 117**	**348 933**
双江县	Shuangjiang	21 931	25 820	景洪市	Jinghong	170 922	205 482
耿马县	Gengma	47 701	57 243	勐海县	Menghai	57 232	65 556
沧源县	Cangyuan	28 100	33 827	勐腊县	Mengla	62 963	77 895
楚 雄 州	**Chuxiong**	**742 360**	**904 152**	**大 理 州**	**Dali**	**840 699**	**1 035 272**
楚雄市	Chuxiong	337 987	414 289	大理市	Dali	350 324	414 062
双柏县	Shuangbo	16 730	20 028	漾濞县	Yangbi	18 078	20 250
牟定县	Mouding	32 549	39 445	祥云县	Xiangyun	93 882	115 174
南华县	Nanhua	51 127	62 145	宾川县	Binchuan	59 860	71 008
姚安县	Yao'an	34 806	42 323	弥渡县	Midu	53 926	66 871
大姚县	Dayao	46 615	56 730	南涧县	Nanjian	36 606	44 068
永仁县	Yongren	13 223	15 701	巍山县	Weishan	45 890	55 090
元谋县	Yuanmou	31 285	38 507	永平县	Yongping	26 011	32 020
武定县	Wuding	33 457	40 717	云龙县	Yunlong	30 100	36 371
禄丰县	Lufeng	144 581	176 067	洱源县	Eryuan	42 847	51 447
红 河 州	**Honghe**	**862 067**	**1 048 787**	剑川县	Jianchuan	24 856	30 076
个旧市	Gejiu	110 630	213 832	鹤庆县	Heqing	35 396	42 522
开远市	Kaiyuan	173 849	129 802	**德 宏 州**	**Dehong**	**307 726**	**381 959**
蒙自县	Mengzi	107 020	135 040	瑞丽市	Ruili	70 361	89 097
屏边县	Pingbian	26 170	31 414	潞西市	Luxi	113 617	142 368
建水县	Jianshui	93 800	113 287	梁河县	Lianghe	23 122	26 434
石屏县	Shiping	58 707	70 696	盈江县	Yingjiang	75 512	93 861
弥勒县	Mile	94 850	116 200	陇川县	Longchuan	25 114	30 199
泸西县	Luxi	77 308	94 821	**怒 江 州**	**Nujiang**	**91 345**	**107 800**
元阳县	Yuanyang	32 997	39 584	泸水县	Lushui	39 528	47 999
红河县	Honghe	22 306	27 490	福贡县	Fugong	10 743	12 280
金平县	Jinping	27 055	31 575	贡山县	Gongshan	7 898	9 182
绿春县	Luchun	23 100	27 766	兰坪县	Lanping	33 176	38 339
河口县	Hekou	14 316	17 280	**迪 庆 州**	**Diqing**	**120 215**	**141 998**
文 山 州	**Wenshan**	**755 110**	**958 572**	香格里拉县	Shangri-La	83 237	99 956
文山县	Wenshan	242 529	303 169	德钦县	Deqin	17 113	19 340
砚山县	Yanshan	105 260	126 522	维西县	Weixi	19 865	22 702
西畴县	Xichou	27 095	34 808				

20-20 各县市畜牧业生产情况（2008年）

单位:万头、万只、吨

地 区	Region	猪 Hogs 存栏 Stocked	猪 Hogs 出栏 Slaughtered	猪 Hogs 肉产量 Output of meat	牛 Cattle and Buffaloes 存栏 Stocked	牛 Cattle and Buffaloes 出栏 Slaughtered	牛 Cattle and Buffaloes 肉产量 Output of meat	存栏 Stocked
全省合计	**Total**	**2 669.03**	**2 701.73**	**2 195 805**	**706.43**	**236.21**	**261 248**	**843.27**
昆 明 市	**Kunming**	**215.78**	**333.67**	**291 314**	**56.22**	**22.00**	**25 975**	**119.38**
五华区	Wuhua	4.90	9.79	7 054	0.56	0.14	155	1.42
盘龙区	Panlong	4.07	4.02	3 057	0.45	0.12	121	0.98
官渡区	Guandu	7.47	14.37	12 118	1.07	0.19	285	1.10
西山区	Xishan	5.06	10.34	8 438	1.00	0.19	323	2.69
东川区	Dongchuan	18.89	17.68	16 784	4.59	0.77	808	14.23
呈贡县	Chenggong	2.07	5.00	3 816	0.87	0.35	593	1.52
晋宁县	Jinning	14.58	28.37	21 936	2.53	0.64	1 114	3.11
富民县	Fuming	12.73	12.92	11 001	2.27	0.49	554	5.23
宜良县	Yiliang	27.43	55.41	48 506	5.37	1.26	2 375	9.18
石林县	Shilin	17.97	22.34	19 918	4.97	1.02	1 472	18.63
嵩明县	Songming	19.04	32.12	29 995	3.58	2.14	2 961	5.62
禄劝县	Luquan	29.28	41.85	34 765	11.03	4.16	4 241	30.23
寻甸县	Xundian	37.43	56.61	54 573	16.05	9.86	9 981	22.61
安宁市	Anning	14.85	22.86	19 353	1.89	0.67	992	2.83
曲 靖 市	**Qujing**	**534.41**	**889.18**	**911 796**	**95.09**	**40.52**	**60 493**	**180.86**
麒麟区	Qilin	34.48	75.21	74 004	4.17	1.65	2 203	5.56
马龙县	Malong	18.32	26.04	22 948	4.83	1.41	1 586	19.53
陆良县	Luliang	63.54	112.55	116 313	6.68	3.63	5 396	24.33
师宗县	Shizong	38.05	50.01	52 398	10.76	3.61	4 347	18.48
罗平县	Luoping	30.90	72.46	72 107	7.06	3.29	4 566	7.80
富源县	Fuyuan	59.43	95.91	95 321	9.69	4.54	7 422	17.50
会泽县	Huize	80.84	134.99	139 057	28.87	13.98	21 225	35.28
沾益县	Zhanyi	50.97	80.61	69 995	7.73	4.75	7 790	22.44
宣威市	Xuanwei	157.88	241.40	269 653	15.29	3.65	5 958	29.95
玉 溪 市	**Yuxi**	**144.70**	**195.31**	**160 432**	**28.43**	**12.71**	**16 460**	**34.82**
红塔区	Hongta	16.56	40.01	32 697	0.69	0.77	1 471	1.38
江川县	Jiangchuan	26.97	19.77	16 384	0.61	0.15	332	1.01
澄江县	Chengjiang	6.66	10.06	8 496	1.31	0.43	562	3.16
通海县	Tonghai	11.77	21.92	16 340	1.13	1.11	2 093	1.46
华宁县	Huaning	17.58	20.22	19 818	3.69	2.18	2 908	6.10
易门县	Yimen	16.30	25.95	20 576	3.88	1.89	1 961	4.85
峨山县	Eshan	11.00	17.57	12 975	2.95	1.97	2 248	3.78
新平县	Xinping	24.70	26.04	21 359	8.74	2.80	3 190	9.43
元江县	Yuanjiang	13.17	13.77	11 787	5.44	1.41	1 695	3.66

注：全省合计为抽样调查数。
Note; Total data of province are from sample surveys in this table.

Animal Husbandry Production by County and City (2008)

(10 000heads,10 000 Units,ton)

羊 Sheep and Goats		家禽 Poultry			禽蛋产量 Poultry Eggs Output	奶类产量 Milk Output		蜂蜜产量 Honey Output
出栏 Slaughtered	肉产量 Output of meat	存栏 Stocked	出栏 Slaughtered	肉产量 Output of meat			#牛奶产量 Cow Milk Output	
651.92	**114 738**	**10 905.45**	**16 547.09**	**284 161**	**194 116**	**467 270**	**446 705**	**6 338**
67.33	**14 439**	**2 250.76**	**4 304.86**	**73 483**	**75 939**	**115 821**	**106 235**	**620**
0.77	841	26.51	59.63	704	1 932	563	563	1
0.38	94	31.79	13.09	228	1 389	234	234	3
0.43	95	323.16	274.10	5 177	32 379	14 322	14 322	5
2.30	290	52.91	82.45	1 960	589	1 856	1 856	12
6.40	801	60.34	86.83	1 537	368	203	203	31
0.66	116	202.91	232.94	4 448	16 803	18 827	18 266	
1.80	395	120.69	403.79	7 178	3 502	24 643	24 608	13
1.59	459	76.27	50.70	1 165	2 425	19	18	37
5.44	1 405	569.89	1 627.38	23 036	2 453	33 815	33 238	277
9.63	2 676	156.29	242.87	4 746	1 364	10 430	2 034	44
2.74	767	136.96	211.79	3 880	4 130	6 710	6 710	5
15.57	3 281	76.17	105.01	1 770	613			82
17.57	2 640	149.31	103.31	1 630	4 822	367	367	88
2.06	579	267.58	810.96	16 024	3 170	3 832	3 816	22
119.71	**27 052**	**1 027.02**	**1 848.11**	**37 422**	**33 651**	**16 594**	**6 274**	**1 692**
4.11	1 203	117.02	297.57	7 337	8 179	2 802	2 802	6
11.01	2 459	70.27	90.23	1 560	2 052			39
12.47	3 643	170.46	289.96	6 498	4 845	10 373	902	22
13.11	2 945	89.24	139.23	1 895	1 060	86	75	28
10.42	1 644	46.42	162.82	2 272	1 263			1 430
12.48	2 205	89.45	171.85	2 853	2 250			34
32.09	5 473	170.62	271.03	4 605	6 681	1 156	1 156	104
12.86	4 824	80.00	175.21	5 350	2 604	1 702	864	9
11.16	2 656	193.54	250.20	5 052	4 717	475	475	20
22.17	**5 484**	**1 238.99**	**2 234.34**	**44 565**	**55 096**	**634**	**396**	**87**
0.91	301	230.26	466.22	10 519	10 933	126	126	5
0.81	326	88.30	176.95	3 993	5 400	26	26	3
1.21	321	69.01	148.80	2 373	1 299	128	128	3
1.57	519	432.86	427.18	8 014	29 364	51	51	
3.07	846	62.24	169.44	3 226	930	264	26	16
3.82	958	119.18	319.56	7 216	1 386	25	25	12
3.00	698	59.13	187.90	3 731	2 565	14	14	3
5.84	1 038	111.14	252.16	4 161	1 575			39
1.93	477	66.88	86.13	1 332	1 644			6

20-20 续表1

单位:万头、万只、吨

地 区	Region	猪 Hogs 存 栏 Stocked	出 栏 Slaughtered	肉产量 Output of meat	牛 Cattle and Buffaloes 存 栏 Stocked	出 栏 Slaughtered	肉产量 Output of meat	存 栏 Stocked
保 山 市	**Baoshan**	**226.68**	**245.07**	**198 905**	**58.55**	**13.91**	**18 844**	**41.63**
隆阳区	Longyang	66.98	78.61	65 559	15.74	2.90	3 579	14.08
施甸县	Shidian	39.69	35.60	30 293	7.43	1.17	1 358	3.32
腾冲县	Tengchong	47.79	50.65	43 338	14.17	4.42	8 125	5.56
龙陵县	Longling	24.19	18.20	16 301	6.85	0.90	1 345	6.51
昌宁县	Changning	48.03	62.02	43 414	14.36	4.52	4 437	12.17
昭 通 市	**Zhaotong**	**267.58**	**290.45**	**270 348**	**50.98**	**14.40**	**17 073**	**55.54**
昭阳区	Zhaoyang	35.20	40.73	42 305	5.56	2.29	3 083	9.75
鲁甸县	Ludian	20.47	19.33	16 718	6.47	1.80	2 158	6.04
巧家县	Qiaojia	31.84	42.57	38 055	6.14	1.32	1 736	12.93
盐津县	Yanjin	29.18	29.40	24 178	2.43	0.30	306	0.86
大关县	Daguan	16.98	18.29	17 704	2.13	0.40	546	3.53
永善县	Yongshan	25.12	24.83	22 582	2.79	0.61	680	9.26
绥江县	Suijiang	7.25	11.47	10 532	0.80	0.36	562	0.98
镇雄县	Zhenxiong	49.41	55.10	54 311	10.54	4.80	5 219	3.28
彝良县	Yiliang	29.48	25.14	24 438	8.34	1.33	1 572	8.19
威信县	Weixin	17.75	16.67	13 787	5.44	1.15	1 135	0.45
水富县	Shuifu	4.90	6.93	5 738	0.34	0.05	76	0.27
丽 江 市	**Lijiang**	**98.23**	**82.39**	**61 075**	**34.90**	**8.33**	**10 137**	**105.39**
古城区	Gucheng	9.74	14.03	10 445	2.09	0.76	1 070	3.63
玉龙县	Yulong	19.97	23.16	17 207	7.67	2.29	3 547	16.86
永胜县	Yongsheng	29.32	23.02	16 906	11.60	3.24	3 218	38.47
华坪县	Huaping	15.52	10.71	7 713	4.70	1.09	1 171	13.47
宁蒗县	Ninglang	23.69	11.48	8 804	8.83	0.95	1 131	32.96
普 洱 市	**Pu'er**	**228.65**	**142.13**	**93 590**	**76.88**	**12.65**	**11 046**	**29.82**
思茅区	Simao	17.90	17.20	10 510	3.06	1.13	811	1.62
宁洱县	Ning'er	21.58	13.90	10 610	5.21	0.94	753	1.68
墨江县	Mojiang	27.86	14.59	10 849	13.72	1.50	1 226	3.14
景东县	Jingdong	38.84	24.73	17 002	10.76	2.46	1 894	11.46
景谷县	Jinggu	29.85	15.27	10 616	9.83	1.43	1 148	3.59
镇沅县	Zhenyuan	29.02	16.41	11 303	7.54	0.77	824	5.99
江城县	Jiangcheng	8.01	5.02	3 566	4.95	1.03	683	0.36
孟连县	Menglian	8.33	7.20	3 681	2.32	0.38	283	0.22
澜沧县	Lancang	42.85	24.84	13 665	17.46	2.60	3 123	1.45
西盟县	Ximeng	4.41	2.97	1 788	2.02	0.41	301	0.30
临 沧 市	**Lincang**	**235.59**	**150.92**	**105 880**	**67.25**	**10.67**	**12 967**	**54.71**
临翔区	Linxiang	24.99	15.07	10 646	5.20	0.92	1 081	6.10
凤庆县	Fengqing	46.58	33.11	22 006	12.30	2.51	2 674	17.49

continued

(10 000heads,10 000 Units,ton)

羊 Sheep and Goats		家禽 Poultry			禽蛋产量	奶类产量		蜂蜜产量
出栏 Slaughtered	肉产量 Output of meat	存栏 Stocked	出栏 Slaughtered	肉产量 Output of meat	Poultry Eggs Output	Milk Output	#牛奶产量 Cow Milk Output	Honey Output
23.33	**5 179**	**552.07**	**741.39**	**17 167**	**9 782**	**4 492**	**4 492**	**421**
6.43	1 358	178.07	258.88	6 349	4 797	2 376	2 376	52
1.26	317	44.96	46.99	1 012	626	8	8	24
3.71	949	175.13	247.65	6 240	2 861	1 841	1 841	175
3.23	749	62.84	66.31	1 083	478	16	16	20
8.70	1 806	91.07	121.57	2 483	1 020	251	251	150
28.65	**5 900**	**643.19**	**664.50**	**12 040**	**16 062**	**1 254**	**1 254**	**145**
5.80	1 015	80.48	103.28	1 632	2 046	1 199	1 199	
2.85	562	51.12	39.32	627	998			4
6.38	1 324	43.97	58.17	961	937	38	38	
0.42	111	67.15	81.08	1 626	967			12
2.15	503	23.96	25.17	478	682			4
4.83	842	37.79	30.67	546	666	11	11	14
1.13	225	20.51	48.30	812	908	2	2	60
2.38	619	181.08	153.28	3 177	6 145			34
2.42	624	69.39	52.38	1 005	1 370			5
0.19	30	51.03	51.28	769	954			8
0.11	45	16.70	21.56	407	389	4	4	4
37.38	**6 378**	**306.59**	**305.17**	**5 025**	**3 550**	**4 328**	**4 292**	**157**
3.16	637	17.87	22.85	356	542	170	170	6
7.63	1 291	75.74	66.62	984	1 337	3 082	3 082	60
15.36	2 590	87.96	78.17	1 353	843	939	935	49
3.93	621	81.16	94.47	1 741	632			21
7.29	1 239	43.85	43.06	591	196	137	105	21
13.00	**2 408**	**819.49**	**844.99**	**10 770**	**4 679**	**467**	**467**	**466**
1.03	171	74.17	61.87	950	340	130	130	8
0.50	119	48.70	39.27	586	507	186	186	11
1.21	240	97.39	107.70	1 182	710			34
6.26	1 103	142.74	186.55	2 688	663			75
1.27	264	112.66	168.22	2 190	952	47	47	30
1.79	303	60.92	54.81	761	760			81
0.17	30	19.90	23.81	312	251			25
0.16	18	33.31	30.37	369	125			42
0.49	121	215.06	160.20	1 604	356	104	104	160
0.13	39	14.64	12.18	128	15			
21.89	**4 149**	**737.83**	**722.06**	**10 092**	**3 461**	**1 064**	**1 064**	**228**
2.11	415	65.30	59.17	878	212	659	659	20
7.12	1 244	120.15	121.26	1 696	495	17	17	72

20-20 续表2

单位:万头、万只、吨

地区	Region	猪 Hogs			牛 Cattle and Buffaloes			
		存栏 Stocked	出栏 Slaughtered	肉产量 Output of meat	存栏 Stocked	出栏 Slaughtered	肉产量 Output of meat	存栏 Stocked
云　县	Yunxian	48.14	35.34	25 915	12.68	1.91	2 530	15.76
永德县	Yongde	45.56	26.25	16 588	11.89	2.24	3 204	7.86
镇康县	Zhenkang	18.53	9.48	7 483	6.75	0.64	770	2.57
双江县	Shuangjiang	17.43	11.13	8 711	4.82	0.63	619	2.02
耿马县	Gengma	20.20	12.48	8 499	7.27	0.92	1 041	2.64
沧源县	Cangyuan	14.16	8.07	6 032	6.34	0.89	1 048	0.26
楚雄州	**Chuxiong**	**191.32**	**233.09**	**200 413**	**73.97**	**29.34**	**40 623**	**126.02**
楚雄市	Chuxiong	30.71	34.47	29 644	11.65	5.81	8 080	14.30
双柏县	Shuangbo	18.03	17.43	14 992	8.60	3.33	4 626	17.21
牟定县	Mouding	13.21	14.80	13 321	5.08	1.33	1 849	5.83
南华县	Nanhua	19.33	21.20	17 595	7.30	2.76	3 673	7.32
姚安县	Yao'an	10.47	17.84	15 345	4.44	2.33	3 235	6.21
大姚县	Dayao	19.07	20.52	17 649	7.81	2.61	3 631	20.79
永仁县	Yongren	12.01	13.44	11 562	4.30	1.49	2 077	11.99
元谋县	Yuanmou	12.73	14.95	12 860	5.45	1.50	2 088	10.29
武定县	Wuding	19.69	29.11	25 036	7.74	4.64	6 451	16.60
禄丰县	Lufeng	36.06	49.31	42 409	11.61	3.53	4 913	15.47
红河州	**Honghe**	**333.47**	**425.43**	**365 823**	**88.68**	**18.65**	**22 313**	**47.11**
个旧市	Gejiu	18.42	26.02	24 627	3.11	1.42	2 501	1.68
开远市	Kaiyuan	16.04	17.47	15 249	5.48	1.13	1 159	6.61
蒙自县	Mengzi	27.35	51.24	42 138	4.67	0.91	1 307	2.30
屏边县	Pingbian	19.39	16.93	14 838	3.84	0.19	228	0.83
建水县	Jianshui	38.34	68.46	66 265	10.38	2.09	3 310	4.15
石屏县	Shiping	29.92	42.13	34 962	8.02	1.81	2 175	3.30
弥勒县	Mile	43.57	65.25	65 233	13.35	3.77	3 982	14.19
泸西县	Luxi	51.10	61.60	42 444	9.30	2.64	3 475	9.65
元阳县	Yuanyang	26.54	25.01	22 513	8.37	1.40	1 297	0.67
红河县	Honghe	19.00	15.00	12 289	7.66	1.52	1 335	2.86
金平县	Jinping	22.80	20.22	13 295	6.65	0.73	573	0.59
绿春县	Luchun	14.00	12.00	9 154	6.78	0.96	864	0.23
河口县	Hekou	7.02	4.10	2 816	1.07	0.09	107	0.07
文山州	**Wenshan**	**272.03**	**301.39**	**249 329**	**122.67**	**35.79**	**33 708**	**34.73**
文山县	Wenshan	34.15	40.26	34 214	10.17	1.83	2 071	2.86
砚山县	Yanshan	28.94	30.27	26 746	12.96	4.59	4 860	6.47
西畴县	Xichou	21.75	28.98	23 731	6.31	2.53	2 197	0.37
麻栗坡县	Malipo	25.03	29.55	27 345	10.05	2.23	2 242	1.50
马关县	Maguan	34.30	38.50	28 843	10.13	1.44	1 209	0.37

continued

(10 000heads,10 000 Units,ton)

羊 Sheep and Goats		家禽 Poultry			禽蛋产量 Poultry Eggs Output	奶类产量 Milk Output		蜂蜜产量 Honey Output
出栏 Slaughtered	肉产量 Output of meat	存栏 Stocked	出栏 Slaughtered	肉产量 Output of meat			#牛奶产量 Cow Milk Output	
5.88	1 166	215.66	215.40	3 007	1 001	363	363	81
2.97	578	109.80	111.14	1 526	510			35
1.27	272	47.47	70.43	1 121	139	25	25	6
1.28	240	58.08	56.41	699	140			11
1.13	208	77.46	61.47	763	344			3
0.13	26	43.90	26.78	402	620			
83.29	**14 577**	**795.59**	**1 335.48**	**22 762**	**6 787**	**2 042**	**2 042**	**951**
8.34	1 460	145.58	234.15	3 984	1 428	1 826	1 826	63
10.28	1 800	57.50	49.92	865	239			35
3.08	539	37.03	44.31	756	558			50
4.53	794	102.63	170.88	2 917	658			30
5.10	895	41.38	77.84	1 291	599	60	60	169
12.65	2 213	57.94	71.10	1 209	685	84	84	403
7.77	1 358	35.64	28.44	489	252			13
6.81	1 192	38.49	50.40	863	309			14
15.81	2 767	151.86	454.43	7 790	894			126
8.91	1 559	127.54	153.99	2 598	1 165	72	72	48
26.53	**6 229**	**1 255.75**	**1 919.99**	**30 126**	**33 244**	**22 517**	**19 647**	**266**
1.21	316	74.05	91.80	1 577	2 066	14 237	14 128	9
2.84	455	184.38	373.43	5 763	8 699	504	108	10
1.65	429	76.03	134.13	2 374	2 344	443	443	3
0.25	79	59.38	62.19	809	445			4
2.29	710	227.52	428.02	7 271	9 509	757	50	2
1.81	389	79.58	139.22	2 077	3 973	2 813	2 810	20
7.09	2 075	69.92	93.28	1 763	1 213	3 230	2 104	132
6.69	1 294	104.41	112.34	1 974	2 244	533	4	58
0.27	52	76.50	77.52	1 195	1 018			
1.64	326	78.11	83.26	1 039	530			17
0.43	44	117.38	157.43	2 285	351			7
0.31	47	88.63	150.28	1 803	650			4
0.07	13	19.85	17.08	196	202			
26.98	**5 202**	**1 058.16**	**1 310.15**	**19 950**	**8 598**	**111**	**111**	**205**
2.27	498	97.65	110.38	1 948	1 973	61	61	7
5.27	1 056	110.26	188.37	2 366	282			46
0.44	75	132.83	171.08	2 498	1 312			15
1.01	182	98.41	118.71	1 765	952			16
0.31	49	131.64	156.58	2 399	1 816	31	31	4

20-20 续表3

单位:万头、万只、吨

地区	Region	猪 Hogs			牛 Cattle and Buffaloes			
		存栏 Stocked	出栏 Slaughtered	肉产量 Output of meat	存栏 Stocked	出栏 Slaughtered	肉产量 Output of meat	存栏 Stocked
丘北县	Qiubei	35.19	48.02	47 136	16.18	6.05	6 529	19.37
广南县	Guangnan	57.94	57.12	41 282	31.83	9.64	7 636	2.42
富宁县	Funing	34.74	28.68	20 032	25.04	7.48	6 964	1.36
西双版纳州	**Xishuangbanna**	**46.39**	**30.33**	**20 298**	**12.44**	**5.62**	**4 998**	**0.77**
景洪市	Jinghong	17.11	12.65	8 360	4.06	1.68	1 789	0.20
勐海县	Menghai	18.10	10.01	6 617	6.55	2.93	2 178	0.44
勐腊县	Mengla	11.17	7.67	5 321	1.83	1.01	1 031	0.13
大理州	**Dali**	**238.84**	**322.58**	**289 940**	**95.50**	**44.22**	**50 467**	**133.51**
大理市	Dali	22.91	51.75	47 402	4.63	3.78	5 325	1.33
漾濞县	Yangbi	10.69	10.09	8 888	6.39	2.24	2 417	9.31
祥云县	Xiangyun	25.39	31.81	28 770	3.84	1.20	1 247	5.26
宾川县	Binchuan	23.71	34.92	34 854	6.48	1.25	1 385	14.28
弥渡县	Midu	22.14	33.32	33 550	8.03	2.72	3 512	3.83
南涧县	Nanjian	16.07	16.04	16 039	10.03	7.22	8 660	8.02
巍山县	Weishan	15.03	20.40	18 358	9.03	7.22	7 586	14.61
永平县	Yongping	23.74	17.91	12 823	8.62	4.68	3 964	15.49
云龙县	Yunlong	21.81	24.09	21 308	13.73	5.04	6 299	21.72
洱源县	Eryuan	18.49	26.75	22 179	11.77	3.10	2 697	16.22
剑川县	Jianchuan	15.99	14.88	12 015	7.11	3.52	4 248	11.33
鹤庆县	Heqing	22.88	40.62	33 754	5.85	2.24	3 127	12.12
德宏州	**Dehong**	**63.30**	**52.76**	**49 773**	**18.65**	**5.16**	**5 674**	**6.71**
瑞丽市	Ruili	6.13	7.61	7 223	1.48	1.34	1 477	0.45
潞西市	Luxi	18.35	14.62	13 542	4.85	1.25	1 373	1.78
梁河县	Lianghe	10.54	5.94	5 647	2.00	0.39	424	0.55
盈江县	Yingjiang	16.64	17.07	16 216	6.78	1.34	1 476	2.61
陇川县	Longchuan	11.64	7.52	7 145	3.54	0.84	924	1.32
怒江州	**Nujiang**	**49.30**	**35.08**	**20 845**	**16.03**	**2.48**	**2 598**	**42.98**
泸水县	Lushui	20.50	14.47	8 681	5.52	1.00	995	14.69
福贡县	Fugong	8.42	5.82	2 909	2.18	0.51	523	6.39
贡山县	Gongshan	3.30	2.58	1 313	0.88	0.15	168	2.08
兰坪县	Lanping	17.08	12.22	7 942	7.45	0.83	912	19.82
迪庆州	**Diqing**	**41.36**	**24.45**	**13 755**	**24.30**	**3.46**	**4 295**	**21.54**
香格里拉县	Shangri-La	18.39	11.54	7 065	12.05	1.96	2 944	6.67
德钦县	Deqin	4.83	2.32	1 392	5.90	0.39	464	4.85
维西县	Weixi	18.13	10.59	5 298	6.35	1.11	887	10.02

continued

(10 000heads,10 000 Units,ton)

羊 Sheep and Goats		家禽 Poultry			禽蛋产量 Poultry Eggs Output	奶类产量 Milk Output		蜂蜜产量 Honey Output
出栏 Slaughtered	肉产量 Output of meat	存栏 Stocked	出栏 Slaughtered	肉产量 Output of meat			#牛奶产量 Cow Milk Output	
15.38	2938	132.37	157.01	2 855	802			31
1.56	286	200.89	232.26	3 401	866	19	19	45
0.74	118	154.11	175.75	2 718	595			41
0.29	**61**	**286.34**	**239.14**	**2 784**	**1 277**	**7**	**7**	**42**
0.14	27	119.41	107.51	1 229	567	7	7	7
0.10	22	91.42	70.31	898	463			34
0.05	12	75.51	61.33	657	247			1
118.09	**22740**	**968.96**	**1 506.75**	**29 112**	**33 519**	**340 770**	**339 212**	**744**
1.31	238	188.51	448.48	8 940	8 503	129 036	129 036	16
6.15	1008	33.22	40.81	664	219	418	418	46
2.21	557	166.83	117.03	2 380	10 142	1 345	1 345	104
9.51	1648	68.91	82.52	1 744	1 883	6 618	6 618	80
3.93	993	52.81	77.25	1 656	1 295	26 715	26 715	6
14.51	2178	129.50	225.03	3 375	1 601	207	207	33
19.49	3312	98.78	181.75	3 635	1 638	3 563	3 563	26
10.64	1607	53.46	69.02	1 176	565	18	18	41
16.34	3758	48.82	99.07	1 783	2 736	82	82	267
14.71	3258	45.61	59.05	1 688	1 542	150 894	150 894	84
7.79	1425	40.60	48.36	853	912	17 774	16 228	20
11.51	2758	41.90	58.38	1 218	2 483	4 100	4 088	21
4.58	**920**	**276.86**	**461.68**	**6 740**	**3 153**	**2 692**	**2 692**	**81**
0.74	149	70.88	201.24	2 888	769	50	50	17
1.22	243	76.41	102.44	1 536	775	1 419	1 419	25
0.36	74	24.45	31.55	472	213	151	151	6
1.42	285	69.27	84.92	1 247	1 088	766	766	30
0.84	169	35.84	41.53	597	308	306	306	3
17.58	**2861**	**130.12**	**152.46**	**2 227**	**790**	**54**	**54**	**141**
6.44	1094	61.59	84.85	1 273	385	3	3	54
3.37	521	20.78	19.80	272	94			18
0.91	138	14.41	13.83	173	54	12	12	20
6.86	1108	33.35	33.98	509	257	39	39	49
6.64	**1156**	**68.42**	**46.06**	**809**	**838**	**13 644**	**13 644**	**92**
2.34	469	30.50	18.06	323	360	7 675	7 675	27
0.84	169	10.52	6.54	163	145	5 580	5 580	31
3.45	518	27.40	21.47	323	333	389	389	34

中国统计出版社最新图书简目

（仅供参考,以最后出书为准）

统计资料

中国统计年鉴-2009
中国统计摘要-2009
国际统计年鉴-2009
2009中国发展报告
中国第三产业统计年鉴-2009
中国区域经济统计年鉴-2009
长江和珠江三角洲及港澳台统计年鉴-2009
中国社会统计年鉴-2009
中国城市统计年鉴-2008
中国劳动统计年鉴-2009
中国人口和就业统计年鉴-2009
中国工业经济统计年鉴-2009
中国建筑业统计年鉴-2009
中国房地产统计年鉴-2009
中国能源统计年鉴-2009
中国商品交易市场统计年鉴-2009
中国贸易外经统计年鉴-2009
中国基本单位统计年鉴-2009
中国民政统计年鉴-2009
中国农村统计年鉴-2009
中国农产品价格调查年鉴-2009
中国建制镇统计资料-2009
中国教育经费统计年鉴-2008
中国农村贫困监测报告-2009
中国高技术产业统计年鉴-2009
中国科学技术协会统计年鉴-2009
工业企业科技活动资料-2009
全国农产品成本收益资料汇编-2009
中国棉花年鉴-2007/2008
中国城市(镇)生活与价格年鉴-2009
中国县（市）社会经济调查年鉴-2009
中国农村住户调查年鉴-2009（中、英文）
中国农村全面建设小康监测报告-2009
中国国内生产总值核算历史资料(1952-2004)
中国季度国内生产总值核算历史资料(1992-2005)
中国零售和餐饮业连锁企业统计年鉴-2009
大中型批发零售和住宿餐饮企业统计年鉴-2009
2005年中国1%人口抽样调查系列资料
第二次全国残疾人抽样调查资料系列

2009年省级综合统计年鉴系列

北京 天津 河北 山西 内蒙古 辽宁 吉林 黑龙江 上海 江苏 浙江 安徽 福建 江西 山东
河南 湖北 湖南 广东 广西 海南 重庆 四川 贵州 云南 西藏 陕西 甘肃 青海 宁夏
新疆 新疆生产建设兵团

2009年市(县)级综合统计年鉴系列

石家庄 唐山 邯郸 太原 大同 长治 阳泉 晋城 朔州 晋中 运城 忻州 临汾 呼和浩特
包头 沈阳 大连 长春 吉林市 四平 延吉 哈尔滨 齐齐哈尔 黑龙江垦区 上海浦东新区
苏州 无锡 常州 徐州 南通 盐城 镇江 江阴 丹阳 杭州 宁波 绍兴 台州 舟山 温州
金华 嘉兴 衢州 安庆 福州 福州经济技术开发区 厦门经济特区 南昌 上饶
济南 青岛 潍坊 东营 郑州 洛阳 三门峡 南阳 武汉 宜昌 十堰 荆州 黄冈 长沙 广州
东莞 惠州 深圳 桂林 南宁 柳州 来宾 河池 海口 成都 贵阳 昆明 西安 庆阳 银川
乌鲁木齐 吐鲁番

“十一五”规划教材

非参数统计　医学统计学　概率论与数理统计　统计学　现代金融投资统计分析
多元统计分析　经济计量学教程　应用时间序列分析　统计指数理论及应用
统计数据处理概论　质量管理统计方法　社会统计学　多元统计分析实验
企业经营管理统计　市场调查与预测　统计学原理（非统计专业使用）
统计学:从数据到结论　国民经济核算教程(国民经济统计学)　概率论与数理统计(经济、管理类专业使用)

重点图书

新中国六十年　挑大学选专业2010—高考志愿填报指南　挑大学选专业2010—考研择校指南